명리·용신 성명학 원론

命理　用神　姓名學　原論

用神 姓名學 學術書

명리·용신 성명학 원론
命理 用神 姓名學 原論

태연(態㻬) 이재승 지음

⁂ 저자의 말 ⁂

이 책을 명리·성명학 학술서로서 출간합니다. 본서는 명리학에서 중화(中和)와 개운(開運, 운명 개척) 이론의 정수인 용신론, 조선인의 음성과 우리말 자음·모음에 고유 오행이 있음을 천명하신 세종의 『훈민정음해례』, 한자 오행에서 학술성과 역사성이 유일한 자원오행 등의 학제 간 융합연구들을 수행하고 그 연구 성과를 모아 엮은 '명리·성명학 학술총서'입니다.

책의 내용을 구상하고 각각의 장(章)마다 논해야 할 학술적 이론의 주제를 살피면서, 학계와 대중에게 공헌하고 소용되는 학술서를 쓰기 위해 한국연구재단(K.C.I) 등재 학술지에 게재시킬 논문의 수량과 내용을 면밀하게 기획하였습니다.

학술서적 저술의 주춧돌을 세운 첫 학술논문을 게재한 후, 세월은 빨리 흘렀고 게으른 자의 연구 성과는 미진하였기에 자책과 아쉬움이 컸습니다. 이러한 부끄러움을 뒤로하고 『명리·용신 성명학 원론』 제하의 전문학술서를 출간합니다.

학자는 학문 앞에서 겸손해야 하는 존재이기에 본서에 미비점이 있다면 질책받고 보완하는 것은 당연지사입니다. 반대로 본서에 특장(特長)이 있다면 학계의 연구자, 현장의 작명가, 다양한 소망에 따라 명리·성명학적 작명을 추구하는 대중과 함께 공유하고자 합니다.

명리·성명학 전공 철학박사로서 이 학문이 학술적 체계를 완비하고 만인에게 행복을 주며 신망이 높고 존중받는 섹터가 되기를 바라면서 본서를 출간합니다. 저의 명예는 구하지 않습니다. 오직 명리·성명학의 발전과 학술 이용자의 자아실현에 기여할 수 있다면 이 학문을 연구했고 가르쳤다는 보람으로 족할 것입니다.

본서가 출간될 때까지 충심 어린 조언과 관심을 보내주신 분들께 감사의 말씀을 드립니다. 특히 저의 대학원 박사과정의 지도교수이신 김만태 교수님, 한국연구재단(K.C.I) 등재지 발행 기관인 국제인문사회학회 김태운 이사장님, 한국 열린사이버대학교 김미경 교수님의 은혜와 배려는 큰 힘이 되었기에 다시금 감사의 말씀을 올립니다. 앞으로도 '명리·성명학 연구자로서 정론의 학술을 정립하고 보급하여 학계에 이바지하고자 최선의 노력을 다하겠습니다.

한편, 본서의 저술과정에서 일부 연구자의 선행논저를 비판적으로 논하였음을, 역지사지(易地思之)하면 가슴 아프고 송구하게 생각합니다. 개인적인 사감은 절대 있을 수 없습니다. 학문은 논쟁 가운데에서 발달하는 특성이 있으니 그런 맥락의 대의(大義)로써 잘 품어주시면 감사하겠습니다. 이 책이 명리·성명학의 학술과 우리나라 성명문화의 발전에 있어서 획을 그을 수 있기를 바랍니다.

2024년, 11월, 사주성명학 연구원에서

태연(態姢) 이재승 올림

추천사 1

　저의 제자이자 명리·성명학자인 '태연 이재승 박사님'의 『명리·용신 성명학』 발간 소식을 듣고 매우 기뻤습니다. 이 책의 출간은 우리나라 성명학의 체계와 원리를 정립하는 데 크게 공헌할 것이기 때문입니다. 현재 우리나라의 작명법을 다루는 성명학이 대중화하던 시기에, 일제의 창씨개명(創氏改名)과 맞물리면서 일본 성명학의 영향을 받은 재야(비전공자)에 의해 일반화되었습니다. 그로 인해 학술적 체계는 두서가 없게 되었습니다. 일본식 작명법, 속설, 상술이 결합하였고 학술의 근거가 빈약한 이론에 의한 작명이 '명품이름'으로 포장되었습니다.

　현재 다수의 작명가, 작명 앱, 작명프로그램 등에게서 이론적 논거나 학술적 배경도 없이 성명학에 대한 속설을 대중에게 전파하고 있는 상황입니다. 명리학적 분석으로 음양, 오행, 격, 강약, 조후(온도·습도), 지장간, 정기신(精氣神) 등을 살펴 용신을 도출하는 필수 과정조차 도외시하면서 '획수 맞추기' '사주 오행 개수 세기'를 우선합니다. 출처 불명의 이론을 당연시하고 논거나 학술성을 도외시하며, 학술적 기여도와 무관했던 출연, 수상 경력을 과장 광고하고 심지어 '비법'을 운운하며 초고가의 작명료를 받습니다. 성명학에서 학술은 있어도 비법은 없는 것입니다.

　이름이 사람의 운명을 절대적으로 좌우한다고 할 수 없습니다. 부모, 스승, 전공, 타인, 배우자, 선천 사주 등 운명에 영향을 미치는 여러 변수가 있고 사람의 타고난 음양오행의 기운을 중화(中和)하고 안정시켜 삶의 발달에 작용하는 성명학적 요소 역시 운명 함수의 변인이 되기에 중시해서 보아야 합니다.

그래서 이재승 박사님의 『명리·용신 성명학』이 더욱 가치가 있는 것입니다. 이재승 박사님의 『명리·용신 성명학』은 사람이 타고난 선천적인 사주에서 일간(日干, 나)의 환경을 중화·안정시키는 명리학 용신(用神)을 활용합니다. 사주 용신 도출은 명리학 전문가의 영역입니다. '명리·용신 성명학'에서는 사주 용신을 찾고 용신의 에너지를 활용하여 사주 중화와 안정을 유도하고 삶의 번영과 개운(開運)을 추구하는 것이기에 가장 학술적이고 전문적인 성명학이라고 사료합니다. 세종의 『훈민정음해례』에 의한 한글 모·자음 오행을 바탕으로 삼고, 한자의 자원(字源) 오행을 정교하게 적용하여 용신 오행성이 강한 성명을 추구합니다. 그래서 이재승 박사님의 『명리·용신 성명학』은 학술적이고 타당하며 학문 체계가 분명합니다.

이재승 박사님의 이 저서가 우리나라 성명학계를 환골탈태시키고 학문 발전에 큰 족적을 남기리라 믿습니다. 학술적으로 체계화된 성명학이 많은 이의 행복과 자아실현에 이바지하기를 기원하며 추천사에 가름합니다.

前 동방대학원대학교 미래예측학과 전임교수, 문학박사(명리성명학)

노겸(勞謙) *가세동* 올림

추천사 2

  사람의 이름은 한 개인의 삶에 대한 철학과 좌표를 담고 있는 점에서 예나 지금이나 그 중요성이 큽니다.

  한 개인의 이름은 때론 실패와 성공을 좌우할 만큼 사회생활 전 영역에서 영향을 미치고 있음을 부정할 수 없습니다. 이러한 점에서 저자의 이 저서는 이름이란 것은 단순히 한 개인의 신분을 표상하는 것만이 아니라, 우리가 이름을 통해 의미 있는 삶을 살아가도록 좌표를 제시하고 있다는 점에서 학계와 독자들에게 큰 울림을 줄 것입니다.

  이 저서의 추천인은 한국연구재단(K.C.I) 급 학술지를 발간하는 학술원의 이사장으로서 이재승 박사의 본 저서가 출간되기까지의 전 과정을 생생하게 지켜보았습니다. 이 저서는 국내의 저명 학술지에서 논문심사를 통과하여 학술적인 검증을 마쳤습니다. 저자가 한국연구재단(K.C.I)에 게재한 논문들을 위주로 구성되어 있고 학술대회에서 최우수 학술논문으로 선정된 글들도 포함되어 있다는 점에서 학술적인 의미 또한 작지 않다고 할 것입니다.

  끝으로, 이 저서는 곳곳에서 학문을 탐구하는 선비와 모습을 담고 있습니다. 동시에 성명학을 독자적이고 체계적인 학문영역으로 개척하고자 하는 노력이 숨 쉬고 있다는 점에서 이재승 교수의 학자적인 겸손함과 열정에 경의를 표합니다.

Add words)
금 번 이 연구서가 완성되기까지
저자가 노력하고 땀 흘린 시간이야말로
한 개인의 삶에 있어서
이름의 중요성과 의미를 인식하고
누구나 실천하여 성취하는 삶을 누리기를 희망하는
연꽃과 같은 마음입니다.
이름은 그 자체로서
인간에게 소중한 존재의 표식이며
인생에 대한 의미와 지향점을 담으니
한 사람의 평생 얼굴입니다.

2024년 11월 마지막 날,
국제인문사회 연구학회장 국제정치학박사
김태운 배상

추천사 3

'태연 이재승' 교수님이 소속한 한국 열린사이버대학교 통합치유학과 학과장 김미경입니다.

치유(Healing)는 사람이 사람에게 베풀 수 있는 사랑의 행위이고 심신을 생동시켜 건강과 승화에 이르게 하는 아름다움입니다.

이재승 교수님은 동양철학의 음양오행론을 현대인의 심신치유에 접목하는 학술적 연구를 진행해오셨고 학술에 임하는 진지함, 경건함, 열정으로 감동을 주시는 분이십니다.

성명은 개인의 정체성이고 이름에서 우러나는 감정이나 연상작용은 사람의 자아 이미지에도 영향을 미칩니다. 개인의 사회적 상징으로서 계층을 연상시키고 개인의 사회성에 영향을 줍니다. 사람의 대인관계 형성에 영향을 주고 친밀감과 감정의 상호작용으로 개인의 자존감에 영향을 줍니다. 그러므로 고상하고 다복하다는 믿음을 주는 이름은 긍정적인 성격과 운명 발달에 대한 믿음을 주어 사람을 깨어있게 하고 개척하게 합니다.

우리나라는 근대화 과정에서 전통적인 관념과 서양 문화 사이의 충돌과 갈등이 큰 시기를 거쳤고 지금도 그런 요소는 잔존 합니다. 이런 가운데 우리의 의식은 어느새 문화나 외적 조건에 서열을 두는 오해와 편견에 의해 지배당할 수 있었고 그런 과정에서 소외된 사람들은 치유와 희망을 갈구하게 되었습니다.

이재승 교수님은 동양철학 음양오행론의 정수라 할 수 있는 명리·성명학을 전공 한 철학박사입니다. 운명은 개척할 수 있는 대상이며 명리·성명학의 심리, 건강, 오복, 개운 이론은 현대인의 심신치유에 유용함을 같이 강조하셨고 그런 방향의 연구를 진행하시는 참된 학자입니다. 이재승 교수님의 논문이 한국학술재단 등재 학술지에 게재될 때마다 저 역시 학자로서 경외심과 존경심이 있었습니다.

이제 이재승 교수님의 『명리·용신 성명학 원론』이 산고의 시간을 거쳐 세상에 나옵니다. 학술적으로 완성도가 큰 이 저서로 말미암아 음양오행론에 의한 심신치유가 활성화되고 좋은 이름으로 오복을 보완하며 긍정적이고 적극적인 삶의 자세로 발달을 추구하는 에너지와 희망이 널리 전파되기를 소망합니다.

이재승 교수님과 이 저서의 독자에게 행운과 축복이 함께하기를 기원하면서 추천의 글을 기쁜 마음으로 몇 자 적었습니다.

2024년 첫눈 내리는 날,
한국 열린사이버대학교 통합치유학과 학과장
김미경 교수 올림

목차

Ⅳ. 한글 순음 · 후음의 성명학적 고찰

Ⅴ. 한글 오행과 한글 성명학의 난제

VI. 용신을 적용한 한글 모 · 자음오행 성명학

VII. 용신에 의한 한자 자원오행 성명학

Ⅷ. 용신 성명학의 작명

Ⅸ. 여타 성명 이론의 학술적 비판과 대안

X. 성명 일반론

XI. 결론(結論)

표 차례

그림 차례

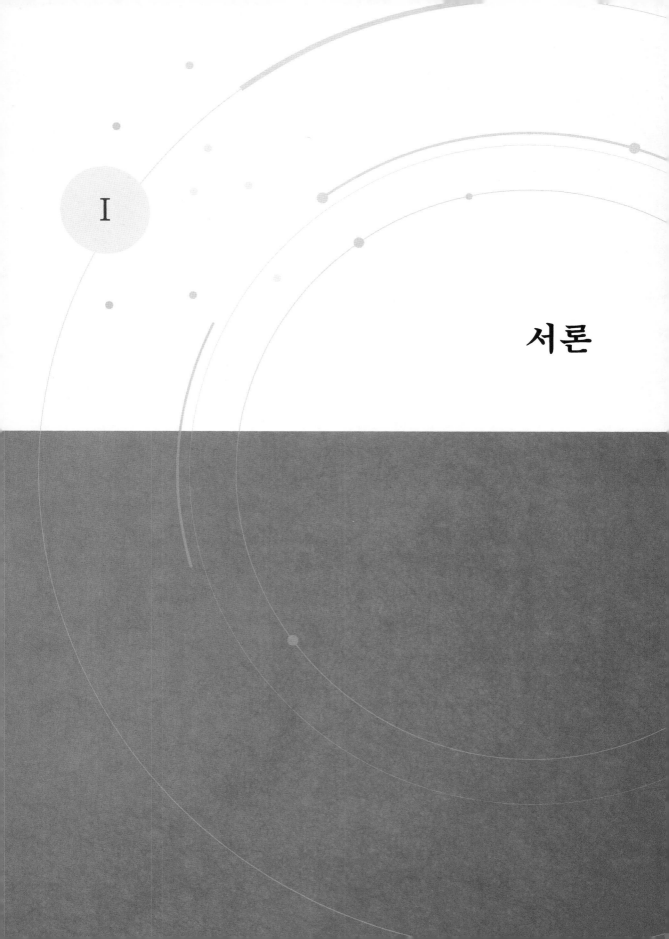

I

서론

1. 연구 배경과 목적

인류의 보편적 언어문화가 그러하듯이 우리나라의 언어문화에도 사람을 타인과 구별하여 호칭하고 인식하는 수단인 이름이 있고 가계(家系)를 표시하는 성(姓)이 있다. 부계혈통을 나타내는 성(姓) 아래에 이름[名]을 붙여 호칭으로 사용하는데 성과 이름을 통칭하여 성명(姓名)[1]이라고 한다.

노자[老子, 생몰(生沒) 미상]는 『도덕경(道德經)』에서 이름으로 존재를 규정할 수 있다는 의미로서 "이름이 없는 것은 천지의 시작이고, 이름이 있는 것은 만물의 어머니"[2]라 하여 이름의 의미를 강조하였으며 공자(孔子, BC 551-479)도 "이름이 바르지 못하면 말이 순하지 아니하고, 말이 순하지 아니하면 일을 이루지 못한다."[3]라 하여 바른 이름의 중요성을 말하였다. 성현(聖賢)의 말처럼 이름은 개인의 정체성을 표현함과 동시에 한 인간의 존재 목적을 공인하는 수단인 것이다.

---

* 본서는 독자의 가독성 향상을 위해 오행(五行)과 간지(干支)를 한자로 표기하였다.
1 "보통 성과 이름을 모두 합쳐 성명이라고 한다. 국립국어원에서 펴낸 『표준국어대사전』(1999)에서는 성과 이름이라 하여 성과 이름을 함께 표기하는 것을 제외하고 그냥 이름이라 하면 성명을 의미하는 것으로 사용된다. 또한 『說文解字』에 따르면 姓은 女(여자 여)와 生(날 생)을 합친 회의글자로서 여자가 자식을 낳아 공동체를 형성하고 혈족을 계승하던 모계사회의 관이 반영된 것이다. 名(이름 명)은 夕(저녁 석)에 口(입 구)를 합친 글자로서 저녁때 어두워서 잘 볼 수 없기 때문에 이름을 불러 상대를 확인하던 풍습에서 파생된 것이다." 김만태, 『한국 성명학신해』, 좋은땅, 2016, 13쪽.

2 『道德經』, "無名天地之始, 有名萬物之母."

3 『論語』「子路」, "名不正則, 言不順, 言不順則, 事不成."

한국인의 이름은 처음엔 토착어인 알타이어계 언어로 지어졌을 것으로 추정되나 한자의 유입과 성의 보급에 따라 현재의 한자식 이름이 정착되었다.[4] 한국인의 성(姓)은 단순히 사람과 혈통의 표시에 끝나지 않고 가족·친족 제도와 함께 사회 조직의 기조를 이루어 윤리, 관습의 기본이 되어 왔다.[5] 한국인의 명(名)은 가문의 내력을 중시하는 풍토에 의해 항렬(行列)에 따라 이름 짓는 문화가 발전·전승되었고[6] 말의 주력(呪力)을 믿는 언령(言靈) 사상, 남아선호사상, 장자(長子)를 중시하는 문화, 신분 질서 등도 성명문화에 영향을 끼친 바 크다.

현재 우리 사회에는 문명의 급속한 발전과 개인주의의 확장으로 인해 친족문화, 가부장적 문화, 장자(長子) 우선주의, 남존여비(男尊女卑) 사상 등의 전통 사회적 색채가 엷어져 가고 있으므로 이런 시류에 따라 성명의 문화도 변하고 있으며 특히 현대사회에서는 복(福)이 많다고 여겨지며 동시에 자신감을 줄 수 있는 고상한 이름을 선호하는 기층(基層) 심리가 이름에 대한 사회적 성향으로 자리 잡았다.[7]

신생아의 부모는 자식이 세련되고 다복한 이름을 갖기 원한다. 2006년 이후에는 성인 개명이 사회 현상이 되고 있는데 대법원의 사법통계[8]를 참조하면 2005년 11월 16일 개인의 행복 추구를 위해 성명권을 인정하는 대법원의 판례가 나온 후 개명신청이 증가하여 2008년부터 2012년까지 연평균 16만 1천여 명이 법원에 개명허가신청을 하였고 2015년엔 15만 7,425명이 개명신청을 하여 14만 8,133명이 개명허가를 취득하였다.[9] 개명신청 시 명목상 여러 사유를 내세울 수 있지만 실제적 사유는 대부분 복이 많으면서 자신감을 주는 성명을 사용함으로써 미래의 인생이 현재보다 발전하기를 염원하는 것이다.[10]

---

4   김만태, 「현대사회의 이름짓기 방법과 특성에 대한 고찰-기복신앙적 관점을 중심으로」, 『종교연구』 65, 2011, 156-157쪽.

5   이광신, 『우리나라 민법상의 성씨제도 연구』, 법문사, 1973, 6쪽.

6   이재승·김만태, 「한국 사회 성명문화의 전개 양상에 따른 한자오행법 고찰」, 『인문사회 21』 8(6), 아시아문화학술원, 2017b, 753쪽.

7   이재승·김만태, 위의 글, 753쪽.

8   (http://www.scourt.go.kr/portal/justicesta/justicestaListActidn.work?gubun=10).

9   이재승·김만태, 앞의 글, 2017a, 484쪽.

10   이재승·김만태, 「작명·개명의 사회적 현상에 따른 성명학의 용신 적용에 대한 고찰」, 『인문사회 21』 8(4), 아시아문화학술원, 2017a, 485쪽.

이러한 사회적 성향에 의해 성명학[11]에 의하여 신생아 작명과 성인 개명을 하는 성명문화가 대중화되었다.[12] 성명학을 통해 부족한 사주를 보완하여 더 발전되고 행복한 미래를 기원하는 현세 기복적 시도는 사람이 노력할 수 있는 주요한 운명 개척 방법의 일환이 되고 있다.[13]

현대 성명학의 주요 목적은 개운(開運)을 통해 개인의 자아실현에 소용되는 다복한 성명에 관한 연구이다.[14] 그러므로 성명학은 반드시 음양오행론을 인생에 적용하는 명리학[15]에 바탕을 두고 학문적 체계를 확립하여 개개인의 행복 실현에 기여할 수 있는 학문으로 발전해야 한다.

명리학에는 사람 운명의 길흉과 고저(高低)를 예측할 수 있는 수단으로 활용되는 중요한 개념인 용신(用神)이 있다.[16] 용신이란 사주 당사자를 위해 제일 중요한 역할을 하는 간지

---

11 "역학 관점 성명학이란 '이름의 좋고 나쁨이 당사자의 운명과 관련이 있다고 전제하면서 이름을 짓거나 풀이하는 추론체계'로 정의할 수 있다." 김만태, 「현대 한국사회의 이름짓기 요건에 관한 고찰-발음오행 성명학을 중심으로」, 『한국민속학』 제62집, 한국민속학회, 2015, 276쪽.

12 "작명법에 관해 시중에 나와 있는 책만 하더라도 120종이 넘고 인터넷상 작명관련 운세사이트와 카페도 900여 군데가 넘은 것은 그만큼 좋은 이름을 지으려는 사회적 수요는 큰 반면 작명법에 대한 이견은 분분하다는 반증이다." 김만태, 앞의 책, 2016, 37쪽.

13 이재승·김만태, 앞의 글, 2017a, 485쪽.

14 필자는 '오직 명리학에 기초하여 이름 짓기 이론과 실제를 연구하는 성명학만이 진정한 성명학이다'는 '관점'에 기초하고자 한다. 그 이유는 논(論)과 학(學)을 구별하지 않는 착시의 오류를 극복하고자 하기 때문이다. 한국학, 국어국문학, 사회언어학, 민속학 등 비명리학계의 성명연구는 성명에 대한 관찰이고 명리학에 기초한 성명학은 역학에 근거하면서 개운(開運)을 추구하는 작명이론에 대한 고찰이므로 본질적으로 다른 것이다. 따라서 비명리학계의 성명 관련 연구는 각각의 학문 분야에서 지엽적인 논(論)이 된다.
부연하면 '크게 이루거라'의 의미로 '大成'이라 작명하는 것처럼 말의 주력(呪力)을 믿고 기원하는 언령사상(言靈思想) 관점의 인명 고찰, 또는 한 시대의 이름 짓기 문화를 현상적, 역사적으로 관찰하므로, 이름 짓기를 위한 구체적 학술체계나 논리가 없으니 '논(論)'의 범주에 국한되는 제한성이 있다.
그러므로 국어국문학, 한국학, 사회언어학 등 여타 분야의 관점에서 간혹 시행되는 인명의 사회적 경향(trend)에 대한 연구는 결코 명리·성명학 고유의 범주에 있다고 볼 수 없다.

15 김만태는 명리학을 범위와 대상을 포괄하여 현대적으로 정의하였다. "일월오성(日月五星)·28수 등 천체를 포함한 자연의 질서와 그 질서에 상응하는 인사(人事)관계를 음양의 소식(消息)과 오행의 생극제화(生剋制化)를 통해 음양오행론을 정립하고 간지력을 창조한 중국과 그 주변국(한국·일본)에서 사람의 생년월일시를 간지(干支)로 치환한 후, 일간(日干)을 중심으로 그 상호관계를 해석하여 인간 삶의 길흉과 관련된 요수·빈부귀천·성패 등의 차별함을 추리하기 위해 만들어진 예언체계이다." 김만태, 『증보 명리학강론』, 동방문화대학원대학교, 2017, 1쪽.

16 이재승·김만태, 위의 글, 485쪽.

오행이며 행운과 복록을 유지·확장시켜 발전과 번영에 관여하는 오행이다.[17] 따라서 명리학에서는 사주의 용신을 합당하게 도출하는 문제는 사주 분석의 주요 요건이 되고 있다.

김만태는 현재 우리나라에는 대표적으로 9종의 성명학이 있다 하였다.[18] 필자는 여기에 한자의 자원(字源)에 오행을 부여하여 성명에 활용하는 자원오행 성명학을 추가하여 10종으로 분류한다. 그러나 이상의 10종 성명학 중 학술성이 미미하거나 없는 것도 있다.

본서는 성명문화의 전개 양상과 현행 성명학의 양태(樣態)에 대한 인식에 기초하여, 성명에 명리학의 용신을 적용함으로써 성명학에 대한 기층(基層) 요구에 대응할 수 있는 용신 성명학의 학술적 요소를 구현하고 학문적 체계를 확립하고자 하는 글이다.

필자는 사주를 분석하여 용신을 정확하게 도출하고 한글 오행과 한자 자원오행(字源五行)을 이용하여 성명에서 용신이 강하게 하는 학술적 체계가 확립된다면 이는 가장 학문적이고 전문적인 성명학이 된다고 사료한다.

---

17 박재완, 『명리요강』, 역문관, 1985, 81쪽.

18 김만태는 『한국 성명학 신해』에서 다음과 같이 9종의 성명학에 대해 설명하였다.
   ① 역상 성명학: 한국에서 가장 오래된 성명학이다. 정확하게 말하면 성명학이 아니라 이름자에 의거한 운수 판단법이다. 이름자의 한자 획수로 주역의 대성괘(大成卦)를 만들고, 경우에 따라서는 동효(動爻)까지 산출하여 그 괘상으로 이름에 담긴 운명의 길흉을 해석한다.
   ② 수리 성명학: 이름의 한자 획수를 계산하여 그 배합한 수로 4~5개의 이름 격(格)을 정한 후 81개의 영동수(靈動數)에 각각 담긴 의미와 길흉을 판단하는 성명학으로서, 발음 오행 성명학과 더불어 현재 한국에서 가장 널리 활용되고 있다.
   ③ 삼원 오행 성명학: 수리 오행 성명학이라고도 한다. 이름의 한자 획수를 조합하여 천지인(天地人)의 삼원(三元)으로 구분한 후, 그 획수 오행의 배합이 상생·상극인지에 따라 이름의 길흉을 판단하는 것이다. 대개 천(天)은 성과 이름 끝 자를 합한 수, 인(人)은 성과 이름 첫 자를 합한 수, 지(地)는 성을 제외하고 이름자를 모두 합한 수로 본다.
   ④ 발음오행 성명학: 사람의 소리도 오행에 근본을 두고 있다는 인식에서 한글 자음의 소리를 오행으로 구분하여 각 이름자의 오행이 상생하고 조화되도록 작명하는 것이다. 사람의 소리를 그대로 기호로 나타내는 문자인 한글의 특성에 따른 성명학이다.
   ⑤ 용신 성명학: 먼저 본명인의 사주(四柱)를 분석하여 후천적으로 보완할 음양오행의 글자, 즉 용신(用神)을 분석한 다음 수리오행·발음오행·자원오행 등으로 보완하는 작명법이다. 현존하는 작명법들 중에서 가장 종합적이며 전문적인 방법이다.
   ⑥ 측자파자 성명학: 한자 이름을 직관적으로 결합하거나 분리하여 그 안에 담긴 내용을 유추해서 사람 운명이나 특정 사실을 추리, 판단한다.
   ⑦ 곡획 성명학: 생년별 간지(干支)의 선천생수(先天生數)에 이름자의 필획수(筆劃數)와 곡획수(曲劃數)를 합한 수로 이름의 길흉을 판단한다.
   ⑧ 신살 성명학: 12신살(겁살, 재살, 천살 등)이나 육수(六獸, 청룡·주작·구진 등)의 신살을 가지고 이름의 길흉을 해석한다.
   ⑨ 소리 성명학: 한글 자음의 소리오행과 생년의 간지를 가지고 식신, 겁재, 비견 등의 육신(六神)을 붙여서 이름의 길흉을 판단한다.
   김만태, 『한국 성명학 신해』, 좋은땅, 2016, 38-39쪽.

특히 성명에 한글과 한자를 같이 사용하는 한국 성명문화의 특수성을 반영하여 볼 때 용신 성명학적 연구와 적용은 한글의 오행과 한자의 자원오행을 통해 구현할 수 있다.

그러므로 본서에서는 용신 성명학의 주된 연구 분야를 첫째, 명리학 고유의 오행, 십성, 심리, 합충(合沖)의 응용 이론을 포함한 '성명학적 용신론', 둘째, 심신(心神)의 강화를 위한 '용신의 활용론', 셋째, 명리·역학과 국어학의 융합연구인 '용신의 한글 모·자음오행 성명학', 넷째, '명리·역학과 한자학의 융합연구인 용신의 한자 자원오행 성명학' 등으로 정립하고자 한다.

또한, 명리·성명학자는 사주 명조의 종합적 분석을 통해 본명인의 인성, 적성, 심리 변화, 운의 흐름, 건강, 개운법 등을 상담하고 지도하여 내담자의 심신치유와 자아실현을 조력할 수 있는 소양이 필요하므로 이러한 부분의 연구 또한 명리학에 의거하는 용신 성명학의 확장 가능한 분야로 볼 수 있다.

그러므로 용신 성명학은 명리학의 전문적 소양을 갖춘 사람만이 사용할 수 있는 성명학이므로 본서에서는 이 점을 통찰하여 목차에 있어서 용신 성명학자에게 필수적인 명리학의 중요 내용들이 전반부에 나오게 하고 기초 이론부터 심화 이론까지 단계적으로 장, 절을 구성하겠다.

용신 성명학이 학술적으로 완성되기 위해선 반드시 해결해야 할 과제들이 있다.

첫째, 성명학적 용신론의 체계를 세우는 것이다. 명리학 주요 고전마다 주된 용신론이 상이(相異)한 문제로 인해 학자에 따라 동일 사주의 용신을 달리 보는 현상이 있다. 용신론에 대한 다수의 선행논문도 있으나 원론적 연구에 치우쳐 실제 임상에서 수많은 사주 명조의 용신을 정확히 도출해야 하는 난제를 해소하지 못하고 있다.[19] 그러기에 일부에서는 용신 도출이 난해하다는 이유로 용신론을 도외시하거나 회의적으로 보기도 한다.

작명 현장에서도 용신을 성명학에 적용하는 체계화된 학술적 연구가 미비한 가운데 학술적 기반이 결여된 작명법이 유행하고 있다. 사주원국에서 일간의 왕쇠(旺衰)·조후(調候)·격국(格局), 합충(合沖) 이론 등을 고려하여 용신을 도출하는 전문적인 과정을 수행하지 않

---

19 이재승·김만태, 「사주명조의 계량화와 성명학적 용신법 고찰-내격사주를 중심으로」, 『동방문화와 사상』 6, 2019b, 101쪽.

은 채, 무존재 오행, 미약 오행을 우선하거나 근거가 불명한 이설(異說)을 위주로 하는 작명론들도 난무하고 있으며 그중 한두 가지만 습득하더라도 작명가로 활동하는 데에 지장이 없는 것도 현실이다.[20] 학술적 원리와 요소가 결여된 작명이론은 오히려 성명학의 공신력을 저하하고 학문의 성장·발전에 지장을 초래하는 부작용이 크다.[21]

논자는 명리학에서 용신론의 위상은 높지만, 일부에서 용신론을 불용(不用)하는 시류(時流)도 있는 가운데 성명학적 용신론이 정립되지 않아 용신 성명학이 확립되지 못하는 현상을 직시하고 있다.

용신은 동양 사상의 중요 개념인 중화(中和)의 원리에 가장 부합되는 개념으로서 존재성과 효용을 부인할 수는 없다. 오히려 용신을 연구한 선학자의 업적을 발전적으로 계승하여 용신의 도출과 적용에서 정확성과 학술성을 증진하는 것이 후학자의 마땅한 의무이므로 용신론 연구와 용신의 성명 적용을 기피해서는 안 된다.

논자는 용신 성명학이 확립되기 위해서는 무엇보다도 성명학적 용신론을 공고히 함이 최우선적인 선결과제라고 생각한다. 그러므로 본 논문에서는 용신 도출에 영향을 미치는 천간, 지지의 합충 이론에 관한 연구를 포함하고 내격과 외격을 망라하여 성명학적 용신론의 체계를 세우는 연구를 시행할 것이다.

둘째, 세종의 훈민정음 모·자음오행의 성명 적용에 대한 난제(難題)를 학술적으로 해결하는 것이다. 성명에 대해 한글의 오행을 적용하는 분야가 초기에 술수계의 비학위자·비전공자들에 의해 시행되어 한글 오행의 성명 적용이 학술적 요소를 갖추지 못한 채 보편화한 한계성이 극명하다.[22] 이러한 문제점들을 신랄하게 지적하고 한글 발음오행을 성명에 사용하지 말자는 취지로서 사실상 한글 오행의 불용론(不用論)을 주장한 선행논문이 있다.[23]

---

20 위의 글, 101쪽.

21 위의 글, 101쪽.

22 이재승, 「성명학에서 한글오행의 적용의 난제(難題)에 대한 해결적 고찰」, 『인문사회 21』 9(2), 아시아문화학술원, 2019a. 932쪽.

23 이종훈, 「훈민정음 한글발음의 성명학 적용 문제점 고찰 및 대안 제시에 관한 연구」, 국제뇌교육종합대학원대학교 박사학위논문, 2018.

그러나 필자는 동양 역학, 명리학, 말과 글의 자·모음마다 오행이 배속되어 있는 우리말, 한자의 자원(字源) 등에 기초하는 성명학에서 성명의 한글 부분에 해당하는 한글 오행을 사용하지 말자는 주장에 동의할 수 없다. 필자는 한글 오행의 성명학적 적용에 대한 여러 난제(難題)가 있음을 인정하면서도 무엇보다 난제에 대한 학술적 해결 방안을 찾는 개척의 자세가 더 긴요하다고 사료한다.[24] '한글 오행의 불용(不用)'을 주장한 선행논문은 난제의 해결을 위한 학술적 탐구가 없다. 따라서 필자는 본서에서 한글 오행의 성명학적 적용에 대한 여러 난제의 해결 방안을 연구하고자 한다.

한글 모·자음오행 성명학이 학술성을 확보하고 정립되기 위해서는 최우선적으로『훈민정음해례』와『훈민정음운해』의 상이한 순음·후음의 오행 배속에 대한 성명학적 관점을 정립하여야 한다. 그리고 현행 초성배열법의 비학술성 문제, 한글 중성·종성의 활용에 대한 문제, 국어 음운법칙에 의한 한글 오행의 혼란 문제, 'ㅇ' 음가의 문제, 이자(二字) 성씨의 한글 오행 문제, 한글 모·자음오행과 자의(字義)로 상상되는 오행 간의 혼란 문제,[25] 성명학의 한글 오행 적용에 대한 타당성 논란, 한글 오행에 용신을 적용하는 문제,『훈민정음해례』에 대한 국어학과의 학제간 융합연구의 문제 등을 포함한 다수의 난제와 현안을 학술적으로 궁구해야 한다.

그러므로 필자는 본서에서 한글 모·자음오행 성명학에 대한 주요한 난제를 해결적으로 고찰하고 궁극적으로 성명학의 한글 부분에서『훈민정음해례』의 모·자음오행에 의거하여 성명의 한글 부분에 용신을 적용하는 학문적인 체계를 확립하고자 한다.

셋째, 한자 오행법의 성명학적 난제를 해결하는 것이다. 성명에 대해 한자 오행을 적용하는 분야 역시 학술적 요소를 갖지 못한 채 보편화된 문제점이 명확하다. 획수로서 한자의 오행을 배정하는 획수오행법, 수리(삼원)오행법을 학술적으로 검증하여 학술성이 미비하다면 작명 현장에서 사용하지 않도록 계몽해야 한다.

---

24 이재승, 앞의 글, 2019a, 932쪽.

25 예를 들어 우리말 '나무'의 오행을 ㄴ(火) ㅏ(木), ㅁ(土) ㅜ(火)의 결합으로 볼 것인지, 아니면 '나무'라는 말이 제공하는 심상에 근거하여 '木'으로 볼 것인지의 문제이다.

그리고 선행연구를 통해 학술적인 타당성과 역사성이 입증된 한자 자원오행법의 이론체계를 정립하고 완성해 나가야 한다. 그러나 현행 성명계는 1985년에 한 재야학자가 쓴 『오행한자전』이라는 책의 자원오행 배속을 무조건 답습하고 있으며 그 책의 오류는 학술적 검증 없이 성명계에 깊이 자리 잡았다.

따라서 한자 자원오행 성명학이 학술성을 확보하기 위해서는 동양철학과 한자학의 융합 연구에 의한 오행 배속의 원칙을 세워 현행(現行)하는 자원오행의 오류 문제를 해결하고 자원오행 배속의 적확성을 확립하는 것이 최우선적인 과제이다. 그리고 성씨 한자의 자원오행에 관한 연구와 활용 문제, 자원오행 간 상생상극에 대한 성명학적 이론 정립 문제, 용신과 일치하지 않는 무존재 오행의 문제, 불용문자론·측자파자론 등의 타당성 문제 등 자원오행 성명학의 다수의 난제를 해결적으로 고찰하고 정론(正論)을 수립하여야 한다.

이러한 문제의식에 기초하여 필자는 본 연구에서 한자의 자원오행 배속 원칙을 정립하여 현행하는 자원오행 배속의 오류를 시정할 것이다. 이어서 성씨 한자의 자원오행을 고찰한 후, 성씨 한자의 자원오행을 연구하고 214개 부수들의 자원오행과 오행 성의 강약(强弱)을 고찰하여 용신의 자원오행에 의한 한자 성명학을 확립하고자 한다.

이어서 용신에 의한 자원오행 성명학을 전통의 호(號) 문화로 확장시키는 연구, 한자 자원오행과 십성의 연관성, 한자 명의(名義)에 관한 연구를 시행하여 한자 성명학의 이론적 토대를 구축하겠다.

넷째, 현재 유행하는 주요 성명학 이론의 타당성과 문제점의 보완 방법을 학술적으로 검토하겠다. 맹목적인 비판이 아닌 대안 제시를 통해 학술성에 기초하는 성명학들이 다양성을 갖고 발전할 수 있도록 기여하고자 한다.

그러므로 본 논문의 연구 목적은 용신 성명학의 과제들에 대한 명확한 문제 인식에 기초하여 용신 성명학의 선결 요건인 성명학적 용신론을 정립하고 한글 오행과 자원오행(字源五行)의 이론을 학술적으로 심화하며 한글 오행과 자원오행에 명리학의 용신을 적용하는 방법론을 심도 있게 연구하여 용신 성명학의 학문적 체계를 확립하는 것이다.

필자는 본서를 통해 현행(現行)하는 성명학의 학술성 미비와 오류의 문제를 수정·보완하고 새롭게 정립함을 통해 다수의 난제를 해결하고 용신 성명학(用神姓名學)의 체계를 공고(鞏固)하게 할 것이다.

　필자는 본서의 연구로써 학술적으로 체계화된 용신 성명학에 의해서 대중의 성명에 대한 기층(基層)적 욕구를 충족시킬 수 있게 하고 명리·성명학이 실사구시(實事求是)의 학문적 면모까지 겸비하여 개인의 자아실현과 사회발전에 이바지할 수 있게 하고자 한다.

2. 선행연구의 검토

　2019년 1월 1일 현재 한국교육학술정보원에서 제공하는 학술정보서비스(RISS)에 따르면 '용신 성명학'을 직접적인 주제로 연구한 선행연구 논문은 필자가 주 저자나 단독 저자로서 게재한 학술 논문들 이외에는 없다. 이를 통해 명리학에서 용신론이 갖는 위상과는 달리 용신을 구체적으로 성명학에 적용하는 학술적 연구는 미진함을 유추할 수 있다.

　논자는 용신 성명학의 학술적 체계를 세우고자 총 18편의 학술논문을 주 저자나 단독 저자로서 게재하였는데 세부 사항은 한국연구재단(K.C.I) 등재 학술지 15편, 한국연구재단(K.C.I) 등재 후보 학술지 2편, 일반 학술지 1편 등이다. 이 논문들은 크게 보면 내용상 오행·십성·용신론 등 성명학의 토대가 되는 명리학적 연구와 한글 오행·한자 자원오행을 심층 탐구하고 성명에 대한 용신 적용법을 고찰한 성명학적 연구로 구분된다.

1) 필자의 명리학에 의한 용신 성명학 학술 논문

　이 소절에서는 용신 성명학의 학술적 체계를 세우고자 필자가 주 저자로 참여하거나 단독으로 연구하여 한국연구재단에 등재한 18편의 선행 학술논문을 검토하겠다.

　이재승·김만태(2017a)의 『작명·개명의 사회적 현상에 따른 성명학의 용신 적용에 대한 고찰』[26]은 사주의 중화를 이루는 데 주요한 역할을 하는 용신(用神)을 도출한 후 성명의 한글

26　이재승·김만태, 「작명·개명의 사회적 현상에 따른 성명학의 용신 적용에 대한 고찰」, 『인문사회 21』 8(4), 아시아문화학술

발음오행(發音五行)과 한자 자원오행(字源五行)에서 용신을 적용하는 용신 성명학(用神姓名學)을 고찰하였다.

한글 오행에 대해서는 초성·중성·종성을 모두 반영하면서 용신을 적용하는 한글 오행 성명학을 제안하였다. 한자 자원오행에 대해서는 성(姓)의 자원오행을 무시하고, 자원오행의 상생상극을 배제하며, 사주원국(四柱原局)에 존재하지 않는 오행으로만 작명하는 시류들의 문제점을 지적하고 한자 자원오행에 용희신을 상생 적용하는 자원오행 성명학을 제안하였다.

이재승·김만태(2017b)의 「한국 사회 성명문화의 전개 양상에 따른 한자오행법 고찰」[27]은 우리 사회 성명문화의 양상에 따라 성명학의 주요 요소인 한자오행법(漢字五行法)을 고찰하였다. 성명의 필수 요소인 한자오행법 중 자원오행이 성명학의 이치에 합당함을 밝히고 자원오행을 심층 고찰하여 부수(部首)의 오행성(五行性)에 대한 강약을 각 오행별로 분류한 후 자원의 용신(用神) 오행 성이 강한 한자를 우선하여 선정하는 성명학을 제안하였다.

이재승·김만태(2018a)의 「문화적 활용 요소로써 오링 테스트와 명리·성명학의 상관성 고찰」[28]은 인간의 저항 에너지를 이용한 신체적 파동검사인 오링 테스트의 명리·성명학적 상관관계를 규명하였다. 50인의 실험집단을 통한 연구 결과, 오링 테스트를 하면 용신(用神)의 색상, 용신의 자원오행(字源五行), 한자 자원오행이 용신 오행으로 구성된 한자 이름에서 피검사자의 저항 에너지가 더 강하다는 사실을 도출하여 오링 테스트가 용신 성명학에 유용한 참고 자료가 됨을 밝혔다.

이재승(2018b)의 「현대사회의 종격 사주에 대한 고찰」[29]은 종격 사주의 판별과 인·적성에 대한 적용을 논하였는데 특히 종격 사주에서 무존재(無存在) 오행은 사주 구성에 따라 용신

원, 2017a.

27 이재승·김만태, 「한국 사회 성명문화의 전개 양상에 따른 한자오행법 고찰」, 『인문사회 21』 8(6), 아시아문화학술원, 2017b.

28 이재승·김만태, 「문화적 활용 요소로써 오링 테스트와 명리·성명학의 상관성 고찰」, 『인문사회 21』 9(1), 아시아문화학술원, 2018a.

29 이재승, 「현대사회의 종격사주에 대한 고찰」, 『인문사회 21』 9(2), 아시아문화학술원, 2018b.

을 상극(相剋)할 가능성이 있으므로 유의해야 하며 종격 사주의 이름 짓기는 한글 오행과 한자 자원오행에서 용희신이 강하게 해야 한다고 말하였다.

이재승·김만태(2018c)의 「한국 성씨한자의 자원오행에 대한 고찰」[30]은 한자 성명의 필수 요소인 성씨 한자의 자원오행에 대한 체계를 세우고 성씨 한자의 자원오행이 바르게 활용될 수 있도록 하였다. 한자 자원오행 배속의 11원칙을 세운 후 이를 바탕으로 잘못 배속(配屬)되고 있는 성씨 한자의 자원오행을 검토했으며 100대 성씨 한자의 자원오행성(字源五行性)을 각각의 오행별로 강(强)·중(中)·약(弱)·무의미(無意味)·불명(不明) 등으로 분류하였다. 특히 오행 성이 분명한 성씨 한자와 모호한 성씨 한자를 구분하여 성씨 한자의 자원오행과 용신의 한자 자원오행이 상생되게 하는 용신 성명학의 이론체계를 논하였다.

이재승·김만태(2018d)의 「한글 순음·후음의 오행 배속에 대한 성명학적 고찰」[31]은 한글 오행에서 한글 순음·후음의 오행 배속에 대한 이론(異論)의 혼란을 해소하고자 하였다. 『훈민정음해례』와 『훈민정음운해』의 오행배속법이 갖는 음운학(音韻學)적인 역사와 배경을 살핀 후, 우리말 음운(音韻)과 중국 한자 음운의 오행 배속을 각각 달리 본 신숙주의 인식체계가 최세진(崔世珍)을 거쳐 신경준으로 이어졌으며 신경준이 『훈민정음운해』를 궁극적으로 저술한 목적은 중국의 한자 음운체계와 소통(疏通)하기 위한 '한자음운도(漢字音韻圖)'에 있었다는 점에 주목하고 한글 창제의 주된 취지, 순한글과 한자의 발음이 동일한 현대의 음운적 특징 등에 의거, 『훈민정음해례』의 오행 배속이 현대의 성명학에 합당하다는 결론을 이끌었다.

이재승·김만태(2018e)의 「사주 오행의 계량화와 적용에 대한 고찰」[32]은 계량화 기법을 명리학에 도입한 사주 오행 연구이자 성명학적 용신법을 세우기 위한 제1 단계적 논문으로 사주 오행을 수량화한 수치와 사람의 인성·적성·건강의 상관성을 고찰하였다.

---

30 이재승·김만태, 「한국 성씨한자의 자원오행에 대한 고찰」, 『문화와 융합』 40(3), 한국문화융합학회, 2018c.

31 이재승·김만태, 「한글 순음·후음의 오행배속에 대한 성명학적 고찰」, 『한국융합인문학』 6(3), 한국융합인문학회, 2018d.

32 이재승·김만태, 「사주오행의 계량화와 적용에 대한 고찰」, 『문화와 융합』 40(8), 한국문화융합학회, 2018e.

이재승·김만태(2019a)의 「성명학에서 한글 오행 적용의 난제(難題)에 대한 해결적 고찰」[33]은 학술적 요소를 갖추지 못한 채 보편화된 한글 오행의 성명학적 적용에 대한 난제를 해결할 수 있는 방안을 고찰하였다. 순음·후음 오행 배속의 혼선 문제, 발음 시 오행 변성 문제, 'ㅇ' 음가 문제, 초성 오행만의 상생상극 위주로 발음오행을 적용하는 문제, 이자(二字) 성씨의 초성 상극문제 등에 대해 고찰하고 해결 방안을 제시하였다.

이재승·김만태(2019b)의 「사주 십성의 계량화와 활용에 대한 고찰」[34]은 선행논문(2018e)에 이어서 수치화에 의한 성명학적 용신법을 세우기 위한 제2 단계적 논문으로서 사주 십성의 분석에 있어 계량화 기법을 도입하여 십성의 수량화된 수치와 사람의 인성·적성·육친 및 사회적 요소의 상관성을 고찰하였다.

이재승(2019c)의 「사주 명조의 계량화와 성명학적 용신법 고찰-내격 사주를 중심으로」[35]에서는 선행논문(2018e)과 선행논문(2019b)에 이어서 성명학적 용신법을 세우기 위한 제3 단계 논문으로서 사주의 수량화에 대한 선행연구의 성과를 바탕으로 용신 성명학의 선결 과제인 내격 사주의 성명학적 용신에 대한 체계를 세우고자 하였다. 억부용신을 적용하는 사주가 신약하면 비겁이나 인성에서 용신을 도출하고 신강하면 사주 상황에 따라 식상, 재성, 관성 중에서 용신을 도출함을 논하였다. 중화에 근접하는 중화신약, 중화신강 사주는 격국용신과 억부용신을 병용하여 성씨의 한글·한자 자원오행과 상생이 되게 하는 작명을 제안하였다. 만일 억부용신과 조후용신이 일치하지 않을 때는 조후용신을 우선하되 조후용신법 대상인 사주의 조후가 충분히 충족되고 있으면 다시 억부용신을 적용하도록 하고 이 경우, 조후가 충족되는 조건을 명시하였다.

이재승(2019d)의 「한국의 호(號) 문화에 대한 용신(用神) 성명학적 고찰」[36]에서는 용신 성명학의 연구 범위를 한국의 호(號) 문화에까지 확장하였다. 성명에서 보완할 수 있는 오행

---

33 이재승, 「성명학에서 한글 오행 적용의 난제(難題)에 대한 해결적 고찰」, 『인문사회 21』 10(1), 아시아문화학술원, 2019a.

34 이재승·김만태, 「사주십성의 계량화와 활용에 대한 고찰」, 『문화와 융합』 41(1), 한국문화융합학회, 2019b.

35 이재승, 「사주명조의 계량화와 성명학적 용신법 고찰-내격사주를 중심으로」, 『동방문화와 사상』 6, 동방문화대학원대학교 동양학연구소, 2019c.

36 이재승, 「한국의 호(號)문화에 대한 용신(用神)성명학적 고찰」, 『인문사회 21』 10(2), 아시아문화학술원, 2019d.

수량의 제한성을 극복하고 경명(敬名) 사상의 전승과 호 문화의 중흥을 위해 한국의 호 문화를 용신 성명학적으로 고찰하였다. 한국 호 문화의 전통적 작호(作號)의 8가지 유형을 살피고 福을 중시하는 용신 성명학적 작호의 유형을 '소복(所福)'이라고 명명하였으며 소복을 위한 용신 성명학적인 작호법을 예시하였는데 특히 한글 오행, 한자 자원오행이 모두 용희신(用喜神)이 강한 호를 으뜸으로 평가하였다.

이재승(2019e)의 「여성기 암(癌)의 명리학적 요인에 대한 실례(實例)적 고찰」[37]에서는 수(水) 오행과 인과성이 있는 실제 여성기 암 환자들의 사주 명조를 분석하여 여성기 암의 명리학적 요인과의 연관성을 고찰하였다. 여성기 질환의 일반적 요인과 명리학적 요인에 대한 이론을 개괄하고 실제 여성기 암 환자 30인의 사주 오행과 대·세운을 분석하였다. 그 결과, 여성기 암의 명리학적 요인과 발병의 연관성이 확인되었고 여성기 암의 명리학적 요인을 갖는 여성은 대·세운이 水 오행이나 사주 명조에 합(合)·충(沖)·형(刑)을 중첩시킬 때 중증(重症)의 질환이 발생할 수 있다는 결론을 도출하였다.

이재승(2020a)의 「현대 성명학에서 한자선정법의 난제에 대한 해결적 고찰」[38]에서는 현행 성명학의 한자 선정 난제를 사안별로 고찰하고 한자의 음양은 획수가 아닌 본질로 보아 한자의 오행은 획수가 아닌 자원(字源)으로 배속할 것, 자원오행 배속의 오류를 시정하기 위해 선행연구의 자원오행 배속 11원칙을 토대로 부수의 자원에 의해서만 오행을 배속할 것, 자원오행 간 상생, 상극을 인정하고 성씨 한자의 자원오행을 포함하여 최대한 용희신의 상생이 되게 할 것, 사주 보완적 작명은 무존재의 오행이 아닌 용신 오행으로 행할 것, 학술적 근거가 없는 불용문자론을 폐기할 것 등의 해결안을 논하였다.

이재승(2020b)의 「용신 성명학의 한자 부문에서 십성의 적용에 대한 고찰」[39]에서는 사주의 '나'인 일간 기준, 한자 자원오행에 십성을 배정하고 십성이 용희신일 때의 긍정적 의미, 기구신일 때의 부정적 의미, 그리고 한자의 철학과 사상이 담긴 본의(本義, 최초의 원뜻)

---

37 이재승, 「여성기 암(癌)의 명리학적 요인에 대한 실례(實例)적 고찰」, 『인문사회 21』 10(6), 2019e.

38 이재승, 「현대 성명학에서 한자선정법의 난제에 대한 해결적 고찰」, 『인문사회 21』 11(4), 2020a.

39 이재승, 「용신 성명학의 한자 부문에서 십성의 적용에 대한 고찰」, 『원불교사상과 문화』 85, 2020b.

등을 종합하여 성명학의 한자 명의(名義) 해석법을 확립하였다.

이재승(2021a)의 「명리학 천간합충(天干合沖) 이론의 활용에 대한 고찰: 심리·용신·성명을 중심으로」[40]에서는 천간(天干)의 합충(合沖) 이론을 심리·용신·성명 등의 분야에 활용하는 이론적 토대를 확립하였다. 특히 천간합이 완벽하여 합의 결과 다른 오행으로 변하는 합화(合和)의 기준을 제시하였고 천간합을 추구할 뿐, 합화하지 못하는 경우의 심리 문제를 조명하였다.

이재승(2021b)의 「명리학에서 지지합충(地支合沖)에 의한 합력(合力) 차 고찰」[41]에서는 명리학 지지(地支)의 합충(合沖)을 응용하여 지지합의 유형별 합력에 차등을 두어 오행 변성의 합화(合化) 여부를 판별하고 이를 일간 강약과 용신에 적용하는 체계를 확립하고자 하였다. 특히 지지 합력 차를 4단계로 분류하고 '완전한 합화'와 '대부분 합화'의 경우는 일간(日干) 강약과 용신(用神)의 변화가 가능함을 논하였다.

이재승(2023)의 「음양오행론(陰陽五行論)에 의한 현대인의 심신치유」[42]는 음양오행론과 여기에 기초한 명리학·동양 철학·약재론 등의 이론을 현대인의 심신치유에 적용하는 방법에 대해 질적 연구로써 모색하였다. 특히 명리학의 용신을 심신의 치유 보조 역할이 가능한 물상(物像)에 적용하는 방법을 구체적으로 논함으로써 용신 성명학의 범주에 개운(開運)을 위한 용신의 활용법을 편입하였다.

이재승(2024a)의 「인명 한자 214 부수의 자원(字源)에 의한 성명학적 오행 배속」[43]은 인명 및 상용한자에 사용되는 214 부수의 어원과 본의, 오행 성의 강약을 논하였다. 한자학·중문학과 명리·성명학의 학제간 융합연구를 통해 현재 시중에서 유통되는 성명 관련 책들이 가진 자원오행 배속 오류를 시정하고 한자오행성을 강·중·약·불명으로 분류하였다.

이재승(2024b)의 「작명현장의 주요 성명이론에 대한 분석과 비판에 대한 고찰」은 시중

---

40 이재승, 「명리학 천간합충(天干合沖)이론의 활용에 대한 고찰: 심리·용신·성명을 중심으로」, 『인문사회 21』 12(3), 2020a.

41 이재승, 「명리학에서 지지합충(地支合沖)에 의한 합력(合力) 차 고찰」, 『인문사회 21』 12(6), 2021b.

42 이재승, 「음양오행론(陰陽五行論)에 의한 현대인의 심신치유」, 『인문사회 콘텐츠학회지』 1(1), 2023.

43 이재승, 「인명 한자 214 부수의 자원(字源)에 의한 성명학적 오행 배속」.

작명소나 작명 앱(APP)의 작명이론을 학술 관점에서 비판하고 대안을 모색하였다.

2) 필자의 명리·용신 성명학 박사학위논문

이재승(2019f)은 『명리학의 용신(用神)에 의한 성명학 연구』[44]에서 용신 성명학의 주된 범위를 성명학적 용신론, 명리·역학과 국어학의 융합연구인 한글 오행 성명학, 명리·역학과 한자학의 융합연구인 자원오행 성명학으로 정립하고 이 3대 분야에 대한 심도 있는 연구를 진행하였다.

음양오행, 십성에 의한 심리이론과 사주 일간의 강약, 조후를 위주로 사주 용신에 초심자도 접근할 수 있도록 사주간지를 고전에 근거하여 수량화하였고 이에 따라 본명인(本名人)의 성품과 직업적성의 특징을 파악하는 기준을 논하였다.

내격의 용신법에서 겨울(해자축 월)과 여름(사오미 월) 출생 사주는 조후의 안정을 우선하되 조후가 충족되면 다시 억부용신을 사용하되 조후의 충족 조건을 명시하였다. 사주 간지의 계량화를 통한 일간 세력의 강약과 조후의 충족 조건을 제시하였고 일간 세력이 중화(中和)에 가까우면 격국용신도 병행하는 안을 제언하였다. 또한 외격(종격) 사주의 특징과 판별법 및 해석법을 논하였다.

용신을 적용하는 성명의 한글 부분에 대해서는 『훈민정음해례』의 모음·자음오행이 현대 성명학의 한글 부분에서 주류가 됨이 타당함을 논증하였다. 한글 오행의 초·중·종성을 『훈민정음해례』의 원리에 따라 수량화한 선행논문을 바탕으로 한글 오행 적용의 난제를 해결적으로 고찰하고 용신을 적용하는 한글 모·자음 성명학을 논하였다. 특히 재야의 초성 배열법, 순음·후음의 오행 배속은 폐기되어야 하고 『훈민정음해례』 제자해를 따름이 학술적으로 타당하므로 용신과 『훈민정음해례』 제자해 모·자음오행을 활용한 작명법을 학술적으로 예시하였다.

한자 자원오행에 대해서는 우선 한국 성씨 한자의 자원오행을 재배속하고 용신 성명학

---

44 이재승, 「명리학의 용신(用神)에 의한 성명학 연구」, 동방문화대학원대학교 박사학위논문, 2018.

에 맞는 자원오행의 배열법을 성씨 한자 자원오행을 포함하여 정리하였다. 자원오행 배속의 12원칙을 수립하여 오행배속법을 확립하였고 214개 부수 중 다용하는 부수에 대한 자원오행을 강·중·약·불명으로 분류하면서 시중에 유통되고 있는 자원오행의 오류를 수정하였다. 특히 오행 성이 미약하거나 없는 부수를 가진 한자는 용신 성명학의 목적을 달성할 수 없으므로 사용치 말 것을 주장하였다. 또한, 한자 자원오행과 용신을 융합한 용신 성명학적 작호법을 논하였다.

3) 기존 성명학에 대한 비판적 학위논문

(1) 작명 현장의 성명학에 대한 비판적 연구

권익기(2018)는 박사학위논문 「한국성명학의 작명 관련 비판적 연구」[45]에서는 성명학의 여러 작명법을 비평적으로 논하고 최적의 작명법을 찾기 위한 학술적 연구가 필요하다는 보편적 주장을 연구 결과로 제시하였으며 인명용 한자와 불용(不用)문자론을 검증하였다.

김영재(2021)의 박사학위논문인 「한국성명학의 배경과 구성이론에 대한 비판적 고찰」[46]에서는 자원오행 성명학, 수리 성명학, 주역 성명학, 한글 성명학으로 4분하여 비판적으로 고찰하였다.

필자의 선행연구에 대한 해석이 아쉽다. 이재승은 선행 박사학위논문에서 용신 성명학은 '사주 용신을 도출하여 한글 오행과 한자 자원오행에 대해 용신 오행이 강하게 하는 성명에 관한 학술적 체계'라 하였고 성명학적 용신론, 용신에 의한 한글 오행 성명학, 용신에 의한 자원오행 성명학 등을 용신 성명학의 3대 영역이라고 규정하고 순차적으로 학술적 체계를 세우는 연구를 시행하였으며 한자 자원오행 배속의 12원칙을 학술적으로 천명하고 철학관 운영자가 주로 저술한 현행 시중 작명 서적의 자원오행 오류를 검증·수정하였음에도 불구하고 이재승이 논한 '용신 성명학'이 김기승이 말한 '자원오행 성명학과 같다.'라

---

45 권익기, 「한국성명학의 작명 관련 비판적 연구」, 동방문화대학원대학교 박사학위논문, 2018.

46 김영재, 「한국성명학의 배경과 구성이론에 대한 비판적 고찰」, 국제뇌교육대학원대학교 박사학위논문, 2021.

고 결론지어 이재승의 연구를 축소하였다.[47]

(2) 비판과 대안을 제시한 박사학위논문

이종훈(2018)은 박사학위논문인 「훈민정음 한글 발음의 성명학 적용 문제점 고찰 및 대안 제시에 관한 연구」[48]에서는 토(土) 발음 오행과 수(水) 발음 오행의 혼란, 초성 위주로 하는 오행 적용, 두 자 성(姓)의 발음 오행의 애매함 등의 문제 등을 지적한 후 한글 발음 오행의 불용(不用)을 주장하면서 사주의 부족한 오행을 영어 이름의 자의(字意)와 한자 자원오행으로 보충하자고 하였다.

4) 사회언어학적 성명 연구

사회언어학[49] 등 비역학계의 성명 연구는 음양오행과 명리학에 기초하는 성명학에 대해 비판적 시각을 견지한다.

필자는 사회언어학의 이름 연구는 명리학에 기초한 성명학에서도 필요한 부분에 대해 주석을 달거나 배경 이론으로써 인용함이 가능하다고 생각한다. 또한, 명리 성명학에서도 사회언어학 연구를 융합적으로 진행할 수 있다. 따라서 논문 전반부를 사회언어학적 글로 서술하였을지라도 중후반부는 명리·성명학의 발전을 위한 사회언어학 요소의 융합과 활용의 단계로 진입하여 저자 고유의 연구 성과를 명리·성명학의 범주에서 적시할 때, 명리·성명학 연구자로서의 정체성을 유지하고 성명학 연구 논문으로서의 가치와 활용도가 있음을 강조한다.

---

47 이재승(2019)의 박사학위논문에서는 木 오행의 부수 ⺧을 '집 면'으로 칭하였는데 이 부분을 인용하며 ⺧을 '갓머리'라 하였으므로 다소 왜곡된 인용이다.

48 이종훈, 「훈민정음 한글 발음의 성명학 적용 문제점 고찰 및 대안 제시에 관한 연구」, 국제뇌교육종합대학원대학교 박사학위논문, 2018.

49 사회언어학은 한국인 이름의 역사와 발자취, 이름 짓기 실태와 변천 양상, 이름에 대한 한국인의 의식, 세대별 이름 선호도, 이름과 대중문화 등 이름에 대한 다양한 양상을 알고자 자료를 수집하고 연구하는 학술적 체계이며 국어국문학, 한국어학 연구자들이 주도하고 있다. 음양오행론, 명리학을 위시한 동양철학에 근거하여 개운을 위한 성명이론을 연구하는 명리 성명학과는 일부 공통부분을 공유할 수도 있으나 본질적으로 다른 학문이다.

5) 명리·성명학자 김만태의 성명학 학술논저

지금부터 학술연구정보서비스(RISS)로 검색되는 성명학 주제의 학술 논문 중 본서의 주제와 연관성이 큰 명리·성명학자 김만태의 선행논저를 검토하겠다.

김만태(2011)는 「현대 한국사회의 이름 짓기 방법과 특성에 관한 고찰-기복신앙적 관점을 중심으로」[50](2011)에서 "말의 주력(呪力)을 믿는 우리에게 이름은 단순한 개별 호칭 부호가 아닌 주술적 언어 부호의 역할을 하며 사주를 중화(中和)하고 상생(相生)과 조화를 이루도록 당사자의 선천적인 사주에 맞는 작명을 강조하였다.

김만태(2012)는 「훈민정음의 제자원리와 역학사상-음양오행론과 삼재론을 중심으로」[51]는 "음양오행 이치에 따라 훈민정음의 제자원리와 합자원리에 역학적 원리와 사상들이 함축되어 있다. 자질문자 체계와 철학적 사유 요소를 내포한 유일한 문자가 한글이다."라고 하였다.

김만태(2014)는 「창씨개명 시기에 전파된 일본 성명학의 영향」[52](2014)에서 "현재 가장 널리 활용하는 수리 성명학은 1920년대 후반, 구마사키 겐오(熊﨑健翁)가 창안한 오격부상법(五格剖象法)에 기원하며 성명이 운명을 좌우한다는 운명론적 인식을 홍보하며 작명 시 고수해야 할 관행으로 자리 잡았고, 과장된 논리를 합리화시키면서 불식되지 않은 채 성행하고 있는 데에 문제가 있다."라고 하였다.

김만태(2015)는 「현대 한국사회의 이름 짓기 요건에 관한 고찰-발음오행 성명학을 중심으로」[53]에서 오늘날 작명법 중 한글 초성 자음의 소리 오행을 통한 발음오행 성명학이 유행하고 있으나 후음(喉音)·순음(脣音)의 오행 배속의 오류, 중성 모음과 종성 자음의 적용 배

---

50 김만태, 「현대 한국사회의 이름짓기 방법과 특성에 관한 고찰」, 『종교연구』 65, 한국종교학회, 2011.

51 김만태, 「훈민정음의 제자원리와 역학사상-음양오행론과 삼재론을 중심으로」, 『철학사상』 45, 서울대학교 철학사상연구소, 2012.

52 김만태, 「창씨개명 시기에 전파된 일본 성명학의 영향」, 『동아시아문화연구』 57, 한양대학교 동아시아문화연구소, 2014.

53 김만태, 「현대 한국사회의 이름짓기 요건에 관한 고찰-발음오행 성명학을 중심으로」, 『한국민속학』 62, 한국민속학회, 2015.

제 등에 대해 문제를 제기하고 이에 대한 해결 방안을 연구 모색하였다.

김만태(2016)의 연구 저서인 『한국 성명학 신해』는 위에서 검토한 논문들을 위주로 하여 자원오행, 항렬자, 성명에 대한 사회언어학적 관점을 망라한 전문 서적으로서 학술 가치가 높다.

김만태(2020)는 「『훈민정음해례(訓民正音解例)』에 의거한 모·자음오행의 실증사례 분석」[54]에서 훈민정음의 제자원리와 역학 사상에 근거하여 저명 현대 인물 4인, 역사적 인물 2인, 중화민국 2인 등 8명 등의 사주에 대해 이름의 훈민정음의 모·자음오행이 갖는 보완성과 길흉을 고찰하였다. 또한, 불교의 육자진언인 '나무아미타불'과 '옴마니 반메훔'을 분석하여 불교 자연관의 4요소인 지수화풍(地水火風)과 훈민정음의 모자음오행이 갖는 연관성을 고찰하였고 한글 모자음오행 성명학의 주요 원칙을 천명하였다.

김만태(2021)는 「母子音五行의 성명학적 적용연구」[55]에서 『훈민정음해례』의 한글 자음, 모음오행을 모·자음오행이라 명명한 후, 훈민정음의 제자원리와 역학 사상에 근거하여 사주의 격국, 용신을 분석하고 후천적으로 보완할 오행을 찾은 다음 한글 모자음오행을 적용하여 작명함이 최적임을 말하였다. 초성, 중성, 종성 오행의 적용비를 보통의 경우와 발음상 변이가 발생하는 경우로 분류 후, 훈민정음 오행의 성명 적용법을 구체적으로 논하고 체계화하였으며 실제로 저명 인물의 삶을 위주로 적용하여 타당성을 논증하였다.

6) 명리학의 용신(用神)에 대한 박사학위논문

지금부터는 용신에 관한 연구를 검토하겠다. 이달현(2015)은 박사학위논문인 「사주명리학의 변격 사주와 용신의 적용에 관한 연구」[56]에서 변격(變格, 외격, 순응격, 종격이라고 함)에 대하여 집중적으로 논하였다. 이러한 변격에 대하여 충분히 논하고 나면 스스로 정격과 특

---

54 김만태, 「『훈민정음해례(訓民正音解例)』에 의거한 모자음오행의 실증사례 분석」, 『한국민족사상학회』 14(3), 2020.

55 김만태, 「母子音五行의 성명학적 적용연구」, 『동방문화와 사상』 6, 2021.

56 이달현, 「四柱命理學의 變格四柱와 用神의 適用에 관한 研究」, 대구한의대학교 대학원, 박사학위논문, 2015.

수격의 모든 격국에 대하여 이해하고 적용할 수 있다고 보았다.

박재범(2015)의 박사학위논문인 「명리학의 적천수, 자평진전, 궁통보감 용신론 비교연구」[57]에서는 3대 이론서의 용신 이론을 중점적으로 비교 분석하여 각기 다른 차이들을 자세히 살폈으며 각 용신론의 특징과 장단점을 살폈는데 3대 고전의 각기 다른 용신 이론체계에 따라 사주를 보는 관점적 차이가 있다는 것을 파악하였다.

유경진(2009)의 박사학위논문인 「명리학 용신 도출의 방법론에 관한 연구」[58]에서는 명리학의 주요 용신 이론을 체계적으로 해설하고 각각의 용신 유형에 맞추어 용신 도출법을 원론적으로 논하였다.

김준호(2018)의 박사학위논문인 「일간 중심의 용신과 『자평진전』의 격국용신에 관한 연구」[59]에서는 사주를 간명하는 데 있어서 '일간 중심의 용신'을 기준으로 보는 법과 『자평진전』의 격국용신을 기준으로 보는 법의 상호 보완적 적용이 필요하다 보았다. 사주를 간명하는 방법으로 일간(日干)이 사주 내에서 처한 상황을 파악하고 『자평진전』 격국의 틀에 대비시킨 후, 조후를 살펴보고 이어서 일간의 신강·신약을 판별하여 사주를 중화하는 용신을 찾는 차례로써 사주와 운을 간명하는 순서를 논하였다.

박숙희(2015)의 박사학위논문인 「사주 용신과 삶의 질의 관계에 관한 연구」[60]에서는 일반인을 대상으로 구조화된 측정 도구에 의한 설문조사를 통해 용신의 위세를 파악하고 용신과 생태체계 및 삶의 질의 관계를 서술적으로 심층 분석한 질적 연구를 시행하였다. 용신이 개인의 삶의 질에 관계되고 용신 작용으로 현재와 미래의 삶이 달라질 수 있으며 용신을 매개로 각자의 삶에서 시행착오를 줄이기 위한 상담의 기초자료를 제공할 수 있다고 결론지었다.

---

57 박재범, 「命理學의 滴天髓, 子平眞詮, 窮通寶鑑 用神論 比較 硏究」, 대구한의대학교 대학원, 박사학위논문, 2015.

58 유경진, 「命理學 用神 導出의 方法論에 관한 硏究」, 동방대학원대학교, 박사학위논문, 2009.

59 김준호, 「日干 중심의 用神과 『子平眞詮』의 格局用神에 관한 연구」, 대구한의대학교 일반대학원, 박사학위논문, 2018.

60 박숙희, 「四柱 用神과 삶의 질의 관계에 관한 연구」, 동의대학교 대학원 박사학위논문, 2015.

7) 성명학의 심리 치유 효과에 대한 박사학위논문

성명학의 심리치유 부분을 논한 선행 학위논문도 있다. 신상춘(2014)은 박사학위논문인 「개명 전후 이름이 자존감과 스트레스에 미치는 영향 및 SSC58-개명 상담모델 연구」[61](2014)에서 개명자 161명의 설문조사를 통하여 빈도, 일원 변량, 상관 분석 등의 방법으로 분석하였는데 개명 후, 개명자들의 자존감은 높아지고 이름 스트레스는 낮아졌음을 확인하였다.

3. 연구 범위와 방법

용신 성명학은 성명의 한글 부분과 한자 부분에서 용신 오행 성이 강한 작명을 하는 것이다. 따라서 용신 성명학은 한글 오행과 한자 자원오행에 용신을 적용하므로 한글 모·자음오행과 한자 자원오행을 사용하더라도 용신을 적용하지 않는 유(類)와는 차원이 다르다.

용신 성명학은 사주원국에서 용신을 도출하는 용신론, 한글 오행으로써 용신 오행이 다수를 점유하는 한글 모·자음오행 성명학, 용신의 한자 자원오행을 가진 한자를 선정하는 자원오행 성명학 등으로 구성체계를 가질 수 있다. 물론 수리나 여타의 이론을 추가하여 반영할 수 있지만, 그것은 어디까지나 필요조건이다. 그러므로 본서에서는 재야나 현장에서 성명 이론으로 사용되고 있더라도 논문화되지 않았거나 용신 성명학의 범주가 아닌 것은 연구 범위에서 제외한다.

본서의 구성은 크게 보아 명리학적 연구와 성명학적 연구로 양분되지만 두 분야의 학술적 연관성은 긴밀하다. 최적의 성명은 작명을 원하는 본명인 사주 명조의 오행·십성·용신·격국·조후와 심리·건강·육친문제·행운(行運)·인성·적성 등을 파악한 후, 용희신 오행의 기세

---

61 신상춘, 「개명전후 이름이 자존감과 스트레스에 미치는 영향 및 SSC58-개명상담모델 연구」, 동방문화대학원대학교 박사학위논문, 2014.

가 강하게 작명이 이상적이기 때문이다. 또한, 성명학자는 내담자의 이름에 대한 기층 요구에 대응하여 오복을 보완하고 고상한 이름을 작(作) 하여 제공하는 것 이외에도 작명의 기초 작업과정에서 분석된 명리학적 정보를 제공하여 인생의 발달과 자아실현에 도움을 줄 수 있어야 한다.

본서는 질적 연구 방법으로서 관련 문헌이나 선행 학위·학술 논문 등에 대한 문헌 조사 방법을 위주로 하였다. 특히 필자가 주 저자나 단독 저자로서 게재한 등재지·등재후보지 및 일반 학술지의 학술 논문 18편과 용신 성명학 주제의 박사학위논문 모두를 종합하고 추가적인 자료를 보완·인용하였다. 본서의 연구 범위와 내용은 다음과 같다.

제II장은 성명학적 용신론에 대한 기초이론 연구이다. 1절에서는 음양론, 천간 지지론, 지장간 이론, 오행별 왕쇠(旺衰)의 특징, 사주 명조의 오행 수량화와 인성, 적성에 대한 적용을 순차적으로 논할 것이다. 2절에서는 십성의 개념, 십성별 성향과 왕쇠의 특징, 십성의 수량화, 홀랜드(HOLLAND) 직업 이론과 십성의 관계, 십성의 인성, 적성에 대한 적용, 십성이나 오행의 왕쇠에 따른 건강과 육친관계 등을 논할 것이다.

특히 1절과 2절에서는 현대 명리학의 과제 중 하나인 경계와 기준의 모호성을 극복하고자 성명학적 견지에서 사주의 용신을 정확히 도출하는 방법론을 세우기 위한 전 단계적 고찰로써 계량화(計量化, 수량화) 기법을 도입하여 연구한다. 사주 음양오행과 십성(十星)에 대한 수량화와 분석으로 사람의 인성·적성·건강·육친·사회적 요소 등에 대한 적용법을 고찰하여 명리학에 기초하는 성명학을 연구하는 학자가 성명 외적으로도 희망과 지혜를 주는 안내자가 될 수 있도록 할 것이다.

3절에서는 합충 이론을 논한다. 사주 명조의 분석과 용신의 도출에 합충 이론이 미치는 영향이 크기 때문이다. 먼저 천간합의 성립조건, 천간합이 용신, 육친, 성품, 성명에 미치는 영향에 대해 논한 후 찬간 합충을 총론으로 요약하겠다. 이어서 지지의 다양한 합충 이론에 따라 지지합의 합력 차, 용신 변화에 미치는 영향을 심도 있게 논할 예정이다. 이어서 지지 오행 합화의 다양한 변수들을 논한 후 합화의 유형을 4단계로 세분하여 용신 변화의 가부를 논할 것이다.

제Ⅲ장은 성명학적 용신이론에 대한 연구이다. 용신 성명학이 성명학적 목적을 이루기 위해서는 개개인의 사주에 대한 용신의 적확한 도출이 필요하므로 성명학적 용신론에 대해 연구한다.

제1절에서는 사주 추명과 명리학에 기초한 작명에서 용신의 위상과 억부, 조후, 통관, 병약 용신을, 제2절에서는 격국용신에 대해 논한다. 제3절에서는 일간의 강약과 조후에 따라 최적의 용신법을 선정하는 분류기준을 실제 사주를 예시해 가며 설명할 것이다. 주요 명리 고전에서 일간 왕쇠(旺衰)의 기준, 조후(調喉)의 충족 기준, 내격과 외격(外格)의 분류 기준 등이 고전들 간에 이견이 있고 명확성이 결여되어 학자마다 동일 사주에 대해 용신에 대한 견해가 다를 수 있는 문제점이 있다. 그러므로 용신 도출의 분명성을 확립하기 위한 기준들을 체계화하여 성명학적 작명을 위한 용신 도출의 혼선 문제를 바로잡는다.

또한, 초심자도 용신에 쉽게 접근할 수 있도록 인문사회학의 계량화 기법을 사주 간지의 수량화 방식으로 도입하여 사주 명조에 대한 다양한 분류 기준을 명확히 정립하고자 노력할 것이다. 또한, 명리·성명학에서 격국용신의 병행 방안도 구체적으로 논하겠다.

제4절에서는 명리학 용신의 난제인 종격(외격) 사주를 현대적으로 재해석하여 사주 예시와 함께 논할 것이다. 특히 종격에 해당하는 사주와 종격과 유사하나 내격에 해당하는 사주의 판별 기준을 정립하여 명리학의 발전에 일조하고자 한다.

제5절에서는 용신의 개운 활용법을 제시한다. 따라서 용신 오행을 생활과 심신치유에 적용하는 연구를 시행하고 개운(開運)을 위한 용신의 활용 범위를 성명을 넘어 개개인의 삶에서 선용하는 방식으로 광역화하고자 한다.

제Ⅳ장은 한글 오행의 자음 부분에서 성명학의 한글 부문에서 최대 현안인 순음(脣音) ㅁ, ㅂ, ㅍ과 후음(喉音) ㅇ, ㅎ의 오행 배속 문제에 대해 고찰한다. 이어서 『훈민정음해례』 제자해의 한글 자음, 모음의 오행을 살피고 한글 모음, 자음오행의 성명 활용법의 혼선을 교정하는 연구를 진행한다.

제1절에서는 한글 순음과 후음의 오행이 세종이 저술한 『훈민정음해례』의 방식과 『훈민정음운해』를 위시한 중국어 운서(韻書)류의 방식 중 어느 쪽이 현대인의 성명학에 부합하

고 타당한지를 밝히는 것은 명리·성명학의 과제이므로 다양한 문헌에 의거, 논리적 검증을 진행한다. 이어서 한글 자음, 모음의 오행을 활용하는 한글 모·자음 성명학에서 혼란을 주는 문제들에 대해 해결적인 고찰을 시행한다.

제2절에서는 한글의 모·자음오행 배속과 그 원리에 대해서 『훈민정음해례』 제자해와 선행연구를 바탕으로 논한다.

제3절에서는 『훈민정음해례』 제자해에 근거해야 할 한글 모·자음 성명학에 있어 혼돈을 야기하는 다양한 난제에 대해 해결적으로 고찰한다. 순음(脣音)과 후음(喉音)의 오행 배속 문제, 국어 음운법칙에 의해 글자와 다르게 발음되는 이름의 오행 배속 문제, 초성 오행만을 사용하는 문제, 'ㅇ' 음가 문제, 두 자 성씨의 발음오행 문제, 한글에 대해 획수 음양의 타당성 문제, 한글 오행과 자의(字義, 심상, 이미지)에서 유추되는 오행의 혼선 문제, 성명학에서 훈민정음 모·자음오행 적용의 타당성 문제, 한글 오행의 명칭 문제, 모음 음양 적용문제 등 현재 한글 오행의 적용에 있어서 발생하는 다양한 혼선에 대해 해결적 연구를 시행한다.

제V장은 한글 모·자음오행에 사주 용신을 적용하는 분야를 학술적으로 연구한다. 현행초성 오행 배열법의 폐지 필요성을 주장하고, 『훈민정음해례』의 합자(合字) 원리에 따라 초성·중성·종성을 모두 반영하면서 용신을 적용하는 성명학이 현재와 미래에서 한글 성명학의 주류가 되어야 한다는 관점에 기초하여 심층 연구를 진행할 것이다.

제1절에서는 작명 현장에 널리 파급되어 있는 한글 3자 성명의 초성 배열법의 비학술적문제를 국어학적 관점에서 살펴보고 문제점을 비판할 것이다. 제2절에서는 『훈민정음해례』의 초·중·종성의 오행과 용신을 동시에 반영하는 한글 성명학 이론을 논할 것이다. 제3절에서는 인명에 잘 쓰이는 한글 글자들의 초·중·종성의 모·자음오행의 수량화에 대해 논하고 용신 오행이 대세인 한글 이름 짓기에 대해서 논한다. 제4절에서는 사주 용신과 한글모·자음오행을 활용한 한글 작명에 대해 신약, 신강, 중화 신약, 중화 신강, 조후 충족, 조후 미충족, 종격 등 다양한 사주 용신법의 유형별로 예시하고 이어서 한글 모·자음오행 성명학의 학술성을 공고히 하고자 동양철학적 기반에 대해 고찰한다.

제Ⅵ장에서는 한자 작명에서, 명리학의 용신을 적용하는 한자 자원오행 성명학에 대해 연구한다. 이 장이 본서의 가장 방대한 분량을 차지한다.

제1절에서는 성명 한자에 대한 일반론을 논하는데 특히 한자의 획수 음양, 획수 오행의 문제점과 비학술성을 비판한다. 관련 문헌의 연구를 통해 우리나라 성명 한자 선정의 일반적인 전개 양상을 살피고 성명의 필수 요소인 한자 오행법 중에서, 획수(劃數)에 의한 획수 오행법·수리오행법을 비판한다.

제2절에서는 한자 자원오행의 기초이론과 역사성을 논하고 이어서 성명학의 이치에 합당한 자원오행 성명학 이론의 개요를 살핀 후 사주의 보완 역할은 훈(訓)이 아니라 용신의 자원오행이 수행한다는 원리에 따라 훈의 대중적 의미보다는 자원오행의 용신 오행 성을 중시하는 방향으로, 인명 한자에 대한 인식 전환의 필요성을 강조한다.

제3절에서는 한자 자원오행의 심층 이론을 논한다. 자원오행 배속의 혼선을 교정하고 학술성을 구현하고자 성명 한자에 대한 자원오행 배속의 12원칙을 세운다. 부수(部首)의 자원오행 성을 각 오행별로 강·중·약·불명으로 분류하고 오행 성이 모호한 부수를 갖는 한자에 대한 작명 배제 필요성을 논한다.

제4절에서는 성명의 필수 요소이면서도 작명 현장에서 소외되는 성씨 한자의 자원오행을 재검토하고 오류를 시정한다.

제5절에서는 한자·중문학과 명리학을 위시한 동양철학의 융합연구를 통해 인명 한자 214개 부수 모두에 대한 자원과 오행성의 강약을 검토한다. 이를 통해 현장에서 사용되는 한자 자원오행의 오류를 바로잡고 부수의 어원에 따른 오행 성의 강약과 용신 오행을 한자 작명에 반영하는 '용신에 의한 자원오행 성명학'의 기초를 확립한다.

제6절에서는 현장에서 사용되는 자원오행 성명학의 문제점을 지적하고 이에 대한 해결적 고찰을 진행한다. 한자 자원오행 배속의 오류 문제, 성씨 한자의 자원오행을 반영치 않는 문제, 자원오행 간 생극(生剋)을 부정하는 문제, 사주 용신오행이 아닌 무존재 오행을 우선하는 문제, 불용문자와 측자파자론이 횡행하는 문제 등에 대한 비판적 고찰을 통해 '용신에 의한 자원오행 성명학'의 정도(正道)를 제시한다.

제7절에서는 용신에 의한 한자 자원오행 성명학의 특징을 말한다. 용신과 성씨 한자의 자원오행을 포함하는 자원오행 배열법과 용신오행 성이 강한 한자에 대한 작명 활용의 중요성을 논한다.

　제8절에서는 용신 성명학 한자 부분의 십성(十星)과 명의(名義)에 대해서 심층 고찰한다. 한자 자원오행과 천간의 관계성을 논한 후, 본명인의 사주일 간 대비하여 한자 자원오행의 십성을 배정한 후, 한자 자원오행의 십성이 본명인의 사주 보완과 행운(行運)에 미치는 영향에 대해 논한다. 이어서, 한자에서 배정한 십성의 용희신적 의미와 한자의 본의(本義)를 종합하여 본명인의 '한자 명의 해석법'을 논하며 이 절의 응용과정으로써 3자, 2자 성명문화에 의해 용신 성명학적으로 보완 가능한 용희신 오행 수에 대한 제한성의 문제를 해결하고 인간 존중의 경명 사상을 전승하고자 용신 성명학의 범위를 한국의 호 문화로 확장하는 연구를 시행한다.

　제9절에서는 한자·중문학과 명리학을 위시한 동양철학의 융합연구를 통해 대법원 인명한자 중 인명 상용한자를 엄선하여 한자의 본의와 오행 성 강약을 고찰한다.

　제Ⅶ장에서는 용신 성명학의 작명을 실례적으로 예시하여 고찰한다.

　제1절에서는 용신 성명학의 작명 5단계를 논하고 제2절에서는 사주를 신약, 중화 신약, 중화 신강, 신강, 여름 조후용신, 겨울 조후용신, 조후용신의 대상이나 조후 충족으로 억부용신을 쓰는 사주, 종격 사주, 종격의 일부인 화격 사주, 통관용신을 쓰는 사주 등에 대해 성명학적 용신법, 용신에 의한 한글 모·자음오행 성명학, 용신에 의한 한자 자원오행 성명학을 종합한 용신 성명학의 작명과정을 실례적으로 논하겠다. 이어서 용신 성명학의 과제를 용신성명학자적 관점에서 말하고자 한다.

　제Ⅷ장에서는 작명 현장에서 사용되는 성명 이론에 대한 비판적 고찰과 대안을 논한다. 첫째, 소리·획수오행·십성이론 등이 종합된 (파동)성격성명학에 대해서 비판적으로 살펴보고 학술화를 위한 대안을 제시한다. 둘째, 한자 획수에 의한 성명이론인 역상(주역)성명학, 81격 수리성명학, 수리(삼원)오행 성명학에 대해 비판적으로 살펴보고 학술화를 위한 대안을 제시한다. 셋째, 철학관 운영자들이 익명으로 운영하는 작명 앱의 주요 성명 이론에 대해 비판하고 대안을 제시한다.

제IX장에서는 성명학에 대한 일반적인 이론을 설명한다. 첫째는 성명학의 정체성에 대해 논한다. 우리나라 성명의 역사, 전개과정, 이름 짓기 현황 등을 중점으로 연구하지만, 음양오행론, 명리학, 작명이론 등에 대해서는 다루지 않는 사회언어학의 성명 연구에 대해 음양오행론과 명리학적을 위시한 동양학적 관점을 추구하는 성명학자는 어떤 시각과 입장을 가지는 것이 바람직한지에 대한 문제를 말하고 성명학과 사회언어학의 경계와 학제간 융합연구의 방향에 대하여 논한다. 이어서 개명 효과의 질적 연구를 논의하고 개명 관련 양적 심리연구 결과를 인용하겠다.

제X장은 결론 장으로서 본서의 중요 내용을 요약하고 결론을 내린 후 성명학의 발전을 위한 과제를 논하고 성명 학술서인 본서의 대미를 갈음하겠다.

Ⅱ

명리학 용신의
기초이론

제Ⅱ장은 '성명학적 용신법 연구'를 위한 1단계적 기초 연구이다. 1970년대 이후 인문·사회과학의 다양한 분야의 현상이나 현황을 설명하기 위한 방법론으로서 계량화(計量化, quantification)가 활용되고 있다.[1] 계량화는 사회·문화 현상을 연구하는 과정에서 어떤 현상의 특성이나 경향을 헤아려 수집한 자료를 객관적인 수량으로 나타낸다.[2] 즉 어떤 사실이나 현상을 관찰·조사를 통해 수치화하여 객관적인 결과를 얻고자 하는 기법인 것이다.

계량화는 양적(量的)인 수치화가 가능한 주제를 대상으로 한다. 예를 들어 동종(同種)의 회사들이 제공하는 서비스 품질들을 수치(數値)로 계량화하면 수치에 의해 경쟁업체 간 비교가 쉽기 때문에 소비자는 이를 참고하여 최적의 서비스를 제공한다고 생각되는 기업을 선택할 수 있고 기업도 타사(他社)에 대한 경쟁 전략을 세울 수 있는 주요 자료로 활용할 수 있다.[3] 그러나 계량화는 모든 문제의 절대적인 인과성을 파악하는 것으로는 볼 수 없으므로 한계성에 대한 명확한 인식에 기초하면서 현상(現象)과 수량(數量)의 상관성을 참고자료로 삼는 것이 타당하다.[4]

명리학에서도 계량화 기법을 도입하여 사주 간지(干支, 천간 지지)의 위치에 따라 오행(五

---

1 이하 사주 명조의 계량화의 서언(序言)과 1절 사주오행의 계량화는 "이재승·김만태, 「사주오행의 계량화와 적용에 대한 고찰」, 『문화와 융합』 40(8), 한국문화융합학회, 2018e, 947-986쪽"을 일부 수정하여 인용하였다.

2 (http://100.daum.net/encyclopedia/view.).

3 이재승·김만태, 앞의 글, 2019a, 887-888쪽.

4 위의 글, 2019a, 887-888쪽.

行), 십성(十星)이 갖는 역량(力量)을 양적으로 수량화하고 분석하면 주요한 참고자료를 얻을 수 있다.

원래는 사람의 생년·월·일·시에 따라 사주 명조를 세우는 일은 명리학자의 영역이었다. 그러나 이제는 만세력 어플에 태어난 생년·월·일·시를 입력하는 방법으로 누구나 손쉽게 사주 명조를 세울 수 있고 사주를 구성하는 간지들의 오행과 십성을 정확히 파악할 수 있다.

따라서 이러한 시류를 반영하여 명리학에 계량화 기법을 도입하여 사주 간지 오행의 수치화를 통한 분석법을 체계화하고 보편화시키면 개개인의 성품, 적성을 파악하여 교육 현장의 진로 상담·생활 지도, 다방면의 인간 관리 영역 등에서도 수량화된 명리학적 자료와 각 분야에 대한 상관성을 파악하여 참고자료로 활용할 수 있다.

무엇보다도 명리학의 난제인 용신론에 대한 접근성과 용신 도출의 정확성을 향상할 수 있다. 따라서 필자는 내격 사주의 성명학적 용신론의 정립을 사주 명조의 수량화를 통해 실현하고자 하며 본서의 Ⅲ장에서 논할 '내격 사주의 수치화를 통한 성명학적 용신법'의 초석을 세우고자 한다.

계량화를 활용한 사주 명조의 수량화는 인과성이 절대적이 아니라는 전제가 있다. 이 장에서는 사주 명조 내에서 일간을 포함한 간지 오행들의 역량을 수량화하는 원리를 고전에 기초하여 논하고 이어서 도출된 오행별 수량을 인성·적성·건강에 관하여 활용하는 법을 제안하여 명리학이 교육 심신치유에 유익한 학문으로서 소용되게 하고 용신 성명학자의 상담 범위와 영역을 확장하고자 한다.

1. 음양오행과 간지(干支)론

1) 음양오행과 천간 지지

(1) 음양오행론

우리가 사는 태양계의 지구는 태양을 구심점으로 자전과 공전을 순환적으로 반복하는 행성이다. 일찍이 동양의 선지자들은 논경의 번영을 위해 천문을 관찰하였다. 태양(日), 화성(火星), 수성(水星), 목성(木星), 금성(金星), 토성(土星), 달(月), 북두칠성, 북극성 등이 지구와 멀고 가까워질 때나 높을 때와 낮을 때 생기는 변화가 주는 시간, 일기, 조석(潮汐), 주야의 길이에 따라 인간의 삶에 변화가 생기며 우주 만물은 생성, 성장 발달, 안정, 결실, 저장·응축의 과정이 순환됨을 인지하였다.

이러한 기운의 원천은 음양과 거기서 파생된 오행이며 음양오행의 변화가 만물이 변동하는 동력임을 인식하고 각각의 오행의 성향을 인간 세상의 근본적 물질에 치환하였다. 만물이 생성되어 성장하는 기운을 초목이 싹 트고 성장하는 모습에 대비해 木이라 하였으며 왕성하게 발달하는 기운을 불이 힘차게 타오르는 모습에 대비하여 火라 하였고, 성장을 멈추고 내실을 다지는 안정된 기운을 산야(山野)의 흙에 대비하여 土라 하였다. 또한, 만물 변동의 동력이 결실을 이루는 모습에서 응고된 딱딱함을 쇠, 돌에 대비하여 金이라고 하였고 미래의 새로운 변동의 에너지를 응축하는 모습이 어둠, 고요한 물, 씨앗에 정보를 저장하는 양태와 같아 水라 하였다. 따라서 나무(木), 불(火), 흙(土), 쇠·돌(金), 물(水)이라는 오행은 지구 인간 세상의 물상(物像)만을 지시하지 않고 우주 변화 원리를 함축하는 것이다.

우주 만상의 근본적 개념이 태극(太極)이고 이 태극이 가동되어 상응·대비되는 두 기운이 크게 작용하는데 이를 음양(陰陽)이라고 한다.[5] 음양이론은 낮과 밤, 양지와 음지 등의 자연현상에 대한 상응·대비적 관찰에서 비롯되었다. 『시경(詩經)』의 '대아(大雅)–공유(公劉)' 편에서는 "이미 그늘을 지나 높은 언덕에 올라 그 음양을 살핀다."[6]라는 말이 나오는데 햇살에 의해 음지와 양지로 언덕이 분간되는 모양을 음양이라고 말하고 있다.

이 음양론은 사회제도와 현상에 응용되었는데 『오행대의(五行大義)』의 '논배지간(論配支幹)' 편에서는 육십갑자 간지(干支)의 음양을 말하면서 "양은 강한 것, 임금, 남편, 위, 바깥,

---

5   "주돈이의 『태극도설(太極圖說)』에 따르면 본체 곧 우주 만물의 궁극적 근원은 무극이면서 태극이다. 그리고 태극이 움직여서 양을 낳고, 움직임이 다시 음을 낳음으로써 하나의 태극이 양과 음의 둘로 드러난다. 이러한 양과 음의 두 기(氣)가 순환 운동을 하여 수화목금토의 오행을 낳고 음양오행이 오묘하게 화합하여 만물을 생성한다(김만태, 2011: 239)." 김만태, 『한국사주명리연구』, 민속원, 2011, 239쪽.

6   "既溥既長 既景迺岡 相其陰陽."

걸, 움직이는 것, 나아가는 것, 일으키는 것, 우러러보는 것, 앞, 왼쪽, 덕이 있는 것, 베푸는 것, 여는 것이 된다. 음은 부드러운 것, 신하, 아내, 첩, 재물, 아래, 안, 속, 그치는 것, 물러나는 것, 엎드리는 것, 구부려 보는 것, 오른쪽, 형벌하는 것, 감추는 것, 닫는 것이 된다."[7]고 하였다.

명리학에서는 음양을 사람의 심리적 성향에 응용하였다. 사주의 '나'인 일간[日干, 생일 육십갑자의 천간은 음양과 오행을 가진다. 예를 들면 어떤 사람이 갑자(甲子)일 생(生)이면 이 사람은 갑목(甲木) 일간이다. 木·火·土·金·水 순서대로 양(陽) 기운을 갖는 양일간에는 甲·丙·戊·庚·壬이 있고 음(陰) 기운의 음일간에는 乙·丁·己·辛·癸가 있다. 『회남자(淮南子)』의 천문훈(天文訓)에서는 "모든 날에서 甲은 강하고 乙은 유약하며, 丙은 강하고 丁은 유약하니, 癸까지 이러하다."[8]라 하였는데 양일간, 음일간 각각의 성향 차이는 대체로 위의 말에 일치한다. 양은 강하고 웅대하며 외향적이고 적극적인 기질을 가지며 음은 유약하고 섬세하며 차분하고 안정을 추구한다. 일간이 갖는 음양의 특징은 심리 속에 잠재되고 언제든지 발현될 수 있다.

<표 1> 양일간·음일간의 성향[9]

양일간	외향적	적극	능동	동적	웅대	대범	강건	개혁	행동	자발성
음일간	내향적	소극	피동	정적	예민	섬세	온유	안정	사려	타율성

『오행대의(五行大義)』의 석명(釋名)에서는 "만물에는 각자의 체질이 있다."[10]고 하였고 변체성(辨體性)에서는 "체(體)라고 함은 형질로서 이름을 붙인 것이고 성(性)이라고 함은 공용(功用)으로서 뜻을 보는 것이다. 오행의 체와 성이 만물을 돕고 유익하게 하므로 체와 성을 합해서 설명했다."[11]고 하였다.

---

7 "陽則爲剛 爲君爲夫 陽上爲外 爲表爲動 爲進爲起 爲仰爲前 爲左爲德 爲施爲開 陰則爲柔 爲臣爲夫 爲君爲妻 爲妾 爲財 爲下爲內 爲裏爲止 爲退爲伏 爲俯爲後 爲俯爲後 爲右爲 爲藏爲閉."

8 "凡日甲强乙柔 丙强丁柔 以至於癸."

9 이재승, 「사주 오행의 계량화와 적용에 대한 고찰」, 『문화와융합』 40(8), 2018d, 950쪽.

10 "夫萬物 自有體質."

11 "體者以形質 爲名 性者以功用以爲義 以五行體性 自益萬物 故合而辨之."

그러므로 『오행대의』의 논의에 따르면 만물에는 오행이 있고 그 유익한 바를 오행의 특질로 설명하는 것이 '오행론'이다. 이재승은 선행논문에서 다음과 같이 말하였다.

> 오행인 木·火·土·金·水는 우주 만물 변화의 에너지 작용인 상승(木)-확산(火)-수렴(收斂)·발산(發散)(土)-변형(金)-응축(凝縮)·결속(水)이라는 순환적 의미를 쉽게 설명하고자 초목, 불, 흙, 쇠·돌, 물 등 자연의 구성요소에 상응시키는 것이다.[12]

따라서 오행을 초목, 불, 흙, 쇠·돌, 물 등 자연의 물상으로만 국한하여 판단해서는 안 된다. 예를 들어 木은 우주 만물이 태동한 후 성장하는 기운이며 '초목'이라는 물상을 활용하여 특성을 표현한 것으로 이해하면 된다.

10C, 오대 말 북송 초의 서자평(徐子平)은 일간을 위주로 음양오행의 생극제화(生剋制化)와 격국(格局)을 활용하여 사주를 분석하고 운명을 추론하는 자평명리학을 개시하였다. 따라서 서자평부터 현재까지의 명리학을 일컬어 신법사주(新法四柱)라고 명명하는데 이는 그 이전의 고법사주(古法四柱)[13]와 대비가 되는 개념이다.

신법사주에서는 사주의 중심을 나를 뜻하는 간지인 일간(日干)을 중심으로 하므로 사람의 귀천, 빈부, 길흉을 좌우하는 인자로서 선천적인 가문보다는 후천적인 나의 자질, 품성, 노력이 더 주(主)가 된다는 인식으로의 전환을 시사하고 있다.

일간의 오행은 木 오행 甲·乙, 火 오행 丙·丁, 土 오행 戊·己, 金 오행 庚·辛, 水 오행 壬·癸가 있다. 각 일간별 성향을 알기 위해 먼저 각 오행의 기운이 인성(人性)으로 발현될 때의 성향들을 살펴보아야 한다.

---

12 이재승, 「명리학의 용신에 의한 성명학 연구」, 동방문화대학원대학교 박사학위논문, 2019, 212쪽.

13 "서자평 이전의 사주를 고법사주라고 한다. 고법사주의 가장 큰 특징은 입태월(入胎月)인 태원을 추가해서 태월일시(胎月日時)로 사주를 구성하며 연주(年柱)를 위주로 간명하였다. 연간록(年干祿), 연지명(年支名), 납음신(納音身)을 삼원(三元)이라 정의하고 특히 납음오행(納音五行)을 중시했고 신살(神煞)을 보조적으로 사용했는데 길흉의 판단이 매우 복잡하였다." 김만태, 『한국 사주명리 연구』, 2011, 102쪽.

木의 기운을 많이 받은 사람은 그 성정이 굳세고 바르고 어질며, 火의 기운을 많이 받은 사람은 그 성정이 맹렬하고 예의 바르며, 土의 기운을 많이 받은 사람은 그 성정이 너그럽고 온화하며 신의가 있고, 金의 기운을 많이 받은 사람은 그 성질이 강하고 결단을 잘하며 의리가 있고, 水의 기운을 많이 받은 사람은 그 성질이 침착하고 드러내지 않으며 지혜가 많다.[14]

첫째, 木에 대해 살펴보면, 『오행대의(五行大義)』의 석명(釋名)에서는 『춘추원명포(春秋元命苞)』를 인용하여 "나무는 부딪혀 나가는 것이니 땅을 뚫고 나온다."[15]라 하였고 또한 변체성(辨體性)에서는 "木은 소양의 자리 동방에 거처하니 봄기운이 온화하고 불이 그 가운데 숨어 있어 따뜻하고 부드러운 것으로 체(體)로 삼고 굽고 곧은 것으로 성(性)으로 삼는다."[16]라고 하였으니 木은 출생하여 성장을 추구하는 기질이다.

따라서 木은 시작이고 희망이니 진취적이고 자유 지향적이며 상승 발전하고자 하는 생동감 넘치는 의욕이 있다. 또한, 木은 따뜻하니 자상하고 자비로우며 다정하고 온순하다. 사람의 사주에 木이 발달하면 이러한 기질이 부각된다.

둘째, 火에 대해 살펴보면, 『오행대의』의 석명(釋名)에서는 『백호통(白虎通)』을 인용하여 "火는 변화하는 것이니 양의 기운이 작용하여 모든 물건이 변화하는 것이다."[17]라 하였고 변체성(辨體性)에서는 "火는 태양 남방에 거처하니 치열하게 불타오르고 뜨거우며 색깔이 붉다, 그러므로 火는 뜨거운 것으로 체(體)를 삼고 불꽃 타오르는 것으로 성(性)으로 삼는다."[18]라 하였다.

그러므로 火는 뜨거우며 성장하고 타오르는 양기(陽氣)이니 성장·확산·변화를 추진하는

---

14 蕭吉 撰, 嚴繹 審訂, 『五行大義』, 〈論諸人〉, "受木氣多者, 其性勁直而懷人, 受火氣多者, 其性猛烈而尙禮, 受土氣多者, 其性寬和而有信, 受金氣多者, 其性剛斷而含義, 受水氣多者, 其性沈隱而多知."

15 蕭吉 撰, 嚴繹 審訂, 『五行大義』〈釋名〉, "木者觸也 觸地而生."

16 蕭吉 撰, 嚴繹 審訂, 『五行大義』〈辨體性〉, "木居少陽之位 春氣和 煦溫柔弱 火伏其中 故木以溫柔爲體 曲直爲性."

17 蕭吉 撰, 嚴繹 審訂, 『五行大義』〈釋名〉, "火之爲言化也 陽氣用事 萬物變化也."

18 蕭吉 撰, 嚴繹 審訂, 『五行大義』〈辨體性〉, "火居太陽之位 炎熾赫烈 故火以明熱爲體 炎上爲性."

기운으로서 가식이 없고 예절 바르며 명랑하고 활발하며, 화려함을 추구하고 열정을 폭발·분출하는 기질이 있으나 지속력은 부족하다. 사람의 사주에 火가 발달하면 이러한 기질이 부각된다.

셋째, 土에 대해 살펴보면,『오행대의』의 변체성(辨體性)에서 "土는 사계절의 사이에 있고 여름의 끝에 거처한다. 쌓으면 공간이 생기고 공간이 있으면 머금고 포용할 수 있으며 내실이 있기 때문에 지탱할 수 있다. 土는 흩어지는 것을 모으고 내실을 지탱하는 것으로 체(體)를 삼으며 심고 거두는 것으로 성(性)을 삼는다."[19]라 하였다.

그러므로 土는 머금고 포용하니 조화와 화합, 연결과 중재·소통을 하는 기질이며 내실이 있으니 안정되고 신용이 있으며 과묵하고 중후하며 치우치지 않으니 공평하다. 사람의 사주에 土가 발달하면 이러한 기질이 부각된다.

넷째, 金에 대해 살펴보면,『오행대의』의 석명(釋名)에서는『예기(禮記)』를 인용하여 "가을은 근심하는 것이니 근심의 때를 당하여 의리를 살펴서 지키는 것이다."[20]라 하였고 변체성(辨體性)에서는 "물건이 이루어지면 강하게 엉겨 붙고 소음 역시 맑고 찬 성질이다. 금은 강하고 찬 것으로 체를 삼아 따르고 변혁하는 것을 성으로 삼는다."[21]라 하였다.

그러므로 金은 의리를 지키니 강직하고 희생하며, 결단력이 있으나 차갑기도 하다. 완성을 위해 강하게 엉겨 붙으니 결실이고 마무리 능력이며 완벽을 추구하고 변혁의 주체가 된다. 사람의 사주에 金이 발달하면 이러한 기질이 부각된다.

다섯째 水에 대해 살펴보면,『오행대의』의 석명(釋名)에서는『춘추원명포(春秋元命包)』를 인용하여 "물은 널리 윤택하게 하는 것이니 습기 있고 부드럽게 하며 적시어 흘러내리고 숨어드는 것이다."[22]라 하였고 변체성(辨體性)에서는 "차갑고 빈 것을 체로 삼고 윤택하게

---

19 蕭吉 撰, 嚴繹 審訂,『五行大義』〈辨體性〉, "土在四時之中 處季夏之末 (…) 積則有間 有間故含容 成實高能持 故土李含散 持實爲體 稼穡爲性."

20 蕭吉 撰, 嚴繹 審訂,『五行大義』〈釋名〉, "秋之爲言愁也 秋之以時察守義之也."

21 蕭吉 撰, 嚴繹 審訂,『五行大義』〈辨體性〉, "物成則凝强 少陰則淸冷 故金以强冷爲體 從革爲性."

22 蕭吉 撰, 嚴繹 審訂,『五行大義』〈釋名〉, "水之爲言演也 陰化淖濡 流施潛行也."

불리고 내려가는 것을 성품으로 삼는다."[23]라 하였다.

그러므로 水는 생각이 막힘이 없으니 지혜로움이고 총명함과 사려 깊음이며 아이디어가 뛰어나다. 널리 윤택하게 하고 부드럽게 하니 융합·교류이며 정보의 수집에 능하다. 사람의 사주에 水가 발달하면 이러한 기질이 부각된다.

한편 사주 명조에서 한 오행이 지나치게 강한 것을 태과(太過)라고 하는데 木·火·土·金·水가 태과할 때 성향은 다음과 같다. 木이 태과라면 독선적이고 고집이 세며 간섭을 기피한다. 火가 태과하면 성급하고 다혈질이 되기 쉬우며 즉흥적이고 실수가 많다. 土가 태과하면 융통성이 없고 고집이 세며 현실을 고수하려 한다. 金이 태과하면 결벽성이 있고 외골수가 되기 쉬우며 결단력이 지나치고 냉정하다. 水가 태과하면 상상력이 과다하고 감정기복·우울증·트라우마가 생기기 쉽다.

또한, 사주 명조에서 한 오행이 지나치게 약한 것을 불급(不及)이라고 하는데 木 불급은 의욕, 명예심의 저하, 火 불급은 내성적이며 기분 침체, 土 불급은 안정성과 포용력의 부족, 金 불급은 마무리, 분석, 계획성의 결여, 水 불급은 지혜, 사고, 융통성의 결여로 발현하기 쉽다.

오행은 상생상극의 원리를 갖는다. 〈그림 1〉에서 원을 그리는 화살표는 목생화, 화생토, 토생금, 금생수, 수생목 등의 상생 관계를 나타낸다. 직선 화살표는 목극토, 토극수, 수극화, 화극금, 금극목 등의 상극 관계를 말한다. 한 오행이 태과하거나 불급(不及, 지나치게 부족)하면 심리를 위주로 하여 건강, 육친, 사회 요소 등에 부정적 영향을 준다.[24] 자연계와 인체에

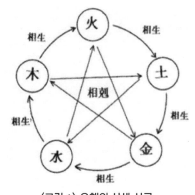

〈그림 1〉 오행의 상생·상극

---

23 蕭吉 撰, 嚴繹 審訂, 『五行大義』 〈辨體性〉, "水爲寒處爲體 潤下爲性."

24 이재승(2019)은 사주 간지 오행을 수량화하였는데 연간 5, 연지 12, 월간 9, 월지 30, 일간 20, 일지 20, 시간 9, 시지 15이다. 오행별 합산이 61 이상은 극왕, 31-60은 발달, 21-29는 안정, 20 이하는 쇠약이다. 한 오행이 80 이상이면 태과, 20이하면 불급이다.

대한 오행 배속은 다음의 〈표 2〉[25]와 같다.

〈표 2〉 오행 배속 표

	구분	木	火	土	金	水
자연계	시령(時令)	춘(春)	하(夏)	장하(長夏)	추(秋)	동(冬)
	발전 과정	생(生)	장(長)	화(化)	수(收)	장(藏)
	기후(氣候)	풍(風)	서(暑)	습(濕)	조(燥)	한(寒)
	방위(方位)	동(東)	남(南)	중(中)	서(西)	북(北)
	시간(時間)	평단(平旦)	일중(日中)	일서(日西)	일입(日入)	야반(夜半)
	오음(五音)	각(角)	치(徵)	궁(宮)	상(商)	우(羽)
	천간(天干)	甲·乙	丙·丁	戊·己	庚·辛	壬·癸
	지지(地支)	寅卯	巳午	辰·戌丑·未	申·酉	亥·子
	오과(五果)	자두(李)	살구(杏)	대추(棗)	복숭아(桃)	밤(栗)
	오색(五色)	청(靑)	적(赤)	황(黃)	백(白)	흑(黑)
	오미(五味)	산(酸)	고(苦)	감(甘)	신(辛)	함(鹹)
인체	장(腸)	간(肝)	심(心)	비(脾)	폐(肺)	신(腎)
	부(腑)	담(膽),쓸개	소장(小腸)	위(胃)	대장(大腸)	방광(膀胱)삼초(三焦)
	오관(五官)	눈(目)	혀(舌)	입(口)	코(鼻)	귀(耳)

(2) 천간·지지

천간(天干)은 하늘의 기운을 나타내는 것인데 십간(十干)이라고도 한다. 서락오(徐樂吾, 1886-1948)는 천간은 오행이 하늘에서 흐르는 기(氣)[26]라고 하였다.

천간은 갑(甲), 을(乙), 병(丙), 정(丁), 무(戊), 기(己), 경(庚), 신(辛), 임(壬), 계(癸)를 말하는데 이 모두는 10 천간이라고 하며 천모(天母)라고도 부른다. 또한, 천간에서 甲乙은 동방이고,

---

25   김봉만(2019), 「黃帝內經과 五運六氣論과 命理學의 연관성 연구」, 동방문화대학원대학교 박사학위논문 41쪽.

26   『子平眞詮評註』〈論十干十二支〉, "天干者, 五行在天流行之氣. 地支者."

庚辛은 서방이며, 丙丁은 남방, 壬癸는 북방이고, 戊己는 중앙의 방향을 뜻하는 것이다.

북주(北周) 말엽과 수(隋)나라 초기의 음양학과 산술학의 대가인 소길의 저서『오행대의 (五行大義)』에서는 십간의 의미를 오행의 특성에 배속, 다시 각 오행을 음양으로 분리한다. 하여 천간은 오행과 결부되어 있고 음양으로 2개씩 짝을 지어 있다. 이때 甲(木)·丙(火)·戊 (土)·庚(金)·壬(水)은 양 천간이라고 하고, 乙(木)·丁(火)·己(土)·辛(金)·癸(水)는 음 천간이라고 한다. 역리(易理)학자 심효첨(沈孝瞻, 1696-1757)의『자평진전(子平眞詮)』에서는 "무릇 陰陽 이 있고 나서 五行이 생긴 것이니 어떤 오행이든지 음양이 존재하는 것이다."[27]고 하였다. 예컨대 木에는 甲과 乙이 있는데 甲은 양, 乙은 음이다. 甲乙은 木에 연결 지어 음양을 분 리하고, 마찬가지로 丙丁은 火, 戊己는 土, 庚辛은 金, 壬癸는 水와 연결 지어 음양을 분 리한다. 동중서(董仲舒, B.C. 176-104)의『춘추번로』「오행지의」편에서는 "천(天)에는 오 행이 있으니 첫 번째가 木이고, 두 번째가 火이고, 세 번째가 土이고, 네 번째가 金이고, 다섯 번째가 水이다. 木은 오행의 시작이고, 水는 오행의 끝이며, 土는 오행의 가운데이 다."라고 하였다.

따라서 천간의 개념을 정리하면 아래의 〈표 3〉과 같다.

〈표 3〉 천간의 분류

10 천간, 天母	甲·乙·丙·丁·戊·己·庚·辛·壬·癸
양 천간	甲(木)·丙(火)·戊(土)·庚(金)·壬(水)
음 천간	乙(木)·丁(火)·己(土)·辛(金)·癸(水)
천간의 방향	동방—甲乙, 서방—庚辛, 남방—丙丁, 북방—壬癸, 중앙—戊己

이에 비추어 천간의 물상(物象)을 살피면, 김봉만[28]은 "甲乙木은 식물의 씨앗이 벌어져서 씨앗의 싹이 구불구불 솟아오르는 물상이고, 丙丁火는 만물을 밝게 드러내면서 건장한 모

---

27 『子平眞詮評註』〈論十干十二支〉, "蓋有陰陽, 因生五行, 而五行之中, 各有陰陽. 卽以木論, 甲乙者, 木之陰陽也."

28 김봉만(2019),「黃帝內經과 五運六氣論과 命理學의 연관성 연구」, 동방문화대학원대학교 박사학위논문, 90-91쪽.

양을 형성하는 형상이며, 戊己土는 만물이 형체가 뚜렷하게 있는 형상이고, 庚辛金은 만물이 견고하게 굳어지며 결실을 맺는 형상이며, 壬癸水는 다음의 생명을 잉태하는 水와 관계된다."고 하였다.

甲의 木은 양의 기운이므로 태동, 성장하는 기상으로 양지바른 곳에서 크게 자라는 나무를 상징한다. 그러므로 木을 부수로 갖는 한자 관련 나무인 소나무(松), 버드나무(柳), 은행나무(杏), 배나무(梨) 등으로 예시할 수 있다. 또한, 乙의 木은 음의 기운으로 태동, 성장하는 기상이기에 작게 자라는 초목의 물상이다. 예를 들면 ++를 부수로 갖는 한자 관련 초목인 국화(菊), 난초(蘭), 차(茶) 등이다.

이어서 丙丁火를 살펴본다면 丙의 火는 양의 기운으로 태양(日), 햇빛(日光)과 같은 강하고 왕성한 불과 빛이고, 丁의 火는 음의 기운으로 촛불, 모닥불과 같은 온화한 불과 빛이다.

그다음 戊己土에서 戊는 양의 기운을 가진 큰 규모의 흙으로 산(山)의 흙을 떠올릴 수 있으며, 己는 음의 기운을 가진 화단이나 논밭의 부드러운 흙을 연상할 수 있다.

그리고 庚金은 양의 기운을 가진 큰 금속이나 돌 결정체인 무쇠, 강철, 대형 바위(예시: 백운대)와 같은 예시가 된다. 그러나 음의 기운을 가진 辛金은 작은 금속이나 돌 결정체인 소형 바위, 돌, 옥(玉), 보석, 칼과 같은 금속 가공품의 물상이다.

壬癸水에서 양의 기운을 가진 壬水는 바다, 강, 내(川), 큰 호수 등 크게 흐르는 물을 예시할 수 있으며, 음의 기운을 가진 癸水는 샘, 연못, 작은 시내, 비와 같은 대체로 작은 물이다.

〈표 4〉 천간의 물상 예시 표

甲乙木	식물 씨앗의 싹이 구부렸다 펴지길 반복하며 자라나는 형상	甲木	소나무(松), 버드나무(柳), 오얏나무(李), 배나무(梨)
		乙木	국화(菊), 난(蘭), 차(茶)
丙丁火	만물이 왕성하게 번성하는 형상	丙火	태양(日), 햇살(日光)
		丁火	촛불, 모닥불
戊己土	만물의 변화가 안정되어 형체가 뚜렷한 형상	戊土	산(山), 큰 규모의 흙
		己土	화단, 논밭의 부드러운 흙

庚辛金	만물이 견고해지며 결실을 맺는 형상	庚金	무쇠, 강철, 대형 바위
		辛金	소형 바위, 돌, 옥(玉), 보석, 칼
壬癸水	다음의 생명을 잉태하기 위해 정보와 힘을 저장하는 형상	壬水	바다, 강, 내(川), 큰 호수
		癸水	샘, 연못, 작은 시내, 비

지지(地支)는 천간과 함께 간지를 이루며, 자(子), 축(丑), 인(寅), 묘(卯), 진(辰), 사(巳), 오(午), 미(未), 신(申), 유(酉), 술(戌), 해(亥)를 말하는데, 지지 또는 십이지(十二支)라고 한다. 지지는 12달을 나타내기도 하고, 12 시진(時辰, 시간)을 子·丑·寅·卯·辰·巳·午·未·申·酉·戌·亥로 세분하여 하루의 시간을 나타내기도 한다. 명리학자 서락오(徐樂吾, 1886-1948)는 지지를 춘(春)·하(夏)·추(秋)·동(冬) 사시(四時)가 유행하는 순서[29]라고 하였다.

다시 말해 십이지(十二支)는 寅·卯·辰·巳·午·未·申·酉·戌·亥·子·丑은 땅의 기운을 말하는 것이다. 이는 하늘의 별자리를 기준으로 하여 월(月)을 표시하는 방법으로 은나라 때부터 등장하였다.

『사기』에서는 식물의 생성, 쇠멸, 다음 해(年)를 준비하는 과정을 십이지로 해설한다. 예를 들면 묘(卯)월은 왕성해지고, 유(酉)월은 늙기 시작하며, 술(戌)월에는 소멸하고, 해(亥)월에는 씨앗에 저장한다고 한 것이다.

오랜 세월 인간은 지지를 절기에 활용하여 농사의 풍작을 도모하였고, 계절에 이용하였으며, 태어난 해에 띠를 이용하여 개인의 삶에 의미를 부여하였고, 하루를 12 시진(1시진은 2시간)에 적용하여 일상에 활용하였다.

지지의 절기를 살펴보면 인(寅)월 입춘(2.4.)은 한 해를 밝히는 첫걸음이고, 묘(卯)월의 경칩(3.6.)이 되면 삼라만상이 겨울잠에서 깨며, 진(辰)월의 청명(4.5.)은 하늘이 맑아진다는 뜻이다.

이렇게 寅卯辰은 일 년 네 철에서 첫 계절인 봄이다. 그리고 사(巳)월의 입하(5.6.)에 봄은 완전히 퇴색한다. 오(午)월 망종(6.6.)에는 모를 심는 시기인데, 보리 수확을 할 수 있어 과거

---

29 『子平眞詮評註』〈論十干十二支〉, "天干者, 五行在天流行之氣. 地支者, 四時流行之序也."

식량이 부족한 시절에는 이때를 "보릿고개"라고 하였다. 미(未)월 소서(7.7.)가 되면 장마철로 습도가 높고 비가 많이 내린다. 이상의 巳午未는 일 년 네 철의 둘째 계절 여름이다. 신(申)월의 입추(8.7.)는 가을의 시점이고, 유(酉)월에는 흰 이슬이라는 뜻의 백로(9.8.)에 농작물이나 풀잎에 이슬이 아름답게 맺히며 밤에 기온이 떨어진다. 그리고 술(戌)월에는 찬 이슬이라는 뜻의 한로(10.8.)에 붉은 자줏빛 수유 열매가 벽사력(辟邪力)으로 잡귀를 쫓을 수 있다는 설(說)이 있어 과거에는 수유 열매를 머리에 꽂기도 하였었다.

가을인 申酉戌은 셋째 계절이다. 해(亥)월 입동(11.8.)은 겨울의 시작을 알리고, 자(子)월 대설(12.7.)에는 큰 눈이 오며, 축(丑)월 소한(1.5.)은 가장 추운 때를 말한다. 亥子丑은 넷째 계절인 겨울이다.[30]

지지의 활용에 있어 12 시진(時辰)을 이용할 때는 현재, 우리나라는 동경 135도 기준 표준시를 적용한다. 이때 23시 30분부터 01시 30분까지를 자시라고 하며, 01시 30분부터 03시 30분은 축시, 03시 30분부터 05시 30분은 인시이고, 05시 30분부터 07시 30분은 묘시이다. 이어서 진시는 07시 30분부터 09시 30분이고, 사시는 09시 30분에서 11시 30분까지이며, 오시는 11시 30분부터 13시 30분, 미시는 13시 30분부터 15시 30분이다. 계속해서 15시 30분부터 17시 30분은 신시이고, 17시 30분부터 19시 30분은 유시, 19시 30분에서 21시 30분까지가 술시이며, 21시 30분부터 23시 30분까지는 해시이다.

참고로 이러한 시간은 경도에 따른 지역 차이를 반영해야 한다. 예를 들면 홀수 시간 기준으로 울릉도 16분대, 울산 22분대, 부산 23분대, 대구 25분대, 대전 30분대, 수원 31분대, 서울 32분대, 광주32분대, 인천 33분대, 제주33분대에 시진이 교체된다.[31]

---

30 민속에서의 지지의 활용에서 가장 보편적으로 쓰이는 것이 출생한 해의 십이지를 '띠'로 구분하여 의미 부여를 하는 것이다. 이때 인(寅)은 범띠, 묘(卯)는 토끼띠, 진(辰)은 용띠, 사(巳)는 뱀띠이고, 오(午)는 말띠, 미(未)는 양띠, 신(申)은 원숭이띠, 계(酉)는 닭띠이며, 술(戌)은 개띠, 해(亥)는 돼지띠, 자(子)는 쥐띠, 축(丑)은 소띠를 말하는 것이다. 이처럼 각각의 지지에 대응시켜 놓은 열두 동물의 상을 사찰에서 볼 수 있는데 '십이지신상(十二支神像)' 또는 '십이지생초(十二支生肖)'라고 한다. 십이지의 명리학적 해석은 민속이나 일부 종교와는 다르다. 예를 들면 寅은 민속에서 '호랑이'이지만 명리학에서는 지지 중의 양목(陽木)일 뿐이다. 따라서 출생년의 띠 동물을 언급하는 사주 해석은 엄밀히 말해 명리학적 해석일 수 없다.

31 이재승·김만태, 「문화적 활용 요소로써 오링 테스트와 명리·성명학의 상관성 고찰」, 『인문사회 21』 9(1), 아시아문화학술원, 2018a, 573쪽. 한편 스마트폰 어플인 원광 만세력에서 출생지 선택을 하고 검색하면 지역별 시진 전환 시간대를 알

<표 5> 지지의 활용(대전 기준)

12 지지	절기		민속	시진(時辰, 대전 기준)
인寅	寅월: 입춘(2.4.)	봄	범	인시: 03시 30분~05시 30분
묘卯	卯월: 경칩(3.6.)		토끼	묘시: 05시 30분~07시 30분
진辰	辰월: 청명(4.5.)		용	진시: 07시 30분~09시 30분
사巳	巳월: 입하(5.6.)	여름	뱀	사시: 09시 30분~11시 30분
오午	午월: 망종(6.6.)		말	오시: 11시 30분~13시 30분
미未	未월: 소서(7.7.)		양	미시: 13시 30분~15시 30분
신申	申월: 입추(8.7.)	가을	원숭이	신시: 15시 30분~17시 30분
유酉	酉월: 백로(9.8.)		닭	유시: 17시 30분~19시 30분
술戌	戌월: 한로(10.8.)		개	술시: 19시 30분~21시 30분
해亥	亥월: 입동(11.8.)	겨울	돼지	해시: 21시 30분~23시 30분
자子	子월: 대설(12.7.)		쥐	자시: 23시 30분~01시 30분
축丑	丑월: 소한(1.5.)		소	축시: 01시 30분~03시 30분

지지도 천간과 마찬가지로 음양이 적용되며 寅·午·辰·戌·申·子는 양(陽支) 지지이고, 卯·巳·丑·未·酉·亥는 음(陰支)의 지지이며, 오행 역시 적용되며 아래의 <표 6>과 같다.

<표 6> 지지의 음양오행

지지	木	火	土	金	水
양(陽)	寅	午	辰, 戌	申	子
음(陰)	卯	巳	丑, 未	酉	亥

지지는 방향이 있는데 인묘진(寅卯辰)을 동방(東方) 목국(木局), 사오미(巳午未)를 남방(南方) 화국(火局), 신유술(申酉戌)을 서방(西方) 금국(金局), 해자축(亥子丑)을 북방(北方) 수국(水局)이라고 한다.

수 있다.

(3) 지장간

지지는 천간이 땅으로 내려와 12 지지로 분화된 것으로, 지지는 천간 기운의 혼합체이다. 『易思想辭典』에서는 지지장간·지장암장(地支藏干·地支暗藏)의 준말로 지지는 천간 기운의 혼합체이다[32]는 뜻으로 지장간을 정의하였다.

3재(三才) 사상은 세상 변화의 인자를 천天(하늘)·지地(땅)·인人(만물의 영장인 사람)으로 보는 사상이다. 3재 사상에 따른 명리학의 3원은 천원(天元)이 천간, 지원(地元)이 지지, 인원(人元)이 지장간이다. 그러므로 동양철학은 폭넓은 삶의 이해를 펼치고 있다.[33]

지장간은 목, 화, 토, 금, 수의 기운을 소장한 혼합체라는 원리가 있다. 지장간은 여기(餘氣), 중기(中氣), 정기(正氣)로 나뉘며 子, 卯, 酉는 여기가 없고 중기, 정기만 있다. 여기, 중기, 정기의 한 달 30일 기준 비중을 분류한다면 다음과 같다.

4계절의 첫 달 '寅, 申, 巳, 亥'는 7:7:16

4계절의 끝 달 '辰, 戌, 丑, 未'는 9:3:18

4계절의 중간 달 '子, 卯, 酉'는 10:20, 午는 10:9:11

① 지장간의 구성과 원리

지지는 천간 오행의 혼합체이다. 또한, 지지에 저장된 천간을 지장간이라고 하며, 지장간에는 여기(餘氣), 중기(中氣), 정기(正氣)가 있다. 이때에는 여기를 초기, 정기를 본기라고도 한다.

---

32 김승동(2006), 『易思想辭典』, 부산대학교출판부, 1296쪽.

33 동양철학에 천간 이론이 있다면 서양철학에는 에테르가 있다. 고대 그리스 철학자 아리스토텔레스의 우주적 이해는 4원소에 에테르를 추가하는 것이다. 아리스토텔레스는 4원소설을 확장해 천체를 구성하는 제5원소(fifth element)로서 에테르를 제창하였다. 서양철학에서 자연현상을 이해하는 이러한 방식은 주기율표의 시초가 되었다. 또한, 서양철학에서의 영혼 탐구는 현대에 와서 심리학으로 발전하였다. 영혼 탐구가 심리학으로 발전할 수 있었던 이유는 20세기에 서양에서 실증 과학적 연구가 활발히 진행되었기 때문이다.

ㄱ. 생지(生地)

계절의 첫 달이 되는 지지, 寅·巳·申·亥를 생지라 한다. 사주 명조에서 월지가 생지면 봄·여름·가을·겨울의 첫 달이다. 寅·申과 巳·亥는 계절상 정반대의 기운이니 寅申沖, 巳亥沖이 발생한다. 생지는 역마살과 관계가 있다. 생지의 지장간은 양간(陽干)으로 구성된다. 여기: 중기:정기 비율이 7:7:16이고 지장간 구성요소가 의미하는 바를 해석하면 아래와 같다.

① 寅의 지장간: 戊·丙·甲

   戊: 지난달이 土의 달(丑土)

   丙: 다음 계절이 여름이다.

   甲: 이달이 봄이다.

② 巳의 지장간: 戊·庚·丙

   戊: 지난달이 土의 달(辰土)

   庚: 다음 계절이 가을이다.

   丙: 이달이 여름이다.

③ 申의 지장간: 戊·壬·庚

   戊: 지난달이 土의 달(未土)

   壬: 다음 계절이 겨울이다.

   庚: 이달이 가을이다.

④ 亥의 지장간: 戊·甲·壬

   戊: 지난달이 土의 달(戌土)

   甲: 다음 계절이 봄이다.

   壬: 이달이 겨울이다.

ㄴ. 왕지(旺地)

계절의 중간 달이 되는 지지인 卯·午·酉·子를 왕지라 한다. 월지가 왕지면 봄·여름·가을·겨울의 기운이 왕성하다. 卯·酉와 午·子는 계절상 정반대의 기운이니 卯酉沖, 子午沖이 발생한다. 왕지는 도화살과 관계있다. 午를 제외한 왕지(卯·子·午)의 지장간은 음양이 다른 동일 오행들로 구성한다. 중기:정기 비율이 10:20인데, 午인 경우에는 10:9:11이다.

① 卯의 지장간: 甲·乙

    甲: 지난달은 양목(寅)의 달

    乙: 이달은 木이 왕성한 달

② 酉의 지장간: 庚·辛

    庚: 지난달은 양금(申)의 달

    辛: 이달은 金이 왕성한 달

③ 子의 지장간: 壬·癸

    壬: 지난달은 양수(亥)의 달

    癸: 이달은 水가 왕성한 달

④ 午의 지장간: 丙·己·丁(10:9:11)

    丙: 지난달이 양화의 달(巳火)

    己: 다음 계절이 장하(長夏)이다.[34]

    丁: 이달은 火가 왕성한 달

ㄷ. 고지(庫地)

계절의 마지막 달이 되는 지지인 辰·未·戌·丑이 월지면 봄·여름·가을·겨울의 마지막 달이다. 辰·戌과 丑·未는 계절상 정반대의 기운이라 충(沖)하니 진술沖, 축미沖이 생긴다. 고지는 고집의 성정이 있고, 종교, 예술, 의술 등과 유관한 화개살과 관련이 있다. 고지 지장간의 여기:중기:정기 비율은 9:3:18이다. 고지의 여기·중기는 음간, 정기는 본래의 음양을 따른다.

---

34 필자의 추론이다. 여기서 '장하'는 여름과 가을의 환절기이며 고온다습하다.

① 辰의 지장간: 乙·癸·戊

　　乙: 지난달이 봄이다.(卯월)

　　癸: 지난 계절이 겨울이다.

　　戊: 봄이고 양토(陽土)의 달이다.

② 未의 지장간: 丁·乙·己

　　丁: 지난달이 여름이다.(午월)

　　乙: 지난 계절이 봄이다.

　　己: 여름이고 음토(陰土)의 달이다.

③ 戌의 지장간: 辛·丁·戊

　　辛: 지난달이 가을이다.(酉월)

　　丁: 지난 계절이 여름이다.

　　戊: 가을이고 양토의 달이다.

④ 丑의 지장간: 癸·辛·己

　　癸: 지난달이 겨울이다.(子월)

　　辛: 지난 계절이 가을이다.

　　己: 겨울이고 음토의 달이다.

② 지장간의 활용

　천간이 지장간에 통근(通根, 뿌리를 내림)하면 토대가 단단한 것이 되어 천간 오행의 안정성이 강화된다.[35]

35　천간이 지지에 통근(通根, 뿌리를 내림)하는 것은 천간과 동일한 오행의 지지 오행(12운성의 건록, 제왕)이 멀지 않은 지장간에 있는 경우이다. 건록, 제왕은 지장간의 중기, 정기에 천간과 동일 오행이 있는 것인데 중기는 배제하는 관점도 있다. 단, 土 천간인 戊, 己에 한해서만 지장간 火가 건록, 제왕이 되니 여기에 뿌리를 내린다고 본다. 또한, 지장간의 중기, 정기에 천간을 생해 주는 오행이 있을 때, 통근의 가부 역시 견해차가 있다.

예 1	시	일	월	년
	甲	己	丁	丙
	子	亥	酉	午

해설 위 사주의 천간 丙, 丁의 火는 지지 午火에 통근하므로 안정성이 강하다. 己土는 인성 午에 통근할 수 있으나 거리가 조금 멀어 통근이 완벽하다고 볼 수 없다. 천간 甲은 亥 지장간 戊甲壬 중 甲에 통근한다고 볼 수도 있다.[36]

또한, 지장간에는 건강, 육친, 사회적 요소에 대한 중요한 정보를 담고 있다. 이 부분에 대한 구체적 내용은 뒤에서 다루겠다.

(4) 육십갑자

천간과 지지가 양끼리, 음끼리 짝을 이룬 60개의 주(柱)를 말한다. 예를 들면 '갑자'는 천간·지지가 양·양이니 가능하고 갑축은 천간·지지가 양·음이니 성립이 불가능하다. 육십갑자는 북극성·요광성(북두칠성의 자루 위치의 별, 별칭: '파군성'), 일·월(태양·달), 오성(수성·금성·화성·목성·토성) 등이 子의 방향(북향)으로 일렬이 될 때를 기점으로 한 때가 甲子년 甲子월 甲子일 甲子시이며 육십갑자의 시원이다.[37] 이 시원으로부터 시주는 두 시간 후 乙丑시, 일주는 하루 후 乙丑일, 월주는 한 달 후 乙丑월, 연주는 일 년 후 乙丑년이 된다.

육십갑자의 진행 순서는 다음과 같다.

갑자, 을축, 병인, 정묘, 무진, 기사, 경오, 신미, 임신, 계유
→ 갑술, 을해, 병자, 정축, 무인, 기묘, 경진, 신사, 임오, 계미
→ 갑신, 을유, 병술, 정해, 무자, 기축, 경인, 신묘, 임진, 계사

---

36 즉, 지장간의 정기에만 통근한다는 견해도 있으나 필자는 중기에도 통근이 된다는 관점, 그리고 천간오행은 지장간 중기, 정기의 인성(자산을 생해 주는 오행)에도 통근이 가능하다는 관점을 유지하겠다.

37 이목영, 『사주명리학과 동양천문학의 만남』, 북랩, 2014.

→ 갑오, 을미, 병신, 정유, 무술, 기해, 경자, 신축, 임인, 계묘

→ 갑진, 을사, 병오, 정미, 무신, 기유, 경술, 신해, 임자, 계축

→ 갑인, 을묘, 병진, 정사, 무오, 기미, 경신, 신유, 임술, 계해

→ 다시 甲子부터 癸亥까지 영구히 순환한다.

육십갑자는 동양 달력 법(역법: 曆法)의 기초인데 이를 간지기년법(干支 紀年法)이라고 한다. 예를 들면 2022년 10월을 壬寅년, 庚戌월로 나타내는 것이다.

육십갑자는 동양 천문학과 음양오행론의 정수가 담긴 것이며 명리학은 사람의 생년, 월, 일, 시의 육십갑자 4개(사주)를 분석하여 선천적인 인성, 적성, 건강과 후천적인 발달과 오복을 예측할 수 있는 학문이다.

근래에는 스마트폰을 활용하여 사주 명조(육십갑자 4개, 지장간)를 쉽게 찾을 수 있다. 그 방법은 다음과 같다. 스마트폰 플레이 스토어에서 '원광 만세력'을 다운받고 만세력에서 태어난 연월일시를 숫자로 입력하고 조회하기를 누르면 된다. 사주 간지 8자 및 운(運)의 간지가 바탕색 위에 표시되는데, 녹색: 木, 빨강: 火, 노랑: 土, 흰색: 金, 검은색: 水이다.

2) 일간론과 일간 역량의 수량화

사주 명조의 주인공인 일간(日干, 나)도 음양과 오행의 특징을 동시에 가진다. 甲 일간은 양목(陽木)이니 양의 특성과 木의 특성을 겸비하고 乙 일간은 음목(陰木)이니 음의 특성과 목의 특성을 겸비하였다고 할 수 있다. 마찬가지로 丙 일간은 양화(陽火)이니 양의 특성과 火의 특성, 丁 일간은 음화(陰火)이니 음의 특성과 火의 특성, 戊 일간은 양토(陽土)이니 양의 특성과 土의 특성, 己 일간은 음토(陰土)이니 음의 특성과 土의 특성, 庚 일간은 양금(陽金)이니 양의 특성과 金의 특성, 辛 일간은 음금(陰金)이니 음의 특성과 金의 특성, 壬 일간은 양수(陽水)이니 양의 특성과 水의 특성, 癸 일간은 음수(陰水)이니 음의 특성과 水의 특성을 겸비하였다고 할 수 있다.

(1) 일간(日干)과 인성(人性)

① 갑(甲) 일간

『적천수(滴天隨)』에서는 "갑목(甲木)은 하늘을 찌르듯 높이 솟으며 (…) 땅이 윤택하고 하늘이 화창하면 뿌리를 박고 천년을 간다."[38]고 하였다. 따라서 갑목은 양목으로서 큰 나무의 모습이니 갑 일간은 하늘 높이 솟는 이상이 있어 성장 발전을 추구하며 독립 지향적으로 간섭을 기피하고 큰 나무에 해당하는 지도력, 우두머리 기질, 자부심을 가지며 적극적이고 활동적인 성향이다.

② 을(乙) 일간

『적천수(滴天隨)』에서는 "을목(乙木)은 부드럽다."[39]라고 언급하였고 『설문해자(說文解字)』는 "을은 봄의 초목이 굽어지고 또 굽어져 나오는 모습이다. 음기가 강하게 남아 있어 꼬불꼬불 나오니 뚫는다는 뜻도 있다."[40]라 하였다. 따라서 을목은 음목으로서 화초의 모습이니 을 일간은 부드러운 성품을 가지나 싹이 땅을 뚫고 나오는 모습처럼 부드러우나 적응력이 강하여 난관에도 굴하지 않는 기질로써 생활력이 뛰어나고 현실에 충실하다. 갑 일간보다 섬세하고 의존성이 있으며 현실에 순응하는 성향이다.

③ 병(丙) 일간

『적천수』에서는 "병화(丙火)는 맹렬하다."[41] 하였고 『예기(禮記)』의 「월령」에서는 "병은 빛나는 것이니 여름에 모든 물건이 강대해져서 빛나게 보이는 것이다."[42]라 하였다. 병화는 양화로서 큰불의 모습이니 병 일간은 적극적이고 진취적이며 명랑하고 붙임성이 있다. 맹

---

38 任鐵樵 增注, 袁樹珊 撰集, 『滴天髓闡微』〈論天干〉, "甲木參天(…)地潤天和 植立千古."

39 任鐵樵 增注, 袁樹珊 撰集, 『滴天髓闡微』〈論天干〉, "乙木雖柔(…)."

40 許愼 撰, 段玉裁 注, 『說文解字注』 券 十四 下, "乙象春艸木冤曲而出, 陰氣尙彊, 其出乙乙也, 與 丨 同意."

41 任鐵樵 增注, 袁樹珊 撰集, 『滴天髓闡微』〈論天干〉, "丙火猛烈."

42 蕭吉 撰, 嚴繹 審訂, 『五行大義』〈論干支名〉, "丙者炳也 夏時萬物强大 炳然著見也."

렬하니 추진력과 지도력이 있으며 예를 중시하나 급성(急性)이 있고 정의심이 있으며 솔직담백하고 언어 표현력이 좋다.

④ 정(丁) 일간

『적천수』에서는 "정화(丁火)는 유(柔)한 가운데에서도 내성(內性)은 밝게 빛나는 것이다."[43]라 하였고 『설문해자』는 "丁은 丙 다음이고 사람의 심장을 본뜬 것이다."[44]라 하였다. 丁火는 음화(陰火)로서 작은 불의 모습이니 丁 일간은 丙 일간에 비해 차분하고 부드럽고 섬세하며 절제력이 있다. 예절 바르고 배려한다. 감수성 예민한 기질이다. 종교 예술에 적합한 성향이 있고 비록 음화일지라도 火에 해당하니 간혹 급성이 있다.

⑤ 무(戊) 일간

『적천수』에서는 "무토(戊土)는 굳고 무거우니 그 자체로 이미 중앙에 거하면서 올바른 기품이 있다. 고요하면 모이고 움직이면 열려 만물의 명(命)을 다스린다."[45]고 하였다. 따라서 무토는 양토로서 산의 모습이니 무 일간은 믿음직스러우며 여유가 있고 중후하다. 중앙에 거(居)하는 土로서 기품 있으니 관용의 미덕으로 대인관계가 원만하여 사람을 중재하는 모습이고 권위의식과 자부심을 가지며 활동성이 있다.

⑥ 기(己) 일간

『적천수』에서는 "기토(己土)는 낮고 습하며 바르게 쌓아서 거둔다."[46]라 하였고 『설문해자』는 "己는 가운데에 있어서 土에 속한다. 만물이 돌아들어 굽어 있는 형상이다. 己는 戊

---

43 任鐵樵 增注, 袁樹珊 撰集,『滴天髓闡微』〈論天干〉, 論天干 "丁火柔中 內性昭融."

44 許愼 撰, 段玉裁 注,『說文解字注』券 十四 下, "丁承丙 象人心."

45 任鐵樵 增注, 袁樹珊 撰集,『滴天髓闡微』〈論天干〉, "戊土固重 旣中且正 靜翕動闢 萬物司命."

46 任鐵樵 增注, 袁樹珊 撰集,『滴天髓闡微』〈論天干〉, "己土卑濕 中正蓄藏."

다음이고 사람 복부의 모습이다."[47]라 하였다. 따라서 기토는 음토(陰土)로서 작은 범위의 흙으로 화초를 키우는 땅의 모습이니 己 일간은 戊 일간보다 소극적이고 섬세하나 주변을 포용하고 주관이 있다. 기토는 화초(花草)를 기르는 까닭에, 기 일간은 부드럽고 온화하지만, 시련을 발전의 계기로 승화시키는 끈기와 저력이 있다.

⑦ 경(庚) 일간

『적천수』에서는 "경금(庚金)은 살기를 띠고 있으며 가장 강건(剛健)하다."[48]라 하였고 『설문해자』는 "庚은 서방에 위치하며 가을철에 만물이 여물고 단단해지며 결실 맺는 모양이다."[49]라 하였다. 따라서 양금(陽金)으로서 무쇠, 큰 바위의 모습이니 경 일간은 원칙, 주관이 강하고 고집스러우며 결단력이 강하다. 한편으로 의리가 있고 동정심, 희생정신이 잠재되어 있으며 의로움과 완벽을 추구하는 변혁심이 있는 성향이다.

⑧ 신(辛) 일간

『적천수』에서는 "신금(辛金)은 연약하여 따뜻하고 윤택하게 해주면 맑아진다."[50]라 하였고 『설문해자』는 "辛은 가을철에 만물이 여물고 단단해지며 결실 맺는 모양이다."[51]라 하였다. 따라서 음금(陰金)으로서 칼, 보석, 작고 날카로운 돌의 모습이니 辛 일간은 연약하니 섬세하고 예민한 기질을 가지며 원칙과 기준을 따진다. 차분하고 온순해 보이나 내심 비판성에서 비롯한 불평이 잠재되거나 누적되고 상대방의 실수에 냉정하지만 원칙에 맞는 대상에 대해 의리가 있다. 완벽을 추구하니 가족에게 지적을 잘하고 깔끔함을 추구하니 까다롭고 대인관계에서 상한 마음을 쉽게 회복하지 못한다.

---

47 許愼 撰, 段玉裁 注, 『說文解字注』 券 十四 下, "己中宮也. 象萬物避藏詘形也, 己承戊 上人腹."

48 任鐵樵 增注, 袁樹珊 撰集, 『滴天髓闡微』 〈論天干〉, 『滴天隨』 論天干 "庚金帶煞 剛健爲最."

49 許愼 撰, 段玉裁 注, 『說文解字注』 『說文解字』 券 十四 下, "庚位西方 象秋時萬物庚庚有實也."

50 任鐵樵 增注, 袁樹珊 撰集, 『滴天髓闡微』 〈論天干〉, "辛金軟弱 溫潤而淸."

51 『說文解字』 券 十四 下, "辛秋時萬物成而孰."

⑨ 임(壬) 일간

『적천수』에서는 "임수(壬水)는 하천과 통함으로써 (…) 강한 가운데 덕이 있어서 두루 막힘이 없다."[52]라 하였고 『사기(史記)』의 「율서」에서는 "양기가 만물을 낳고 길러냄을 말한다."[53]라 하였다. 따라서 양수(陽水)로서 강, 바다, 호수의 모습이니 임 일간은 水가 상징하는 지혜와 지략이 뛰어나고 속내가 깊고 웅대하며 큰물이 사해(四海)를 넘나들며 흐르듯 강한 활동성을 내재하고 있다.

⑩ 계(壬) 일간

『적천수』에서는 "계수(癸水)는 약하나 하늘 나루터에까지 도달할 수 있다."[54]고 하였고 『사기(史記)』의 「율서」에서는 "계는 헤아린다는 말로 만물을 헤아릴 수 있는 법도이다."[55]라 하였다. 따라서 음수(陰水)로서 비, 샘, 소천(小川)의 모습인 계 일간은 '헤아리다'라는 말로 보면 水가 상징하는 지혜와 지략이 있으나 壬처럼 웅대하지는 못하다. 차분하니 합리적이고 섬세하니 감수성이 크고 여리고 예민하니 의존성이 나오기 쉽고 상상이 풍부하니 욕망을 갖기 쉽다.

(2) 일간론과 일간 역량의 수량화

앞 절에서 일간별 인성(人性)을 살펴보았다. 현재의 명리학은 자평명리(子平命理)로 통칭되는 신법 사주이다. 신법 사주에서 일간은 나[我]를 말하고 사주의 중심이자 주인공이므로 현행 신법 사주 체계에서는 일간을 위주로 하여 사주팔자(四柱八字) 간의 생극제화(生剋制化)를 살핀다. 따라서 일간은 사주 구성의 가장 중심적 요소라는 위상이 있다.

그러나 여기서 유념해야 할 것은 일간이 갖는 인성(人性)의 특징도 한 사람의 인성 전체

---

52   任鐵樵 增注, 袁樹珊 撰集, 『滴天髓闡微』〈論天干〉, "壬水通河(…)剛中之德 周流不滯."

53   『史記』券二十五〈律書〉, "言陽氣妊養萬物於地也."

54   任鐵樵 增注, 袁樹珊 撰集, 『滴天髓闡微』〈論天干〉, "癸水之弱 達於天津."

55   『史記』券二十五〈律書〉, "言養萬物可揆度."

로 보았을 때는 일부에 해당한다는 점이다. 예시하면 일반적으로 癸水 일간은 차분하고 섬세하며 예민하지만, 癸 일간의 사람들이 모두 다 그런 모습이 외적으로 발현된다고 단정하면 안 된다. 만일 어떤 사람이 癸 일간의 사주지만 火가 강하다면 강한 火의 성향과 癸 일간의 성향이 융합되거나 癸 일간의 성향이 내적으로 잠재되므로 癸 일간 같지 않아 보일 수도 있다. 따라서 사람의 인성과 삶에 사주의 8간지가 모두 영향을 준다고 보고 종합적으로 관찰하고 분석하는 안목이 긴요하다고 할 수 있다.

일간은 천간합(天干合)[56]에 의해서도 사라지지 않는다. 『자평진전(子平眞詮)』에서는 "합을 해도 합을 논하지 않는 경우는 본신(本身, 일간)의 합으로 오양간(五陽干)이 정재(正財)를 만나고 오음간(五陰干)이 정관(正官)을 만나면 모두 합하는데 그것은 본신이 합하는 것으로 합거(合去)가 되지 않는다."[57]라 하였다. 가령 갑(甲) 일간이 기(己) 정재(正財)와 합하여 '갑기합토(甲己合土)'를 하더라도 갑 일간은 사라지지 않으며 일간의 주체성을 유지한다.

특정한 오행이나 특정한 십성(십星)의 기운이 강한 사주 명조의 소유자도 반드시 일간이 나타내는 인성과 성향은 잠재되어 있다. 일간은 타 오행을 상극(相剋)하거나 상생(相生)하는 기운은 약하지만, 일간의 주체성을 보존·강화할 수 있도록 여타 간지 오행의 생조(生助) 받음을 좋아한다.

논자는 사주의 8간지의 역량을 수량화함에 있어서 일간을 포함한 8간지의 총량을 120으로 설정한다.[58] 그러면 오행별 평균값(120÷5)은 24이나 소수점의 불편을 회피하기 위해 24 대신 25로 놓은 후, 일간이 안정되게 자립할 수 있는 최소의 역량을 평균값 25의 8할인 20으로 보고 이에 따라 일간의 역량을 20으로 수량화한다.

비록 일간이 여타 간지 오행을 생극하는 기운이 약하지만 합충(合沖) 현상이 생겨도 일간

---

56 일간의 합은 양 천간의 관점에서는 자신이 극하고 음양이 반대인 천간과 합하는 것이고 음 천간의 관점에서는 자신을 극하고 음양이 반대인 천간과 합하는 것 등 두 가지 유형으로 설명된다. 천간합에는 甲己合, 丙辛合, 戊癸合, 乙庚合, 丁壬合 이상 5가지가 있다.

57 沈孝瞻 著, 徐樂吾評註, 『子平眞詮評註』 論十天干而不合, "又有合而不以合論者 何也 本身之合也 蓋五陽達財 五陰遇官 俱是作合 惟是本身十天干合之 不爲合去."

58 사주 명조의 총역량에서 일간은 전체의 1/6 정도가 적합하다. 8간지의 총량을 본문의 방식인 120으로 할 때 일간 역량은 20이니 소수점이 발생하지 않아 활용하기가 용이하다.

의 주체성을 보존하고 일간 자체만으로도 사람의 인성에 미치는 영향이 적지 않다.

3) 간지 위치별 오행 역량의 수량화

천간에 오행이 있듯이 지지에도 오행이 있다. 『회남자(淮南子)』 천문훈(天文訓)에는 간지의 오행을 배정하고 있는데 "갑을묘인(甲乙寅卯)은 木이며 병정사오(丙丁巳午)는 火이며 무계(戊己)와 사계(四季)[진술축미(辰戌丑未)]는 土이며 임계해자(壬癸亥子)는 水이다."[59]라고 하였으니 지지 중 寅卯은 木, 巳午는 火, 申酉는 金, 亥子는 水이고 辰戌丑未는 土이다.

(1) 월지(月支) 역량의 수량화

사주의 월지는 사주 당사자의 태어난 월령으로서 절기력(節氣曆)을 바탕으로 하는 명리학의 특성상 매우 중요한 의미를 갖는 위치이다. 월지가 寅·卯·辰이면 태어난 계절이 봄, 巳·午·未이면 태어난 계절이 여름, 申·酉·戌이면 태어난 계절이 가을, 亥·子·丑이면 태어난 계절이 여름임을 말한다. 월지가 寅, 巳, 申, 亥면 새로운 계절의 생성과 시작이며 卯, 午, 酉, 子면 각 계절 기운이 가장 왕성한 시기며 辰, 未, 戌, 丑이면 현재 계절과 새로운 계절의 기운이 혼재하는 환절기임을 말한다.

일간이 월지에 자신을 생(生) 하는 오행[인성(印星)[60]]을 얻거나 자신을 조력하는 오행[비겁(比劫)[61]]을 얻으면 '득령(得令)했다' 하여 일간이 사주에서 적지 않은 기반을 확보하였음을 말하고 월지가 巳·午·未이면 사주가 조열(燥熱)하고 亥·子·丑이면 한습(寒濕)할 수 있음도 말해 준다.

『자평진전』의 논 용신(論 用神) 편에서는 "팔자의 용신[62]은 오직 월령에서 구하니 일간을

---

59 『淮南子』〈天文訓〉, "甲乙寅卯 木也 丙丁巳午 火也 戊己四季 土也 庚辛申酉 金也 壬癸亥子 水也."

60 일간을 생하는 오행의 간지 중 일간과 음양이 반대면 정인, 음양이 일치하면 편인이라고 한다.

61 일간과 동일한 오행의 간지 중 일간과 음양이 같으면 비견, 음양이 반대면 겁재라고 한다.

62 『자평진전』의 용신(用神)은 사주의 격국(格局, 사주의 큰 틀)을 말하는 의미이고 일반적인 용신을 『자평진전』은 희신(喜神)이라고 한다.

가지고 월령의 지지에 대조하면 생하고 극함이 똑같지 않으므로 격국(格局, 사주의 틀)이 나누어진다."[63]라고 하여 월지를 통해 사주의 격국을 나누어야 함을 말하고 있다.

따라서 월지는 사주 명조 내에서 가장 막강한 영향을 행사하는 위치에 있으므로 일간을 제외한 7간지 역량 총계 100의 3할에 해당하는 30으로써 월지의 역량을 수량화한다.

(2) 일지(日支) 및 나머지 간지 역량의 수치화

『자평진전』의 논잡기여하취용(論雜氣如何取用)에서는 "무엇을 유정(有情)이라 하는가? 거스르지 않고 서로 이루어 주는 것이 그것이다. (…) 무엇을 무정(無情)이라 하는가? 거슬려서 서로 배반하는 것이 그것이다."[64]라고 말하고 있다. 이 말은 본래 사주 명조에서 월지가 합을 원하더라도 합의 결과 자신의 역할을 잊지 않고 격국을 왕성하게 하면 유정하고, 반대로 본분을 망각하여 격국을 배반하면 무정하다는 말이다.

필자는 본 본서에서 유정·무정의 개념을 일간과 간지의 거리 문제에 응용·확장하여 간지 오행이나 용신이 일간과 거리가 가까워 일간에게 주는 영향력이 상대적으로 크면 '유정하다'고 말하고 일간과 거리가 멀어 영향력이 약하면 '무정하다'고 말하고자 한다.

『명리약언(命理約言)』의 간명총법(看命總法)에서는 "명을 추론할 때는 먼저 일간이 시령(時令)을 얻었는지 잃었는지, 아래에 어떤 지지를 깔고 앉았고 어떤 천간과 바짝 붙어 있으며 일간에 대한 생극부억(生剋扶抑)이 어떤가를 본다. 이어서 나머지 세 천간과 네 지지의 일간에 대한 생극부억이 어떤가를 보는 것이니, 이것이 불변의 진리이다."[65]라 말하고 있다.

위의 말 중 '일간이 어떤 지지를 깔고 앉았는가'에 대한 말은 일지(日支)가 일간과 유정하다는 말이며 '일간이 시령을 얻었는가.'라는 말은 시지(時支)도 일간과 유정하다는 말이며

---

63 沈孝瞻 著, 徐樂吾 評註, 『子平真詮評註』〈論用神〉, "八字用神 專求月令 以日干配月令地支 而生剋不同 格局分焉."

64 沈孝瞻 著, 徐樂吾 評註, 『子平真詮評註』〈論雜氣如何取用〉, "何謂有情 順謂相成者是也 (…) 何謂無情 逆謂相背者 施也."

65 陳素庵 著, 韋千里 選集, 『精選命理約言』券一法(四十八篇) 看命總法二, "推命先看日干 或得時 或失時 惑得勢 或失勢 下坐某支 緊貼 某干 於日干生剋扶抑何如 此恒法也."

'어떤 천간이 일간 곁에 있는가.'라는 말은 일간 바로 옆에 포진한 월간과 시간이 일간과 유정하다는 말이 된다. 반면에 일간과 거리가 먼 연주, 즉 연간과 연지는 일간과 무정하여 일간에 주는 영향력이 상대적으로 약하다고 보면 무리가 없다.

앞서, 일간이 월지에 자신을 생 하는 오행인 인성, 조력해 주는 동일오행인 비겁 중 하나를 얻으면 '득령'이라고 함을 언급하였다. 마찬가지로 자신과 한 기둥이 되어 일주를 이루는 일지에 대해 일간이 인성, 비겁을 얻으면 '득지(得支)'라 하고 일간이 시지에 인성, 비겁을 얻으면 '득세(得勢)'라고 명명하기로 하자. 그렇다면 득령, 득지, 득세는 지지에 일간의 의지처가 자리 잡은 개념이 된다.

물론 일지는 일간과 한 기둥이 되어 일주(日柱)를 이루니 일지가 시지보다 일간에게 더 유정하다는 사실은 자명하다. 일지는 일간 바로 아래서 일간을 생조(生助)하거나 극설(剋泄)함으로써 일간에 주는 영향력이 상당하며 운로(運路)에서 일지에 가해지는 합·충·형(合·沖·刑)의 변화에 일간도 영향을 받게 된다.

한편 지지는 이미 그 자체로 단단한 토대(土臺) 위에 자리 잡은 형상이라 안정성이 높지만, 천간은 그렇지 못하다. 허공에 떠 있는 모양새의 천간은 반드시 지지에 뿌리를 내리고 의지할 수 있어야만 자생력을 가질 수 있다. 박재완은 "천간이 지지에 동류(同類)가 있으면 천간의 뿌리가 지지에 박혀 있는 기상이므로 통근(通根)이라고 한다."[66]라 하였다. 그러므로 천간의 역량은 지지에 통근해야만 발휘될 수 있으니 역량이 지지에 비해 크게 못 미친다고 할 수 있다. 따라서 득령, 득지, 득세의 영향력 차이와 천간, 지지의 역량 차이 등을 반영한 수량화가 요망된다.

이상의 내용을 종합하여 사주 간지의 각 위치별 역량을 수치화하면, 앞서 사주 전체의 역량을 120이라 설정하고 일간의 역량을 20을 제외한 나머지 간지들 역량의 총계를 100이라 할 때, 이 중 3할인 30이 월지의 역량으로 보았었다. 그렇다면 월지에 다음가는 일지는 2할인 20, 일지에 다음가는 시지는 15로 수량화하고 연지는 일간과 거리가 멀어 무정하니 지지 중 가장 약한 12로 수량화한다. 천간에서는 일간과 유정한 월간, 시간은 모두 9,

---

66 박재완, 『명리요강』, 역문관, 1985, 111쪽.

일간과 거리가 멀어 무정한 연간의 역량은 5로 수량화한다. 이에 따라 사주 간지의 위치별 역량의 수치는 〈표 7〉과 같다.[67]

〈표 7〉 사주 간지의 위치별 역량 수치

간·지	시(時)	일(日)	월(月)	연(年)
천간	9	20	9	5
지지	15	20	30	12

예 2   양력 2018년 3월 22일 寅시

	時	日	月	年
천간	甲(木)	癸(水)	乙(木)	戊(土)
지지	寅(金)	丑(土)	卯(木)	戌(土)

일간이 癸인데 일간 외의 간지에 水가 없으므로 水 20이다. 木이 월간, 월지, 시간, 시지에 있으므로 30, 9, 15, 9를 합하면 木 63, 土가 연간, 연지, 일지에 있으므로 5, 12, 20을 합하면 37이다. 그렇다면 이 사주 당사자의 인성(人性)이나 적성은 오행으로 보았을 때, 木의 성향이 63으로 가장 강하고 土의 성향도 37로 발달하고 있다. 木과 土의 성향이 약 2대 1의 비중으로 혼합되어 나타나는 가운데 癸 일간 고유의 기질도 잠재되어 있다가 수시로 발현된다는 사실을 알 수 있다.

4) 조후(調候)에 의한 오행 역량변화

이제부터 조후(調候)를 반영하는 월지와 시지의 계량화에 대해 살펴보겠다. 조후란 계절에 따라 온난과 한습이 다르고 하루도 주야에 따라 온도, 습도가 다르니 사주 분석에서 태

---

67 〈표 7〉은 절대적인 분류라고 볼 수 없다. 합충형(合沖刑)이론, 대세운 등의 변수, 인접 오행의 생극제화(生剋制化) 등에 의해 오행 변성이 발생할 수 있기 때문이다.

어난 달, 시간의 한난조습(寒暖燥濕)을 반영하는 개념이다. 명리학은 절기력(節氣曆)에 기초하므로 태어난 달과 날의 시간대에 따른 한난조습을 오행 분석에 반영하면 더 정교한 인성·적성의 분석이 가능하다.

(1) 월지 인(寅)

寅은 오행상 木이다. 절기력에서는 입춘(立春, 2월 4일경)을 기점으로 경칩(驚蟄, 3월 5일경)까지가 寅月이다. 최상길은 "입춘을 지나면서 양 운동이 활발히 진행되고 있으나 밖에는 아직도 한기(寒氣)에 노출되어 있다."[68]라 하였다.

『궁통보감(窮通寶鑑)』에는 "봄의 木은 한기의 남음이 있으니 火의 온난함을 좋아한다."[69] "(金이) 태어남이 봄이면 아직도 남은 한기가 물러나지 않았으므로 火의 기운이 왕성하게 발현됨이 중요하다."[70]등의 언급이 나온다. 이를 참조하면 寅月은 봄으로 분류되지만 차가운 한기는 조금씩 쇠퇴할 뿐 여전히 강할 수 있으므로 절기력 중 우수(雨水)인 2월 19일 전까지는 사주에서 조후(調候, 온도·습도)의 안정을 위해 火가 발달하고 있는지 여부도 중요한 점검 항목 중 하나가 된다. 따라서 2월 19일 전까지의 월지 寅木은 한랭한 水의 기운이 잠재되어 있으므로 월지의 역량을 木 30으로 보기보다는 木 16, 水 14로 본다. 木이 水보다 역량이 약간 크다고 보는 것은 寅의 본신(本身)이 木이기 때문이다.

그리고 2월 19일 전까지 寅月의 亥·子·丑 時의 사주는 매우 추운 시간대이니 한습한 조후를 반영하여 월지 寅의 오행 역량을 水 20, 木 10으로 하고 이 중 丑時의 역량 15를 土 5 水 10으로 수량화한다. 우수인 2월 19일부터는 이상의 방식에서 본신의 오행에 가점하고 水의 오행에 감점하는 방식으로 수량을 조절하여 경칩(3월 6일)에 가까운 3월 1일 이후는 월지 寅을 木 30으로 맞춘다.

---

68 최상길, 「사주명리에 있어서 공망에 대한 연구」, 동방문화대학원대학교 석사학위논문, 2017, 28쪽.

69 徐樂吾 註, 『窮通寶鑑』〈論木〉, "木生於春, 餘寒猶存 喜火溫暖."

70 徐樂吾 註, 『窮通寶鑑』〈論金〉, "生於春月 餘寒未盡 貴乎火氣爲榮."

| 예 3 | 양력 2018년 2월 8일 02시 生 |

	時	日	月	年
천간	己(土)	辛(金)	甲(木)	戊(土)
지지	丑(土)	未(土)	寅(木)	戌(土)

해설 위 사주의 오행 분석을 해보면 단순히 보았을 때, 水가 없는 사주지만 인성이나 적성에서 水 오행의 성향이 없는 사람으로 보면 안 된다. 2월 8일은 겨울의 추위가 대부분 남아 있고 또한 丑시는 하루 중에서 한랭한 시간이므로 월지 寅에서 水의 기운 20, 시지 丑에서 水의 기운 10을 반영하면 이 사주 당사자는 水 30, 木 19, 土 51의 오행 기운이 융합된 가운데 일간 辛金의 기운 20도 잠재되어 있다가 수시로 발현된다고 볼 수 있다.

(2) 월지 진(辰)

『오행대의』에서는 『삼례의종(三禮義宗)』의 말을 인용하여 "이달은 물건이 모두 움직이고 자란다."[71]라 하였다. 물상이 생동감을 가지는 달인데 진월(청명 4월 5일-입하 5월 5일)은 촉촉한 땅인 윤토(潤土) 위에서 초목이 왕성해지는 달이다. 따라서 월지 辰土는 봄의 木 기운을 반영하여 木 10, 土 20으로 계량화한다.

(3) 월지 미(未)

『오행대의』에서는 『삼례의종』의 말을 인용하여 未月에 대해 "만물이 성숙해짐에 모두 각자의 맛과 기운이 있다."[72]라 하였다. 未月(소서 7월 7일-입추 8월 8일)은 맹렬한 무더위 속에 가을 결실을 맺기 위해 신진대사를 왕성하게 하는 여름의 계절이다. 그러므로 월지 未는 열토(熱土)로서 火를 반영하여 土 15, 火 15로 수량화한다. 그리고 未월의 巳·午·未시 생의 사주는 火 기운을 더 강하게 보아 未月은 火 20, 土 10으로 하고 이 중 未時는 火 10, 土 5로 수량화한다. 그리고 화왕지절(火旺之節)인 午월의 未時도 火 10, 土 5로 수량화한다.

---

71 蕭吉 撰, 嚴繹 審訂, 『五行大義』〈釋名〉, "此月之時 萬物震動而長."

72 蕭吉 撰, 嚴繹 審訂, 『五行大義』〈釋名〉, "始物向成 皆有氣味."

<table>
<tr><td>예 4</td><td colspan="5">양력 2018년 7월 11일 14시 生</td></tr>
<tr><td></td><td></td><td>時</td><td>日</td><td>月</td><td>年</td></tr>
<tr><td></td><td>천간</td><td>辛(金)</td><td>甲(木)</td><td>己(土)</td><td>戊(土)</td></tr>
<tr><td></td><td>지지</td><td>未(土)</td><td>辰(土)</td><td>未(土)</td><td>戌(土)</td></tr>
</table>

해설	위의 사주는 간지 8자에 정 오행 火가 없지만, 火의 성향을 오행을 통한 인성·적성 파악에 적용해야 한다. 未月의 未時는 火氣가 강한 시간대이므로 未月을 火 20, 土 10 未時를 火 10, 土 5로 수량화하면 오행 구성이 火 30, 土 61, 金 9가 되어 土를 위주로 火의 열정도 발달한 사주이고, 일간이 甲이며 木 20이니 甲木의 기질도 발현된다고 볼 수 있다.

(4) 월지 신(申)

『오행대의』에서는 『삼례의종』의 말을 인용하여 "申은 몸[身]이다. 만물은 다 그 몸을 이루어서 각기 단단하도록 하며 준비해서 이루는 것이다."[73]라 하였다.

申月은 물상의 결실을 맺기 시작하는 달(입추 8.8.-백로 9.8.)로서 가을로 분류되지만 더위의 열기는 잔존하므로 처서(處暑, 8월 23일경)까지는 난조한 조후를 반영하여 월지 申金은 월지를 金 16, 火 14로 본다. 그리고 처서 전까지 巳·午·未시의 사주는 더위가 강한 시간이니 申月을 火 20, 金 10으로 하고 이 중 未時의 역량 15를 土 5 火 10으로 수량화한다. 처서 이후는 본신의 오행에 가점하고 火의 오행에 감점하여 조절한다.

<table>
<tr><td>예 5</td><td colspan="5">양력 2018년 8월 11일 14시 生</td></tr>
<tr><td></td><td></td><td>時</td><td>日</td><td>月</td><td>年</td></tr>
<tr><td></td><td>천간</td><td>癸(水)</td><td>乙(木)</td><td>庚(金)</td><td>戊(土)</td></tr>
<tr><td></td><td>지지</td><td>未(土)</td><td>亥(水)</td><td>申(金)</td><td>戌(土)</td></tr>
</table>

해설	위의 사주는 처서 이전인 사주로 申月 未時 생이다. 위의 사주는 간지 8자에 정 오행 火가 없지만, 火 성향을 인성·적성 파악에 적용해야 한다. 처서 이전인 신월의 未時는 火氣가 강한 시간대이므로 申月을 火 20, 金 10 未時를 火 10, 土 5로 수량화하면 오행

---

73 蕭吉 撰, 嚴經 審訂, 『五行大義』〈釋名〉, "申者身也, 物皆身體成就也."

구성이 火 30, 土 32, 金 19, 水 29로 구성이 되는 가운데 土, 火의 성향이 겸비되어 발달한 사주이며 일간 乙木의 기질도 수시로 발현된다.

(5) 월지 술(戌)

『오행대의』에서는 『삼례의종(三禮義宗)』의 말을 인용하여 戌에 대해 말하기를 "戌은 없어지는 것이다. 구월에 양기가 쇠하고 만물이 모두 만들어지면 양기는 땅속으로 들어간다."[74]라 하였다. 戌월(한로 10월 8일-입동 11월 7일)은 가을이 무르익어 결실을 완료하고 떨어져 내리는 계절이다. 따라서 월지 戌土는 가을의 기운을 반영하여 金 10, 土 20으로 수량화한다.

(6) 월지 축(丑)

축(丑)에 대해 『사기(史記)』에서 말하길 "양기가 위에 있고 아직 내려오지 않아서 만물이 얽혀 아직 나오지 못한 것을 말한다."[75]라 하였다. 丑월(소한 1월 6일-입춘 2월 4일)은 봄은 오고 있으나 아직은 사방이 동토(凍土)로서 한기가 가득 차 있는 달이라 한습한 조후를 대변하니 土 15, 水 15로 계량한다. 그리고 丑월의 亥·子·丑 시생의 사주는 추위가 더 맹렬한 시간대이므로 축월은 水 20, 土 10으로 하고 이 중 丑時는 水 10, 土 5로 하여 본신의 오행보다 水를 더 강하게 계량화한다. 또한 수왕지절(水旺之節)인 子월의 丑時도 水 10, 土 5로 수량화함이 적절하다.

예6   양력 2015년 1월 18일 02시 生

	時	日	月	年
천간	乙(木)	甲(木)	丁(火)	甲(木)
지지	丑(土)	午(火)	丑(土)	午(午)

---

74   許愼 撰, 段玉裁 注, 『說文解字注』 券 十四 下, "戌減也 九月 陽氣微 萬物畢成 陽下入地也."

75   『史記』 券 二十五 〈律書〉, "言陽氣在上未降 萬物厄未敢出也."

해설 위의 사주는 간지 8자에 정 오행 水가 없지만, 水의 성향을 오행을 통한 인성·적성 파악에 적용해야 한다. 丑月의 丑時는 한랭하므로 丑月을 水 20, 土 10 丑時를 水 10, 土 5로 계량화하면 오행 구성이 水 30, 火 41, 木 34, 土 15로 구성되니 水 오행의 기운을 왕성하게 보아 인·적성을 살펴야 하고 木 34이니 일간 甲木의 기질도 다른 木들과 결합하여 왕한 오행의 특징을 갖고 외적으로 발현된다고 볼 수 있다.

한편 사주 내 간지 오행 간의 합이 여러 방해 요소 없이 성립하면 합의 결과 나오는 오행에 대한 가점과 합에 참여하여 변성되는 오행에 대한 감점이 이루어져야 한다. 특히 卯, 午, 酉, 子월은 춘·하·추·동의 각 계절별 오행의 기운이 가장 순수하게 강하므로 사왕지지(四旺地支)라고 하는데 월지의 卯, 午, 酉, 子가 주동이 되고 삼합, 방합을 이루는 지지의 3자가 인접하면 삼합(三合)과 방합(方合)의 합국이 완벽하여 어떠한 합·형·충으로도 합국을 도저히 분산시킬 수 없으니 삼합, 방합에 가담하는 오행은 합의 결과 오행으로 바꾸어서 수량화한다.[76]

예 7 | 2022년 3월 16일 생 오후 13시

시	일	월	년
戊(토)	戊(토)	癸(수)	壬(수)
午(화)	辰(토)	卯(목)	寅(木)

해설 월지에 木의 왕지인 卯가 자리 잡고 방합의 3자, 寅卯辰이 이웃하니 완벽한 방합인 寅卯辰의 목국(木局)이 되며 그 어떤 합충으로도 목국(木局)이 분산되지 않는다. 그러므로 일지 辰(토)을 木으로 바꾸어 사주오행을 수량화한다.

---

76 삼합(三合)이란 亥卯未가 모여 木局, 寅午戌이 모여 火局, 巳酉丑이 모여 金局, 申子辰이 모여 水局을 이루는 합이다. 삼합의 일부로 亥卯·卯未가 모여 木, 寅午·午戌이 모여 火, 巳酉·酉丑이 모여 金, 申子·子辰이 모여 水가 되는 합에 대해 주요 명리고전에서 명칭의 언급이 없으므로 필자는 이런 합을 준삼합이라 명명하였다. 또한 왕지(자·오·묘·유)가 빠진 해미합목, 인술합화, 신진합수, 사축합금 등도 명칭 언급이 없어 반합이라고 명명하였다. 이재승, 「현대사회의 종격사주에 대한 고찰」, 『인문사회 21』 9(2), 아시아문화학술원, 2018b.
방합(方合)이란 동일 계절을 상징하는 지지가 집단을 형성하여 합하는 것을 말한다. 寅卯辰이 모여 목국(木局), 巳午未가 모여 화국(火局), 申酉戌이 모여 금국(金局), 亥子丑이 모여 수국(水局)을 만드는 합이다. 육합은 子丑이 모여 土, 寅亥가 모여 木, 卯戌가 모여 火, 辰酉가 모여 金, 巳申이 모여 水, 午未가 모여 火가 되는 6종류의 합이다.

이상으로 조후에 따른 월지·시지의 오행 변화를 살펴보았다. 특히 유의할 점은 '태어난 달과 시간에 따라 한난 조습을 반영하는 방식'은 오직 오행 분석에만 국한하여야 한다는 점이다.

용신의 도출을 위해 일간의 강약을 정할 때는 반드시 본래의 오행으로 보아야 하고 십성을 바꾸면 안 된다. 예를 들어 己 일간이 未 월생이면 월지 未는 일간과 오행, 음양이 같은 土이니 십성[77] 중 비견이지 월지 未에 火 성향이 있다고 인성(印星)으로 보면 안 된다. 이때 월지 未는 비견 고유의 성향과 未月에 내재된 火, 土의 성향이 융합된 인·적성을 가진다고 보면 된다.

5) 사주 오행 수량화의 적용

(1) 오행과 인성·적성(人性·適性)

성격심리학은 인간의 개인차에 관심을 가지고 연구하는 분야로서 인간의 성격을 어떻게 규정할 수 있으며 측정할 수 있는가를 연구한다.[78] 따라서 개개인의 사주오행을 계량화하여 개인의 잠재된 독특한 심리적 특성을 파악하고 활용하는 데 대한 명리학적 연구결과를 상담·교육·인간 관리 분야에서 적용할 수 있다.

명리학적인 인·적성 연구는 지금까지 MBTI(Myers-Briggs Type Indicator),[79] 에니어그램,[80]

---

77 명리학에서는 나[일간(日干)]와 같은 오행을 비겁(比劫), 나를 생(生)하는 오행을 인성(印星), 내가 생(生)하는 오행을 식상(食傷), 내가 극하는 오행을 재성(財星), 나를 극하는 오행을 관성(官星) 등 5가지 관계를 설정하고 나와 음양의 일치[편(偏)], 불일치[정(正)]를 따지면 총 10가지 관계가 되는데 이를 십성(十星)이라고 한다. 십성도 고유의 인·적성을 갖고 있다.

78 이수원 외, 『심리학: 인간의 이해』, 정민사, 2002, 23쪽.

79 "MBTI는 스위스 심리학자 카를 구스타프 융(Carl Gustav Jung)의 심리유형이론을 일상생활에 유용하게 활용할 수 있도록 개발된 것이다. MBTI를 구성하는 지표는 외향성(extroversion)과 내향성(introversion), 감각적 인식(sensing)과 직관적 인식(intuition), 사고적 판단(thinking)과 감정적 판단(feeling), 판단적 태도(judging)와 인식적 태도(perceiving) 등 8가지이다. 인간 행동이 그 다양성으로 인해 종잡을 수 없을 것 같아 보여도 사실은 아주 질서정연하고 일관된 경향이 있다는 데서 출발하였다. 성격심리학 차원에서 개발된 MBTI(Myers-Briggs Type Indicator)처럼 사주명리(四柱命理)도 사람의 성격이 타고남과 동시에 결정된다는 선천적 성격이론을 지지한다. 이남호·김만태, 「MBTI와 사주명리의 연관성 고찰-외향성과 내향성을 중심으로」, 『인문사회 21』 9(3), 2018, 730쪽.

80 에니어그램(Enneagram)은 사람을 9가지 성격으로 분류하는 성격 유형 지표이자 인간이해의 틀이다. 희랍어에서 9를 뜻

Holland 검사[81] 등의 서양 이론을 명리학의 이론과 비교하여 연관성을 찾음으로써 명리학의 공신력을 제고하고자 하는 융합적 연구가 대세를 이루었다.[82] 논자는 이런 선행연구들을 높이 평가하며 명리학의 오행, 십성, 용신, 신살(神煞) 등을 종합적으로 분석하면 사람의 인·적성을 제시할 수 있다고 사료하며 명리학의 이론체계와 서양의 심리·적성 검사 이론과의 융합연구를 지지한다.

〈표 8〉 각 오행별 왕쇠에 따르는 인성 및 적성

오행	쇠·무(0-19)	왕(30-60)	극왕(61-120)	왕·극왕 오행의 적성·직업
木	의욕 弱·명예심 弱·집념 부족	솔선·시작·희망·낙천·진취·생동·상승·자상·다정·온순·고집·어짐·명예 지향	독선적·고집 셈·명예욕 强·독선적·간섭기피·자유 지향	적성: 인문학·언어·문학·교육·행정·유아·임학·방송·법학·언론·외교·섬유·의류·경영 직업: 교육·출판·방송·법조인·섬유·의류·가구·문구·조경·원예·임업·농장·약초·지물·청과·공무원·사회복지·언론인·정치·상담
火	변화·기피·우울·침체·내성적	성장·열정·확장·변화·솔직·명랑·활발·예의·화려함	지나친 성급·일을 잘 벌임·감정적·계획성 弱·폭발성·즉흥·과시성·끈기 부족	적성: 방송·예술·광학·약학·관광·경영·디자인·무용·미용·연극·영화·컴퓨터그래픽·체육·전기전자 직업: 언론·예술·예능·디자이너·발명·화장품·사진관·조명기구·안경·이미용·피부·정치가
土	끈기 부족·포용력 약	조화·포용·화합·연결·신용·중재·안정·중후·공평·관대·끈기	융통성 없음·답답·현실 고수·고집	적성: 부동산·토목·농학·역사·식품·영양·제과제빵·종교·건축·어문·관광·법학·동양학·예술·한의학·명리학·음악 직업: 부동산·소개업·농산물·건축·토목·종교·철학·무속·예술·조경·원예·축산·도공예·묘지업·정치·스포츠·군인·동양학자·한의사

하는 ennear와 점, 선, 도형을 뜻하는 grammos의 합성어로, 원래 '9개의 점이 있는 도형'이라는 의미이다. 대한민국에서는 2001년에 윤운성 교수에 의해 표준화를 거친 한국형 에니어그램 성격유형검사(KEPTI)가 정식으로 출판되었다(https://ko.wikipedia.org/wiki).

81 진로로 관련된 자신의 흥미 능력 가치관을 탐색하여 효과적인 진로탐색을 할 수 있도록 돕는 검사이다. 다양한 생활 영역, 흥미 능력 가치관을 확인하도록 함으로써 자신에 대하여 보다 명확한 이해를 하도록 개발되었다. 이 검사는 6개의 직업적 성격 유형, 즉 실재형, 탐구형, 예술형, 사회형, 기업형, 관습형을 측정한다(https://hyudong.com/board/e3).

82 김석란, 「사주와 MBTI성격이론과의 상관관계연구」, 국제문화대학원대학교 석사학위논문, 2006; 정하룡, 「명리학의 성격유형분류 연구: MBTI유형별 사주분석을 중심으로」, 동방대학원대학교 박사학위논문, 2010; 엄현주, 「MBTI검사와 사주명리학에 의한 성격유형 비교 진단 연구」, 한국외국어대학교 교육대학원 석사학위논문, 2013; 이남호·김만태, 「MBTI와 사주명리의 연관성 고찰-외향성과 내향성을 중심으로」, 『인문사회 21』 9(3), 아시아문화학술원, 2018, 730쪽.

오행	쇠·무(0-19)	왕(30-60)	극왕(61-120)	왕·극왕 오행의 적성·직업
金	유시무종(有始無終)·계획성 부족·분석력 약·맺고 끊지 못함·원칙 부족	결단·의리·승부욕·강직·희생·원칙·주관·호불호 뚜렷	지나친 결단력·냉혹·폭력적·결벽성·날카로운 말투·외골수	적성: 경찰·사관학교·의예·공학·기계 금속학·스포츠·치의예·법학 직업: 군인·의사·경찰·기계·선박·철도·항공·자동차정비·요리·철물·보석·피부·미용·의상·헤어디자이너·치과의사·법관·공직자·광업
水	어리석음·융통성 부족·단순	지혜·지략·사고력·계획·기획·아이디어·침착·식견·융합·수리·정보수집	잔머리·호색·상상력 과다·우울 자폐증·계산적·냉정	적성: 신소재학·생명공학·의학·임상병리·컴퓨터학·연구발명관련·수학·자연과학·통계학·경제학·회계학·해양·수산·식품영양 직업: 금융·경제·교육·보험·무역·회계사·수학자·목욕탕·수산물·해운·식품·요식업·의약

사람의 사주 명조를 수량화하였을 때 0은 무(無), 19 이하는 쇠(衰), 20-29는 안정, 30-60은 안정, 61-120은 극왕으로 본다.[83] 단 일간이 속하는 오행은 일간이 역량 20을 기본 수량으로 가지니 위의 기준에서 10을 더하여 왕·쇠의 수량을 적용한다.[84]

오행별 왕(旺)·쇠(衰)·무(無)·극왕(極旺)에 따라 인성과 적성이 다르게 나타난다. 사주 명조에서는 모든 오행이 안정적으로 자리 잡기는 어렵고 무(無) 오행, 쇠약한 쇠(衰) 오행, 안정 오행, 왕(旺) 오행, 극왕(極旺) 오행의 성향이 다 같이 복합되어 잠재·발현되니 사람에게 다중적(多重的) 성향이 나타나는 한 요인이 된다.

사주 오행이 영향을 미치는 인성(人性)은 각 오행별 수량의 무·쇠·왕·극왕의 특징과 일간의 성향이 융합되며 적성(適性)은 왕·극왕하는 오행 위주로 발현된다. 만일 한 가지 오행이 0이나 120에 가까울수록 쇠함과 왕함이 지나치게 편중되어 발생하는 부정적인 면이 더욱 강화된다.

한 오행이 왕하면 장점도 있겠지만 태과(太過)하면 한 가지 오행으로 치우침으로써 단점이 적지 않게 부각된다. 즉 한 오행의 세력이 극도로 강하면 과다함도 문제가 되지만 여타 오행에 대한 문제도 반드시 발생한다.

---

83 특히 20 이하는 불급(不及, 못 미침), 80 이상을 태과(太過, 과다가 지나침)로 본다.

84 특히 한 오행이 80 이상이 되면 태과(太過), 10 이하이고 생하는 오행이 인접하지 않으면 불급(不及)으로 본다.

예를 들어 木의 세력이 극도로 강하면 오행상극의 원리에 의해 木의 상극을 받는 土를 비롯하여 모든 오행이 쇠약해지게 된다. 이때 사주 당사자는 木이 극왕한 인·적성과 타 오행들이 없거나 쇠약한 특징의 인·적성, 여기에 일간의 인·적성이 복합되는데, 이 원리는 여타 오행의 경우도 동일한 원리를 적용한다.

(2) 오행의 인·적성(人·適性) 활용

지금부터 아래의 사주로써 사주 오행의 수치화와 〈표 8〉을 활용하여 사주 당사자의 성품과 인·적성을 보는 법을 예시하여 살펴보도록 하자. 사주 오행의 계량화를 통한 인·적성은 일간의 성향, 왕·극왕한 오행의 성향과 오행별 상댓값을 반영하여 분석한다.

예8　양력 2018년 10월 19일 13시 生

	時	日	月	年
천간	庚(金)	甲(木)	壬(水)	戊(土)
지지	午(火)	申(金)	戌(土)	戌(土)

이 사람의 사주 오행을 〈표 7〉과 조후를 반영하여 수치화하면 木 20, 火 15, 土 37, 金 39, 水 9이다. 이 사주는 甲 일간으로서 土와 金이 왕성하다. 이에 따라 이 사주의 오행 분석에 의한 인·적성은 다음과 같이 나타난다.

먼저 이 사람의 인성을 보자. 甲 일간이고 土와 金이 각각 37, 39로서 왕하고 25로 나눈 표준값이 각각 1.48과 1.56으로 거의 유사하다. 그러므로 결단·의리·승부욕·강직·희생·원칙·주관·호불호 뚜렷 등의 金이 왕한 인성(人性)과 조화·포용·화합·연결·신용·중재·안정·중후·공평·관대·끈기 등 土가 강한 인성이 엇비슷한 비율로 혼합되어 발현된다. 여기에 성장 발전을 추구하며 독립 지향적으로 간섭을 기피하고 지도력, 우두머리 기질, 자부심을 가지며 적극적이고 활동적인 甲 일간의 성향도 인성의 기조를 이루면서 왕한 土, 金 오행의 성향과 배합되어 잠재된 후 수시로 발현된다고 볼 수 있다. 그리고 火가 쇠하니 침체되기 쉽고 水가 부족하니 때로는 지혜와 융통성이 부족할 소지도 있다고 분석할 수 있다.

다음으로 이 사람의 적성을 보자. 이 사주에 대한 청소년기의 적성은 土가 왕하니 부동산·토목·농학·역사·식품·영양·제과제빵·종교·건축·어문·관광·법학·동양학·예술·한의학·명리학·음악·예술 등의 적성, 金이 왕하니 경찰·사관학교·의예·공학·기계 금속학·스포츠·치의예·법학 등의 적성이 혼재한다고 볼 수 있다. 여기에 일간이 甲이니 인문학·언어·문학·교육·행정·유아·임학·방송·법학·언론·외교·섬유·의류·경영 등의 木의 성향도 다소 있다고 볼 수 있다.[85]

예 9   어떤 사람의 사주 명조가 乙(木) 일간이고 계량화된 오행들의 수량이 木 50, 水 40, 土·金·水가 각각 10씩이라고 하자. 오행별 수량을 각각 25로 나누면 왕한 오행은 木 2, 水 1.6이 되고 동시에 火, 土, 金의 상댓값은 모두 0.4가 되니 쇠하다. 그리고 木과 水가 2:1.6의 비율로 복합되어 왕하다.

먼저 이 사주의 인성은 木이 왕하니 솔선·시작·희망·낙천·진취·생동·상승·자상·다정·온순·고집·어짐·명예 지향 등의 성향에 부드러우나 적응력이 강하여 생활력이 뛰어나고 현실에 충실하고 섬세하고 순응하는 성향인 乙 일간의 기질도 공존한다. 여기에 지혜·지략·사고력·계획·기획·아이디어·침착·식견·융합·수리·정보수집능력 등 水가 왕한 성향이 木 성향의 약 80%에 해당하는 비율로 융합되었다고 볼 수 있다. 동시에 火, 土, 金의 상댓값은 모두 0.4로서 쇠하다. 따라서 火가 쇠하니 침체되기 쉽고 金이 쇠하니 원칙과 결단력이 부족하기 쉽고 土가 약하니 끈기와 포용력이 약할 수 있다.

이 사주의 청소년기의 적성은 인문학·언어·문학·교육·행정·유아·임학·방송·법학·언론·외교·섬유·의류·경영 등 왕한 木 오행의 적성을 위주로 신소재학·생명공학·의학·임상병리·컴퓨터학·연구발명·수학·자연과학·통계학·경제학·회계학·해양·수산·식품영양 등 水 오행의 적성이 융합된 것으로 볼 수 있다.

---

85   반대로 이 사주에 대한 장년기의 사업업종 상담은 사주에 필요한 오행, 즉 용신의 오행에 해당하는 직업을 우선하여 안내할 수 있다.

(3) 건강에 대한 적용

『적천수』에서는 "오행이 조화를 이룬 자는 일생에 재앙이 없다."[86]라 하였다. 이 말은 오행을 균등히 갖춘 사주가 그렇지 않은 사주보다 인생에서 재화(災禍)를 만날 가능성이 적을 뿐 아니라 건강도 더욱 잘 지키고 수명 장수할 가능성이 훨씬 높음을 시사한다.

사주에서 쇠한 오행이나 극왕한 오행이 여러 개 존재하는 사주는 오행들 간의 생극(生剋) 관계 속에서 건실하지 못한 오행에 문제가 발생하게 되어 질병이 발생하고 건강을 잃을 수 있다. 반면에 쇠·극왕한 오행에 해당되는 신체 장기(臟器)나 부위의 질병에 대해 더욱 관심을 갖고 예방 관리하는 지혜를 통해 건강을 지킬 수도 있다. 그러므로 이 절(節)에서는 사주 명조 오행의 계량화된 수치와 건강과의 상관성을 살펴보기로 한다.

『연해자평』에서는 "甲은 간(肝), 乙은 담(膽), 丙은 소장(小腸), 丁은 심(心), 戊는 위(胃), 己는 비(脾)가 되고 庚은 大腸, 辛은 폐(肺), 壬은 膀胱, 癸는 신장(腎臟)이 된다 하였다."[87] 또한 『오행대의』에서는 "간장은 木에, 심장은 火에, 비장은 土에, 폐장은 金에, 신장은 水에 배속된다."[88]고 하였다. 여기서 "甲은 간" "간장(肝臟)은 木"이라는 말은 木은 단순히 간만을 지칭하는 것이 아니라 간의 지배나 영향을 직접적으로 받는 인체의 부위라고 보면 된다. 나머지 오행과 인체 부위별 건강도 같은 맥락으로 보면 된다. 사주 명조 오행의 계량화로 건강을 살피는 방법은 오행 간의 상생, 상극의 원리에 따라 다음과 같이 논할 수 있다.

〈표 9〉 오행과 연관된 인체의 장부·질환

木	火	土	金	水
간질환, 쓸개, 뼈, 관절, 생리불순, 간질, 정신병, 빈혈, 눈병, 신경계, 허약체질	심장질환, 고(저)혈압, 소장, 고혈압, 고지혈증, 신경쇠약, 혀질환, 화병, 갑상선, 중풍	위장, 비장, 당뇨, 맹장, 식도, 입병, 피부, 무좀, 췌장, 복부, 자궁, 전립선, 당뇨	대장, 폐, 비염, 축농증, 코, 근골, 호흡기, 치아, 잇몸, 항문, 기관지, 후두, 직장	신장, 유방, 요도, 방광, 전립선, 혈액, 생식기, 우울증, 두통, 빈혈, 이명증, 귓속질환, 중풍, 마비

---

86 任鐵樵 增注, 袁樹珊 撰集,『滴天髓闡微』「六親論」〈疾病〉, "五行和者 一世無災."

87 徐升 編著,『淵海子平評註』三篇 三章 二論, "甲肝乙膽丙小腸丁心腸戊胃己脾庚大腸辛肺壬膀胱癸腎臟."

88 蕭吉 撰, 嚴繹 審訂,『五行大義』〈論雜配〉, 論配藏府, "干以配木, 心以配火, 脾以配土, 肺以配金, 腎以配水."

첫째, 극하는 오행이 극을 당하는 오행보다 2배 이상의 역량이 있을 때 극을 당하는 오행의 건강에 문제가 발생하기 쉽다. 이때는 극을 당하는 오행을 생(生)하는 오행이 지척에서 약한 오행을 보좌하여 두 오행의 힘을 합한 역량이 상극오행의 절반을 초과하면 구제된다. 일간은 타 오행을 생하거나 상극하는 기운은 약하지만 상극당하는 것은 다른 간지와 같다.

| | 예 10 | 양력 2018년 5월 25일 0시 生 | | |

	時	日	月	年
천간	庚(金)	丁(火)	丁(火)	戊(土)
지지	子(水)	巳(火)	巳(火)	戌(土)

해설 이 사주의 오행을 수치화하면 火 79·土 17·金 9·水 15이다. 이 경우 일간은 타 오행을 상극하는 힘이 약함을 반영하여 일간을 제외하더라도 火 59는 金 9를 2배를 훨씬 초과하는 역량으로 화극금(火剋金) 하니 金의 건강에 어려움이 있다.

둘째, 극하는 오행이 극을 당하는 오행보다 절반 미만의 역량에 불과할 때 극하는 오행의 건강에 문제가 발생하기 쉽다. 이때 약한 오행을 생하는 오행이 지척에서 보좌하여 두 오행의 힘을 합한 역량이 상극오행의 절반을 초과하면 구제된다. 위의 예 10)에서 水는 15의 역량으로 천간 庚金으로부터 9의 지원을 받아 24의 역량이 되지만 두 배를 초과하는 火 59를 상극하기엔 역부족이라 어려우니 水의 건강도 문제가 되기 쉽다.

셋째, 생(生)해 주는 오행의 역량이 생을 받는 오행 역량의 3배 이상일 때 지나친 생(生)의 기운에 매몰당하는 오행의 건강에 문제가 발생하기 쉽다. 위의 예 10)에서 土 17의 3배를 초과하는 火 59의 역량이 土를 생하므로 지나친 생(生)의 기운에 매몰당하는 土의 건강 문제가 발생하기 쉽다.

넷째, 생을 받는 오행이 생해 주는 오행보다 수치가 약 2.5배 이상이면 생해 주는 오행의 기운이 지나치게 설기(泄氣)되니 그 오행의 건강에 문제가 발생하기 쉽다. 다만 그 오행을 생해 주는 오행이 근접해서 보좌하여 힘을 합한 역량이 생을 받는 오행의 절반을 초과하면 구제된다.

예 11 | 양력 2015년 6월 22일 08시 生

	時	日	月	年
천간	戊(土)	己(土)	壬(水)	乙(木)
지지	辰(土)	巳(火)	午(火)	未(土)

해설 | 위의 사주는 월지에 午가 주동하여 巳午未 방합에 의한 화국(火局)을 실현하고 있는데 합의 방해 요소가 없어 합이 완벽하고 연간의 乙木은 화국(火局)을 생하고 있다. 火 57 을 木 5가 생하고 있는데 월간의 壬水가 9의 역량을 가지고 水生木으로 乙木을 도와 합 14가 되더라도 木의 기운을 뺏어가는 火 57의 힘이 훨씬 강하므로 乙木이 어렵다. 따라서 木의 건강에 문제가 발생하기 쉽다.

다섯째, 쇠함이나 왕함이 지나친 오행은 타 오행의 동향에 상관없이 건강 문제를 야기하기 쉽다. 위의 예 11)에서 水는 월간의 壬뿐이며 壬의 역량은 9이고 水를 생하는 金 기운도 미약하다. 그러므로 쇠함이 지나친 水 오행의 건강에 유의해야 한다.

예 12 | 양력 1968년 9월 08일 18시 生

	時	日	月	年
천간	丁(火)	辛(金)	辛(金)	戊(土)
지지	酉(金)	巳(火)	酉(金)	申(金)

해설 | 위의 예 12)는 일간 辛을 포함하여 사주 金의 역량이 총 91점에 이른다. 金이 지나치게 왕(旺)하므로 金의 건강에 문제가 발생하기 쉽다.

여섯째, 사주 명조 8간지의 정(正) 오행으로 없는 오행은 극쇠나 극왕인 오행보다 상대적으로 덜 위험하다. 그러나 사주 명조 간지의 정(正) 오행으로 없는 오행이 지지의 지장간(地藏干)[89]에 1-2개 들어 있을 때, 그 오행에 대한 건강 문제에 유의해야 한다.

---

89 지장간은 地支藏干·地支暗藏의 준말로 지지 가운데 천간을 지니고 있다는 뜻(김승동, 『易思想辭典』, 부산대학교출판부,

| 예 13 | 양력 2018년 7월 17일 12시 生 |

	時	日	月	年
천간	壬(水)	庚(金)	己(土)	戊(土)
지지	午(火)	戌(土)	未(土)	戌(土)

| 해설 | 이 사주엔 정 오행으로 木이 없다. 그러나 월지 未土 지장간에 乙木이 있으므로 운로 (運路)에서 未土에 대한 충형(沖刑)이 생길 때마다 지장간의 乙木이 상극당하게 되니 木의 건강을 유의해야 한다. |

일곱째, 사주 명조의 위치상 모서리에 있는 연지, 연간, 시간, 시지의 간지오행이 자신을 둘러싼 3자(者)의 간지로부터 모두 극설(剋泄)당하는 형국이 되면 그 오행에 대한 건강 문제 가 발생하기 쉽다.

| 예 14 | 양력 2015년 10월 11일 08시 生 |

	時	日	月	年
천간	庚(金)	庚(金)	丙(火)	乙(木)
지지	辰(土)	申(金)	戌(土)	未(土)

| 해설 | 이 사주의 연간 乙木은 자신을 둘러싼 3간지인 丙, 戌, 未로부터 극설을 당하고 있다. 즉, 丙에게는 木生火로 기운을 빼앗기고 戌, 未와 木·土의 상극을 하고 있다. 그러므로 乙木이 사주 명조에서 소외되어 있으니 木 오행에 대한 건강 문제가 발생하기 쉽다. |

본 논문의 2장 1절은 명리학이 서양의 적성검사 이론과 연계하지 않고도 명리학만의 독 자적 이론체계로써 사람의 인·적성을 가리고 제시할 수 있다고 보고 첫 단계로서 사주 오 행을 인·적성에 적용함을 연구하고 더하여 사주 오행과 건강의 상관성도 고찰하였다. 하지

2006, 1296쪽)인데 여기(餘氣), 중기(中氣), 정기(正氣)로 나뉘며 子, 卯, 酉는 여기가 없고 중기, 정기만 있다. 지장간을 여기, 중기, 정기 순서로 나열하면 寅에는 戊·丙·甲, 卯에는 甲·乙, 辰에는 乙·癸·戊, 巳에는 戊·庚·丙, 午에는 丙·己·丁, 未에는 丁·乙·己, 申에는 戊·壬·庚, 酉에는 庚·辛, 戌에는 辛·丁·戊, 亥에는 戊·甲·壬, 子에는 壬·癸, 丑에는 癸·辛·己가 암장(暗藏)되어 있다.

만 오행 이외에도 십성(十星), 용신, 신살(神殺) 등을 종합하여 분석할 때 더욱 정확한 명리학적 분석과 접근이 가능함은 자명하다.[90]

2. 사주 십성(十星)론

본서의 제2절은 다음 절의 '사주 명조의 계량화를 통한 성명학적 용신법 연구'를 위한 선행적 연구이다.[91] 본 절에서는 '성명학적 용신법의 확립을 위한 제2단계적 연구로서 선행논문[92]의 간지 위치별 역량의 수량화를 바탕으로 십성의 특징을 명리학 고전에 근거하여 현대에 맞추어 논하고 이어서 사주 명조 내에서 도출된 십성 별 수량을 반영하여 인·적성, 육친관계에 적용하는 법을 제안할 것이다.

본 장의 연구는 명리학이 사람의 인·적성과 사회성의 발달을 위한 정보나 참고자료를 제공할 수 있는 학문으로써 인문사회 분야에서 유용하게 하고자 하며 궁극적으로는 다음 장의 성명학적 용신 연구의 토대가 되고자 한다.

앞 절에서는 어떤 사실이나 현상을 관찰·조사로 수치화(數値化)하여 객관적인 결과를 얻는 기법인 계량화(計量化, quantification) 기법을 활용하여 사주 오행에 대한 수량화 연구를 시행하였다.

저자는 앞 절에서 사주의 오행 이외에도 십성(十星), 신살, 용신(用神) 등을 종합하여 분석할 때 더욱 정확한 명리학적 분석과 접근이 가능함을 인정하였다. 특히 십성은 사주 주인공인 일간[日干, 나(我)]과 나머지 7자(字)와의 음양(陰陽)의 차이와 오행의 생극(生剋) 관계를 가려서 부모·형제·배우자·자식과 같은 혈연관계를 비롯하여 사회적 지위·지식·기술·의

---

90 이상 사주 명조의 계량화의 서언(序言)과 1절 사주오행의 계량화는 "이재승·김만태, 「사주오행의 계량화와 적용에 대한 고찰」, 『문화와 융합』 40(8), 한국문화융합학회, 2018e, 947-986쪽"을 일부 수정하여 인용하였다.

91 이하 사주십성의 계량화는 "이재승·김만태, 「사주십성의 계량화와 활용에 대한 고찰」, 『문화와 융합』 41(1), 한국문화융합학회, 2019b, 887-924쪽"을 일부 수정하여 인용하였다.

92 이재승·김만태, 「사주오행의 계량화와 적용에 대한 고찰」, 『문화와융합』 40(8), 한국문화융합학회, 2018, 961쪽.

식주·재산·권리·의무·수명·건강 등 인간 생활의 제반 요소를 해석하는 사주명리학의 핵심이다.[93]

　그러므로 본 절에서는 사주 명조 분석의 핵심이 되는 간지별 십성의 역량(力量)에 대한 수치화와 그에 따른 적용법을 연구하고 내격 사주의 성명학적 용신 연구의 기틀을 세우고자 한다.

1) 십성의 정의와 특징

　사람의 사주 명조에서 인·적성을 판단하고 사주를 분석하는 방법에는 오행 다음 과정으로 진일보한 명리학 고유의 관점이 있는데 그것은 바로 십성(十星)이다. 명리학에서는 일간(日干, 사주의 나)의 오행과 같은 오행을 비겁(比劫), 일간을 생(生)하는 오행을 인성(印星), 일간이 생(生)하는 오행을 식상(食傷), 일간이 극(剋)하는 오행을 재성(財星), 일간을 극하는 오행을 관성(官星) 등 5가지 관계를 설정하고 일간과 비교하여 음양이 같으면 편(偏), 다르면 정(正)으로 분류하니 십성(十星)이 된다.[94] 김만태는 십성에 대해 다음과 같이 말하였다.

> 사주명리는 사주팔자를 통해 드러나는 한 개인의 전반적인 삶의 모습을 현실생활에 적용하고 해석하는 것이다. 그러기 위해 필요한 것이 육신(六神)[십성]이다. 육신[십성]은 사주팔자의 본인을 비롯하여 그를 둘러싼 부모·형제·배우자·자식 등 친족관계와 직장·지위·명예·인간관계·지식·기술·학문·전공·의식주·재산·권리·의무·수명·건강 등 인간 삶의 제반 필수요소를 나타낸다.[95]

93　김만태, 앞의 책, 2017, 111쪽.

94　오행 간에는 생극(生剋) 관계가 있다. 생(生)한다는 것은 더 강한 기운을 갖게 도와준다는 것으로 木生火, 火生土, 土生金, 金生水, 水生木의 상생 관계가 있다. 극(剋)한다는 것은 공격하여 약화시킨다는 것으로 木剋土, 土剋水, 水剋火, 火剋金, 金剋木의 상극관계가 있다.

95　김만태, 『한국 사주명리 연구』, 민속원, 2011, 320쪽.

	比肩	劫財	食神	傷官	偏財	正財	偏官	正官	偏印	正印
甲	甲·寅	乙·卯	丙·巳	丁·午	戊·辰戌	己·丑未	庚·申	辛·酉	壬·亥	癸·子
乙	乙·卯	甲·寅	丁·午	丙·巳	己·丑未	戊·辰戌	辛·酉	庚·申	癸·子	壬·亥
丙	丙·巳	丁·午	戊·辰戌	己·丑未	辛·酉	庚·申	壬·亥	癸·子	甲·寅	乙·卯
丁	丁·午	丙·巳	己·丑未	戊·辰戌	庚·申	辛·酉	癸·子	壬·亥	乙·卯	甲·寅
戊	戊·辰戌	己·丑未	庚·申	辛·酉	壬·亥	癸·子	甲·寅	乙·卯	丙·巳	丁·午
己	己·丑未	戊·辰戌	辛·酉	庚·申	癸·子	壬·亥	乙·卯	甲·寅	丁·午	丙·巳
庚	庚·申	辛·酉	壬·亥	癸·子	甲·寅	乙·卯	丙·巳	丁·午	戊·辰戌	己·丑未
辛	辛·酉	庚·申	癸·子	壬·亥	乙·卯	甲·寅	丁·午	丙·巳	己·丑未	戊·辰戌
壬	壬·亥	癸·子	甲·寅	乙·卯	丙·巳	丁·午	戊·辰戌	己·丑未	庚·申	辛·酉
癸	癸·子	壬·亥	乙·卯	甲·寅	丁·午	丙·巳	己·丑未	戊·辰戌	辛·酉	庚·申

십성의 종류는, 나[일간]와 음양·오행이 같으면 비견(比肩), 나와 음양이 다르고 오행이 같으면 겁재(劫財), 내가 생(生)하면서 음양이 같으면 식신, 내가 생하면서 음양이 다르면 상관(傷官), 내가 극(剋)하고 음양이 같으면 편재(偏財), 내가 극(剋)하고 음양이 다르면 정재(正財), 나를 극하고 음양이 같으면 편관(偏官), 나를 극하고 음양이 다르면 정관(正官), 나를 생하고 음양이 같으면 편인, 나를 생하고 음양이 다르면 정인(正印)이 된다.[96] 십성 간 상생·상극은 주) 96을 참조한다.

사주 명조에서 일간 기준으로 십성의 분포와 세력을 파악하고 분석하여 사람의 인성과 인간 관계성, 사회성을 파악하는 척도로 삼고 있고 더 나아가 십성을 통해 사람의 선천적 적성을 알 수 있으므로 십성은 명리학의 특장(特長)이자 핵심 이론이 되고 있다.

---

96 비견·겁재를 합하여 비겁, 식신·상관을 합하여 식상, 정재·편재를 합하여 재성, 정관·편관을 합하여 관성, 정인·편인을 합하여 인성이라고 한다. 십성 역시 생극(生剋) 관계를 가진다. 비겁은 식상을, 식상은 재성, 재성은 관성을, 관성은 인성을, 인성은 비겁을 생한다. 또한 비겁은 재성을, 식상은 관성을, 재성은 인성을, 관성은 비겁을, 인성은 식상을 극한다. 특히, 비견은 편재를, 겁재는 정재를, 식신은 편관을, 상관은 정관을, 편재는 편인을, 정재는 정인을, 편인은 비견과 일간을, 정관은 겁재를, 편인은 식신을, 정인은 상관을 보다 더 강하게 상극하는데, 이는 음양이 같으면 배척력이 더 강해지는 원리이다. 겁재, 상관, 편관, 편인의 상극작용이 흉하니 이 네 개를 '4 흉신'이라고 한다. 지지(地支)는 지장간 정기가 주도한다. 子(+) 정기는 陰인 癸, 亥(-) 정기는 陽인 壬, 午(+)의 정기는 陰인 丁, 巳(-)의 정기는 양인 丙이므로 십성에서는 子·亥·午·巳의 음양을 본래와 반대로 사용한다. 이는 체용(體用)이 다른 것을 반영한다.

(1) 비견(比肩)·겁재(劫財)

『명리약언』에서는 "比·劫·祿[나의 지지에 있는 비견]·刃[나의 지지에 있는 겁재]은 그 성정이 다르나 부류는 같아서 모두 身을 돕는 神인데 다만 比는 순수하고 劫은 뒤섞여서 순수하지 않으며 祿은 온화하고 刃은 사나울 뿐이다."[97]라 하였다.

<표 11> 비견·겁재의 성정(性情) 비교

성정	비견	겁재
조력	배려하며 돕는다	뜻대로 돕는다
동업	배려심도 있다	겁탈심이 더 강하다
경쟁	선의의 경쟁	치열한 경쟁
주장	자기주장 일관	자기주장 강하며 임기응변 빠름
인간관계	형제, 선후배, 친구	(이복)형제, 선후배, 친구
육친	고집스러움	고집스럽고 사나움

비견·겁재는 일간과 같은 오행이니 일간이 약하면 득(得)이 되고 일간이 강하면 해(害)가 된다는 것이 정설이며 조력, 동업, 경쟁, 분리 등을 상징하는데 성정(性情)에서 차이가 난다.

(2) 식신(食神)·상관(傷官)

『연해자평(淵海子平)』에서는 식신에 대해 "나의 재신(財神)을 생(生)하는 것이다. (…) 命 중에 이것을 차면 사주 당사자는 재물이 두텁고 음식이 풍부하다. 배가 두텁고 근골이 비대하다. 넉넉히 즐기고 스스로 충만하다. 자식이 있고 수명이 길다."[98]라고 하였으니 식신은 길신(吉神)으로 여겨지고 있다. 일간이 생하며 일간과 오행이 같은 것으로 食(먹을 식)이 상징하는 입(口)과 관련한 식복, 논리적 언어를 바탕으로 한 교육력·상담력·연구력 등을 포함

---

97 陳素庵 著, 韋千里 選集, 『精選命理約言』卷一法(四十八篇) 二十五, "比劫祿刃 異情而同類 皆助身之神 持比純而劫駁 祿和而刃暴也." 한편, 록(祿)은 지지 비견, 인(刃)은 지지 겁재이다.

98 徐升 編著, 『淵海子評評註』卷二 第九論, "食神者 生我財神之位也(…)命中帶此者 主人 財厚 食豊 腹體寬洪 肌體 肥大 優游自足 有子息 有壽考."

하여 아이디어, 여자의 자식, 사람의 풍요를 상징하고 용신·희신일 때는 수명과 건강을 지킨다.

〈표 12〉 식신·상관의 성정(性情) 비교

성정	식신	상관
성향	침착, 보수	저항, 개혁, 혁신
표현	논리적, 차분	다담(多談), 직설적
변화	합리적	과감, 파격적
융통성	전통을 중시하니 결여됨	임기응변에 능함
언어	진지한 강의, 논술, 상담	재밌는 강의, 떠드는 대화
육친	여자의 딸, 남자의 처가	여자의 아들, 남자의 조모

『연해자평(淵海子平)』에서는 상관에 대해 "상관이 관(官)을 보면 온갖 화(禍)가 일어난다. (…) 예술적 재능이 뛰어나고 오만하고 항상 천하를 자기만 못하게 여긴다. 귀인도 꺼리고 사람도 미워한다."[99]라고 하였다. 일간이 생하며 일간과 오행이 다른 것으로 말 그대로 관(官: 관청, 질서, 규범, 명예, 여자에겐 남자)을 무시하고 언행이 파격적이다. 응용력, 임기응변에 기초한 언변이 뛰어나니 순발력이 필요한 교육상담과 대화 부분에서 능력을 발휘하는 장점과 연예·예능 계열의 소질로 발전 가능성이 크지만, 통제가 안 되면 말이 많고 언행에 절제가 부족하니 구설을 부르고 인심을 잃기 쉽다.

식신·상관은 일간이 신강할 때, 풍요 윤택과 재물을 부르는 길신으로 매우 중시된다.

(3) 정재(正財)·편재(偏財)

『연해자평(淵海子平)』에서는 정재에 대해 "나의 처와 재물이다. 사람[남자]의 여자와 재물은 나의 대사로서 반드시 강건해야만 그것을 행할 수 있다."[100]라 하였는데 일간이 극하

---

99   徐升 編著, 『淵海子評評註』 券二 第十一論, "傷官見官 爲禍百端(…)傷官主人多才藝 傲物氣高當以天下之人不如己 貴人亦憚之 衆人亦惡之."

100   徐升 編著, 『淵海子評評註』 券二 第七論, "大低正財者 吾妻之財也 人之女賣財以事 我心精神 康强然後 可以亨用之."

고 음양이 반대인 정재는 남자의 처(妻)이며 의식주를 위해 성실히 노력한 대가로 월급, 정당한 이윤을 말한다. 따라서 정재의 심리는 절약 정신, 신사적 인품, 신용과 책임, 성실을 상징한다. '강건해야만 그것을 행할 수 있다는 것'은 일간의 세력이 약하지 않을 때 정재의 장점을 활용하고 누릴 수 있다는 말인데 이 말은 비단 정재에만 국한되는 말이 아니라 식신, 상관, 편재, 정관, 편관의 경우에 모두 해당되는 말이다.

〈표 13〉 정재·편재의 성정(性情) 비교

성정(性情)	정재	편재
행동	합리, 신중	과감, 호탕
재물	정당한 재물, 저축성	불로소득, 투기성
행위	안정, 계획성	호쾌, 즉흥성
원칙	정석(定石)대로 함	융통성, 사교성
영역	좁은 영역	넓은 영역
육친	남자의 처	남자의 첩, 남녀의 부친

『연해자평』에서는 편재에 대해서는 "강개하고 재물에 인색지 않다. (…) 사람이 정(情)이 있고 사기성이 많다."[101]라 하였는데 특히 '사기성'은 편재의 인품이 나쁨이 아니라 돈 관련 일을 크게 벌이고 크게 벌고자 하는 기질을 유학자 관점에서 탐탁지 않게 보는 말로 보인다. 일간이 극하고 음양이 같은 편재는 투기, 유산, 횡재, 편법 등에 의해 정상적 노력의 대가를 초과하는 재물이다. 그러므로 편재의 심리는 활동 능력과 대인관계 능력, 사교 능력, 풍류심, 사업수완, 소비력이 있고 투기 모험을 좋아하는 경향이나 편재가 사주에서 극왕하면 무리한 재욕으로 인정(人情)이 멀어지는 부작용이 있다. 정재·편재는 재복을 관장하는 십성으로 일간이 신강하면 부귀함의 원동력이 된다.

(4) 정관(正官)·편관(偏官)

『자평진전』에서는 정관(正官)에 대해 "정관의 직분은 마땅히 존중해야 할 바로서 나라에

---

101 徐升 編著, 『淵海子評評註』 券二 第八論, "偏財主人 慷慨不甚(…)便多詐."

군주가 있고 집에 부모가 있는 것과 같다."[102]고 하였다. 정관은 나를 억제하여 정도(正道)를 걷게 하는 성정이다. 정관은 품격과 인성을 잘 갖추고 자비와 도덕심을 갖춘 군자의 마음으로 명예, 질서, 안정, 보수를 중시한다.

『연해자평』에서는 편관에 대해서 "편관(偏官)은 곧 칠살(七殺)로 제복(制伏)을 요한다. 대게 편관이라 하는 칠살은 소인(小人)이다. 소인은 무지하고 흉폭하고 어렵게 여겨 꺼리는 것이 없다."[103]라 하였다. 그러나 조건부로 편관의 장점에 대해서도 언급하고 있는데 "이 살(殺)은 흉하다고만 하면 안 된다. 정관이 있는 경우가 편관이 있는 경우보다 못한 예가 있으니 흔히 거부와 대귀가 칠살이 있음으로 인해 기인됨을 많이 본다. 다만 칠살은 신왕(身旺)하고 살(殺)을 합(合)해 가면 묘함이 있다."[104]라고 하였다.

일간이 약하면 칠살[고독, 박명(薄命), 색난(色難), 재물 손실, 관재, 질병, 생이별]의 위험이 있으나 일간이 강하면서 제살(制殺, 편관의 순화)[105]이 되면 큰 성공 부귀를 누리는 힘이 된다.

〈표 14〉 정관·편관의 성정(性情) 비교

성정(性情)	정관	편관
행동	차분, 안정	급성, 맹렬
리더십	행정적, 인격적 리더	엄격한 규율, 냉엄한 리더
준법	원칙, 상식	내가 정한 법
권위	합리적 권위	독재, 카리스마
승부욕	정당한 승리 추구	술수 사용, 결과 중시
육친	남자의 딸, 여자의 남편	남자의 아들, 여자의 정부

102　沈孝瞻 著, 徐樂吾評註, 『子平真詮評註』券四 論正官, "正官之分 所當尊 如在國有君 在家有親."

103　徐升 編著, 『淵海子評評註』券二 第四論, "偏官則七殺 要制伏 蓋偏官七殺 即小人 小人 無知多凶暴 無忌憚."

104　徐升 編著, 『淵海子評評註』券二 第五論, "凡有此殺 不可便信凶 有正官 不如有偏官 多有巨富大貴之家 唯有身旺 合殺爲妙."

105　편관을 제복하는 방법에는 식신으로 편관을 상극하여 순하게 하는 제살(制殺), 인성으로 편관의 힘을 누설시키는 화살(化殺), 양일간의 겁재·음일간의 상관으로 합을 이루게 하여 묶는 합살(合殺) 등이 있다. 일간이 왕(旺)한 사주가 편관이 용신이면서 제살, 화살로 제복되면 부귀공명을 이룰 가능성이 크다.

편관은 리더십과 배짱이 있으며 제복이 되면 의협심과 동정심이 있지만 사주 구성에서 제복하는 장치가 없으면 권모술수에 능하고 사람을 이용하고 괴롭히는 기질, 모험심, 급성 등이 있다. 사주 일간이 신강하면 정관·편관은 명예복에 관여하여 지위, 리더십, 정치력, 신망 높음, 부귀를 누리게 하는 원동력이 된다.

(5) 정인(正印)·편인(偏印)

『연해자평』에서는 정인[인수(印綬)]에 대해서 "인수[정인]를 가진 사람은 사리 분별이 있고 동시에 풍후하다."[106]라 하였으며 또한 "만일 두세 사람의 사주가 격위(格位)가 균등하여 우열을 정하기가 어려우면 인수가 많은 명조를 상명(上命)으로 삼는다. 인수가 있는 사람은 일생 병이 적고 잘 먹는다."[107]라 하였다. 따라서 재성(財星)에 의한 직접적인 상극을 받지 않으면서 정인이 발달하면 다정하고 자애로우며 학문을 좋아하고 사주 구성에 따라 문서복[매매, 승진, 유산 등]이 클 수 있다. 다만 느리거나 게으른 성향, 실천력이 떨어지기 쉬운 점, 의존적 성향 등을 유의해야 한다.

〈표 15〉 정인·편인의 성정(性情) 비교

성정(性情)	정인	편인
심리	안정, 다정, 보수	고독, 불평, 호기심
공부	일반적 학문(어학·법학·공학)	신비한 학문(예술예능·한의학·동양학·종교학)
의존성	다정, 편안한 의존	불평하면서 의존
준비	계획적, 합리적	즉흥적, 빠른 대처
전문성	학문적 성취	독창적인 장인(匠人)형
육친	모친	계모, 조부

『연해자평』에서는 "명(命) 중에 이 양자(兩者)가 있으면 복이 적고 목숨은 짧아진다."[108]라

---

106   徐升 編著, 『淵海字評評註』 券二 第七論, "主人 多智慮 兼豊厚."

107   徐升 編著, 『淵海字評評註』 券二 第七論, "若人 以兩三命 相倂當 以印綬多者 最上 又主一生少病 能飮食."

108   徐升 編著, 『淵海字評評註』 券二 第十論, "凡命中 帶此二者 福淺壽薄."

고 말하고 있는데 여기서 양자는 편인과 식신이다. 일반적으로 재신(財神)을 생하는 식신을 편인이 상극하는 현상을 도식(倒食, 밥상을 엎는다. 즉 패망한다는 의미)이라고 부르면서 편인을 좋지 않게 평가한다.

그러나 일간을 생하는 편인은 일간이 신약(身弱)할 때는 일간의 의지처가 되고 용신이 될 수 있으므로 무조건 나쁘다고 할 수 없다. 편인은 종교, 철학, 예술, 의술 등 신비하다 느끼는 학문에 대한 열의, 장인정신을 주며 불평불만이나 고독심, 매서운 인품을 주는 요인으로 작용하기도 한다. 일간이 신약(身弱)하여 정인과 편인이 용희신이면 문서복(부동산 매매, 합격, 승진)과 인복을 주고 성공 발달을 빠르게 한다.

이상으로 십성을 분류하고 십성별 성향과 특징을 살펴보았다. 십성의 육친(六親)에 대해 첨언하면 현대는 육친 부분에서 정·편을 원론적으로 구분할 필요성이 현저히 약화한 사회상이 엄연하므로 명리학도 이 점을 반영하여야 한다. 예를 들어 '비견은 친형제, 겁재는 이복형제'라는 식의 분류는 현대적으로 적절치 않다. 그러므로 이런 상황 논리를 십성 전체에 적용하여 비겁은 형제, 친구, 선후배, 동료 등으로 본다. 식상은 여자의 자식, 재성은 남녀의 부친이고 남자의 처, 관성은 남자의 자식이고 여자의 남편, 인성은 남녀의 모친으로 보는 등 통찰적 관점으로 육친을 살필 필요가 있다.

2) 간지 위치별 십성의 수량화

사주 십성의 계량화는 앞 절에서 간지별 오행을 계량화한 〈표 7〉에 준(準)하여 십성별 역량의 수치를 합산한다.[109]

---

109 〈표 16〉은 절대적인 분류라고 볼 수 없다. 합충형(合沖刑)이론, 대세운 등의 변수, 인접 오행의 생극제화(生剋制化) 등에 의해 오행변성과 십성변성이 발생할 수 있기 때문이다.

〈표 16〉 십성의 위치별 역량 수치

간·지	시(時)	일(日)	월(月)	연(年)
천간	9	20	9	5
지지	15	20	30	12

위의 〈표 16〉에 따라 각 십성별 역량을 비겁, 식상, 재성, 관성, 인성(印星)으로 분류하여 합산하여 보면 십성에 의한 성품 성향과 인·적성을 알 수 있다. 이재승·김만태의 선행논문에서는 오행별 계량화된 수량이 20 이하면 쇠(衰), 20 이상 30 미만이면 안정, 30 이상 60 이하면 왕(旺), 61 이상이면 극왕(極旺)으로 분류하고 있다.[110]

그러나 십성의 계량화는 오행의 계량화와는 다른 기준으로서 접근해야 한다. 그 이유는 십성의 계량화는 일간의 강약을 통한 용신의 도출과 불가분의 관계를 갖기 때문이다. 따라서 십성의 계량화와 분석 시에는 오행의 계량화와 아래와 같이 다른 점이 있음을 유념하여야 한다.

첫째, 일간도 비겁에 포함되므로 비겁의 왕쇠를 판단할 때는 일간을 포함하여 40 이상을 왕, 30 이하를 쇠, 70 이상을 극왕하다고 보면 무리가 없겠다. 즉, 비겁의 왕한 기준을 30으로 하면 일간의 역량 20이 포함되므로 사주에 비겁이 한 개만 있어도 비겁이 왕하다고 판단하게 될 가능성이 큼으로써 십성 분석의 오류가 생기게 된다. 따라서 비겁은 일간을 포함하여 일간 역량의 2배인 40 이상을 왕(旺)하다고 보면 무난하다.

둘째, 오행의 수량화는 태어난 달과 시간에 따른 조후를 반영하였으나 십성에서는 원래의 오행이 나타내는 십성 그대로 수량화한다. 예를 들어 월지 丑土는 오행에서는 조후를 반영하여 水·土 오행으로 나누어 보았으나 십성에서는 土만을 본다. 그리고 해당 십성의 성향을 위주로 水·土 오행의 성향이 융합된 인·적성을 파악한다. 이런 방식으로 월지, 시지에서 조후의 성향을 반영하기는 하되 모든 지지의 원래 오행으로 십성을 정하면 된다.

---

110   이재승·김만태, 위의 글, 2018e, 969쪽.

	時	日	月	年

예 15 양력 2018년 2월 8일 02시 生

* 간지의 음양이 양이면 +, 음이면 −로 표시함

	時	日	月	年
천간	己(+土, 편인)	辛(−金, 일간)	甲(+木, 정재)	戊(+土, 정인)
지지	丑(−土, 편인)	未(−土, 편인)	寅(+木, 정재)	戌(+土, 정인)

이재승·김만태의 선행논문은 오행 분석에서 2월 8일은 겨울의 추위가 대부분 남아 있고 丑時는 하루 중 한랭한 시간인 이유로 월지 寅에서 水의 기운 20, 시지 丑에서 水의 기운 10을 반영하였다.[111] 그러나 십성의 계량화는 월지 寅은 그대로 정재 30이고 丑은 그대로 편인 15로 계량화한다. 그러면 비겁 20, 식상 0, 인성 61, 재성 39, 관성 0으로 수량화된다.

셋째, 인·적성의 분석 시에는 십성과 오행의 비를 약 60 대 40의 비율로 융합한다. 십성이 오행보다 더 주된 비중을 갖는다고 보는 이유는 오행이론은 동양학 전반에서 통용되는 데 비해 십성은 명리학 고유의 이론체계로서 인간 생활의 제반 요소들을 해석할 수 있는 명리학의 핵심 이론이기 때문이다.

십성에는 오행에 없는 십성 고유의 육친관계, 인간사에 중요한 사회적 요소, 독자적 인성을 함축하고 있으니 명리학의 특장(特長)이 되는 이론이므로 십성의 비중을 오행보다 높게 보는 이유가 여기에 있다. 예를 들면 식상이 木火土金水 중 어느 오행에 속하느냐에 따라 십성의 성향과 인·적성에 오행을 융합하여 차이가 있도록 파악해야 한다. 만일, 식상의 오행이 火라면 식상 6 대 火 4의 비율로 식상과 火의 성향이 융합된 것으로 본다.

이런 방식을 십성 전체로 반영할 때, 비겁·식상·재성·관성·인성 등 대표적 개념 5가지에 오행을 적용하면 25가지 유형이 되고 더욱 세분화하여 각각의 십성 10가지에 오행을 적용하면 50가지의 십성 유형이 나오게 된다. 이렇게 십성과 오행을 융합하여 적용하면 더욱 정교한 인·적성 분석이 가능하다.

넷째, 앞의 둘째와 셋째를 종합하여 볼 때, 월지나 시지가 조후(調候)의 반영 대상인 경

---

111 이재승·김만태, 앞의 글, 2018e, 962쪽.

우, 월지와 시지의 십성과 조후 오행의 성향이 융합된다고 본다. 위의 예 1)의 사주를 재예시하면 선행논문에서는 우수(雨水) 이전의 寅월의 丑시는 오행상 조후를 반영하여 寅은 木 10, 水 20이고 丑은 水 10, 土 5로 수량화하였다.[112] 따라서 월지 寅은 정재이니 정재의 특성에 木과 水의 오행 성향이 융합된 것이고 시지 丑은 편인이고 편인의 특성에 土와 水의 성향이 융합된 것이다.

다섯째, 비겁·식상·재성·관성·인성 등으로 합산된 각 수치에서 정·편의 비중도 반영하면 더욱 정교한 분석이 가능하다. 예를 들어 인성이 48로 왕한 사람이 있을 때, 정인이 30, 편인이 18이라면 이 사람은 인성은 정인과 편인의 성향이 약 5 대 3의 비율로 융합되었다고 분석하면 된다.

3) 십성 수량화의 적용

(1) 인·적성에 대한 적용

① 십성 수치화의 인·적성 적용 원리

일반적으로 사주에서 십성의 구성은 각 개인의 인성(人性)에 대한 주요한 정보를 내포하고 있다. 또한, 직업적성 유형과 전공 분야에 대한 복합적인 정보를 제공하므로 사주 십성들의 왕쇠를 분석하면 적합한 인·적성을 찾을 수 있다.[113]

수량화를 통한 십성의 왕쇠(旺衰) 분류 기준은 앞 절의 오행왕쇠에 대한 분류 기준과 동일하다. 따라서 20 미만을 쇠(衰), 20-29는 안정, 30-60이거나 3위(位) 이상이면 왕(旺), 61 이상을 극왕(極旺)으로 분류할 수 있다. 다만 일간이 포함되는 비겁은 30 이하를 쇠, 31-40은 안정, 41-70은 왕, 71 이상을 극왕(極旺)이라고 본다.

아래의 〈표 17〉은 각 십성별로 무·쇠·왕·극왕 등의 성향과 적성을 나타내고 있고 Ⅱ장에서 이미 제시한 〈표 18〉은 각 오행의 쇠(衰)·무(無)·왕(旺)·극왕(極旺) 등의 성향과 적성을 나

112　이재승·김만태, 앞의 글, 2018e, 966쪽.

113　신순옥·김을호, 「Holland 진로유형과 사주유형과의 비교연구」, 『과학명리학술지』 (1), 2017, 오행스쿨, 100쪽.

타내고 있다. 사람의 인·적성은 각각의 십성과 오행의 특징을 약 60:40의 비율로 융합하여 적용하면 된다. 예를 들어 재성이 왕하며 오행이 木이면 왕한 재성의 성향 60, 왕한 木의 성향을 40의 비율로 융합하여 본다.

인성(人性)은 각각의 십성·오행의 왕쇠(旺衰) 여부가 모두 영향을 미치지만 적성은 왕·극 왕한 십성과 그 십성의 오행 성향이 융합된 것으로 파악한다. 여기서 다음의 사항들을 유념해야 한다.

〈표 17〉 십성의 무·쇠·왕·극왕별 성향과 적성

	쇠(衰)·무(無) (20 미만)	왕(旺)(30~60)	극왕(極旺)(61 이상)	왕·극왕의 적성
비겁 (주체성)	적극성과 경쟁심 결여·고독·독단·사람 선별능력 결여·믿는 이에 대한 믿음이 지나침·대인관계 미숙·자립심 약·의지력 약·소극적	*비견(독립 지향):독립·주체·자아·주관·의지·고집·소신·추진·자존·활동·분가·창업 *겁재(경쟁 지향): 경쟁심·모험·진취·적극·승부욕·쟁취·질투·분리·급성·사나움	고집 자존심 막강·지배받기 싫음·칭찬 관심받고 싶은 욕망이 강함·인정해 주는 사람과 돈 거래·독립 지향·간섭 기피·자유업 선호·자존심 막강·의견이 다른 사람과 불화	*비견이 더 강하면: 자유직·전문직·교육가·연구가·정치가·연예인·예능인(음악·무용·문학)·공무원 *겁재가 더 강하면: 군인·경찰·자영업·전문직·기술사무소장·행정가·출판인·조직관리
식상 (언어·창조)	창의력 부족·융통성 부족·구설수·자기 의견 부족·소극적·표현력 부족·언어능력 부족	*식신(연구 지향): 온화·연구·창조·분석·차분·논리·순수·풍요·생산·언어능력·베풂·보수·강론 *상관(응용 지향): 응용·모방·재치·순발력·사교·언변·호기심·혁신적 사고·다재다능·독립 지향·재치	말이 앞섬·실천력 부족·부풀리는 언어 포장·마무리 능력 부족·변덕스러움·일을 잘 벌임·감정을 못 감춤·자기 말만 하고 경청을 못 함·구속 기피·끈기 부족·경망스러움·구설 오르기 쉬움·생색내기·입이 가벼움	*식신이 더 강하면: 교육가·요식업·상담가·복지사·학원장·문필가·기자·언론인·연구원·강사 *상관이 더 강하면: 예술가·연예인·교수·전문상담가·방송인·언론인·사회비평가·전문강사·전문상담가·토론가·비평가
재성 (소유·목표)	금전 지출 헤픔·모임에서 먼저 계산 치르는 심리·금전 관리에 문제 발생·욕망의 기복·주색이나 도박 위험·남자는 애정문제가 순탄치 못함·목표의식 결여	*편재(과감한 성향): 야심·모험·과감·투자·일확천금 희망·활발한 움직임·숫자 감각·경제 지향·욕망·대인관계능력·풍류심 *정재(치밀한 성향): 치밀·정확·꼼꼼·계산·내실·안정·보수·저축심·근면·성실·소유욕·안정	일확천금·황금만능·배짱의 기복이 생김·남자는 이성에게 지나친 친절·남자는 여자 문제로 고통받기 쉬움·금전적 스트레스가 큼·풍류에 빠지기 쉬움·놀면서 큰 돈을 바라는 심리·투기 모험을 하게 됨·돈 관리가 잘 안 됨	*편재가 더 강하면: 금융인·회계인·세무·재정인·금융·투자가·연예인·예능인·스포츠인·무역인·사교계 *정재가 더 강하면: 금융인·경제인·회계사·통계전문인·수학자·공직자·대기업

	쇠(衰)·무(無) (20 미만)	왕(旺)(30-60)	극왕(極旺)(61 이상)	왕·극왕의 적성
관성 (명예성)	명예욕이 없거나 지나치게 집착·여자는 남자 문제 불안·경쟁력 약·준법정신 약·반칙하기 쉬움·절제심 부족·재물관리 안 됨·직장 안정성 쇠·인내심 끈기 부족	*편관(권력 실리 지향) 극기·인내·강제·투쟁 카리스마·리더십·권력 조직성·서열·복종·권위·동정심·권모술수 *정관(명예 안정 지향): 합리·원칙·정직·공익 양심·안정·준법·도덕 보수·안정·희생·리더십	체면치레·허례허식·지나친 자신감·지나친 권위주의·과시성으로 금전 관리 안 됨·남 무시하기 쉬움·고집불통·자존심 막강 ·비교당하면 분노함·지나친 배짱으로 난관 자초(편관)·모범의식이 지나침(정관)·인간성을 지나치게 따짐(정관)·권모술수가 지나침(편관)·이성관계 복잡 가능성·많이 아는 척 큰소리침(편관)·사람을 이용하는 기질(편관)	*편관이 더 강하면: 정치인·협상가·군인·경찰 검찰·권력계통 사업가·정치가·조직관리자·법조인·사업가·대기업 CEO·사업적인 병원장 *정관이 더 강하면: 공직자·공기업·대기업·행정직군경·법조인·교육자·연구원·언론인·상담가·심리지도사복지사·연구원·행정적인 병원장
인성 (직관성)	고독·외로움·잔정 부족·인덕 약함·노력보다 결실이 적음·경제감각 부족·비현실적인 생각	편인(신비 지향): 신비·영감·직관·고독·신비한 학문(종교·철학의학·예능예술학) 의심·이중성·고독·순발력·기회 포착·장인 기질·불평·자존심·의존성 정인(교육 인격 지향): 자애·효성·인정·모성애·학식·문서복·교육·잔정·정도·인품·자존심·희생·의존성	간섭 기피·변덕으로 일관성 부족·책임전가·원망하는 심리·의존성·마마보이 기질·칭찬 존경 받고 싶은 의욕이 지나침·변화, 모험기피·다른 사람 입장을 지나치게 헤아림·가족에게는 이기적이기 쉬움·남을 의식하고 감정 변화가 큼	*편인이 더 강하면: 예술·예능 연예인·예술대교수·의료인·배우·피부미용·종교인·동양학자·기술사무소·기술로 하는 사업·건축사·발명가·행정직군경·프로그램개발자·부동산·중개전문인 *정인이 더 강하면: 교육자(교수·교사)·연구원·학자·상담전문가·문화행정공직자·부동산전문가·중개전문인·대기업·공기업·법조인

註) 〈표 17〉은 (김만태, 『증보 명리학강론』, 동방문화대학원대학교, 2017, 116-134쪽)과 필자의 관찰을 종합하여 작성하였다. 필자는 청소년의 직업적성은 십성·오행의 왕쇠 위주로 보고 성년·장년의 업종 선택은 용신을 위주로 보는 것이 이치에 맞는다고 본다.

첫째, 〈표 17〉의 왕·극왕한 십성을 위주로 〈표 18〉의 왕·극왕한 오행의 성향이 융합된 직업적성은 소년기나 청년기에 해당하는 사람들 위주로 상담이나 정보제공이 이루어져야 한다는 점이다. 왜냐하면 대다수 전문 직종들은 학업이나 준비 기간이 이 시기에 국한되기 때문이다.

둘째는 직업적성은 왕·극왕한 십성의 정·편에 관계없이 포괄적으로 보면서 동시에 더 발달한 정·편에 비중을 둔다. 예를 들어 비겁이 발달하면 비견의 적성, 겁재의 적성을 모두 가지는 것으로 보면서 비견, 겁재 중에서 더 강한 성향에 더 주안점을 두고 반영·분석하면 된다.

셋째는 쇠한 십성으로 발생하는 단점은 장점을 공유하는 오행으로 보완될 수도 있다. 또한, 쇠한 오행으로 발생하는 단점은 장점을 공유하는 십성으로 보완될 수도 있다. 예를 들면 水 오행이 쇠하여 사려, 아이디어, 융통성이 없기 쉬운 사주가 식상이 왕하면 식상도 水와 같이 사려, 아이디어, 융통성에 대한 장점이 있으므로 水 오행이 쇠한 단점이 보완된다.

〈표 18〉 각 오행별 왕쇠에 따르는 인성 및 적성

오행	쇠·무(0-19)	왕(30-60)	극왕(61-120)	왕·극왕 적성·직업
木	의욕 弱·명예심 弱·집념 부족	솔선·시작·희망·낙천·진취·생동·상승·자상·다정·온순·고집·어짐·명예 지향	독선적·고집 셈·명예욕 强·독선적·간섭 기피·자유 지향	적성: 인문학·언어·문학·교육·행정·유아·임학·방송·법학·언론·외교·섬유·의류·경영 직업: 교육·출판·방송·법조인·섬유·의류·가구·문구·조경·원예·임업·농장·약초·지물·청과·공무원·사회·복지·언론인·정치·상담
火	변화·기피·우울·침체·내성적	성장·열정·확장·솔직·명랑·활발·예의·화려함	지나친 성급·일을 잘 벌임·감정적·계획성 弱·폭발성·즉흥·과시성·끈기 부족	적성: 방송·예술·광학·약학·관광·경영·디자인·무용·미용·연극·영화·컴퓨터그래픽·체육·전기전자 직업: 언론·예술·예능·디자이너·발명·화장품·사진관·조명기구·안경·이미용·피부·정치가
土	끈기 부족·포용력 약	조화·포용·화합·연결·신용·중재·안정·중후·공평·관대·끈기	융통성 없음·답답·현실 고수·고집	적성: 부동산·토목·농학·역사·식품·영양·제과제빵·종교·건축·어문·관광·법학·동양학·예술·한의학·명리학·음악·예술·동양학 직업: 부동산·소개업·농산물·건축·토목·종교·철학·무속·예술·조경·원예·축산·도공예·묘지업·정치·스포츠·군인·동양학자·한의사

오행	쇠·무(0-19)	왕(30-60)	극왕(61-120)	왕·극왕 적성·직업
金	유시무종(有始無終)·계획성 부족·분석력 약·맺고 끊지 못함·원칙 부족	결단·의리·승부욕·강직·희생·원칙·주관·호불호 뚜렷	지나친 결단력·냉혹·폭력적·결벽성·날카로운 말투·외골수	적성: 경찰·사관학교·의예·공학·기계금속학·스포츠·치의예·법학 직업: 군인·의사·경찰·기계·선박·철도·항공·자동차정비·요리·철물·보석·피부·미용·의상·헤어디자이너·치과의사·법관·공직자·광업
水	어리석음·융통성 부족·단순	지혜·지략·사고력·계획·기획·아이디어·침착·식견·융합·수리·정보수집	잔머리·호색·상상력 과다·우울 자폐증·계산적·냉정	적성: 신소재학·생명공학·의학·임상병리·컴퓨터학·연구발명 관련·수학·자연과학·통계학·경제학·회계학·해양·수산·식품영양 직업: 금융·경제·교육·보험·무역·회계사·수학자·목욕탕·수산물·해운·식품·요식업·의약

註) 본 논문은 독자의 가독성 향상을 위해 앞 절의 〈표〉를 재게시하였다.

② 십성·오행과 Holland의 이론의 연관성

여기서 서양의 심리적성 이론과의 연관성을 탐색하는 최근 명리학 인·적성 연구의 경향에 따라 〈표 17〉과 〈표 18〉의 내용과 서양의 심리 적성이론 중 Holland의 이론과의 연관성을 살펴보겠다.

서양의 심리 적성이론 중에 Holland의 이론은 진로로 관련된 자신의 흥미, 능력, 가치관을 탐색하여 효과적인 진로 탐색을 할 수 있도록 돕는 검사로서 다양한 생활 영역에서 흥미, 능력, 가치관을 확인하도록 함으로써 자신에 대하여 보다 명확한 이해를 하도록 개발되었다.[114]

Holland의 이론은 직업심리학과 진로상담 방면에서 영향을 미쳤다. 사람은 적성 및 능력에 맞는 직업을 선택한다고 전제하고 이러한 선택은 업무나 작업적 성취와 관련 있다고 본다. Holland 이론에서 말하는 성취는 1차적으로는 흥미를 유발할 수 있는 요인으로 작용 가능하며 2차적으로는 진로 만족으로 이어지는데, 진로 만족은 개인의 직무적합성에 기반

---

114 이재승·김만태, 앞의 글, 2018e, 968쪽.

하여 자아실현에도 영향을 준다.[115]

실재형
(신체활동, 기계적성) R

탐구형
I (사교력, 학업성적)

관습형　　C
(성실성, 구체성)

A 예술형
(독창성, 심미성)

(외향성, 설득력) E
기업형

S (사회성, 친화성)
사회형

〈그림 2〉 Holland의 6가지 모형

HOLLAND의 이론은 RIASEC으로 약칭되는데, 실재형[Realistic], 탐구형 [Investigative], 예술형[Artistic], 사회형[Social], 기업형[Enterprising], 관습형[Conventional] 이라는 육각형 모형으로 성공적 진로 결정을 위한 효과적이고 체계적 방법을 제시한다.[116]

첫째, 실재형의 사람들은 분명하고 질서정연하며 체계적인 일 처리를 좋아하는 반면, 사회적이고 교육적인 재능이 부족하다. 근육이나 체력을 요하는 활동을 즐기므로 기계적이고 기술적인 일에 부합되고 인간관계 능력과 사회성은 부족하다. 노동자, 기술자, 정비사, 조종사, 엔지니어, 전기기사, 농부, 운동선수 등에 해당되니 전공은 기계·전기·화학·컴퓨터 공학 계열, 농축산 계열, 체육학 계열이 된다. 이러한 실재형의 성향을 〈표 17〉과 〈표 18〉을 종합해 살펴보면 대체로 왕한 金 비겁·인성(印星)의 성향과 부합되며 농축산 계열 부분은 극왕한 土 비겁·인성(印星)의 성향과 유사하다.

둘째, 탐구형의 사람들은 물리적, 생물학적, 문화적인 현상들을 관찰하고 여러 문제들을 분석, 이해하려는 욕구가 크며 창의적인 탐구를 좋아한다. 추상적인 일을 즐기지만 사회성

115　신순옥·김기승, 앞의 글, 2018, 173쪽.

116　안창규·안현의, 『홀랜드 직업선택이론』, 한국가이던스, 2004, 41쪽.

이 필요한 직업이나 상황은 피하려는 경향이 많다. 따라서 과학자, 수학자, 인류학자, 지질학자, 의료나 관련업무 종사자 등이 해당되니 전공은 의학, 자연과학, 수학, 의학, 천문학 계열이 된다. 탐구형의 성향을 〈표 17〉과 〈표 18〉을 종합해 보면 대체로 왕한 金·水 인성(印星)이나 왕한 金·水 食神의 성향과 유사하다.

셋째, 예술형의 사람들은 자유 지향적, 내향적, 비사교적이며 예술을 활용하여 자아(自我)를 표출하려는 욕구가 강하다. 자신의 능력과 특성을 살릴 활동을 즐기지만, 사업 활동처럼 정교하고 분명한 일 처리를 요하는 일은 싫어한다. 따라서 예술가, 음악가, 배우, 연출 감독, 소설가, 무용가, 디자이너 등이 해당되니 전공은 연극영화학 계열, 예술대학, 문예창작학 계열, 디자인학 계열이 된다. 예술형의 성향을 〈표 17〉, 〈표 18〉을 종합해 보면 대체로 왕한 火 식상, 火 비겁, 火 인성(印星)의 성향과 유사하다.

넷째, 사회형의 사람들은 사람을 돌보거나 치료·훈련·교육시키는 역할을 추구하며 사회 지향적이면서 모성적이며 언어능력 및 대인관계 기술이 뛰어나다. 그러나 기계적인 업무 처리 능력은 부족하다. 따라서 사회복지사, 교육자, 간호사, 교사, 상담가, 종교인 등이 해당하므로 전공은 사회복지 계열, 사범대, 교육학, 간호학 계열 등이 된다. 이러한 사회형의 성향을 〈표 17〉과 〈표 18〉을 종합해 살펴보면 대체로 왕한 木 인성(印星), 木 식상, 木 관성 또는 왕한 土 인성(印星), 土 식상, 土 관성들의 성향과 유사하다.

다섯째, 기업형의 사람들은 조직적인 목표나 경제적 이익을 얻는 활동을 좋아하면서 타인을 지배하거나 설득함을 요하는 환경에서 능력을 발휘한다. 외교능력을 중시하며 권력, 지위에 관심이 높다. 설득력을 중요하게 생각하지만, 관찰이나 탐구를 요구하는 상황·직업은 기피한다. 따라서 기업인, 정치인, 법조인, 경제인, 영업 관리자, 연출가 등이 해당되니 전공은 상경 계열, 법학, 사관학교, 정치외교학과 계열 등이 된다. 이러한 기업형의 성향을 〈표 17〉과 〈표 18〉을 종합해 살펴보면 대체로 木 재성과 火 관성, 火 재성과 土 관성이 융합하여 왕한 성향과 유사하다.

여섯째, 관습형의 사람들은 반복적이고 정돈된 일을 관습적으로 진행하는 일을 좋아한다. 이러한 성향은 사무적이고 기계적이며 틀에 박힌 언어, 숫자를 다루는 종속적인 일을 선호하게 된다. 따라서 세무사, 공무원, 회계사, 은행원, 프로그래머 등이 해당되니 전공은 회계학, 통계학, 세무대, 법대, 정보처리학 등이 된다. 이러한 관습형의 성향을 〈표 17〉과 〈표 18〉을 종합해 보면 대체로 金 재성과 水 관성, 水 재성과 土 관성, 土 재성과 金 관성이 융합하여 왕한 성향과 유사하다.

③ 수량화를 통한 인·적성(人·適性) 분석의 예시

지금부터 위의 〈표 17〉과 〈표 18〉을 활용하여 사주 명조의 계량화를 통한 인·적성(人·適性)의 분석을 예시한다. 사람의 인·적성의 분석은 십성 부문인 〈표 17〉과 오행 부문인 〈표 18〉을 약 60:40의 비율로 융합하여 적용하면 된다. 예를 들어 木 재성은 재성의 성향과 木의 성향이 약 60:40의 비율로 융합되는 성향을 갖는 것으로 본다.

| 예 16 | 양력 1972년 10월 5일 16시 生[117] |

	時	日	月	年
천간	壬(陰水, 정재)	己(陰土, 일간)	己(陰土, 비견)	壬(陽水, 정재)
지지	申(陽金, 상관)	巳(陽火, 정인)	酉(陰金, 식신)	子(陰水, 편재)

| 해설 | 위의 명조는 프리랜서 방송작가로 종사하고 있는 사람의 사주로서 金 식상은 45로 왕하며, 水 재성은 26이지만 3位로서 왕하며 土 비겁 29, 火 인성(印星)이 20으로 수량화된다. 따라서 계량화된 십성, 오행의 수치를 바탕으로 이 사주 당사자의 인성(人性)과 적성을 아래와 같이 분석해 볼 수 있다. |

ㄱ) 인성(人性) 부분

인성(人性)은 각각의 십성·오행의 왕한 것과 쇠한 것을 모두 반영한다.

---

117 예 16)의 십성구성 원리는 다음과 같다. 나[일간]와 음양·오행이 같으면 비견(比肩), 나와 음양이 다르고 오행이 같으면 겁재(劫財), 내가 생(生)해 주면서 음양이 같으면 식신, 내가 생해 주면서 음양이 다르면 상관(傷官), 내가 극(剋)하고 음양이 같으면 편재(偏財), 다르면 정재(正財), 나를 극하고 음양이 같으면 편관(偏官), 나를 극하고 음양이 다르면 정관(正官), 나를 생하고 음양이 같으면 편인, 나를 생하고 음양이 다르면 정인(正印)이 된다. 나(我)인 일간 己는 陰인 土이다. 土는 水를 상극하는데 壬은 水이면서 음양이 나와 반대이다. 그러므로 연천간과 시천간의 壬은 정재가 된다. 나(我)인 일간 己는 陰인 土로서 陰金인 월지 酉를 토생금으로 생한다. 그러므로 酉는 식신이 된다. 이런 방식을 사주 내 모든 간지에 적용하여 십성을 정하게 된다.

ⓐ 식상이 45로 가장 왕하고 식상의 오행은 金이다. 따라서 식상의 성향에 金의 성향이 융합된 인성이 내포된다. 식신, 상관이 혼재된 가운데 식신이 더 강하니 식신의 비중이 더 높다. 따라서 온화·연구·창조·분석·차분·논리·순수·풍요·생산·언어능력·베풂의 미덕·보수적 성향·강의 능력 등의 식신 성향을 위주로 응용·모방·재치·순발력·사교·언변·호기심·혁신적 사고·재능·독립 지향·재치 등의 상관의 성향도 잠재되어 있으며 여기에 강직·희생·원칙·주관·호불호 뚜렷함 등 金의 성향도 복합되어 있다.

ⓑ 재성이 3위(位)로 왕하고 재성의 오행은 水이다. 따라서 金 식상 다음으로 水 재성의 성향이 내포되는데 정·편재의 비중이 비슷하다. 따라서 치밀·정확·꼼꼼·계산·내실·안정·보수·저축심·근면·성실·소유욕 안정·보수 등의 정재 성향과 과감·투자·일확천금 희망·활발한 움직임·숫자 감각·경제 지향·욕망·대인관계 능력·풍류 등의 편재 성향이 비슷하게 혼잡되어 잠재되는데 여기에 지혜·지략·사고력·계획·기획·아이디어·침착·식견·융합·수리·정보수집 등 水의 성향도 복합되어 있다.

ⓒ 인성(印星)은 정인 20으로 안정되어 있으므로 자애·효성·인정·모성애·학식·문서복(文書福)·교육·잔정·정도·인품·자존심·희생이라는 인성(印星)의 특징도 일부 함유된 것으로 본다.

ⓓ 관성은 무(無)이고 오행상 木이 무(無)이므로 명예욕이 없거나 지나치게 집착함·경쟁력 약함·준법정신 약함·반칙하기 쉬움·절제심 부족함·직업 안정성 약함·인내심 끈기 부족함 등 관성이 무(無)한 성향을 갖게 되며 여기에 의욕 약·명예심 약·욕망 부족 등의 木이 무(無)한 성향이 복합될 수 있다. 다만 욕망 부족의 문제는 식상과 재성이 왕하고 식상이 재성을 생(生)하여 재물과 발전에 대한 추구심을 가지므로 보완된다고 볼 수 있다.

ⓔ 비겁이 29로서 쇠(衰)하지만 일간 己의 성향도 인성(人性)의 주요 부분이 된다. 따라서 섬세, 온화, 포용, 예민, 은근한 고집, 시기심, 저력 등 己 일간의 성향이 내재되어 있다.

ㄴ) 적성(適性) 부문

적성은 왕·극왕한 십성과 그 십성의 오행 성향이 융합된 것으로 본다.

이 사주의 적성 부분은 金 식상이 왕하다. 따라서 교육가·요식업·상담가·복지사·학원장·

문필가·기자·언론인·연구원·강사·교육자(교수·교사)·학자·예술가·연예인·방송인·사회비평가·토론가·비평가 등 식상의 적성에 정교하고 완벽을 추구하는 金 오행의 성향이 융합되니 경찰·사관학교·의예·공학·기계금속학·스포츠·치의예·법조인·연구원·논설위원·사회비평가·기자·문인 등의 적성이 복합된다고 볼 수 있다. 그러므로 식상을 위주로 金이 융합된 '金 식상'의 직업군이 적성 1순위라고 할 수 있는데 실제 직업과 부합된다.

金 식상 다음으로 水 재성이 왕하니 금융·회계·세무·재정·투자가·연예인·예능인·스포츠인·무역인·사교계·경제인·통계전문인·수학자·공직자·대기업 등 재성의 적성에 지혜·연구·사고력·수리능력을 바탕으로 신소재·생명공학·의학·컴퓨터·연구발명 관련 학문·수학·자연과학·통계학·경제학·회계학·해양·수산·식품영양 등 水 관련 적성도 융합되어 있다고 볼 수 있다. 따라서 재성을 위주로 水가 융합된 '水 재성'의 직업군이 적성 2순위라고 할 수 있다. 또한 사주에 관성이 쇠한 것은 직장 안정성이 약화되는 요인이 되어 한 직장에서 장기 근속을 못 하게 되기 쉬우므로 인내심과 끈기를 배양하도록 권유할 수 있는데 이 점도 사주 당사자의 실제와 부합된다.

(2) 육친(六親)과 사회적 요소에 대한 적용

사주에서 쇠한 오행이나 극왕한 오행이 존재하는 사주는 오행들 간 생극(生剋) 관계 속에서 건실하지 못한 오행에 문제가 발생하게 되어 질병이 발생하고 건강을 잃을 수 있다.[118] 이러한 관점을 오행에서 십성으로 전환하여 보면 사주에서 쇠하거나 극왕한 십성이 존재하는 사주는 그 십성이 의미하는 육친이나 재물, 명예 등 사회적 요소에 대하여 안위(安危)의 문제나 난관(難關)이 발생하기가 쉽다. 하지만 그러한 십성에 해당되는 육친이나 사회적 요소에 대해 더욱 관심을 갖고 지혜롭게 대처함으로써 난관들을 극복하거나 비켜갈 수 있다. 사주십성의 계량화된 수치와 십성이 의미하는 육친의 상관성을 살펴보기로 한다.

118　이재승·김만태, 앞의 글, 2018e, 975쪽.

〈표 19〉 십성과 연관된 육친·사회적 요소

비겁(比劫)	식상(食傷)	재성(財星)	관성(官星)	인성(印星)
비견: 형제·자매·친구·동료·선후배 겁재: 형제·자매·친구·동료·선후배·이복형제·남자의 며느리·여자의 시아버지	식신: 의식주·언어·연구심·남자의 장모·사위·손자·여자의 자식 상관: 의식주·언어·요령·아이디어·남자의 조모·손녀·여자의 자식·조모	편재: 부친·재물·남자의 여자·여자의 부친·시어머니 정재: 부친·재물·남자의 처·여자	편관: 명예·지위·직업·남자의 자식·여자의 남자·시형제·며느리 정관: 명예·지위·직업·남자의 자식·여자의 남자	편인: 문서·학식·모친·계모·조부·여자의 손녀 정인: 문서·학식·모친·남자의 장인·여자의 사위·손자

사주 십성의 수치화로 육친이나 사회적 요소에 대한 문제를 살피는 방법은 〈표 19〉의 내용에 기초하여 다음의 원칙에 따를 수 있다.

첫째, 상극하는 십성이 상극을 당하는 십성보다 2배 이상의 힘이 있을 때 상극을 당하는 십성의 육친이나 사회적 요소에 문제가 발생하기 쉽다. 이때는 약한 십성을 생하는 십성이 가까이서 보좌하고 두 십성의 힘을 합한 역량이 상극하는 십성 역량의 절반을 초과하면 구제된다. 단 일간은 여타의 십성을 생하거나 상극하는 기운은 약하지만 상극당하는 것은 다른 십성과 같다.

예 17 양력 2018년 5월 25일 0시 生[119]

	時	日	月	年
천간	庚(+土, 정재)	丁(-火, 일간)	丁(-火, 비견)	戊(+土, 상관)
지지	子(-水, 정관)	巳(+火, 겁재)	巳(+火, 겁재)	戌(+土, 상관)

해설 이 사주의 십성을 계량화하면 일간을 포함한 비겁은 79로 상당히 왕하고 식상 17·재성 9·관성 15이다. 이 경우 타 오행을 극하는 힘이 약한 일간을 제외하더라도 비겁은 역량 59로써 역량 9인 정재를 2배가 훨씬 초과하는 힘으로 상극하는 형국이니 정재가 위태롭다. 이런 사주 유형에 대해서는 비겁(형제, 친구, 선후배, 동료)에 의한 정재(땀 흘려 모은 재물)의 피해가 염려되므로 돈거래·보증·동업 등을 삼가고 근검절약을 실천

---

119 이하 사주 예시에서 간지의 음양이 양이면 +, 음이면 -로 표기한다.

하도록 지도하고 다른 측면으로는 정재는 남자의 처가 되므로 정재의 위태로움은 결혼운의 불리를 암시하니 배우자 선택과 가정 유지를 위한 각고의 노력을 당부해야 한다.

둘째, 상극하는 십성이 상극을 당하는 십성보다 절반 미만의 역량일 때 오히려 상극하는 십성의 육친이나 사회적 요소에 문제가 발생하기 쉽다. 이때는 상극하는 십성을 생하는 십성이 지척에서 보좌하고 두 십성 역량이 상극당하는 십성의 절반을 초과하면 구제된다.

위의 예 17)에서 정관은 15의 역량으로 일간 포함 79인 비겁을 상극해야 하나 천간 정재로부터 9의 지원을 받아 24가 된다 해도 두 배가 훨씬 넘는 79의 비겁을 상대로 상극하기엔 역부족으로서 위태롭다. 이런 사주는 직업·명예 문제·관재·여자의 남편·남자의 자식 등 관성의 육친이나 사회적 요소에 문제가 발생하기 쉬우니 끈기, 인내, 포용의 덕목을 기르도록 하고 안정된 직장에 장기근속하는 인내를 갖도록 지도한다.

셋째, 생(生)해 주는 십성의 역량이 생을 받는 십성 역량의 3배 이상일 때 지나친 생(生)의 기운에 매몰당하는 십성에 문제가 발생하기 쉽다. 위의 예 17)에서 일간을 제외하더라도 상관 17의 3배를 초과하는 비겁 59의 역량이 상관을 생하므로 지나친 생의 기운에 매몰당하는 상관이 문제가 될 수 있다. 이처럼 사주 명조에서 식상이 힘들게 자리 잡은 사주는 구설이 발생하고 여자는 자식과의 관계성에 문제, 그리고 남녀 불문하여 의식주 복의 문제가 발생할 소지가 크다.

넷째, 생을 받는 십성이 생을 해주는 십성보다 약 2.5배 이상의 역량이면 생하느라 설기(泄氣) 되는 십성에 문제가 발생하기 쉽다. 이때는 생해 주면서 기운이 약해지는 십성을 지척에서 생하여 보좌하는 십성이 있어서 힘을 합한 역량이 생을 받는 십성의 절반을 초과하면 구제된다.

| 예 18 | 양력 2015년 6월 22일 08시 生 |

	時	日	月	年
천간	戊(+土, 겁재)	己(-土, 일간)	壬(+水, 정재)	乙(-木, 편관)
지지	辰(+土, 겁재)	巳(+火, 정인)	午(-火, 편인)	未(-土, 비견)

해설	위의 사주는 월지에 午가 주동하여 巳午未 방합(方合)[120]에 의한 화국(火局)을 실현하고 있는데 합의 방해 요소가 없어 합이 완벽하며 화국의 십성은 인성(印星)이고 역량은 57이다. 연간의 편관이 5의 역량으로 인성을 생하고 있는데 월간의 정재가 9의 역량을 가지고 편관을 생하여 합 14의 역량이 되더라도 인성 57의 역량이 훨씬 강하므로 인성을 생하면서 설기(泄氣) 되는 편관이 어렵다. 이처럼 관성이 힘든 모습으로 위치한 사주는 직업 안정성·명예의 실추·여자의 남편이나 남자·남자의 자식 등 관성의 육친이나 사회적 요소에 문제가 발생하기 쉬우니 끈기, 인내, 포용의 덕목을 기르도록 할 필요가 있다.

다섯째, 쇠함이나 왕함이 지나친 십성은 타 십성의 동향에 상관없이 문제가 발생하기 쉽다. 위의 예 18)에서 재성은 월간의 정재뿐이며 정재의 역량은 9이고 정재를 생하는 식상이 미약하니 정재의 쇠함이 지나치므로 정재가 나타내는 육친과 사회적 요소에 대한 문제가 발생하기 쉽다. 따라서 남자는 처의 안위나 가정 유지 문제, 남녀 불문하여 저축, 금전 관리 문제 등을 유념하도록 지도해야 한다. 아래의 예 19)은 한 가지 십성이 극왕(極旺)한 예이다.

예 19	양력 1968년 9월 8일 18시 生 (남자)

	時	日	月	年
천간	丁(-火, 편관)	辛(-金, 일간)	辛(-金, 비견)	戊(+土, 인성)
지지	酉(-金, 비견)	巳(+火, 정관)	酉(-金, 비견)	申(+金, 겁재)

해설	위의 사주는 유산 문제로 형제들과 법정 소송을 진행 중인 남자의 사주로 형제 사이가 남보다 못하다. 일간을 포함하여 비겁의 역량이 총 91이니 비겁이 지나치게 왕(旺)하므로 비겁에 해당하는 육친과 사회 요소인 형제, 동료, 선후배 관계에서 큰 문제가 발생하기 쉽다.

여섯째, 사주 명조 8간지의 정(正) 오행으로 없는 무(無) 십성은 쇠·극왕의 십성보다 상대적으로 덜 위험하다. 그러나 사주 명조에서 8간지에는 없는 십성이 지지의 지장간(地藏干)

---

120 방합이란 계절을 상징하는 지지가 집단을 형성하여 합하는 것을 말한다. 寅卯辰이 모여 목국(木局), 巳午未가 모여 화국(火局), 申酉戌이 모여 금국(金局), 亥子丑이 모여 수국(水局)을 만드는 합이다.

에 1-2개 들어 있을 때, 그 십성에 대한 육친이나 사회적 요소에 대해 유의해야 한다.

예 20 양력 1966년 4월 16일 12시 生 (여자)

	時	日	月	年
천간	壬(+水, 정인)	乙(-木, 일간)	壬(+水, 정인)	丙(+火, 상관)
지지	午(-火, 식신)	巳(-火, 상관)	辰(-土, 정재)	午(-火, 식신)

해설 이 사주는 남편과 사별한 여자 사주이다. 위의 사주엔 사주 8자의 십성 중 관성(官星)이 없다. 그러나 일지 巳 지장간 중기에 있는 庚이 정관으로서 여자의 남편, 직업, 명예가 된다. 운로(運路)에서 巳에 대한 충형(沖刑. 간지 오행 간 부딪힘, 예: 巳亥沖)이 생길 때마다 지장간의 관성이 상극 당하게 되니 이렇게 관성이 약한 여자는 관성의 육친이나 사회적 요소 등의 문제를 유의해야 한다. 그러므로 이 사주 명조는 남편, 남자, 가정과 직업 안정성, 관재(官災) 등 관성의 문제에 일생 유의하도록 권고해야 한다.

일곱째, 사주 명조의 위치적으로 모서리에 있는 연지, 연간, 시간, 시지의 십성이 자신을 둘러싼 3자(者)의 십성에 모두 극설(剋泄)당하면서 소외되면 그 십성에 대한 문제가 발생하기 쉽다.

예 21 양력 1950년 3월 21일 寅時 生 (남자)

	時	日	月	年
천간	戊(+土, 정재)	乙(-木, 일간)	己(-土, 편재)	庚(+金, 정관)
지지	寅(+木, 겁재)	卯(-木, 비견)	卯(-木, 비견)	寅(+木, 겁재)

해설 이 사주 명조의 당사자는 저명한 가수이며 부부간 이혼과 사별을 경험하였다. 이 사주의 연간 戊土 정재는 모서리에 위치하면서 자신을 둘러싼 3간지인 寅, 卯, 卯, 乙의 木 비견·겁재로부터 木이 土를 상극하는 원리에 따라 강하게 상극당하면서 소외되어 있다. 정재는 남자 사주의 처, 여자, 저축한 돈이다. 정재가 사주 명조에서 소외되어 있으니 재성의 육친이나 사회적 요소에 문제가 발생하기 쉽다. 따라서 배우자의 안위나 가정사 문제 또는 사업 시 금전보존 문제를 주의하도록 권고하는 상담이 필요한 사주 구성이다.

이상으로 십성 수치화의 육친과 사회적 요소에 대한 적용 부분을 논하였다. 이 장에서는 주의해야 할 십성의 육친·사회적 요소의 문제가 언제 발생하는가에 대한 논의를 담아내지 못했으니 다음의 합충 이론의 장을 살펴보면 될 것이다.[121]

3. 합충(合沖)이론

1) 천간 합충[122]

인간은 태어난 연월일시에 의한 사주 명조가 있으며 이를 인생 해석의 필수 요소로 중시하는 대표적 학문이 명리학이다. 그러나 명리학을 '생년월일시로 사주를 세워 미래를 예지하는 학문'으로 보는 단편적인 관점은 지양되어야 한다. 명리학[123]은 음양오행론, 간지(干支)론, 간지 역법(曆法), 점성술,[124] 정명(定命) 사상,[125] 삼재(三才)론,[126] 천인합일(天人合一) 사상,[127] 중화(中和)론[128] 등 동양사상의 융합 연구이고 '미래 추명'은 명리학의 '다양한 연구

---

121 이상 사주십성의 계량화는 "이재승·김만태, 「사주십성의 계량화와 활용에 대한 고찰」, 『문화와 융합』 41(1), 한국문화융합학회, 2019b, 887-924쪽"을 일부 수정하여 인용하였다.

122 Ⅱ장 3절, 1소절의 천간 합충은 이재승, 「명리학 천간합충(天干合沖)이론의 활용에 대한 고찰: 심리·용신·성명을 중심으로」, 『인문사회 21』 12(3), 2020a의 내용을 수정 보완하였다.

123 명리학은 사람이 태어난 생년월일시를 천간·지지로 구성된 육십갑자로 치환하여 사주를 세우고 사주의 주인공인 일간 [日干: 나]을 기준으로 인성, 적성, 건강, 빈부, 귀천, 육친부문 등의 선천성을 연구하고 여기에 대운(10년 운), 세운(1년 운), 월운(1달 운), 일운(1일 운) 등의 행운(行運)을 종합적으로 적용하고 분석하여 후천성의 미래를 추명(推命)할 수 있는 학술체계이다.

124 명리학에는 십성(十星), 십이운성(十二運星), 문창성(文昌星), 천문성(天文星) 등 점성술과 관련된 '별 성(星)'이 포함된 명칭이 많다(김만태, 2020: 9).

125 출생 시에 부여받은 품기(稟氣)로 인명(人命)의 길흉화복(吉凶禍福)이 결정된다고 본다.

126 天·地·人을 우주와 인간세계의 기본요소이자 변화의 동인(動因)으로 보는 사상이다.

127 천인감응(天人感應)의 세계관을 가진 사상이며 천(天)이 대표하는 자연과 인간의 관계를 상호작용하는 유기(有機)적인 것으로 보는 동양 사상의 기본적 인식이다.

128 한편으로 치우치지 않고 조화롭고 균형이 되는 상태인 중용(中庸)을 이상적으로 보는 관점이며, 명리학에서는 중화를 실현하는 간지 오행을 용신(用神)이라 한다.

분야 중 하나'라는 인식이 필요하다.

명리학의 체계는 음양오행론, 간지론, 합충(合沖) 이론, 십성(十星), 신살(神煞) 등을 기초 이론으로 보고, 기초 이론의 인·적성 활용, 합충 이론의 활용, 용신(用神), 격국(格局), 대·세운 분석과 미래 추명 등을 심화 이론으로 보는 것이 일반적이다.

필자는 이 중에서 간지의 합충 이론은 명리학에서 모든 부문의 해석에 영향을 미칠 수 있으므로 실제적 적용에 대한 학술적 심화 연구가 필요하다고 인식한다. 합충 이론에 따라 사주 오행의 변성이 확정되면 일간의 강약, 용신, 심리, 청탁(淸濁), 대·세운, 성명학적 작명 등 명리·성명학적 해석·활용의 변동이 발생할 수 있기 때문이다.

합충 이론에 대한 선행연구는 원리적 연구를 위주로, 합과 충 중 하나를 택일하여 고찰하는 추세였다. 주요 선행논문을 검토하면 다음과 같다. 김만태(2011)[129]는 민속신앙과 관련하여 십천간(十天干), 십이지지(十二地支)의 원리를 근원적으로 고찰하였고 김만태(2012a)[130]는 천간합(天干合)의 원리에 대해, 김만태(2012b)[131]는 지지합(地支合)의 상호변화 관계에 대해, 김만태(2013)[132]는 십이 지지의 형충(刑衝)에 대해 근원적으로 고찰하였다. 김장진(2020)[133]은 천간합·지지합의 원리와 적용에 대해 논하였다. 김봉만(2020)[134]은 간지의 합충 원리를 오운육기(五運六氣)와 관련지어 논하였다.

필자는 위와 같은 선행 연구의 다음 과정으로서 합과 충을 사주 해석에서 동시에 적용하는 연구가 필요하다고 본다. 그 이유는 합과 충은 성립 여부에 상호 간 영향을 줄 뿐만 아니라 사주의 간지에서 합충이 복합적으로 존재하기도 하며 대·세·월 운도 사주에서 합충을 복합적으로 발생시키기에 이런 현상들에 대한 학술적인 해석론의 확립이 요망되기 때문이

---

129 김만태, 「민족 신앙을 읽는 부호, 십간·십이지에 대한 근원적 고찰」, 『민족문화연구』 54, 2011.

130 김만태, 「天干의 상호 변화작용 관계로서 天干合 연구」, 『철학논집』 30, 2012a.

131 김만태, 「地支의 상호 변화작용 관계로서 地支合 연구」, 『철학논집』 31, 2012b.

132 김만태, 「십이지(十二支)의 상호작용 관계로서 충(衝)·형(刑)에 관한 근원 고찰」, 『정신문화연구』 36(3), 2013.

133 김장진, 「四柱命理學의 合에 대한 연구」, 경기대학교 행정사회복지대학원 석사학위논문, 2020.

134 김봉만, 「『黃帝內經』 五運六氣論과 命理學의 연관성 연구」, 동방문화대학원대학교 박사학위논문, 2020.

다. 필자는 선행 박사학위논문에서 합충 이론이 용신 도출에 영향을 주는 부분에 대한 후속 연구의 필요성을 강조한 바 있다.

그러므로 이 글에서는 합충 이론을 사주 분석에 같이 활용하는 연구를 시행하고자 하며 이 점이 선행연구들과 차별됨을 밝힌다. 합충을 사주 해석에서 동시에 적용하는 실용적 연구는 '천간 합충의 활용'과 '지지 합충의 활용' 및 '대·세운[135] 합충의 활용' 부문으로 세분된다. 이 글은 첫 단계로 천간 합충 이론을 용신, 성명학, 심리 등에 적용하는 연구를 시행한다.

(1) 천간합

천간에는 음양(陰陽)이 있는데 양간(陽干)은 甲·丙·戊·庚·壬이고 음간(陰干)은 乙·丁·己·辛·癸이다. 천간 오행은 木 오행 甲·乙, 火 오행 丙·丁, 土 오행 戊·己, 金 오행 庚·辛, 水 오행 壬·癸가 있다. 천간합의 종류는 甲己合, 乙庚合, 丙辛合, 丁壬合, 戊癸合 등 5종이다.

『오행대의(五行大義)』의 '논합(論合)'에서는 "己는 甲의 처로서 甲己合이고, 辛이 丙의 처로서 丙辛合이며, 癸는 戊의 처로서 戊癸合이며, 乙이 庚의 처로서 乙庚合이며, 丁이 壬의 처로서 丁壬合이다."[136]라 하였다. 『오행대의』의 '논합(論合)'은 천간합을 양남음녀(陽男陰女)의 부부관계 관점으로 보고 있는데 그 이유를 "만물은 음양의 두 기운이 서로 교감해서 나오는 것이다. 따라서 혼자 있는 양만으로는 만물을 낳지 못하고 혼자 있는 음만으로는 만물을 성숙시킬 수 없으니 반드시 음양이 배합해야 만물이 모두 변화하고 형통하게 된다."[137]라 말하고 있다.

천간합에 대한 관점들의 일부는 선천하도(先天河圖)를 배경으로 삼고 있다.[138] 여기에는

---

135 대운(大運)은 10년간 작용하는 운이고 세운(歲運)은 1년간 작용하는 운이다.

136 "干合者 己爲甲妻 故甲與己合 辛爲丙妻 故丙與辛合 癸爲戊妻 故戊與癸合 乙爲庚妻 故庚與乙合 丁爲壬妻 故壬與丁合."

137 "有萬物滋繁, 然後萬物生成也. 皆由陰陽二氣, 鼓儛陶鑄, 互相交感. 故孤陽不能獨生, 單陰不能獨成, 必須配合, 以鑪冶爾, 乃萬物化通."

138 김만태는 선행연구에서 천간합이 구성되는 원리를 오기경천설(五氣經天說), 음양합덕설(陰陽合德說), 선천하도설(先天河圖說), 둔기월시설(遁起月時說) 4가지로 체계화하였다(김만태, 2012: 108). 김만태는 이 중에서 밤하늘에서 5종의 색깔이 동서남북으로 28수 별자리와 연관된 모습에 입각하고 『황제내경』 '소문'의 오운행대론(五運行大論)에서 오기경

선천하도의 안에서 만물의 생명을 낳는다는 의미인 생수(生數)와 밖에서 만물의 형체를 이룬다는 성수(成數) 간 순차적 합의 원리가 내재된다.

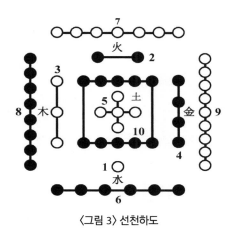

〈그림 3〉 선천하도

　이는 생수 1·2·3·4·5와 성수 6·7·8·9·0을 기본으로 하여 양간 甲·丙·戊·庚·壬을 1·3·5·7·9, 음간 乙·丁·己·辛·癸를 2·4·6·8·10으로 보고 생수와 성수의 순차적인 합, 즉 1·6, 2·7, 3·8, 4·9, 5·0의 합으로 보는 원리이다[139](이재승, 2020: 1228).[140] 사주 명조의 구성에 따라 천간합의 결과, 다른 오행으로 변화할 수도 있다. 甲과 己가 합하여 土가 되는 갑기합토(甲己合土), 乙과 庚이 합하여 金이 되는 을경합금(乙庚合金), 丙과 辛이 합하여 水가 되는 병신합수(丙辛合水), 丁과 壬이 합하여 木이 되는 정임합목(丁壬合木), 戊와 癸가 합하여 火가 되는 무계합화(戊癸合火) 등이 있다.

　필자는 천간 합화(合化) 원리에 대해 여러 관점이 있으나 이 글이 명리학 분야의 연구이므로 명리 고전의 해당 부분을 인용하겠다. 『자평진전(子平眞詮)』의 '논십간배합성정(論十

　천(五氣經天)과 오운(五運)의 관계로 그 원리를 설명하고 있는 동양천문학의 '오기경천설'이 천간합의 이치에 가장 합당하고 체계적이라고 하였다(김만태, 2012: 125).

139　이재승, 「현대성명학에서 한자선정법의 난제에 대한 해결적 고찰」, 『인문사회 21』 11(4), 2020, 1228쪽.

140　1부터 10까지 수를 1·3·5·7·9인 홀수(천수·기수·양수), 2·4·6·8·10인 짝수(지수·우수·음수)로 분류하는 것의 시초는 『주역』을 철학적으로 체계성 있게 서술한 '계사전(繫辭傳)'이다.

干配合性情'에서는 합화(合化)의 원리에 대해 선천하도설(先天河圖說)을 오행 상생론과 접목하여 아래와 같이 설명하고 있다.

> 천간의 합화하는 의의는 십간의 음양이 서로 짝지어져서 이뤄진다. 하도에서 1·2·3·4·5·6·7·8·9·10의 수가 선천지도(先天之道)이다. (…) 오행이 먼저 있은 것이 아니라 반드시 음양과 노소가 먼저 있었고, 그 이후, 기를 충하여 土로서 생겨났다. 마침내 오행이 있게 되니 만물이 또한 土에서 생겨났으며, 水·火·木·金 또한 土에 바탕을 둔 것이므로 土가 가장 먼저이다. 그러므로 甲己가 서로 합하는 것이 처음이며 화(化)하여 土가 된다. 土는 金을 생하니 을경화금(乙庚化金)이 다음이고, 金은 水를 생하니 병신화수(丙辛化水)가 또 다음이고, 水는 木을 생하니 정임화목(丁壬化木)이 또 다음이고, 木은 火를 생하니 무계화화(戊癸化火)가 또 다음으로 이렇게 해서 오행이 두루 펼쳐진다. 土에서 먼저 하는 상생의 순서는 자연의 이치에서도 마찬가지이다. 이것이 십간이 합화하는 의의이다.[141]

천간 오행이 합을 의도하는 것과 합하여 다른 오행으로 화(化)하는 것은 경우가 다르다. 예시하자면 사주 명조의 천간에 甲과 己가 있어 서로 합하려고 하는 것과 합의 결과 '갑기합토'의 원리로 갑목(甲木)이 土로 변성되는 것은 사주 명조 내의 사정에 따라 다르며 이는 나머지 4종의 합도 마찬가지이다. 천간합에 의한 합화(合化)의 성립 여부는 일간(日干)의 강약, 용신 도출, 미래 추명을 위한 대·세운 분석, 성명학적 작명 등의 결과에 영향을 준다. 이 부분은 다음 장에서 심도 있게 논하겠다.

---

141 "合化之義, 以十干陰陽相配而成. 河圖之數, 以一二三四五配六七八十, 先天之道也.(…) 蓋未有五行之先, 必先有陰陽老少, 而後沖氣, 故生以土. 終之既有五行, 則萬物又生於土, 而水火木金, 亦寄質焉, 故以土先之. 是以甲己相合之始, 則化爲土；土則生金, 故乙庚化金次之；金生水, 故丙辛化水又次之；水生木, 故丁壬化木又次之；木生火, 故戊癸化 火又次之, 而五行遍焉. 先之以土, 相生之序, 自然如此. 此十干合化之義也."

(2) 천간 충(沖)

천간의 충(沖)은 일반적으로 甲庚沖, 乙辛沖, 丙壬沖, 丁癸沖 등 4가지이다. 천간합이 음양이 다른 간(干) 사이의 합이면 천간 충은 음양이 같은 간(干) 사이의 충이다. 위의 4가지 충은 동서, 남북 등 방위가 정반대인 간(干)들의 상충이다.

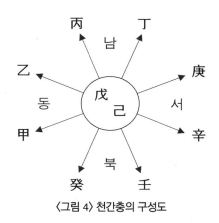

〈그림 4〉 천간충의 구성도

『명리약언(命理約言)』의 '간충론(干沖論)'에서는 "천간에서는 甲과 庚이 상충하고 乙과 辛이 상충하고 壬과 丙이 상충하고 癸와 丁이 상충하니 이것은 동과 서, 남과 북이 서로 마주하기 때문이며 丙과 庚, 丁과 辛은 서로 만나도 극(剋)으로 논하고 충으로 논하지 않으니 그것은 남서가 서로 대립하지 않기 때문이며, 戊와 己는 충이 없으니 그것은 중앙에 머물러 상대가 없기 때문이다."[142]라고 하고 있다. 김만태는 이를 두고 "충을 할 때는 합과 달리 오행의 변화는 생기지 않으나 기세의 변화는 있다."[143]라 하였다.

반면에 『오행대의』의 '논충파(論衝破)'에서는 甲戊, 己乙, 庚丙, 辛丁 등도 충파(衝破)로 보아야 한다고 말하고 있는데 그 원문은 아래의 각주[144]와 같다. 필자는 선행논문(2018a,

---

142 "天干甲庚上衝, 乙辛上衝, 壬丙上衝, 蓋東如, 南如北相對也, 癸丁上衝, 丙庚丁辛相見以剋論, 不以衝論, 蓋南與西不相對也. 戊己無衝, 蓋居中無對也."

143 김만태, 「십이지의 상호관계로서 충형에 대한 근원적 고찰」, 『정신문화연구』 36(3), 2013, 136쪽.

144 "天干破者(…)丁癸衝破 戊壬甲戊乙己亦衝破 此皆對衝破 亦本體相剋."

2019a, 2019b)에서 방향이 정반대가 되지 않아 상극의 정도가 상대적으로 약한 戊甲, 乙己, 庚丙, 丁辛, 戊壬, 己癸 등에도 역시 충을 붙여 논리를 전개하였다. 그 이유는 땅에 단단한 기반을 잡은 지지와 달리 하늘에 떠 있어 기세가 약한 천간의 특성으로 볼 때, 戊甲, 己乙, 庚丙, 辛丁, 壬戊, 癸己 등의 상극도 천간합을 방해하거나 간(干)에 타격을 줄 수 있는 변인으로서 충분하기 때문이다.

그러므로 본 연구 Ⅲ장의 심화연구에서도 천간의 충을 넓게 보아 열 가지 충으로 보되 木·金과 火·水의 상충인 甲庚, 乙辛, 丙壬, 丁癸 등의 충 위력이 나머지 6종보다 더 강하다는 관점을 유지하도록 하겠다.

(3) 합충의 심리와 현상

천간 합충을 현상적으로 이해하기 위해서는 명리학의 십성론(十星論)에 대한 지식이 필요하다. 나를 상극하고 음양이 다른 오행을 정관(正官)이라고 하고 내가 상극하고 음양이 다른 오행을 정재(正財)라고 한다. 정관은 여자에게는 남자·남편이고 남자에게는 자식이며 정재는 남자에겐 처·여자이다. 또한, 남녀공용의 의미로서 정관은 명예·책임감이고 정재는 노동의 대가로 취득한 재물이다. 천간합은 모두 정재·정관 관계인 간(干)의 합이다. 즉 양간은 자신의 정재와 합하고 음간은 자신의 정관과 합한다. 甲己合으로 예시하면 양간 甲에게 己는 정재이고 음간 己에게 甲은 정관이다.[145]

① 천간합의 심리와 현상

천간합의 성정(性情)은 『삼명통회(三命通會)』의 '논천간합(論天干合)'의 내용이 주로 인용된다. 甲己合은 중정지합(中正之合)이다. 이 합이 사주에 있으면 "사람됨이 중대(重大)함을

---

145 사주의 나인 일간(日干)은 천간합(天干合)으로 소멸하지 않고 주체성을 유지한다. 『자평진전(子平眞詮)』의 '논십천간이 불합(論十天干而不合)'에서는 "합을 해도 합을 논하지 않는 경우는 본신(本身, 일간)의 합으로 오양간(五陽干)이 정재(正財)를 만나고 오음간(五陰干)이 정관(正官)을 만나면 모두 합하는데 그것은 본신이 합하는 것으로 합거(合去)가 되지 않는다(又有合而不以合論者 何也 本身之合也 蓋五陽達財 五陰遇官 俱是作合 惟是本身十天干合之 不爲合去)."라 하였다. 가령 갑(甲) 일간이 기(己) 정재(正財)와 합하여 "갑기합토(甲己合土)" 하더라도 甲 일간은 사라지지 않으며 일간의 주체성을 유지한다.

높이 숭상하며, 너그럽고 후하며, 공평하고 바르다."[146]고 하고 있다. 乙庚합은 인의지합(仁義之合)이다. 이 합이 사주에 있으면 "두루 행함에 오직 어질게 하며, 나아가고 물러남에 오직 의롭게 한다."[147]라 하고 있다. 丙辛合은 위제지합(威制之合)이다. 이 합이 사주에 있으면 "사람의 거동이 위엄 있고 엄숙하여 사람들이 많이 두려워한다. 또 혹독하고 뇌물을 좋아하며 음란함을 즐거워한다."[148]라 하고 있다. 丁壬合은 음닐지합(淫昵之合)이다. 이 합이 사주에 있으면 "환락을 즐기며 색을 가까이하고 자기 것은 인색하고 남의 것은 탐욕한다."[149]라 하고 있다. 戊癸合은 무정지합(無情之合)이다. "비록 합하여도 무정하다. 그러므로 무계합이 있으면 사람됨이 혹은 좋고 혹은 추잡하다."[150]고 하고 있다.

그러나 『명리약언』의 '간합론(干合論)'에서는 위의 천간합 성정에 관한 이론을 부정하고 있다.

> 명조에 甲己합, 乙庚합이 있으면 모두 중정하고 인의해야 하는데 어찌하여 간사한 사람이 적지 않단 말인가? 병신합, 정임합, 무계합이 있으면 모두 위제하고 음닐하고 무정해야 하는데 어찌하여 단정한 사람이 많단 말인가? (…) 이 모두가 허황된 설이니 없애는 것이 마땅하다.[151]

필자는 『명리약언』의 주장이 타당하다고 보며 『삼명통회』의 천간합 성정은 참고 사항 정도가 적절하다고 본다. 사람의 성정은 사주의 격국, 오행, 십성, 운(運), 합충 등을 통해 종합적으로 판단하여야 하며 단편적인 사항만으로 확정할 수 없기 때문이다.

---

146 "主人尊崇重大, 寬厚平直."

147 "主人果敢有守, 不惑柔佞, 周旋惟仁, 進退惟義."

148 "主人儀錶威肅, 人多畏懼, 酷毒, 好賄喜淫."

149 "耽歡嬿色, 於我則吝, 於彼則貪."

150 "雖合而無情. 主人或好或醜."

151 "人命遇甲己乙庚作合, 宜皆中正仁義, 何以不少奸邪, 遇丙辛丁壬戊癸作合, 宜皆威制、淫慝、無情, 何以多有端正.(…)此皆妄說之當闢者也."

앞서 논했듯이 『오행대의』의 '논합(論合)'에서는 천간합을 부처(夫妻) 관계로 보고 있다. 이를 통해 천간합의 심리를 유추할 수 있다. 합은 소유욕·애정·친근감의 심리이니 이를 사주 분석에 응용하면 아래와 같다.

첫째, 일간이 천간합을 하면 남자는 정재에 대해, 여자는 정관에 대해 애착이 강함을 시사한다. 甲己合을 통해 예시해 보자. 건명(乾命. 남자 사주)의 나인 일간(日干)이 甲이고 그 곁에 己가 있으면 일간 甲은 갑기합을 추구하니 이는 정재와 합하고자 하는 의지이다. 이런 사주는 처·여자·재물에 대한 소유욕이 강할 가능성이 크다고 할 수 있다.[152] 반대로 곤명(坤命. 여자 사주)의 나인 일간이 己이고 그 곁에 甲이 있으면 일간 己는 갑기합을 추구하니 이는 정관과 합하고자 하는 심리이다. 이런 사주는 남자에 대한 도리를 중시하고 매사에 명예심·의무감이 강할 가능성이 크다고 할 수 있다.

둘째, 합이 방해 요인 없이 완벽하여 합화가 실현되어 사라지는 육친이 있다면 그 육친과의 관계성을 주시해야 한다. 예를 들어 여자 己 일간이 정관인 甲과의 합에 대한 방해 요소가 없어서 '甲己合土'가 실현되어 甲木이 土로 화하면 정관이 사라지는 것이니 남자관계의 혼란 가능성을 말할 수 있다.

셋째, 비록 합화하지 않아도 남자의 정재합, 여자의 정관합이 천간뿐 아니라 지지의 지장간[153]까지 다중으로 존재하면 복잡한 이성 관계에 대한 가능성을 판단할 수 있다. 여기에 고전적으로 음란성의 의미가 있는 도화살(桃花煞)[154]이나 십이운성의 욕(浴)[155]이 더 있으면

---

152 필자는 이 글의 명리학적 해석은 "(…)하다"보다는 "(…)할 가능성이 크다"라고 표현하겠다. 주변 사람, 환경, 교육 등 생각·행동에 영향을 주는 변인들의 개인차가 있기 때문이다.

153 지장간은 地支藏干·地支暗藏의 준말로 지지 가운데 천간을 지니고 있다는 뜻(김승동, 『易思想辭典』, 부산대학교출판부, 2006, 1296)인데 여기(餘氣), 중기(中氣), 정기(正氣)로 나뉘며 子, 卯, 酉는 여기가 없고 중기, 정기만 있다. 지장간을 여기, 중기, 정기 순서로 나열하면 寅에는 戊·丙·甲, 卯에는 甲·乙, 辰에는 乙·癸·戊, 巳에는 戊·庚·丙, 午에는 丙·己·丁, 未에는 丁·乙·己, 申에는 戊·壬·庚, 酉에는 庚·申, 戌에는 辛·丁·戊, 亥에는 戊·甲·壬, 子에는 壬·癸, 丑에는 癸·辛·己가 암장(暗藏)되어 있다.

154 도화살은 호색하거나 음란하다는 신살(神煞)이다. 日支나 年支가 寅午戌 중 하나면 卯, 巳酉丑 중 하나면 午, 申子辰 중 하나면 酉, 亥卯未 중 하나면 子이다. 현대에는 도화살의 긍정적인 면도 일정 부분 평가받고 있다. 도화살은 '인기'를 상징하며 연예예술인의 직업적성에 영향을 주는 요소이다.

155 십이운성(十二運星)은 생로병사(生老病死)로 진행되는 인생을 기세(氣勢)의 순환과 변화의 관점을 갖고 12가지의 인생 여정으로 분류하여 간지에 대입한 것이다. 그중에서 5번째인 '욕(浴)'은 '몸을 깨끗이 씻는다.'라는 의미로서 일반적으로

이런 현상이 발생할 가능성이 더욱 고양된다고 볼 수 있다.

예 22	남자. 양력 1963년 3월 3일 酉시 生

* 예시한 사주의 간지 오행은 木: 녹색, 火: 빨강, 土: 황색, 金: 은색, 水: 검정이다.

時	日	月	年
乙	庚	乙	癸
酉	戌	卯	卯

해설	위의 사주는 일간 庚이 처에 해당하는 乙 2개가 천간에서 병립하고 지지의 2개의 卯 지장간에도 처의 글자인 乙이 있으니 庚은 4개의 乙과 합하고자 하며 여기에 일지 戌 기준 도화살인 卯가 지지에서 연지와 월지에 있어 강하니 가정사의 변동이 일어날 가능성이 크다.

넷째, 연간과 월간의 합이 발생하면 합을 하는 육친이 유정(有情)하다고 볼 수 있다. 예를 들어 壬水 일간의 여자가 연간, 월간에서 甲己合을 하면 甲木은 식신(食神. 내가 생하고 음양이 같은 것)이고 己土는 나의 정관이다. 현대적 의미로 식신은 여자의 자식이고 정관은 남편이니 甲己合으로 자식과 남편이 유정할 가능성을 크게 볼 수 있다. 한편 근묘화실론(根苗花實論)으로 보면 연주와 월주가 차례로 조상과 부모이니 조부와 부친이 잘 화합했을 가능성도 말할 수도 있다. 이상의 4가지는 甲己合뿐 아니라 다른 4종의 천간합도 같은 원리로 적용할 수 있다.

② 천간 충의 심리와 현상

『명리약언』의 '간충론(干衝論)'에서는 "서로 상대를 충(沖)하게 되어 그 다툼이 쉬지 않으며 (…)"[156]라는 구절이 나오는데 이를 통해 '충의 심리'를 유추할 수 있다. 천간충은 상충하는 십성·오행이 상징하는 주체 간 불화·변동·혼란·사고 등을 의미한다.

'색정(色情)'을 상징한다. 일간 甲은 子, 乙은 巳, 丙·戊는 卯, 丁·己는 申, 辛은 亥, 壬은 酉, 癸는 寅이 '욕'이다.

156 "是爲交互相沖, 其爭不休(…)."

| 예 23 | 남자, 양력 1980년 9월 5일 14시 생 |

時	日	月	年
乙	辛	甲	庚
未	巳	申	申

| 해설 | 일간 신금(辛金) 기준으로 경금(庚金)은 오행이 같고 음양이 다른데 이런 십성을 '겁

재(劫財)'라 하며 현대적 의미는 형제·친구·선후배이고 갑목(甲木)은 음양이 반대이고 일간이 상극하니 정재(正財)이며 현대적 의미는 처·여자·재물이다. 또한 을목(乙木)은 일간과 음양이 같고 일간이 상극하는데 이를 편재(偏財)라 하며 처·여자·재물·부친·시어머니이다. 위의 사주는 일간이 乙辛沖 하고 연간과 월간이 甲庚沖을 한다. 이 상황은 다음과 같이 다양한 해석이 가능하다. 첫째, 乙辛沖에서 나(일간 辛)는 편재와 충하니 처·여자·재물·부친 등의 문제로 번민할 가능성이 크다. 둘째, 甲庚沖에서 나의 정재와 겁재가 상충하니 나의 처·여자·재물에 대한 형제·친구·선후배의 불미스러운 행위로 피해를 받아 번민할 가능성이 크다. 셋째, 오행이 나타내는 건강은 木이 간·담·신경계·뼈·관절 계통이고 金이 폐·대장 계통인데 乙辛沖·甲庚沖 모두 金이 木을 상극하는 충이므로 건강상 木의 문제, 즉 간담 계통의 질병, 뼈·관절·신경계의 사고나 고통을 겪을 가능성이 크다 할 수 있고 이차적으로 폐·대장 계통의 질환도 가능성이 있다. 넷째, 근묘화실론(根苗花實論)으로 보면 연월일시는 순서대로 조부, 부모, 나, 자식이니 '甲庚沖'에서 조부와 부친이 불화(不和)하고 乙辛沖에서 나와 자식이 불화할 가능성을 고려할 수 있다. 그렇다면 이상의 사건이 구체적으로 발생하는 시점은 대·세·월 운의 분석을 통해 추명할 수 있다.

(4) 합화(合化)의 성립 요건과 적용

사주에서 합을 원하는 천간이 있다 해도 반드시 합이 되지는 않음을 '합이불합(合而不合)'이라 하고, 합을 해도 합에 의한 오행 변성이 일어나지 않음을 '합이불화(合而不化)'라 한다. 합의 최종 종착지를 오행의 변성이 완료되는 합화(合化)로 보면 합화의 성립을 방해하는 요소들이 있다. 따라서 이 절에서는 합화의 성립 요건과 명리·성명학적 적용에 대하여 논하고자 한다. 합화가 성립하면 오행이 변화하므로 일간의 강약과 용신, 미래 추명과 성명학적 작명, 심리·육친관계의 해석 등의 변동이 발생할 수 있다. 특히 용신에 대한 합충의 발생·해소 여부는 사주의 분석에서 중요하다.

① 분합(分合)·쟁합(爭合)의 적용

『명리약언』의 '간충론(干沖論)'에서는 "꺼리는 것은 분합이니 가령 甲이 己와 합하려는데 다시 또 하나의 甲을 만나거나(…) 또한, 쟁합도 꺼리니 甲이 己와 합하는데 또 하나의 己를 만나거나(…)"[157]라는 언급이 있다. 합을 의도하는 것이 둘이나 대상이 하나인 것이 '분합'이고 합을 의도하는 것이 하나이나 대상이 둘인 것이 '쟁합'인데, '일 대 다수의 합'인 분합·쟁합은 일반적으로 합화가 어렵다.

예 24 ｜ 여자 사주의 시·일·월·년 천간이 'O 乙 庚 乙'의 구조라 하자. 乙庚合은 2:1 구조이니 합이 잘 성립하지 않는다. 지지에서 특별한 변수가 없다면 오행이 변성의 합화가 없으니 일간의 강약, 용신, 성명학적 작명법의 변동은 없다. 일간 乙은 정관(남자·의무)인 庚과 합하려고 한다. 따라서 남자나 주변인에 대한 도리를 중시하는 심리를 볼 수 있고 庚도 2개의 乙이 합의 대상이니 남자가 나 이외의 여자 문제가 있을 가능성을 파악할 수 있다.

② 요합(遙合)의 적용

서락오는 『자평진전평주(子平眞詮評註)』의 '논합이불합(論合而不合)'에서 "먼저 가까이 붙어 있는지 멀리 떨어져 있는지 그 간격을 보아야 한다. 사람에 비유하면 중간에 방해자가 있다면 맺어지기 힘든 것과 같다."[158]라 했다. 천간합을 원하는 두 간(干)이 서로 이웃하지 않고 거리가 있으면 '요합(遙合)'이라 하는데 가로막고 있는 간(干)을 넘어서 오행이 변성되는 합화는 실현되기 어렵다.

---

157 "財官皆吉神也 如甲合己而又見一甲 (…) 又己爭合 如甲合己而又見一己."

158 "蓋隔於有所間也 譬如人彼此相好 而有人從中間之 則交必不能成."

예 25 사주의 시·일·월·년 천간이 '○ 丙 戊 辛'이라고 하자. 일간 丙에 대해 辛은 정재이다. 일간 丙과 辛은 戊에 막혀 있어 丙辛合은 성립이 어려운 상황이다. 따라서 일간의 강약, 용신, 성명학적 작명법의 변동은 없다. 그러나 정재를 추구하는 심리는 존재한다.

예 26 사주의 시·일·월·년 천간이 '戊 丙 癸 辛'이라고 하자. 이 상황은 예 4)처럼 戊癸와 丙辛이 합하고자 하나 서로 이웃하지 못하니 합화도 없으니 오행 변화도 없다. 따라서 일간의 강약, 용신, 성명학적 작명법의 변동은 없다.

예 27 사주의 시·일·월·년 천간이 '甲 己 丙 辛'이라고 하자. 이 상황은 위의 사주 예 5)와는 다르게 천간합을 원하는 甲己와 丙辛이 각각 이웃하니 甲己合土와 丙辛合水의 방해 요소가 없다. 이 경우 지지에서의 특별한 요인[159]이 없다면 합화가 실현될 수 있다. 합화가 성립하여 일간의 강약이 달라진다면 용신, 성명학적 작명법 등도 변화가 있다.

③ 합충의 공존에 대한 해석과 적용

김만태는 "합하려는 글자를 상극하는 자(字)가 있는 경우 '합이불화'가 된다고 했다.[160] 이 원리를 천간합에 적용하면 甲己, 乙庚, 丙辛, 丁壬, 戊癸 등 천간합과 甲庚, 乙辛, 丙壬, 丁癸, 戊甲, 己乙, 庚丙, 丁辛, 戊壬, 己癸 등 천간충이 하나의 간(干)에 중첩되면 천간합의 결과물인 오행 변성, 즉 합화는 실현되기 어렵다. 천간충은 사주를 탁하게 하여 복록을 약하게 하며 合으로 해소될 수 있다. 그래도 간(干)이 나타내는 십성·육친의 합충 심리는 존재한다.

예 28 사주의 시·일·월·년 천간이 '庚 丙 辛 癸'인 경우를 예시하면 丙은 辛과 병신합을 원하나 경금이 병화를 상충하니 합이 분산되어 '丙辛合水'는 성립하기 어렵다. 한편 庚金이 일간 丙火를 충하는 丙庚沖은 사주의 청기(淸氣. 맑은 기운)를 훼손할 수 있으나 '丙辛合'에 의해 해소된다고 볼 수 있다. 따라서 합화는 성립이 안 되니 일간의 강약, 용신, 성명학적 작명법의 변동은 없으며 십성·육친의 합충 심리는 존재한다.

---

159 지지에서 발생하는 강력한 형충(刑沖)은 천간합을 방해할 수 있다.

160 김만태(2020), 『정선 명리학강론』, 동방문화대학원대학교, 2020, 160쪽.

예 29 사주의 시·일·월·년 천간이 '己 甲 壬 庚'인 경우를 예시하면 합을 원하는 甲己는 이웃하고 갑을 충하는 庚은 甲과 거리가 있으나 연간(年干)과 시간(時干)처럼 극단적인 원거리가 아니므로 甲庚충은 충분히 합을 방해한다. 이 예시에서 金生水, 水生木의 상생이 있더라도 충의 기운이 잔존(殘存)하니 합화를 방해한다. 따라서 합화가 성립이 안되므로 일간의 강약, 용신, 성명학적 작명법의 변동은 없으며 십성·육친의 합충 심리는 존재한다.

④ 록(祿)·왕(旺)에 대한 통근(通根)의 적용

『자평진전』의 '논십천간득시불왕실시불약(論十天干得時不旺失時不弱)'에서는 천간에 대해 "사주에 뿌리가 있어야 재(財), 관(官), 식신(食神)을 받아들이고 상관(傷官), 칠살(七煞)을 감당할 수 있으니 장생(長生)과 록왕(祿旺)은 뿌리 중에 중(重)한 것이며 묘고(墓庫)[161]와 여기(餘氣)는 뿌리 중에 경(輕)한 것이다."[162]라 하였다.

천간이 지지에 뿌리를 내리고 있음을 '통근(通根)'이라고 한다. 천간은 '여기(餘氣)'에는 통근이 어렵고 '록왕'에 통근한다. 土 일간 戊·己를 제외한 8개 일간에 대해서는 지지에 있는 비견(比肩)이 '록(祿)'이고 겁재(劫財)가 '왕(旺)'이다.[163] 土 일간 戊·己는 편인(偏印)이 '록(戊는 巳, 己는 午)'이고 정인(正印)이 '왕(戊는 午, 己는 巳)'이다.[164] 천간이 멀지 않은 지지의 록·왕에 통근하고 거기에 형충(形沖)이 없다면 그 뿌리가 강건한 모습이니 합에 응하지 않는 성질을 갖는다. 한편 지지의 '장생'에 의지하여 천간의 합에 응하지 않는 간(干)은 '편인(偏印)'이 장생인 甲·丙·壬 3종이다.[165]

---

161 12운성의 9번째가 묘(墓)이고 土인 辰·戌·丑·未를 고(庫)라 하니 지지의 土가 묘고이다.

162 "只要四主有根, 便能受財官食神而當傷官七煞, 張生祿旺, 根之重者也, 墓庫餘氣, 根之重者也."

163 비견(比肩)은 나와 음양과 오행이 같고 겁재(劫財)는 나와 음양은 다르나 오행이 같다.

164 편인(偏印)은 나와 음양이 같고 나를 상생하는 오행이고 정인(正印)은 나와 음양이 다르고 나를 상생하는 오행이다.

165 乙·丁·己·辛·癸 등 음 일간은 지지의 식신(食神, 일간과 음양이 같고 일간이 생하는 것), 양일간 중 戊·庚은 지지의 '편관(偏官, 일간과 음양이 같고 일간을 상극하는 것)', 甲, 丙, 壬은 지지의 '편인(偏印, 일간과 음양이 같고 일간을 상극하는 것)'이 장생이다. 따라서 甲에겐 亥, 丙에겐 寅, 壬에겐 庚이 장생이자 의지처가 된다.

예 30	여자, 양력 2017년 12월 13일 20시 생

時	日	月	年
甲	甲	壬	丁
戌	戌	子	酉

해설	이 사주에서 천간의 丁, 壬은 이웃하고 각자의 상충도 없으나 壬이 자신의 왕(旺)인 子水에 내린 뿌리가 강건하여 합에 응하지 않으니 丁火와 壬水가 木으로 변하는 '丁壬合木'의 합화는 없다. 그러므로 일간의 강약, 조후, 용신, 성명학적 작명법의 변동은 없다.

⑤ 통근과 지지의 충의 적용

천간의 오행이 지지(地支)의 록왕에 통근하면 합에 응하려 하지 않지만 통근하는 지지를 중심으로 지지 간의 충이나 寅巳申, 丑戌未 등의 3형(刑)이 발생하면 흔들리는 땅에 기초를 세울 수 없듯이 통근이 불가하여 합화가 성립할 수 있다.[166]

예 31	여자, 양력 2022년 7월 10일 12시 생

時	日	月	年
庚	甲	丁	壬
午	子	未	寅

해설	일간 甲木은 본래 자신의 세력 水, 木이 중화에 미치지 못해 신약(身弱)하다. 丁과 壬은 비록 이웃하여 위치하나 丁은 록(祿)인 午에, 壬은 왕(旺)인 子에 통근하니 丁壬合木은 불가한 형국이나 록왕지인 子와 午에 강력한 子午沖이 발생하여 거기에 통근이 불가하고 합에 대한 여타의 방해 요소가 없으니 '丁壬合木'이 성립한다. 그리고 丁火와 壬水가 木으로 변하니 일간 甲木의 세력이 중화(中和)를 넘어서 신강하다. 未月의 사주는 조열(燥熱)함을 안정시킬 조후(調候)용신[167]을 최우선으로 삼

---

166 천간합을 방해할 수 있는 지지의 형충은 子午, 丑未, 寅申, 卯酉, 辰戌, 巳亥 등 6충(沖)과 寅巳申, 丑戌未 등 3형(刑)이 있다.

167 겨울인 亥·子·丑월에 난 사주는 한습하기 쉽고 여름인 巳·午·未월에 난 사주는 조열하기 쉽다. 한습(寒濕)하면 火·木, 조열하면 水·金이 조후(調候) 용신이 된다.

으니 水와 金이 조후용신이다. 특히 水는 신약한 甲木을 조력할 수 있으므로 합이 없다면 水가 조후용신법과 억부(抑扶)용신법[168]을 동시에 만족하는 주된 용신이다. 그러나 壬水가 木으로 화하는 합으로 水가 없어지니 조열이 심화하고 일간 甲木은 신강하게 된다. 그러므로 조열을 해소하고 신강한 일간의 세력을 상극하여 중화로 이끄는 金이 주된 용신이다. 또한, 未月(소서 7월 7일-입추 8월 6일)의 사주는 조후가 안정되지 않는 한 조후용신이 억부용신보다 우선되니[169] 비록 水는 신강한 일간 甲을 生하여 더 신강하게 하는 억부용신법의 원리상 실(失)이 있더라도 조열을 안정시켜 조후용신법 상의 득(得)이 더 크다고 할 수 있으므로 길신(吉神)이다. 따라서 용신 성명학적 작명은 이름의 한글오행과 한자 자원오행에서 金을 위주로 水를 병용하여 시행한다.

⑥ 종격(從格)과 천간합의 관계성

명리학의 용신법은 다양한데 그중에서 한 가지 오행의 기세가 왕성하여 순일(純一)한 경우 그 기세를 거스르지 않고 따르는 순응(順應)용신법[170]을 종격(從格)이라고 하며 내격(內格)사주와 대비가 된다.[171] 종격을 만드는 강력한 지지합[172]이 있거나 4개의 단일 오행이 지지에 있고 천간합의 결과 오행이 지지의 세력과 오행이 일치하면 분합, 쟁합도 합화가 성립할 수 있다.

---

168 억부(抑扶)용신은 일간의 세력을 중화하는 간지 오행이다. 조후(調候, 온도, 습도)의 안정을 전제로, 일간이 신약하면 인성·비겁, 신강하면 식상·재성·관성 중에 억부용신이 있다.

169 이재승, 앞의 글, 2019, 88쪽.

170 김만태, 『한국 사주명리 연구』, 민속원, 2011, 293쪽.

171 이재승, 「현대 사회의 종격사주에 대한 고찰」, 『인문사회 21』 9(2), 2018a, 828쪽.

172 종격을 만드는 강력한 지지합은 삼합과 방합이다. 방합이란 계절을 상징하는 지지가 집단을 형성하여 합하는 것을 말한다. 寅卯辰이 모여 목국(木局), 巳午未가 모여 화국(火局), 申酉戌이 모여 금국(金局), 亥子丑이 모여 수국(水局)을 만드는 합이다. 삼합이란 亥卯未가 모여 木局, 寅午戌이 모여 火局, 巳酉丑이 모여 金局, 申子辰이 모여 水局을 이루는 합이다. 왕지(旺支)인 子·午·卯·酉가 월지에 있거나 천간에서 합의 결과와 일치하는 오행이 합을 이끌어주면 합력이 강화된다(이재승, 2018a: 831-832).

예 32	음력 1968년 7월 15일 酉시

時	日	月	年
乙	庚	庚	戊
酉	戌	申	申

해설 이 사주는 지지에서 申酉戌 방합으로 금국(金局)이 형성되었다. 왕지(旺支)인 酉金이 월지에 위치하지 않으면 방합은 약해지나 천간의 두 庚金이 합을 이끄니 지지에서 금국(金局)이 성립하며 연간 戊土는 土生金으로 금국을 강화시킨다. 비록 천간에 庚 2개가 하나의 乙과 쟁합을 해도 종격의 대세를 따르게 되니 乙庚合金의 합화가 실현된다. 따라서 용신은 주된 오행 金과 金을 생하는 土, 金이 생하는 水, 이 3자이며 용신 성명학의 작명은 土, 水가 상극임을 고려하여 한글 모·자음오행과 한자 자원오행에 土金, 金水를 분배하여 시행하면 적합하다.

(5) 천간 합충 총론

명리학에서는 합충 이론에 의해 오행 변성이 확정되면 일간의 강약, 용신, 심리, 청탁, 대·세운 해석, 성명학적 이름 짓기 등 응용 부분에서 실제적 변화가 발생하므로 학술적인 심화 연구가 필요하다. 특히 선행논문들의 원리 중심 연구에 대한 다음 과정으로 합충 이론을 사주 해석에 활용하는 연구가 필요하므로 이 글에서는 그 첫 단계로서 천간 합충 이론을 용신, 성명학, 심리 등에 적용하는 연구를 시행하였다.

2소절에서는 합충 이론을 원리적으로 개괄하였다. 천간오합에 대한 명리학적 원리와 성정을 논하였다. 천간 충은 음양이 같은 간(干)의 상극으로 발생하는데 『오행대의』의 관점과 필자의 선행연구를 바탕으로 甲庚沖, 乙辛沖, 丙壬沖, 丁癸沖 이외에도 戊甲, 乙己, 庚丙, 丁辛, 戊壬, 己癸의 상극 역시 충(沖)으로 확장하여 보았다.

3소절에서는 천간 합충 이론을 사주 분석에 적용하는 연구를 시행하였는데 다음과 같이 요약할 수 있다. 첫째, 합은 소유욕·애정·친근감의 심리이고 충은 상충하는 십성·오행의 주체 간 불화·변동·혼란·사고 등을 의미한다. 둘째, '일 대 다수의 합'인 분합·쟁합은 합화가 어렵다. 셋째, 합하려는 간(干)들의 거리가 먼 '요합'은 합화가 어렵다. 넷째, 하나의 간(干)에 합,

충이 동시 발생하면 합과 충은 해소될 수 있으나 육친의 합충 심리는 유지된다. 다섯째, 지지의 록·왕에 통근하는 천간은 합에 응하지 않으나 통근하는 지지에 형충이 강하면 예외가 된다. 여섯째, 천간의 분합·쟁합의 결과가 종격의 주된 오행과 일치하면 합화가 가능하다.

천간 오행이 변성되는 합화가 성립하면 사주 명조의 사정에 따라 용신 도출과 운의 분석, 성명학적 작명 등에 대한 변동이 발생할 수도 있다. 이 글은 합충에서 택일하여 원리 위주로 고찰한 선행연구와 달리 천간 합충을 동시에 사주 분석에 적용하는 방법을 체계화한 연구 의의가 있다.[173]

2) 지지 합·형·충과 합력 차[174]

지지 십이지(十二支)는 1년이 12개월이고 하루가 12시간인 것과 관계가 크다. 십이지는 지구의 시간적인 흐름인 월과 계절을 나타낸 것으로 시간을 표시하는 역법으로 생활 속에서 일반화되었다.[175] 양(陽)의 성질인 양지(陽支)는 子·寅·辰·午·申·戌이고 음(陰)의 성질인 음지(陰支)는 丑·卯·巳·未·酉·亥이다. 木은 寅·卯, 火는 巳·午, 水는 子·亥, 金은 申·酉, 土는 辰·戌·丑·未이다.

(1) 삼합(三合)

『명리약언』의 「지삼합론(支三合論)」에서는 "지지에는 3위가 합하여 국을 이루는 경우가 있으니, 예컨대 亥卯未가 합하여 목국(木局)을 이루고 寅午戌이 합하여 화국(火局)을 이루며 巳酉丑이 합하여 금국(金局)을 이루고 申子辰이 합하여 수국(水局)을 이루는데 이는 생

---

173 지금까지 II장 3절, 1소절의 천간 합충은 이재승, 「명리학 천간합충(天干合沖)이론의 활용에 대한 고찰: 심리·용신·성명을 중심으로」, 『인문사회 21』 12(3), 2020a의 내용을 수정 보완하였다.

174 지금부터 II장의 3절, 2소절의 지지 합·형·충과 합력 차는 이재승, 「명리학에서 합충(合沖)에 의한 지지(地支)의 합력(合力) 차 연구」, 『인문사회 21』 12(6), 2020b의 내용을 수정 보완하였다.

175 김봉만, 앞의 글, 2020, 93쪽.

(生)·왕(旺)·묘(墓)[176]가 처음과 끝을 이룸을 취하는 것이다."[177]라 하였다. 또한, 『명리약언』의 「지삼합론(支三合論)」에서는 "가령 亥卯未 목국이면 亥卯나 卯未를 모두 합으로 취할 수 있고 亥未는 그다음이다."[178]라 하고 있다. 이는 亥卯未가 모여 木이 되는 삼합의 일부인 亥卯, 卯未, 亥未도 합하여 木이 될 수 있다. 2자 삼합은 왕지의 유무에 따라 합력 차이가 있다.[179]

(2) 방합(方合)

『명리약언(命理約言)』의 「지방합론(支方合論)」에서는 "12지에서 寅卯辰은 동방이고 巳午未는 남방이며 申酉戌은 서방이고 亥子丑은 북방인데 무릇 3자가 갖추어져 있으면 방을 이룬다."[180]라 하였다. 방합은 동일 계절의 지지가 모여 합국(合局)을 형성한다. 寅·卯·辰은 목국(木局), 巳·午·未는 화국(火局), 申·酉·戌은 금국(金局), 亥·子·丑은 수국(水局)이 되는 합이다. 방합의 두 글자 합인 준방합은 원칙적으로 육합의 종류가 되는 午·未, 子·丑의 합 이외에는 합력 부분에서 큰 의미가 없다.

(3) 육합(六合)

『연해자평(淵海子平)』의 「논십이지육합(論十二支六合)」에서는 "子는 丑과 더불어 합하여

---

176 사계(四季)의 각 계절이 시작되는 寅巳申亥를 생지(生支), 왕성한 卯午酉子를 왕지(旺支), 종료되는 辰未戌丑을 고지(庫支)라고 한다.

177 "地支有三位相合局著 如亥卯未合成木局 寅午戌合成火局 巳酉丑合成金局 申子辰合成水局 皆取生旺墓一氣始終也."

178 "如木局或亥卯或卯未皆可取 亥未次支."

179 亥卯未 삼합으로 예시하면 두 자만 모이는 亥卯, 卯未, 亥未에 대해 왕지 卯가 있는 亥卯, 卯未는 왕지 卯가 없는 亥未보다는 합력이 강하므로 차등을 두는 분류가 필요한데 고전에는 이런 언급이 없다. 그러므로 필자는 선행 박사논문에서 왕지가 있는 두 자 삼합을 '준삼합', 왕지가 없는 두 자 삼합을 '반합'으로 명명하였고 마찬가지로 왕지가 있는 두 자 방합도 '준방합'으로 명명하였다. 삼합의 합력 차를 亥卯未 삼합을 예시하며 설명하면 합력(合力)은 월지가 卯인 3합〉월지가 卯가 아닌 3합〉亥卯합, 卯未합〉亥未합 순서로 합력이 강하다(이재승, 2019). 이 원리는 다른 3종의 삼합도 같다.

180 "十二支寅卯辰爲東方 巳午未爲南方 申子辰爲西方 亥子丑爲北方 凡三字全 爲之成方."

土가 되고, 寅은 亥와 더불어 합하여 木이 되며 卯은 戌과 더불어 합하여 火가 되고 辰은 酉와 더불어 합하여 金이 되며 巳는 申과 더불어 합하여 水가 되고 午는 未와 더불어 합하여 午는 태양(太陽)이며 未는 태음(太陰)이 된다."[181]라 하였는데 이것이 육합(六合)이다.[182] 육합의 합력은 강하지 않으니 합의 성립에 장해 요소가 없더라도 본래 오행의 기운이 남기 쉽다.

(4) 지지의 충(沖)과 형(刑)

지지 육충은 子午, 丑未, 寅申, 卯酉, 辰戌, 巳亥이다. 子午와 巳亥는 水·火간, 寅申과 卯酉는 金·木간의 충이다. 辰戌은 양토(陽土)간의 충이며 丑未는 음토(陰土)간의 충이다. 충·형은 합을 분산시키는 작용을 하며 충이 나는 정 오행의 거리가 멀면 작용력은 약화한다.[183]

〈그림 5〉 지지충의 구성도

한편 지지의 형(刑)도 합을 분산할 수 있다. 寅巳申 삼형과 丑戌未 삼형이 대표적이며 이 삼형들의 두 자인 寅巳, 巳申, 丑戌, 未戌도 형이다. 이 외에 子卯형과 辰辰, 午午, 酉

---

181 "子與丑合土 寅與亥合木 卯與戌合火 辰與酉合金 巳與申合水 午未合午太陽未太陰."

182 "12지(支)의 육합(六合)은 고대의 관측 천문학의 이론에서 나온 것으로 BC 241년 진대(秦代)에 간행된 『여씨춘추(呂氏春秋)』의 「12支紀」에 상세히 정리되어 있다(이헌, 589)."

183 이재승, 「명리학의 용신에 의한 성명학 연구」, 동방문화대학원대학교 박사학위논문, 2019, 109쪽.

酉, 亥亥 등의 자형 自刑이 있다. 형(刑) 중 寅巳申, 丑戌未의 삼형은 강한 파급력이 있어 지지합을 분산시키고 지지에 통근하는 천간 합도 방해할 수 있으며(이재승, 2021) 寅巳, 丑戌형도 합의 분산력이 다소 있다.[184]

3) 지지 합화(合化)의 주요 변수

① 지지의 역량과 합력(合力)의 상관성

지지의 역량(力量)은 위치별로 다르다. 『자평진전(子平眞詮)』의 「논용신(論用神)」에서는 "팔자의 용신[185]은 오직 월령에서 구하니(…)"[186]라 했는데 이는 월지 역량이 8간지 중 가장 큰 근거가 된다. 명리학에서는 일반적으로 일간이 자신을 생(生)하거나 조력(助力)하는 오행인 인성(印星)과 비겁(比劫)을 월지(月支)에서 얻으면 '득령(得令)'이라 하고 일지(日支)에서 얻으면 '득지(得支)'라 하고 시지(時支)에서 얻으면 '득세(得勢)'라고 한다. 따라서 다수의 지지합은 합하고자 하는 오행이 이웃해야만 완전한 합화(合和)가 가능하다. 서로 이웃하는 연지와 월지 중에서는 월지가, 월지와 일지에서는 월지가, 일지와 시지에서는 일지가 더 역량이 강하다.[187]

지지 위치별 역량을 합에 반영하면 역량이 강한 지지 오행이 합을 이끈다. 반대로 역량이 약한 지지 오행은 강한 지지 오행을 합화(合化. 합에 의한 오행 변성)하기 어렵다. 이는 약자가 강자를 끌지 못하는 원리와 같다.[188]

---

184 이재승, 「명리학 천간합충(天干合沖)이론의 활용에 대한 고찰: 심리·용신·성명을 중심으로」, 『인문사회 21』 11(4), 2020, 2375쪽.

185 『자평진전』의 용신(用神)은 사주의 격국(格局, 사주의 큰 틀)을 말하는 의미이고 일반적인 용신을 『자평진전』은 희신(喜神)이라고 한다.

186 "八字用神 專求月令(…)."

187 명리학은 계절을 특히 중시한다는 점, 현재의 '신법 명리'는 태어난 날이 중요하다는 점, 태어난 시에 '득세'의 의미가 있는 점, 연지는 '신법 명리'에서 비중이 축소된 점 등을 종합하여 살피면 지지의 위치 간 역량의 강약을 알 수 있다.

188 이하 예시들의 'ㅇㅇㅇㅇ'는 좌부터 시지, 일지, 월지, 연지이며 합력의 대소를 부등호로 나타내겠다. 또한 독자의 가독성 향상을 위해 간지를 고유 오행의 색상으로 표시하겠다. 木은 초록, 火는 빨강, 土는 황색, 金은 은색, 水는 검정이다.

예 33	○○子申 〉○○申子
해설	申金과 子水가 합하여 水가 되는 '申子合水'인데 합 결과 오행은 水이다. 좌변의 합력이 우변보다 강하다. 월지 子水의 역량이 연지 申金의 역량보다 훨씬 강하므로 子水가 합을 주동한다. 합의 방해 요소들이 없다면 합의 결과는 좌변에서는 申金의 대부분이 水로 화한다. 우변의 申金은 水가 소량으로 생길 뿐이며 대부분 金으로 남는다.

② 삼합(三合)·방합(方合)의 합력(合力)과 위치의 상관성

삼합은 亥卯未가 모여 木, 寅午戌이 모여 火, 巳酉丑이 모여 金, 申子辰이 모여 水가 되는 합이다. 방합은 寅卯辰이 모여 木, 巳午未가 모여 火, 申酉戌이 모여 金, 亥子丑이 모여 水가 되는 합이다. 삼합·방합의 합력(合力)은 위치가 주요 변인이다.

첫째, 지지에서 월지의 역량이 가장 강하고 계절이 왕성한 왕지(旺支)는 卯·午·酉·子이므로 월지에 왕지가 있고 삼합·방합의 3자가 인접할 때 합이 가장 강하다.

예 34	○亥卯未 〉卯亥未○
해설	亥卯未가 목국(木局)을 만드는 삼합이다. 합은 좌변이 우변보다 훨씬 강하다. 월지에 왕지인 卯가 있고 삼합의 요소가 인접한 좌변의 삼합은 완벽하여 亥水와 未土가 모두 木으로 화한다. 그러나 우변은 왕지인 卯가 월지에 있지 않으니 합력이 약하여 亥水와 未土의 본래 오행이 상당 부분 남게 된다.

둘째, 월지에 왕지인 卯·午·酉·子가 있으면서 삼합·방합을 이루더라도 지지 3자가 인접하지 못하면 삼합의 합력은 떨어진다.

예 35	○亥卯未 〉亥○卯未
해설	亥卯未가 목국(木局)이 되는 합의 역량은 좌변이 우변보다 훨씬 강하다. 우변은 월지에 왕지인 卯가 있어도 3자가 인접하지 못하니 삼합의 합이 약하고 亥水, 未土의 본래 오행이 남는다.

예 36	○寅卯辰 〉 ○辰寅卯
해설	좌변의 寅卯辰 방합의 합력은 절대적으로 강하다. 봄의 왕지인 卯가 월지를 점유하고 합을 이루는 3자가 이웃하기 때문이다. 따라서 辰土는 완벽하게 木으로 합화한다. 우변은 왕지인 卯가 월지를 점유하지 못하여 합력이 약하므로 辰土에서 木이 일부 생성되는 정도에 그친다.

셋째, 『명리약언』의 「지삼합론」에서는 "합이 막히거나 무력해지면 반드시 천간에 함께 노출되어야 쓸 수 있다."[189]라 하였는데 이 말을 삼합, 두 자 삼합, 방합, 육합 모두에 적용할 수 있다. 지지의 합이 약할 때 합의 결과 오행이 천간에서 합을 이끌면 합력이 강해진다. 비록 월지 외의 지지에 卯·午·酉·子가 있어도 천간에서 지지합의 결과 오행이 합을 이끌면 역시 합력은 강해지는데, 이 경우 합을 이루는 삼 자가 인접하면서 왕지가 일지에 있으면 합력이 강하여 합화가 가능하다.

예 37	○○丙○　　○○○○(천간에 火오행이 없음)　　○○○○(천간에 火오행이 없음) ○午寅戌 〉 ○午寅戌　　　　　　　　 〉午○寅戌
해설	좌변은 일지에 왕지(旺支)인 午가 있고 천간에서 합의 결과 오행인 丙火가 합을 견인하니 합력이 강하다. 좌변의 삼합은 왕지(旺支)인 강한 합력을 가지니 寅·戌의 대부분이 火로 화한다. 중변은 왕지(旺支)인 午가 월지가 아닌 일지에 있어 寅木과 戌土의 본래 오행의 기운이 남는다. 우변은 寅午戌 삼합의 합력이 가장 약하다. 午가 시지에 있고 3자가 인접 않으며 천간에 火가 없기 때문이다. 寅·戌의 본래 오행은 우변이 가장 많이 남는다.

예 38	○○丙○　　○○○○(천간에 火오행이 없음) ○午巳未 〉 ○午巳未
해설	巳午未가 화국이 되는 방합은 왕지인 午의 위치가 월지가 아니면 합력은 크게 약화되지만 좌변은 巳午未 방합의 결과 오행인 丙火가 천간에서 합을 견인하니 방합이 강화되어 未土의 대부분이 火로 화한다. 반면에 우변은 천간에 합을 견인하는 火가 없으니 합력이 약하여 未土의 대부분이 土로 남는다.

---

189 "須天干領出可用."

넷째, 두 자 삼합과는 달리 두 자 방합은 합의 의미가 없다. 『명리약언(命理約言)』의 「지방합론(地方合論)」에서는 두 자 방합에 대하여 "만약 두 자(字)뿐이면 마침내 취하지 않는다."[190]라고 하고 있는데 이 말은 두 자 방합은 합이 미약함을 말하는 것이다. 예를 들면 寅·卯·辰 중 卯辰과 같은 두 자 방합은 합이 미미하다.

③ 육합의 종류별 합력(合力) 차이

『명리약언(命理約言)』의 「지해론(支害論)」에서는 "대체로 육합은 삼합보다 뒤떨어진다."[191]라 하였다. 육합은 합이 성립되더라도 본래 오행의 잔여 기운을 남기고 일부만 변성되기 쉽다. 육합은 종류에 따라 합력 차가 있는데 辰酉合이 가장 합력이 우세하다. 이유는 다음과 같은 논리로 설명할 수 있다.

첫째, 寅亥는 합 결과 오행이 木이지만 파(破)도 되니 합력이 약화된다.[192] 지지에는 형충(刑沖)과 유사한 개념인 각각 6종의 파(破)와 해(害)가 있는데 파괴와 피해를 주는 의미이고 형충(刑沖)보다 작용력은 약하다. 寅亥는 합하면서도 갈등하니 합이 약화한다. 둘째, 巳申은 '寅巳申' 삼형(三刑)의 일부인 '형'도 되고 '파'도 된다. 巳·申이 합하여 水가 되는 '사신합'은 '형·파'에 해당되어 합하면서도 반목하는데, 운(運)에서 寅이 오면 寅巳申 삼형으로 돌변하여 합의 의미를 잃는다. 셋째, 子·丑이 합하여 土가 되는 '子丑合'에서는 子라는 왕성한 水와 습(濕)한 土인 丑의 합이므로 水가 강하게 함유되어 온전한 土라고 보기 어려운데, 운(運)에서 亥水가 오면 방합 亥子丑 수국(水局)이 되니 합토(合土)의 의미를 잃는다. 넷째, 午未는 합하는데 통상 '午未合火'라 한다. 그러나 午는 왕성한 火이고 未는 열토(熱土)이니 '午未합'은 열기를 가진 두 지지가 서로를 묶는 정도에 그친다.

다섯째, 卯戌合은 卯木, 戌土 둘 다 타 오행인 火로 변성되어야 하므로 합력이 다소 약해지는 원인이 된다.

---

190 "若止二字 則竟不取."

191 "大抵六合之力 遜於三合."

192 '파(破)'는 양의 지지는 자신 뒤로 3번째, 음의 지지는 자신 앞으로 3번째 지지와 만나 이루어진다. '파'는 子酉, 丑辰, 寅亥, 午卯, 巳申, 戌未 등 6종류이다.

한편 지지합의 결과 오행이 지지합을 천간에서 견인하면 합력이 강해지는 원리에 육합도 해당하며 월지를 점유한 육합이 그렇지 않은 육합보다 합력이 더 강하다.

예 39 | ①: 庚○○○　○○○○(천간에 金 오행이 없음)　②: ○○○○ ○○○○
　　　　辰酉○○ 〉辰酉○○　　　　　　　　　　　　○○酉辰〉辰酉○○

해설 | ①에서는 辰酉가 합하여 金을 만드는 '辰酉合金'의 합력은 합의 결과 오행인 金이 천간에서 합을 견인하는 좌변이 우변보다 강하다. 좌변은 辰土가 대부분 金으로 화하나 우변은 辰土에서 金 기운이 일부 생성됨에 그친다. ②에서는 월지가 왕지로서 합하는 좌변의 육합이 더 강하다. ①② 모두 우변에서의 합은 용신 변화에 영향이 없다.

④ 쟁합(爭合)

『명리약언』의 「간충론(干沖論)」에서는 "또한, 쟁합도 꺼리니 甲이 己와 합하는데 또 하나의 己를 만나거나(⋯)"[193]라는 언급이 있다. 천간의 합이 '일 대 다수의 합'이면 성립하지 않는다는 이 원리는 지지합에서도 적용할 수 있다. 지지 역시 '일 대 다수의 합'인 '쟁합'은 합화가 어렵다.

예 40 | ○辰酉辰

해설 | 진유합금은 성립하지 않는다. 월지 酉金이 연지, 일지의 두 辰土와 쟁합하니 합화는 성립하지 않는다. 따라서 두 개의 辰土는 본래의 오행을 유지한다.

예 41 | ○申巳酉

해설 | 연지 酉金은 월지 巳火와 巳酉合金의 합을 원하고 일지 申金은 월지 巳火와 巳申合水의 합을 원하니 하나의 巳에 申, 酉가 쟁합하니 합화는 모두 성립하지 않는다.

⑤ 요합(遙合)

『자평진전평주(子平眞詮評註)』의 '논합이불합(論合而不合)'에서 "먼저 (거리가) 가까이 있는지 멀리 있는지 그 간격을 살펴야 한다. 사람에 비유하자면 가운데에 방해자가 있을 시 맺

---

193 "又忌爭合 如甲合己而又見一己(⋯)."

어지기 어려운 것과 같다."[194]라 했다. 합을 원하는 두 간지(干支)가 이웃하지 않고 떨어져 있으면 '요합(遙合)'이라 하는데 합력이 약해져 원칙적으로 완전한 합화는 실현되기 어렵다. 같은 원리로 지지충도 거리가 멀면 충력이 약하다.

예 42	○申卯子
해설	일지의 申金과 연지의 子水는 합하여 申金이 水가 되는 '申子合水'를 원하나 월지 卯에 합이 막혀 있으니 합화는 실현되기 어렵다.

⑥ 합·충의 중첩(重疊)

『자평진전(子平眞詮)』의「논형충회합해법(論刑沖會合解法)」에서는 "사주팔자 지지 중의 형충은 모두 아름다운 것이 아니되 삼합이나 육합으로 그것을 해제할 수 있으니 만일 甲 일생이 酉 월에 태어난 경우, 卯를 만나면 충이 되는데 혹 지지에 戌이 있으면 卯와 戌이 합하여 충하지 않으며(…)"[195]라 하고 있다. 하나의 지지에 합과 형충이 중첩될 때 합충이 분산된다. 단, 연지·시지의 원거리 충은 합의 분산 효과가 없다.

예 43	○亥巳酉
해설	巳火와 酉金이 합하려는 巳酉合金과 巳火와 亥水가 충을 하는 巳亥沖이 동시 발생하니 '巳酉合金'의 합은 분산되어 성립하지 않는다.

예 44	○酉卯戌
해설	월지 卯와 연지 戌이 '卯戌合火'를 원하는데 일지의 酉金이 卯에 卯酉沖하니 합이 분산되어 '卯戌合火'는 성립하지 않는다.

⑦ 지지합 결과 오행의 천간 투출(透出)

앞의 Ⅲ장에서 논했듯이 지지합의 결과 오행이 천간(天干)에 위치하면 합력이 크게 강화

---

194 "蓋隔於有所間也 譬如人彼此相好 而有人從中間之 則交必不能成."

195 "八字支中刑沖 俱非美事 而三合六合 可以解之 假如甲生酉月 逢卯則沖 而或支中酉戌 則卯如戌 合而不沖."

된다. 이 원리는 삼합·2자 삼합·방합·육합 등에 모두 적용된다. 또한, 삼합·2자 삼합·방합 등에서는 계절 기운이 강한 왕지(旺支)인 子·午·卯·酉의 월지 위치 여부도 중요 변수이다. 육합 역시 월지에서 합을 주동하면 그렇지 않은 경우보다 합력이 더 강하다.

예 45	①: ○○○○ ②: ○○○○ ③: ○○○丙 ④: ○○○○ ⑤: 丙○○○
	○○午寅　　○○寅午　　○○午寅　　午寅○○　　午寅○○
	⑥: 丙○○○ ⑦: ○○○○ ⑧: ○○○丙 ⑨: ○○○○
	寅午○○　　○子午寅　　○午○寅　　○午○寅

해설	삼합 寅午戌合火의 2자 합인 '午戌合火'로 예시한다. 합력은 ③이 가장 막강하다. 월지가 왕지인 午이고 천간의 丙火가 합을 견인하니 寅은 완전히 火로 化한다. 다음으로 월지가 왕지 午인 ①이 그렇지 못한 ②보다 합력이 강하다. 그러나 ③처럼 천간의 견인이 없으니 寅에서 木의 기운이 소량 남는다. 다음으로 ⑤, ⑥번 순이다. 천간의 丙火가 합을 견인하나 午의 위치가 월지가 아니다. 일지가 시지보다 힘이 강한 위치이니 왕지 午가 일지인 ⑥이 ⑤보다 합이 더 강하다. ④는 木의 기운이 ⑤, ⑥보다 더 많이 남으며 ⑧, ⑨는 요합으로 합력이 약하나 그래도 천간이 견인하는 ⑧의 합력이 ⑨보다 더 강하다. 그리고 ⑦은 子午沖으로 합이 분산되어 합의 의미가 없다.

⑧ 삼합·방합의 합력 차

　여기서는 삼합과 방합을 사주에 적용하여 심층적으로 논하고자 한다. 첫째, 왕지인 子·午·卯·酉가 월지에 있고, 합을 구성하는 3자가 이웃하는 삼합과 방합은 합력이 막강하니 어떠한 충, 형, 합으로도 분산시킬 수 없다.

예 46	양력 2018년 6월 27일 오후 16시 生

	時	日	月	年
천간	甲(木)	庚(金)	戊(土)	戊(土)
지지	申(金)	寅(木)	午(火)	戌(土)

해설	지지에서 왕지인 午가 월지에 있고 寅午戌 삼합의 3자가 이웃하여 火局이 되는 삼합은 막강하니 시지 申이 일지 寅에 가하는 寅申沖도 합을 분산하지 못한다. 그러므로 寅木, 戌土가 모두 火로 화한다.

둘째, 왕지인 子·午·卯·酉가 월지에 위치하나 삼합, 방합의 3자가 이웃하지 않고 중간에 합의 기운과 상극이 되는 오행이 있으면 합이 분산된다.

| 예 47 | 양력 2021년 12월 24일 오후 22시 生 |

	時	日	月	年
천간	己(土)	丙(火)	庚(金)	辛(金)
지지	亥(水)	午(火)	子(水)	丑(土)

| 해설 | 왕지인 子가 월지에 위치하나 亥子丑 방합의 한 지지인 亥水가 시지에 있어 합의 대상인 3자가 이웃하지 않는다. 여기에 亥子丑 水局과 상극이 되는 午火가 일지에서 월지 子水와 子午沖하니 방합이 분산되어 연간 丑土는 土의 정체성을 유지한다. |

셋째, 왕지인 子·午·卯·酉가 월지에 위치하여 삼합, 방합이 합을 주동하고 다른 2자 삼합, 육합, 2자 방합 등이 더 있을 때, 합 결과 오행이 모두 일치하면 지지에 단일 오행의 합국이 생겨 종격(從格) 성립의 요인이 된다.[196] 이 경우에만 2자 방합도 합의 의미가 있다.

| 예 48 | 지지가 卯戌午寅인 경우 |
| 해설 | 왕지인 午가 월지에서 주동하는 寅午戌의 삼합과 육합인 卯戌合의 결과오행이 火로 일치하니 지지의 火局은 寅午戌의 삼합보다 더 강해진다. |

| 예 49 | 지지가 申巳午未인 경우 |
| 해설 | 왕지인 午가 월지에서 주동하는 巳午未 화국(火局)의 방합을 巳申合水의 육합으로는 분산시키지 못한다. 왕지인 子·午·卯·酉가 월지에 위치하고 합의 삼자가 이웃하는 삼합, 방합은 쟁합의 원리로도 분산되지 않는다. |

---

196 이재승, 앞의 글, 2019, 112쪽.

| 예 50 | 양력 2013년 9월 8일 오후 16시 生 |

	時	日	月	年
천간	戊(土)	丁(火)	辛(金)	癸(水)
지지	申(金)	丑(土)	酉(金)	巳(火)

| 해설 | 왕지인 酉가 월지에서 巳酉丑合金의 삼합을 주동하고 申酉戌 방합의 일부인 2자 방합 申酉의 金이 가세하며 천간의 辛金이 합을 견인하니 지지 금국(金局)은 막강하다. 천간의 戊土는 金을 생하여 금국과 결합하고 癸水는 금국의 생을 받으니 금의 세력에 반하지 않는다. 일간 丁火는 금국인 지지의 어느 곳에도 의지하지 못하니 결국 금국을 따르게 된다. 결국, 종격의 한 갈래인 종재격(從財格)[197]사주로 귀결된다. |

4) 지지합의 합력 차 분류 및 적용

앞의 Ⅱ, Ⅲ장에서 지지합의 종류와 유형별 합력에 대해 논하였다. 지지합은 합의 종류와 사주 구성에 따라 합력 차이가 발생한다. 이를 반영하여 〈표 20〉은 지지합의 합력 차를 합화(合化) 여부에 주안점을 두고 4가지 유형으로 분류한 것이다.

지지 합력 차는 ① 합하는 오행의 합화(合化)가 완벽한 합, ② 합하는 오행이 대부분 합화하나 일부 잔여 기운이 남는 합, ③ 합하는 오행에서 일부분만 합화하니 본래 오행의 잔여 기운이 대부분인 합, ④ 합화가 사실상 없는 합 등으로 분류된다. 〈표 20〉은 사주 분석에서 일간의 강약과 용신 도출의 주요한 변인이 된다.

---

197 일간(日干, 나)이 상극하는 오행을 정재·편재 포함 '재성(財星)'이라 한다. 丁火 일간에게 金이 재성이고, 재성이 사주를 장악하여 재성에 순종하게 되니 종재격(從財格)이라 한다.

<표 20> 지지 합력 차이의 유형별 분류[198]

합력의 구분	유형
① 완전한 합화	*왕지인 子·午·卯·酉가 월지에 위치하고, 합을 구성하는 3자가 이웃하는 삼합과 방합(어떤 합·형·충의 방해가 있더라도 견고한 합이 유지됨) *왕지인 子·午·卯·酉가 월지에 위치하고 월지에 이웃한 연지나 일지를 차지하는 두 자 삼합에 형충이 없고 천간에서 합의 결과 오행이 위치할 때 *왕지인 子·午·卯·酉가 일지에 위치하고, 합을 구성하는 3자가 이웃하며 천간에 합의 결과 오행이 위치하는 삼합 *왕지인 子·午·卯·酉가 일지에 있고 월지, 시지에 합의 3자가 이웃하며 천간에서 합의 결과 오행이 위치하면서 형충이 없는 삼합
② 대부분 합화	*왕지인 子·午·卯·酉가 월지에 위치하고, 합을 구성하는 3자 중 하나가 떨어져 있고 천간에 합의 결과 오행이 위치하는 삼합(삼합의 결과 오행을 상극하는 오행이 중간에 있으면 안 됨) *왕지인 子·午·卯·酉가 월지에 위치하지 않아도 2자 삼합의 지지가 이웃하고 형충이 없으며 천간에 합의 결과 오행이 위치할 때 *육합의 지지가 이웃하고 형충이 없으며 육합과 근접한 천간에 합의 결과 오행이 위치할 때 *월지와 일지나 시지의 육합 결과 오행이 월지와 같고 형충이 없을 때 *왕지인 子·午·卯·酉가 일지에 위치하고, 합의 3자가 이웃하며 합 결과 오행이 천간에 있는 방합 *왕지인 子·午·卯·酉가 연지나 시지에 위치하고, 합을 구성하는 3자가 이웃하며 천간에 합의 결과 오행이 위치하는 삼합
③ 일부분 합화	*일지·시지의 육합에 대해 천간에 합의 결과 오행이 없고 형충이 없을 때 *월지와 일지나 시지의 육합 결과 오행이 월지와 다를 때 *2자 삼합이 한 칸 떨어져 있고 합의 결과 오행이 천간에 위치할 때 *왕지 子·午·卯·酉가 연지·시지에 있되 천간에 합 결과 오행이 없는 삼합 *없는 2자 삼합이 이웃하고 천간에 합의 결과 오행이 위치할 때 *월지와 이웃하여 합하는 2자 삼합의 합 결과 오행이 월지의 오행과 다르며 쟁합이나 형·충이 없을 때 *월지가 왕지가 아니고 합 결과 오행이 천간에 없는 방합 *왕지가 子·午·卯·酉가 아닌 방합의 결과 오행이 천간에 없을 때
④ 합화 불성립	*2자 방합이나 3자가 이웃하지 않는 방합 *2자 삼합과 육합의 쟁합, 2자 삼합과 월지가 왕지가 아닌 방합의 쟁합 *2자 삼합의 지지가 떨어져 있고 합의 결과 오행이 천간에 없을 때 *육합의 지지가 떨어져 있을 때 *합을 원하는 지지에 합·형·충이 중첩될 때(왕지인 子·午·卯·酉가 월지에 위치하고 합의 3자가 이웃하는 삼합과 방합은 제외)

---

198 이 분류는 사주 상황에 따라 예외가 있을 수 있다. 518,400가지의 사주 간지 간 합·형·충, 대·세·운이 일으키는 천변만화 (千變萬化)의 현상에 대해서, 언제나 예외 없이 성립하는 '명리 해석의 공식화'는 예외가 발생하기 쉬우니 세우기 어렵다. 그래도 학자가 도표화, 공식화를 시도하는 것은 최대한 보편성을 확립하여 학문적 체계를 세우는 취지를 갖고 참고 자료를 제공하는 것이다. 추후 합충이론에 의한 합화 유무와 용신 변화에 대한 더 완벽한 이론 체계가 나오기를 희망하면서 이 표를 작성하였다.

지지 합력이 강하면 오행 변성의 합화로 인해 일간의 강약이 변할 수 있고 일간 강약[199]의 변화는 용신 변화를 초래하는데 이러한 합의 유형은 ①, ②이다. 유형 ④는 합을 원해도 궁극적인 합화가 일어나지 않는다. 김만태는 "합하려는 글자를 상극하는 자(字)가 있는 경우 '합이불화(合而不化)'가 된다."고 했다.[200] '합이불화'의 유형은 한 지지에서 합충이 중첩되는 경우를 포함하는 유형 ④이다. 합의 지지가 일부만 화(化)하는 유형 ③도 일간의 강약과 용신을 대부분 변화시키지 못한다.

| 예 51 | 양력 2013년 9월 8일 오후 16시 生 |

	時	日	月	年
천간	庚(金)	戊(土)	壬(水)	壬(水)
지지	申(金)	午(火)	寅(木)	午(火)

해설 　戊土 일간의 세력은 생(生)해 주는 火, 조력해 주는 土인데 자신을 생(生)하는 두 개의 午火를 일지와 연지에서 얻었으나 주 26)의 강약기준을 적용하면 50에 그쳐 중화에 다소 못 미치는 신약이며 자신의 세력인 火土가 용희신이다. 이때 사주에서 월지 寅木과 두 午는 합하여 火가 되는 寅午合火의 합을 원한다. 만일 월지 寅木이 합의 결과 火로 변하면 일간은 월지를 더 얻으니 주 26)의 강약기준에 따라 80이 되니 신강하다. 그러나 두 개의 午와 한 개의 寅이 쟁합하여 합화가 성립하지 않는데, 더하여 원거리의 寅申沖도 합화를 방해한다. 따라서 일간 강약과 용신 변화는 없다.

199 　일간과 일간의 세력(비견·겁재·정인·편인)이 사주의 균형인 중화의 기점보다 강하면 신강, 약하면 신약이 된다. 신강, 신약의 기준이 주요 고전보다 일치하지 않아 후학들에게 혼선을 주고 있다. 필자는 선행연구(2019)에서 합충 이론, 주변 오행의 생조(生助)나 상극(相剋) 여부 등 다양한 변수에 따라 절대적 기준이 아니라는 전제하에 일간이 득령[월지를 얻음]·득지[일지를 얻음]·득세[시지를 얻음] 여부, 일간과 간지의 거리 등을 반영하여 용신 도출을 위한 간지별 역량을 연간 5·연지9·월간10·월지30·일간20·일지21·시간10·시지15로 수치화하였는데 일간·인성·비겁의 역량을 합산하여, 중화기점은 60, 45 이하가 신약, 46-60은 중화 신약, 61-75는 중화 신강, 76 이상은 신강으로 분류하였다(이재승, 앞의 글, 2019, 95쪽). 일간의 힘이 약(身弱)하면 일간을 생조(生助)할 비견, 겁재, 정인, 편인 중에 용신이 있고, 강(身强)하면 일간의 기운을 억제하는 식신, 상관, 정재, 편재, 정관, 편관 중에 용신이 있다(이재승, 앞의 글, 2019, 82쪽).

200 　김만태, 앞의 책, 2020, 259쪽.

| 예 52 | 양력 1970년 3월 6일 오후 14시 生 |

	時	日	月	年
천간	丁(火)	丁(火)	己(土)	庚(金)
지지	未(土)	亥(水)	卯(木)	戌(土)

해설 ┃ 丁火 일간의 세력은 생(生)해 주는 木, 조력해 주는 火인데 木을 월지에서 얻고 火를 시간에서 얻어 주 26)의 강약기준에 따라 59가 되니 본래는 중화의 기점에 가까운 신약이다. 그러나 월지에 봄의 왕지인 卯가 합을 주동하고 삼합의 3자가 이웃하니 亥卯未 삼합에 의한 목국(木局)이 형성된다. 한편 연지의 戌이 월지의 卯에 대해 육합인 卯戌이 합하여 火가 되는 쟁합을 시도하고 있으나 월지가 왕지이고 합의 3자가 이웃하는 3합은 어떤 합·형·충에도 분산되지 않는다. 따라서 亥卯未 삼합의 목국(木局)이 지지에서 발생하니 일지 亥, 시지 未가 木으로 합화하여 丁火 일간의 세력에 편입된다. 따라서 지지합에 의해 일간이 신약에서 신강으로 변하니 도출되는 용신도 변한다.

5) 지지 합·충·형과 합력 차 총론

합충 이론에 의해 본래 오행이 타 오행으로 합화(合化)하면 일간의 강약, 용신 등 명리학적 해석이 변하니 합충 이론에 대한 심층 연구가 요망된다. 이 글에서는 합충 이론에 의한 지지합의 유형별 합력 차를 분류하고 응용하는 연구를 시행하였다.

1소절에서는 지지의 합충 이론의 요지를 개괄하였다. 지지합 이론으로서 삼합, 방합, 육합 등에 대해 논하고 지지 육충(六沖)과 삼형(三刑) 이론을 요약하였다.

2소절에서는 지지합(合)의 주요 변수에 대해 논하였다. 특히 삼합, 방합에서는 왕지(旺支)인 子·午·卯·酉가 월지에 있고 합의 삼자가 이웃할 때 합력이 강하여 합화함을 강조하였다. 이어서 합의 유형별 합력을 논하였는데 그 요지는 다음과 같다.

첫째, 삼합과 방합에서 왕지 子·午·卯·酉의 월지 점유 여부, 합하는 세 지지의 인접성, 합의 결과 오행의 천간 투출 여부가 합화 여부의 주요 변인이다. 둘째, 육합에서는 합의 장해 요인이 없는 辰酉, 卯戌이 다른 4종보다 강하다. 셋째, 합을 원하는 지지들이 먼 요합(遙合), '일 대 다'의 쟁합, 하나의 지지에 합과 충이 중첩되는 현상에서는 합화가 어렵다.

넷째, 지지합의 결과 오행이 천간에 위치하면 합력이 강해진다. 다섯째, 왕지가 월지이고 합의 세 지지가 이웃하는 삼합·방합의 합력은 합·형·충의 외력에도 분산되지 않는다. 여섯째, 왕지가 월지이고 합의 세 지지가 인접한 삼합, 방합이 있는 지지에 2자 삼합, 육합, 2자 방합이 더 있고 합의 결과 오행이 모두 일치하면 강한 합국(合局)이 형성되어 종격(從格)이 성립될 수 있다.

3소절에서는 지지 합력 차를 완전한 합화, 대부분 합화, 일부 합화, 합화 불성립 등으로 분류하고 도표로 나타내었다. 특히 '완전한 합화'와 '대부분 합화'의 경우에서는 일간(日干)의 강약과 용신(用神) 변화가 가능함을 논하였다.

이 절의 글은 지지의 합충에 대한 심화 연구로서 지지합의 합력 차를 유형별로 분류하고 이를 일간의 강약 판별과 용신 도출에 반영하는 이론을 체계화한 연구 의의가 있다.[201]

---

201 지금까지 II장의 3절, 2소절의 지지 합·형·충과 합력 차는 이재승, 「명리학에서 합충(合沖)에 의한 지지(地支)의 합력(合力) 차 연구」, 『인문사회 21』 12(6), 2020b의 내용을 수정 보완하였다.

성명학적
용신론*

본 장(章)에서는 용신 성명학의 필수적 요건이자 현안인 성명학적 용신법의 체계를 세우고자 한다. 성명학적 용신법이란 최적의 이름 짓기를 위해 용신을 도출하는 방법론이다. 사주 추명(推命)을 위한 용신법과는 활용 분야만 다소 다를 뿐, 용신 도출 방식은 같다.

현대의 성명학은 사람에게 유익한 성명을 연구 대상으로 하는데 그 학문적 토대는 동양의 역학, 명리학, 국어학, 한자학에 대한 융합연구이다. 특히 명리학은 성명학의 가장 주요한 학술적 기반이 되어야 하며 명리학적인 사주 명조의 분석을 통해 사주 명조의 중화(中和)[1]와 안정을 이루어 사주 당사자의 행운과 발전에 소용되는 오행을 찾는 과정은 성명학의 필수 요소라고 할 수 있다.

김만태는 중화에 대해 다음과 같이 말하여 중요성을 강조하였다.

> 사주는 저울과 같다. 그러므로 사주는 저울이 균형을 이루는 평형의 상태를 지향하며, 이는 사주 안에 음양오행과 한난조습이 어느 한쪽으로 치우침이 없는 상태인 중화(中和)로 표현된다. 그렇게 될 경우 그 사주는 마침내 부귀 창성하고 무병장수하게 된다고 본다.[2]

---

* Ⅲ장 성명학적 용신론에서 내격의 용신법은 "이재승, 「사주명조의 계량화와 성명학적 용신법 고찰-내격사주를 중심으로」, 『동방문화와 사상』 6, 2019c, 99-133쪽"을 일부 수정하여 인용하였다.

1 "중화란 일주가 편왕과 편약이 없고 한온(寒溫)이 고르며 충파가 없고 용신이 명확하며 기신이 난동치 않으면 중화라 한다." 박재완, 『명리사전 하』, 역문사, 2012, 399쪽.

2 김만태, 앞의 책, 2011, 286쪽.

논자는 성명학에 의거하여 이름을 지으려는 사람들이 원하는 '다복한 이름'에 대한 기층(基層)적 요구에 대해 성명학이 학술적으로 대응함에 있어서 가장 적합한 명리학적인 개념이 바로 사주 명조의 중화를 실현하는 용신(用神)이라고 본다. 즉 용신(用神)은 "사주팔자 중 나[일간(日干)]를 위해 제일 중요한 역할을 하는 간지 오행"[3]이며 중화에 관여한다.

용신은 사주 당사자가 행운과 발전을 누리는 데 있어서 필요한 필수 오행이기 때문에 사주 명조, 대운, 세운 등의 흐름에서 용신의 왕쇠(旺衰)가 부귀 빈천, 길흉화복(吉凶禍福), 육친(六親. 부모, 형제, 배우자, 자식 등 가족관계), 운로의 길흉요수(吉凶夭壽)를 판단하는 기준이다.[4]

용신은 조화와 균형의 원리를 중시하는 개념으로서 일간의 힘이 강하면 덜고 약하면 부조(扶助)하고 한습(寒濕)한 기운이 넘치면 온난하게 하고 난조(暖燥)한 기운이 넘치면 덜게 하는 방식으로 오행의 중화와 수평을 유지하는 데 공헌하는 오행이다. 용신은 사람 운명의 길흉과 고저를 예측할 수 있는 수단으로 활용되며 용신(用神)을 정확히 도출하느냐의 문제는 사주의 간명과 추명의 관건이 된다.

따라서 용신을 이용한 성명학은 명리학의 용신론에 근간을 삼아 사주 용신을 도출하고 한글 오행과 한자 자원오행을 활용하여 이름에 용신이 강하게 하는 성명학이므로 학술적 체계가 확립된다면 가장 학문적이고 전문적인 성명학이 된다고 할 수 있다.

그러나 명리학에서 용신론이 차지하는 위상에 비해 용신 성명학은 자리 잡지 못하고 있다. 용신 오행과 사주에 없는 오행은 엄연히 다름에도 불구하고 작명 현장에서는 단순히 사주에 없는 오행을 위주로 작명하는 시류가 만연되어 있다.[5]

물론 용신론 자체의 과제도 있다. 명리학 주요 고전마다 용신론이 상이한 문제로 인해 학자에 따라 동일 사주의 용신을 달리 보는 현상이 있다. 용신론에 대한 다수의 선행논문도 있으나 원론적 연구에 치우쳐 실제 임상에서 다양한 사주 명조들에 대해 적확한 용신을 찾고자 할 때의 어려움를 해소시키지 못하고 있다.

---

3 박재완, 『명리요강』, 역문관, 1985, 81쪽.

4 유경진, 「명리학 용신 도출의 방법론에 관한 연구」, 동방대학원대학교 박사학위논문, 2008, 11-13쪽.

5 이재승·김만태, 앞의 글, 2017a, 500쪽.

필자는 용신 성명학이 확립되기 위해서는 무엇보다도 성명학적 용신론을 공고히 함이 최우선적인 선결과제라고 사료한다. 따라서 논자는 본 장에서 내격사주의 성명학적 용신론의 체계를 확립하고자 한다.

필자는 계량화가 한 문제의 절대적인 인과성을 구현하는 것은 아니라는 한계성을 인정하면서도 본 장의 용신 연구를 위한 전(前) 단계적 연구로서, 사주 오행과 사주 십성의 계량화에 대한 선행연구[6]를 시행하였다. 따라서 본 장의 1절은 선행논문의 요지에 따라 계량화 기법을 활용하여 '사주 명조의 수량화를 통해 내격사주의 성명학적 용신법 체계화'라는 최종 목적을 달성하고자 하는 연구이다.

필자는 선행연구의 성과를 바탕으로 사주 명조의 수량화를 통해 용신 성명학의 선결과제인 내격 사주의 성명학적 용신법의 체계를 세우고자 한다. 논자는 이 연구가 명리·성명학의 학술적 토대를 공고히 하는 데 기여하기를 바라는 학자적 사명감을 갖고서 연구에 임하겠다.

1. 내격(內格)의 용신

용신은 크게 분류하면 '격국론(格局論)에 의한 용신법', '내격(內格) 용신법', '외격(外格) 용신법'이 있다. 이 중 내격은 정격(正格)이라고도 하며 일반적이고 보편적인 용신법으로서 억부(抑扶)용신, 조후(調候)용신, 통관(通關)용신, 병약(病藥)용신 등이 있다. 본 장에서는 위의 용신법을 모두 논한다. 특히 성명학적 용신법의 체계화를 위해 사주 명조의 수량화에 의한 내격사주의 용신 연구를 시행할 것이다.

내격이란 일간의 세력이 약하면 일간이 자신을 생조(生助)할 비겁, 인성을 대상으로 의지처를 확보하고 있고, 일간의 세력이 강하면 식상, 재성, 관성이 지지에 있거나 천간에 있더라도 지지에 통근하여 일간의 세력을 누설하는 기운이 분명한 사주들에 대한 통칭이다.

---

6   164) 이재승·김만태, 앞의 글, 2018e; 이재승·김만태, 앞의 글, 2019b.

1) 억부용신

청대(淸代)의 진소암(陳素庵)은 "약한 것을 도와주는 것이 용신이며 도와주는 것이 지나치면 도와주는 것을 억제하는 것이 용신이다."[7]라 하였다. 이는 사주의 용신을 잡는 원리가 중화(中和)에 있음을 말하는 것이다.

억부(抑扶)용신은 일간 세력의 중화를 이루게 하는 오행이 용신이 된다. 그래서 일간의 세력(일간, 비겁, 인성)이 중화에 못 미쳐 신약(身弱)하면 일간을 생조(生助)할 비견, 겁재, 정인, 편인에서 용신이 나온다.

일간의 세력(일간, 비겁, 인성)이 중화를 초과하여 신왕(身旺) 하면 일간의 기운을 누설할 식상, 재성, 관성 중에서 용신이 나오며 용신을 도출하는 유형의 격국[8]과 용신이 모두 분명할 때가 더 좋다. 억부(抑夫)용신의 유형은 신약(身弱)사주와 신강(身强)사주로 나눌 수 있다.

첫째, 일간의 기세가 중화에 미치지 못하는 신약사주는 다시 다음과 같이 분류된다.

① 진상관용인격(眞傷官用印格): 사주에서 식상이 강하여 일간이 신약한 원인이 되니 식상을 누르고 일간을 생해 줄 인성이 용신이 되고 일간을 보조하는 비겁이 희신[9]이 된다.

② 재중용비격(財重用比格): 사주에서 재성이 강하여 일간이 신약한 원인이 되니 재성을 누르고 일간을 부조할 비겁이 용신이 되고 일간을 생하는 인성이 희신이며 재다신약격(財多身弱格)이라고도 한다.

③ 관살태과격(官殺太過格): 사주에서 관성이 강하여 일간이 신약한 원인이 되니 관성을 달래어 살인상생(殺印相生, 인성이 관성의 상생을 받아 더 강해진 힘으로 일간을 생하니 전화위복인 유형) 하는 인성과 관성을 제살(制殺)할 식상이 같이 용신이고 일간을 도울 비겁이 희신이다. 이때 인성이 용신이면 살중용인격(殺重用印格), 식상이 용신이면 식신제살

---

7 韋千里 選輯,『精選命理約言』券1,〈看用神法〉, "凡弱者宜扶, 扶之者, 即用神也. 扶之太過, 抑其扶者爲用神."

8 격국(格局)에는 월지를 기준으로 사주의 특징을 말하는 격국과 일간을 기준으로 용신을 찾기 위한 격국이 있는데 여기서 말하는 격국은 후자(後者)이다.

9 "용신오행을 생하거나 용신오행 다음으로 吉한 오행을 희신(喜神)이라 한다." 박재완,『명리사전 하』, 역문관, 1978, 425쪽.

격(食神制殺格)이라고도 한다.

관성이 강하여 신약하면 일반적으로 관성을 제살(制殺)할 식상이 용신이 되는 것이 이치이나 식상이 용신의 역할을 할 수 없을 때도 있음을 유의해야 한다. 그 경우는 다음과 같다.

① 일간이 극도로 신약할 때로서 근본적으로 식상은 일간의 기운을 누설하는 것이니 식상이 제살을 하더라도 일간이 약하여 식상의 설기(泄氣)를 감당하지 못하므로 오히려 일간에 식상이 해(害)가 되는 경우이다.

② 재성도 같이 존재하는 경우이다. 이 경우는 식상이 재성을 생하고, 재성이 강한 관성을 거듭 또 생하는 재생살(財生殺)로 변하는 구조가 되니 오히려 신약한 일간을 더욱 위협하는 상황을 초래하므로 식상제살의 효과를 전혀 기대할 수 없다.

③ 관성 곁에 인성이 있는 경우이다. 인성이 식상을 상극하여 제살할 기운을 억제하면 식상제살의 효과를 기대할 수 없다.

둘째, 일간이 주로 비겁의 기운에 의거하여 기세가 중화를 초과하면 신왕(身旺)이라고 하고, 주로 인성의 기운에 의거하여 기세가 중화를 초과하면 신강(身强)이라고 하는데, 일간의 기세가 중화를 초과하는 신왕·신강사주는 아래와 같이 분류된다.

① 군비쟁재격(群比爭財格): 비겁이 무리 지어 일간이 신왕하고 재성이 약하니 강한 비겁의 상극을 받는 재성을 보호하는 관성이 주된 용신이 되고 재성을 생하는 식상과 재성이 희신이 된다. 비중용관격(比重用官格), 또는 군겁쟁재격(群劫爭財格)이라고도 한다.

② 인중용재격(印重用財格): 사주에서 인성이 강하여 일간이 신강하니, 인성을 누르고 설기(泄氣)할 재성이 용신이 되고 재성을 생조(生助)하는 식상이 희신이 된다.

억부용신법의 용신도출은 인성, 비겁의 생조(生助)를 받은 일간 세력의 강약(强弱) 여부를 분별함이 관건이다. 그러나 주요 명리 고전들에는 신강, 신약의 판단기준이 명확히 나와 있지 않고 통일되어 있지 못하다. 이 점은 오늘날에도 후학들에게 큰 혼선을 주고 있으며 동시에 과제가 되고 있다.

　　명리 고전들 중 『자평진전(子平眞詮)』과 『적천수천미(滴天髓闡微)』는 신강, 신약의 판단기 준을 직간접적으로 밝히고 있다. 『자평진전』의 "논천간득시불왕실시불약(論天干得時不旺失 時不弱)"에서는 다음과 같이 말한다.

> 태어난 달의 월령을 얻지 못하더라도 연시에 록왕(祿旺)을 둔다면 어찌 쇠(衰)하 다고 하겠는가? 한 가지로만 잡아서 논할 수 없다. 가령 춘목이 강하더라도 金이 매우 중첩되어 많으면 木 또한 위태롭다. (…) 가을의 木은 약하지만 木이 뿌리를 얻으면 木이 또한 강해지니 천간에 干이 甲乙이 있고 지지가 寅卯가 있으면 官 이 투출해도 충분히 받아들이지만 水의 生을 보면 木은 지나치게 강해지는 것 이다. 이 때문에 時를 얻지 못해도 약하지 않은 것이다. 그러므로 십간은 월령의 휴수(休囚)만을 논하지 않고 오직 사주의 뿌리가 있어야만 재, 관, 식신을 받아들 이고 상관 칠살을 감당할 수 있으니 장생(長生)과 록왕(祿旺)은 뿌리 중에 重한 것 이며 묘고와 여기는 뿌리 중에 輕한 것이다.[10]

　　위의 인용문을 분석해 보면, 『자평진전』에서는 일간이 어느 정도의 힘만 있으면 신강이 라고 보는데 일간의 기반이 되는 지지 1개와 천간의 비겁이 1개 정도면 신강이라고 본다. 일간이 신약하면 인성, 비겁이 희신(喜神)이 되어 길한 것으로 본다.[11]

　　또한 지지들 중에 장생(長生)이나 록왕(祿旺)에 해당하는 지지가 2개 있고 일간이 천간에

10　沈孝瞻 著, 徐樂吾評註, 『子平眞詮評註』〈論天干得時不旺失時不弱〉, "故生月即不值令, 而年時如值祿旺, 豈便爲衰 不可執一而論。猶如春木雖強, 金太重而木亦危。干庚辛而支酉丑, 無火制而晃富, 逢土生而必夭, 是以得時而不旺也。 秋木雖弱, 木根深而木亦強。干甲乙而支寅卯, 遇官透而能受, 逢水生而太過, 是失時不弱也。是故十干不論月令休囚, 只要四柱有根, 便能受財官食神而當傷官七煞。長生祿旺, 根之重者也。墓庫餘氣, 根之輕者也。"

11　『子平眞詮』의 희신은 일반적인 의미의 용신이다.

서 겁재를 얻고 있는 상태라면 인수를 만날 때 매우 왕(旺)해지니 요사(夭死)할 수도 있다고 하였는데 이는 일간이 지나치게 신강해지면 안 된다는 말이 된다.

『적천수천미(滴天髓闡微)』는 대개 일간이 의지할 지지 2개와 천간에 비겁 1개를 가지면 신강하다고 본다. 『자평진전』보다는 일간이 좀 더 강해야 신강하다는 시각을 가진다. 『적천수천미』의 사주 명식에 대한 풀이를 보면 신강, 신약의 기준을 알 수 있다. 아래에서 예시한 사주는 『적천수천미』에서 인용하였는데 『적천수천미』에서 말하는 신강의 최소 기준을 잘 나타내고 있다.

예 1[12]

	時	日	月	年
천간	乙(정관)	戊(일간)	己(겁재)	壬(편재)
지지	卯(정관)	戌(비견)	酉(상관)	戌(비견)

『적천수천미』에서는 위 사주에 대해 "戊土 일주가 酉월에 나니 土金 상관이다. (…) 족히 관성을 용신으로 하면 족하다."[13]라고 하고 있는데 관성을 용신으로 보는 것은 이 사주가 신강하다는 말이다. 이 예시를 포함하여 『적천수천미』의 사주 해석을 살펴봄을 통해 필자는 『적천수천미』가 천간에 비겁이 일간 외에 1개 있고 일간이 뿌리를 내리거나 의지하는 지지가 2개이면 최소 기준의 신강으로 보는 경향을 파악하였다.

여기서 논자는 명리 고전의 신강, 신약 기준이 통일되게 제시되지 못하는 점에 문제를 제기한다. 용신론 중 가장 일반적인 억부용신론의 핵심 요소인 신강, 신약의 기준에 대해 주요 명리 고전들의 언급이 없거나 있더라도 기준이 다르고 명쾌하지 못하다.

명리 고전은 저자들의 피, 땀 어린 노력의 결정체로서 후학들에겐 보감(寶鑑)이 되는 점을 인정한다. 그러나 학문의 구성은 분명한 분류 기준을 담보로 하는 것이다. 따라서 신강,

---

12　任鐵樵 增注, 袁樹珊 撰集, 『滴天髓闡微』「通神論」〈傷官〉, 傷官用官格.

13　任鐵樵 增注, 袁樹珊 撰集, 『滴天髓闡微』「通神論」〈傷官〉, 傷官用官格, "戊日酉月, 土金傷官, (…) 足以用官."

신약의 분류 기준에 대해 명리 고전이 합치된 원리를 확립하지 못하고 있으므로 무조건 신봉만 할 수 없다.[14] 물론 고전도 사람이 쓴 것이고 연구 환경이 오늘날과 같지 않으니 오류가 없을 수는 없다. 따라서 명리 고전을 합리적으로 비판하고 오류를 찾아 수정·보완하는 노력을 통해 발전적으로 계승해 나가는 것이 후학의 당연한 의무이다.

2) 조후용신

『명리약언(命理約言)』에서는 "만약 한여름에 태어나면 무덥기만 한데 무더우면 윤습함을 기뻐하니 국(局) 중에 水를 얻으면 아름답다. 엄동에 태어나면 지나치게 추운데 추우면 따뜻함을 기뻐하니 국(局) 중에 火를 얻으면 아름답다."[15]라고 언급했다. 만물은 온도를 가지며 한습(寒濕) 또는 난조(暖燥)한 성질을 가질 수 있다. 사주 간지로 보면 火의 기운인 甲·乙·丙·丁 등이 조(燥) 하며 木인 寅·卯·巳·午의 생을 받으면 난조함은 가중된다. 水의 기운인 壬·癸·亥·子는 습하고 金인 庚·辛·申·酉의 생을 받으면 한습이 가중된다. 土 오행 중 辰·丑은 지장간에 癸를 함유하여 습하고 未·戌은 지장간에 丁을 함유하여 조(燥) 하다.

명리학은 절기력(節氣曆)에 기초한 학문으로서 기상의 변화를 인간에게 적용하여 길흉화복을 추명(推命) 하므로 조후용신은 사주 내의 寒(추위), 暖(더위), 燥(메마름), 濕(습함)을 조화롭게 해주는 오행이며 조후상 중화(中和)를 이루는 데 이바지하는 오행이 되니 매우 중요하게 본다.

월지는 사주 당사자가 태어난 달로서 계절을 말하므로 조후에 미치는 작용력이 크다. 겨울인 亥·子·丑월에 난 사주는 한습하기 쉽고 여름인 巳·午·未월에 난 사주는 조열하기 쉽다. 그리고 甲·乙·丙·丁과 寅·卯·巳·午·未·戌 위주로 치우쳐 구성된 사주는 난조하고 庚·申·壬·癸와 申·酉·亥·子·辰·丑 위주로 치우쳐 구성된 사주는 한습하다. 그러므로 사주가

---

14 이런 한계의 극복을 위해 필자는 본서와 선행연구에서 인문학의 계량화 기법을 도입하여 사주 명조의 수량화 방식을 활용하였음을 밝힌다.

15 陳素庵 原著, 韋千里 選集, 『精選命理約言』 卷4, "若生於盛夏, 則偏於炎矣, 炎則喜潤, 局中得水爲佳. 生於嚴冬, 則偏於寒矣, 寒則喜溫, 局中得火爲美."

한습 할 때는 火가 주된 용신, 난조할 때는 水가 주된 용신이 된다.

그러나 사주 명조들의 구성에 따라서 조후의 중화를 이루지도 못하면서 일간 세력의 중화도 이루지 못하는 사주들이 있고 이런 사주는 조후용신과 억부용신이 일치하지 않으므로 조후용신과 억부용신 사이에서 용신 채택의 혼란에 직면하게 되는데 논자는 이 문제를 중시하여 이하와 같이 합리성 있게 논한다.

『궁통보감(窮通寶鑑)』 논목(論木)에서는 다음과 같이 말하고 있다.

> 겨울의 木은 (…) 水가 왕성하여서 형태를 잊어버림을 싫어한다. 金이 전체적으로 많아도 극벌할 수 없으며 火가 많음을 보면 온난한 공이 있어 뿌리로 돌아가 생명을 새롭게 하는 시기가 된다.[16]

위의 말을 살펴보면 겨울의 木은 水의 생(生)을 받음과 강할 때 金의 극(剋)을 받음을 좋아하지 않고 오직 火가 주는 온난함으로 생명을 왕성하게 한다는 말로서 조후용신이 우선됨을 시사하고 있다.

또한 『연해자평(淵海子平)』의 촌금수수론(寸金搜髓論)에서는 다음과 같이 말하고 있다.

> 본신(本身)이 여름에 태어나고 火土가 많으면 水의 구제를 만나야 중화되어 귀해진다. 수화는 원래 기제 되어야 하니, 관리·교화되면 명리를 세상에 떨친다. 삼동(三冬)에 태어나면 수가 차갑고 금도 차가우니 화를 얻어 서로 도와주면 범상하지 않다.[17]

위의 말 역시 여름에 태어난 사주가 조열하면 水로 구제되고 겨울에 난 사주가 한랭하면

---

16 『窮通寶鑑』 論木, "冬月之木 (…) 惡水盛而忘形 金總多不能剋伐 火重見溫暖有功 歸根復令之時."

17 徐升 편저, 『淵海子平評註』 〈寸金搜髓論〉, "身居九夏火土多. 相逢水濟貴中和. 水火元來, 要既濟, 管教名利振山河. 生居三冬, 水冷金寒, 得火相扶, 莫作等閒."

火로 구제되어야만 사주가 귀해지고 능력을 펼칠 수 있음을 강조하면서 조후의 중화에 의해 사주가 구제됨의 중요성을 말한다. '구제'라는 표현을 통해 조후용신의 우선적 중요성을 유추할 수 있다.

조후와 관련하여 서락오는 "조후가 위중하고 급할 때는 재·관·인 등을 논하지 말고 모두 조후를 완화하는 데 두고 논해야 한다."[18]고 하였고, 박영창·김도희는 "여름에는 水를 얻어야 오행이 작용할 수 있고 겨울에는 火를 얻어야 오행이 작용할 수 있다. 그러므로 조후를 먼저 살피고 조후가 안정되었을 때 비로소 오행의 올바른 상생과 상극의 작용이 가능하다."[19]고 하였다. 노영준은 "土는 능히 金을 생한다 하여도 하염조토(夏炎燥土)에서는 金을 생하지 못하고, 金은 水를 생한다고 하나 추동한동(秋冬寒凍)의 金에서 어떻게 능히 水를 생할 것인가, 오로지 火의 온기를 얻음으로써 금난수온(金暖水溫)이 되고 水를 生하는 것이다."[20]고 하였다.

이상의 예시들을 바탕으로 판단하면 조후가 안정될 때 오행 간 생극(生剋) 작용이 비로소 가능한 이치에 따라 내격의 사주에서 억부용신과 조후용신이 상이할 때는 조후용신을 우선하여 적용함이 합리적이라고 볼 수 있다.

그러나 겨울인 亥·子·丑월, 여름인 巳·午·未월에 태어나 조후용신법의 대상이 되는 사주일지라도 사주 명조 내에서 조후를 만족시키는 간지 오행이 충분하여 조후의 중화가 실현되고 있다면 이때는 조후가 안정됨으로 말미암아 오행 간의 생극(生剋)작용이 정상적으로 이루어지고 있다고 보고 마땅히 억부용신법을 적용해야 한다.

3) 통관(通關)용신·병약(病弱)용신

『연해자평(淵海子平)』에서는 "만약 甲일간이 관살인 金에게 손상을 당할 때 만약 시상(時

---

18 徐樂吾 註, 『窮通寶鑑』, "調候危急, 不論財官印, 皆置之緩論可也."

19 박영창·김도희, 『四柱學講義』, 삼하출판사, 2007, 511쪽.

20 노영준, 『역학사전』, 자연출판사, 2017, 830쪽.

上)에 壬·癸 水 중 하나가 있거나 혹은 申子辰 수국(水局)이 있어 해결한다면 흉한 것을 길한 것으로 변화시킬 수 있다. 나머지도 이와 같다.[21]"라고 하였다.

이는 대치하는 두 오행을 중간에서 화해시키는 오행을 중시하고 있는데 이러한 오행을 통관용신(通關用神)이라 한다. 만일 사주에 두 개의 오행이 왕(旺)하여 상호 대결하는 형국이면 대치하는 두 오행을 소통·화해시키는 오행이 통관용신(通關用神)이다.

예2 양력 2018년 7월 19일 01시 生

	時	日	月	年
천간	庚(金)	壬(水)	己(土)	戊(土)
지지	子(水)	子(水)	未(土)	戌(土)

해설 위의 사주는 연 월주의 土와 일간 壬을 주동하여 3개의 水가 강한 상극으로 대치하는 모습이다. 이때는 상호 대치하는 土와 水를 土生金, 金生水 하여 소통, 화해시키는 오행인 金이 통관용신(通關用神)이 된다.

한편 서승(徐升)의 『淵海子評評註』에는 "인수가 재성을 만났는데 재운으로 가고 또 사, 절(死, 絶)을 겸하면 반드시 황천으로 간다. 그러나 비견이 사주에 있을 경우에는 근심이 해소된다."[22] 하였고 『명리정종(命理正宗)』에서는 "만일 일주가 왕하고 비겁이 많으면 대개 상관에 의지하는 재성이 용신이 되는데 관성을 만나 비겁을 억제함을 좋아하는 것은 용신을 극하는 재성이 살아나기 때문이다."[23]라 하였다.

이상은 사주의 병(病)을 제거하는 약신(藥神)인 병약용신의 작용력을 말한 것이다. 즉 용신이 생(生)하는 오행이 약신(藥神)으로서 용신 곁에 있다면 약신은 기신(忌神)으로부터 용신을 보호하니 약신도 용신으로 보는 것이다. 예를 들어 水 용신이 자신이 생하는 木을 곁

---

21 徐升 編著, 『淵海子平評註』〈論五行相剋制化格有所喜所害例〉, "如甲日被金殺來傷, 若時 上一位壬癸水, 或申子辰解之, 則能化凶大吉.餘者倣此."

22 徐升 編著, 『淵海子評評註』〈論格局生死引用〉, "印綬見財, 行財運. 又兼死絶, 必入黃泉. 如柱有比肩, 庶幾有解."

23 張楠, 『標點命理正宗』, "又如日主生旺 比肩太多 財神衰弱 蓋傷官以財爲用神也 則又喜見官星 以制其比劫 存起其財星也."

에 두면 土가 사주 명조나 운로에서 水를 극(剋)하려 할 때, 오히려 木이 土를 극(剋)하여 水를 보호하니 木이 약신(藥神)이면서 병약용신이 된다. 일반적으로 내격사주에서는 통관 용신과 약신은 억부용신이나 조후용신에 일치하는 경우가 많다.[24]

2. 격국(格局)에 의한 용신

본 논문의 다음 장에서 중화에 가까운 사주의 성명학적 작명을 위한 용신의 도출 시, 격 국용신도 활용할 수 있음을 논할 예정이므로 먼저 이 절에서 격국용신에 대해 고찰하고자 한다.

『자평진전』의 논용신(論用神) 편에서는 "팔자의 용신[25]은 오직 월령에서 구하니 일간을 가지고 월령의 지지에 대조하면 생하고 극함이 똑같지 않으므로 격국이 나누어진다."[26]라 고 하여 월지를 통해 사주의 격국을 나누어야 함을 말하고 있다. 여기서 말하는 용신은 현 대적 의미의 격국이다.

『자평진전』의 논용신(論用神) 부분을 원용하면 "재성, 관성, 인성, 식신은 용신이 선해서 순(順)으로 쓰고 칠살, 상관, 겁재, 양인은 좋지 않으니 역(逆)으로 쓰여 배합이 알맞으면 모 두 귀격이 된다."[27]라고 하였다. 따라서 격국용신(格局用神)의 핵심은 4길신(吉神)인 財, 官, 印, 食은 생조하는 것, 즉 순용(順用)하는 것이 용신이며 4흉신(凶神)인 殺, 傷, 梟, 刃은 극 제(剋制)하는 것, 즉 역용(逆用)하는 것이 용신이다. 격(格)은 월지를 기준으로 정해지는데

---

24 지금까지 Ⅲ장 성명학적 용신법에서 내격의 용신법은 "이재승, 「사주명조의 계량화와 성명학적 용신법 고찰-내격사주를 중심으로」, 『동방문화와 사상』 6, 2019c, 99-133쪽"의 일부를 수정하여 인용하였다.

25 현대적 의미로 말하면 『자평진전』에서 용신(用神)은 격국(格局, 사주의 큰 틀)이고 상신(相神)은 '격국용신'이며 희신은 억부용신을 말한다.

26 沈孝瞻 著, 徐樂吾評註, 『子平真詮評註』〈論十天〉, "八字用申 專求月令 以日干配月令地支 而生剋不同 格局分焉."

27 沈孝瞻 著, 徐樂吾評註, 『子平真詮評註』〈論十天〉, "財官印食, 此用神之善而順用之者也, 煞傷劫刃, 用神之不善而 逆用之者也。當順而順, 當逆而逆, 配合得宜, 皆爲貴格."

격(格)을 정하는 기준은 다음과 같다.

① 월지 지장간 중 천간에 투출한 천간으로 격을 잡는다.

② 월지 지장간 중 다수가 투출(透出)하면 정기(正期)로 격(格)을 잡는다.

③ 여기, 중기가 동시에 투간(透干)하면 사령한 것, 기세가 강한 것으로 격을 잡는다. 예를 들어 戌월생이 辛, 丁이 모두 투간하면 금기(金氣)가 강한 계절이니 신금(辛金)으로 격(格)을 정한다.

④ 아무것도 투출이 안 되었으면 정기가 격(格)이 된다.

⑤ 월 지장간에서 투간 되거나 삼합(三合)이나 방국(方局)을 이루어 세(勢)가 있으면 진격(眞格)으로 힘이 있다고 본다.

⑥ 월자가 비견, 겁재이고 그대로 비견, 겁재가 격이 될 때는 일간이 戊, 己일 때만 비견격(比肩格), 겁재격(劫財格)을 그대로 쓰고 여타 일간들은 비견격, 겁재격 대신 건록(建祿), 양인(陽刃)격(格)으로 칭한다.

이때, 재성, 관성, 정인, 식신은 사길신(四吉神)으로 불리는 선한 것인데 이들을 순으로 쓴다는 원칙, 즉 격국을 상생으로 유통시키는 십성에 의해 격국용신을 정한다. 월지를 기준으로 성격(成格)된 정재격·편재격은 재성과 상생인 식상과 관성이 격국용신이고 정관격은 격국과 상생 관계인 재성과 인성이 격국용신인데, 일간이 강하면 정관과 상생인 재성, 일간이 약하거나 정관을 상극하는 상관이 있으면 인성이 더 좋은 격국용신이 된다. 정인격은 정인과 상생 관계인 관성·비견이 격국용신이고 식신격은 재성·정관이 격국용신이 된다.

다음으로 편관, 상관, 편인, 겁재는 사흉신(四凶神)으로 불리는 선하지 않은 것들인데 이들을 역으로 쓴다는 말은 격국을 상극하는 십성과 격국의 상생을 받아 흉한 기운을 유출시키는 십성이 길하다는 말이다.

동시에 격국을 만드는 흉신을 합거(合去. 합하여 제거)하는 간지 오행도 길하다. 예시하면 己일간이 지지에 未土가 있고 지장간 丁·乙·己 중 천간에 乙木만이 투출하면 乙이 편관인데 庚(상관)은 乙庚合金으로 편관을 제거하니 길한 십성이 되는 원리이다. 4흉신격의 격국 용신은 다음과 같다.

첫째, 편관(칠살)격은 일간이 강하면 식신으로 제살(制煞)하고 일간이 약하면 인성으로 교화하여 화살(和煞) 함이 길하다. 한편 양일간은 겁재가 편관과 합하고 음일간은 상관이 편관과 합하는 성질이 있어 편관을 제어하는 합살(合煞)이 되니 일간이 양이면 겁재, 일간이 음이면 상관 등이 격국용신이다.

둘째, 상관격은 정인이 상관을 상극하게 하거나 재성으로 상관의 기운을 누설하면 길하다. 양일간의 상관은 편인으로 합하게 하고 음일간의 상관은 편관으로 합하게 할 수 있다. 그러므로 상관격은 인성, 재성, 양일간의 편인, 음일간의 편관이 격국용신이 될 수 있다.

셋째, 편인격은 재성으로 편인을 제복(制伏)하니 재성이 격국용신이고 비겁이 편인의 기운을 누설하니 길하다.

넷째, 월지에 겁재가 있어 양인격(겁재격)을 형성할 때도 관성과 식상이 주된 격국용신이 된다. 한편 월지가 비견으로서 비견격(건록격)이 되면, 비견은 4길신과 4흉신 모두에 다 속하지 않으니 억부나 조후용신을 따름이 합리적이다.

사주의 격국이 분명하면 격국이 갖는 십성 고유의 인·적성이 발달한다고 보는 것이 일반적이다. 예를 들어 정인격이면 정인이 발달한 인·적성을 갖고 식신격이면 식신이 발달한 인·적성을 갖는다고 본다.

〈표 21〉 격국의 직업 적성[28]

격국	직업 적성
비견(건록)격	프리랜서, 자영업, 사람 상대 직업, 종교, 교사, 대민봉사공무원, 간섭 없는 편한 직장, 금전거래가 덜한 일
겁재(양·음인)격	개인사업, 사람 상대 직업, 교사, 대민봉사공무원, 교사, 간섭 없는 편한 직장, 금전거래가 없는 일
식신격	문학, 교육, 언론, 평론가, 아나운서, 예능, 의식주 관련업, 상담가, 요식업, 학자, 연구원, 사회복지·의료인, 강사, 학원장, 출판, 법조인

---

28 최은희, 「명리학의 적성론에서 왕한 십성과 격국의 비교 연구」, 『인문사회 21』, 2020, 11(3), 752-753쪽.

격국	직업 적성
상관격	교육, 언론, 출판, 예술, 예능, 개그맨·MC·아나운서, PD, 참모, 재테크전문인, 강사, 상담가, 연구원, 디자이너, 코디네이터, 법조인, 연예인, 발명가, 기획전문가
정재격	경리, 재무, 금융, 연봉자, 사무소장, 공직자, 연구원, 교육자, 의사, 변호사, 세무사, 회계전문인, 안정적인 무역·상업
편재격	사업가(유통, 무역, 도매, 주류, 운송, 관광, 대형마트, 정보통신, 요식업, 부동산, 교통, 무역, 영업, 화장품), 금융인, 서비스업, 유흥업, 화류사교계, 금융투자전문인
정관격	공직자, 연봉자(총무, 재정, 인사), 학자, 교수, 교사, 행정직군경, 법조인, 언론인, 고위행정관, 병원장, 회사원
편관격	군인, 경찰, 경호원, 교도관, 군무원, 정치인, 영업전문가, 외교관, 의료기관경영인, 지도자, 종교지도자, 공직자, 대기업 CEO
정인격	교육자(교수 교사), 관료, 연봉자, 종교학자, 출판계, 행정직, 학자, 부동산전문가
편인격	여러 직업을 거침, 종교, 예술, 철학, 종교학, 한의학, 동양학(고전, 역학), 배우, 연예인, 미용, 부동산소개업, 디자이너, 예술학자, 오락, 게임, 골동품 전문

3. 내격사주의 성명학적 용신 고찰

1) 사주의 청탁(淸濁)

필자는 용신법의 기준과 적용이 일관되지 않는 현상을 해결하는 것이 현대 명리학의 과제라고 생각한다. 즉 분류의 문제에 있어 경계와 기준의 모호성을 극복하자는 말이다. 사주의 나(我)인 일간(日干)의 강약을 정하는 기준, 사주의 조후가 충족되었는지 여부에 대한 기준, 다양한 용신법 중 최적의 용신법을 적용하는 기준과 원칙 등이 모호하여 동일 사주에 대한 용신 도출 결과가 학자마다 다른 현상이 발생하고 있다.

이런 점들에 대해 문제를 제기하고 용신 무용론(無用論)을 주장하며 나름대로의 이론을 독창적 비법(秘法)으로 선전하는 사례가 비일비재하다. 그러나 일간 세력과 그 반대 세력 간의 중화 또는 조후의 중화를 추구함을 근간(根幹)으로 하고 동양학에서 강조하는 중용의 원리에 충실한 명리학 이론이 용신론이다.

용신론을 무시하자며 나름의 비법을 선전하는 사람 중 용신론에 대한 실제적인 연구 경험이나 조예가 깊은 이는 드물다. 이런 부류의 학자는 대체로 '용신 운은 길하고 기신 운은 흉하다'는 단순한 논리를 준칙 삼아 '용신 운에 흉한 일이 생겼거나 기신 운에 길한 일이 생겼으니 용신론에 의한 사주풀이는 안 맞는다'는 식의 상황 예시를 용신 무용의 논거로 삼기도 한다.

이러한 오류는 다음의 연유에서 기인한다. 첫째, 사주의 청탁(淸濁)을 소홀히 보기 때문이고 둘째, 대운·세운·월운의 분석에 대한 체계적 연구가 미비하기 때문이고 셋째, 용신론에 대한 연구와 관찰이 결여되어 사주 구성에 따라 최적의 용신을 선정하지 못하는 이유 등이다.

용신 도출 못지않게 용신 운(運)을 받아들일 수 있는 사주 구조가 성립되고 있는지의 여부를 판단하는 것이 중요한데 이것이 바로 청탁(淸濁)의 개념이다. 사주가 청(淸. 맑음)한지 탁(濁. 흐림)한지를 가려내는 단계를 소홀히 하거나 적확한 운의 분석법을 확립하지 못한 상태에서 단순히 '용신 운은 길하고 기신 운은 흉하다.'라는 단편적인 전제의 결과적 합치 여부만 중시하면 오류가 발생하게 되며 이러한 오류로써 용신론을 부정하는 것은 '성급한 일반화의 논리'이다.

일반적으로 청한 사주는 ① 5가지 오행을 모두 갖추고 오행 간 세력 구성이 안정됨. ② 생화불식(生和不息)으로 오행이 순환 상생으로 연결되어 유통됨. ③ 일간의 세력과 조후가 중화에 근접함. ④ 일간 기준, 정(精. 인성), 기(氣. 일간을 제외한 비겁), 신(神. 식상·재성·관성) 3자가 건재함. ⑤ 용신이 1位로서 강건함(지지에 통근(通根)하거나 상하 간지의 생조(生助)를 받으면서 합충(合沖)·극(剋)이 없음. ⑥ 용신을 보호하는 오행이 근접함) ⑦ 사주 용신이 합(合), 형충(刑沖)을 받지 않음. ⑧ 용신이 대운지지 흐름에 의해 생조를 받는 구조. ⑨ 사주 내의 기신(忌神)이 운(運)과의 합(合)으로 용신이 되는 사주 구조. ⑩ 기신(忌神)이 운에서 들어와 합(合)으로 용신이 되는 사주 구조를 가짐. ⑪ 사주 내에서 형충파해(刑沖破害)가 없거나 있더라도 해극(解剋) 되는 구조. ⑫ 용신이 일간에 근접하여 유정함 등의 요소를 고루 갖춘 사주를 말한다.

이상과 모든 면에서 반대가 되는 요소를 많이 가질수록 그 사주는 탁하다. 사주가 청하면 기신(忌神) 운에도 안정성을 유지하여 무탈하거나 오히려 발전할 수 있고 사주가 탁하면 용신 운에도 '왕신충(旺神沖)'[29]이나 '용신의 기신(忌神)화' 등으로 큰 혼란이 생길 수 있다.

그리고 운(運)을 분석할 때도 단편적으로 대운이나 세운 한 가지로만 길흉을 보지 말고 대운·세운·월운·사주 원국의 간지 오행들이 복합적으로 작용하는 원리에 대한 해석법을 확립해야 한다.

또한, 중화에 근접한 사주는 억부·조후용신 외에 격국용신의 작용도 동시에 반영하는 안목이 필요하다. 이러한 노력과 연구를 통해 추명(推命)의 오류를 줄여 나갈 수 있다.

물론 용신에 대한 고전(古典)들의 언급이 원론적이면서 이견(異見)이 많고 학자 간 전문성의 차이로 인해 518,400가지 사주 개개의 용신에 대한 결과나 견해가 다를 수 있다. 그러나 이런 이유들로 인해 용신론이 부정되어서는 안 되며 기술 문명이 발달한 현대(現代)와 비교해 보았을 때, 매우 열악한 여건 속에서도 집념 어린 관찰과 연구로 명리고전을 저술한 선학자의 학문적 성과를 계승하여 현대사회에 부합하는 용신론을 완성해 나가는 것이 오늘날 후학자의 임무라고 할 수 있다.

필자는 명리학이 삶의 지표를 제공하는 학문으로 발전해 나가기 위해서는 상호 대비가 되는 개념들에 대한 경계를 정하는 명확한 기준을 확립하고 표준화해야 한다고 사료한다.

또한, 용신 성명학이 확립되기 위해서는 성명학적 용신론을 공고히 함이 최우선적인 선결과제이다. 따라서 필자는 성명학적 용신론 체계를 확립하고자 인문·사회과학의 현상이나 현황을 설명하기 위한 방법론인 계량화(計量化, quantification) 기법을 사주 명조의 분석에 도입하여 사주 명조를 수량화하였다.

본 절에서는 사주 명조의 수량화가 절대적 분류 기준을 확보하지는 못할 수 있다는 전제를 인정하나 한편으로는 수량화 말고 대안이 마땅치 않은 현실을 학자제현도 인정해 주시리라 믿는다.

따라서 필자는 사주 간지(干支)에 대한 수량화 연구의 최종 3단계인 성명학적 용신법 연

---

29 사주에서 압도적으로 강한 오행을 상충, 상극하여 사주 간지오행 간 갈등이 고조되어 운로(運路)가 극도로 혼미하고 불안한 상황을 말한다.

구로서, 수치를 활용하여 사주의 강약, 조후의 충족 여부를 가리고 격국용신까지 망라하여 내격사주의 용신론과 성명학적 용신법의 체계를 세우고자 한다. 이를 통해, 즉 용신 성명학의 기반을 확립하고 동시에 명리학의 발전에도 이바지하고자 한다.

2) 정기신(精氣神)론

음양오행에 기반하여 기혈(氣血)·운기(運氣) 등의 요인에 따라 오장육부를 중심으로 사람의 건강과 치료에 대해 연구하는 한의학과 음양오행에 기반하여 인간의 생애를 궁구 대상으로 하는 명리학에서는 정, 기, 신 3자의 조화와 균형을 중요하게 살피고 있다.

먼저 한의학의 정기신(精氣神)을 살펴본다. 정(精)이란 사람 생명의 근원이고 사람 몸을 구성하는 가장 기본적인 물질이다.[30] 또한, 정은 오장육부의 재료이다. 선천적인 정은 유전자를 통해 부부에게 물려받고 후천적인 정은 수곡정미(水穀精微. 물과 곡식) 등 음식을 통해서 얻는다. 음식물 중 가장 정밀하며 미세한 정수(精髓)는 오곡이므로 오곡으로 정을 보완한다.[31]

정(精)의 역할은 기(氣)를 기르는 것이다. 음식을 통해 신체 장부가 튼튼하면 기(氣)가 충만해진다. 남자의 정액은 생명력을 유지하는 근본으로 지극히 중요한 보배로 여겨진다.[32] 오곡이 정을 만들고 정은 뼛속에 스며들어 골수와 뇌수의 생성을 돕고 장부를 튼튼히 한 후 음부로 흘러간다.[33]

기(氣)는 '인체 각 장부와 기관의 활동 능력(기능)'을 의미한다. 기는 에너지이고 신체의 내외를 순환하며 각 장부와 기관의 활동력에 관여한다.

신(神)은 인간의 감정과 의식을 담당하고 마음과 관련한 심장에서 주관한다.

---

30 『黃帝內經』「素問」金匱眞言論, "夫精者, 身之本也."

31 精은 米(쌀 미, 곡식)와 靑(푸를 청, 튼튼함 상징)의 결합으로 이해하면 된다.

32 신동원·김남일·여인석(1999), 『한 권으로 읽는 동의보감』, 도서출판 들녘, 46쪽.

33 신동원·김남일·여인석(1999), 『한 권으로 읽는 동의보감』, 도서출판 들녘, 45쪽.

신(神)이 안정되면 건강하게 살 수 있다. 반면에 감정이 지나치면 병이 된다. 신에 문제가 생기면 신병(神病)이 되는데 불안 신경증, 건망증, 전간(간질), 전광증(조울증), 정신적 무기력 증 등이 神의 병이다.

『황제내경(黃帝內經)』「영추(靈樞)」에서는 "심(心)이 두려워하거나 생각이 많으면 신(神)을 상하게 된다. 신이 상하면 두려워서 마음을 잃고 얼이 빠진다."[34]고 하였다.

『동의보감(東醫寶鑑)』은 신(神)에 의한 건강 유지와 치유를 심장이 주관하나 다른 장기도 각각의 神이 있다고 하였다.[35] 그래서 폐의 신은 백(魄), 간의 신은 혼(魂), 비장의 신은 의 (意), 신장의 신은 지(志)라 한다. 오장에 공급되는 氣가 끊어지면 신(神)의 건강 유지력, 치 유력이 약해져 결국 죽게 되는 원리가 있다.

정은 사람 생명의 기원이고, 기는 생명을 유지하는 원동력이며, 신은 생명이 드러나는 발현이다. 그러므로 발생순서로 말하면 정에서 기가 나오고 기에서 신이 나오는 것으로 정 —기—신의 순서로 생성된다. 하지만 精, 氣, 神의 발생 과정은 동시적이며 상응적인 것이 다.[36]

명리학의 정, 기, 신론에 대하여 살펴보자. 명리고전 『적천수(滴天髓)』에서는 "사람에게 는 정(精)과 신(神)이 있으니 한쪽으로만 구해서는 안 되며, 덜어내고 보태어서 그 중화(中 和)를 이루는 데 요점이 있다."[37]라 하였다.

『적천수천미(滴天髓闡微)』에서는 '정, 기, 신'에 관련하여 "정(精)과 신(神), 이 둘은 모두 기(氣)로 말미암아서 주관되는 것이다. 무릇 精과 神 모두는 한쪽으로만 구해서는 안 되고, 진퇴(進退. 나아감과 물러섬)를 덜어내거나 보태는 것이 다 함께 중요하므로 지나치거나 미치 지 못하는 것이 있게 해서는 안 된다."라 하였다. 이 말의 요지 역시 精, 氣, 神의 중화를 강 조하는 것이다.

---

34 『黃帝內經』「靈樞」 本神, "心怵惕思慮則傷神, 神傷則恐懼自失."

35 신동원·김남일·여인석(1999), 『한 권으로 읽는 동의보감』, 도서출판 들녘, 71쪽.

36 김만태, 「『황제내경』과 『동의보감』 정기신론의 명리학적 적용고찰」, 『한국학』 43(2), 한국학중앙연구원, 2020, 132쪽.

37 劉伯溫, 任鐵樵 증주, 袁樹珊 찬집, 『滴天髓闡微』, 臺北: 武陵出版有限公司, 1997, 「精神」, 126쪽, "人有精神, 不可以 一偏求也, 要在損之益之得其中."

김만태(2020)는 "기를 보태주는[생(生)하는] 정과 기를 덜어주는[설(泄)하는] 신이 모두 이어져 넉넉하고 왕성하며, 한쪽으로 치우치지 않고 중화(中和)를 이루면 바람직하여 그 명(命)은 길하고 좋다."[38]라 하였다. 김만태는 '본신의 십성을 기, 본신을 생하는 십성을 정, 본신이 생하는 십성을 신'이라고 보았다. 인성이 기이면, 관성은 정이고 비겁이 신이다. 식상을 기로 보면 비겁이 정이고 재성이 신이 된다. 따라서 오행을 두루 갖추면 어떤 십성을 기로 보아도 '정, 기, 신'의 3자가 안정되니 이런 유형의 사주 명조에 대한 좋은 해석이 가능하다.

이재승(2019)은 "정(精. 인성), 기(氣. 일간, 비겁), 신(神. 식상·재성·관성), 3자가 건재한 사주는 청(淸)하다."[39]라 하여 '정기신'을 일간 위주로 논하였다. 일간, 비겁은 '기', 일간을 생하는 '인성은 '정'이며 '신'은 식상, 재성, 관성인데 특히 신에서는 식상이 일간, 비겁의 생을 받아 식상→재성→관성의 상생 흐름을 갖추어야 완전한 구성이라고 보았다.

예를 들어 식상, 관성은 안정되었으나 재성이 없다면 식상, 관성은 상호 상극하니 '신'이 완전치 못한 것이며 사주는 탁해진다. 따라서 '정, 기, 신'의 3자가 안정된 사주는 오행을 두루 갖추고 중화에 근접하니 매우 좋게 해석한다.

| 예3 | 1966년 양력 10월 7일 22시 |

시	일	월	년
甲	己	丁	丙
戌	亥	酉	午

해설 일간을 기준으로 볼 때, 일간 己土가 비겁 戌土를 얻었으니 氣를 갖추었다. 일간, 비겁을 생하는 丁火, 丙火, 午火 등이 있어 일간이 인성을 얻었으니 精이 좋다. 월지에 일간, 비겁의 기운을 받는 식상 酉金이 있고, 일지에 재성 亥水, 시간에 관성 甲木을 얻었으니 식→재→관의 흐름으로 神이 양호하다. 이 사주는 오행을 모두 구비하고 '정, 기, 신'의 3자가 안정되면서 일간 세력이 중화에 근접하니 매우 좋은 구성의 사주이다.[40]

---

38   김만태, 「『황제내경』과 『동의보감』 정기신론의 명리학적 적용고찰」, 『한국학』 43(2), 한국학중앙연구원, 2020, 136쪽.

39   이재승(2019), 명리학의 용신에 의한 성명학 연구, 동방문화대학원대학교 박사학위논문, 92쪽.

40   시간 甲木이 亥水 지장간 건록(甲)에 뿌리를 두니 甲己슴에 의래 土로 슴化하지 않고 木의 정체성을 유지하니 좋다.

| 예 4 | 1966년 양력 10월 7일 23시 |

시	일	월	년
乙	己	丁	丙
亥	亥	酉	午

| 해설 | 위의 예 3) 사주와 비교하면 출생 연, 월, 일은 같고, 출생 시간만 戌시 다음 亥시에 난 점이 다르다. 위에서 예시된 사주와 시간이 인접한 사주이다. 이 사주도 비록 오행은 두루 갖추었고 일간을 기준으로 볼 때, 일간 己土 기준 정(精)에 해당하는 인성이 발달하였다. 일간의 기운을 받는 식상이 월지에 있고 재성, 관성도 있어 식→재→관의 상생 흐름을 갖추어 神도 발달하였다. 그러나 기(氣)에 해당하는 비겁이 8字의 정 오행을 기준으로 일간 이외에는 없다. 그러므로, 사주의 정 오행상 일간 이외의 비겁이 미비하니 비록 5가지 오행은 모두 구족했으나 기(氣)가 미약하여 정, 기, 신 3자를 갖추지 못하고 뒤의 〈표 23〉 기준, 중화에서 다소 거리가 있는 신약 사주로 귀결되었다. 그러므로 위의 戌시 사주와 비교하면 단 1–2시간의 출생 시차가 있을 뿐이지만, 복록은 축소될 수밖에 없다. |

한의학에서 정, 기, 신 3자가 강건하면 장수할 가능성을 크게 보듯이 명리학에서도 정, 기, 신 3자가 모두 안정되면 중화(中和)의 장점을 누리는 사주가 된다 보고 높이 평가할 수 있다. 정, 기, 신 3자가 모두 안정된 사주는 용희신 운에는 크게 발복하고 기구신 운에도 삶이 안정된다.

'정, 기, 신'이 미비한 사주는 대운에서 보충이 가능하다. 그러므로 정, 기, 신 3자 안정 문제에 주안점을 두고 대운을 살필 필요가 있다.

| 예 5 | 1910년 음력 1월 3일 戌시 (이병철 삼성 회장) |

시	일	월	년	37(대운)
壬	戊	戊	庚	壬
戌	申	寅	戌	午

가을 생의 무토 일간이 뒤의 〈표 23〉의 용신도출을 세력표에 따라 일간 세력이 54에 그쳐 중화의 기점인 60에 미달하므로 중화신약 사주이다. 비록 신약 해도 일간의 세력이 중화에 가깝다고 할 수 있다. 寅戌火의 합은 寅申沖으로 의미를 잃지만 월지와 일지가 충하는 寅申沖의 탁함도 다소간 해소하는 장점이 있다. 일지 기준 寅, 년지 기준 申이 역마살인데 외교·무역에 종사하는 사주 당사자에겐 현대에서는 장점이 된다. 무토 일간이 신약하니 火 용신, 土 희신이며 『자평진전』의 8격으로 보면 비겁격을 보지 않지만 현대의 10격으로 보면 비겁(건록)격으로 볼 수 있고 火가 격국을 생하니 火는 이 사주에 최고의 용신이다.

사주에서 인성 火가 정 오행으로 무존재하여 정(精)이 미비한 사주가 37세 壬午 대운을 만난다. 壬午 대운에서, 대운 천간 壬이 위주가 되는 약 5년간은 일간과 월간에 壬水가 戊壬의 상극을 거는데, 이미 사주 시간(時干)에 壬이 있어 2:2의 '무임충'이 발생한다. 이때 사주 당사자는 재성(금전, 자본, 경제, 여자, 부친)이 의미하는 것들 중의 문제로 사주 당사자가 상당한 번민을 겪는다고 보아야 하는데 사업가라는 직업상, 금전, 자본, 경제의 고뇌가 컸던 것으로 볼 수 있다. 하지만 대운지지도 간접적인 영향력이 있고 대운지지 午火가 용신오행이니 '흉중길(凶中吉. 흉함 가운데 길함)'로 해석할 수 있다.

이 대운의 후반기(42-46세)에는 대운지지 午火가 사주에 주동적으로 영향을 미치면서 寅午戌 3합에 의한 화국(火局)을 실현하는데 사왕지지 午가 대운지지이고 사주에서 寅, 戌이 인접하여 발생하는 寅午戌 3합의 강렬한 기세는 비록 일지 申이 월지에 寅申沖하더라도 결코 분산시킬 수 없다. 火는 용신이고 더욱이 사주에서 미약한 '정'의 기운이 충분하게 보완되어 정, 기, 신 3자가 안정된다. 인성이 주는 인복, 문서운에 의해 대형계약이 수주되는 등 사업가로서 대발복하는 시기라고 해석할 수 있다.

특히 45세 甲午년, 甲이니 일간을 甲戊沖 하려 해도 연간 庚금이 甲을 충하여 일간을 보호하니 해로움이 없다. 세운지지는 寅午戌 3합에 가세하며, 결국 甲도 木生火로 火국 지원하기에 큰 발달을 이루게 된다. 다음 대운 癸未의 천간 癸는 壬午대운 말미에 영향을 미치는데 戊癸合火의 기운이 발생하여 대운 종료 시까지 대길하여 발복하고 다음 대운 癸未도 戊癸合火와 火 성향이 있는 조토(燥土)인 未土의 운으로서 전성기를 유지할 수 있다.

3) 사주 수량화에 의한 용신 도출[41]

(1) 억부(抑扶)용신에 대한 적용

필자는 앞 장에서 유정·무정의 개념을 응용·확장하여 일간과 가까워 일간에 미치는 영향이 큰 간지에서 일간을 생조(生助)하는 오행은 일간과 유정(有情)하다고 하고 일간을 생조하기는 하지만 일간과 거리가 먼 간지에서 일간에 주는 영향력이 약한 오행은 일간과 무정(無情)하다고 하였다.[42] 『명리약언(命理約言)』에서는 "명(命)을 추론할 때는 먼저 일간이 시령(時令)을 얻었는지 잃었는지, 아래에 어떤 지지를 깔고 앉았고 어떤 천간과 바짝 붙어 있으며 일간에 대한 생극부억(生剋扶抑)이 어떤가를 본다. 이어서 나머지 세 천간과 네 지지의 일간에 대한 생극부억이 어떤가를 보는 것이니, 이것이 불변의 진리이다."[43]라고 말하고 있는데 이를 본 논문에서는 일간에 대한 간지오행의 유정·무정의 기초로 삼았다.

이재승·김만태는 선행논문에서 일간에 미치는 각 간지 위치별 역량을 유정·무정론과 간지별 특징을 반영하여 수량화하고 각 오행·십성을 무(無), 쇠(衰), 안정, 왕(旺), 극왕(極旺)으로 분류하였는데 수치화의 과정은 아래 인용문과 같이 요약된다.

> 일간은 천간합에 의해서도 사라지지 않는다. (…) 특정한 오행이나 특정한 십성의 기운이 강한 사주 명조의 소유자도 반드시 일간이 나타내는 인성과 성향은 잠재되어 있다. (…) 사주의 8간지의 역량을 수량화함에 있어서 일간을 포함한 8간지의 총량을 120으로 설정한다. 그러면 각 오행별 평균값은 25가 되며 사주의 오행이 안정되게 자립할 수 있는 최소의 역량을 평균값 25의 8할인 20으로 보고 이에 따라 일간의 역량을 20으로 수량화한다. (…) 월지는 사주 명조 내에서 가

---

41 이하 3) 소절 사주 수량화에 의한 용신도출은 "이재승, 「사주명조의 계량화와 성명학적 용신법 고찰-내격사주를 중심으로」, 『동방문화와 사상』 6, 2019c, 99-133쪽"의 일부 내용을 수정하여 인용하였다.

42 이재승·김만태, 앞의 글, 2018e, 959쪽.

43 陳素庵 著, 韋千里 選集, 『精選命理約言』 券一法(四十八篇) 二, "推命先看日干 或得時 或失時 惑得勢 或失勢 下坐某支 緊貼某干 於日干生剋扶抑何如 此恒法也."

장 막강한 영향을 행사하는 위치에 있으므로 일간을 제외한 7간지 역량의 총계 100의 3할에 해당하는 30으로서 월지의 역량을 수량화한다. (…) 월지에 다음가는 일지는 2할인 20, 일지에 다음가는 시지는 15, 연지는 일간과 거리가 멀어 상대적으로 영향이 적으니 지지 중 가장 약한 12로 수량화한다. 또한 천간은 역량이 지지에 비해 못 미침을 반영하여 일간과 가까운 월간, 시간은 모두 9, 일간과 거리가 멀어 영향이 적은 연간의 역량은 5로 계량화한다.[44]

〈표 22〉 사주간지의 위치별 역량 수치

간·지	시(時)	일(日)	월(月)	연(年)
천간	9	20	9	5
지지	15	20	30	12

그러나 논자는 용신의 도출을 위해서는 일간의 세력인 비겁과 인성이 위치하는 자리에 따라 일간을 돕는 실제적 힘을 〈표 22〉보다 세밀하게 수량화할 필요가 있다고 사료한다. 따라서 〈표 22〉가 선행논문에서 오행과 십성으로써 인·적성과 건강·육친에 대한 분석을 위해 간지별 역량을 계량화한 것이라면 〈표 23〉은 성명학적 용신 도출을 위해 간지 역량을 계량화한 도표이다.

〈표 23〉 용신 도출을 위한 사주간지 위치별 역량 수치

간·지	시(時)	일(日)	월(月)	연(年)
천간	10	20	10	5
지지	15	21	30	9

〈표 23〉은 〈표 22〉에 비교하여 세부적으로 다른 점이 있다. 그것은 연지, 일지, 시간, 월간의 수량 변화이다. 연지를 12에서 9로, 일지를 20에서 21로, 월간과 시간을 모두 9에서 10으로 수량을 변화시켰다.

---

44 이재승·김만태, 앞의 글, 2018e, 956-961쪽.

그 이유는 용신의 도출 시, 용신이 일간에 미치는 영향력을 더욱 중시하여 보고자 함이다. 즉 신약할 때 일지·월간(月干)·시간(時干) 등에 있는 비겁, 인성은 일간이 세력을 형성함에 있어 유정(有情)하여 의지처로서의 역할이 강화되고 연지의 비겁, 인성은 원거리에 있어 일간에 대해 무정(無情)하니 일간의 의지처 역할이 더 약화되는 원리를 더욱 반영하여 수량화할 필요가 있다. 또한 신강하여 식상·재성·관성이 용신인 사주도 용신이 일간과 가까운 위치에서 힘을 가지면 더 좋은 것이다.

결국, 용신의 도출 시, 연지의 역량에서 소량 차감하고 그만큼이나 일지와 월간, 시간에 합산하는 이유는 일지, 월간, 시간의 비겁·인성이 일간에 대해 더욱 유정함을 반영한 것이다. 따라서 기신은 일간에 대해 무정할수록 좋고 용신은 일간에 대해 유정할수록 좋다는 원리에 입각하였다.

〈표 23〉을 바탕으로 일간, 인성, 비겁의 힘을 합산했을 때, 내격의 사주는 30 이하가 극신약, 30-45가 신약, 46-60은 중화신약, 61-75는 중화신강, 76 이상은 신강으로 분류할 수 있으나 사주나 대세운의 간지오행에 의한 합·형·충 이론에 의한 합화 여부라는 변수가 발생할 수 있음도 유념한다.

신약하지만 중화에 가까운 중화신약과 신강하지만 중화에 가까운 중화신강을 일간 강약 분류에 포함시키는 이유는 격국용신의 특장(特長)을 용신 성명학에 활용하고자 함이다. 김만태는 다음과 같이 말하였다.

> 격국용신은 내 사회활동의 모습을 보여주는 명함이다. 격국은 사회적 활동무대이고 격국용신은 사회적 활동력이다. (…) 격국용신이 뚜렷하면 학생은 학교생활에 잘 적응하고 직장인은 직장생활을 활동적으로 하고 직장 안에서 능력을 발휘하며 승진가도를 달리며 촉망된 자리에 오른다. 사업자는 사업 활동을 활발하게 하며 사업이 번창하고 많은 재물을 모은다. (…) 억부용신은 개인적 희망사항이다. 일간의 강약, 즉 신강, 신약이 문제 되는 것이 아니라 억부용신의 상태가 관건이다. 억부용신은 사주의 주인공인 일간이 다른 육신(육친, 부모 형제, 배우자, 자

식, 재물, 대인관계, 개인 성향, 취미, 건강, 종교, 이성교제 등)을 감당하는 능력과 대응하는 자세를 가늠하는 기준이 된다. 억부용신은 개인적 활동과 건강, 가정생활을 담당한다. 신강, 신약이 현저한 사주, 격국이 불분명한 사주는 억부용신을 갖고 사주를 풀 수 있다. 강약이 중화에 근접한 사주는 오히려 격국용신, 조후용신, 물상론, 각 육신 구조 등으로 사주를 보아야 한다.[45]

위에서 인용한 김만태의 말 요지는 중화에서 멀어진 신강, 신약은 억부용신 위주로 보고 중화에 가까운 사주는 격국용신 등을 중시하라는 것이다. 이는 억부용신법과 격국용신법의 적용에 대해 합리적으로 균형을 잡은 논리로서 학술적 가치가 있다.

다만 필자는 중화에 가까운 사주 당사자에게 격국용신보다는 억부용신이 삶을 종국적으로 윤택하게 하는 데 도움이 더 크다고 생각한다. 논자는 '수신제가치국평천하(修身齊家治國平天下)'[46]라는 말이 시사(示唆)하는 의미처럼 나와 가정이 건전하면 사회적 성공의 참된 결실을 누릴 수 있는 만큼 개인과 사회를 연관성 있게 보는 관점을 중시하여 생각한다. 예를 들어 중화에 가까운 사주가 운로의 오행이 격국용신에 해당하지만 억부용신상으로는 기신이라 했을 때, 그 당사자는 사회적 발전과 연봉, 매출의 성장이 있더라도 중요 문제에 대한 잘못된 선택으로 가정사나 재물(財物) 축적 등 실제적 결실에 문제가 생겨 외적으로 화려하나 내적으로 실속이 없어질 가능성이 있고 이러한 문제가 다시금 구설(口舌)·손재(損財)에 의한 사회적 명망의 실추를 야기하여 사회적 활동성을 종국적으로 위축시킬 수도 있다고 보기 때문이다.

하지만 김만태와 필자의 견해가 일치하는 점은 중화(中和)에 근접한 사주는 억부용신상의 기신 운로(運路)일지라도 격국용신과 부합하면 사회적 성장, 발전을 이룰 수 있다는 것으로서 이 점이 중화된 사주의 특장(特長)이 되는 것이다. 특히 중화 사주는 편중된 사주보다 상대적으로 안정된 생애를 살아갈 가능성이 높다고 할 수 있는 보편성에 근거하여 '중

---

45 김만태, 『증보 명리학강론』, 동방문화대학원대학교, 2017, 223-224쪽.

46 『大學』 八條目, "身修而后 家齊 家齊而后 國治而后 平天下."

화'의 중요성을 강조할 수 있다.

따라서 필자는 용신을 적용하는 성명학 역시 무엇보다도 중화의 실현이 핵심이자 관건이며 억부용신법의 대상인 사주가 중화의 기점에서 멀면 억부용신을 도출하여 성명에 반영하고 일간의 세력이 50-70 사이에 위치하여 중화의 기점인 60에 가까우면 억부용신과 격국용신을 동시에 살펴 성명의 한글 오행과 한자의 자원오행 부문에서 용희신의 상생이 잘 이루어지는 쪽으로 택하여 작명함이 최선이라고 본다.

사주 명조의 계량화로 일간의 강약을 정하고 이에 따라 억부용신을 도출하는 실례(實例)를 다음과 같이 일간 세력의 강약에 따라 분류하여 예시할 수 있다.

① 일간 세력이 45 이하일 때

신약한 사주이므로 인성과 비겁 중에서 용신을 도출한다. 앞서 언급했듯이 식상이 강해서 신약하면 인성이 용신, 비겁이 희신이고, 재성이 강해서 신약이면 비겁이 용신이고 인성이 희신이며, 관성이 강해서 신약하면 인성이나 비겁이 희신이지만 관성을 제압하는 식상이 용신이 되는 경우도 있다. 신약하지만 일간과 인성이 유정할 때는 살인상생(煞印相生)의 법칙에 의해 관성도 길하게 되는 사주 구성도 있을 수 있다.

| 예 6 | 양력 1985년 3월 25일 08시 生 |

	時	日	月	年
천간	丙(정재)	癸(일간)	己(편관)	乙(식신)
지지	辰(정관)	亥(겁재)	卯(식신)	丑(편관)

| 해설 | 이 사주를 〈표 23〉에 따라 수량화하면 일간 포함 비겁 41, 식상 35, 관성 34, 재성 10, 인성 0으로서 일간, 비겁, 인성의 합산이 41에 불과하니 계수 일간이 신약하다. 일간 계수가 제왕지인 亥水에 통근하여 의지처를 확보하고 있으니 내격의 사주이다. 그러므로 월지 식신을 견제하고 관성을 살인상생(煞印相生)할 인성 金과 약한 일간의 세력을 부조할 비겁 水를 용희신으로 도출하며 용신에 의한 성명학적 작명도 金, 水의 오행을 위주로 한다. |

양력 1978년 9월 30일 12시 生

	時	日	月	年
천간:	壬(정인)	乙(일간)	辛(편관)	戊(정재)
지지:	午(식신)	未(편재)	酉(편관)	午(식신)

해설 이 사주를 〈표 23〉에 따라 수량화하면 일간 포함 비겁 20, 식상 24, 관성 40, 재성 26, 인성 10으로 일간, 비겁, 인성의 합산이 30에 불과하니 乙木 일간이 극도로 신약하다. 일간 계수가 未土 지장간 乙木에 통근하고 壬水가 월지 酉金 편관에 통근하여 乙木을 생하니 신약 일간이 의지처를 확보하여 내격의 사주이다. 그러므로 편관을 살인상생할 인성 水와 약한 일간의 세력을 부조할 비겁 木을 용희신으로 도출하며 용신에 의한 성명학적 작명도 水, 木의 오행을 위주로 한다. 일간이 관성의 압박을 받는 형국으로 식상인 火도 용신이 될 수 있는지 살펴야 하는데 일간이 매우 신약하고 천간, 지지에 모두 재성 土가 있어 火生土로 식상제살(食傷制煞)이 어려우니 용신의 역할이 미미하다.

② 일간 세력이 45-60일 때

　중화에 가까운 신약 사주로 특히 일간 세력이 50 이상으로 중화의 수량인 60에 근접하면 성명학적 용신은 억부용신과 격국용신을 모두 고려한다.

예8 양력 1978년 9월 2일 08시 生

	時	日	月	年
천간	甲(정인)	丁(일간)	庚(정재)	戊(상관)
지지	辰(상관)	卯(편인)	申(정재)	午(비견)

해설 이 사주를 〈표 16〉에 따라 수량화하면 일간을 포함한 비겁 29, 인성 31, 식상 20, 재성 40, 관성 0이다. 일간을 포함한 비겁, 인성의 역량이 60으로서 강약을 가리기 어려운 신약이다. 그러므로 억부용신으로 보면 신약하고 월지를 포함한 월주가 정재로서 강하니 재성을 누를 비겁 火를 용신으로 하고 비겁을 생조(生助)하는 인성 木을 희신으로 볼 수 있다.

한편 이 사주의 격국은 순용하는 정재격으로서 정재격과 상생관계인 식상과 관성을 격국용신으로 볼 수 있다. 식상, 관성은 억부용신으로는 용희신이 아니나 사주가 중화에 근접하므로 일간의 세력이 능히 식상, 관성을 감당할 수 있어 식상, 관성이 격국용신으로서 장점을 거의 발휘할 수 있다. 따라서 이 사주는 억부용신인 인성, 비겁 운과 격국용신인 식상, 관성 운에도 운로의 장점을 누릴 수 있어 절묘하니 중화된 사주의 장점이 이와 같다.

③ 일간 세력이 61-75일 때
중화에 가까운 신강 사주로 특히 일간의 세력이 70 이하로 중화의 수량인 60에 근접하면 성명학적 용신은 억부용신과 격국용신을 모두 고려한다.

| 예 9 | 양력 2017년 4월 15일 18시 生 |

	時	日	月	年
천간	己(정관)	壬(일간)	甲(식신)	丁(정재)
지지	酉(정인)	申(편인)	辰(편관)	酉(정인)

| 해설 | 이 사주를 〈표 23〉에 따라 수량화하면 일간 외에 비겁이 없으니 20, 인성 45, 식상 10, 재성 5, 관성 40이다. 일간을 포함한 인성의 역량이 65로서 중화에 가까운 신강이다. 혹자는 합으로 金 기운이 더 강해져 상당히 강한 신강이지 않느냐고 말할 수 있으나 연지와 월지의 辰酉合金은 연지 酉金의 역량과 육합(六合)의 합력 정도로는 월지를 점유하여 세력이 강한 辰土를 金으로 변성시킬 수 없고 여기에 일지와 연지의 申辰合水, 시지와 월지의 辰酉合金 등의 쟁합이 있어 합이 더욱 이루어지지 않으니 결국 중화에 근접한 신강으로 귀결된다. |

그러므로 억부용신법으로 보면 인성이 강하여 신강하니 인성을 제압할 재성 火를 용신으로 하고 火를 생하는 木이 희신이다. 한편 이 사주의 격국은 역용하는 칠살(편관)격으로서 일간이 강하니 칠살인 편관을 제압할 식상(특히 식신)과 편관의 기운을 자연스럽게 누설할 인성이 격국용신이다. 이 사주의 경우는 식신이 억부용신법과 격국용신법에 모두 부합되는 길신이 된다. 따라서 이 사주의 용신에 따르는 성명은 오행배열에서 식신 木이 오행 상생으로 포함되도록 하는 것이 핵심이 된다.

④ 일간 세력이 76 이상일 때

신강한 사주로 중화에서 멀어진 사주이므로 억부용신법을 적용해야 한다. 강한 일간의 세력을 덜어 중화와 균형을 이루게 할 식상, 재성, 관성 중에서 용신을 도출한다. 앞서 언급했듯이 비겁이 강해서 신강하면, 관성이 주된 용신, 재성은 희신, 식상은 관성과 상극됨이 강하지 않는 조건으로 길하게 된다. 만일 인성이 강해서 신강하면 재성이 주된 용신이며 식상은 재성을 생하니 희신이 되며 관성은 인성을 생하는 부작용이 있음을 감안하여 사주 구성에 따라 길흉을 파악한다.

예 10 양력 1976년 3월 19일 10시 生

	時	日	月	年
천간	己(정재)	甲(일간)	己(정재)	乙(겁재)
지지	巳(식신)	子(정인)	卯(겁재)	卯(겁재)

해설 이 사주를 〈표 23〉에 따라 수량화하면 일간을 포함한 비겁 74, 인성 21, 식상 15, 재성 20, 관성 0이다. 일간이 상당히 신왕한 가운데 시주에서 일간 세력을 누설하는 식상, 재성의 기운도 건재하니 내격 사주이다. 그러나 일간을 포함한 비겁, 인성의 역량이 95로서 중화에서 상당히 멀어진 신왕이다. 그러므로 억부용신법으로 보면 비겁이 강하여 신왕하고 일지의 인성까지 가세하니 재성 土와 관성 金을 용신으로 하고 식상 火도 길하게 본다.

(2) 조후용신에 대한 수량화의 적용

사주가 조후를 충족하지 못하면 신강, 신약을 불문하고 조후용신법으로 용신을 도출해야 한다. 사주가 한습하면 사주를 온난하게 할 火와 木이 주된 용신이 되며 이때 未土·戌土는 조토(燥土)로서 지장간에 火를 가짐으로 인해 길(吉)하다. 난조하면 水와 金이 주된 용신이 되며 이때 丑土·辰土는 습토(濕土)로서 지장간에 水를 가짐으로 인해 길(吉)하다. 양력 2월생이 우수(雨水. 2월 19일경) 이전에 나고 사주에 火가 약하면 火를 조후가 안정되게 하는 길신으로 볼 수 있다.

사주 용신을 도출할 때, 억부용신과 조후용신이 일치하지 않을 수 있다. 이때는 앞 절에서 논했다시피 조후용신을 억부용신보다 우선하여 적용한다. 그러나 亥·子·丑월이나 巳·午·未월생으로서 조후용신법의 고려 대상인 사주임에도 조후를 충분히 충족하고 있을 때는 억부용신을 적용함이 타당하다.[47]

조후가 충족이 안 된 사주는 억부법상 일간의 세력이 중화되어 있더라도 조후용신을 격국용신보다 우선한다. 그리고 조후용신과 억부용신이 일치하는 사주를 그렇지 않은 사주보다 더 좋은 용신을 갖는 사주로 볼 수 있다.

그렇다면 조후를 충분히 충족하였다고 판단하여 억부용신법을 적용하는 기준을 어찌 보아야 할 것인가에 대한 분류 기준의 문제가 중요하므로 조후의 충족 요건에 대해 다음과 같이 명시적으로 논한다. 여기서 반드시 유념할 점은 조후용신을 찾을 때는 월지 未는 火 30, 월지 丑은 水 30으로 본다.

첫째, 亥·子·丑월생 사주가 조후를 충족하려면 한습의 원인이 되는 월지 亥·子·丑의 역량 30에 대비되는 火, 木의 역량이 비슷하거나 더 커야 한다. 따라서 火가 2-3개 사주에 있어 수치화된 역량의 합이 30이 되거나 火가 木보다 더 강한 상태에서 일간을 제외한 木, 火 역량의 합이 30 이상이고 근거리에서 木生火가 이루어지면 조후를 충족한다. 만일 火가 木보다 약할 때는 火가 시지, 木이 일지를 나누어 갖고 木이 2-3개 더 있어 강하다면 조후를 충족할 수 있다. 또한, 巳·午·未월생 사주가 조후를 충족하려면 난조의 원인이 되는 월지 巳·午·未의 역량 30에 대비되는 金, 水 역량이 비슷하거나 커야 한다. 따라서 水가 2, 3개 사주에 있어 계량화된 역량의 합이 30이 되거나 水가 金보다 더 강한 상태에서 일간을 제외한 水, 金의 역량의 합이 30 이상이고 근거리에서 金生水가 이루어지면 조후를 충족한다. 만일 水가 金보다 약할 때는 水가 시지, 金이 일지를 나누어 갖고 金이 2-3개 더 있어 강하다면 조후를 충족할 수 있다.

---

47 丙·丁 일간이 亥·子·丑월생이지만 신강하거나 壬·癸 일간이 巳·午·未월생이지만 신강하면 조후는 저절로 해결되는 특징도 있다.

| 예 11 | 양력 2017년 1월 16일 14시 生 |

	時	日	月	年
천간	己(편관)	癸(일간)	辛(정인)	丙(정재)
지지	未(편관)	卯(정재)	丑(편관)	申(편인)

해설 이 사주는 丑월에 태어난 사주로 만물이 얼어붙은 형국이나 사주에 火 1位, 木 1位만 이 자리 잡아 조후를 충족시킬 수 없다. 또한 〈표 23〉에 따라 계량되는 일간 포함 인성 과 비겁의 수치화된 역량 합이 39에 그쳐 신약하다. 이때 조후용신으로 보면 용희신 이 木, 火이고 억부용신으로 보면 용희신이 金, 水가 되어 조후용신과 억부용신이 다 르다. 이럴 때는 마땅히 조후용신을 우선하니 용희신은 木, 火가 되며 조토(燥土)인 未 土, 戌土는 길하고 水, 金은 한습한 사주를 더욱 한습하게 하므로 불리하다.

| 예 12 | 양력 2016년 6월 28일 08시 生 |

	時	日	月	年
천간	壬(상관)	辛(일간)	甲(정재)	丙(정관)
지지	辰(정인)	巳(정관)	午(편관)	申(겁재)

해설 이 사주는 午월에 태어난 사주로 난조함이 큰데 여기에 丙, 巳, 甲이 사주의 조열을 부 추기는 형국이나 사주에 水 10, 일간 제외한 金 9만으로는 난조가 해소되지 못하므로 조후가 충족되지 않는다. 따라서 조후용신법에 의거, 용희신이 水, 金이고 습(濕)한 土 인 丑土, 辰土도 길하다.

| 예 13 | 양력 1999년 1월 23일 10시 生 |

	時	日	月	年
천간	丁(정인)	戊(일간)	丁(정인)	己(겁재)
지지	巳(편인)	子(정재)	丑(겁재)	巳(편인)

해설 이 사주는 한습한 丑월에 태어난 사주이고 월지가 丑이면 조후용신 대상으로서 조후 용신을 찾을 때는 丑을 水 30의 기운으로 본다. 火가 4위가 있어 〈표 23〉에 따라 수량 화되는 火의 역량이 54에 丑, 子의 水의 기운을 능가하니 조후가 충족된 것으로 보고 억부용신법을 따른다. 이때 丑은 다시 土 30으로 본다. 따라서 일간 포함 인성, 비겁의

계량되는 역량이 99에 이르러 상당히 신강하니 억부용신법에 따라 인성, 비겁을 동시에 견제할 水와 水를 생하는 金이 동시에 용신이 된다.

<table>
<tr><td>예 14</td><td colspan="5">양력 2017년 1월 3일 14시 生</td></tr>
<tr><td></td><td>時</td><td>日</td><td>月</td><td>年</td></tr>
<tr><td>천간</td><td>癸(상관)</td><td>庚(일간)</td><td>庚(비견)</td><td>丙(편관)</td></tr>
<tr><td>지지</td><td>未(정인)</td><td>寅(편재)</td><td>子(상관)</td><td>申(비견)</td></tr>
</table>

해설 이 사주는 子月에 태어난 사주로 만물이 얼어붙은 형국이니 火와 木이 조후용신이 된다. 한편 이 사주의 일간, 인성, 비겁의 역량의 합계는 〈표 23〉에 따라 54이니 신약하다. 비록 중화된 신약이나 조후가 시급하므로 억부·격국용신보다 조후용신을 취용한다. 따라서 관성 火와 관성을 생해 주는 재성 木이 용신이 되는 사주이며 조토(燥土)인 未土, 戌土는 길하다.

둘째, 월지가 亥·子·丑인데 시지도 亥·子·丑이거나 사주에 水, 金이 더 있으면 조후를 충족할 木, 火의 필요량도 증가하여 한습한 간지의 수량에 근접해야만 한다. 또한 월지가 巳·午·未인데 시지도 巳·午·未이거나 사주에 火, 木이 더 있으면 조후를 충족할 金, 水의 필요량도 증가하여 조열(燥熱)한 간지의 수량에 근접해야 한다. 예를 들어 子月 子時 生인 사주의 조후를 충족하려면 월지, 시지의 한습한 기운의 역량 합 45에 근접하는 木, 火가 있거나 일지를 포함하여 火 3개는 있어야 한다.

<table>
<tr><td>예 15</td><td colspan="5">양력 2016년 1월 13일 01시 生</td></tr>
<tr><td></td><td>時</td><td>日</td><td>月</td><td>年</td></tr>
<tr><td>천간</td><td>甲(겁재)</td><td>甲(일간)</td><td>己(정재)</td><td>乙(겁재)</td></tr>
<tr><td>지지</td><td>子(정인)</td><td>午(상관)</td><td>丑(정재)</td><td>未(정재)</td></tr>
</table>

해설 이 사주는 丑月의 子時에 태어난 사주 명조가 극도로 한습하다. 만물이 얼어붙은 형국으로 사주에 火 1위, 木 3위가 자리 잡았고 〈표 16〉에 의거하면 일간을 제외한 木, 火의 합산 수치가 35이지만 연간 乙木은 일지 午火와 거리가 멀어 午火를 조력하기가

어렵다. 표월 子시생이니 월지, 시지의 역량 합 45로 수량화되는 한습함을 木, 火가 부족하여 해소하지 못하니 조후 충족 기준에 못 미친다. 그러므로 조후가 안정되지 않는 사주로서 용희신은 火, 木이 된다.

(3) 수량화의 통관용신에 대한 적용

내격 사주에는 억부, 조후용신법 외에 통관용신과 병약용신이 있다. 통관용신법은 두 오행이 수량이 비등하게 강하면서 상극일 때 상극을 중재하는 오행이 용신됨을 말한다. 앞의 사주를 재예시해서 논하겠다.

예 16

	時	日	月	年
천간	庚(金)	壬(水)	己(土)	戊(土)
지지	子(水)	子(水)	未(土)	戌(土)

해설 │ 이 사주는 〈표 23〉에 의해 水 56, 金 10, 土 54로 수량화된다. 土와 水는 세력이 비등하면서 사주를 거의 양분하고 있다고 보아도 과언이 아니다. 따라서 비등한 세력으로 대립하면서 상극하는 土와 水를 중재하여 화해시킬 金이 통관 용신이 됨을 파악할 수 있다.

한편 병약용신을 적용하는 사주는 원래 병약용신이 세력의 수량보다는 위치적 개념이고 억부, 조후용신법의 용희신과 대부분 중복되므로 이상에서 논한 방식을 따르면 용신 도출에 어려움이 없다.

이상으로 수치화를 통한 내격사주의 성명학적 용신법을 살펴보았다. 특히 중화에 근접한 사주에 대해 격국용신을 병행할 것을 제안하고 조후가 충족되는 요건을 명시함에 따라 내격사주에서 성명학적 용신 도출의 오류가 생길 소지를 최소화했다는 점을 연구 성과로서 강조할 수 있다.

필자는 사주 명조에 계량화[수량화]를 도입한 연구가 한계성이 다소 있더라도 명리학 발

전과 성명학적 용신론의 체계화에 기여하기를 바라며 실증적 연구를 지속하고자 한다.[48]

4. 종격(從格)사주의 용신

명리학에서 용신을 도출하는 방법은 다양하다.[49] 그중에서 한 가지 오행의 기세가 왕성하여 순일(純一)한 경우 그 기세를 거스르지 않고 따르는 순응(順應)용신법을 따르는 특수한 사주를 외격(外格), 종격(從格), 변격(變格), 순응격(順應格) 등으로 부르는데[50] 일반적인 용신법을 따르는 내격(內格)사주와 대비가 된다. 종격 이론은 선학자(先學者)들의 경험적 체험과 연구에 의한 특수한 해석법으로서 용신론의 한 가지를 형성하고 있다. 최근 종격을 부정하는 시류(時流)도 있으나 『적천수』, 『적천수천미』, 『연해자평』, 『명리약언』, 『자평진전』 등 주요 명리고전(命理古典)들이 종격을 다루고 있으므로 학자에겐 '부정이 아닌 탐구'의 자세가 필요하다.

흔히 종격(從格)에 해당하는지 고려해야 하는 사주를 만나면 학자는 난관에 부딪히기 일쑤다. 그것은 종격을 언급한 명리고전들이 종격에 대해 다소 원론적으로만 설명하고 있어서 복잡하고 다양한 사주에 대해 세밀한 원칙과 기준을 적용하기가 어려울 뿐 아니라 종격에 대한 명리·성명학계의 선행 연구가 미진한 원인도 있다고 사료된다.

사주 명조(四柱命造) 가운데 종격이거나 종격과 유사한 내격의 사주 명조는 적지 않다.[51]

---

48 지금까지 3) 소절 사주 수량화에 의한 용신도출은 "이재승, 「사주명조의 계량화와 성명학적 용신법 고찰-내격사주를 중심으로」, 『동방문화와 사상』 6, 2019c, 99-133쪽"의 일부 내용을 수정하여 인용하였다.

49 이하 종격사주의 용신은 "이재승, 「현대사회의 종격사주에 대한 고찰」, 『인문사회 21』 9(2), 아시아문화학술원, 2018b, 827-839쪽"을 일부 수정하여 인용하였다.

50 본 논문에서는 종격(從格)으로 통칭한다.

51 논자는 종격이나 종격과 매우 유사한 내격의 사주 명조는 전체 사주의 약 10% 정도로 본다. 실제로, 논자는 선행 논문(이재승·김만태, 「문화적 활용 요소로써 오링 테스트와 명리·성명학의 상관성 고찰」, 『인문사회 21』 9(1), 아시아문화학술원, 2018, 569-580쪽)에서 50인 실험 대상의 용신을 도출하였는데 이 중 2인이 종격이었고 종격은 아니나 그 가능성을 깊이 고려한 사주가 다수 있었다.

그러므로 종격사주의 판별 기준을 정립하여 종격에 해당하거나 종격과 유사한 현대인에 대해 명리·성명학적으로 올바른 판별과 적용이 이루어질 수 있게 해야 한다.

이에 따라 본 장에서는 순응 용신법인 종격에 대해 고찰한다. 먼저 종격의 유형을 정리하고 종격의 성립에 큰 영향을 미치는 합충이론(合沖理論)을 개괄(槪括)한 후 종격의 판별 원칙을 세우고 이어서 종격 사주의 현대적 적용법에 대해 제안하고자 한다.

1) 종격 이론

종격은 크게 보아 일간(日干)의 오행으로 종(從)하는 격, 일간이 다른 십성(十星)으로 종하는 격으로 구분된다.

(1) 일간(日干)의 오행으로 종(從)하는 격

이 유형은 사주 명조가 일간과 동일한 오행으로 종(從)하는 형식이다.

① 곡직격(曲直格): 아래의 주(註) 52)의 내용을 해석하면 곡직격은 甲·乙 일간의 사주가 寅卯辰, 亥卯未 등의 합국(合局)을 취하고 庚·辛의 금기운을 보지 않아 木의 세력이 강하여 木으로 종하는 사주이다.[52] 木과 상극인 金·土를 꺼린다.

② 염상격(炎上格): 아래의 주(註) 53)의 내용을 해석하면 염상격은 丙·丁 일간의 사주에 巳午未 방합, 寅午戌 삼합 등의 합국으로 火의 세력이 강하여 火로 종하는 사주이다.[53] 火와 상극인 水·金은 火를 상극하니 꺼린다.

③ 가색격(稼穡格): 아래의 주(註) 54)의 내용을 해석하면 가색격은 戊·己 일간의 사주가

---

52 徐升 編著, 『淵海子平評註』〈外十八格〉曲直格, "此格, 以甲乙日干, 取地支寅卯辰, 惑亥卯未木局, 要不見庚辛之氣, 見庚辛則官殺."

53 徐升 編著, 『淵海子平評註』〈外十八格〉炎上格, "且如丙丁二日, 見寅午戌全, 惑巳午未全者, 是也."

지지에 辰戌丑未가 전부 있으면서 土로 종하는 사주이다.[54] 천간 지지가 土 일색(一色)이 됨을 좋아하며 木·水는 土를 상극하니 꺼린다.

④ 종혁격(從革格): 아래의 주(註) 55)의 내용을 해석하면 종혁격은 庚·辛 일간의 사주에 辛酉戌, 巳酉丑 등의 합국으로 金의 세력이 매우 강하다.[55] 金과 상극인 火·木을 꺼린다.

⑤ 윤하격(潤下格): 아래의 주(註) 56)의 내용을 해석하면 윤하격은 壬·癸 일간의 사주에 亥子丑, 申子辰 등의 합국으로 水의 세력이 매우 강하여 水로 종하는 사주이다.[56] 水와 상극하는 土·火를 꺼린다.

(2) 일간이 십성(十星)으로 종하는 격

임철초(任鐵樵)는 『적천수천미(滴天髓闡微)』의 종상(從象)에서 다음을 언급하였다.

> 종상은 하나가 아니다. (…) 일주가 고립되면 기운이 없다. 사주에서 일주를 도와줄 뜻이 없고 관성이 가득하면 종관(從官)이 되고 재성이 가득하면 종재(從財)가 된다.[57]

따라서 일간이 비겁의 세력이 막강하여 거스르지 못하고 비겁을 따르면 종왕격(從旺格), 인성의 세력이 강하여 거스르지 못하고 인성을 따르면 종강격(從强格), 식상의 세력이 강하여 거스르지 못하고 식상을 따르면 종아격(從兒格), 재성의 세력이 막강하여 재성을 따르면 종재격(從財格), 관성의 세력이 막강하여 관성을 따르면 종살격(從殺格)이다.

---

54 徐升 編著, 『淵海子平評註』〈外十八格〉稼穡格, "以戊己二日生, 值辰戌丑未全者是也."

55 徐升 編著, 『淵海子平評註』〈外十八格〉從革格, "此格, 以庚辛日, 見巳酉丑金局全, 惑申酉戌全者是也."

56 徐升 編著, 『淵海子平評註』〈外十八格〉潤下格, "且如壬癸日, 要申子辰全, 惑亥子丑全者, 是也."

57 任鐵樵 增注, 袁樹珊 撰集, 『滴天髓闡微』從象, "從象不一, (…) 日柱孤立無氣. 四柱無生扶之意, 滿局官星, 爲之從官, 滿局財星, 爲之從財."

또한, 임철초는 다음의 천간합(天干合) 이론을 바탕으로 『적천수천미(滴天隨闡微)』의 화상(化象)에서 화격(化格)을 말하였다.

> 천간합이란 기는 갑의 처로서 갑기합이고, 신이 병의 처로서 병신합이며, 계는 무의 처로서 무계합이며, 을이 경의 처로서 을경합이며, 정이 임의 처로서 정임합이다.[58]

그러므로 사주에서 천간합이 완벽하고 나머지 간지오행의 기운이 천간합의 결과 오행이나 그 오행을 상생하는 기운으로 가득 찰 때, 성립하는 종격을 화격(化格)이라고 말한다. 화격의 종류는 이하와 같다.

甲己合土 하고 사주를 土나 土를 생하는 火 기운이 장악할 때, 丙辛合水 하고 사주에 水나 水를 생하는 金 기운이 가득 찰 때, 戊癸合火 하고 사주에 火나 火를 생하는 木 기운이 가득 찰 때, 乙庚合金 하고 사주에 金이나 金을 생하는 土 기운이 가득 찰 때, 丁壬合木 하고 사주에 木이나 木을 생하는 水 기운이 가득 찰 때 등 5종이다.

또한, 식상, 재성, 관성 3자의 세력이 대등하게 막강하고 일간이 의지처가 없는 가운데 상극을 받을 때 대세에 따라 식상, 재성, 관성으로 용신을 정하는 종세격(從勢格)[59]이 있다.

그 밖에 가종격(假從格), 가화격(假化格), 양신성상격(兩神成象格)이 있다. 가종격(假從格), 가화격(假化格)은 세력이 강한 오행으로 순응함에 있어서 이를 방해하는 오행이 있으나 무력(無力)하므로 결국 종격으로 귀착(歸着)되는 유형을 말한다. 가종격, 가화격이 성립하면 복록은 순수한 종격보다 약하며 용신은 종격에 준하여 도출한다.

양신성상격은 세력이 비등한 두 오행으로만 구성된 사주가 오행상 상생(相生)이 되면 성립하고 이 두 오행이 용신이 된다.

---

58 蕭吉 撰, 嚴繹 審訂, 『五行大義』 論合, "干合者, 己爲甲妻, 故甲與己合, 辛爲丙妻, 故丙與辛合, 癸爲戊妻, 故戊與癸合, 乙爲庚妻, 故庚與乙合, 丁爲壬妻, 故壬與丁合."

59 任鐵樵 增注, 袁樹珊 撰集, 『滴天隨闡微』 從象, "從勢者, 日柱無根, 四柱財官食傷並旺,(…)必行財運以和之, 引通食傷之氣, 助氣財官之勢, 則吉, 行官殺運次之, 行食傷運次之此之, 如行比劫印綬, 必凶無疑, 試之屢要驗."

2) 종격과 합충 이론

사주 명조에서 여러 방해 요소들을 극복하고 합이 성립하는지의 여부가 종격의 성립에 결정적 영향을 미친다. 따라서 이제부터 합충(合沖) 이론을 살펴보겠다.

(1) 지지충(地支沖), 천간충(天干沖)

충·형은 합을 분산시키는 작용을 하며 충이 나는 정 오행의 거리가 멀면 작용력은 약화된다. 지지충에는 子午, 丑未, 寅申, 卯酉, 辰戌, 巳亥 등 6가지 충이 있고 지지의 형에는 寅巳申3형, 寅巳형, 巳申형, 丑戌未3형, 丑戌형, 未戌형, 子卯형 등이 있다. 천간충은 金, 木의 상쟁(相爭)인 甲庚沖과 乙辛沖, 水火의 쌍전(双戰)인 丙壬沖과 丁癸沖이 있으나 천간오행의 상극 모두 충으로 보기도 한다.[60]

(2) 천간합(天干合)

천간합은 甲己가 합하여 土, 乙庚이 합하여 金, 丙辛이 합하여 水, 丁壬이 합하여 木, 戊癸가 합하여 火가 되는 합이다. 천간합은 충에 의해 분산되며 거리가 멀면 합력이 약해진다.

(3) 방합(方合)

방합이란 계절을 상징하는 지지가 집단을 형성하여 합하는 것을 말한다. 寅卯辰이 모여 목국(木局), 巳午未가 모여 화국(火局), 申酉戌이 모여 금국(金局), 亥子丑이 모여 수국(水局)을 만드는 합이다.[61] 사왕지지(四旺地支)[62]인 子, 午, 卯, 酉가 월지에 있으면서 일지와 연지,

---

60 『오행대의(五行大義)』의 관점에 따라 천간오행의 상극을 충으로 확장하여 보게 되면 甲戊沖, 乙己沖, 丙庚沖, 丁辛沖, 戊壬沖, 己癸沖 등도 포함되지만 충의 강도(強度)는 원래의 천간 충보다 약하다.

61 김만태, 앞의 책, 2017, 160쪽.

62 子月은 水 기운이 강하고 午월은 火 기운이 강하고 卯월은 木 기운이 강하고 酉월은 金 기운이 강하다. 그러므로 子, 午,

또는 일지와 시지와 함께 방합을 하면 합이 강력하다. 이때 천간에서 합의 결과와 일치하는 오행이 끌어주면 합력이 강화된다. 子, 午, 卯, 酉가 월지가 아니면 합력은 약하며 합의 결과와 같은 천간 오행이 끌어주거나 子, 午, 卯, 酉가 2개는 있어야 한다. 방합의 일부인 준방합은 합력이 미약하다. 예를 들어 寅卯辰 방합에서 그 일부인 卯辰만 모이면 합력이 미약하니 辰土는 원래대로 土로 보아도 무방하다.

(4) 삼합(三合)

삼합이란 亥卯未가 모여 木局, 寅午戌이 모여 火局, 巳酉丑이 모여 金局, 申子辰이 모여 水局을 이루는 합이다.[63] 삼합의 일부분 합인 준삼합은 준방합과는 달리 자체로써 합력이 인정된다, 亥卯未 삼합을 예로 들면 합력(合力)은 월지가 卯인 3합 〉 월지가 卯가 아닌 3합 〉 亥卯합, 卯未합 〉 亥未합 순서로 합력이 강하며 다른 삼합도 같은 원리이다.[64]

(5) 육합(六合)

육합은 子丑이 모여 土, 寅亥가 모여 木, 卯戌이 모여 火, 辰酉가 모여 金, 巳申이 모여 水, 午未가 모여 火가 되는 6종류의 합이다. 지지의 본래 오행의 기운 중 일부가 다른 오행으로 변한다고 보면 된다.[65] 육합도 합 결과 오행과 같은 천간이 합을 이끌면 합력이 강해진다.

卯, 酉를 사왕지지(四旺地支)라고 한다.

63 徐升 編著, 『淵海子平評註』第一編 第一章 第六論, "申子辰水局, 亥卯未木局, 寅午戌火局, 巳酉丑金局."

64 『명리약언』의 「지삼합론」에서는 亥卯未 삼합의 경우 두 자만 모이는 亥卯, 卯未, 亥未에 대해 이 역시 결과오행이 木인 합을 인정하고 있다. 왕지 卯가 있는 亥卯, 卯未는 왕지 卯가 없는 亥未보다는 합력이 강하다. 합의 양태에 따른 분류가 필요한데 명칭에 대한 언급이 없다. 그러므로 필자는 본서에서 왕지가 포함되는 두 자 삼합을 '준삼합', 왕지가 없는 두 자 삼합을 '반합'으로 명명하고 마찬가지로 왕지가 있는 두 자 방합도 '준방합'으로 명명하여 논하겠다.

65 "사주에 지지 육합이 있다 하여 전부 합으로 볼 수 없으며(合而不合), 합한다고 해서 반드시 다른 오행으로 변하는 건 아니다(合而不化)." 김만태, 앞의 책, 2017, 160쪽.

3) 종격의 판별

일반적으로 종격이 성립하면 주된 오행과 주된 오행을 생(生)하는 오행 위주로 용신을 세우며 사주 구성에 따라 주된 오행이 극(剋)하는 오행이 미력하다면 주된 오행이 생하는 오행이 길신(吉神)으로서 복록이 깊을 수 있다. 여기서 주된 오행이 생하는 오행이 길신이 되는 것은 중화의 원리이다.[66] 지금부터 명리 고전의 분석, 합충 이론, 선학자의 연구, 논자의 관찰 등을 바탕으로 종격을 판별하는 원칙을 제안한다.[67]

① 지지의 합이 세력이 강한 왕신(旺神)의 성질이 될 때 천간합의 기운이 왕신(旺神. 세력이 막강한 오행)과 일치하여 동일오행의 집단체(集團體)를 이루면 천간합은 합의 방해 요소에 관계없이 성립하여 종격이 된다. 천간합의 방해 요소는 거리가 먼 합(合), 2:1의 쟁합(爭合), 천간 충(沖), 천간 오행이 지지나 지장간(地藏干)의 중기, 정기에 의지처를 두고 통근할 때이며, 통근력은 록왕지(祿旺地)[68]일 때 강하다.

예 17	음력 1968년 7월 15일 酉시

	時	日	月	年	
천간	乙(木)	庚(金)	庚(金)	戊(土)	* 예 18)부터는 연월일시, 천간 지지 표시 생략함.
지지	酉(金)	戌(土)	申(金)	申(金)	* 일 천간이 사주에서 나[我]임.

ㄱ) 지지가 申酉戌 방합으로써 금국(金局)이 실현된다. 비록 월지가 완지인 酉가 아니더라도 천간의 두 개의 庚金이 합을 견인하니 지지가 금국(金局)이 된다.

---

66 강성인, 「『淮南子』의 음양오행학설과 사주명리의 연관성 연구」, 동방문화대학원대학교 박사학위논문, 2017, 173쪽.

67 종격의 판정에 있어서 3) 소절의 내용은 원리임을 밝히며 실제 임상 시에는 양일간의 종격, 가종격 등에 대한 판정은 이보다 다소 보수적이고 엄격한 원칙을 적용함이 필요하다.

68 戊土, 己土를 제외한 천간오행이 지지 지장간의 중기, 정기의 자신과 동일오행인 비겁에 근거할 때, 戊土, 己土가 지지나 지지 지장간 중기, 정기의 火에 근거할 때를 말한다. 천간오행이 록왕지에 근거를 두면 합을 안 하려는 저항력이 발생한다.

ㄴ) 일반적인 내격이라면 시 천간의 乙이 두 개의 庚과 1:2의 쟁합 상태이고 庚金이 지지의 酉, 申이라는 록왕지에 근거하니 乙庚合金이 되지 않을 것이다.

ㄷ) 그러나 지지의 申酉戌 방합의 금국과 천간의 乙庚合金이 동일한 오행 성을 이루는 집단체를 이루니 모든 합은 성립되며 연 천간의 戊土는 土生金으로 금국을 지원한다. 그러므로 乙庚合金에 의한 화격 사주로 주된 오행인 金에 종하니 金 및 土, 水 3자(者)가 용신이 된다.

② 월지가 왕지(子, 午, 卯, 酉)이고 합의 3자가 이웃하는 지지의 삼합, 방합이 합을 주동하면서 준삼합, 육합, 준방합 등이 동질성으로 가세하면 지지의 합력이 강력하니 종격 성립의 요인이 된다. 이런 경우가 아니면 방합의 절반인 준방합은 합의 작용력이 미미하다.

| 예 18 | 양력 2007년 3월 14일 辰시 |

| 甲(木) | 丁(火) | 癸(수) | 丁(火) |
| 辰(土) | 未(土) | 卯(木) | 亥(水) |

ㄱ) 월지 卯가 주동되어 亥卯未 3합으로써 목국(木局)을 성사시킨다.

ㄴ) 辰土가 3합에 반(反)하지 않고 월지 卯와 卯辰木이라는 준방합으로 가세하니 지지가 강력한 木의 동질성을 가진 합국이다.

ㄷ) 천간 甲木은 木局을 견인하며 丁火는 인성인 목국(木局)에 동조하고 癸水는 지지가 온통 木의 세상이 되어 통근이 불가하고 丁火와 정계충으로 약해지면서 木局에 水生木으로 가세한다. 결국 일간 丁火가 목국(木局)인 인성(印星)의 기운을 따르는 종강격이 성립한다. 그러므로 주된 오행 木과 水, 火 3자가 용신이 된다.

③ 삼합, 방합, 준삼합, 준방합, 육합 등으로 지지에 강한 동일오행의 합국이 형성되면 이와 상극인 천간 오행은 지지 지장간(地藏干)에 의지할 수 없다.

양력 2010년 6월 17일 卯시

乙(木)	戊(土)	壬(水)	庚(金)
卯(木)	戌(土)	午(火)	寅(木)

ㄱ) 월지가 午가 주동되어 寅午戌 삼합으로써 화국(火局)을 성사시킨다.

ㄴ) 원래는 시주(時主)의 乙卯는 木 동일오행의 주(柱)이니 乙이 록왕지에 근거한 것이 되어 卯가 합에 응하지 않을 수 있지만 월지에 왕지 午가 주동하고 합의 3자가 인접하니 강력한 3합이 성립하고 이러한 대세에 육합인 卯戌合火가 가세한 형국이다.

ㄷ) 천간 乙木은 木生火로 火局에 동조하고, 壬水·庚金은 지지 화국에 의해 의지처를 상실하니 壬水·庚金은 통근이 불가하여 무력하다. 결국 일간 戊土가 화국(火局)인 인성(印星)의 기운을 따르는 종강격이 실현되나 종격의 방해 인자(因子)인 壬水, 庚金이 있으므로 가종강격이 성립한다. 따라서 방해 인자(因子)를 견제하는 주된 오행 火를 위주로 木, 土 3자가 용신이 된다.

④ 지지의 강력한 합이 관성일 때 인성이 일간의 곁에서 일간을 생조(生助)하면 일간이 의지처를 확보하므로 종하지 않는다.

예 20 음력 1966년 9월 25일 寅시

戊(土)	庚(金)	戊(土)	丙(火)
寅(木)	午(火)	戌(土)	午(火)

ㄱ) 지지에서 비록 午가 월지가 아니지만 두 개의 午가 합을 주동하고 있는데 연 천간의 丙火가 합을 견인하니 寅午戌 3합에 의한 화국이 강력하다.

ㄴ) 두 개의 戊土가 화국으로부터 火生土를 받아 일간 庚金을 土生金으로 생조하니 일간 庚金의 의지처가 있다. 그러므로 이 사주는 종하지 않으며 내격의 사주가 된다.

⑤ 일간을 제외한 나머지 7개의 정 오행이 식상, 재성, 관성의 3자가 비등할 때 성립되는 종세격은 일간, 천간의 비겁·인성이 지지나 지장간의 중기, 정기에 각각 의지처가 없어야 성립한다. 이런 경우 양일간은 가까운 주(柱)의 지장간 중기나 정기의 비겁, 인성 오행에 의지하여 종(從)하지 않을 수도 있다. 그러나 음일간은 반드시 가까운 주(柱)의 지장간 중기나 정기의 록왕지에 근거해야만 종하지 않는다. 하지만 이때에도 인접하는 간지오행과 강한 천간충이 있을 경우 견디질 못하고 종한다. 이것은 "양일간은 기(氣)를 따르고 세력을 좇지 않으며 음일간은 세력을 따르나 무정하다."[69]는 원칙에 입각한 것이다.

예 21   양력 1964년 4월 4일 巳시

| 丁(火) | 癸(水) | 丁(火) | 甲(木) |
| 巳(火) | 未(土) | 卯(木) | 辰(土) |

ㄱ) 일간 癸水 외에 식상 木, 재성 火, 관성 土로만 구성되고 3자의 세력이 비등(比等)하다.

ㄴ) 일간 癸水는 연지 辰土의 지장간 중기의 癸水에 근거하려고 하나 거리가 멀다. 그런 가운데 丁癸沖으로 음 일간이 더욱 약해지니 종세격으로 귀결되고 용신은 식상, 재성, 관성이 각각 해당하는 木, 火, 土 3자가 된다.

예 22   양력 1964년 6월 3일 辰시

| 丙(火) | 癸(水) | 己(土) | 甲(木) |
| 辰(土) | 未(土) | 巳(火) | 辰(土) |

ㄱ) 일간 癸水는 정 오행으로 자신의 세력인 인성 金, 비겁 水가 없으며 사주가 식상 木, 재성 火, 관성 土로만 구성되고 이 3가지 세력이 비등하니 종세격일 것 같다.

ㄴ) 일간 癸水는 시지 辰土의 지장간 중기의 癸水에 근거하고 있고 여기에 巳火 중기의

---

69   任鐵樵 增注, 袁樹珊 撰集, 『滴天髓闡微』〈論天干〉, "五陽從氣不從勢, 五陰從勢無情義."

庚金, 연간 辰土의 지장간 중기의 癸水에 근거할 수 있는 요소가 추가된다. 다른 고려 요소인 己癸沖도 甲己合土로 풀리고 있다.[70] 그러므로 일간이 확실한 의지처를 가지니 종하지 않는다.

⑥ 천간오행은 지장간 여기 및 충과 형이 강한 중기나 정기에 의지할 수 없다.

예 23	음력 1928년 12월 4일 戌時

甲(木)	己(土)	乙(木)	戊(土)
戌(土)	未(土)	丑(土)	辰(土)

ㄱ) 김영삼 대통령의 사주 명조이다. 지지가 辰, 戌, 丑, 未의 土 일색이고 일간 己와 甲은 甲己合土로써 토국(土局)에 가세한다.

ㄴ) 월간 乙木이 未土·辰土 지장간 중기의 乙木에 근거, 土를 상극하니 종격이 아닌 것 같다.

ㄷ) 그러나 지지가 辰戌沖, 丑戌未 3형 등의 형충으로 지장간이 흔들리니 월천간 乙木이 未, 辰의 지장간 중기의 乙木에 기댈 수 없는 문제가 발생하여 土를 상극할 기력이 없다. 따라서 甲己合土에 의한 가화격이 성립하고 종격에 반대 요소인 월간의 乙木을 제거할 金과 일산 세력을 강화할 土, 火 3자가 용신이다.

⑦ 지지에 한 오행으로 통일되는 합국이 없고 천간에 인성, 비겁이 있다 해도 음일간의 경우에는 인성, 비겁이 지지나 지장간 중기·정기에 근거가 없으면 가종격이 될 수 있다. 이것은 앞서 말한 대로 "양일간은 기(氣)를 따르고 세력을 따르지 않으며 음일간은 세력을 따르며 무정하다."의 원리에 입각한다.

---

70 하나의 간지에 대해 합과 충이 중첩되면 합, 충 모두 성립하지 않는다.

예 24	양력 2018년 6월 22일 酉시			
	乙(木)	乙(木)	戊(土)	戊(土)
	酉(金)	酉(金)	午(火)	戌(土)

ㄱ) 일간이 시간의 비견인 乙木에 병립하나 지지, 지장간 어디에도 두 乙木이 통근할 의
  지처가 없다.

ㄴ) 식상 火, 재성 土, 관성 金의 세력이 비등하다. 乙 일간이 천간에서 비견 乙을 하나
  더 얻고 있으므로 가종세격으로서 火, 土, 金이 용신이다.

⑧ 월지가 子, 午, 卯, 酉가 아닌 방합, 삼합은 합력이 약하다. 이 경우 子 2개, 午 2개,
卯 2개, 酉 2개가 있으면 합력이 강해지며 여기에 천간에서 지지합과 동일 오행이 합을 견
인하면 합력이 더욱 강하여 종격을 성립시킬 수 있다.

예 25	양력 2013년 7월 15일 午시			
	丙(火)	壬(水)	己(土)	癸(水)
	午(火)	午(火)	未(土)	巳(火)

ㄱ) 월지 午가 아니지만 두 개의 午가 巳午未 방합을 성사시키고 천간 丙火가 합을 견
  인한다.

ㄴ) 천간의 癸水는 지지가 강한 화국으로써 지지, 지장간에 근거할 수 없고 화국을 상극
  하기에는 미력하며 己癸沖으로 더욱 약화된다. 己土는 화국이 생(生)하는 오행으로
  화국에 반하지 않는다.

ㄷ) 일간 壬水에겐 火는 재성이다. 따라서 일간 壬水가 재성을 따르는 종재격인데 종격
  의 방해 인자(因子)인 癸水가 있으므로 가종재격이 성립한다. 용신은 주된 오행인 火
  가 생하는 오행으로서 종격의 방해 인자인 癸水를 토극수(土剋水) 하여 제거할 土가
  가장 길하고 주된 오행 火, 주된 오행을 생하는 木 등 3자가 용신이 된다.

이상으로 종격의 판별법을 살펴보았다. 또한 종격의 판별 시, 이상의 판별 원칙 이외에도 논자가 선행논문[71]에서 밝힌 오링 테스트와 오색(五色)의 상관관계를 유용한 참고자료로 활용할 수 있다. 종격은 순수할수록 복록(福祿)이 크다. 반대로 어렵게 성사된 가종격·가화격, 월지가 子·午·卯·酉가 아니거나 합력이 약하여 내격과 유사한 종격, 土로 종하나 지지에 조토[未, 戌], 습토[丑, 辰]의 조화가 없는 종격은 복록이 약화되고 굴곡이 큰 단점이 있다.

4) 종격의 현대적 적용

종격은 오행 구성이 편중(偏重)된 구조이다. 따라서 한 가지 오행이 강하게 발달하고 있지만 반면에 없는 오행도 있기 마련이다. 그러므로 주로 한 가지 오행의 심리적 특성이 강하다. 『오행대의』에서는 다음과 같이 말한다.

> 木의 기운을 많이 받은 사람은 그 성정이 굳세고 바르고 어질고, 火의 기운을 많이 받은 사람은 그 성정이 맹렬하고 예의 바르며, 土의 기운을 많이 받은 사람은 그 성정이 너그럽고 온화하며 신의가 있고, 金의 기운을 많이 받은 사람은 그 성질이 강하고 결단을 잘하며 의리가 있고, 水의 기운을 많이 받은 사람은 그 성질이 침착하고 드러내지 않으며 지혜가 많다(…).[72]

이 말을 현대에서도 종격사주에 대해 적용할 수 있으므로 종격사주가 갖는 발달 오행의 장점을 최대한 활용하는 심리·적성 상담이 요망된다. 종격의 순수성이 약하여 내격과 유사한 종격사주는 종격의 장점과 오행이 편중된 사주의 단점이 함께 표출된다. 특히 과다한 오행이 있으나 종격에 편입되지 못한 사주들이 갖는 부정적 성향과 유사한 단점이 존재할

---

71 이재승, 김만태, 앞의 글, 2018b, 569-580쪽.

72 蕭吉 撰, 嚴繹 審訂, 『五行大義』〈論諸人〉, "受木氣多者, 其性勁直而懷人, 受火氣多者, 其性猛烈而尙禮, 受土氣多者, 其性寬和而有信, 受金氣多者, 其性剛斷而含義, 受水氣多者, 其性沈隱而多知."

수 있음을 고려하는 상담과 지도가 필요하다.[73]

<표 24> 종격사주의 주된 성품·직업적성

종격명	성품	직업적성	종격명	성품	직업적성
곡직격	인자·자유·자존	어문·법학·교육	종재격	원만·관대·고집	금융·재계·연예
염상격	예의·정의·급성	예체능·관록	종살격	온화·관대·권위	권력·공직·기업
가색격	믿음직·고집	정치·종교·의료	갑기토화격	중후·신용·명예	공직·금융·중개
종혁격	강직·비판·고집	공학·공직·의료	을경금화격	강직·완벽·고집	공학·공직·의료
윤하격	지혜·총명·박식	금융·연구·전산	병신수화격	총명·박식·풍류	공직·유통·수산
종강격	재능·학식·고집	교육·연구·예술	정임목화격	품위·다정·자유	법조·어문·교육
종왕격	존경 욕구·고집	교육·예술·정치	무계화화격	품위·화려·무정	예능·관록·학자
종아격	원만·언어·창의	언론·교육·재계	종세격	선량·인격·예민	교육·언론·공직

또한, 오행이 균등한 내격 사주들은 불리한 운(運)이 와도 오행 간의 상호 부조(扶助)로 안정될 수 있지만 종격사주는 그렇지 못하니 굴곡이 더 클 수 있다.

종격사주의 성명학적 작명은 용희신 오행의 상생 원칙에 근거하여 이루어져야 한다. 특히 종격사주에서 사주에 없는 무존재(無存在) 오행은 사주 구성에 따라 용신을 상극(相剋)할 가능성이 있으므로 유의해야 한다. 따라서 종격사주의 이름 짓기도 한글 오행과 한자 자원오행(字源五行)에서 용희신이 강하게 하는 원칙을 적용해야 한다.

앞으로 종격에 대한 고전의 이론을 업적으로 여기고 계승, 발전시키는 연구가 계속되어야 한다. 종격에 해당하거나 종격과 유사한 사람들에게도 명리·성명학이 신뢰받는 학문으로 자리매김해 나갈 수 있도록 종격에 대한 지속적인 사례 분석과 연구로 종격이론의 학술성을 강화해 나가야 할 것이다.[74]

---

73 이와 관련 김기승은 "편중된 사주는 심리적, 병리적, 물리적 측면에서 정서 변화, 신경쇠약, 조울증, 상대적 박탈감, 과민한 불안의식을 겪게 된다."라고 하였다. 김기승, 『사주심리 치료학』, 창해, 2008, 315-316쪽.

74 이상 종격사주의 용신은 "이재승, 「현대사회의 종격사주에 대한 고찰」, 『인문사회 21』 9(2), 아시아문화학술원, 2018b, 827-839쪽"을 일부 수정하여 인용하였다.
필자 註) 양일간, 가종격, 가화격, 일간이 월간, 시간의 생조를 받는 유형의 극신약사주 등의 종격 성립 여부는 이 절의 '종격사주 연구'보다는 조금 보수적으로 볼 필요가 있음을 2024년 현재 시점에서의 의견을 피력한다.

5. 용신의 개운(開運) 활용

1) 용신 십성에 의한 심리와 직업[75]

일반적으로 4길신인 정인, 식신, 정재, 정관의 심리는 긍정적인 평가를 받고 4흉신인 겁재, 상관, 편관, 편인의 심리는 부정적으로 본다. 현대에서는 4흉신도 장점이 많다고 보고 있으며 부정적인 인식이 상당히 개선되고 있는 추세이다.

용신론의 관점에서 보면, 4흉신인 겁재, 상관, 편관, 편인 등이 용신이 되는 사주라면 4흉신의 심리가 긍정적으로 순화하고 고유의 특별한 장점이 있는 것으로 보는 것이 타당하다. 그러므로 용신론의 관점에서 각각의 십성이 용신일 때의 목표 심리와 적성을 논하면 다음과 같다.

① 정인 용신

정인이 용신이면 다정하고 자비로우며 효도하는 인격자가 되는 것이 목표 심리이다. 학식이 높고 자비로워 잔정도 많고 온화하며 예절 바른 사람이 되도록 한다. 문서복(학위, 부동산, 합격, 승진, 투자 성공)에 의해 부귀할 가능성이 있고 '매슬로'의 '욕구 5단계설' 중 존경의 욕구를 능력과 권위로 이루도록 노력한다.

교육자, 연구원, 학자, 중개업, 전문사무소장, 고위행정직, 복지전문가 등의 직업이 좋다.

② 편인 용신

편인이 용신이면 예지력과 신비 영역에 대한 호기심으로 다양한 소질을 계발, 대성하고 총명함과 판단력으로 창조력을 기르도록 하는 목표 심리를 갖고 노력한다. 정인처럼 문서복을 받는 운에 부귀할 가능성이 있다.

---

75 "용신에 의한 심리와 직업"은 한국열린사이버대학교 통합치유학과 전공과목인 「오행심신치유」의 교내 교재(이재승 저), 10강 3교시의 내용을 수정·인용하였다.

연예예술인, 한의사, 동양학(자연치유, 명리학, 종교학), 술수학(타로, 육효 등), 상담심리전문가, 중개업, 교육자(예체능 관련 교수, 교사), 발명가, 창작예술, 중개업, 기술 사무소장 등의 직업이 좋다.

③ 식신 용신

식신이 용신이면 총명함과 학문을 창달하는 연구력을 목표 심리로 삼는다. 식신 용신은 인물과 환경이 풍후(豊厚)하게 하고 의식주 풍족하고 베품의 미덕을 준다. 논리적 사고 능력, 교육 상담력, 한 가지 분야에 파고드는 연구심과 능력을 기른다. 연구원, 교육자, 전문상담가, 언론인, 기획전문가, 참모, 문필가, 전문 학자, 학원장, 요식업 계통의 직업이 좋다.

④ 상관 용신

상관이 용신이면 두뇌 회전력, 표현력과 예술 감각을 기른다. 상관 용신은 의식주 풍족, 유머, 활기찬 언어 발설력, 아이디어, 개혁적인 성향을 목표 심리로 삼고 노력한다. 자랑심리, 좋은 경험을 준 사람이나 업체를 소개하거나 소문내는 성향으로 인심을 얻도록 한다. 연예방송 계열, 표현예술, 전문상담가, 심리치유전문가, 방송인, 연예기획, 전문사무소장, 디자이너, 홈쇼핑, 화려함과 관련된 직업이 좋다.

⑤ 편재 용신

편재는 부드러운 성품으로 인기가 있으며 재물욕과 풍류심(잘 벌고 잘 쓰는 성향)을 추구하는 심리인데, 편재가 용신이면 성품을 호탕하게 가져가고 사교력을 기르며 학습과 연구를 기초로 부귀 의욕과 투자 성공을 실현할 능력을 기름을 목표로 한다. 기업인, 경제인, 금융인, 회계세무사, 대기업, 투자펀드 전문가, 재정전문인, 사교계, 연예계 직업이 좋다.

⑥ 정재 용신

정재가 용신인 사람은 보수적인 모습의 진중함을 기르고 긍정적인 소유욕, 품위를 중시하고 성실과 근면, 공명정대함을 통해 정도를 걷는 것을 목표 심리로 한다. 공직자, 공기업, 대기업, 법률가, 고액연봉자, 복지전문가, 보험계리사, 회계사, 행정전문가, 노력의 대가가 충분히 보상되면서 정도를 걷는 직업이 좋고 저축성 재물을 모으려고 노력한다.

⑦ 편관 용신

편관이 용신인 사람은 동정심과 지도력을 갖추고 변혁과 정의를 추구함을 목표 심리로 삼는다. 리더십, 지략, 저력, 인내심을 기른다. 권위와 권력에 대한 추구심을 갖되 약자를 동정하도록 한다. 사회적으로 성공할 가능성이 크므로 지도력, 정치력, 카리스마, 협상력 등을 기르도록 노력한다.

군경고위직, 대기업 CEO, 조직관리자, 협상전문가, 고위공직자, 정치인, 병원장, 외교관, 기업인 등에서 적합하다.

⑧ 정관 용신

정관이 용신인 사람은 공명정대와 책임감, 의무 도리를 중시함을 목표 심리로 두고 정도를 걸으려 애쓴다. 중후하고 품위 있는 지위와 풍모를 중시하며 명예와 존경의 욕구를 실현하도록 하고 인격자가 되도록 노력한다. 공직자, 공기업, 대기업, 전문사무소장, 병원장, 기관장, 행정 전문가, 교육자, 법률가 등 존경받는 직업이 좋다.

⑨ 비견 용신

비견이 용신이면 인복이 좋을 가능성이 크므로 겸손한 마음으로 대인관계에 임한다. 비겁운에서 재복이 형성되고 반대로 재성운에서 경제 문제, 여자 문제로 고생하기 쉬움을 인지한다. 의리를 중시한다. 공직자, 교육자, 전문사무소장, 자영업, 공기업, 대체로 안락한 직장, 정인의 직업, 행정직 군경 등의 직업이 좋다.

⑩ 겁재 용신

겁재가 용신이면 정정당당하고 강한 승부욕, 분명한 가치관을 갖도록 노력한다. 인복이 있을 가능성이 크니 겸손한 심리를 갖고 합법적인 범주에서 성공 부귀의욕을 실현함을 목표 심리로 갖는다.

의지를 강건하게 하고 번영 발달 추구심을 갖도록 한다. 원래 재성이 의미하는 바가 여자, 금전이지만 인성, 비겁운에 재물을 취득하며, 반대로 재성운에 금전, 여자의 고통이 있을 가능성이 크다. 고위행정직, 군경, 공기업, 사람 상대하는 직업, 교육자, 전문사무소장, 정인의 직업, 고급스포츠 등의 직업이 좋다.

2) 용신 오행의 직업[76]

용신 오행의 직업을 학자가 권할 때는 오행, 십성의 발달에 의한 직업은 청소년기에 권하고 용신의 직업은 장년기의 사업 분야로 권하는 것이 이치에 맞는다.

첫째, 木 용신이면 조경, 산림전문가, 가구 분야, 문구, 독서실, 출판, 화원, 제지, 의류, 곡물업, 제과제빵, 종묘상 등의 직업이 맞고 역마살이 있다면 보험업, 유통업, 제빵, 제과, 수목원, 숲속 펜션업, 산림치유사 등이 좋다.

둘째, 火 용신이면, 전기, 통신, 조명, 가스, 주유소, 예술품 유통, 종교, 주방장, 여성 아름다움 관련업, 타투 등 문신업, 디자인 계열 사무소, 페인트업 등이 좋다.

셋째, 土 용신이면, 건축, 토목, 종교, 도자기, 특용작물 농업, 부동산 관계업(토지개발, 부동산 임대), 토지평가사, 피부전문점, 농업, 원예업, 약초업, 농업치유사, 건축업 등이 좋다.

넷째, 金 용신이면, 금속업, 부품제조업, 철강, 고물, 보석업, 정비업, 인쇄, 철제·석재유통업, 헬스장, 침구사, 채석장, 석재가공업, 광업, 자동차정비업 등이 좋다.

다섯째, 水 용신이면, 요식업, 음료 전문점, 아이스크림 전문점, 생선 관련업, 횟집, 주점, 해운업, 목욕탕, 온천, 낚시터, 수산업, 정육점, 양조업, 주류업, 소방관련업, 수도·정수기업, 수영장, 수상레저업, 정보산업 등이 좋다.

---

76 "용신오행에 의한 직업"은 한국열린사이버대학교 통합치유학과 전공과목인 「오행심신치유」의 교내 교재(이재승 저), 10강 3교시의 내용을 수정·인용하였다.

3) 심신치유·개운을 위한 용신의 활용

(1) 용신의 활용과 오복[77]

용신은 사주의 일간(나)을 안정시켜 행운과 오복을 강하게 하는 간지 오행

이다. 사주 용신은 행운(行運), 즉 대운(10년 운), 세운(1년 운), 월운, 일운 등에서도 만날 수 있다. 용신은 성명이 갖는 오행의 에너지, 행운의 물상(환경, 자연, 인테리어, 소품, 그림, 취미) 등 사주 외적 요소로도 보완이 가능하다.

용신은 사주 내 문제 오행이 일으키는 질환을 없게 하거나 약화시킨다. 대체로 용신운에는 병이 와도 상대적으로 치유가 잘되고 수술 시의 경과가 좋다. 그러므로 용신운을 별다른 변수가 없이 그대로 받거나, 기신(忌神)의 운을 사주 간지와의 합을 통해 용신운으로 전환시키는 구성을 갖춘 사주는 매우 이상적이다. 예를 들면 戊土 일간이 신강하다면 火는 기신이고 水는 용희신일 가능성이 크다. "○ 戊 辛 ○, 丙(운)"의 상황에서 丙의 기신운을 辛 붙잡아 '丙辛合水' 하여 火운을 水운으로 전환해 준다면 기신운이 용신운으로 변하니 이러한 상황 논리는 매우 긍정적이다.

용신을 활용하여 행운과 복을 증진시키는 행위를 '개운(開運. 운명 개척)이라고 한다. 개운법을 논하는 동양철학은 명리학이다. 일간 위주의 신법 명리는 운명은 개척 가능한 것으로 본다. 개운은 오복을 증진하는 것이다.

현대적 의미의 오복(五福)을 건강 장수, 부귀재물, 가정운, 사회적 지위 명예, 행복한 말년(자녀복, 임종의 복 포함)으로 본다. 하지만 오행 구족(五行具足. 5가지 오행을 두루 갖춤), 생화불식(生和不息. 사주의 5가지 오행이 상생이 연속되도록 인접함, 예: 木→火→土→金→水의 흐름), 용신 강건, 용희신 대운 흐름, 정기신(精氣神) 안정 등이 두루 갖추어져 사주 명조가 청(淸)한 사주로서 이상적이고 고귀하지만 실제로 이런 사주 당사자는 드물다.

따라서 사주 명조의 당사자는 운명의 개척, 즉 개운을 위한 노력이 중요하다. 여기서 개

---

77 "용신에 의한 심리와 직업"은 한국열린사이버대학교 통합치유학과 전공과목인 「오행심신치유」의 교내 교재(이재승 저), 10강 3교시의 내용을 수정·인용하였다.

운을 위한 일상적 지침을 명리학의 관점에서 아래와 같이 제시한다.

① 나의 사주와 대운 흐름을 안다. 사주의 장단점과 운의 흐름을 알고 대비하거나 준비하는 삶을 산다. 용신 에너지가 강한 환경을 활용하는 것도 좋은 방안이다.

② 최고의 이름을 사용한다. 용신의 에너지가 강한 이름은 사주의 오복을 강화한다

③ 귀인을 가까이한다. 귀인은 조건 없이 도움 주는 사람이며 내 사주의 용희신을 많이 갖고 있고 나와의 궁합이 좋은 사람일 가능성이 크다.

④ 피해 주는 사람을 가려낸다. 옛 성현의 말씀에 피해 주는 사람을 가리는 금언(金言)이 많으니 그 의미들을 터득하고 실천한다.

⑤ 좋은 배우자를 만난다. 배우자를 잘못 만났다는 이유 하나만으로도 매우 고달픈 삶을 사는 사람도 많음을 유념한다.

⑥ 자식을 잘 키운다.

⑦ 좋은 직업을 가진다. 여기서 좋은 직업은 자아실현과 행복, 만족을 누리게 하는 직업이다.

⑧ 참된 종교를 갖고 선한 마음, 비우는 마음으로 성찰하고 수행한다.

⑨ 건강을 지킨다. 건강은 오복의 기본이다.

⑩ 언제나 최선을 다한다. 천운을 만나는 것이 어렵지만 언제나 최선을 다하는 자세로 노력하는 사람들에게 하늘은 반드시 기회를 준다는 사실을 명심한다.

(2) 용신의 개운, 심신 안정 활용[78]

이제부터 현대인의 심신 안정과 치유에 도움이 되는 용신의 활용에 대하여 논한다. 용신을 이용한 생활 습관은 자연치유력[79] 향상과 심신치유에 유용함은 명리학의 개운(開運. 운명

---

78 '(2) 용신의 개운, 심신 안정 활용'은 이재승, 「음양오행론에 의한 현대인의 심신치유」, 『인문사회콘텐츠』 1(1)의 '용신론적 심신치유' 부분을 인용·보완하였다.

79 자연치유력은 "생명체에 몸의 이상이 생겼을 때, 항상성 유지 기능에 의해 상처, 질병으로부터 정상으로 회복되고 재생되

의 개척) 원리와 부합된다.[80]

첫째, 木이 용신이면 숲, 나무, 꽃밭, 화초, 난, 큰 화분, 산림욕, 목재 장신구, 목재 가구, 숲 나무 그림, 수목원, 큰 산의 둘레길 등을 생활화한다. 집, 사무실, 잠잘 때 머리, 공부나 업무 시 몸의 정면, 이동 등의 주요 방향은 동향이다. 木 3, 8을 조합한 수(예: 3338) 등을 고유 번호로 사용한다. 의상, 실내 환경, 간판, 명함 바탕색, 자동차 등에 녹색, 파랑 색상을 활용한다. 자기 수양의 목표 심리는 인자한 마음인 측은지심(惻隱之心)이다.[81] 木 용신인 사람은 숲, 산림치유가 좋다. 산림치유는 수목(樹木)을 매개체로 하여 심신을 치유하는 것을 목적으로 하며 숲의 냄새, 소리, 산소, 빛깔, 버섯·열매 등 식자재, 허브 향 등 숲의 유익한 환경을 활용한다.[82]

둘째, 火 용신이면 햇살, 태양, 빛, 전등, 밝은 실내, 남쪽 지방·나라 여행, 태양·불의 그림·사진, 모닥불, 붉은빛, 등불, 빛 축제, 일광욕 등을 환경적으로 생활화한다. 이로운 방향은 남향이다. 火 2, 7을 조합한 수(예: 2277) 등의 수를 고유 번호로 사용한다. 삶 전반에서 붉은색 계열의 색상을 주로 활용한다. 치유의 빛 전시 행사, 빛·불꽃 축제를 찾아 향유하고 적외선, 온열, 일광욕, 숯 가마 등 빛과 온열의 치유법을 규정에 맞추어 활용한다. 수양의 목표 심리는 예절, 겸손하고 양보하는 마음인 사양지심(辭讓之心)[83]이다.

셋째, 土 용신이면 황토방, 흙집, 도자기, 텃밭, 흙 침대, 흙 마당 넓은 집, 흙집, 대지, 넓은 땅, 대지 논밭 그림, 황톳길 맨발 산책 등을 환경적으로 생활화한다. 위치적으로 정중앙이 좋다. 土 5, 0을 조합한 수(예: 5500) 등의 수를 고유 번호로 사용한다. 삶 전반에서 황색 계열의 색상을 주로 활용한다. 土 용신인 사람은 농업치유가 좋다. 농업치유는 체계화된 프로그램하에서 채소, 꽃, 곡식 등 식물, 가축 기르기, 산림과 농촌자원을 치유에 활용한

는 힘을 말한다(김인선, 2015)."

80 희신도 제2의 용신이므로 상황에 맞게 용신과 병용하면 좋다.

81 맹자가 말한 오상(五常, 사람의 5가지 도리) 중 木의 심리가 인(仁)이다. 맹자는 "우물에 빠진 아이를 보면 누구나 측은하게 여긴다."라 하며 "측은지심이 없으면 사람이 아니다(無惻隱之心非人也)."라 하였다.

82 https://terms.naver.com/entry.naver?docId=5674835&cid=62841&categoryId=62841

83 맹자는 "사양지심이 없으면 사람이 아니다."라 하였다(無辭讓之心非人也).

다. 자기 수양의 목표 심리는 조화와 균형, 공명정대함을 추구하고 믿음을 주는 사람, 중용(中庸)이다.

넷째, 金 용신이면 금속·옥·돌 재질 소품, 수석, 보석, 돌, 바위, 옥, 철제·석재 가구, 돌침대, 바위 그림 등을 환경적으로 생활화한다. 금, 보석을 재물관리 수단으로 써도 좋다. 이로운 방향은 서향이다. 金 4, 9를 조합한 수(예: 4499) 등의 수를 고유 번호로 사용한다. 삶 전반에서 흰색·은색 계열의 색상을 활용한다. 명상은 자수정을 몸에 대고 하거나 큰 바위 위에서 하고 수지침 요법은 건강 유지에 유익하다. 자기 수양의 목표 심리는 잘못을 부끄러워하고 악을 미워하는 의로운 마음, 수오지심(羞惡之心)[84]이다.

다섯째, 水가 용신이면 수영, 강변, 해변, 호숫가, 물이 보이는 집, 어항, 바다·강·호수·폭포·물고기 그림 등을 환경적으로 생활화한다. 水 1, 6을 조합한 수(예: 1616) 등의 수를 고유 번호로 사용한다. 삶 전반에서 검정·진회색 계열의 색상을 주로 활용한다. 이로운 방향은 북향이다. 물의 치유력을 활용한다. 미네랄수 등 수질 좋은 물은 아토피, 두통, 만성피로, 불면, 비만, 빈혈, 여드름, 노화 예방에 유효함은 주지의 사실이다. 또한, 이성미(2014)가 역한 선행 논저[85]에서는 하루 9회 2L의 물과 기상 후 300ml의 물 음용이 심근경색·뇌졸중·골다공증·혈압·당뇨 등의 성인병 예방, 멜라토닌 생성으로 숙면, 세로토닌 분비로 행복감과 진정효과 강화 등에 유효함을 논하였다. 자기 수양의 목표 심리는 지혜를 통해 옳고 그름을 가리는 마음인 시비지심(是非之心)[86]이다.

---

84 맹자는 "수오지심이 없으면 사람이 아니다."라 하였다(無羞惡之心非人也).

85 뱃맨겔리지 원저, 이성미 역, 『물 치료의 핵심이다』, 물병자리, 2004.

86 맹자는 "시비지심이 없으면 사람이 아니다."라 하였다(是非惡之心非人也).

IV

한글 순음·후음의 성명학적 고찰

현재의 우리나라 사회는 고상하여 자신감을 주며 동시에 다복하다고 믿는 이름을 선호하는 추세이다. 따라서 성명의 한글 부분을 통해서 개인의 정체성을 나타냄과 동시에 행운과 다복을 기원하는 성명에 대한 기층(基層)심리도 충족시킬 수 있으므로 한글 오행 성명학은 성명학에서 큰 비중을 차지한다.[1]

필자는 성명학의 미래 지향적인 관점에서 이 장의 중요성을 인식한다. 무엇보다 현행 성명학에서 한글 순음(脣音)·후음(喉音)의 오행 배속(五行配屬)에 대한 혼선이 극명하고 이를 극복하는 것이 성명학의 최대 현안이라고 생각한다.

한국인의 성명 3자에서 한글 부분에 초성과 종성에서 ㅁ·ㅂ·ㅍ·ㅇ·ㅎ이 하나라도 들어가지 않는 이름은 사실상 드물기 때문에 이에 대한 오행 배속의 결과에 따라 이름 짓기 결과나 평가가 달라지는 문제를 학술적으로 해결하지 못하면 성명학의 발전을 기대할 수 없다.

그러므로 본 장에서는 한글 순음(脣音)·후음(喉音)의 오행 배속(五行配屬)에 대한 성명학적 고찰을 우선하여 시행한다.

---

* IV장 1절, 한글 순음·후음의 오행 배속 고찰은 "이재승·김만태, 「한글 순음·후음의 오행배속에 대한 성명학적 고찰」, 『한국융합인문학』 6(3), 한국융합인문학회, 2018d, 339-368쪽"을 일부 수정하여 인용하였다.

1 이재승·김만태, 앞의 글, 2017a, 488쪽.

212   명리·용신 성명학 원론

1. 한글 순음·후음의 오행 배속 고찰

한글은 세종대왕 대(代)에 반포된 훈민정음(訓民正音)을 20C 이후에 달리 부르는 명칭으로서 우리나라 고유의 문화적 유산이며 우리나라 현대사회의 언어문화에서 절대적인 위상을 확립하고 있다.

우리나라는 성명의 표기에 있어서 한글과 한자(漢字)라는 서로 다른 문자를 병행하여 사용하는 특수한 성명문화가 발달하고 있다. 그러므로 사람에게 유익한 성명(姓名)에 대해 연구하는 성명학도 고상하고 다복한 이름을 원하는 현대인의 기층(基層)적인 다양한 요구에 맞추어 한자의 오행과 한글의 오행을 병행하여 중시하고 있다.

특히 한글 오행을 성명학에서 적용하는 문제에 있어 상당한 혼선에 봉착하는 문제가 있는데 그것은 한글의 자음 중 입술소리[순음(脣音)]와 목구멍소리[후음(喉音)]에 대한 오행 배속의 이견(異見)이다.

현재, 조선 영조 때 학자인 신경준(申景濬, 1712-1781)이 1750년에 지은 운서(韻書)인 『훈민정음운해(訓民正音韻解)』의 자음오행 배속에 따라 순음(脣音, 입술소리) ㅁ·ㅂ을 水, 후음(喉音, 목구멍소리) ㅇ·ㅎ을 土로 배속하는 오행법이 현행 작명 현장에서 대다수의 작명가가 사용하고 있음은 주지의 사실이다.

그러나 이와 달리 1940년 발견된, 훈민정음을 반포하던 때(1446년, 세종 28년)의 원본인 『훈민정음해례(訓民正音解例)』(국보 제70호)는 순음 ㅁ·ㅂ을 土, 후음 ㅇ·ㅎ을 水로 배속하고 있으니 원류(源流)인 『훈민정음해례』의 오행배속법을 따름이 학술적으로 당연하다는 주장이 있다. 이와 관련하여 명리·성명학자 김만태는 논문, 저서에서 자음의 발음오행은 원류(源流)인 『훈민정음해례』의 배속법을 따름이 타당하다 하였다.[2]

그러나 다수설을 옹호하고 실천하는 입장에서 『훈민정음운해』의 자음오행 배속 원리가 『훈민정음해례』보다 타당함을 밝히려 한 선행논문이 사실상 없다는 사실은 매우 의외다.

---

2 김만태, 「훈민정음의 제자원리와 역학사상—음양오행론과 삼재론을 중심으로」, 『철학사상』 45, 서울대학교 철학사상연구소, 2012; 김만태, 「현대 한국사회의 이름짓기 요건에 관한 고찰: 발음오행 성명학을 중심으로」, 『한국민속학』 62, 한국민속학회, 2015; 김만태, 『한국 성명학 신해』, 좋은땅, 2016.

이에 따라 논자는 순음·후음의 한글 오행에 대해 성명학의 관점에서 국어학과의 융합연구적 고찰을 진행하여 결론을 내보기로 하였다. 특히 『훈민정음운해』의 자음오행배속법에 보다 큰 비중을 할애하고 본 절의 전 과정이 순음·후음 부분에만 집중됨이 김만태의 선행 논저들과 다른 점임을 밝힌다.

연구를 시작하는 논자는 치우치지 않는 중용(中庸)의 견지에서 출발하여 관련 문헌과 자료에 대한 접근·분석·고찰을 통해 성명학이 어느 판본에 의거함이 보다 더 적합한지 결론을 내리고자 한다. 먼저 훈민정음의 자음오행 배속 원리를 살피고 이어서 『훈민정음운해』의 자음오행배속법이 갖는 음운학적인 역사와 경위를 궁구한 후, 성명학적인 결론과 과제를 논할 것이다. 논자는 국어학과의 학제적 융합연구를 통해 한글 자음오행의 명리·성명학적 적용은 어느 판본에 기초해야 하는가에 대한 해묵은 과제를 해결하고자 한다.

2. 『훈민정음해례』의 자음오행 배속 원리

'백성을 가르치는 바른 소리'라는 뜻의 훈민정음(訓民正音)은 세종 25년인 1446년에 반포되었다. 신숙주(申叔舟, 1417-1475)는 다음과 같이 창제의 경위(經緯)를 말하고 있다.

> 상감께서 "우리나라 음운이 한어와 비록 다르나 아설순치후(牙舌脣齒喉), 청탁고하(淸濁高下)가 한어와 마찬가지로 다 갖추어져 있어야 한다. 또 여러 나라들이 모두 제 나라 언어음을 나타내는 글자를 가지고 있어서 제 언어를 기록하고 있으나 홀로 우리나라만 없다." 하셔서 언문자모 28자를 만드시고 궁중 안에 담당 기관을 설치하여 문신을 뽑아 언문 관계서적을 편찬하게 할 때, 공[신숙주]이 직접 임금의 재가를 받들었다.[3]

---

3 『保閑齋集』「申叔舟行狀」, "上 以本國音韻 與華語 雖殊 其牙舌脣齒喉淸濁高下 未嘗不與中國同 列國皆有國音之文 以記國語 獨我國無之 御製諺文字母二十八字 設局於禁中擇文臣選定 公實承睿定."

훈민정음은 한자를 모르는 백성이 문자를 익히고 편하게 쓰게 하고자 하는 애민정신과 우리나라도 우리말을 기록할 수 있는 문자가 있어야 한다는 자주정신을 실현한 민족문화의 유산이다.

그러나 1504년 연산군이 '언문익명서(諺文匿名書)' 투서 사건의 범인을 색출하기 위해 내린 언문금압령(諺文禁壓令)으로 훈민정음에 관련된 서적과 자료들이 유실됨으로 말미암아 훈민정음의 창제원리가 전승되지 못하고 미궁에 빠지는 국어사(國語史)의 시련이 초래되었다.

> 금후 언문을 가르치지도 말고 배우지도 말라. 이미 배운 자들은 사용하지 말라(7월 20일).[4] 조정의 모든 관원 집에 소장되어 있는 언문 구결 책을 모두 불사르라. 다만 한어를 번역한 언문류(類)는 금하지 말라(7월 22일).[5]

그러나 1940년경 『훈민정음해례』가 발견되었는데 장봉혁은 『훈민정음해례』의 발견 경위를 다음과 같이 말하였다.

> 원래 안동군 와룡면 주하동에 거주하는 이한걸(퇴계 이황의 후손)의 세전가보(世傳家寶)였는데 그의 셋째 아들에 의해서 당시 경성제국대학 김태준 교수를 거쳐 골동품 수집가 전형필의 수중에 들어감으로써 학계에 널리 퍼지게 된 것 (…) 그의 선조가 여진 정벌에 공이 있어 세종께 상으로 받아 보관하던 중 연산군의 언문금압령 때에 살아남기 위해 첫머리 두 장을 떼어버리고 비장해 오던 것이다.[6]

『훈민정음해례』는 국어학사, 문자학사, 음운론 등의 영역에서 귀중한 문화유산으로 평

---

4 『朝鮮王朝實錄』,「燕山君日記」, "今後 諺文勿敎勿學 已學者 亦令不得行用."

5 『朝鮮王朝實錄』,「燕山君日記」, "朝士家 所藏諺文口訣冊 皆焚之 如飜漢語諺文之類勿禁."

6 장봉혁, 『학역종술』, 학고당, 1999, 426쪽.

가받게 되었고 훈민정음의 창제원리가 역리(易理)로부터 비롯되었음이 밝혀졌다. 『훈민정음해례』의 제자해(制字解)에서 천명하듯이 훈민정음의 제자 배경에는 우주 만물의 이치인 음양과 오행, 삼재(三才) 등 동양의 역학 사상을 함축하고 있다.[7] 『훈민정음』 제자해의 말미에 "정음이 천지 만물의 이치를 다 갖추게 되니 참 신묘하다."[8]라고 하여 성리학적 세계관을 나타내고 있다.

『훈민정음』 제자해에서는 제자원리를 오행상생의 이치에 따라 각각 설명하였는데 자음의 제자원리에 대해 다음과 같이 말하고 있다.

> 무릇 사람의 음성이란 본래 오행이 있으니 사시(四時)에 합하여 보아도 거슬리지 않고 오음(五音)에 맞추어 보아도 틀리지 않는다.[9]
>
> 목구멍은 깊고 젖어 있으니 水이다. 소리가 비고 거침없음은 물이 맑으며 흐르는 것과 같다. 사시로는 겨울철이요 오음으로는 '우'가 된다.[10]
>
> 어금니는 착잡하고 기니 木이다. 목구멍소리와 같으나 실함이 나무가 물에서 나서 형체가 있음과 같다. 사시로는 봄이고 오음으로는 '각'이다.[11]
>
> 혀는 날카롭고 움직이니 火이다. 소리가 구르고 날림은 불이 퍼지며 활활 타는 것과 같다. 사시로는 여름이고 오음으로는 '치'이다.[12]
>
> 이는 단단하고 부스러지니 金이다. 소리가 부수러지고 걸림은 쇠가 가루같이 부서지되 쇠가 단련됨과 같다. 사시로는 가을이고 오음으로는 '상'이다.[13]
>
> 입술은 모나니 土이다. 소리가 머금고 넓은 것은 흙이란 만물을 함축하여 광대

---

7   김만태, 『한국 성명학 신해』, 좋은땅, 2016, 81쪽.

8   『訓民正音』 制字解, "正音作面天地萬物之理咸備, 其神矣哉."

9   『訓民正音』 制字解, "夫人之有聲本於五行, 故合諸四時而不悖, 叶之五音而不戾."

10 『訓民正音』 制字解, "喉邃而潤, 水也, 聲虛而通, 於水之虛明而流通也, 於時爲冬, 於音爲羽."

11 『訓民正音』 制字解, "牙錯而長, 木也, 聲似喉而實, 如木之於水而形也, 於時爲春, 於音爲角."

12 『訓民正音』 制字解, "舌銳而動, 火也, 聲轉而颺, 如火之轉展而揚颺也, 於時爲夏, 於音爲徵."

13 『訓民正音』 制字解, "齒剛而斷 金也, 聲屑而滯廣, 如金之屑瓅而鍛成也, 於時爲秋, 於音爲商."

함과 같다. 사시로는 계하(季夏)이고 오음으로는 '궁'이다.[14]

이처럼 자음[초성]의 오성(五聲)을 오행, 사시(四時), 오음(五音) 등에 배속하고 자음의 제
자원리를 오행상생 순서에 따라 설명하였는데 아음 ㄱ, 설음 ㄴ은 발음 시 발음기관이 동
작하는 모습을 상형하였으며 순음 ㅁ, 치음 ㅅ, 후음 ㅇ은 발음기관을 상형한 것이다.

> 초성은 모두 17자이니 아음 ㄱ은 혀뿌리가 목구멍을 막는 형상이요, 설음 ㄴ은
> 혀끝이 잇몸에 닿는 형상이요, 순음 ㅁ은 입의 형상을 본뜬 것이요, 치음 ㅅ은
> 이의 형상을 본뜬 것이요, 후음 ㅇ은 목구멍의 형상을 본뜬 것이다.[15]

부연하면 목구멍·어금니·혀·이·입술이라는 발음기관들의 생태적 특징들을 해당 오행에
각각 연관시키고 그 소리의 특징들도 각 오행의 모습에 관련지었으며, 다시 각 계절과 오
성에 배고 초성의 이치 속에 음양·오행·방위 등을 배정하였는데[16] 요지는 〈표 25〉와 같다.

〈표 25〉『훈민정음해례』 초성의 오행 배속

오성(五聲)	오행(五行)	초성(初聲)	오음(五音)	사시(四時)
아음(어금닛소리)	木	ㄱㅋ	각(角)	春
설음(혓소리)	火	ㄴㄷㅌㄹ	치(徵)	夏
순음(입술소리)	土	ㅁㅂ	궁(宮)	季夏
치음(잇소리)	金	ㅅㅈㅊ	상(商)	秋
후음(목구멍소리)	水	ㅇㅎ	우(羽)	冬

훈민정음의 음운론은 일부 중국 음운서의 영향을 받았다. 훈민정음은 초성 17자를 아·

---

14 『訓民正音』 制字解, "脣方而, 土也 聲含而廣大也 於時爲季夏, 於音爲宮."

15 『訓民正音』 制字解, "初聲凡十七字 牙音ㄱ, 象舌根閉喉之形. 舌音ㄴ, 象舌附上齶之形. 脣音ㅁ, 象口形, 齒音ㅅ, 象
齒形. 喉音ㅇ, 象喉形."

16 이재승·김만태, 앞의 글, 2017a, 489쪽.

설·순·치·후·반설·반치음으로 분류하였는데 이것은 중국의 『광운(廣韻)』, 『고금운회거요(古今韻會擧要)』, 『홍무정운(洪武正韻)』 등 중국 운서의 영향이다.[17]

또한 송대 사마광(司馬光, 1019-1086)이 원저자이고 명대 소광조(邵光祖)가 보정한 등운서 (等韻書)[18]인 『절운지장도(切韻指掌圖)』의 영향을 받았는데 『절운지장도』의 '변자모차제례 (辨字母次第例, 자모의 차례를 분별하는 예)'의 내용이 『훈민정음』 제자해와 공통된다.

<표 26> 『훈민정음』 제자해와 『절운지장도』의 초성 오행 비교

절운지장도 '변자모차제례'	훈민정음 제자해
자모를 분변하는 것은 소리의 바름을 취하여 근본을 세우는 것이니(…)그러므로 이르되 이를 모(母)라 하고(…).[19]	초성은 곧 음운의 자모다. 음성이 이로부터 생기므로 모 (母)라고 한다.[20]
아음으로 비롯되니 봄을 형상함이고 그 음은 '각'이며 오행은 木이다.[21]	아음은 목이니 봄이요 그 음은 '각'이다.(牙乃春木其音角, 제자해 結詩)
다음으로 설음은 여름철을 형상하고 그 음은 '치'이고 오행은 火이다.[22]	설음은 여름이며 불이니 이는 '설음'이다.(徵音秋火是舌聲, 제자해 結詩)
다음으로 순음이니 '계하'를 형상하고 그 음은 '궁'이고 오행은 土이다.[23]	순음은(…)土이니 '계하'이니 '궁음'이다.(脣(…)土而季夏爲宮音, 제자해 結詩)
다음으로 치음은 가을을 형상하고 그 음은 '상'이고 오행은 金이다.[24]	치음은 金이니 가을이고 상이다. (齒則商秋又是金, 제자해 結詩)
다음으로 후음은 겨울을 형상하고 그 음은 '우'이고 오행은 水이다.[25]	후음은 水이니 겨울이고 우이다. (維喉爲水同與羽, 제자해 結詩)

---

17 김만태, 앞의 책, 2016, 106쪽.

18 중국 음운학(音韻學)에서 성(聲)과 운(韻)의 결합을 설명한 책을 말하며 등운(等韻)이라는 말은 한문의 기본이 되는 36자 모의 운을 고르게 배열한다는 뜻이다.

19 『切韻指掌圖』辨字母次第例, "辨字母者 取其聲音之正 立以爲本 (…) 故曰母 (…)."

20 『訓民正音』制字解, "正音初聲 卽韻書之字母也 聲音有比而生 故曰母."

21 『切韻指掌圖』辨字母次第例, "故始牙音 春之象也 其音角 其行木."

22 『切韻指掌圖』辨字母次第例, "次曰舌音 夏之象也 其音徵 其行火."

23 『切韻指掌圖』辨字母次第例, "次曰脣音 季夏之象也 其音宮 其行土."

24 『切韻指掌圖』辨字母次第例, "次曰齒音 秋之象也 其音商 其行金."

25 『切韻指掌圖』辨字母次第例, "次曰喉音 冬之象也 其音羽 其行水."

위의 〈표 26〉과 같이 『절운지장도』의 내용과 『훈민정음』 제자해 부분을 비교해 볼 수 있는데 『절운지장도』 '변자모차제례'의 자음오행 배속이 『훈민정음』 제자해와 일치하고 있다.

이 밖에도 북송의 심괄(沈括, 1013-1095)의 『몽계필담(夢溪筆談)』, 저자 불명인 『사성등자(四聲等子)』의 순음과 후음의 오행 배속이 『훈민정음』 제자해와 일치하고 있어 훈민정음의 음운론이 중국 음운서의 영향을 받았음을 뒷받침하고 있다.

3. 『훈민정음운해』의 자음오행 배속

훈민정음 반포 시, 원본인 『훈민정음해례』의 자음오행 배속이 현행 성명학의 주류를 이루는 자음배속과 상이함이 알려지면서 『훈민정음해례』의 자음배속을 따라야 함이 마땅하다고 보는 입장에서는 현행 자음오행 배속에 대한 다수설의 이론적 근간이 되는 신경준의 『훈민정음운해』에 대한 비판을 강하게 제기할 수밖에 없다.

앞서 언급했다시피 『훈민정음운해』는 순음 ㅁ·ㅂ을 水, 후음 ㅇ·ㅎ을 土로 배속하고 있는데 이 오행 배속은 오랜 시간 재야의 작명가들에게 고착되어 『훈민정음해례』의 오행 배속에 대한 저항(抵抗) 논리도 양산되고 있다.

全濁	半半潤淸	次淸	全濁	全淸		韻解三十六字母圖
	喩	曉	匣	影	宮	
	疑	溪	羣	見	角	
	泥	透	定	端	徵	
	孃	徹	澄	知		
邪	心	淸	從	精	商	
禪	審	穿	牀	照		
	明	滂	並	幫	羽	
	微	敷	奉	非		
	來				半半宮徵	
	日				半半宮商	

〈그림 6〉 韻解三十六字母圖

『훈민정음운해』는 송학(宋學)의 시조 중 한 명으로 꼽히는 소옹(邵雍)의 『황극경세성음도(皇極經世聲音圖)』를 본보기 삼아 운도(韻圖)를 만들려고 저술한 것이며 국어학사에서 신경준의 『훈민정음운해』는 문자론과 음운론에서 조선 후기를 대표하는 획기적인 학술 업적으로 평가받아 왔고 학문적 성과 또한 크다는 것이 중론이다.[26] 신경준은 최세진(崔世珍, 1468-1542)의 『사성통해(四聲通解)』에 실린 자모지도(字母之圖)를 참조하여 '운해삼십육자모도'를 그리고 여기서 목구멍소리[후음]를 宮·土에 입술소리[순음]를 羽·水에 배속하고 있는데 이 부분이 『훈민정음해례』와 어긋나고 있다.

> 목구멍은 주로 합하는 것이라 그 모양은 ○이 되는데 이것은 토(土)의 원만하고 사방에 두루 미치며 모자람이 없음을 나타내는 상이다. (…) 우(羽)는 취(聚)이니 만물이 모여 감춰지고 하늘을 덮는 것이다. 그 소리는 주로 토(吐)하는 것이라 그 모양은 □이 되는데 이것은 물이 모여 구멍에 가득 찼음을 나타내는 상이다. (…) 후아치(喉牙齒)는 토목금(土木金)에 속하므로 그 모양이 고요하고, 순설(脣舌)은 수화(水火)에 속하므로 그 모양이 움직이는 것이다.[27]

〈표 27〉 『훈민정음운해』의 초성 오행 배속

오성(五聲)	오행(五行)	초성(初聲)	오음(五音)
아음(어금닛소리)	木	ㄱㅋ	각(角)
설음(혓소리)	火	ㄴㄷㅌㄹ	치(徵)
순음(입술소리)	水	ㅁㅂ	우(羽)
치음(잇소리)	金	ㅅㅈㅊ	상(商)
후음(목구멍소리)	土	ㅇㅎ	궁(宮)

이처럼 신경준이 『훈민정음해례』와 어긋나게 오행 배속을 한 이유로서 『훈민정음운해』의 저술 시, 『훈민정음해례』를 읽지 못하여 『사성통해(四聲通解)』를 참고하고 중국의 오음설(五音說)을 따른 결과로 보는 견해가 있다.

---

26 배윤덕, 『우리말 운서의 연구』, 성신여자대학교출판부, 2005, 16쪽.

27 『訓民正音韻解』〈象形〉·〈象脣舌〉, "宮, 志云中也. 居中央暢四方, 倡始施生, 爲四聲之綱也. 其聲主合, 故其象爲○, 是土之圓滿周 偏四方無缺之象也.(…)羽, 志云聚也. 物聚藏而宇覆之也. 其聲主吐, 故其象爲□, 是水之聚會 而盈坎之象也. (…) 盖喉牙齒屬土木金, 其形靜, 脣舌屬水火, 其形動."

여기에 한 가지 우리가 생각할 일이 있으니 신경준이 정인지 무리의 훈민정음해례를 보지 못한 일이다. ① 그의 지음 중에 '해례'를 들어 말한 일이 도무지 없으며(⋯).[28]

그러나 논자는 신경준이 『훈민정음해례』와 자음오행 배속을 달리한 이유가 오직 『훈민정음해례』를 보지 못한 것으로만 보는 것은 무리가 있다고 본다. 이 사실은 최석정(崔錫鼎, 1646-1715)이 숙종 4년인 1678년에 편찬한 『경세정운(經世正韻)』과 비교하여 유추할 수 있다. 『경세정운(經世正韻)』의 '17성분배초성도(十七聲分配初聲圖)'에서는 목구멍소리[후음]를 羽·水에 입술소리[순음]를 宮·土에 배속하여 훈민정음의 초성체계와 일치하고 있다.

만일 연산군의 언문금압령(諺文禁壓令)으로 훈민정음 관련 서적과 자료들이 없다면 최석정도 『훈민정음해례』를 보지 못하였을 것이다. 따라서 『훈민정음해례』를 보지 못한 동일한 조건에서 최석정만 훈민정음과 일치하는 오행 배속을 하고 있는 점과 최석정보다 후대의 사람인 신경준은 최석정의 『경세정운(經世正韻)』도 참조할 수도 있었다는 점을 생각해 볼 때 단지 신경준이 『훈민정음해례』를 보지 못한 이유로 훈민정음과 오행 배속이 달랐다고는 단정할 수 없다.

원래 신경준이 『훈민정음운해』를 저술한 궁극의 목표는 '한자음운도(漢字音韻圖)'에 있었는데 이 한자음운도는 최세진의 『사성통해(四聲通解)』의 음운체계를 바탕으로 한 것이다.[29] 『훈민정음운해』의 '초성배경세수도(初聲配經世數圖)'에 나타난 자음체계는 소옹(邵雍)의 『황극경세성음도(皇極經世聲音圖)』를 따라 한자의 36자모를 설정하였지만 『사성통해』의 한자 31자모를 그대로 따르면서 여기에 지(知)·철(徹)·징(澄)·양(孃)·부(敷)를 더해 36자모를 만든 것이다.[30] 따라서 신경준의 『훈민정음운해』가 최세진(崔世珍, 1468-1542)이 저술한 『사성통해』의 음운체계의 영향을 받은 것이라면 논점을 『사성통해』의 오행 배속으로 옮겨서 볼 필

---

28 최현배, 『고친 한글갈』, 정음문화사, 1982, 624-625쪽.

29 배윤덕, 앞의 책, 2005, 13쪽.

30 위의 책, 2005, 13쪽.

요가 있다.

최세진은 역관(譯官)으로서 중국어에 능통한 중국 운서(韻書) 연구의 대가였다. 그는『훈몽자회(訓蒙字會)』범례에서 한글 자모음의 이름을 정하고 순서와 받침 등을 정리하여 국어학 발달에 중요한 업적을 남겼다. 그가 저술한『사성통해』는 중국 본토의 자음 연구용으로써 1517년, 최세진이 단종 3년인 1455년에 신숙주가 편찬했던『홍무정운역훈(洪武正韻譯訓)』을 보완하고 자해(字解)가 없는 신숙주의『사성통고(四聲通攷)』를 보충하기 위해 편찬한 책이다.

최세진의『사성통해』에는 '광운삼십육자모지도(廣韻三十六字母之圖)'가 나오는데 여기에서 입술소리[순음] ㅁ·ㅂ·ㅍ을 羽·水에 목구멍소리[후음] ㅇ·ㅎ을 宮·土에 배정하고 있다. 따라서 현행 성명학의 자음오행 배속에 대한 다수설의 근간에는 최세진의『사성통해』도 포함된다.

김만태는『사성통해』에 영향을 준『홍무정운역훈』에 대해 다음과 같이 논하였다.

> 1375년 명대 초에 편찬된『홍무정운(洪武正韻)』은 당시 중국 음의 표준으로 인식되었는데 이를 기저로 한자의 실질적인 화음(華音)을 정확하게 나타내기 위해서『홍무정운역훈』을 편찬했다.『홍무정운역훈』은『홍무정운』의 초성 31자모 체계를 이어받았는데 우-순음-水, 궁-후음-土로 순음과 후음의 자음오행 배속을 훈민정음과 다르게 배정하고 있다.[31]

집현전 학자였던 신숙주는『홍무정운역훈』의 자음오행 배속에서『훈민정음해례』를 따르지 않았으며 이러한 오행배속법은 최세진의『사성통해』로 이어졌다고 할 수 있다.

여기서 논자는 위에서 논한 내용을 바탕으로 두 가지 사실에 주목한다. 그것은『사성통해』에 나타나는 '광운삼십육자모지도'에서 '광운(廣韻)'이라는 어휘와『홍무정운역훈』의 저자인 '신숙주'라는 인물이다.

---

31 김만태, 앞의 글, 2012, 82-83쪽.

먼저 『광운』에 대해서 살펴보자. 수나라 육법언(陸法言, 562-?) 등이 편찬한 『절운(切韻)』이 증보되어 『당운(唐韻)』으로 불리던 것을 북송의 진팽년(陳彭年, 961-1007) 등이 재차 증보하여 『광운』이라고 하였는데 이때가 1008년이다. 이 책은 중국의 가장 오래된 운서(韻書)이다.

장봉혁은 『광운』과 관련하여 다음과 같이 말하였다.

> 『광운』에는 원래 한자의 36자모를 오음(五音)에 배속한 기록이 없다. 그런데 『옥편(玉篇)』의 저술자인 남조시대 진나라 사람 고야왕(顧野王, 519-581)의 『옥편』 부록에 '廣韻指南三十六字母, 五音五行, 撮要圖[남쪽의 36자모를 가리키는 광운의 오음, 오행을 취하여 요약한 그림]'이라는 말이 나온다. 그러나 36자모라는 말은 9세기에 석수온(釋守溫, 생몰년 미상)이 창안한 것이니 11세기 초 『광운』이 널리 유통된 후에 누군가가 위의 말을 고야왕의 『옥편』에 삽입한 것으로 보인다.[32]

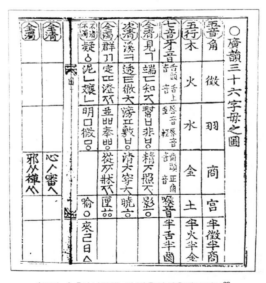

〈그림 7〉 『사성통해』의 광운삼십육자모지도[33]

---

32 장봉혁, 앞의 책, 1999, 446쪽.

33 장봉혁, 앞의 책, 1999, 447쪽.

최세진의 『사성통해』 책머리에 바로 고야왕의 『옥편』 부록이 제목의 출처가 되는 '광운 삼십육자모지도'가 나오고 있고 이 그림에서 우-순음-水, 궁-후음-土로 배속하여 후대(後代), 신경준의 『운해훈민정음』의 자음오행 배속과 일치하고 있다. 그러므로 『훈민정음운해』를 따르는 현행 성명학 자음오행 배속의 다수설은 중국 남조시대 음운론의 영향을 받았음을 알 수 있다.

다음으로 '신숙주'라는 인물이 주는 시사점들에 대해 살펴보자. 신숙주의 친동생 신말주 (申末舟, 1429-1503)의 11대손이 『훈민정음운해』의 저자 신경준이다. 신숙주는 훈민정음 창제에 참여했던 학자임에도 자신이 저술한 『홍무정운역훈』에서 우-순음-水, 궁-후음-土로 배속하여 순음과 후음의 오행 배속을 『훈민정음해례』와 다르게 하였다.

신숙주는 『홍무정운역훈』을 저술하기 전에도 세종 30년인 1448년에 세종의 명(命)으로 박팽년, 최항 등과 함께 '우리나라의 바른 음'이라는 뜻을 가진 『동국정운(東國正韻)』을 편찬하였다. 이 책은 집현전 학자가 편찬한 최초의 운서이며 우리나라의 한자음을 바로잡아 통일된 표준음을 정하려는 목적으로 편찬되었는데 여기에서도 초성[자음]의 오행을 우-순음-水, 궁-후음-土로써 순음·후음의 오행을 『훈민정음해례』와 다르게 배속하였다.[34] 필자는 세종의 지시로 편찬된 음운서의 오행 배속이 『훈민정음해례』와 상이함이 주는 시사점을 결코 간과해서는 안 된다고 생각한다.

여기서 『절운지장도』의 혼선을 살펴보고자 한다. 왜냐하면 『절운지장도』의 혼선을 통해 한글 창제에 참여한 학자들 내부에서도 순음과 후음의 오행 배속의 문제에 대해서 토론과 논의가 있었을 것이라는 추론이 가능하기 때문이다.

본 논문의 앞 장에서 훈민정음의 창제 시, 중국의 운서인 『절운지장도』의 영향이 있었고 『절운지장도』 안의 '변자모차제례'의 자음오행 배속이 『훈민정음해례』와 일치함을 논했었다. 그러나 『절운지장도』에는 『훈민정음해례』와 어긋나고 신경준의 『훈민정음운해』와 일치하는 자음오행 배속이 다시 나오고 있다.

『절운지장도』의 '변오음례(辨五音例)'에서는 "궁음(宮音)을 알고자 한다면, 혀가 가운데

---

34 김만태, 앞의 책, 2016, 110쪽.

있으니 목구멍소리이다."[35] "우음(羽音)을 알려고 한다면 입을 다문 것이니 입술소리의 무거운 것과 입술소리의 가벼운 것이다."[36]라 말하고 있다.

따라서 『절운지장도』를 전체적으로 보았을 때 궁음이 순음[土. ㅁ·ㅂ]이라고 했다가 다시 후음[土. ㅇ·ㅎ]이라고 하고 우음이 후음[水. ㅇ·ㅎ]이라고 했다가 다시 순음[水. ㅁ·ㅂ]이라고 하고 있어 책의 말이 전후(前後)가 달라 독자(讀者)에게 혼란을 주고 있는데 신숙주 등 한글 창제에 참여한 학자들도 이 부분에 대해 인지하고 토론하였음이 유추된다.

다음으로 신숙주가 한자 음운서 편찬에 있어서는 『훈민정음해례』와 오행 배속을 다르게 한 것과 관련하여 최세진의 다른 저서 『훈몽자회(訓蒙字會)』를 살펴보고자 한다. 『훈몽자회』는 총 3,360개의 한자마다의 훈(訓)을 우리말로 풀이한 한자 교재로 아동들의 한자 기초교육을 위한 문헌이었다.[37]

이 책에서 최세진은 최초로 훈민정음의 자모에 명칭을 부여하고 순서를 정하고 있다. 특히 '언문자모(諺文字母)' 편에서는 ㄱ(기역), ㄴ(니은), ㄷ(디귿), ㄹ(리을), ㅁ(미음), ㅂ(비읍), ㅅ(시옷), ㅇ(이웅)의 여덟 자를 초성·종성에 모두 쓰이는 '초성종성통용팔자(初聲終成通用八字)'라 하여 위의 순서대로 나열하고 있다.[38]

여기서 위의 여덟 자의 순서대로 오행을 적용하여 보자. ㄱ(木), ㄴ·ㄷ·ㄹ(火), ㅅ(金)은 『훈민정음해례』와 『훈민정음운해』의 일치되는 초성오행 배속이다. 여기에 『훈민정음해례』의 순음·후음의 오행배속법을 적용하면 ㅁ·ㅂ(土), ㅇ(水)이 되니 여덟 자의 오행 순서가 木→火→土→金→水의 오행상생 구조가 된다. 반대로 『훈민정음운해』의 오행배속법을 적용하면 木火水金土 순서가 되어 火·水의 상극이 있고 상생 흐름이 전후가 맞지 않는 현상이 관찰된다.

또한 ㅋ(키), ㅌ(티), ㅍ(피), ㅈ(지), ㅊ(치), ㆁ(이), ㅇ(이), ㅎ(히)의 여덟 자를 초성에만 쓰이는

---

35 『切韻指掌圖』辨五音例, "慾知宮舌居中喉音."

36 『切韻指掌圖』辨五音例, "慾知羽撮口聚脣重, 脣輕."

37 유덕선, 『훈몽자회』, 홍문관, 2012, 5쪽.

38 『訓蒙字會』諺文字母, "ㄱ(其役)·ㄴ(尼隱)·ㄷ(池末)·ㄹ(梨乙)·ㅁ(眉音)·ㅂ(非邑)·ㅅ(時衣)·ㅇ(異凝) 其尼池梨眉非時異八音用於初聲 役隱末乙音邑衣疑八音用於終聲."

'초성독용팔자(初聲獨用八字)'라 하여 우리말 뜻을 취하고 위의 순서로 분류하고 있는데[39] 마찬가지로 『훈민정음해례』의 오행배속법을 적용할 때만 木→火→土→金→水의 오행상생 구조가 된다.

그러므로 『훈몽자회』의 한글 자모 순서로 판단해 보면 최세진도 우리말 음운의 오행에 대해서는 『훈민정음해례』와 인식을 공유했을 개연성이 크다고 보여진다.

이상에서 논한 내용을 바탕으로 종합해 보겠다. 순음·후음의 오행을 『훈민정음해례』와 다르게 배정한 『동국정운』·『홍무정운역훈』·『사성통해』·『훈민정음운해』 등은 중국의 한자 음운에 대해 연구한 운서이며 이 중에서 『사성통해』·『훈민정음운해』는 운도(韻圖)를 도입·작성하여 표준화를 시도한 서책이다.

한글창제에 참여한 대표적 학자인 신숙주가 저술한 『동국정운』과 『홍무정운역훈』의 순음과 후음의 오행 배속이 『훈민정음해례』와 다르다는 것은 창제에 참여한 학자들 내부에서도 순음과 후음의 오행 배속의 문제에 대해서는 우리말 음운은 『훈민정음해례』식, 중국 한자 음운은 『동국정운』식으로 각각 달리 보아야 한다는 내부적 합의가 있었을 것이며 이러한 인식체계는 최세진을 거쳐 신경준에게 이어진 것으로 추론된다.

4. 순음·후음의 한글 오행

한글 자음오행의 순음과 후음에 대하여 『훈민정음해례』를 따를 것을 주장하는 사람들 중 일부에서 신경준을 폄훼하기도 한다. 그러나 신경준은 국어사에서도 업적을 인정받는 학자이다. 신경준이 『훈민정음운해』에서 훈민정음의 우수성과 제자원리도 일부 다루고는 있지만 앞서 언급했듯이 『훈민정음운해』를 저술한 궁극의 목표는 '한자음운도(漢字音韻圖)'에 있었다는 점을 주목해야 한다.

따라서 신경준이 『훈민정음해례』와 다르게 자음 배속을 한 것을 이해하기 위해서는 그

---

39 『訓蒙字會』諺文字母, "ㅋ(箕)·ㅌ(治)·ㅍ(皮)·ㅈ(之)·ㅊ(齒)·ㅿ(而)·ㅇ(伊)·ㅎ(屎) 箕字亦取本字之釋俚語爲聲."

가 중국에서 유입된 고야왕의 옥편이나 그와 유사한 옥편을 참조하던 중 옥편에 첨삭된 후음-土, 순음-水라는 내용을 보았을 것으로 보이는 정황, 최세진의 『사성통해』 내의 '광운 삼십육자모지도'를 참고하였던 점, 조상(祖上)인 신숙주의 『홍무정운역훈』을 반영하고 따랐을 가능성, 『훈민정음』의 제자원리를 일일이 복원하는 일은 그의 주된 저술 목적이 아니었다는 점, 중국 36자모 음운의 오행은 중국식 배속을 따름이 당연하다고 생각했을 개연성 등을 종합하여 보아야 한다. 그러므로 신경준이 『훈민정음운해』 저술의 궁극의 목표인 '한자음운도(漢字音韻圖)'를 완성하면서 순음과 후음의 오행 배속을 『훈민정음해례』와 달리한 것은 필연적이었다고 볼 수 있다.

이상에서 고찰한 내용을 바탕으로 지금부터 명리·성명학에서 순음·후음의 오행에 대해 『훈민정음해례』와 『훈민정음운해』 중 어느 판본을 따름이 타당한 것인가에 대한 문제와 성명의 한글 부분의 오행을 적용할 때 보완해야 할 문제에 대해 살펴보고자 한다.

먼저 한글 발음오행은 순음과 후음 부분에서 『훈민정음해례』와 『훈민정음운해』 중 어느 판본의 오행 배속을 따라야 할 것인가의 문제를 살펴보겠다. 논자는 이 문제에 대한 시사점을 널리 알려진 『훈민정음해례』의 예의 편 첫머리에서 찾을 수 있었다.

우리나라 말소리가 중국과 달라서 한자와는 통하지 않으므로(…).[40]

'중국과 달라서 한자와는 통하지 않는다'는 이 부분으로부터 우리나라 말이 한자 음운과 통하지 않으니 우리 문자를 갖자는 자주정신의 의지로 창제된 것이 훈민정음이라는 사실을 확인할 수 있다. 반면에 한자 음운과 통할 수 있도록 우리말의 토대에서 중국의 음운체계를 이해하자는 것이 『동국정운』·『홍무정운역훈』·『사성통해』·『훈민정음운해』류(類)의 운서라는 결론을 앞 장의 논점들과 종합하여 유추할 수 있다. 이는 『사성통해』를 연구한 국어학자 이강로의 말로 뒷받침된다.

---

40 『訓民正音』 例義篇, "國之於音, 異乎中國, 如文字不相流通(…)."

정음[훈민정음]을 만들 때의 나라 안팎의 여러 가지 사정이나, 혹은 그때의 문헌의 기록을 미루어 보아서, 정음을 만든 것은 단순히 우리말만을 적으려고 한 것이 아니라, 조선 한자음이나 중국말의 소리를 적으려는 의도도 있었던 것으로 생각된다. 그러므로 정음의 운용도 세 계통으로 나누어 볼 수 있는 것이니, 순우리말을 적은 것과 조선 한자음과 중국 한자음을 적은 것이 그것이다. 우리가 글자의 조직을 고찰함에 있어서도, 이 세 계통을 분별하여야 하는 것이니, 그 이유는 같은 글자가 경우에 따라서 그 소리를 달리하는 일이 있기 때문이다.[41]

논자는 훈민정음 창제의 취지는 "우리말을 적으려고 한 것 이외에도 조선 한자음을 적으려 한 것과 중국 한자음을 적으려 한 것도 있으며 같은 글자가 경우에 따라서 그 소리를 달리하는 일이 있다."는 이강로의 말을 토대로 성명학적 견지에서 다음과 같이 세 가지 관점으로 논하고자 한다.

첫째, 훈민정음의 창제 목적이 '우리말을 적으려고 한 것'에 관련하여 살펴보면 순음·후음을 포함하여 순우리말의 오행 배속은 우리말을 적으려고 한 한글창제의 취지에 따라 『훈민정음해례』를 따름이 타당하다. 따라서 성명학에서도 순한글 이름의 한글 오행은 『훈민정음해례』를 기준으로 적용하여야 한다.

둘째, 훈민정음의 창제 목적 중에 '중국 한자음을 적으려 한 것도 포함됨'에 관련하여 살펴보면 먼저 『사성통해』, 『훈민정음운해』류(類)의 운서는 한자의 발음을 우리글로 표시하고자 하였으므로 중국 36자모 한자의 발음오행을 당연히 중국식으로 배속한 것임을 직시해야 한다.

그렇다면 이강로가 '같은 글자가 경우에 따라서 그 소리를 달리하는 일이 있다.'라고 지적했다시피 동일한 한자가 우리나라와 중국에서 음운계통이 분별 되어 혼선된 이유를 살펴볼 필요가 있다.

세종실록 28년 9월 조에 정인지의 훈민정음 서문이 실려 있는데 "사방의 풍토가 구별되

---

41 이강로, 『사성통해의 음운학적 연구』, 박이정, 2004, 44쪽.

면 목소리의 기운도 또한 다르게 변한다."[42]라고 하여 음운은 일원화(一元化)할 수 없음을 피력하고 있다. 국어학자 강신항은 이와 관련해서 "지리적 조건이 다르면 사람의 발음도 달라진다. 그런데도 중국 이외의 나라에서 고유문자가 없다고 한자를 빌려 쓰고 있으니 제대로 된 이치가 없다."[43]라고 요약하였다.

〈표 28〉 한국 음·중국 음의 초성·성모 대조

초성 : 성모	ㄱ : j, g	ㄴ : n	ㄷ : d	ㄹ : l	ㅁ : m, w
ㅂ : f, b	ㅅ : sh, x	ㅇ : y, w	ㅌ : t	ㅍ : b, p	ㅎ : x, h

이런 현상은 우리나라 내(內)에서도 발견된다. 신경준의 『훈민정음운해』에는 "관서, 영남 사람들은 설음(舌音)을 많이 쓰고 호남, 호서 사람들은 치음(齒音)을 많이 쓴다."[44]라는 구체적 언급이 나와 있다.

결론적으로 글은 어디서나 통하니 일원화할 수 있지만 음운은 지역, 환경, 풍토에 따라 변화된다. 우리나라와 중국은 사방(四方)의 풍토가 구별되며 지역, 환경, 문화가 다르기 때문에 음운계통이 분별되는 결과를 초래하고 음운의 오행에 대한 인식이 분별됨은 당연하다.

따라서 이강로가 말한 훈민정음의 창제 목적 중에 '중국 한자음을 적으려 한 것'에 관련하여 『사성통해』, 『훈민정음운해』류(類) 운서(韻書)의 자음오행 배속을 성명학적으로 살펴보면, 자음오행 배속을 당시 중국의 주된 오행배속법에 따르고 있다 할 수 있으므로 우리나라의 현대적 음운과의 부합성이 결여된다고 판단된다.

셋째, 훈민정음의 창제 목적 중에 '조선 한자음을 적으려 한 것'에 관련하여 성명학적으로 하여 고찰함에 있어서, 본 논문에서는 우리나라 한자음의 기준이 되는 시점과 대상을 훈민정음이 창제된 15C가 아닌 21C '현대사회의 한자음'을 위주로 하고자 한다. 왜냐하면

42　『朝鮮王朝實錄』「世宗實錄」, "四方風土區別, 聲氣亦隨而異焉."

43　강신항, 『훈민정음 창제와 연구사』, 경진, 2010, 65쪽.

44　『訓民正音韻解』, 〈初聲解〉·〈辨似〉, "而關西·嶺南多用舌音 湖南·湖西多用齒音."

현대인의 이름 짓기에서 『훈민정음운해』류(類)의 운서를 따를 것인지 『훈민정음해례』를 따를 것인지의 문제가 본 논문의 주요 논점이자 성명학의 과제 중 하나이고 현대사회의 이름 짓기 문화 역시 한자를 가진 이름이 대세이므로 '현대 한자음의 오행 배속 문제'가 성명학의 궁구 대상이 될 수밖에 없기 때문이다.

현대 국어의 음운을 살펴보면 현행 중국 한자 음운이 국어 음운에 주는 영향력이 미미하여 순한글과 한자의 발음이 같으니 사실상 한글 음운의 오행 배속만 유의미하다고 할 수 있다. 예를 들어 '봄이 오다'는 의미를 가진 순한글 이름 '보미'와 한자를 가진 이름 '보미(宝美)'의 발음을 비교하면 '보미(宝美)'의 중국식 발음인 '바오메이' 및 성조(聲調)의 영향이 현재의 우리말 음운에 없으니 동일하다.

그러므로 이강로가 말한 훈민정음의 창제 목적 중 '조선 한자음을 적으려 한 것'에 관련하여 살펴볼 때, 음운(音韻)이 시대·환경에 따라 변하는 점을 감안하면서 순한글과 한자의 발음 차이가 없는 현대(現代)의 음운적 특징으로 판단하면 현대 한자음에 대한 발음오행은 『훈민정음해례』의 오행 배속이 이치에 합당하므로 한글 발음오행의 주류(主流)가 되어 다수설로 정착되어야 한다는 결론에 이를 수밖에 없다.

그러나 언어의 음운이란 시대 환경에 따라 변하는 것이므로 현재의 발음오행 체계도 항구적으로 고정될 수는 없다. 신경준도 중국 음운을 보다 더 정확히 표현하기 위해 훈민정음 28자 이외의 초성과 모음의 자모를 새로 만든 적이 있다.[45] 현재는 영어가 우리나라의 언어문화에 영향을 미치고 있는데, 장차 L과 R, B와 V, J와 Z를 음운적으로 구별하기 위한 새 자모가 등장하여 대중화될 수도 있다. 따라서 성명학은 앞으로 시대·환경 변화에 따른 우리말의 음운 변성에도 대처해 나가야 할 것이다.

지금까지 논제의 일관성을 유지하기 위해 자음의 순음과 후음을 위주로 논하였지만 한글 오행은 비단 자음에만 있는 것이 아니고 모음오행도 『훈민정음』 제자해에서 오행이 배속되어 있으므로 이에 대한 이해와 적용을 위한 연구도 지속되어야 할 것이다. 논자는 이제부터 성명학이 '한글 자음오행의 적용은 어느 판본에 기초해야 하는가'에 대한 해묵은

---

45 강신항, 앞의 책, 2010, 162쪽.

논쟁을 극복하고 성명에 대한 현대인의 기층적(氣層的) 요구에 부응하면서 학술적 기반을 공고하게 가진 미래 지향적 학문으로 발전해 나가기를 희망한다.

5. 한글 자형(字形)오행의 도입 필요성

다음으로 성명학적 이름 짓기에서 한글 오행을 적용할 때 보완해야 할 중요한 문제가 있는데 그것은 현재의 한글 오행을 소리에만 국한하여 적용하고 있는 점이다. 우리가 사람의 이름을 인식함에는 이름을 쓴 글자를 보고 아는 방법과 이름을 부르는 소리를 듣고 아는 방법이 있다. 그러므로 이런 점을 반영하여 한글 오행도 한글의 자형(字形) 부분과 소리 부분으로 이원화(二元化)해야 할 필요가 있다.

논자가 앞 장에서 인용하였듯이 『훈민정음』 제자해에서 "아음 ㄱ은 혀뿌리가 목구멍을 막는 형상, 설음 ㄴ은 혀끝이 잇몸에 닿는 형상, 순음 ㅁ은 입의 형상, 치음 ㅅ은 이의 형상, 후음 ㅇ은 목구멍의 형상을 본뜬 것"이라고 하였으니 한글은 발음기관의 동작이나 모습을 상형(象形)하여 만들어진 문자이며 자모(字母)마다 오행이 있다. 따라서 성명의 한글 부문도 발음할 때는 발음 오행이 있는 것처럼 종이, 책 등에 글로 게시되었을 때는 자형(字形)오행이 있다고 보아야 한다.

〈표 29〉 한글 자음의 자형오행(字形五行)

자형오행	자음
木	ㄱ ㅋ
火	ㄴ ㄷ ㅌ ㄹ
土	ㅁ ㅂ
金	ㅅ ㅈ ㅊ
水	ㅇ ㅎ

한국인 성명에서 또 다른 축인 한자의 자원오행(字源五行)은 "한자의 부수로 발현되는 대

표적 오행의 기운"[46]으로서 사물을 묘사한 그림에서 발전된 상형문자에 기원을 두는 한자(漢字)의 특성에 맞추어 오행을 배속하는데, 한자 성명은 증빙서류나 서책에 게재하여 글자를 보고 인식하게 하는 용도로 사용하므로 한자 자원오행도 자형오행의 성향이 있다고 볼 수 있다.

또한, '진석민→진성민, 박민형→방니명, 김윤하→김뉴나' 등 자음동화 현상에 의해 원래 글자와 다르게 발음되는 이름들에 대한 성명학적 오행 관점의 정립을 위해서도 '자형오행'의 개념이 필요하다.[47]

따라서 성명의 한글 부분도 글자의 자형에 오행을 배속하는 자형오행의 개념을 도입해야 하고 한글의 자형오행의 오행 배속은 『훈민정음해례』에 준(準)해야 한다.[48]

---

46 이재승·김만태, 「한국 사회 성명문화의 전개 양상에 따른 한자오행법 고찰」, 『인문사회 21』 5(6), 2017b, 757쪽.

47 이와 관련, 김만태는 후속 연구(김만태, 「모자음오행(母子音五行)의 성명학적 연구」, 『동방문화와 사상』 6, 동방문화대학원대학교 동양학연구소, 2019)에서 한글 성명의 원자와 발음의 차이를 반영하여 모·자음오행을 자형과 실제 발음의 평균값을 반영하는 방법을 연구하고 적용하는 안을 구체화하였다.

48 이상 한글 순음·후음의 오행 배속의 고찰은 "이재승·김만태, 「한글 순음·후음의 오행배속에 대한 성명학적 고찰」, 『한국융합인문학』 6(3), 한국융합인문학회, 2018d, 339-368쪽"을 일부 수정하여 인용하였다.

V

한글 오행과
한글 성명학의 난제

1. 훈민정음의 자음오행

1940년 『훈민정음해례』가 발견된 이후 자음인 초성은 발음기관의 상태와 작용을 본뜨고 모음은 '천(天)·지(地)·인(人) 삼재(三才)'를 본떴다는 삼형설(三形說)이 정설이 되었다.[1] 『훈민정음』 제자해에서 천명하고 있듯이 훈민정음(訓民正音)은 우주 만물의 이치인 음양(陰陽)·오행(五行)·삼재(三才)의 역학(易學) 사상을 다각도로 함축하고 있는 문자이다. 한글은 제자 배경으로 역학적 원리와 사상이라는 철학적 사유 요소까지도 함유한 문자일 뿐 아니라 소리와 문자가 서로 조화를 이루도록 하였으니 천지자연의 소리 이치를 내재한 유일무이한 문자라 할 수 있다.[2]

<표 30> 자음의 역리적(易理的) 분류

소리 구분	목구멍소리 (후음)	어금닛소리 (아음)	혓소리 (설음)	잇소리 (치음)	입술소리 (순음)
초성	ㅇㆆㅎ	ㄱㅋㆁ	ㄴㄷㅌ(ㄹ)	ㅅㅈㅊ(ㅿ)	ㅁㅂㅍ
발음기관	목구멍	어금니	혀	이	입술
발음기관 특징	깊고 윤택함	어긋나고 긺	재빠르게 움직임	단단하고 자름	모나고 합해짐

---

1   이하 훈민정음의 자·모음오행은 "이재승·김만태, 「작명·개명의 사회적 현상에 따른 성명학의 용신 적용에 대한 고찰」, 『인문사회 21』 8(4), 아시아문화학술원, 2017a, 488-491쪽"을 일부 수정하여 인용하였다.

2   김만태, 『한국 성명학 신해』, 좋은땅, 2016, 81쪽.

구분 \ 소리	목구멍소리 (후음)	어금닛소리 (아음)	혓소리 (설음)	잇소리 (치음)	입술소리 (순음)
소리 특징	공허하고 통함	야무지고 실함	구르고 날림	부스러지고 걸림	머금고 넓음
오행	물(水)	나무(木)	불(火)	쇠(金)	흙(土)
오성	우(羽)	각(角)	치(徵)	상(商)	궁(宮)
계절	겨울	봄	여름	가을	늦여름
범위	북	동	남	서	위치 없음

　훈민정음은 사람의 소리는 모두 오행에 근본이 있고 사계절 및 오성(五聲)인 궁상각치우 (宮商角徵羽)와도 합치된다는 원칙을 기초로 초성(初聲) 자음의 기본자(ㄱㄴㅁㅅㅇ)와 이체자 (異體字)(ㆁㄹㅿ)는 각기 그 발음기관의 모양이나 그 작용을 본떠서 만들었다. 나머지 자음들 은 가획자(加劃字)로써 소리가 조금 더 세게 나는 정도에 따라 획을 더하여ㅊㅋㅌㅍㅎ을 만 들었는데 이는 자질문자(資質文字)적 특징이다.

　목구멍·어금니·혀·이·입술이라는 발음기관들의 생태적 특징들을 해당 오행에 각각 연관 시키고 그 소리의 특징들도 각 오행의 모습에 관련지었으며, 다시 각 계절과 오성에 배고 초성의 이치 속에 음양·오행·방위 등을 배정하였다.

2. 훈민정음의 모음오행

　우리의 한글은 말의 소리를 표기하는 표음문자(音素文字)로서 음성학(音聲學)에 입각하 여 과학적으로 분석, 연구를 할 수 있는 학문적 영역으로 볼 수 있고 자음, 모음이 음향 적 길이의 에너지를 가지고 음절을 구성하므로 한글 오행 성명학에서는 모음도 적용시 켜야 한다.

　하나의 음절은 초성, 중성, 종성이 합하여 이루어진 합자(合字)이므로 『훈민정음』 제자해 에서는 자음과 모음의 합자(合字)에 대해서도 삼재 사상(三才思想)과 관련짓는다. 제자해를 인용하면 "초성(初聲)은 발동하는 뜻이 있으니 천(天)의 일이고, 종성(終聲)은 그치고 정해지는 뜻이 있으니 지(地)의 일이고, 중성(中聲)은 초성의 생김을 이어받아 종성의 이룸을 연결해 주니 인(人)의 일이다."[3]라 하였다. 이 말은 모음의 중성을 중심으로 초성과 종성에 해당하는 자음이 합자되어 하나의 완결된 글자를 형성함을 강조한 것이다. 따라서 한글의 초성, 중성, 종성의 조합은 천·지·인(天·地·人)의 삼재(三才)사상과 관계 지었다고 할 수 있다.

중성은 모음이고 모음이 없는 글자, 발음은 없다. 훈민정음의 제자해에서는 모음은·(하늘), ㅡ(땅), ㅣ(인간)이라는 삼재와 생위성수(生位成數)의 원리를 종합하여 오행을 배정하였고 모음에 역리의 원리를 적용하여 오행을 배정하고 있다. 〈표 31〉은 모음의 역학적 의미를 선천하도의 사상을 반영하고 모음에 오행을 배속하여 설명하고 있는데 모음의 발음 오행을 ㅏㅕ는 木, ㅜㅛ는 火,·ㅡ는 土, ㅓㅑ는 金, ㅗㅠ는 水에 배속하고 있다.

특이한 점은 모음들 중 ㅣ만이 오행이나 수(數)가 없다. 여기에 대해서 "대개 사람이란 무극(無極)의 참과 二五의 精이 미묘하게 어울리니 진실로 정위(正位)와 성수(成數)로는 논할 수 없기 때문이다."[4]라고 설명하였다.

〈표 31〉 모음의 역리적 분류

중성(모음)	수	음양	오행	방위	천지수	생위성수
ㅗ	1	양	水	북	천 一	生水之數
ㅜ	2	음	火	남	천 二	生水之數
ㅏ	3	양	木	동	천 三	生水之數
ㅓ	4	음	金	서	천 四	生水之數
·	5	양	土	중	천 五	生水之數
ㅠ	6	음	水	북	천 六	戌水之數
ㅛ	7	양	火	남	천 七	戌水之數

3 『訓民正音』制字解, "初聲有發動之義, 天之事也. 終成有止正之義. 地之事也. 中聲承初之生, 接終之成, 人之事也."

4 『訓民正音』制字解, "ㅣ獨無位數者, 盖以人則無極之眞, 二五之精, 妙合而凝, 固未可以 定位成數論也."

중성(모음)	수	음양	오행	방위	천지수	생위성수
ㅕ	8	음	木	동	천 八	戌水之數
ㅑ	9	양	金	서	천 九	戌水之數
―	10	음	土	중	천 十	戌水之數
ㅣ		중성	無行	無位	無天地數	無位數

그러므로 한글 모음에 ㅣ가 결합되더라도 ㅣ와 결합한 모음의 발음오행은 변하지 않는 이치가 되어 ㅐ는 木, ㅟ는 火, ㅢ는 土, ㅖ, ㅒ는 金, ㅚ는 水가 되며 ㅘ, ㅙ는 水, 木의 결합이 이루어진 모음이고 ㅝ, ㅞ는 火와 金이 결합된 모음이라 할 수 있다.

한 글자의 초성, 중성, 종성에 대한 오행의 비율(比率)에 대해 김만태는 한 글자에서 初聲이 30% 中聲이 40% 終聲은 30%의 오행 비율이 있는 것으로 보았다.[5] 예를 들어 '굿'이라는 글자는 초성인 ㄱ이 木이고 중성인 ㅜ는 火이며 종성인 ㅅ은 金으로서 한글 '굿'은 木·火·金이 3:4:3의 비율의 혼합된 오행 구조이다.

이러한 분석 방식은 훈민정음의 제자원리(制字原理)에 입각하여 논리적인 방법으로 발음오행 성명학의 발전 방향을 제시한 것이며 현행의 초성 간 상생·상극만으로 이름을 짓거나 평가하는 방식은 초성, 중성, 종성의 오행을 종합하는 방식으로 전환되어야 한다.[6]

3. 한글 오행 성명학의 난제에 대한 해결적 고찰

한글은 세종대왕 대(代)에 반포된 훈민정음(訓民正音)을 20C 이후에 달리 부르는 명칭으로서 우리나라 고유의 문화적 유산이며 우리나라 현대사회의 언어문화에서 절대적인 위상

---

5 김만태, 앞의 책, 2016, 179쪽.

6 이상 훈민정음의 자모음오행은 "이재승·김만태, 「작명·개명의 사회적 현상에 따른 성명학의 용신 적용에 대한 고찰」, 『인문사회 21』 8(4), 아시아문화학술원, 2017a, 488-491쪽"을 일부 수정하여 인용하였다.

을 확립하고 있다.[78]

한글의 본명(本名)인 훈민정음은 태극(太極), 음양(陰陽), 오행(五行), 만물의 근본을 천·지·인(天·地·人)으로 보는 삼재(三才) 사상 등 전통 동양학의 역학 사상을 내포하고 있다. 따라서 명리학(命理學)에 기반을 두고 유익한 성명에 대해 연구하는 성명학(姓名學)은 한글 자음·모음의 오행을 성명의 한글 부분에서 발음오행(發音五行)을 위주로 적용하고 있다.

논자는 성명학의 한글 오행의 적용에 대한 난제 중 하나인 순음·후음의 오행 배속에 대한 선행연구[9]와 훈민정음 제자원리에 대한 선행연구들을 토대로 한글 오행의 성명학적 적용의 난제에 대한 해결 방안을 고찰하겠다.

1) 한글 순음·후음의 오행 배속 논란

앞 절에서 논했다시피 현재 자음오행은 1750년, 신경준이 쓴 한자 음운서(音韻書) 『훈민정음운해(訓民正音韻解)』에서 순음(脣音) ㅁ·ㅂ을 水, 후음(喉音) ㅇ·ㅎ을 土로 배정한 방식이 유행하고 있고 훈민정음의 진본(眞本), 『훈민정음해례(訓民正音解例)』는 ㅁ·ㅂ을 土, 후음 ㅇ·ㅎ을 水로 배정하고 있다. 『훈민정음해례(訓民正音解例)』의 순음·후음에 대한 오행배속법은 현재로서는 소수설에 해당된다.

자음의 오음 중 순음, 후음이 40%이므로 초성으로만 보면 성명 3자에 포함될 확률은 78.4%가 된다. 따라서 어느 판본의 방식을 채택하느냐에 따라 결과와 성명 해석이 상이한 문제가 생기게 되는데, 이에 대한 학자들의 양태(樣態)는 다음과 같이 분류된다.

첫째, 이미 현장에서 다수설로 자리 잡은 『훈민정음운해』의 오행 배속을 유지하는 입장

---

7   이재승·김만태, 「한글 순음·후음의 오행배속에 대한 성명학적 고찰」, 『한국융합인문학』 6(3), 2018, 27쪽.

8   이하 성명학의 한글 오행 적용에 대한 난제와 해결은 "이재승, 「성명학에서 한글 오행 적용의 난제(難題)에 대한 해결적 고찰」, 『인문사회 21』 10(1), 아시아문화학술원, 2019a, 931-944쪽"을 일부 수정하여 인용하였다.

9   이재승·김만태, 「성명학에서 한글 오행 적용의 난제에 대한 해결적 고찰」, 『인문사회 21』 10(1), 2019; 이재승·김만태, 「한글 순음·후음의 오행배속에 대한 성명학적 고찰」, 『한국융합인문학』 6(3), 2018; 이재승·김만태, 「작명·개명의 사회적 현상에 따르는 성명학의 용신(用神)적용에 대한 고찰」, 『인문사회 21』 8(4), 2017a; 김만태, 「현대 한국사회의 이름짓기 요건에 관한 고찰」, 『한국민속학』 62, 2015; 김만태, 『한국 성명학 신해』, 좋은땅, 2011; 김만태, 「훈민정음의 제자원리와 역학사상—음양오행론과 삼재론을 중심으로」, 『철학사상』 45, 2012.

이다. '성명학만 『훈민정음운해』식이 맞는다'는 왜곡된 주장과 함께 관습과 전통을 내세운다. 그러나 성명학의 오행 배속이 『훈민정음운해』가 맞고 『훈민정음해례』가 틀리다는 논지의 학술적 선행논문은 없다.

둘째, 판단을 유보하는 양태이다. 이런 양태를 견지하는 사람의 논저는 두 판본의 차이점을 비교 설명하는 정도에 그치며 누군가가 명확히 판단해 주길 기다리는 자세를 견지한다.

> 이러한 발음오행의 문제[운해본과 해례본의 오행 배속 차이]가 해결되기 위해서는 결국 또 많은 시간이 흘러 역사로 기록되어야 할 것이다.[10]

일부 석사논문에서 두 판본의 차이점을 비교하는 정도는 확인되고 있으나 심층 연구는 미비하다. 따라서 이런 양태의 학자들 논저는 성명에 대한 해설도 두 판본의 오행법 모두를 이중(二重)으로 적용하여 설명한다.

셋째, 한글 발음오행을 사용하지 말자는 주장이 있다. 그러나 『훈민정음해례』와 『훈민정음운해』의 오행 배속 중 무엇이 현대 국어에 더 적합한가에 대한 학술적 연구가 진행되어 이미 성과를 이루었으므로 이제는 이러한 연구 결과를 작명 현장에 보급하고 계몽해 나가는 노력을 지속해야 할 때라고 본다.

넷째, 학술적으로 개척하고 탐구하는 연구를 통해 어느 판본이 현대적 국어에 더 적합한지에 대한 고찰을 시행하는 양태이다. 이러한 노력은 상당한 진척을 이루어 현대 국어나 성명에서 『훈민정음해례』의 적용이 학술적으로 타당하다는 연구 성과는 명확하다.

이재승·김만태는 선행 학술논문에서 다음과 같이 논하였다.

> 한글 창제에 참여한 대표적 학자인 신숙주가 저술한 『동국정운』과 『홍무정운역훈』의 순음과 후음의 오행 배속이 『훈민정음해례』와 다르다는 것은 창제에 참여한 학자들 내부에서도 순음과 후음의 오행 배속의 문제에 대해서는 우리말 음운

---

10 김기승, 『자원오행성명학』, 다산글방, 2015, 61쪽.

과 중국 한자 음운을 각각 달리 보아야 한다는 내부적 합의가 있었을 것이며 이러한 인식체계는 최세진을 거쳐 신경준에게 이어진 것으로 추론된다.[11]

한글 창제의 참여 학자인 신숙주는 『홍무정운역훈』과 『동국정운』이라는 음운서에서 순음·후음의 오행 배속을 『훈민정음해례』와 다르게 하였는데 이는 우리말 음운의 오행은 『훈민정음해례』식으로 보고 중국 음운의 오행은 『동국정운』식으로 각각 달리 보았음을 말한다. 이러한 견해는 최세진(崔世珍, 1468-1542)을 거쳐 『훈민정음운해』의 저자인 신경준(申景濬, 1712-1781)에게로 전달된다.

최세진은 신숙주의 『홍무정운역훈(洪武正韻譯訓)』·『사성통고(四聲通攷)』를 보완하고자 『사성통해(四聲通解)』라는 운서(韻書)를 썼는데, 이안의 '광운삼십육자모지도(廣韻三十六字母之圖)'에서 순음 ㅁ·ㅂ·ㅍ을 水에 후음 ㅇ·ㅎ을 土에 배정하였다.

그러나 최세진이 우리말 음운의 오행 배속에 있어서는 『훈민정음해례』의 오행 배속과 일치하는 견해를 가졌음을 추론할 수 있는 중요한 단서가 그의 다른 저서인 『훈몽자회(訓蒙字會)』에 나온다. 『훈몽자회』 '언문자모(諺文字母)' 편에서는 '초성종성통용팔자(初聲終成通用八字)'라는 말과 함께 자음을 ㄱ(기역), ㄴ(니은), ㄷ(디귿), ㄹ(리을), ㅁ(미음), ㅂ(비읍), ㅅ(시옷), ㅇ(이응)의 순서로 배열하고 있는데 이 순서에 맞추어 오행을 배속하면 『훈민정음해례』의 오행배속법을 사용할 때만 木→火→土→金→水의 오행 상생(相生)이 되고 『사성통해』의 오행 배속을 적용하면 상극(相剋)이 중첩되는 현상이 발생된다.[12]

따라서 최세진도 우리말의 오행 배속에 있어서는 『훈민정음해례』와 일치하는 입장을 보인 것으로 볼 수 있다. 이는 신숙주가 운서인 『동국정운』과 『홍무정운역훈』에서 순음과 후음의 오행 배속을 『훈민정음해례』와 다르게 한 것과 같은 맥락이다.

신경준의 『훈민정음운해』는 최세진의 『사성통해』를 참고하여 '운해삼십육자모도'를 그

---

11 이재승·김만태, 앞의 글, 2018d, 39쪽.

12 위의 글, 2018d, 38-39쪽.

린 것[13]이니 오행 배정도 『사성통해』와 같다. 결론적으로 『동국정운』·『홍무정운역훈』·『사성통해』·『훈민정음운해』류(類)의 운서들은 중국 한자음에 대한 학습을 위한 목적으로 저술되어 중국 36자모 한자의 오행을 중국의 주류가 되는 방식으로 배속한 것이다.

한편 1940년, 『훈민정음해례』가 발견되기 이전까지 『훈민정음』의 제자원리에 관해서는 설만 난무하던 중 〈그림 8〉과 같이 1937년, 국어학자들이 발행하는 『한글지』 3월호에서 12월호까지 1750년에 저술된 신경준의 『훈민정음운해』를 연재한 후 1938년 조선어학회(朝鮮語學會)가 단행본으로 발간하였고 이에 따라 『훈민정음운해』가 한글 연구의 기본서가 되면서 여기에 기록된 소리 오행 구분을 성명학에서 그대로 차용하여 혼란이 생긴 것이다.[14]

따라서 중국식 한자 음운에 대해 우리말 입장에서 접근한 운서들의 오행 배속을 무리하게 현대 우리말 음운에 적용한 오류를 갖고서 대중화된 것이 현행 다수설인 『훈민정음운해』식의 오행 배속이라고 할 수 있다.

그러나 현대 국어에는 성조나 중국 발음 등 중국어 잔재가 없으니 한자어 음운과 순우리

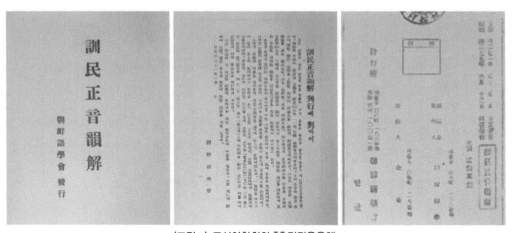

〈그림 8〉 조선어학회의 『훈민정음운해』

---

13 위의 글, 2018d, 39-43쪽.

14 권익기, 앞의 글, 2018, 117쪽.

말 음운이 같다. 예를 들면 순우리말 '어느새'의 '새'와 한자어 '요새(要塞)'의 '새'가 발음이
완벽히 같다. 따라서 『훈민정음운해』 등 운서류(類)의 오행 배속은 현대 국어에서는 무의미
하다. 현대 국어에서는 더 이상 한자 음운의 중국식 오행 배속이 필요하지 않으므로 『훈민
정음해례』의 오행 배속이 현대 국어의 음운에 적합함은 당연하다.

　논자는 『훈민정음해례』의 오행 배속이 늦게 알려졌는데, 그전에 먼저 대중화된 『훈민정
음운해』의 오행 배속을 사용하는 사람들이 기득권을 내세워 『훈민정음운해』의 오행 배속
을 고집하고 있다는 지적에 대해 공감한다.

　이제 어느 판본의 오행 배정이 현대 국어에 더 부합되는지 학술적 결론이 난 이상, 앞으
로 『훈민정음해례』의 오행 배속이 다수설로 정착될 수 있도록 명리 성명학계의 합심한 노
력과 계몽 활동이 긴요한 시점이라 하겠다.

2) 국어 음운법칙에 의한 발음오행 혼란

　이종훈은 한글 오행의 성명학적 적용에 있어 여러 난제가 있음을 이유로 한글 발음오행
의 불용론을 주장하였는데 국어 음운법칙의 문제도 지적된 사항이다. 국어의 주요 음운법
칙에는 자음접변, 자음동화, 두음법칙, 연음법칙 등이 있어 글자와 발음이 일치하지 않는
경우가 많다. 이종훈이 말한 발음오행의 여러 난제 중에서 '자음접변' 부분을 인용해 본다.

> 해례본 발음오행 적용 시 '신석호'는 초성 ㅅ(金) – ㅅ(金) – ㅎ(水)으로 구성되어 金
> 생水로 발음오행에서 상생이 되지만 실제 발음을 할 때는 '신서코'로 발음되어
> ㅅ(金) – ㅅ(金) – ㅋ(木)의 초성이 되므로 金극木 하는 이름이 된다(…).[15]

　논자는 한글 오행의 성명학적 적용의 여러 난제가 있음을 인정하나 '발음오행 불용론'에
동의할 수 없으며 학술적 해결 방안을 찾는 개척 자세가 학자에겐 긴요하다고 사료한다.

15　이종훈, 앞의 글, 67-68쪽.

논자는 본 논문에서 인용 부분을 제외하고는 '한글 발음오행' 대신 '한글 오행'이라는 용어를 사용하고자 애쓰고 있다. 그 이유는 한글 발음오행 적용의 난제를 해결함에 있어 자형오행(字形五行)의 개념을 새롭게 도입하여 한글 오행를 발음오행과 자형오행으로 이원화(二元化)하고자 함이다. 논자는 선행논문에서 다음과 같이 말하였다.

> 우리가 사람의 이름을 인식함에는 이름을 쓴 글자를 보고 아는 방법과 이름을 부르는 소리를 듣고 아는 방법이 있다. (…) 그러므로 성명의 한글 부문도 종이, 책 등에 글로 게시되었을 때 자형(字形)오행이 있다고 보아야 한다.[16]

성명의 다른 한 축인 한자(漢字)는 자원오행(字源五行)[17]을 갖는데 상형문자에 근거한 한자의 특성을 고려하면 자원오행 역시 자형오행의 범주에 있다. 자형오행은 자·모음이 발음기관의 동작이나 모습을 상형(象形)한 훈민정음의 제자(制字)원리에 입각하므로 오행 배속은 『훈민정음해례』를 따른다. 이종훈이 말한 국어 발음에서 '자음접변의 난제'는 한글 오행을 자형(字形) 부분과 소리 부분으로 이원화(二元化)하여 해결할 수 있다.

〈표 32〉 한글 자음의 자형오행(字形五行)

자형오행	자음
木	ㄱ ㅋ
火	ㄴ ㄷ ㅌ ㄹ
土	ㅁ ㅂ
金	ㅅ ㅈ ㅊ
水	ㅇ ㅎ

위의 예문에서 '석호'는 '서코'로 발음된다. 따라서 자형오행은 '석호', 발음오행은 '서

---

16 이재승·김만태, 「한글 순음·후음의 오행배속에 대한 성명학적 고찰」, 『한국융합인문학』 6(3), 한국융합인문학회, 2018d, 44쪽.

17 "한자 자원오행은 한자의 부수를 통해 발현되는 대표적인 오행의 기운이다." 이재승·김만태, 앞의 글, 2017b, 757쪽.

코'를 기준으로 적용하되 발음 전의 자형오행과 발음되는 오행의 수량을 각 1/2을 곱한 후 합산하면 되며 자음동화에 의해 자형오행과 발음오행이 달라지는 이름을 지양하도록 계몽해 나가면 된다. 이는 발음이 쉽고 전달력이 좋은 이름을 선호하는 현재 성명문화의 추세와도 부합된다고 할 수 있다.

한편 김만태는 최근의 선행연구[18]에서 원래 이름의 한글 발음오행과 자음동화에 의해 변형되는 이름의 오행 수치적 평균값으로 이름 오행의 수량을 확정하는 방안도 제안하였다.

> 예를 들어 '민훈'의 경우 각 오행 비율이 '火100 ±70 水30'이며, '미눈'은 '火100 ±100'이고, 각 오행의 두 값을 평균하면 '火100 ±85 水15'이다. 그러므로 표기하는 '민훈'과 소리 내는 '미눈'의 각 오행값이 최소 차이로 근접한다. (…) 이런 경우에 해당하는 다른 이름들도 마찬가지이다. 그래서 이름을 실제 소리 낼 때 뒤 이름자의 초성 오행이 바뀌는 경우, 현행 초성발음오행 작명법의 문제점을 해결할 수 있다.[19]

위의 김만태의 제안은 자음동화에 의해 자형오행과 발음오행이 달라지는 이름은 작명시 의도했던 한글 발음오행과는 다르게 오행변성이 생김을 인정하여 변성 전후의 오행 수치를 평균값으로 보자는 요지이다.

이러한 김만태의 제안적 연구 역시 자음동화에 의해 자형오행과 발음오행이 달라지는 이름을 지양하도록 해야 한다는 원칙의 논거가 될 수 있으며 발음오행 변성 문제의 해결 대안으로서 연구 활용의 가치가 크다.

두음법칙은 선택해서 사용하는 그대로 오행을 적용하면 특별히 모호한 점은 없다. 예를 들어 柳(버들 유, 류)의 성씨인 사람이 '유'나 '류' 중에서 택하여 쓰는 대로 발음오행을 적용하면 된다. 같은 방식으로 '李'를 우리나라는 '이', 북한은 '리'로 쓰는데 쓰는 대로 발음오

---

18 김만태, 「모자음오행(母子音五行)의 성명학적 연구」, 『동방문화와 사상』 6, 동방문화대학원대학교 동양학연구소, 2019.

19 위의 글, 91쪽.

행을 적용하면 된다.

연음법칙은 앞말의 종성이 뒷말의 'ㅇ'으로 미끄러져 발음되는 현상으로 '선우'가 '서누'로 '은유'가 '으뉴'로 발음되는 현상들을 말한다. 한국인의 언어 감각에 따르면 '선우'가 '서누'라고 발음되는 측면이 있더라도 '선우'로 인식되어 전달되는 데에는 어려운 점이 없다. 따라서 연음법칙은 자형오행과 발음오행이 다른 이름을 지양하는 원칙을 완곡하게 볼 필요가 있다.

3) 중성, 종성의 배제

현재 작명 현장의 주된 한글 오행에 활용 방식은 중성, 종성을 배제한 채 오직 초성만 배열하고 순음(脣音, ㅁㅂㅍ)과 후음(喉音, ㅇㅎ)을 세종의 『훈민정음해례』와 정반대 방식인 음운서(音韻書)의 것 대로 사용한다. 예를 들면 '홍길동'에 대해 초성인 'ㅎ ㄱ ㄷ'만 배열하고 오행이 '土 木 火'이니 土, 木의 상극이 있다는 이유로 이 한글 성명을 흉한 이름이라고 악평하는 것이다. 이런 행태는 작명을 하는 철학관, 작명 앱 등에서 통용되며 계몽을 통해 쓰지 않게 해야 할 비학술적인 방식이다.

김만태는 선행논저에서 초성, 중성, 종성을 30:40:30의 비율로서 『훈민정음해례』의 오행배속법을 기준으로 적용하는 발음 오행법을 제안하였다. 예시하면 다음과 같다.

> **이병철:** ㅇ(水40): ㅣ(무행⇒水60), ㅂ(土30) ㅕ(木40) ㅇ(水30), ㅊ(金30) ㅓ(금40) ㄹ(火30)▷ 水130 金70 土30 木40 火30으로 오행을 두루 유행하고 있으며 水, 金이 강한 이름이다.[20]

이재승·김만태는 앞서 김만태가 제안한 방식에 용신을 적용하도록 제안하였다.

---

20 김만태, 앞의 책, 2016, 179-181쪽.

이대호: ㅇ(水100: ㅣ는 무행이고 다음 종성이 없음), ㄷ(火40) ㅐ(木60), ㅎ(水60: 종성이 없음) ㄴ(水40)이니 종합하면 水200 木60 火40으로 水木이 매우 강하다. 고로 水木이 용희신인 사주에 매우 좋은 이름이다.[21]

이러한 방식은 초성 위주의 한글 발음오행법의 학술적 한계를 극복하기 위한 연구이며 후속 연구를 지속해 나가면 더욱 완성된 최적의 한글 오행법을 확립할 수 있을 것이다. 따라서 초성 위주 한글 발음오행법의 한계를 극복하기 위한 연구들을 경원(敬遠)하고 오직 한계에만 시점(視點)을 고착하면서 한글 오행 불용론을 말하는 것은 설득력이 없다.

4) 'ㅇ' 음가의 문제

허웅은 'ㅇ'의 음가[소릿값]에 대하여 "'음가가 없는 소리를 표기하는데', 'ㅇ'을 활용했으니, 이것은 오늘날 수학의 '0'과도 통한다."[22]라 하였다. 이는 'ㅇ'이 음가가 없는 글자로 쓰일 때가 있음을 말한다. 김만태는 이 부분을 선행논문에서 다음과 같이 피력하였다.

> 가령 '아'는 모음 ㅏ의 소리만을 나타낼 뿐이지 실제 'ㅇ'의 음가는 없다. 그러나 소릿값이 없다고 생각하지 않고 '무(無, zero)의 소리가 있는 것으로 생각하고' 'ㅇ'을 만든 것이다.[23]

김만태의 말은 ㅏ, ㅑ, ㅓ, ㅕ 등의 모음 자모의 발음을 글로 표기할 때 음가가 없는 개념으로서 'ㅇ'을 차용하여 표시하는데 이때의 'ㅇ'이 음가가 없다는 말이다. 더하여, 국어 발음의 '연음법칙'에서 '석유'가 '서규'로 발음되듯이 앞 글자의 받침이 미끄러질 때 'ㅇ'은

---

21 이재승·김만태, 앞의 글, 2017a, 494-495쪽.

22 허웅, 『한글과 민족문화』, 세종대왕기념사업회, 1999, 77-78쪽.

23 김만태, 앞의 글, 2012, 88쪽.

양보하는 성질이 있음과도 관련이 있다. 그러나 이런 경우를 제외하고는 'ㅇ'은 『훈민정음 해례』에서 배속한 대로 한글 오행이 水이다.

그러나 ㅏ를 '아'로 읽듯이 모음에 'ㅇ'을 빌려주는 경우를 제외하고 'ㅇ'이 초성이나 종성으로서 글자의 성분이 되어 쓰일 때는 훈민정음의 제자해에서 규정한 대로 오음(五音) 중 우음(羽音)으로서 水 오행의 발음이 되는 것은 기정사실이다.

발음 시, 소리에는 내재된 에너지의 오행이 있고 이를 중시하여 보는 것이 한글 발음오행이므로 'ㅇ'이 초성이 되는 글자들도 동일한 이치이다. 따라서 '안', '이', '원', '유'씨 등의 'ㅇ' 초성은 『훈민정음해례』의 오행 배속에 따라 水로 배속할 수 있다.

5) 이자(二字) 성씨의 발음오행 문제

우리나라에는 비록 흔치 않지만 이자(二字) 성씨가 있다.[24]

논자는 두 자리 성씨의 발음오행의 문제는 앞서 언급하였듯이, 현재의 초성 위주의 발음오행법이 『훈민정음해례』의 오행배속법을 기준으로 초성, 중성, 종성을 30:40:30의 비율로 적용하는 방식으로 교체되어 정착되면 자연스럽게 해결될 문제라고 본다.

이 경우 동방씨를 예시하면 ㄷ(火30) ㅗ(水40) ㅇ(水30) ㅂ(土30) ㅏ(木40) ㅇ(水30)이므로 '火30, 水100, 土30, 木40'이 된다. 따라서 성씨의 오행 분포를 바탕으로 작명을 할 때는 전체적으로 용신의 기운이 강하게 하면 된다.

6) 한글 오행과 심상(心象) 오행의 혼선

한글 오행과 자의(字意)로 추론되는 심상(心象. 이미지) 오행 사이의 혼선도 일부 있다. 예를 들어 '땅'에 대하여 한글 오행상 'ㄸ'은 火, 'ㅏ'는 木, 'ㅇ'은 水로서 火30 木40 水30으

---

24 선행논문(이재승·김만태, 2018c, 359쪽)을 참고하면 이자 성씨는 2015년 기준 우리나라 100대 성씨에 '남궁(南宮)'씨만이 93위에 포함된다.

로 볼 것인가 아니면 '흙'의 의미대로 土로 볼 것인가의 문제이다. 이 부분의 혼선으로 인해 '바다'라는 말은 水가 필요한 사람 '나무'라는 말은 木이 필요한 사람에게 좋다는 논리도 등장하고 있으며 심지어는 이를 한국인의 영어 애칭에 적용하여 'OECEAN(대양)'을 水가 필요한 사람, 'LAND(육지)'를 土가 필요한 사람, 'SILVESTER(나무)'를 木이 필요한 사람의 영어 이름에 쓰자는 주장까지 나오고 있다.

논자가 보기에 이런 혼선은 성명학에서 한글 오행을 적용하는 근간(根幹)을 간과(看過)한 결과라고 판단된다. 『훈민정음』 제자해에서는 "천지 만물의 이치[道]는 음양과 오행일 뿐이다. (…) 사람의 소리도 모두 음양의 이치를 가지고 있다."[25]라고 하였다. 또한 "무릇 사람의 음성이란 본래 오행이 있으니 사시(四時)에 합하여 보아도 거슬리지 않고 오음(五音)에 맞추어 보아도 틀리지 않는다."[26]라고도 하였다. 이와 관련하여 김슬옹은 "'훈민정음'은 천지자연의 소리 이치를 담은 문자이고 '음양오행'은 그 이치를 보여주는 핵심 장치이다."[27]라고 하였다.

따라서 성명학에서 한글 오행을 적용하는 이유는 사람의 음성에는 오행이 있고 그 오행이 사람에게 유익해야 한다는 것이다. 본 논문에서 말한 한글 자형 오행도 자음 글자의 상형에 오행의 원리가 있다는 개념이며 한글 오행의 토대는 모두 『훈민정음해례』이다. 따라서 한글 오행으로 접근하는 방식, 즉 땅은 'ㄸ'은 火, 'ㅏ'는 木, 'ㅇ'은 水로서 '火30 木40 水30'이고 오션(OCEAN)은 'ㅇ'와 'ㅗ'는 水, 'ㅅ'은 金, 'ㅕ'는 木, 'ㄴ'은 火로서 水100, 金30, 木30, 火30으로 보는 관점이 타당하다.

자의(字義)로서 '땅'을 土, '오션'을 水로 보는 관점을 주장하려면 그 전에 사람의 소리에는 음양오행이 있다는 '훈민정음'의 인식을 넘어서는 '한글 자의(字義) 오행'이나 '말의 심상(心想) 오행'이라는 새로운 개념을 학술적으로 반드시 수립해야 한다. 이 과정을 거치지 않고 주장하는 영어 단어의 의미나 심상에 의해 느껴지는 오행론은 학술적 요소가 없다.

---

25 『訓民正音』 制字解, "天地之道, 一陰陽五行而己, (…) 故人之聲音, 皆有陰陽之理."

26 『訓民正音』 制字解, "夫人之有聲本於五行, 故合諸四時而不悖, 叶之五音而不戾."

27 김슬옹, 『세종대왕과 훈민정음학』, 지식산업사, 2010, 138쪽.

특히 성명의 한글 부문에서는 오행의 물상인 초목, 불·빛, 흙·땅, 쇠·돌, 물·강 등을 직접 의미하면서도 인명에 적합한 글자는 지극히 제한적일 수밖에 없다. 또한, 언어는 상호 간 이해되는 사람끼리 소통되는 것이다. 이런 견지에서 예시하면, 'SILVESTER'에서 '나무'를 연상하고 木 오행을 떠올려 줄 한국인은 극소수이다. 영어 이름의 본인과 불러주는 사람 사이에 공감이 없게 된다.

따라서 낱말의 자의에 의한 오행 배속은 실효성이 부족하고 학술성이 취약하다.

7) 성명학의 한글 오행 적용에 대한 타당성 논란

훈민정음이 성명학적 목적으로 제정된 것은 아니니 성명학에서 훈민정음의 자·모음오행을 적용해서 쓰는 것은 타당치 못하다는 주장이 있어 반론을 펴겠다.

논자는 이러한 주장에 대해 배척한다. 인문사회과학의 학문은 학제간 융합연구로써 더욱 발전해 나가기 때문이다. 훈민정음 역시 동양학의 '삼재론(三才論)', '성리학 사상', '역학 사상', 『절운지장도(切韻指掌圖)』[28]를 위시한 중국 음운학' 등의 융합연구에 의한 업적이며 한글 오행에 의한 성명론도 '명리·역학'과 '국어학'의 융합연구에 의한 성명학 이론이다. 한자(漢字) 역시 제자(制字) 배경에 자원오행(字源五行)을 찾아서 작명하라는 취지가 있었던 것은 아니지만 성명학에서 명리·역학과 한자학을 융합하여 자원오행 성명학을 연구하고 작명에 적용하는 것도 같은 이치이다.

따라서 『훈민정음해례』의 오행 배정을 성명에 적용하는 것은 인문사회과학이 학제간 융합연구에 의해 발전해 나가는 조류에 부합되므로 확장 가능한 학문 영역과 범주 안의 연구이다. 그러므로 성명학자는 사명감을 갖고 학술적 기반이 공고해지도록 하는 융합연구에 매진해야 한다.[29]

---

28 송대 사마광(司馬光, 1019-1086) 원저(原著)이고 명대 소광조(邵光祖)가 보정한 등운서(等韻書)이다. 이 책 안의 '변자모차제례(辨字母次第例)'의 자음오행 배속 내용이 『훈민정음』 제자해와 공통된다. 한글 창제 시 참조한 주된 음운서이다.

29 이상 성명학의 한글 오행 적용에 대한 난제와 해결은 "이재승, 「성명학에서 한글 오행의 적용의 난제(難題)에 대한 해결

8) 자음 필획(筆劃)에 의한 음양배정 오류

앞서 논하였다시피 『훈민정음해례』의 제자해는 자음에 대하여 자음[초성·종성]의 오성(五聲, 아·설·순·치·후음)을 오행, 사시(四時), 오음(五音) 등에 배속하고 자음의 제자원리를 오행 상생 순서에 따라 설명하였는데 아음 ㄱ, 설음 ㄴ은 발음 시 발음기관이 동작하는 모습을 상형하였으며 순음 ㅁ, 치음 ㅅ, 후음 ㅇ은 발음기관을 상형하는 등의 제자원리에 바탕을 두고 있다.

동양철학에서는 기수(奇數, 홀수)를 양, 우수(偶數, 짝수)를 음으로 보는 것은 통념적 관점이다. 그렇다고 해서 '홀수 획수의 한자가 양이고 짝수 한자가 음'이라는 말은 절대 아니다.

한자를 자전에서 분류하고 찾는 수단으로 부수와 획수를 사용한다. 부수에는 한자 철학이나 재질적 의미가 주로 내재되고 고유의 오행이 있으므로 이를 자원(字源)오행이라 한다. 하지만 한자의 획수는 한자의 자전에서 배열 순서를 정하는 원리 이외에는 별다른 의미를 갖지 못한다. 따라서 홀수 획 한자는 양, 짝수 획 한자는 음이라고 보는 한자 획수 음양법은 수(數) 음양을 지나치게 확대 적용한 오류이니 사라져야 할 이론이다. 예를 들면 松(소나무 송)이 8획이라고 陰 오행의 한자일 수는 없다. 木 부수인 생목(살아있는 나무)의 한자는 갑목을 의미하므로 松이 8획이니 음이라는 것은 어불성설이다.

그런데 최근 일부에서 '홀수는 양, 짝수는 음'이라는 수(數)의 음양론을 한글 자음에 무리하게 적용하고, 한글 자음들과 글자의 필획에 따라 한글 자·모의 음양을 배속하는 방법을 비법인 양 사용하고 있다.

예를 들어 'ㄱ이 한자 필획(筆劃) 방식으로 1획 홀수니 양, ㅂ이 4획 짝수이니 음'이라고 정하는 방식이다. 더 나아가 한글 자모를 넘어 글자에까지 음양을 적용하여 '이' 자는 전체 2획이니 음, '박' 자는 전체 7획이니 '양'이라고 말하는 이도 있다.

이런 방식은 홀수 획 한자는 양, 짝수 획 한자는 음이라고 하면서 성명 3자의 획수가 홀·짝이 섞여야 음양이 맞아 좋다고 보는 '획수음양법'의 오류를 일반화한 이차적 오류에서

적 고찰」, 『인문사회 21』 10(1), 아시아문화학술원, 2019a, 931-944쪽"을 일부 수정하여 인용하였다.

기인한 것으로 판단된다. '홀수는 양, 짝수는 음'은 『주역』의 「계사전(繫辭傳)」에서 말한, 동양철학의 수(數) 음양 이치이다. 그러나 한자 획수의 홀·짝과 한자의 음양은 별개이고 연관성이 없다. 즉, 어떤 한자의 획수가 홀수라고 해서 '양의 한자'이고 획수가 짝수라고 해서 '음의 한자'라고 하는 것은 수(數) 음양을 무리하게 확대 적용한 '성급한 일반화의 오류'로 이치에 맞지 않는다. 한자의 음양은 획수가 아니라 한자의 본질로 정해야 한다.

예를 들어 乙(화초, 싹)이 1획 홀수이니 양이라 하고 日(태양, 丙火)이 4획 짝수이니 음이라고 할 수 없다. 더 예시하면, 林(수풀 림)은 부수가 木이고 甲木 위주로 군집한 숲을 말하니 획수가 8획 짝수일지라도 본질은 양이다.[30] 沇(강 이름 윤)은 水가 부수이고 壬水인 강(江)을 말하니 획수가 8획일지라도 본질이 '양'이다. 玟(옥돌 민)은 玉이 부수이고 玉은 음금인 辛에 해당하니 비록 원획법상 9획 홀수라 할지라도 본질이 음이다. 이상의 예시들을 볼 때, 획수의 홀·짝수와 한자의 음양은 별개이므로 일부 재야에서 활용하는 '획수음양법'은 사용하지 않아야 한다.

마찬가지로 '한자의 필획법'을 한글까지 적용하여 한글 자음이나 글자의 음양을 획수의 홀짝으로 따지는 방식 역시 오류다. 『훈민정음해례』에서는 자음의 음양 관련하여 '필획법의 획수 음양'에 기초하고 있지 않고 그런 논의도 없다.

이는 중성 오행의 음양으로도 유추가 가능하다. 예를 들면 'ㅏ'는 2획 모음이다. 획수 음양으로 보면 짝수 2획이니 '음'으로 보아야 하나 『훈민정음해례』는 '양'이라고 말하고 있다.

그러므로 문자 획수의 홀짝과 문자(文字)의 음양 사이에서 획수는 상관성이 없다. 그렇다면 한글 자음 필획의 홀짝 여부에 의한 음양은 한자의 획수 음양의 오류에서 파생된 부적절한 이론에 불과하니 폐지함이 맞다.

한편 한글 자음의 음양에 대해서 학술적으로 살펴보면 다음과 같다. 훈민정음은 동종(同種) 소리들의 경우, 기호를 공유하면서 '획'을 추가하는 자질문자(資質文子)에 속한다. 이와 관련 김만태는 선행연구(2020)에서 다음과 같이 말하였다.

---

30 한자는 본질로 오행을 살필 때, 음과 양이 뚜렷한 한자와 그렇지 않은 한자로 분별된다. 예를 들면, 柳(버들 유)는 木 부수로 甲木이니 陽이다. 茶(차 다)는 艸(풀 초) 부수로 乙木이니 陰이다. 宀(집 면)은 초목의 가공물인 목조 주택이니 음양이 모호하다.

훈민정음 자음체계는 먼저 소리가 나오는 발음기관과 발음작용의 모습을 본떠서 만든 다섯 기본 글자(ㄱ, ㄴ, ㅁ, ㅅ, ㅇ)에 거세지는 음성적 특징이 하나씩 추가될 때마다 획을 더한 것이다. 제자해에 따른 자음의 순서는 다음과 같다.

ㄱ→ㅋ(어금닛소리), ㄴ→ㄷ→ㅌ(혓소리), ㅁ→ㅂ→ㅍ(입술소리),
ㅅ→ㅈ→ㅊ(잇소리) ㅇ→ㆆ→ㅎ(목구멍소리), ㆁ·ㅿ·ㄹ(이체)

따라서 모음과 마찬가지로 자음도 음양을 구분할 수 있는데 다섯 기본 글자 ㄱ, ㄴ, ㅁ, ㅅ, ㅇ은 정(靜)의 성향이 강하니 음이고 가획자 ㅋ, ㅌ, ㅍ, ㅊ, ㅎ은 움직이는 동(動)의 성향이 강하니 양으로 볼 수 있다.[31]

ㅋ, ㅌ, ㅍ, ㅊ, ㅎ 등 격음을 이름 첫 자로 쓰면 어감상 강하게 느껴지는데 '강함은 陽, 부드러움은 陰'의 원리와 부합한다. 따라서 이름의 한글 부분 작명 시, 자음 중 격음을 양으로 활용하면 무난하다고 사료한다.

예를 들어 사주 명조에 지나치게 陰이 강한 사람은 음양의 조화를 위해 '태한'처럼 양의 기운이 강한 이름의 모·자음오행이 사주 용신에 부합하는지, 용희신의 자원오행을 가진 한자 조합이 있는지 살펴볼 필요가 있다는 것이다.

9) 한글 오행의 명칭 문제

김영재(2021)는 선행논문에서 "한글 성명학의 명칭이 통일되어 있는 것은 아니다. 즉 성명학에 대한 논문은 물론, 한글 성명학의 이론을 전개하고 있는 작명서에서도 뚜렷하게 하나의 명칭으로만 이루어진 것이 아니므로 이에 대한 명칭이 통합되어야 한다."라고 비판하였다.

---

31 김만태, 「『훈민정음해례(訓民正音解例)』에 의거한 모자음오행 성명학의 실증사례 분석」, 『민족사상』 14(3), 261쪽.

성명학의 한글 부분에서 한글 자·모 오행에 대한 명칭이 다수 있는데 반드시 통일되게 사용해야 한다는 원칙은 없을 것이다. 그러나 학술적으로 적절치 않은 명칭이 유행하고 있으니 완전한 통일성을 추구하지 않더라도 부적절한 명칭은 경원하여야 한다.

첫째, '소리 오행'이라는 용어를 살펴보자. 한글 자모 오행을 소리 오행으로 부르는 명칭은 매우 부적절하다. 소리는 영어로 'sound'인데 부정적으로 말하면 'noise'도 된다. 'sound'는 사람의 귀에 들리는 소리의 총칭인데 듣는 이에게 거슬리면 'noise(소음)'가 된다. 그러나 '말'은 사람의 언어와 음성에 의해 구현된다. 『훈민정음해례』 제자해에서도 "무릇 사람의 음성이란 본래 오행이 있으니 사시(四時)에 합하여 보아도 거슬리지 않고 오음(五音)에 맞추어 보아도 틀리지 않는다."[32]라 하였다.

성명학에서 한글 오행을 적용하는 이유는 사람의 음성에는 오행이 있고[33] 그 오행이 사람에게 유익하게 하는 것이다. 음성은 사람의 입과 성대를 통해 나오는 고유의 소리이니 'voice', 즉 사람만의 목소리인 것이다.

부연하면, 『훈민정음해례』 제자해에서 말한 '음성'은 잡다한 종류의 소리를 포괄하는 'sound'라기보다는 사람의 목소리인 'voice'의 의미이므로 한글 자모의 오행을 소리 오행이라고 칭하는 것은 부적절하다.

둘째, '음령(音靈) 오행'이라는 용어에 대해 살펴보자. 권익기는 선행논문(2018)에서 "소리의 힘인 음령(音靈)은 생명이나 정령이 깃들여 있으므로 영동력(靈動力)이나 주술적인 힘이 작용된다. 말한 대로 이루어진다는 언령 사상(言靈思想)이 존재하기에 음령 오행 성명학이라 한다."라고 풀이하였다.

이 말에 근거하여 살펴보면, 한글 자모의 오행을 '음령 오행'이라는 말로 표현하는 것은 적절치 않다. 영(靈)은 일반적으로 신령스러운 힘 또는, 그것을 발휘하는 존재를 말하는 데 쓰이나 명리학은 무신론의 학문이다. 음양오행의 변화가 만물 변동의 동력(動力)이며 소우주인 인간도 음양오행 변화의 원리가 적용된다고 보는 관점에 입각하는데 성명학 역시 명

---

32 『訓民正音』 制字解, "夫人之有聲本於五行, 故合諸四時而不悖, 叶之五音而不戾."

33 『訓民正音』 制字解, "夫人之有聲本於五行."

리학에 기반하니 근본이 동일하다. 또한, 세종의 업적인 한글은 동양철학과 사상, 음운론의 융합연구인데 한글의 오행 명칭에 주술적 의미를 담고 있는 '靈'을 쓰는 것은 타당치 않아 보인다.

'한글'은 20C에 이르러 '훈민정음'을 대체한 명칭으로서 위상이 굳건하므로 '훈민정음' 대신 '한글'을 사용해도 세종과의 연관성에 대한 훼손이 없다. 그렇다면 반드시 통일하지는 않더라도 포괄적으로는 '한글 오행', 심층적으로는 '한글 모·자음오행', '한글 자·모음오행'이라는 명칭을 쓰는 것이 좋다. 물론 '한글 발음오행'도 무난하지만, 한글 자음의 모양에 상형자의 원리가 있어 오행이 배속된 점을 생각하면 한글 오행을 발음에만 국한할 수는 없다.

특히 작명 현장에서 한글의 모음오행이 소외되고 있어 이러한 오류를 시정해야 할 현안이 엄연한 문제를 고려하고 또한, 한글 창제 원리 중 하나인 天·地·人 3재 사상의 人에 해당하는 중성, 즉 모음에 대한 오행 비중 등을 강조할 수 있도록 '한글 모자음오행', '한글 자모음오행'의 명칭으로 일반화할 것을 제언한다.

10) 3자 성명의 모음 음양 배열법

『훈민정음해례』에는 모음의 음양을 배정하고 있다. 시중 재야학자가 쓴 책을 보면 모음음양의 혼합배열이 된 이름은 길하고 그렇지 않은 이름은 흉하다는 내용으로써 소위 '모음 음양 성명학'이라고 중시하고 있다. 예를 들어 성명 3자의 모음 음양이 '양양양', '음음음'이면 흉하고 '양음양', '음양음', '양양음' 등 음양이 섞이면 길하다는 것이다.

여기서 필자는 세 가지 오류를 발견하였다. 첫째, 모음 음양이 섞이면 발음의 용이성이 향상되는 점은 인정된다. 그러나 그것과 이름의 길흉은 별개의 문제이다. 한글 자음, 모음의 오행이 사주 용신과 잘 부합되는 것이 중요하기 때문이다. 둘째, 사주 8간지에 양이 지나치게 강하면 '음음음'의 모음 배열, 음이 지나치면 '양양양'의 모음 배열은 음양 조화를 위해 필요하다. 셋째, 모음 'ㅣ'는 중성에 해당하는데 '음'의 모음으로 오용하고 있다. 결론적으로 '모음 음양 성명'에 의한 길흉의 개념은 사용치 않도록 계몽이 필요하다.

VI

용신을 적용한
한글 모·자음오행
성명학

필자는 앞 절에서 글자와 발음이 일치하지 않는 우리말의 특성을 반영하여 한글 오행을 발음 부분과 자형 부분으로 이원화해야 함을 주장하였다.

한글 모·자음오행 성명학이란 사람의 음성에도 오행에 근본을 두고 있다는 인식에서 한글 자음의 음성을 오행으로 구분하여 각 이름자의 오행이 상생하고 조화가 되도록 작명하는 것이다. 사람의 소리를 그대로 기호로 나타내는 문자인 한글의 특성에 따르는 성명학이다.[1] 한글 모·자음오행 성명학은 발음할 때 발생하는 소리에 담긴 오행들의 역량(力量, Energy)를 통해 길흉을 판단하여 개운(開運)의 가능성이 큰 이름을 작명하므로 작명 당사자의 사주를 분석하여 용신을 도출한 후 명리학의 용신 개념을 발음오행에 적용하면 사주명리학의 용신론에 입각한 전문적인 작명을 할 수 있고 다복한 이름을 원하는 추세에 부응할 수 있다.[2]

이 절에서는 발음오행을 위주로 상형자의 원리에 입각한 제자원리의 자형(字形) 오행까지 포괄하여 한글 모·자음오행이라는 개념으로 논지를 전개하고자 한다. 논자는 지금부터 『훈민정음해례』의 오행배속법을 바탕으로 한글 오행에 명리학의 용신을 반영하는 성명학을 연구하여 논하고 제안하겠다.

---

1   김만태, 앞의 책, 2016, 39쪽.

2   이재승·김만태, 앞의 글, 2017a, 488쪽.

1. 초성 배열법의 국어학적 관점과 비판

앞서 논하였다시피 성명학의 한글 오행 적용 분야는 초기(初期)에 재야인사, 즉 비학위자·비전공자들에 의해 시행되어 한글 오행 적용법이 학술적 요소를 갖지 못한 채 보편화된 한계성이 극명하다.[3]

그 한계에는 당연히 초성만 배열하고 초성 오행 간 생극을 위주로 이름의 길흉을 판단하는 방식도 포함된다. 비록 유행 중일지라도 초성 오행만 배열하고 순음(ㅁ, ㅂ, ㅍ)·후음(ㅇ, ㅎ)에 대해 중국어 학습용 운서(韻書) 방식에 의거하여 오행을 반대로 배정하면서 초성 간 상생상극을 따져 이름의 길흉을 판단하고 작명하는 방식은 궁극적으로는 소멸해야 한다.

예시하면 성명의 한글 부분 '박 미연'에 대해 초성인 'ㅂ ㅁ ㅇ'만 배열하고 오행이 水·水·土이니 水·土의 상극이 있어 이름이 나쁘다고 말하는 양태이다.

초성 배열에 상극이 있으면 무조건 나쁜 이름으로 치부한다. 예시하면, '김영삼'은 초성 ㄱ, ㅇ, ㅅ에 대해 木, 土, 金이라 쓰고 木, 土가 상극이니 나쁘다 한다. 더욱이 '김영삼'의 초성이 ㄱ, ㅇ, ㅅ이고 "김일성", "김영석", "김영수", "김윤서", "강은서" 등의 한글 이름의 초성도 ㄱ, ㅇ, ㅅ이니 이런 유형의 이름을 가진 사람의 이름 해석법이 모두 같게 되는 문제점을 도외시한다. 이러한 초성 배열 방식의 문제점을 정리하면 다음과 같다.

첫째, 앞서 논하였듯이 『훈민정음해례』 제자해는 '사람의 음성에는 오행이 있다.' 하였다. 그러나 초성 단독으로는 음성을 만들 수 없다.

둘째, 초성 간 상극, 상생 여부를 따지는 것은 국어학의 원리에 위배된다. 국어학자 김옥미(2021)의 선행저술에서는 다음과 같이 말한다,

> 두음이 연속적으로 나타날 때 한 음이 다른 음의 영향을 받아 인접 음과 완전히 같은 음으로 변동하거나 조음 방법, 조음위치나 유무성 중 일부만 같아지는 현상을 동화(assimilation)라 한다. 동화는 가장 자연적인 음운 현상으로 발음을 편하

---

3 이재승·김만태, 「성명학에서 한글 오행 적용의 난제에 대한 해결적 고찰」, 『인문사회 21』 10(1), 2019, 932쪽.

게 하려는 기능적인 목적에서 비롯하였다.[4]

　특히 자음 간의 동화는 순행동화(예: 칼날→칼랄), 역행동화(예: 관리→괄리), 상호동화(예: 독립→동닙), 위치동화(뜯기다→트키다)가 대표적이다. 자음 간 동화는 인접하는 자음 사이에서 발생하는 것이다.

　위에서 예시한 '박미연'에서 '박미' 부분을 살펴보자. 국어학의 음운(音韻) 현상에 의하면 '박'의 종성(받침) ㄱ이 인접하는 '미'의 초성 ㅁ과 만나 자음접변의 일종인 순행동화를 발생하니 '방미'로 발음됨으로써 ㄱ이 ㅇ으로 변성된다. 만일 종성 ㄱ이 없다면 '바미'가 되고 '바미'를 읽으면 모음 ㅏ가 '미'의 초성 ㅁ과 만난다. 앞 자의 모음이 뒤 자의 초성과 인접하여 만나면 어떤 음운 현상도 없기에 '바미' 그대로 발음된다.

　따라서 '박'의 ㅂ과 '미'의 ㅁ, 즉 초성 간에는 절대로 발음상 인접할 수 없으니 초성 간에는 음운 현상이 없기에 초성의 자음오행 간 상생·상극 현상은 있을 수 없다는 점에 유의해야 한다.

　그러므로 성명의 초성만 배열하고 자음오행 간 상생·상극을 따지는 것은 국어학 음운론의 기본 원리를 완전히 위배하는 속설적 논리이다. 성명학의 한글 부분은 명리학과 국어학의 융합연구이므로 명리학, 국어학의 원리가 모두 존중되어야 하는 당위성이 있으므로 성명의 초성만 배열하고 상생, 상극을 따지는 방식은 소멸되어야 한다.

　셋째, 모음이 없으면 말·글이 모두 성립할 수 없으므로 모음오행은 필수 요소이다. 예를 들어 '박'에서 ㄱ만 지우면 '바'가 되고 초성 ㅂ만 지우면 'ㅏㄱ'이 되는데 모음 발음은 'ㅇ'을 포함하니 '악'으로 읽을 수 있다. 그러나 '박'에서 모음 'ㅏ'를 지우면 'ㅂ ㄱ'이 남는데 그러면 자음 2개일 뿐, 말·글이 모두 불가한 현상이 발생한다. 따라서 모음오행은 초·중·종성 가운데 중성으로서 말과 글의 핵심 요소이니 이를 중시하고 비중 있게 활용해야 한다.

　넷째, 다른 성씨, 다른 이름끼리 초성만 같다고 성명학적 해석법이 같아지는 비논리적 상황이 발생한다. 즉 '홍길동'과 '한기두'의 초성이 'ㅎ ㄱ ㄷ'으로 일치하는데, 단지 이런

4　강옥미, 『한국어음운론』, 태학사, 2021, 394쪽.

이유로 이 두 이름의 한글 오행 해석을 같게 볼 수는 없다.

일부에서는 초성 오행 배열법 125가지 각각에 길흉을 암시하는 명칭을 임의로 붙여 여기에 특별한 학문적 논거가 있는 양 포장하기도 한다. 예를 들면 아래와 같다.

① ㄱㄱㅇ, 木木土, 고난신고 격, 예) 김가영, 김근우
② ㄱㅇㅎ, 木土土, 속성속패 격, 예) 김영희, 김양훈
③ ㄱㅇㄴ, 木土火: 골육상쟁 격, 예) 강영난, 김유나
④ ㄱㅇㅅ, 木土金, 패가망신 격, 예) 강윤성, 고은식
⑤ ㄱㄷㅈ, 木火金, 평지풍파 격, 예) 김대중, 강다진
⑥ ㅅㅌㄱ, 金火木, 욕구불만 격, 예) 서태경, 신태국

"속성속패 격", "골육상쟁 격" 등의 명칭은 흉(凶)을 강조하기 위해 임의로 칭명한 것이기에 학술적 논거는 없다.

따라서 이상에서 논한 사유들을 종합해 볼 때, 작명 현장에서 현행하는 초성 배열법은 소멸해야 할 이유가 충분하며 순음·후음을 비롯하여 초성, 중성, 종성 3자 모두는 세종이 '『훈민정음해례』 제자해'에서 밝힌 자음, 모음오행을 명리학의 용신과 함께 적용하는 것이 국어학과 명리학의 융합연구로써 가장 이상적인 한글 성명학이라고 할 수 있다.

2. 용신·초·중·종성을 모두 반영하는 한글 성명학

우리나라에서 성명이 단순히 호칭의 차원을 넘어 자신감 있게 자신을 표현할 수 있고 행운과 다복함을 불러줄 수 있는 이름에 대한 선호가 높은 만큼 성명학이 여기에 대응하기 위해 한글 오행에 사주명리학의 용신론을 도입하는 한글 모·자음오행 성명학을 제안한다.

필자는 비록 현재에는 널리 유행되어 있을지라도 초성 오행의 상생·상극을 위주로 이름

의 길흉을 판단하고 작명하는 방식은 궁극적으로는 소멸되어야 한다고 판단하고 있으며 성명학의 한글 오행 적용은 초성·중성·종성의 오행을 모두 용신론과 함께 반영하는 방향으로 발전해 나가는 것이 학술적으로 타당하고 성명학의 발전적 미래를 확보할 수 있는 길이라고 본다.

　　김만태는 성명학에서 한글 오행은 『훈민정음해례』의 자음배속을 따르고 초성·중성·종성 비율을 3:4:3으로 적용하여야 한다고 보았다.[5] 초성·중성·종성 비율을 3:4:3으로 적용하는 원리에 대해 앞쪽에서 논한 부분을 소환해서 설명하겠다.

　　　　'박'에서 ㄱ만 지우면 '바'가 되고 초성 ㅂ만 지우면 'ㅏㄱ'이 되는데 모음 발음은 'ㅇ'을 포함하니 '악'으로 읽을 수 있다. 그러나 '박'에서 모음 'ㅏ'를 지우면 'ㅂㄱ'이 남는데 그러면 자음 2개일 뿐, 말·글이 모두 불가한 현상이 발생하니 모음 오행의 중요성을 강조하고 비중 있게 활용해야 한다.

　　한글과 우리말은 모음이 없으면 말·글이 성립하지 않으니 일단 모음의 비중이 가장 크다. 초성은 음절의 시작이고 종성은 음절의 끝이면서 동시에 다음 날의 초성과 인접할 때는 발음상 다양한 동화현상을 유발한다. 음절에서 초성·종성인 자음의 비중을 합산하면 모음보다는 크고 초·중·종성 단독으로는 중성의 비중이 가장 크다는 원리를 반영하여 수량화하면 자음과 모음 비는 6:4로써 한 글자의 초성·중성·종성 비율의 수량비는 3:4:3으로 적용함이 합리적이다. 초성·중성·종성 비율의 구체적 적용법은 다음과 같다.

　　이름의 각 글자를 초성 30, 중성 40, 종성 30의 점수를 배분하면 한 글자마다 100이 되므로 이자(二字) 성명은 총 200이 되며 삼자(三字) 성명은 총 300이 된다. 이름 글자에 종성이 없으면 자음과 모음 비가 6:4인 점을 반영하여 종성 부분을 초성에 포함시킨다.

　　김만태는 처음엔 'ㅣ'에 대해서 무행(無行)으로 보고 모음 점수를 자음에 나누어 배속하였다. 예를 들어 '김'은 ㅣ가 무행이니 모음 40을 ㄱ ㅁ에 균등분배 하면 ㄱ50 ㅁ50이 된다.

5　김만태, 앞의 책, 2016, 179쪽.

또한 ㅘ 같은 복자음은 모음이 40이니 균등하게 ㅗ20 ㅏ20으로 분배하였다.[6]

이재승·김만태(2017a)는 앞서 김만태가 제안한 방식에 용신을 적용하였다.

> **반기문:** ㅂ(土30) ㅏ(木40) ㄴ(火30), ㄱ(木100: ㅣ는 무행(無行)이라 점수가 없고 종성
> 이 없음), ㅁ(土30) ㅜ(火40) ㄴ(火30)이 되니 종합하면 木140 火100 土60이 된다.
> 고로 木火가 매우 강하니 木火가 용희신인 사주에 좋은 이름이다.[7]

이는 『훈민정음해례』를 기반으로 현행하는 초성 배열법의 한계를 극복하기 위한 학술적
연구였다.

그러나 土 모음오행 부분에 대해서 보완적 연구가 필요하였다.[8] 〈표 31〉를 보면 알 수
있듯이 土 오행의 모음이 'ㅡ'뿐이라면 사실상 인명에서 'ㅡ'이 들어가는 이름자는 '은',
'승' 정도밖에 없으므로 모음오행의 성명 적용에 있어서는 土 오행이 축소될 수밖에 없는
문제점이 있다.

또한, 『훈민정음해례』 반포 시점과 달리 현행 한글의 모음오행의 분포에 있어서, 'ㅏ ㅑ
ㅓ ㅕ ㅗ ㅛ ㅜ ㅠ ㅡ ㅣ' 10종의 기본 모음에 대한 오행 분포가 木 2개, 火 2개, 金 2개, 水
2개로 여타 오행은 2개지만 土만 1개가 되니 오행 수에서 균형이 맞지 않는 문제도 있다.

이에 따라 김만태는 최근의 선행논문에서 국어학자 이정호, 이정국 등의 연구를 도입하
여 'ㅣ'의 오행을 '土'로 쓰자는 요지의 수정론을 제안하였다.

> 'ㅣ'는 해례본 『훈민정음해례』상으로는 무행이지만 실제로는 土의 특성도 내재
> 하고 있어서 土 행으로 배속해도 무리가 없으므로 (…) 다른 오행은 기본 모음이

---

6 김만태는 2019년 연구부터 ㅣ를 土로 보는 국어학자 이정호, 유승국 등의 견해를 수용하였고 뒤이어 필자 역시 이 부분의
논리에 대해 학술적 근거와 타당성을 인정하고 동조하게 되었다.

7 이재승·김만태, 앞의 글, 2017a, 494-495쪽.

8 이하부터 ㅣ오행의 수정론에 대한 내용은 "이재승, 「한국의 호(號)문화에 대한 용신(用神)성명학적 고찰」, 『인문사회 21』
10(2), 아시아문화학술원, 2019d"에서 일부 수정하여 인용하였다.

2개인데 土만 하나뿐인 불균형을 해소할 수 있다. 국어 음운학자 이정호[9]와 유승국[10]도 'ㅣ'를 土 오행으로 보고 있다.[11]

필자가 보기엔 이 주장은 역리(易理)적으로 볼 때 타당하다. 오행은 각각의 방위가 있는데 일반적으로 土의 방위는 중앙이다. 여기에 더하여 『오행대의』의 변체성(辨體性)에서는 "土는 사계절의 사이에 있다."[12]고 하였으니 土의 방위는 정중앙 이외에도 방향을 특정할 수 없음까지도 포괄한다.

동양학의 지지(地支)에서 辰, 戌, 丑, 未가 土이다. 木은 동향, 봄, 寅卯辰이고 火는 남향, 여름, 巳午未이며 金은 서향, 가을, 申酉戌이고 水는 북향, 겨울 亥子丑이다. 이 중 辰은 봄, 여름의 환절기로서 東, 南의 중간이고 未는 여름, 가을의 환절기로서 南, 西의 중간이며 戌은 가을, 겨울의 환절기로서 西, 北의 중간이고 丑은 겨울, 봄의 환절기로서 北, 東의 중간이니 土行의 방위가 수시로 달라져 한 가지로 특정되지 않는다.

따라서 앞의 〈표 31〉에서 'ㅣ'가 '무위(無位)'라는 것은 방위를 특정할 수 없다는 의미도 포함되고, 방위가 특정되지 않음을 포함하는 土의 특성에 따라 'ㅣ'의 오행을 土로 볼 수 있다.

〈표 33〉 한글 자모음의 오행

오행	목	화	토	금	수
자음	ㄱ ㅋ	ㄴ ㄷ ㄹ ㅌ	ㅁ ㅂ ㅍ	ㅅ ㅈ ㅊ	ㅇ ㅎ
기본 모음	ㅏ ㅕ	ㅜ ㅛ	ㅡ ㅣ	ㅓ ㅑ	ㅗ ㅠ
추가 모음	ㅐ ㅖ	ㅟ	ㅢ	ㅔ ㅒ	ㅚ
기타	ㅘ ㅙ(수목)　　ㅝ ㅞ(화금)				

9　이정호, 『훈민정음의 구조원리-그 역학적 연구』, 아세아문화사, 1975, 61쪽.

10　유승국, 『한국의 유교』, 세종대왕기념사업회, 1980, 88쪽.

11　김만태, 「母子音五行의 성명학적 적용 연구」, 『동방문화와사상』 6, 동방문화대학원대학교 동양학연구소, 2019, 69-98쪽.

12　蕭吉 撰, 嚴繹 審訂, 『五行大義』〈辨體性〉, "土在四時之中."

필자는 김만태의 연구에 동의하면서 '초성·중성·종성의 오행 합산법'에 용신을 도입하여 성명에서 용희신 오행의 합산 수치가 강하게 해야 한다는 용신 성명학적 원리를 중시하고 본서에서 강조하고자 한다.

이 방식은 김만태가 제안한 한글 모자음 운용의 법에 명리학의 용신을 적용하는 방법이며 현재로서는 한글의 오행을 사용하는 성명학에서 가장 학술적이고 미래 지향적 방법이다. 성명 3자에서 초·중·종성의 오행의 점수를 합산하는데, 이 방식에 용신을 적용하여 용희신이 강한 이름을 좋은 이름으로 본다.[13] 다음과 같이 예시할 수 있다.

이강호: ㅇ(水 60, 종성이 없으므로 종성의 점수 30을 초성에 합산) ㅣ(土 40), ㄱ(木 30) ㅏ(木 40) ㅇ(水 30), ㅎ(水 60, 종성이 없음) ㅗ(水 40)이니 종합하면 水 190 木 70 土 40으로 水가 매우 강하고 木도 약하지 않다. 고로 水가 용신이고 木이 희신인 사주에 좋은 이름이다.

서지미: ㅅ(金 60, 종성의 점수 30을 초성에 합산) ㅓ(金 40), ㅈ(金 60, 종성의 점수 30을 초성에 합산) ㅣ(土 40), ㅁ(土 60, 종성의 점수 30을 초성에 합산) ㅣ(土 40)으로서 종합하면 金 160, 土 140으로 金, 土가 강하다, 따라서 金, 土가 용희신인 사주에는 좋은 이름이다.

3. 한글 모자음(母字音) 오행의 수량화 예시

아래의 〈표 34〉는 위에서 논한 한글 오행의 초성, 중성, 종성의 수량화된 점수법에 따라 이름 짓기에서 빈도가 높게 활용되는 글자와 우리나라 주요 성씨와 한글 이름에 사용 빈도

---

13 이상의 ㅣ오행 수정론에 대한 내용은 "이재승, 「한국의 호(號)문화에 대한 용신(用神)성명학적 고찰」, 『인문사회 21』 10(2), 아시아문화학술원, 2019d"에서 일부 수정하여 인용하였다.

가 높은 글자를 한글 이름자에 대한 오행을 수치화하여 정리하였다.

<표 34> 이름에 많이 쓰이는 한글 자(字)의 오행 수량

초성 오행(자음)	작명에 자주 쓰이는 한글 자(字)의 오행 점수
木(ㄱ)	① 가: 목100 ② 강: 목70, 수30 ③ 건: 목30, 금40, 화30 ④ 겸: 목70, 토30 ⑤ 경: 목70, 수30 ⑥ 고: 목60, 수40 ⑦ 공: 목30, 수70 ⑧ 곽: 목80, 수20 ⑨ 관: 목30, 수40, 화30 ⑩ 교: 목60, 화40 ⑪ 구: 목60, 화40 ⑫ 국: 목60, 화40 ⑬ 권: 목30, 수20, 금30, 화20 ⑭ 규: 목60, 수40 ⑮ 균: 목30, 수40, 화30 ⑯ 근: 목30, 토40, 화30 ⑰ 기: 목60, 토40 ⑱ 김: 목30, 토70 ⑲ 길: 목30, 토40, 화30
火(ㄴㄷㄹ)	① 나: 화60, 목40 ② 난: 화60, 목40 ③ 노: 화60, 수40 ④ 다: 화60, 목40 ⑤ 단: 화60, 목40 ⑥ 대: 화60, 목20, 토20 ⑦ 도: 화60, 水40 ⑧ 동: 화30, 수70 ⑨ 두: 화100 ⑩ 라: 화60, 목40 ⑪ 란: 화60, 목40 ⑫ 래: 화60, 木20, 토20 ⑬ 령: 화30, 목40, 수30 ⑭ 례: 화60, 목20, 토20 ⑮ 로: 화60, 수40 ⑯ 루: 화100 ⑰ 류: 화60, 수40 ⑱ 리: 화60, 토40 ⑲ 린: 화60, 토40 ⑳ 림: 화30, 토70 ㉑ 탁: 화30, 목70 ㉒ 태: 화60, 목20, 토20 ㉓ 택: 화30, 목50, 토20
土(ㅁㅂㅍ)	① 마: 토60, 목40 ② 만: 토30, 목40, 화30 ③ 맹: 토50, 목20, 수30 ④ 명: 토30, 목40, 수30 ⑤ 모: 토60, 수40 ⑥ 무: 토60, 화40 ⑦ 문: 토30, 화70 ⑧ 미: 토100 ⑨ 민: 토70, 화30 ⑩ 박: 토30, 목70 ⑪ 방: 토30, 목40, 수30 ⑫ 범: 토30, 금40, 토30 ⑬ 변: 토30, 목40, 화30 ⑭ 병: 토30, 목40, 수30 ⑮ 보: 토60, 수40 ⑯ 빈: 토70, 화30 ⑰ 팽: 토50, 목20, 수30 ⑱ 편: 토30, 목40, 화30 ⑲ 표: 토60, 화 40 ⑳ 피: 토100
金(ㅅㅈㅊ)	① 사: 금60, 토40 ② 산: 금30, 목40, 화30 ③ 상: 금30, 목40, 수30 ④ 새: 금60, 목20, 토20 ⑤ 서: 금100 ⑥ 석: 금70, 목30 ⑦ 선: 금70, 화30 ⑧ 설: 금70, 화30 ⑨ 성: 金70, 수30 ⑩ 세: 금80, 토20 ⑪ 소: 금60, 수40 ⑫ 손: 금30, 수40, 화30 ⑬ 솔: 금30, 수40, 화30 ⑭ 송: 금30, 수70 ⑮ 수: 금60, 화40 ⑯ 숙: 금30, 화40, 목30 ⑰ 순: 금70, 화70 ⑱ 승: 금30, 토40, 수30 ⑲ 시: 금70, 토30 ⑳ 식: 금30, 토40, 목30 ㉑ 신: 금30, 토40, 화30 ㉒ 심: 금30, 토70 ㉓ 자: 금60, 목40 ㉔ 장: 금30, 목40, 수30 ㉕ 재: 금60, 목20, 토20 ㉖ 전: 금70, 화30 ㉗ 정: 금70, 수30 ㉘ 제: 금80, 토20 ㉙ 조: 금60, 수40 ㉚ 종: 금30. 수70 ㉛ 주: 금60, 화40 ㉜ 준: 금30, 화70 ㉝ 지: 금60, 토40 ㉞ 진: 금30, 토40, 화30 ㉟ 차: 금60, 목40 ㊱ 찬: 금30, 목40, 화30 ㊲ 창: 금30, 목40, 수30 ㊳ 채: 금60, 목20, 토20 ㊴ 천: 금70, 화30 ㊵ 철: 금70, 화30 ㊶ 초: 금60, 수40 ㊷ 최: 금60, 수20, 토20 ㊸ 추: 금60, 화40 ㊹ 춘: 금30, 화70

초성 오행(자음)	작명에 자주 쓰이는 한글 자(字)의 오행 점수
水(ㅇㅎ)	① 아: 수60, 목40 ② 안: 수30, 목40, 화30 ③ 어: 수60, 금40 ④ 언: 수30, 금40, 화30 ⑤ 엄: 수30, 금40, 토30 ⑥ 여: 수60, 목40 ⑦ 연: 수30, 목40, 화30 ⑧ 영: 수60, 목40 ⑨ 예: 수60, 목20, 토20 ⑩ 오: 수100 ⑪ 옥: 수70, 목30 ⑫ 온: 수70, 화30 ⑬ 완: 수50, 목20, 화30 ⑭ 용: 수60, 화40 ⑮ 우: 수60, 화40 ⑯ 욱: 수30, 화40, 목30 ⑰ 운: 수30, 화70 ⑱ 웅: 수60, 화40 ⑲ 원: 수30, 20, 화50 ⑳ 유: 수100 ㉑ 윤: 수70, 화30 ㉒ 율: 수70, 화30 ㉔ 은: 수30, 토40, 화30 ㉕ 이: 수60, 토40 ㉖ 인: 수30, 토40, 화30 ㉗ 일: 수30, 토40, 화30 ㉘ 임: 수30, 토70 ㉙ 하: 수60, 목40 ㉚ 한: 수30, 목40, 화30 ㉛ 함: 수30, 목40, 토30 ㉜ 해: 수60, 목20, 토20 ㉝ 행: 수60, 목20, 토20 ㉞ 향: 수60, 금40 ㉟ 허: 수60, 금40 ㊱ 헌: 수30, 금40, 화30 ㊲ 혁: 수60, 목70 ㊳ 현: 수30, 목40, 화30 ㊴ 형: 수60, 목40 ㊵ 혜: 수60, 목20, 토20 ㊶ 호: 수100 ㊷ 홍: 수100 ㊸ 화: 수80, 목20 ㊹ 환: 수50, 목20, 화30 ㊺ 황: 수80, 목20 ㊻ 효: 수60, 화40 ㊼ 후: 수60, 화40 ㊽ 훈: 수30, 화70 ㊾ 흥: 수60, 토40 ㊿ 희: 수60, 토40

예를 들어 '전지민'이라는 이름의 오행 점수 분포를 〈표 34〉에서 찾아보면, 전(金70, 火30), 지(金60, 土40), 민(土70, 火30)이 되니 합산하면 金130, 土110, 火60으로서 金, 土가 강하다. 그러므로 '전지민'은 金·土가 용희신인 사주에게는 적합한 이름이라고 할 수 있다. 대체로 받침(종성)이 없는 한글 자(字)의 오행 기운이 더욱 뚜렷하다.

4. 한글 모자음(母字音) 오행 수량화의 적용

김만태는 선행연구(2019)[14]에서는 두 글자를 발음할 때, 앞 자가 ㅇ·ㅎ을 제외한 종성(받침)을 가진 글자이고 뒤 자가 ㅇ·ㅎ을 초성으로 가질 때, 앞 자의 종성이 발음되지 않는 현상에 대하여 평균값으로 오행을 볼 것을 논하였다. 예시하면 '민훈'은 '미눈'으로 발음된다. '민훈'은 오행 값이 火100, 土70, 水30이며 '미눈'은 火100, 土100이니 평균하면 火100, 土85, 水15로 본다는 요지의 연구이다. 또한 '국희'는 '구킈'로 발음되는데 '국희'는 木60, 火40, 土60, 水40이고 '구킈'는 木80, 火60, 土60이다. 평균값으로 보면 '국희'의

---

14 김만태, 「모자음오행의 성명학적 적용연구」, 『동방문화와 사상』 6, 2019, 91쪽.

모·자음오행 수량은 木70, 火50, 土60, 水30이 되는 것이다.

필자가 보기엔 김만태의 학술연구를 토대로 그 적용 영역을 확장하면, 모·자음오행의 최종 수량을 발음 전후의 평균값으로 보는 원리는 모든 자음접변 현상에 확대 적용할 수 있다. 자음접변이 발생하는 두 자에 대해 발음 전 한글 모·자음오행에 1/2을 곱하고 발음 후 한글 모·자음오행 전체에도 1/2을 곱한 후 합산하면 평균값의 오행이 나온다. 아래와 같이 예시한다.

예 1 ┃ '독립'은 '동닙'으로 발음된다. 먼저 '독립'의 발음 전 한글 모·자음 자형오행은 화60, 水40, 木30, 土70이다. 여기에 1/2을 곱하면 火30, 水20, 木15, 土35인데 이를 ①이라 하자. 다음으로 '동닙'의 한글 모·자음 발음 후 한글 모·자음오행은 화60, 水70, 土70이다. 여기에 1/2을 곱하면 화30, 水35, 土35인데 이를 ②라 한다. 이제 ①과 ②를 더하면 화60, 水55, 木15, 土70이 된다. 그러므로 '독립'의 한글 모자음오행의 수량은 화60, 水55, 木15, 土70이 되는 것이다.

예 2 ┃ '착륙'을 살펴보자. 물론 '착륙'이라는 이름은 없겠지만 원리적으로 살펴보고자 한다. '착륙'은 '창뉵'으로 발음된다. 발음 전 '착륙'의 한글 모·자음오행은 金30, 木100, 火30, 水40이다. 여기에 1/2을 곱하면 金15, 木50, 火15, 水20이 되는데 이 수량을 ①이라 하자. 발음 후 '창뉵'의 한글 모·자음오행은 金30, 木70, 水70, 火30이다. 여기에 1/2을 곱하면 金15, 木35, 水35, 火15인데 이 수량을 ②라 하자. 이제 ①과 ②를 더하면 金30, 木90, 水50, 火30이다. 그러므로 '착륙'의 한글 모자음오행의 수량은 金30, 木90, 水50, 火30이 되는 것이다.

5. 용신에 의한 한글 모·자음오행 성명학의 적용

지금부터 사주 명조의 예시를 통하여 용신과 한글 모·자음오행을 활용한 이름 짓기를 예시한다. 주된 원리는 이름 부분에서 일간 기준, 사주의 중화를 이루게 하는 용희신의 자·모음이 되도록 강하게 작명한다는 것이다.

1) 용신에 의한 모·자음오행 성명학의 작명 예시

예 1 신약 사주) 양력 2021년 10월 15일 12시 생(乾: 여자, 李씨)

시	일	월	년
甲(木)	丙(火)	戊(土)	辛(金)
午(火)	申(金)	戌(土)	丑(土)

해설 사주의 주인공 일간은 사주 명조에서 세력을 확보해야 한다. 일간이 신강하면 강한 외부 기운을 억제할 오행이 건재해야 하고 신약하면 일간의 의지처가 확보되었을 때 외격 사주인 종격이 되지 않고 억부, 조후의 용신을 쓰는 내격의 사주로 귀착될 것이다. 살펴보니 일간 丙火가 지지의 시주에 자신의 제왕지 午火와 월지 지장간 중기인 丁火에 뿌리를 내리고 있고 일지 申金 중기의 壬水에 의지하는 갑목이 시간(時干)에 근접하여 일간을 상생하고 있다. 그러므로 일간 병화는 사주 명조에서 자신의 의지처를 명확하게 확보하고 있으니 내격의 사주이다. 앞 장의 〈표 23〉에 따라 일간의 역량을 수량화하면 45에 그쳐 중화의 기점 60에 미달하니 45 이하는 신약으로 보는 기준에 의거, 일간이 신약하다. 따라서 일간의 세력인 인성 木, 비겁 火에 대한 보충이 필요하다. 무엇보다 이 사주가 신약하게 된 주된 이유는 월주와 연지의 土 식상에 있으므로 진상관용인격(眞傷官用印格)으로 보고 식상을 억제하여 식상에 의한 일간 기운 설기(泄氣, 기운이 누출됨)를 완화할 인성 木이 용신, 일간을 조력하면서도 식상을 상생할 부작용 가능성이 다소 있는 火를 희신이라고 볼 수 있다. 한편 연지와 일지의 축술형(丑戌刑)이 있으면 사주는 탁해지는데, 그 탁기는 오술화(午戌火)로 해극된다.

　　일지 申金과 가을 金 기운이 일간 甲木을 상극함에 대해서는 시지 午火가 火剋金하여 용신 甲을 보호하니 이는 매우 긍정적인 현상이다. 그러나 사주 구성상 용신 甲木이 水의 상생을 충분히 받지 못해 목이 마르는 모습으로 인하여 기운이 강건치 못하니 사주가 탁해지는 요인이 됨을 파악할 수 있다. 한편, 관성 水는 단독으로는 신약한 일간과 비겁을 상극하니 길하다 할 수 없으나 만일 운(運)에서 인성 木과 동행하며 들어오게 되면 관성이 인성을 생하는 살인상생(殺印相生, 관성이 신약 일간에게 오히려 득이 됨) 현상이 생기니 때로는 길할 수 있다고 판단된다.

이 사주의 성은 "이"이니 오행 구성이 水60, 土40이다. 하지만 성씨는 바꿀 수 없으니 이름 부분이라도 용희신이 강하게 해야 한다. 木, 火가 주된 용희신이니 木의 자·모음인 ㄱ·ㅏ·ㅕ, 火의 자·모음인 ㄴ·ㄷ·ㅌ·ㄹ·ㅜ·ㅛ 등을 활용하며 한글 이름을 짓는다. 水의 자·모음 ㅇ·ㅎ·ㅗ·ㅛ는 '살인상생(煞印相生, 일간이 신약할 때 일간과 비견, 겁재를 상극하는 관성이 일간에 위협이 되지만 인성이 일간을 보호하면 관성의 힘을 인성이 받고 역량이 강해진 인성이 일간을 강화시켜 궁극적으로 吉하게 만드는 이치를 말한다)'의 원리에 따라 木의 자모음과 병용해도 무난하다.

예를 들어 '다현'으로 작명하면 '다'는 'ㄷ 火 60, ㅏ 木 40'이고 '현'은 'ㅎ 水 30, ㅕ 木 40, ㄴ 火 30'이 된다. 결국 '이다현'은 성씨는 바꿀 수 없기에 성씨 한 글자에서 '水 60, 土 40'이 기본오행이 된다 해도, 이름 부분에서는 水 30, 木 80, 火 90'의 이름이 되어 용희신이 강하고 水도 木을 상생하여 길하니 최상의 한글 이름 중 하나가 된다고 할 수 있다.

예2 | 중화 신약 사주, 억부·격국용신 병행) 양력 1981년 4월 27일 20시 생(乾: 남, 박씨)

시	일	월	년
丙(火, 상관)	乙(木, 일간)	壬(水, 정인)	辛(金, 편관)
戌(土, 정재)	亥(水, 정인)	辰(土, 정재)	酉(金, 편관)

해설 | 사주의 주인공 일간은 사주 명조에서 세력을 확보해야 한다. 일간이 신강하면 강한 기운을 억제할 오행이 건재하고 신약하면 의지처가 확보되었을 때, 외격의 종격 사주가 되지 않고 억부, 조후 등의 용신을 쓰는 내격의 사주로 귀결될 것이다. 살피건대, 乙木 일간이 습기와 木氣를 함유한 진월에 태어났으나 월지가 辰土이니 월지를 얻은 것은 아니다. 그러나 일지와 월간의 정인 水에 의해 상생을 받아 의지처를 확보하고 있고 앞 장의 〈표 23〉에 따라 일간 세력의 역량이 51이 되어 중화 신약 사주 51-60에 해당하므로 중화의 기점에 가까운 신약 사주로 봄이 합당하다. 천간 합충을 살피면 천간의 丙辛合은 거리가 먼 원격의 합이니 성립하기 어려워 일간 강약에 주는 영향이 없다고 판단된다.

억부용신으로 보면 재성이 강하여 일간이 신약한 재중용비격(財重用比格)이므로 재성을 木剋土로 상극할 비겁 木을 용신으로 하고 木을 상생하는 水가 희신이다. 정기신(精氣神)론을 일간의 관점에서 볼 때, 精이 되는 인성 水, 神이 되는 식상 火, 재성 土, 관성 金이 있으나 氣에 해당하는 비겁 木이 미력하니 정기신(精氣神) 3자가 고르지 못하므로 복록에 다소간 제한이 생기는 모습이 아쉽다. 木이 亥 지장간 甲뿐이므로 용신은 미력하며 평소에는 水가 용신 역할을 대신하며 행운(行運)인 대·세운에서 들어오는 木은 용신의 역할을 충분히 수행한다고 볼 수 있다.

한편 중화된 사주는 격국용신의 장점을 누릴 수 있는데, 월지 정재 辰의 지장간이 천간에 투출되지 않으니 본래의 십성대로 정재격으로 볼 수 있다. 그러므로 정재는 길신으로서 격국의 상생 유통이 중요하니 정재를 생하는 火 식상과 정재가 생하는 金 관성을 격국용신으로 볼 수 있다. 따라서 억부용신법상 용신이 아닌 火, 金의 운에서도 발달을 꾀할 수 있으니 중화 사주의 장점을 누릴 수 있다. 다만 현재보다 좀 더 중화의 기점 60에 가까웠다면 격국용신의 복록이 더 강화될 수 있었을 것이다.

따라서 용신에 의한 한글 모·자음오행 이름은 억부용신의 자·모음오행인 木: ㄱ ㅋ ㅏ ㅕ와 水: ㅇ ㅎ ㅗ ㅠ를 위주로 하여 격국용신인 火 ㄴ·ㄷ·ㅌ·ㄹ·ㅜ ㅛ와 金 ㅅ·ㅈ·ㅊ·ㅓ·ㅑ를 위주로 작명하면 된다. 예시하자면, '강윤'으로 작명하면 강: 木70 水30, 윤: 水70, 火30이 되니 억부용신 木, 水를 위주로 격국용신 火를 갖춘 최상의 이름 중 하나가 된다. 성씨 '박'도 土30, 木70으로 용신 木이 강하니 이 사주에게 좋은 성씨이다.

| 예 3 | 중화 신강 사주, 억부·격국용신 병행) 양력 2017년 4월 15일 18시 生, (여, 나씨) |

	시	일	월	년
	己(土, 정관)	壬(水, 일간)	甲(木, 식신)	丁(화, 정재)
	酉(金, 정인)	申(金, 편인)	辰(土, 편관)	酉(金, 정인)

| 해설 | 사주의 주인공인 일간은 사주 명조에서 세력을 확보해야 한다. 일간이 신강하면 강한 기운을 억제할 오행이 건재하고 신약하면 의지처가 확보되었을 때 외격의 종격 사주가 되지 않고 억부, 조후 등의 용신을 쓰는 내격의 사주로 귀착될 것이다. 壬水 일간이 연지, 일지, 시지에 자리 잡은 金 오행의 간지에게 金生水의 상생을 받으니 〈표 23〉에 따라 일간 세력의 역량이 65에 해당하므로 61~75 범위의 중화에 가까운 신강에 해당한다. 辰酉 합金 2개, 申辰합水의 쟁합으로 지지합은 모두 성립하지 않는다. 천간의 丁壬合木도 |

거리가 먼 요합이라 합화하지 않는다. 일간이 신강하나 월지 진토 지장간 癸에 뿌리를 두고 자생력을 갖춘 甲木이 丁火를 생하고 다시금 丁火는 火剋金하여 일간의 기운을 억제하니 외격의 종격 사주가 되지 않고 억부, 조후 등의 용신을 쓰는 내격의 사주로 귀결될 것이다. 辰月生으로 조후가 안정되니 억부용신을 적용함이 합당하다. 金 인성이 강하여 일간 壬水가 신강하므로 인중용재격(印重用財格)으로서 인성을 억제할 재성 火를 용신으로, 재성 火를 생하는 木을 희신으로 봄이 타당하다. 정기신(精氣神)론을 일간의 관점에서 적용해 볼 때, 精이 되는 인성과 神이 되는 식상, 재성, 관성이 있으나 氣에 해당하는 비겁 水가 미력하니 정기신(精氣神) 3자가 고르지 못하여 복록에 다소간 제한이 생기는 모습이 아쉽다.

한편 중화된 사주는 격국용신의 장점을 누릴 수 있는데, 월지 편관 辰의 지장간이 천간에 투출되지 않으니 본래의 십성대로 편관(칠살)격으로 볼 수 있다. 그러므로 편관은 흉신으로서 역용, 즉 상극해야만 길하니 편관을 상극하는 식상 木과 편관의 生을 받아 기운을 누설하게 하는 인성 金을 격국용신으로 보는데 식상 중에서는 편관과 음양이 같아 편관을 더 강하게 상극하는 식신을 상관보다 더 좋게 본다. 그러므로 火, 金의 운에서 격국용신에 의한 직업적 발달을 꾀할 수 있고 火는 억부용신에도 일치하니 더욱 복록이 큰 용신이다. 종합하면, 火, 木, 金 3자를 길한 오행으로 쓸 수 있으니 중화된 사주의 장점이 된다.

따라서 용신에 의한 한글 모·자음오행 이름은 억부용신의 자·모음오행인 火 ㄴ·ㄷ·ㅌ·ㄹ·ㅜ·ㅛ와 木 ㄱ·ㅋ·ㅏ·ㅕ를 사용하고 동시에 격국용신에 해당하는 金 ㅅ·ㅈ·ㅊ·ㅓ·ㅑ를 위주로 작명하면 된다. 예시하자면, '채린'으로 작명하면 채: 金60 木20 土20, 린: 火60 土40이 되니 이름 두 자의 용신 오행 수량이 140으로 다수를 차지하니 좋고 성씨 '나'도 火60, 木40으로 사주 용희신이 강하니 더욱 이로운 성명이 된다.

예 4 신강 사주) 양력 1976년 3월 19일 10시 生

	時	日	月	年
천간	己(土, 정재)	甲(木, 일간)	己(土, 정재)	乙(木, 겁재)
지지	巳(火, 식신)	子(水, 정인)	卯(木, 겁재)	卯(木, 겁재)

해설 사주의 주인공 일간은 사주 명조에서 세력을 확보해야 한다. 일간이 신강하면 강한 기운을 억제할 오행이 건재하고 신약하면 의지처가 확보되었을 때, 종격 사주가 되지 않고 억부, 조후 등의 용신을 쓰는 내격의 사주로 귀결될 것이다. 이 사주를 〈표 23〉에 따라 수량화하면 일간을 포함한 비겁 74, 인성 21, 식상 15, 재성 20, 관성 0이다. 일간, 비겁, 인성의 역량이 95로서 일간이 매우 신강하지만 시간에서 일간의 반대 세력인 시간의 재성 己土가 자신의 제왕지인 巳火에 대해 뿌리를 두고 火生土의 상생을 받아 건재하고 월간의 己土도 巳火와 원격이라 의존력은 감소할지라도 火生土의 상생을 다소 받으므로 결국 일간 세력을 누설하는 기운도 건재하니 결코 종격 사주가 되지 않고, 내격의 억부용신법을 따르는 사주라고 판별함이 합당하다. 수량화된 일간 세력이 75를 상당량 초과하고 중화의 기점에서 멀어져 대단히 신강하다. 그러므로 억부용신법으로 보면 비겁이 강하여 신강하니 '군겁쟁재격(群劫爭財格)' 또는 비중용관격(比重用官格, 비겁이 왕성하니 관성을 용신으로 하는 격)으로써 비겁을 상극하는 관성 金과 인성, 비겁을 모두 억제하는 재성 土를 모두 용신으로 보며 재성 土를 생조하는 火도 金을 직접 상극하지 않거나 土가 '火生土 土生金'으로 통관한다는 전제하에서 용신에 준해서 보는 희신이 된다. 천간의 갑기합토(甲己合土)는 2:1의 쟁합이고 더하여 乙己沖이 존재하니 결코 합화(合化)하지 못하므로 용신 선정에 있어 변수가 되지 못한다. 일지의 인성까지 가세하니 비겁과 인성이 동시에 강하여 신강하면, 재성이 용신으로 가장 무난하므로 재성 土와 관성 金을 용신으로 하고 재성을 생하는 식상 火도 길하게 본다. 시지의 길신 巳火를 일지 子水가 水剋火로 상극하는 부분은 巳 지장간 戊와 子지장간 癸가 戊癸合하니 상호 유정(有情)한 특합이 발생하여 巳火에 대한 보호 기운이 발생하기에 긍정적인 요소가 된다.

따라서 용신에 의한 한글 모·자음오행 이름은 억부용신의 자·모음오행인 金: ㅅ·ㅈ·ㅊ·ㅓ·ㅑ, 土: ㅁ·ㅂ·ㅡ·ㅣ, 火 ㄴ·ㄷ·ㅌ·ㄹ·ㅜ·ㅛ를 위주로 작명하면 된다. 예시하자면, '수빈'으로 작명하면 수: 金60, 火40, 빈: 土70, 火30이 되니, 성씨가 강: 木70, 水30으로 성의 한글 자모음오행이 모두 기·구신(용신을 상극하는 불리한 오행)인 단점을 극복하고 이름 두 자의 한글 자모음오행이 金60, 火70, 土70으로서 모두 사주 용희신으로 구성되니 본명인에게 긍정적인 이름 중 하나가 된다.

예 5	조후용신, 겨울(亥·子·丑월) 사주) 양력 1971년 1월 06일 22시 生(남, 안씨)[15]

시	일	월	년
己(土, 편인)	辛(金, 일간)	己(土, 편인)	庚(金, 겁재)
亥(水, 상관)	卯(木, 편재)	丑(土, 편인)	戌(金, 정인)

해설	사주의 주인공 일간은 사주 명조에서 세력을 확보해야 한다. 일간이 신강하면 강한 기운을 억제할 오행이 건재하고 신약하면 의지처가 확보되었을 때, 종격 사주가 되지 않고 억부, 조후 등의 용신을 쓰는 내격의 사주로 귀결될 것이다. 辛金 일간의 세력을 〈표 23〉에 따라 수량화하면 金 25, 인성 土 59로 83이니 매우 신강하나 일간의 반대편 세력인 시지의 亥(水, 상관)가 일지의 卯(木, 편재)를 상생하여 상호가 건재하니 일간의 세력을 억제할 기운이 존재하므로 종격 사주가 되지 않고 억부, 조후 등의 용신을 쓰는 내격의 사주로 귀결될 것이다.

한랭한 시기인 丑월에 태어나 계절을 말하는 월지를 살피니 만물이 차가운 한기에 의해 노출된 사주로 조후가 우선적으로 안정되어야 하는데 사주 명조에서는 추위를 안정시킬 火가 미력하다. 戌土 속 지장간 火는 미약하고. 卯戌合火는 원격에 위치하고 亥卯合木, 丑戌刑과 혼재되니 합이 분산되므로 운로에 따라 간혹 성사될 수 있을지라도 상존(常存)하는 合의 기운은 아니다.

그러므로 이 사주는 무엇보다 조후의 안정이 급선무이며 사주를 따뜻하게 할 火를 용신, 火를 木生火로 조력할 木이 희신이 된다. 조후용신을 우선하여 火·木을 잡고 더 살피니 신강 사주의 관성 火, 재성 木은 억부용신법상 용희신도 될 수 있으므로 조후용신과 억부용신이 일치하여 좋은 용신이 될 수 있다고 할 수는 있다. 반면에 사주 명조에 정 오행으로 火가 없어 용신이 미력하니 결국 탁기(濁氣)가 있는 사주이다.

따라서 용신에 의한 한글 모·자음오행 성명은 火 ㄴ·ㄷ·ㅌ·ㄹ·ㅜ·ㅛ, 木 ㄱ·ㅋ·ㅏ·ㅕ를 위주로 사용한다. 예시하자면, '태현'으로 한글 이름을 작명하면 태: 화60, 목20, 토20, 현: 水30, 木40, 火30으로 이름에서 火·木 기운이 150으로 주류를 이루고 성씨 '안'은 水30,

---

15 丑월, 未월의 조후 충족 여부를 볼 때는 월지 丑의 水, 未의 火 수량을 모두 30으로 간주한다.

木40, 火30이며 역시 火·木 기운이 주도한다. 그러므로 '안태현'은 사주 용신의 기운이 강하니 이 사주 본명인에게 좋은 이름 중 하나가 된다.

예 6 조후용신) 여름(巳·午·未월) 사주) 양력 2021년 6월 15일 22시 生(남, 이씨)

시	일	월	년
乙(水, 편인)	甲(木, 일간)	甲(木, 비견)	辛(金, 정관)
亥(金, 편관)	午(火, 상관)	午(火, 편인)	丑(金, 정재)

해설 사주의 주인공 일간은 사주 명조에서 세력을 확보해야 한다. 일간이 신강하면 강한 기운을 억제할 오행이 건재하고 신약하면 의지처가 확보되었을 때, 종격 사주가 되지 않고 억부, 조후 등의 용신을 쓰는 내격의 사주로 귀결될 것이다.

살피니 시지 申金의 상생을 받는 시지 亥水가 일간, 비겁인 木을 상생하여 일간의 의지처가 확보되어 있으니 내격의 사주이며 일간·비겁, 인성의 세력이 〈표 23〉에 따라 55이니 일간 甲木이 중화에 가까운 신약이다. 이어서 태어난 계절인 월지를 살피니 화왕지절(火旺之節)인 午월생이고 일지가 午火이며 월간 비견 甲木, 시간 을목이 두 개의 午火를 木生火한다. 사주에 있는 시원한 기운인 亥, 丑의 수량은 火, 木의 수량에 비할 바 못 되며 辛과 亥의 거리가 멀어 金生水도 미력하므로 사주가 조열하다. 따라서 시원한 기운으로 조열함을 해결하여야 하는 형국이다.

그러므로 사주 명조에서 조후가 충족이 안 될 때는 조후용신을 우선적으로 살펴야 하니 열기를 잠재울 水를 용신으로 하고 水를 상생할 金을 희신으로 보아야 한다. 이때 水는 억부용신상으로도 용신이 되니 매우 길한 용신이다. 木은 木生火로 사주의 조열을 심화하니 길할 수 없다. 습기를 머금은 辰, 丑의 土는 길하고 火를 품고 있는 未, 戌의 토는 불리하다. 한편 연간 辛金은 시지 亥水와 거리가 멀어 상호 무정하니 사주 안정과 본명인의 발전을 위해서는 대운, 세운에서 水·金을 만나고 동시에 水·金의 기운이 강한 성명을 사용해야 한다.

따라서 용신에 의한 한글 모·자음오행의 이름은 水: ㅇ·ㅎ·ㅗ·ㅠ와 金: ㅅ·ㅈ·ㅊ·ㅓ·ㅑ를 위주로 작명한다. 예시하자면, '서호'로 작명하면, 서: 金100, 호: 水100으로 작명하면 이름 두 자의 오행이 金100, 水100이 되어 金生水로 용신의 기운에 부합하니 최상의 한글 이름 중 하나가 된다. 여기에 성씨 '이'도 수60, 토40으로 용신 水 기운이 강하니 이 부분도 본명인에게 긍정적이라고 할 수 있다.

예 7	여름(巳, 午, 未)월 사주이나 일간이 극도로 신약하여 조후용신 대신 억부용신을 쓰는 사주): 양력 2013년 5월 24일 12시 30분(여, 김씨)

시	일	월	년
壬(水, 식신)	庚(金, 일간)	丁(火, 정관)	癸(水, 상관)
午(火, 정관)	寅(木, 편재)	巳(火, 편관)	巳(火, 편관)

해설	사주의 주인공 일간은 사주 명조에서 세력을 확보해야 한다. 일간이 신강하면 강한 기운을 억제할 오행이 건재하고 신약하면 의지처가 확보되었을 때, 종격 사주가 되지 않고 억부, 조후 등의 용신을 쓰는 내격의 사주로 귀결될 것이다.

살펴보니 일간 庚金은 사주 명조 내에서 정 오행으로 金 비겁과 土 인성을 얻지 못한 가운데, 월지와 연지 巳火 지장간 중기 庚에 뿌리를 내리고 있으므로 미약하나마 의지처를 확보하고 있으니 억부, 조후의 용신법을 따르는 내격의 사주로 귀결된다. 寅巳刑에 의해 寅의 지장간 중기 丙과 巳의 지장간 중기 庚이 丙庚冲 하면 일간의 뿌리가 흔들릴 수 있으나 시지, 일지 간 寅午合火로 형, 합이 분산되니 庚이 지지에 뿌리를 내릴 수 있다.

巳 월의 午 시생이고 사주에 火, 木의 조열한 수량 85가 연간 癸水, 시간 壬水의 합산 세력 15를 압도하니 시급히 조후용신으로 사주의 조열함을 안정시켜야 하므로 水, 金의 조후용신을 고려할 수 있다. 그러나 여기서 중요한 문제는 일간 庚이 극도로 신약하다는 점이다. 그러므로 일간이 극도로 신약하고 종격이 아닌 내격의 사주이므로 조후용신보다는 억부용신법을 써서 비겁 金을 용신, 인성 土를 희신으로 세워야 한다. 비겁 金을 土 인성보다 우선시하는 이유는 金은 억부와 조후를 동시에 충족할 일거양득(一擧兩得)의 장점이 있기 때문이다. 土는 희신으로 보는데, 조열한 土인 未, 戌의 토는 사주의 火 기운과 합

을 이루고 조열을 심화시키니 불리하며 습기를 가진 丑, 辰의 토가 길하다고 볼 수 있다. 천간 土의 경우 양토인 戊土는 연간 癸水와 戊癸合火할 가능성이 있으로 길하지 못하다. 따라서 이 사주 본명인의 한자 자원오행 작명 시 戊土의 기운인 山(뫼 산) 부수의 한자보다는 己土에 해당하는 土(흙 토), 田(밭 전) 부수의 한자를 쓰도록 한다.

  따라서 용신에 의한 한글 모·자음오행의 이름은 金: ㅅ·ㅈ·ㅊ·ㅓ·ㅑ와 土: ㅁ·ㅂ·ㅡ·ㅣ를 위주로 작명한다. 예시하자면, '세미'로 작명하면, 세: 金80 土20, 미: 土100이 되어 용희신의 기운에 부합하니 최상의 한글 이름 중 하나가 된다. 성씨 '김'도 木30, 土70이 되어 土가 강하니 '김세미'는 본명인에게 매우 긍정적인 한글 이름이라고 할 수 있다.

예 8	겨울(亥·子·丑월), 여름(巳·午·未월) 생으로 조후용신 대상이나 조후가 충족되어 억부용신을 쓰는 사주): 양력 1999년 1월 23일 10시 生(여, 강씨)

	時	日	月	年
천간	丁(火, 정인)	戊(土, 일간)	丁(火, 정인)	己(土, 겁재)
지지	巳(火, 편인)	子(水, 정재)	丑(土, 겁재)	巳(火, 편인)

해설	조후용신을 볼 때는 월지 丑을 水30으로 확장해서 본다. 그럼에도 불구하고 이 사주에는 火 4위의 역량이 월지 丑, 일지 子를 합한 것과 비등하므로 겨울 생 사주이나 火가 충분하여 조후가 충족된 유형의 사주이다.

  이럴 때는 다시 억부용신을 보는데 〈표 23〉에 따라 일간의 세력이 89에 이르니 대단히 신강하다. 그러므로 재성 水를 용신, 식상 金과 관성 木을 각각 희신, 길신으로 삼는다.

  따라서 용신에 의한 한글 모·자음오행의 이름은 水: ㅇ·ㅎ·ㅗ·ㅠ, 金: ㅅ·ㅈ·ㅊ·ㅓ·ㅑ, 木 ㄱ·ㅋ·ㅏ·ㅓ를 위주로 사용한다. 예시하자면, '서현'으로 작명하면

  서: 金100, 현: 水30, 木40, 火30으로 용희신의 기운이 한글 이름의 주류를 이루니 좋은 한글 이름 중 하나가 된다. 또한 성씨 '강'이 木70, 水30으로 용희신과 부합하니 더욱 긍정적인 이름이 된다.

| | 예 9 | 여름(巳·午·未월) 생으로 조후용신 대상이나 조후가 충족되어 억부용신을 쓰는 사주): |

> 예 9 | 여름(巳·午·未월) 생으로 조후용신 대상이나 조후가 충족되어 억부용신을 쓰는 사주): 양력 2012년 6월 20일 23시 生(여, 유씨)

	時	日	月	年
천간	辛(金, 정인)	壬(水, 일간)	丙(火, 편재)	壬(水, 비견)
지지	亥(水, 비견)	子(水, 겁재)	午(火, 정재)	辰(土, 편관)

> 해설 | 이 사주 명조는 화왕지절(火旺之節)인 午월생이고 월간마저 火이므로 월주가 간여지동(干如地同, 천간 지지가 동일 오행)을 이룬다. 그럼에도 불구하고 〈표 23〉에 따라 水 40(일간 제외), 金10이고 습토인 辰土의 역량이 9이므로 월주 火40의 조열함을 완전히 해소하고 있다. 그러므로 여름 생 사주이나 水가 충분하여 조후가 충족된 유형이 되는 사주 명조이다. 비겁, 인성을 합산한 일간의 역량이 71에 이르므로 중화 신강 사주로써 억부용신과 함께 격국용신을 병행할 수 있다.

비중용재(比重用財, 비겁이 강하니 재성을 용신으로 쓴다)격으로 재성 火를 용신으로 하고 비겁 水로부터 火를 보호할 土와 재성을 상생할 木을 희신으로 삼으며, 격국이 정재격(월지 子,午,卯,酉 사왕지지는 그대로 격을 잡음)이니 4길 신격으로서 정재를 생하는 식상과 정재가 생하는 관성을 격국용신으로 삼는데 억부용신법의 희신과 격국용신이 일치하니 유리하다.

따라서 용신에 의한 한글 모·자음오행의 이름은 火: ㄴ·ㄷ·ㅌ·ㄹ·ㅜ·ㅛ, 木: ㄱ·ㅋ·ㅏ·ㅕ를 위주로 사용한다. 예시하자면, '다민'으로 작명하면, 다: 火60, 木:40, 민: 土70, 火30으로 용희신의 기운이 한글 이름의 주류를 이루니 좋은 한글 이름 중 하나가 된다. 또한, 성씨 '유'는 水100으로서 사주 용희신과 부합하지 않으나 성씨는 바꿀 수 없다는 조건을 안고 가더라도 '다민'은 이러한 문제까지 극복할 수 있는 긍정적인 이름이 된다.

> 예 10 | 종격의 사주): 양력 2013년 9월 8일 오후 16시 生(여, 서씨)

	時	日	月	年
천간	戊(土, 상관)	丁(火, 일간)	辛(金, 편재)	癸(水, 편관)
지지	申(金, 정재)	丑(土, 식신)	酉(金, 편재)	巳(火, 비겁)

왕지인 酉가 월지에서 巳酉丑合金의 삼합을 주동하고 申酉戌 방합의 일부인 2자 방합 申酉의 金이 가세하며 천간의 辛金이 합을 견인하니 지지 금국(金局)은 막강하여 어떠한 형충으로도 분산되지 않는다. 더욱이 천간의 戊土는 金을 생하여 금국과 결합하고 癸水는 금국의 생을 받으면서도 금의 힘을 유출하는 정도가 약해 금의 세력을 거스르지 못한다. 일간 丁火는 금국(金局)의 사주 어디에도 의지처가 없으니 '음간은 무정하여 세력을 따른다'의 원리에 의해 재성 금국을 따르게 된다. 결국, 종격의 한 갈래인 종재격에 해당하는 사주가 된다. 그러므로 종격을 주관하는 오행 金을 용신으로 하고 금국을 생하는 土, 금국이 생하는 水가 희신이 된다.

따라서 용신에 의한 한글 모·자음오행의 이름은 金: ㅅ·ㅈ·ㅊ·ㅓ·ㅑ, 水: ㅇ·ㅎ·ㅗ·ㅠ, 土: ㅁ·ㅂ·ㅡ·l를 위주로 사용한다. 따라서 '유미'라는 이름을 사용하면 유: 水100, 미: 土100이므로 용희신의 이름 중 하나이고 성씨 '서'는 金100이니 '서유미'는 용희신의 기운이 강한 최상의 한글 이름 중 하나가 된다.

2) 용신에 의한 모·자음오행 성명학의 동양철학적 기반

용신 성명학의 한글 부분의 요지는 일간 기준, 사주의 중화를 이루어 일간이나 사주를 안정시키고 발달과 오복에 관여하는 용신을 한글 모·자음오행에 반영하는 이론이다. 한글 모·자음오행에 의한 성명학은 명리학과 국어학의 융합연구이며 현대의 인문사회학이 발전을 위해 추구하는 학제간 융합연구의 원리에 부합된다.

김만태는 선행연구(2020)[16]에서 한글 모·자음오행 성명학의 특징을 동양철학 사상에 기초하여 다음과 같이 요약하였다.

첫째, 중성인 모음을 중심으로 초성·종성의 자음을 모두 고려한다(天地人 三元 사상). 둘째, 순음(입술소리) ㅁ ㅂ ㅍ을 土, 후음(목구멍소리) ㅇ ㅎ을 水 오행으로 본다

---

16   김만태, 「훈민정음해례(訓民正音解例)에 의거한 모자음오행 성명학의 실증사례 분석」, 『민족사상』 14(3), 294쪽.

(五行相生 사상). 셋째, 중성인 모음도 음양, 오행을 분류하여 적용한다(陰陽五行 사상). 넷째, 사주원국을 보완하여야 한다. 일간의 통근을 보완하고 사주의 전반적 기세를 좌우하는 육신, 십성인 격국과 조화되는 음양오행으로 작명해야 한다(中和, 精氣神 사상).

따라서 명리학의 용신론을 한글 성명에 적용함은 사주의 중화를 목적으로 일간의 안정을 꾀하여 행운과 오복을 보완하는 것이니 음양오행과 십성의 조화, 정기신(精氣神), 중화(中和) 등의 중요 요소를 보유한다.

사주 분석과 보완 방법의 확정은 사주의 주인공인 일간을 기준으로 보아야 한다. 이것이 일간 위주의 신법 명리학에서 진정한 한글 부분의 명리·성명학이다.[17] 이러한 필수 요소들을 충족시켜 궁극적으로 일간을 건강하게 하고 사주 오복을 보완하고 개운하는 최적의 개념인 용신(用神)을 天地人 삼재(三才) 사상과 융합하여 성명의 한글 부분에서 구현하는 것이 용신에 의한 한글 모·자음오행 성명학의 동양철학적 토대이다.

성명의 한글 부분에서 용신에 의한 한글 모·자음오행 성명학은 명리학과 훈민정음의 제자원리에 부합하는 학술성을 갖춘 성명학으로서 가치가 크다.

---

17 또한, 간지 오행은 위치에 따라 역량이 다르다. 그러므로 일간을 안정시키는 용신을 보지 않고 단순히 8자 간지의 오행의 개수만 세어서 없거나 적은 오행으로만 작명하는 일부 재야 작명가는 용신론에 대한 심도 있는 연구를 통해 오류를 시정해 나가야 한다.

VII

용신에 의한
한자 자원오행
성명학

1. 성명 한자 일반론

1) 이름 한자론

우리나라는 성명의 표기에 있어서 한글과 한자(漢字)라는 서로 다른 문자를 병행하여 사용하는 특수한 성명문화가 발달되어 있다.[1] 그러므로 명리학적 기반을 두고 사람에게 유익한 성명(姓名)에 대해 연구하는 성명학도 고상하고 다복한 이름을 원하는 현대인의 기층(基層) 요구에 맞추어 한자의 오행과 한글의 오행을 병행하여 중시하고 있다.[2]

현대에는 비록 한자 성명을 일상생활에 사용하는 일이 드물지만 한자 성명은 여전히 성명에서 중요한 위치를 차지하고 있다.[3] 주민등록증, 등본, 각종 법률적 중요 문서 등에 한자 성명은 기재되고 도장을 한자 성명으로 새기는 문화도 유지되고 있다. 한자 문화권에 속해 있는 우리나라에서는 한글에 한자를 부여하는 방식으로 작명을 한다. 일반적으로 성명의 한글 부분을 먼저 작명한 후 이어서 한자 부분을 작명하는데 성명의 한글 부분이 세

---

1 이재승·김만태, 앞의 글, 2018d, 28쪽.

2 이재승·김만태, 앞의 글, 2018d, 28쪽.

3 이하 용신에 의한 한자 자원오행(字源五行) 성명학은 "이재승·김만태, 「한국 사회 성명문화의 전개 양상에 따른 한자오행법 고찰」, 『인문사회 21』 8(6), 아시아문화학술원, 2017b, 751-765쪽"; "이재승·김만태, 「한국 성씨한자의 자원오행에 대한 고찰」, 『문화와 융합』 40(3), 한국문화융합학회, 2018c, 339-368쪽"; "이재승·김만태, 『작명·개명의 사회적 현상에 따른 성명학의 용신 적용에 대한 고찰』, 『인문사회 21』 8(4), 아시아문화학술원, 2017a, 496-501쪽"의 주요 부분을 발췌·융합·수정하여 인용하였다.

련됨과 다복함에 대한 요구가 있는 데 비해 성명의 한자 부분은 훈의 의미를 중시하는 경향이다. 그러나 훈의 의미를 보는 방식은 여러 가지 문제점과 왜곡이 있다.

예를 들면 본래 중국 등 한자 문화권에서는 '하늘 천, 따 지, 검을 현, 누를 황' 방식으로 한자를 부르지 않는다. 中을 '가운데 중'이라고 부르지 않고 '중심할 때 중'이라고 부르며 地를 '땅 지'라 부르지 않고 '천지할 때 지'라고 부른다. 그러므로 中國(CHINA)이 '가운데 중, 나라 국'이라 해서 '가운데 나라'라고 해석하는 방식은 한자의 뜻이 유일하지 않기에 바람직하지 못하다. 中國은 '(세상의) 중심이 되는 나라'라는 의미로써 국명(國名)을 사용하니 한국 성명문화에서 한자의 훈을 합쳐 '가운데 나라'라고 말을 만드는 것과는 명의(名義)가 다르다.[4]

그러므로 현대인이 요구하는 '한자 성명의 행운과 다복함'의 문제에 대한 요구에 대해 성명학이 부응하기 위해서는 용신론에 대한 연구와 함께 한자들이 내포하고 발산하는 오행에 관한 연구를 학술적으로 진행하여 이론을 완전하게 정립할 필요가 있다.

성명학은 사주명리학과 불가분의 관계를 가지고서 사주명리학의 토대 위에서 발전해야 하는 학문이므로 명리학적으로 사주의 중화 및 안정을 이룰 수 있는 용신 오행이 무엇인지를 파악한 후 그 오행을 보완할 수 있는 한자를 선정하여야 한다. 따라서 사주명리학과 한자 오행법에 입각하여 최적의 한자를 선정하도록 하는 것도 성명학의 주요한 과제이며 좋은 이름 짓기의 관건이 된다고 할 수 있다.

2) 성명 한자의 전개 양상

한국인의 이름은 성(姓)과 명(名)으로 이루어져 있다. 성은 부계의 가문을 표시하며 명은 개인의 이름이 된다. 성은 본관(本官)과 결합하여 가문을 나타내고 명은 항렬(行列)을 통하여 가문의 대수(代數)를 나타낸다.

우리나라에서 성씨는 고대국가의 시초부터 사용하기 시작하였다. 『삼국사기(三國史記)』

---

4 우리의 한자 문화가 이렇게 된 사유는 뒤에서 논한다.

와 『삼국유사(三國遺事)』를 보면 고구려에는 시조의 高氏 성이 있었고 백제는 부여 계통의 시조 온조(溫祚)의 혈통을 딴 부여씨(夫餘氏)가 사용되었으며 신라에는 朴·石·金의 세 왕족 성씨와 육성(六姓)으로 이(李)·최(崔)·정(鄭)·손(孫)·설(薛)·배(裴)가 초기부터 있었고 가야의 수 로왕도 황금 알에서 탄생하였다 하여 金씨 성을 사용했다고 한다.[5]

이후 지배층에서 성(姓)이 일반화된 것은 고려 초기부터이며 인구가 증가하고 사회가 다변화함에 따라 성과 본관도 세분화를 거듭해 왔다. 한국의 성씨는 단순히 사람과 혈통의 표시에 끝나지 않고 가족·친족 제도와 함께 사회 조직의 기조를 이루어 윤리, 관습의 기본이 되어 왔다.[6]

명(名)은 이름 부분으로 가문의 내력을 중시하는 풍토에 의해 항렬자(行列字)에 따라 이름 짓는 문화가 전승되었고 현재에도 항렬을 선호하는 문화는 남아 있다. 항렬은 개인이 가문의 몇 대 손(孫)인지를 나타내는 표식이라고 할 수 있으며 유교적 남존여비(男尊女卑) 사상과 신분제의 귀천이 반영되어 주로 양인(良人) 이상의 남아(男兒)에게 적용되었고 노비나 여성은 항렬의 적용 대상에서 배제되었다.

항렬자는 보통 가문의 시조부터 비롯하여 직계 자손으로 여러 대(代) 내려오다 점차 항렬자를 쓰는 범위가 4촌, 6촌, 8촌, 10촌 이런 식으로 확대되었고 나중에는 동족(同族) 전체의 대동(大同) 항렬자를 제정하여 사용하는 방식으로 발전되었다. 공통의 항렬자를 사용하는 동족 결합의 범위는 18세기로 접어들면서 더욱 확대되어 19세기에 이르러 동성동본(同姓同本)이라는 최대의 집단으로 확대된 것으로 생각된다.[7]

성명은 가문과 부모가 준 것이고 항렬자로 이름을 짓는 것은 입신하여 공명을 떨칠 때 가문의 명예, 전통을 고양할 수 있으며, 가문을 표시하고 위계질서, 소속감, 유대감 등을 공유할 수 있으므로 후손의 도리이자 불문율로 인식되었다.

그러나 현대에는 가문 친족의 공동체 문화와 개인주의 문화가 충돌하면서 항렬자가 다

---

5 송하순, 「성씨별 항렬자 연구」, 공주대학교 대학원 석사학위논문, 2007, 6쪽.

6 이광신, 『우리나라 민법상의 성씨제도 연구』, 법문사, 1973, 6쪽.

7 송하순, 앞의 글, 2007, 26쪽.

양한 작명에 대한 장애 요소로 인식되는 경향이 확산되어 항렬자를 이용한 이름 짓기는 감소하는 추세이며 신생아의 이름 짓기에서 항렬의 중시 여부는 신구세대의 세대 차를 나타내는 요소 중 하나가 되었다. 또한, 항렬자로 지어진 이름이 세련되지 않거나 박복하다고 생각하여 개명하는 사례는 흔한 사회 현상이 되었다.

말이 씨가 된다면서 말의 주력(呪力)을 믿는 언령(言靈) 사상은 한국사회에서 이름 짓기의 중요한 인식적 기반을 형성한다.[8] 그러므로 우리 사회에서는 성명 한자의 뜻과 의미를 중시하였고 특히 명문이라고 여기는 가문일수록 성명 한자에 대한 고정관념이 강하였다.

따라서 大(큰 대), 熙(빛날 희), 吉(길할 길), 訓(가르칠 훈), 貴(귀할 귀), 瑞(상서로울 서), 成(이룰 성), 賢(어질 현) 등 뜻이 발전적이고 희망적이며 인생의 성공과 발전에 대한 희망과 기원이 내포되거나 학문과 인격이 완성된 선비의 풍모를 담은 긍정적 의미의 한자를 선호하였다. 반면에 死(죽을 사), 泯(망할 민), 犬(개 견), 姦(간사할 간), 孤(외로울 고), 寡(홀어미 과), 亡(망할 망), 倒(넘어질 도), 汚(더러울 오) 등 뜻이 불길(不吉)·불량(不良)하거나 불행한 느낌을 주는 한자는 기피하여 인명 한자의 선정에서 배제하였다.

또한 장자(長子)를 중시하는 문화에 의해 장자에게는 甲(첫째 갑), 乾(하늘 건), 高(높을 고), 旦(아침 단), 大(큰 대), 東(동녘 동), 頭(머리 두), 孟(맏이 맹), 伯(맏이 백), 上(위 상), 元(으뜸 원), 一(한 일), 日(날 일), 宗(마루, 으뜸 종), 天(하늘 천), 春(봄 춘) 등 세상·자연의 이치상 첫 번째가 되거나 크고 높은 것을 상징하는 글자, 그리고 孝(효도 효)처럼 장자의 의무를 말하는 한자들을 선호하였다. 그리고 둘째 이하의 자식에게는 장자에게 선호되는 한자의 사용을 배제하려는 경향이 있었다.

동시에 남아선호(男兒選好) 사상에서 소외되는 여아 인명에서는 領(다스릴 령), 妃(왕비 비), 珍(보배 진), 玉(구슬 옥), 太(클 태), 泰(클 태), 南(남녘 남), 峰(산봉우리 봉), 美(아름다울 미), 花(꽃 화), 梅(매화 매), 香(향기 향) 등 뜻이 지나치게 원대하거나 반대로 화류계의 인상이 있는 한자들을 배제하였다.

이처럼 한자 이름을 지을 때 한자의 적합성 여부를 중시하는 문화는 언어의 금기(禁忌)와

---

8 김만태, 「현대 한국사회의 이름짓기 요건에 관한 고찰」, 『한국민속학』 62, 한국민속학회, 2015, 277쪽.

연관되는 언령 사상(言靈 思想)이 표출된 사례라고 볼 수 있다. 본명(本名) 이외에도 호(號), 아호(兒號), 필명(筆名)을 사용하고 집, 별채, 건물과 주인을 연결 지어 당호(堂號)를 사용하는 것도 언령 사상과 관계가 깊다.

하지만 현재 우리 사회에는 문명의 급속한 발전과 개인주의의 확장으로 인해 친족 문화, 가부장적 문화, 장자(長子) 우선주의, 남존여비(男尊女卑) 사상 등 전통 사회적 색채가 점차 옅어져 가고 있으므로 이런 시류에 따라 한자 성명의 문화도 변하고 있다.

이제는 신생아 작명과 개명 신청을 할 때 전통적 관념에 순종하지 않고 다복(多福)한 이름을 소망하고 중시한다. 작명·개명을 할 때 한자의 품격을 중시하는 관념은 아직 잔존하지만 성명의 다복함을 중시하여 비록 뜻이 특별히 귀하지 않더라도 다복하다는 믿음이 있으면 성명으로 채택하기도 한다.

이러한 성명문화의 변화 양상에 따라 치열한 생존경쟁에 노출된 현대인은 운명을 더 좋게 할 수 있는 방법의 일환으로써 자신이나 신생아가 다복한 성명을 갖기를 원하게 되고 성명학에 의거하여 작명·개명하는 사회적 현상도 일반화되었다.[9]

따라서 대법원도 우리 사회의 성명문화의 변화 양상을 고려하여 인명 한자에 대한 국민의 선택 폭을 넓히고 국민의 행복추구권 및 성명권 등을 존중해야 할 필요성이 있다는 이유를 들어 2015년 1월 1일부터 인명용 한자를 기존 5,761字에서 8,142字로 확대 지정하였다.[10] 2024년 6월 기준 대법원 지정 인명 한자는 9,389 字이다.

대법원이 국민의 행복 추구의 요건에 성명권도 포함된다는 인식을 가지고 인명용 한자를 확대 적용하여 제도적으로 뒷받침한 것은 긍정적으로 평가할 수 있다.

그러나 대법원이 지정한 8,142자의 인명용 한자 중 死(죽을 사), 泯(망할 민), 姦(간사할 간), 蛇(뱀 사) 등 현대인의 정서나 성명에 대한 인식에 상식적으로 부합되지 않는 '대표 훈' 때문에 사실상 인명용으로 채택되지 않고 있는 한자가 다수 포함되어 있으므로 여기에 대한 시정 보완이 요망된다.

---

9   이재승·김만태, 앞의 글, 2017a, 485쪽.

10   신상춘·김인자, 『인명용한자 8142字』, 장서원, 2015, 3쪽.

3) 한자 획수 음양 비판

한자에도 음양이 있고 한자 음양은 자원(字源)의 본질로 보아야 한다. 예시하면 昊(하늘 호)는 부수가 日(날 일)이고 日은 '태양'으로서 양의 기운이니 昊는 양의 한자이다. 炡(빛날 정)은 부수가 火(불 화)이고 火는 '피워진 불'로 음화이니 炡은 음의 한자이다. 柳(버들 류)는 부수가 木으로서 木이 양목에 쓰이는 부수이니 柳는 양의 한자이고 蘭(난초 란)은 부수가 艸(풀 초)로서 艸는 음목에 쓰이는 부수이니 蘭은 음의 한자가 되는 원리이다.

그러나 오직 한자의 획수만으로 한자의 오행을 배속하는 방식인 '획수 오행'이 작명 현장에서 유행되고 있다. 동양철학에서는 홀수를 양, 짝수를 음으로 보는 것이 통념이지만 한자 획수의 홀, 짝 여부와 한자의 음양은 완전히 다른 별개의 문제이다. 그럼에도 불구하고 홀수 획 한자는 양이고 짝수 획 한자가 음이라는 논리를 무분별하게 확대 적용한 이론이 '획수 음양'이다.

'획수 음양'은 홀수 획 한자를 양으로, 짝수 획 한자를 음으로 본다. 『오행대의(五行大義)』의 논합(論合)에서는 천간의 합을 부처(夫妻) 관계로 말하였는데 원문은 아래의 주)와 같다.[11] 여기에는 생수(生數) 1·2·3·4·5와 성수(成數) 6·7·8·9·0을 활용하여 양간 甲·丙·戊·庚·壬을 차례대로 1·3·5·7·9, 음간 乙·丁·己·辛·癸를 차례대로 2·4·6·8·10으로 설정한 원리가 내포되어 있다.[12] 따라서 천간합은 1+6, 3+7, 5+10, 7+2, 9+4가 차례대로 甲己, 丙辛, 戊癸, 乙庚, 丁壬의 천간 오합이 되며 홀수는 양, 짝수는 음이라는 것이 역학계의 통설이다.

그러나 한자 획수의 기·우(奇偶, 홀·짝) 여부는 한자의 음양과는 무관하다. 한자의 음양을 결정짓는 본질을 간과하고 단지, 한자 획수 원리를 한자의 음양에 무리하게 적용한 것이 '획수 음양'이다.

예를 들어 昊는 日(날 일)이 부수이고 日은 丙火라서 본질이 陽인데 昊(하늘 호)를 짝수 8획이라는 이유로 陰의 한자라고 말하면 안 된다. 蘭(난초 란)도 艸(풀 초)가 부수이니 자원의

---

11 蕭吉 原著, 김수길·윤상철 공역, 『五行大義』, 서울: 大有學堂, 1998, 236쪽, 8편, 〈天合〉, "干合者 己爲甲妻 故甲與己合 辛爲丙妻 故丙與辛合 癸爲戊妻 故戊與癸合 乙爲庚妻 故庚與乙合 丁爲壬妻 故壬與丁合."

12 강성인, 「『淮南子』의 음양오행학설과 사주명리의 연관성 연구」, 동방문화대학원대학교 박사학위논문, 2017, 102쪽.

본질이 乙木인데 원획법으로 홀수 23획이라고 陽의 한자라고 하면 안 된다.

간지의 오행으로 예시하면 더욱 이해가 용이하다. 천간 己는 본질이 陰土인데 홀수 3획이라고 양이라고 하면 안 된다. 음금인 辛이 7획이라는 이유로 陽이라 하면 안 되며 양금 庚이 짝수 8획이라고 陰이라고 규정하면 안 된다.

재차 강조한다. 홀수가 양이라 해서 홀수 획 한자가 반드시 양인 것은 아니며 짝수가 음이라 해서 짝수 획수 한자가 반드시 음인 것은 아니다. 한자 자원의 본질에서 음양을 도출해야 한다.

예시하자면 '높을 준'은 峻과 埈이 있다. 부수를 볼 때, 山(뫼산)은 천간 戊土, 土는 천간 己土에 해당한다. 그러므로 峻은 양이고 埈은 음이다. 따라서 峻과 埈이 모두 10획 짝수 획이라는 이유로 무조건 음이라고 해서는 안 된다. 사주 구성상 양토가 더 필요하면 峻, 음토가 더 필요하면 埈을 쓰면 된다.

그러나 단지 획수만으로 한자의 음양과 오행을 규정하는 오류는 시중의 작명 현장에서 무비판적으로 수용하고 활용되고 있으며 심지어는 획수 음양을 한글 작명 부분에까지 적용하는 사례도 늘고 있다. 그러므로 한자의 음양을 획수만으로 정하는 방식을 사용하지 않도록 해야 하며 더 나아가 한자 고유의 오행 역시 획수로 배정해서는 안 된다. 한자의 음양·오행과 획수의 홀·짝은 무관하다.

4) 한자 획수오행·수리(삼원)오행법 비판

성명학의 한자 오행은 한자의 획수(劃數)로 도출하는 오행과 자원(字源)으로 도출하는 오행이 있다. 획수로 도출하는 오행으로 한자를 선정하는 법에는 획수오행법과 수리오행법(일명, 삼원(三元)오행법)이 있으며 반면에 자원오행법은 자원(字源), 철학, 사상, 유래가 담긴 본질의 오행으로 한자를 선정한다.

먼저 획수오행을 살펴보면 한자의 획수가 1·2획이면 木, 3·4획이면 火, 5·6획이면 土, 7·8획이면 金, 9·0획이면 水로 한자오행을 확정한다. 10획이 넘는 한자는 획수의 일의 자리 수만 보고 위의 원칙에 따라 한자오행을 확정한다. 예를 들어 輪(바퀴·수레 윤)은 15획인데 5가 일의 자리 수이고 5·6획이면 土가 되는 방식에 의해 한자오행이 土가 된다.

획수오행법은 10개의 천간(天干)을 차서(次序)로 배열하여 숫자를 배정하는 방식의 곡해에서 유래된 것으로 판단된다. 천간의 순서에 번호를 매기면 甲1·乙2·丙3·丁4·戊5·己6·庚7·辛8·壬9·癸10이 되며 甲乙은 木, 丙丁은 火, 戊己는 土, 庚辛은 金, 壬癸는 水이므로 여기서 木1·2, 火3·4, 土5·6, 金7·8, 水9·0을 한자 획수에 적용하여 한자오행을 도출한 것으로 보인다. 그러나 천간의 차서(次序)에 의한 번호는 소길(蕭吉)의 『오행대의』에서 천간의 합(合)의 원리가 담긴 번호이지만 木火土金水 오행이 갖는 본래의 오수(五數)가 아니고 동양학과 명리학에서 주로 채택하는 오수는 선천하도에 근거한 木 3·8 火 2·7 土 5·0 金 4·9 水 1·6이다.

『오행대의』에서 말한 천간의 합이란 "己는 甲의 처로서 甲己合이고, 辛이 丙의 처로서 丙辛合이며, 癸는 戊의 처로서 戊癸合이며, 乙이 庚의 처로서 乙庚合이며, 丁이 壬의 처로서 丁壬合"[13]이다.

이에 대해 강성인은 "수(數)로 보면 1에서 5까지는 생수가 되고, 6에서 10까지는 성수가 되어, 5는 생수의 최대치이다. 1은 생수의 시작이고 6은 성수의 시작이며, 5는 생수의 마지막이고 10은 성수의 마지막이 되니, 1에서 5까지 팽창되어 6이 되니 1과 6은 생수와 성수의 합이 되고 2와 7, 3과 8, 4와 9, 5와 10이 각각 생성의 합이 된다. 숫자에 맞게 배합하면 甲己·乙庚·丙辛·丁壬·戊癸가 천간합(天干合)이 된다."라 하였다.[14]

따라서 천간합을 기술하며 천간 오행의 차서대로 번호를 매긴 것을 곡해하여 성명학의 한자오행을 획수로써 1·2획이면 木, 3·4획이면 火, 5·6획이면 土, 7·8획이면 金, 9·0획이면 水로 배정하였다면 논거가 취약하다. 예를 들어 林(수풀 림)의 경우를 보면 초목이 군집하여 이루어진 것이 숲이므로 목성(木性)이 강한 한자임이 자명할 텐데 획수가 단지 8획이라는 이유로 林의 한자 오행을 金으로 보는 것은 논리가 빈약할 수밖에 없다.

---

13 『五行大義』〈論合〉, "干合者, 己爲甲妻, 故甲與己合, 辛爲丙妻, 故丙與辛合, 癸爲戊妻, 故戊與癸合, 乙爲庚妻, 故庚與乙合, 丁爲壬妻, 故壬與丁合."

14 강성인, 앞의 글, 2017, 102쪽.

일제강점기인 1930년대, 일본의 성명학 시조로 공인받는 구마사키 젠오(熊崎健翁)의 수리 성명학이 일제의 창씨개명 정책에 편승하여 국내에 유입되기 전까지는 이름 짓기에서 획수를 중시했다거나 획수로 한자오행을 도출하여 작명하였다는 문헌이나 선행 연구가 없다. 단지 일부(一部)의 사람들이 편리함 등의 이유로 획수가 적은 한자를 더 선호할 수도 있었겠지만 획수로 한자의 오행을 정한 것과는 차원이 다르다.

현재의 획수오행법은 일본 성명학의 영향을 받은 일부에서 한자의 본질에 관한 연구를 기피하고 일반화시킨 한자오행법이라는 사실을 추론할 수 있다.

따라서 이상을 종합하여 보면 획수로 한자오행을 도출하는 현재의 획수오행법은 발현되는 오행이 없거나 미약하므로 대중의 성명학에 대한 기층적 요구에 부응할 수 있는 한자오행법이 아니다.

그럼에도 불구하고 현재의 획수오행법을 유지하고자 한다면 선천하도(先天河圖)의 수리오행을 기준으로 삼는 방법을 대안으로 제시할 수 있다. 선천하도는 오행과 수(數)에 대하여 오행의 기운이 생긴 순서대로 水1, 火2, 木3, 金4, 土5를 생수(生數)로 하고 그 뒤로 완성의 과정으로 생수에 5를 더하여 水6, 火7, 木8, 金9, 土10을 成數로 하고 있다.

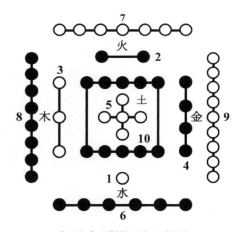

〈그림 9〉 선천하도와 수리오행

한동석은 『우주 변화의 원리』에서 "하도(河圖)에서 보면 동방에는 三木과 八木이 있고 남방에는 七火와 二火가 있고 중앙에는 五土와 十土가 있고 서방에는 九金과 四金이 있고 북방에는 一水와 六水가 있다. (…) 그런즉 하도는 오행이 운동하는 법칙을 계시한 것이므로 이것을 바탕으로 하여서 최초에 연구한 사람이 복희(伏羲)였던 것이다. 그런데 거기에서 복희는 방위와 상생에 대한 중요성을 알아내게 되었다."[15]라 하였다.

명리학이 정통적으로 인식하는 오행의 숫자는 水는 1과 6, 火는 2와 7, 木은 3, 8, 金은 4와 9, 土는 5와 10이다. 고대인들은 수(數)를 1-水, 2-火, 3-木, 4-金, 5-土로 인식하였고 여기에 오행의 중재 수인 5를 가산한 것을 생수로 사용하였는데 이런 이유로 『회남자』, 시령사상'에서는 水는 6, 火는 7, 木은 8, 金은 9, 土는 0으로 수리오행을 정하고 있다.[16] 따라서 선천하도의 수리오행에 준하여 水는 1과 6, 火는 2와 7, 木은 3과 8, 金은 4와 9, 土는 5와 10으로 한자의 획수오행법을 적용하면 획수오행법이 논거와 학문적 기반을 가질 수 있으므로 한자의 획수오행법을 존속시키고자 한다면 선천하도의 수리오행에 따라 한자오행을 배속하여야 한다. 그렇게 한다고 할지라도 한자 획수에 의한 오행 성은 사실상 약하다고 보아야 한다.

한자오행법 중 수리오행법은 일명, 삼원오행법이라고도 한다. 일제강점기인 1930년대, 일본의 성명학 시조로 공인받는 '구마사키 겐오'의 성명학이 일제의 창씨개명 정책에 편승하여 국내에 유입되었는데 수리(數理)를 중시한다.

일본식 수리성명학은 이름의 한자 획수를 산술하여 이름의 격(格)을 정한 후 81영동 수(靈動數)에 담긴 길흉을 판단하는 성명학이다. 구마사키는 성명 한자의 한자 본래의 획(劃)을 토대로 하고 일본인의 인명 한자 획수들을 5가지 방법으로 합산한 1-81수가 사람 운명을 결정한다고 주장하면서 천(天)·인(人)·지(地)·외(外)·총(總)의 5 격을 말하였으니 이것이 오격부상법(五格剖象法)이다.

그러나 우리나라에서는 4자(字) 성명인 일본과는 달리 3자 성명을 쓰므로 5격을 쓸 수

---

15 한동석, 『우주변화의 원리』, 대원출판, 2013, 106-107쪽.

16 강성인, 앞의 글, 2017, 43쪽.

없다. 따라서 81영동 수는 그대로 적용하면서 우리의 현실에 맞게 원(原)·형(亨)·이(利)·정(貞)이라는 4격(格) 수리를 쓰고 있다. 한자 성명을 성, 이름 첫 자, 이름 둘째 자로 나누고 이름 첫 자와 둘째 자의 획수를 합한 것이 원격, 성과 이름 첫 자의 획수를 더한 것이 형격, 성과 이름 둘째 자의 획수를 더한 것이 형격, 성명 3자의 획수를 모두 더한 것이 정격이 되며 4격이 모두 길(吉)한 획수의 조합을 좋게 본다. 일본식 수리성명학은 81격의 길흉을 중시할 뿐 오행을 정하지는 않는다. 그러나 삼원오행법은 여기에서 더 나아가 4격으로 오행들을 도출하고 오행들이 상생인지 상극인지를 살펴 성명의 길흉을 판단한다.

수리오행의 한자오행의 도출방식은 4격의 수리를 이·형·원 순서로 배열한 후 획수오행으로 오행배열을 만드는 것이다. 예를 들어 김동남(金東南)의 한자 획수는 8, 8, 9획이니 이격은 17획이고 일의 자리가 7이니 金, 형격은 16획이고 일의 자리가 6이니 土, 원격은 17획이고 일의 자리가 7이니 金이 된다. 이것을 이·형·원 순서로 배열하면 金土金이 된다.

그러나 논자는 수리오행법은 학문적 타당성이 부족하다고 판단하는데 그 이유는 다음과 같다. 첫째, 앞서 언급했다시피 우리나라에서 일본 수리성명학이 유입된 1930년대 이전에 획수로 오행을 도출하여 이름 짓기에 활용했다는 문헌이나 자료가 없다는 점이다. 중국과 한국의 동성동본의 문중에서 '항렬자'를 정할 때도 한자 획수는 전혀 고려 대상이 아니었다. 둘째, 오행의 오수(五數)에 대한 학문적 근거가 부족한 木 1·2, 火 3·4, 土 5·6, 金 7·8, 水 9·0의 획수오행법을 사용하는 점이다. 셋째, 이웃하는 한자의 자원오행이 상극(相剋)일 때 서로 배척하는 한자의 획수가 원만히 합해질 수가 있는지 의문이다. 넷째, 이미 획수로서 4격 수리와 그에 따른 길흉을 적용하고 있는데 또다시 4격 수리를 이용해서 한자오행을 도출하는 것은 4격 수리의 이중(二重) 적용 논란이 불가피하다. 이러한 사실들을 종합해 볼 때 수리(삼원)오행법도 학문적 논거와 타당성이 미비하다.

2. 한자 자원오행 이론

1) 자원오행의 기초 이론

획수오행법과 수리오행법이 한자의 획수로 오행을 도출하는 것과는 달리 자원(字源)오행법은 한자의 자원으로 한자의 오행을 도출하여 작명하는 오행법이다. 다복한 한자 성명은 사주를 분석하고 용신을 도출한 후 용신 오행을 발현시키는 한자를 선정하여 상생으로 배열하여 작명할 수 있다.

논자는 한자 자원오행을 육서법(六書法)[17]에 의해 생성된 한자에는 하나의 오행이 있거나 다수의 오행이 혼재하는데 자원오행은 한자를 대표하는 오행의 기운이고 한자에 담긴 철학, 사상, 어원 등을 담고 있는 부수를 통해 발현됨이 일반적이다.

그러므로 자원오행(字源五行)은 한자 부수(部首)의 어원(語源)·자의(字意)·재질(材質) 등에 따라 부여하는 오행으로서 '부수를 통해 발현되는 한자의 대표적인 오행'이라고 정의할 수 있다.[18]

예를 들어 梁(들보 양)은 구성성분에 氵(물 수), 刀(칼 인), 丶(점 주) 등도 있지만 木 부수로서 부수의 자원오행인 木이 한자에 함유된 오행을 대표하니 梁의 자원오행은 木이 된다. 李(오얏 이)는 구성성분에 子도 있지만, 부수가 木이니 木이 李의 오행의 기운을 나타내어 자원오행이 木이다. 炷(심지 주)는 主도 있지만 부수가 火이니 火가 炷의 오행의 기운을 대표하여 자원오행이 火이다. 桐(오동나무 동)은 구성성분에 同도 있지만 부수가 木이니 木이 桐의 오행의 기운을 나타내어 자원오행이 木이 되고 炤(밝을 소)는 구성성분에 召가 있지만

---

17 "육서(六書)는 한자의 구조를 여섯 가지로 분류한 것을 말한다. 허신의 『설문해자』 정의에 의하면, 상형(相形)은 구체적 물체를 있는 그대로 그린 것이고, 지사(指事)는 추상적 물상을 이미지화한 것이며, 회의(會意)는 두 가지 이상의 개념을 합쳐서 새로운 의미를 그려낸 것을 말하고 형성(形聲)은 한 부분은 의미를 다른 부분은 독음을 나타낸 것이다. 가차(假借)는 해당 개념이 없어서 독음이 같은 글자를 빌려와 쓴 경우를 말하며, 전주(轉主)는 일반적으로 의미가 같은 다른 글자를 빌려와 쓴 경우를 말한다." 하영삼, 위의 책, 2016, 〈몇 가지 설명〉, 17쪽.

18 이재승·김만태, 앞의 글, 1017a, 496쪽. 註) 『說文解字』나 字典도 사람이 만든 것이라 부수의 오류가 소수 있다. 그런 한자를 제외하고는 한자의 부수에서 자원오행을 도출하는 것이 합당하다.

부수가 火이니 火가 焰의 오행의 기운을 대표하여 자원오행이 火가 되는 것이다.

자원오행은 특히 성명학에서 사람의 사주(四柱)에서 필요한 오행을 보완하는 의미로 사용되며 사물을 묘사한 그림에서 발전된 상형문자에 기원을 두는 한자의 특성상 그 부수가 나타내는 특징이나 부수 훈의 재질에 따라 오행을 배속해서 적용한다. 예를 들어 사주에 火가 필요하다면 이름자에 火 부수인 炫(밝을 현)이나 日(날 일) 부수인 昊(하늘 호) 등으로 보완해 주는 것이다.

부수의 오행이 木·火·土·金·水가 아닐 때는 부수의 본질적인 오행을 가려 자원오행을 정한다. 예를 들어 宙(집 주)의 부수는 宀(집 면)인데 宀이 '지붕의 마루'나 고대 가옥의 형상이니 재질이 木이므로 한자 宙는 木이 오행의 기운을 대표하게 되어 자원오행이 木이다. 昀(햇빛 윤)의 부수는 日(날일)인데 日은 태양이니 '큰불'이므로 火가 '昀'의 오행의 기운을 대표하니 자원오행이 火이다. 紗(깁 사)의 부수는 糸(실 사)이며 실·옷감은 초목에서 나온 것이니 紗는 자원오행이 木이 된다.

2) 한자 자원오행의 역사성

자원오행은 가문의 항렬자를 쓰기 위한 목적으로 사용하여 왔다. 우리나라에서는 주로 한자들의 자원(字源)인 木火土金水의 오행을 사용하여 '木生火, 火生土, 土生金, 金生水, 水生木'으로 순환되는 오행의 상생법으로 항렬을 정하는데, 송하순은 "우리나라의 성씨별 항렬자는 80% 이상이 오행상생의 원리에 기초하여 진행되는데 그 속성을 정확하게 파악하기 위해서는 오행과 (…) 어떠한 관계가 있는지 알아야 한다."[19]고 하였다.

한자 자원에 대한 연구는 갑골문(甲骨文),[20] 금문(金文),[21] 『소전(小篆)』[22], 『설문해자(說文解

---

19 송하순, 「성씨별 항렬자 연구」, 2007, 공주대학교 대학원 석사학위논문, 31쪽.

20 "상나라(특히 후반기 은나라) 때의 문자로 1899년 처음 발견되었으며 현재까지 확인된 초기 단계의 체계적 한자이다. 甲은 거북딱지에 새긴 것, 骨은 동물 뼈(주로 소의 어깨죽지)에 새긴 것을 말한다." 하영삼, 『어원으로 읽는 214 부수 한자』, 도서출판3, 2016, 〈몇 가지 설명〉, 15쪽.

21 "청동기에 주조된 문자를 말하는데 시기는 상나라 때부터 춘추전국시대가 주를 이루며 그중에서도 서주 때의 금문이 가장 대표적이다." 위의 책, 2016, 〈몇 가지 설명〉, 15쪽.

22 "진시황이 천하를 통일하고 만든 표준서체를 말한다." 위의 책, 2016, 〈몇 가지 설명〉 16쪽.

字)[23]』 등을 기초로 하여 현재까지 수행되어 왔다.[24] 중국, 한국의 주요 가문에서 오행상생법에 입각한 항렬자 제정에 자원오행을 반영하였고 항렬자는 남존여비 시대에 남아들이 성명의 핵심 요소가 되었으니 여기에서 한자 자원오행의 성명 적용에 대한 역사성을 인식할 수 있다.

우리나라의 경우, 친족의 항렬자를 세우는 기준으로 오행 기준, 천간(天干) 기준, 지지(地支) 기준, 숫자 기준, 인의예지신(仁義禮智信) 등의 덕목 문구, 절충하기 등으로 나뉘는데 대부분 오행상생법을 따르고 있다.[25] 그리고 오행상생법은 부수를 위주로 하는 자원오행을 주로 따른다.[26]

예를 들어 세종대왕의 사남(四男) 임영대군(臨瀛大君)의 이름은 珚(구)이다. 전주이씨 임영대군파의 항렬을 보면 임영대군은 자원(字源)이 金인 珚, 아들 대 水인 海(해), 손자 대 木인 秀(수), 증손 대 火인 思(사), 현손 대 土인 圭(규), 6세손 대 金인 鍾(종), 7세손 대 水인 浩(호)를 사용하였는데 항렬자의 자원오행이 金-水-木-火-土-金-水로 연결되는 오행상생 구조임을 알 수 있다.[27] 남양홍씨(당홍계)의 항렬을 살펴보면 桂-熙-重-鉄-淇-東이 보이는데 자원오행이 木-火-土-金-水-木의 오행상생을 이루고 있다.[28] 광산김씨의 51世부터 58世까지의 항렬자는 鉄-洪-種-憲-重-欽-泰—杰인데 항렬자의 자원오행을 나열하면 金-水-木-火-土-金-水-木의 오행 상생 흐름을 보이고 있다.[29]

---

23 "서기 100년에 허신(許愼)에 의해 완성된 최초의 한자어원사전이다. 총 9,393자의 방대한 한자를 대상으로 이의 자형, 구조, 원래 뜻, 의미파생 과정, 독음 등을 밝혀 놓았다." 위의 책, 〈몇 가지 설명〉, 16-17쪽.

24 간혹 원하는 오행을 부수로 가진 항렬자 지정이 마땅치 않을 때는 보조적 방법을 사용하였다. 첫째, 부수가 아닌 성분 字의 오행을 쓰기도 한다. 예를 들면 載(실을 재)는 車가 부수이나 土를 한자의 성분으로 갖고 있으니 土 오행을 사용하는 대(代)의 항렬자로 지정하기도 하였다. 둘째, 한자의 대표 훈에서 오행을 차용하기도 하였다. 元은 부수가 儿(사람 인)으로 木은 아니지만 元이 주역에서 봄을 의미하니 木 오행의 자손 대의 항렬자로 지정되기도 하였다.

25 김만태, 앞의 책, 2016, 22쪽.

26 간혹 부수가 아닌 성분자의 오행을 취용하기도 한다. 예를 들어 載(실을 재)는 부수가 車이지만 한자 성분에 土가 있으니 土오행 자손 代의 항렬자로 사용되기도 한다.

27 송하순, 앞의 글, 2007, 31쪽.

28 김만태, 앞의 책, 2016, 22쪽.

29 송하순, 앞의 글, 2007, 43쪽.

또한, 기존 체제를 붕괴시키고 새로운 체제를 세운 세력이 자신들의 이름을 쓸 때, 한자의 자원에 담긴 오행으로 정체성을 구현하였다. 예를 들면 명(明: 日 부수, 火 오행)나라를 멸망시킨 나라의 명칭은 청(淸: 氵 부수, 水 오행)이며 이는 국호를 통해서 수극화(水剋火, 물이 불을 상극하여 이긴다)라는 자연의 법칙으로 건국의 정당성을 확보하고자 했음을 자원오행의 해석을 통해 유추할 수 있다. 하나 더 예시하면 신라는 주로 金씨 성의 나라이며 수도인 경주가 금성(金城)이니 金 오행의 나라로 인식되었다. 金生水의 원리는 金을 약화하고 水가 매우 강하면 자왕모쇠(子旺母衰)의 원리로 金을 멸할 수 있으므로, 태봉국의 왕 '궁예'가 연호에 水를 써서 '수덕만세(水德萬歲)'라 하고 신라를 멸망과 태봉의 흥함을 구현하려 한 것도 같은 맥락이다.[30]

따라서 자원오행은 한자 오행법 중 한자의 어원과 오행에 대한 분석과 연구가 선행되어 학문적 타당성과 근거가 명확하고 한국, 중국의 가문들이 후손의 작명을 할 때 중시하였던 항렬과 관계성이 크므로 정통성과 역사성을 갖는 유일한 한자 오행법이다.[31]

성명학에서는 한자의 자원오행을 사주에 필요한 오행을 보완하여 다복한 성명을 작명할 목적으로 사용할 수 있다. 한자 성명을 작명할 때 사주를 분석하여 용신을 도출하고 이어서 용신오행을 자원오행으로 가진 한자를 선정하고 상생 배열하여 작명함이 원칙이다.

예를 들어 사주의 용신이 水, 金인 여자 성명에 대해 '이세빈'으로 한글 이름을 정한 후 한자를 선정한다면, 洗(씻을 세), 鑌(광낼 빈)을 한자로 선정할 때, 李(부수 木)의 자원오행이 木, 洗(부수 水)의 자원오행이 水, 鑌(부수 金)의 자원오행이 金이므로 자원오행법 배열은 木水金이 된다. 따라서 이름 부분에 용신오행이 금수상생(金水相生)하고 성명의 전체가 金生水, 水生木의 상생 흐름이 되니 성명의 한자 부분에서 용신의 에너지가 강한 한자 성명으로 용신 성명학의 전형적인 표준을 따르는 작명이 된다. 용신을 적용하는 자원오행 성명학

---

30   이재승, 앞의 글, 2024,

31   부연하자면, 비록 항렬자 제정 시 '자원오행'이라는 구체적 용어를 쓰지 않았지만 한자의 대표적 구성 성분이 나타내는 오행을 기준으로 문중의 번영을 기원하기 위해 항렬자를 정한 것은 현대 성명학의 자원오행 이론에 타당성을 제공한다. 따라서 자원오행법은 한자오행법 중 한자의 어원과 오행에 대한 분석과 연구가 선행되어 학문적 타당성과 근거가 명확하고 가문들이 후손의 작명을 할 때 중시하였던 항렬과 관계성이 크므로 정통성과 역사성을 갖는 유일한 한자 오행법이다.

은 사주명리학의 용신론과 한자의 자원(字源)에 기초한 전문적인 성명학이며 다복한 성명을 요구하는 현대인의 기층적 요구에 부응할 수 있는 성명학으로서 성명학에서 한자 선정법의 주류가 되어야 한다.

3) 성명 한자에 대한 대중의 인식 변화 필요성

한국사회는 성명에 대한 현세 기복적인 사상을 바탕으로 한자의 훈(訓)이 갖는 의미를 중시하여 왔다. 과거에는 딸아이에게 후남(後男)·기남(祈男)이라는 이름을 지으며 사내아이를 얻고자 다짐하는 성명문화도 있었지만 일반적으로는 한자의 훈을 좋게 하여 아이가 장차 성공·부귀·공명·건강을 누리라고 기원하였다. 여기에는 말이 씨가 된다는 언참(言讖) 사상과 말의 주력(呪力)을 믿는 관념이 내재되어 있다.[32]

말이 씨가 된다면서 말의 주력을 믿는 언령 사상(言靈思想)은 한국사회에서 이름 짓기의 중요한 인식적 기반을 형성한다.[33] 또한 우리나라의 성명문화는 이름이 인생의 길흉화복에 영향을 미친다고 생각하는 점복신앙에 기조를 두고 전승되어 왔다.

그러므로 이름이 운명에 관여할 수도 있다고 생각하여 좋다고 여기는 이름으로 입신양명(立身揚名)과 부귀공명(富貴功名), 오복(五福)과 무병장수(無病長壽), 드높은 학문과 인격이 주는 신망 등을 기원했으므로 성명 한자의 훈(訓)이 갖는 의미를 중시해 왔다.

그러나 성명학은 사람들에게 마음에 드는 훈(訓)을 가진 이름을 부여하기 위한 학문은 아니다. 전통적으로 성명 한자의 훈이 갖는 의미를 중시하고 있으나 용신 성명학적 관점에서는 사주의 보완은 훈이 아니라 자원오행으로 가능하다는 원리에 따라 자원오행(字源五行)이 훈보다 더욱더 중요하다. 사람의 타고난 사주(四柱)는 완벽하기가 어렵고 흠결이 있기 마련이므로 이를 용신 오행 성을 가진 성명으로 보완하고자 하는 것이다.

그러므로 사주에서 부족한 음양오행을 후천적으로 보완하는 좋은 이름을 지어서 장차

---

32 김만태, 앞의 글, 2011, 175쪽.

33 김만태, 위의 글, 2011, 175쪽.

인생 진로를 보다 더 발전되게 영위하려는 노력은 숙명론에 무젖게 하는 행위가 결코 아니며 오히려 삶의 불확정성 앞에 압도당하지 않고 행복을 추구하려는 삶 의지의 적극적인 발현이다. 따라서 훈의 의미로만 인명용 한자의 용(用)·불용(不用)을 결정하기보다는 자원오행도 비중 있게 병행하여 적용할 필요성이 있다.

『적천수천미』의 '질병'에서는 '중화(中和)'에 대해 말하고 있다.

> 오행이 중화되면 일생 동안 재앙이 없다. 오행이 중화되었다 함은 온전해서 모자란 것이 없을 뿐만 아니라 서로 생하여 극하지 않는 것이다. 다만 온전한 것은 온전해야 하고, 모자란 것은 모자라야 하고, 서로 생하는 것은 생해야 하고, 서로 극하는 것은 극해야 중화인 것이다. 그러면 그 사람은 일생 동안 재앙이 없다.[34]

명리학에서는 사주에서 일간[日干. 나(我)]을 위주로 음양오행의 중화를 이루는데 요긴하고 행운에 관여하는 간지(干支) 오행을 통칭하여 용신(用神)이라고 하며 용신 성명학은 용신 오행을 보완 대상으로 한다.

김만태는 사주를 분석한 후 용신을 위주로 이름 짓는 용신 성명학에 대해 "현존하는 이름 짓는 방법 중 가장 종합적이고 전문적인 방법"이라고 하였다.[35] 명리학의 용신론(用神論)에 바탕을 둔 용신 성명학적 견지에서 보면 한자 성명이 용신 오행을 가진 한자로 구성됨이 좋으며 용신을 상극(相剋)하는 오행을 가진 한자 구성은 좋지 않다.

예를 들어 潤(윤택할 윤)은 뜻이 좋은 한자로 평가받고 있으며 부수는 氵(물 수)로서 자원오행이 水이고 수성(水性)이 강한 한자이다.[36] 만약 어떤 사람의 사주 명조가 용신오행이 火인데 水에 의해 火가 억압당하고 있어 용신이 병(病)든 형국이라고 하자. 그런 사람에게

---

34 任鐵樵 增註, 袁樹珊 撰集, 『滴天隨闡微』〈疾病〉, "五行和者, 一世無災. 不特全而不缺, 生而不克. 只是全者宜全, 缺者宜缺, 生者宜生, 剋者宜剋, 則和矣. 主一世無災."

35 김만태, 앞의 책, 2016, 39쪽.

36 이재승·김만태, 앞의 글, 2017b, 76쪽.

용신을 상극(相剋)하는 水性이 강한 潤(윤택할 윤)을 이름자(字)로 주면서 '이름대로 윤택하게 살라'고 하는 것은 용신 성명학적인 견지에서 보면 부적절하다.

한자 자원오행은 오행의 명리학적 의미가 중요하다. 예를 들어 土 일간의 사람에게 水 오행이 용신이면 행운, 성취, 발달, 재복, 부귀를 불러오는 오행이 되나 기신(忌神)이면 반대로 불운, 실패, 정체, 경제적 고통, 빈천을 의미하는 오행이 될 수 있다. 같은 오행도 사주 구성에 따라 명리학적 의미가 다른 것이다. 또한, 한자는 제자(制字)원리와 철학이 담긴 본의(本義, 원뜻)가 있음에도 수많은 세월 동안 5-30개의 새로운 뜻이 추가된 일자다의(一字多義) 문자임을 유념해야 한다.

예를 들면 '中'은 다용하는 뜻이 '가운데(midddle)'이나 본의는 '세상의 중심(center)'이다. 일부 작명 현장에서도 한자가 일자다의(一字多意, 한 글자가 뜻이 다양함)의 문자임을 망각하고 다용하는 뜻만을 조합하여 한자 이름의 의미를 문장처럼 만들려고 한다. 즉, 남자 이름 현수(玄洙, 검을 현, 물가 수)를 '검은 물가'로밖에는 명의를 설명하지 못하는데, 이런 점에서는 현장 작명가나 대중의 한자 명의에 대한 인식이 별반 차이가 없는 실정이다.

또한, 일자다의(一字多義)인 한자의 특성을 무시한 채 그중 한 가지 뜻만을 문제 삼으며 인명 불용문자(不用文字)를 말하고 있는데, 한자 자원오행과 개인 사주의 용신·격국의 상호 관계에 대한 분석조차 없이 모든 사람에게 다 나쁜 한자가 있음을 주장하는 이도 있다.

이는 "이름이 갖는 오행의 기운이 사주 오행을 보완한다."라는 성명학이 명리학에 기초하는 대전제를 이탈하는 비학술적 논리이다. 예를 들어 銀(은 은)은 특별한 학술적 근거 없이 불용문자로 통용되고 있다. 용신 성명학적으로 보았을 때, 銀은 부수가 金(쇠 금)이므로 강한 금성(金性)의 자원을 가진 한자로서 용신이 金인 사람에게는 유용한 한자가 된다. 반면에 사주의 용신을 상극하는 오행이 金인 사람에게는 불필요한 한자라고 할 수 있다.

필자는 선행논문[37]에서 한의학, 음식, 의상 등 우리 사회의 다양한 영역에서 문화적 활용 요소인 오링 테스트와 명리·성명학의 상관성을 고찰하였다. 오링 테스트는 신체적 저항 에너지의 강약에 대한 비교측정을 통해 저항에너지가 강한 시료가 더 이롭다고 판단하는 실

---

37 이재승·김만태, 앞의 글, 2018a, 669-580쪽.

험으로써 이미 다양한 분야에서 학술적 연구가 있었다.[38]

필자는 선행논문의 연구에서 사주의 용신이 분명했던 50인 실험집단의 오링 테스트 결과, 용신의 자원오행, 자원오행이 용신 오행의 상생(相生)인 한자 이름을 가진 시료에서 그렇지 않은 시료보다 저항 에너지가 강하게 나온 비율은 실험집단 50명 중 49명으로써 매우 높았으므로 용신과 자원오행의 상관성을 확인할 수 있었다.

따라서 한자의 자원오행이 한 사람의 사주 명조에서 꼭 필요한지의 여부를 기준으로 한자의 용·불용(用·不用)을 정해야만 명리·성명학의 학술적 의미에 부합된다고 할 수 있으며 포털사이트나 한자사전에서 나오는 뜻을 합쳐 만들어지는 문장의 품격에만 의거하여 인명 한자로써 용·불용(用·不用)을 결정하려 하는 사회적 인식은 변화가 필요하다.

이상의 논의를 종합해 보면 인명용 한자의 선정은 이름 한자 간 용희신의 자원오행이 강하게 상생하는지의 문제를 더욱 비중 있게 보아야 하고 한자의 다용하는 의미보다 '본의(本義)'를 명의 해석에 활용해야만 성명학적 명의 부분의 전문성이 확보된다. 부연하면 한자의 자원오행이 내포·발현하는 오행이 사주 명조에서 꼭 필요한 오행인지, 오행의 힘은 강한지, 자원오행 간의 상생과 화합이 되고 있는지, 철학이나 사상이 담긴 한자의 본의는 무엇인지 등을 다용하는 한자 뜻보다 훨씬 더 신중하고 깊이 있게 고려해야 한다.

3. 한자 자원오행의 심층 고찰

인명용 한자의 자원오행에 대한 학술적이고 체계적 연구가 없다면 성명 한자에 사회적

---

38 강명자, 「오링테스트를 통한 四象體質鑑別 및 원혈진단(原穴診斷)과 치료법에 대한 고찰」, 『대한침구의학회지』 11(1), 대한침구의학회, 1994; 고은경·박영호·장석윤·박민용, 「디지털 O-Ring Test를 이용한 약력과 의식의 상관관계 연구」, 『한국정신과학학회 학술대회논문집』 9(2), 한국정신과학학회, 1999; 김성일, 「약력검사법(오링테스트)의 통계학적 분석연구」, 『한국정신과학학회』 1(1), 한국정신과학학회, 1997; 김성일, 「오링테스트와 운동역학의 상관성에 대한 조명」, 『신과학연구』 1, 대진대학교 신과학연구소, 1998; 조길수·김동옥·김지영·허지혜, 「디지털 오링테스트에 의한 양말소재의 약력측정」, 『한국정신과학학회학회지』 5(1), 한국정신과학학회, 2001; 최계연·김정혜·조자영·조길수, 「디지털 오링테스트를 통한 의복 색 적합성 평가」, 『한국정신과학학회 학회지』 6(1), 한국정신과학회, 2001.

인식 변화를 선도할 수 없다. 무엇보다 한자 자원오행을 자원론(字源論)과 음양오행론(陰陽五行論)에 기초한 연구를 바탕으로 도출하여 사용해야 할 것이다.

필자는 '현대인이 성명학에 요구하는 길(吉)한 한자 성명에 대한 바람'에 부응하려면 자원오행법에 명리학의 용신을 적용하는 한자선정법이 주류가 되어야 한다고 보므로 지금부터 자원오행의 도출 원칙을 확고하게 정립하고자 한다. 이어서 성명 한자의 주요 부수들을 위주로 오행 성에 대해 살피고 강약을 판별하되 214개의 부수 전체의 자원은 본 장의 4절에서 고찰하겠다.

동일한 자원오행을 가진 한자일지라도 부수의 자원에 따라 내포·발현되는 오행의 강약이 다를 수 있다. 이 절에서는 부수의 자원에 대한 정확한 판별을 위해 한자의 부수와 자원을 해설한 『설문해자』, 『소전』과 한자·중문 학자 하영삼, 국어국문학자 이충구, 국어국문·한자 학자 진태하 등의 저서를 분석하고 인용하겠다.

1) 자원오행 배속의 12원칙

인명용 한자의 자원오행에 대한 학술적이고 체계적 연구가 없다면 성명 한자에 사회적 인식 변화를 선도할 수 없다. 무엇보다 한자 자원오행을 한자학(漢字學)과 음양오행론(陰陽五行論)에 기초한 연구를 바탕으로 도출하여 사용해야 할 것이다.[39]

필자는 한자 자원오행을 다룬 선행논문[40]에서 부수의 오행 성을 각각의 오행별로 강·중·약·불명(不明)으로 분류하고 용신 오행 성이 강한 자원오행으로 상생배열 되도록 성명 한자를 선정할 것을 주장하였다. 필자는 한자의 자원론(字源論)과 음양오행론의 관점에 기초한 연구를 통해 현행 자원오행의 오류를 수정하여 흠결 없게 정립하고 보급하여야 할 필요성을 절감한다.

---

39 현행 작명 서적들은 1985년, 재야학자 권세준이 지은 『오행한자전』을 답습하고 있다. 이 책의 공과(功過)는 뚜렷하다. 성명학에서 한자 자원오행의 위상이 강화된 계기가 된 것은 공(功)이다. 그러나 오행 배속의 원칙을 밝히지 못하였고 오행 배속의 오류가 상당했던 점이 과(過)이다. 이 책의 오행 배속에 대한 학술적인 검증은 미미하였다.

40 이재승·김만태, 앞의 글, 2017b, 751-765쪽.

우선 자원오행 도출 원칙을 확고하게 정립하기 위해 육서(六書)법을 살펴볼 필요가 있다. 한자학자 하영삼은 "육서(六書)는 한자의 구조를 여섯 가지로 분류한 것을 말한다. 허신의 『설문해자』가 정의한 바에 의하면, 상형(象形)은 구체적 물체를 있는 그대로 그린 것이고, 지사(指事)는 추상적 물상을 이미지화한 것이며, 회의(會意)는 두 가지 이상의 개념을 합쳐서 새로운 의미를 그려낸 것을 말하고 형성(形聲)은 한 부분은 의미를 다른 부분은 독음을 나타낸 것이다. 가차(假借)는 해당 개념이 없어서 독음이 같은 글자를 빌려와 쓴 경우를 말하며, 전주(轉主)는 일반적으로 의미가 같은 다른 글자를 빌려와 쓴 경우를 말한다."[41]라 하였다.

이 부분에서 하영삼은 "한자의 95% 정도가 한쪽은 의미를, 한쪽은 독음을 함께 표시하는 형성 구조로 알려져 있다."라 하였다.

예를 들면 柱(기둥 주, 우측의 독음은 주), 材(재목 재, 우측의 독음은 재) 등의 형성문자를 보면 한자의 좌측은 부수 木이며 한자의 우측은 음(音)을 말한다. 비록 좌측의 부수는 같아도 우측의 독음부에 따라 한자의 자의는 달라진다. 그러나 각각의 의미는 부수 부분 木의 의미 확장 범주 내에 있음을 볼 수 있다. 이런 현상은 한자의 자원오행이 부수에 의해 도출되어야 하는 원리를 함의한다.

이재승·김만태는 "오행을 직접 의미하는 부수가 오행 성이 가장 강하다. 차순(次順)으로 부수가 재질과 의미로서 상징하는 오행 성이 강하다. 하지만 오행 성이 미약하거나 없는 부수도 많다."[42]라고 하였는데 여기에 근거하여 자원오행 도출의 12원칙을 세울 수 있다.

첫째, 부수가 오행을 직접 의미하거나 상징할 때는 그 오행이 자원오행이 되며 오행 성은 매우 강하다. 이러한 부수들은 주로 가문의 항렬자 제정 시, 오행상생법에 입각하여 항렬자로 지정된 한자들의 자원오행이다. 木·禾·艹·艸·乙·竹이 부수인 한자는 자원오행이 강한 목성(木性), 灬·火·日·赤이 부수인 한자는 자원오행이 강한 화성(火性), 土·山·己·邑·阜·阝·阝·田·辰·里가 부수인 한자는 자원오행이 강한 토성(土性), 金·石·王·玉이 부수인 한자

---

41 하영삼, 『어원으로 읽는 214 부수 한자』, 〈몇 가지 설명〉, 17쪽, 도서출판3, 2016.

42 이재승·김만태, 앞의 글, 2017b, 762쪽.

는 자원오행이 강한 금성(金性), 氵·水·冫·巛·雨가 부수인 한자는 자원오행이 강한 수성(水性)이 된다. 예를 들어 桐(오동나무 동)은 부수가 木이니 자원오행은 강한 목성이며 錫(주석 석)은 부수가 金이니 자원오행은 강한 금성이 된다.

둘째, 부수가 오행을 직접 의미·상징하지 않을 때는 한자 의미의 용도로 연상되는 오행을 배속하면 안 되며 반드시 부수의 재질이나 어원에 관련된 오행으로써 자원오행을 도출해야 한다. 그리고 이런 부수는 위의 첫째 경우보다는 오행 성이 약하다. 그러므로 宀·广·巾·生·礻·衣·皿·网·示·耒·米·豆·門·目·文·舟·糸·香·扌·手·干은 중·약(中·弱)의 목성(木性), 忄·小·心·人·亻·頁·比·臣·舌·工은 중·약(中·弱)의 화성(火姓), 辶·辵·足·攵·走·女·方·黃·止·瓦·力은 중·약(中·弱)의 토성(土性), 刂·刀·殳·戈·矛·矢·貝·白·骨·西·牙·齒·爪·革은 중·약(中·弱)의 금성(金性), 谷·气·黑·冈·肉·食은 중·약(中·弱)의 수성(水性)인 자원오행을 갖는다.[43]

셋째, 오행 성이 없거나 매우 미약하여 자원오행 배속이 어려운 부수들이 많다는 점을 인식하여 위의 첫째와 둘째의 분류에 해당되지 않는 부수들에 대해 무리하게 오행을 배속하면 안 된다. 예를 들어 入(들 입)을 살펴보면 자원오행 표를 실은 시중 작명 서적들은 入을 木으로 배속하고 있다. 그러나 한문학자 하영삼이 入에 대해 "의견이 분분하다. 땅속에 박은 막대나 뾰족한 물건을 그렸다고 하지만 금문(金文)을 보면 동굴 집으로 들어가는 굴의 입구라는 것이 실제 자형과 실제상황에 근접해 보인다. (…) 동굴 집으로 '들어가다'의 뜻이 나왔다."[44]라고 하였는데 '동굴 집의 입구로 들어가다'의 부분으로 살피면 入의 자원오행이 木인지의 여부가 불분명하다. 이처럼 오행 성이 불분명한 부수에 대해 자원오행을 무리하게 배속하면 오류를 양산하게 된다.

넷째, 부수의 오행 성이 분명함에도 불구하고 다용하는 한자의 훈에 의한 자의(字意), 한자 성분, 형용사적 양태(樣態) 등을 보고 자원오행을 바꾸면 안 된다. 예를 들어 성씨별 인구 순위 71위의 한자인 宣(베풀 선)의 경우를 살펴보자. 宣의 부수인 宀(집 면)의 자원오행은 목성이 분명한데 日(날 일)이 성분에 있다고 해서 火로 보면 안 된다. 다른 예로 부수가 ++

---

43   이재승·김만태, 앞의 글, 2017b, 757-761쪽.

44   하영삼, 앞의 책, 2016, 20쪽.

(풀 초)로서 목성이 강한 華(빛날 화)를 '빛난다' 하여 火로 배속하면 안 된다. 宣의 경우, 한자의 대표 오행은 木이고 火 기운도 일부 함유한 글자로 보면 된다.

다섯째, 획수오행법[45]으로 수(數) 한자의 자원오행을 배속해서는 안 된다. 예를 들어 二(두 이)를 木으로 배속하는 방식은 불가하다. 동양학에서 채택하는 오수(五數)는 일부 작명가가 사용하는 木1·2, 火3·4, 土5·6, 金7·8, 水9·0이 아니라 선천하도의 木3·8, 火2·7, 土5·0, 金4·9, 水1·6이기 때문이다.[46] 따라서 數 한자의 자원오행은 선천하도의 배속을 따르되 자원오행 성은 미약하다고 보면 된다. 특히 이 부분에서 획수오행으로 한자 오행을 정하는 일부 현장 재야학자의 각성이 요망된다. 백 보를 양보하여 1·2가 木이라 하더라도 1획, 11획, 21획, 2획, 12획, 22획 등의 모든 한자가 오행이 木이라는 것은 어불성설이다. 한자의 오행 배정은 획수와 무관하고 한자의 자원(字源)으로서 정해야 한다.

여섯째, 부수의 자원오행은 갑골문(甲骨文), 금문(金文) 등의 상형문자에 기원을 두는 한자(漢字)의 특성상 최초의 자원으로 오행을 배속함이 원칙이며 나중에 추가, 분화된 의미보다 본래의 자원이 우선된다. 다만 천간·지지를 말하는 육십갑자 한자는 천간, 지지가 의미가 강할 때는 천간 지지가 나타내는 오행으로 자원오행을 배정할 수 있다. 예를 들어 辰(별 진), 庚(별 경)은 비록 '대표 훈'이 '별'로써 같더라도 육십갑자에서는 辰土, 庚金으로 사용되니 자원오행은 각각 土, 金이 된다. 申, 甲은 부수가 田(밭 전)이니 자원오행은 土가 합당하나 간지로 쓰일 때는 申金, 甲木이 되니 자원오행이 각각 金, 木이다.

일곱째, 동양학 육십갑자의 천간·지지의 한자가 다른 한자의 부수가 될 때는 육십갑자 의미를 부여받기 전, 원래의 자원오행을 따른다. 예를 들어 子는 자신이 부수인 한자이며 지지의 子水이니 자원오행을 수성으로 배속한다. 그러나 우리나라 성씨별 인구 24위 孫(손자 손), 56위 孔(구멍 공) 자(字)들처럼 子가 다른 한자의 부수가 될 때는 子는 고유한 자원

---

45 획수가 1·2획이면 木, 3·4획이면 火, 5·6획이면 土, 7·8획이면 金, 9·0획이면 水로 한자오행을 확정한다. 10획이 넘는 한자는 획수의 일의자리 수만 보고 위의 원칙에 따라 한자오행을 확정한다. 소길(蕭吉)의 『오행대의』에서 천간합을 기술하며 천간오행의 차서대로 번호를 매긴 것을 곡해하여 획수로써 한자 오행을 배정한다. 예를 들어 林(수풀 림)의 林은 목성(木性)이 강한 한자임이 자명할 텐데 획수가 단지 8획이라는 이유로 林의 오행을 金으로 본다는 것은 논리가 빈약하다(이재승·김만태, 앞의 글, 2018b, 755-756).

46 강성인, 앞의 글, 2017, 100-104쪽.

오행을 따라야 하는데 "아이가 포대기(강보)에 싸여 두 팔만 흔들고 있는 것을 형상화하여 그린 것"[47]이라고 했음을 참고하면 子는 人(사람 인)류(類)에 속하는 한자로서 자원이 약한 화성(火性)이다.

여덟째, 자신이 부수이거나 부수의 오행 성이 모호하거나 미미한 한자가 동양학의 오행설에 입각하여 오방(五方)·오색(五色)·오관(五官) 등[48]을 나타낼 때는 동양학에서 정한 오행에 준하여 자원오행을 배속한다. 예를 들어 성씨별 인구 16위 黃(누를 황)은 자신이 부수이고 동양학의 오색(五色)인 노랑을 나타내므로 자원오행을 토성으로 배속한다. 또한 南(남녘 남)은 부수가 十으로서 十은 숫자이니 자원오행 성이 미미하다. 이럴 때는 오방의 남쪽이 火이므로 南을 火로 배속한다.

아홉째, 한자의 훈이 동양학의 오행설에 입각하여 오방(五方), 오색(五色), 오관(五官), 오상(五常) 등을 의미하더라도 한자 부수의 자원오행이 명백하면 부수의 자원오행을 따른다. 예를 들면, 오상(五常)에서 信(믿을 신)은 오행이 土이지만 亻(사람 인)이 부수이고 亻의 자원오행이 火이니 信의 자원오행도 火이다. 元(으뜸 원)은 주역의 원형이정(元亨利貞)에서 봄[春]이고 春은 오시(五時, 계절)에서 木이다. 만일 元이 자신이 부수인 한자라면 자원오행은 木이겠지만 元은 儿(사람 인)이 부수인 한자이고 儿의 자원오행이 火이니 元의 자원오행은 火이다.

열째, 부수의 자원오행 성이 모호할 때는 부수를 제외한 다른 성분의 오행이나 훈을 참조한다. 예를 들어 자원오행 성이 불분명한 入을 부수로 하는 성씨별 인구 19위 한자인 全(온전할 전)을 살펴보자. 부수 入의 자원오행 성이 불분명하고 다른 성분으로 존재하는 王은 玉(구슬 옥)이고 玉은 금성(金性)의 한자이다. 그러나 全의 부수는 入이고 入의 오행 성이 모호하고 다른 성분인 王이 金性이 있으니 全은 강하지 않은 金이다.

彬(빛날 빈)을 예시하여 설명하자면, 부수는 彡(터럭 삼)이다. 彡은 '인간, 동물의 털'을 의미

47   진태하, 『상용한자 자원풀이』, 명문당, 2016, 549쪽.

48   오방(五方)은 동[木]·남[火]·중앙[土]·서[金]·북[水]이고 오색(五色)은 청색[木]·적색[火]·황색[土]·흰색[金]·흑색[水]이며 오관(五官)은 눈[木]·혀[火]·입[土]·코[金]·귀[水]이다.

하므로 오행이 모호하다. 다시 살피니 彬은 林(수풀 림)을 성분으로 가지고 있는데 林은 목성(木性)이 강하지만 부수는 아니므로 彬의 자원오행은 林보다 약한 木으로 봄이 타당하다.

열한째, 부수의 오행 성이 분명하지만 한자 속에 부수와 동일 오행 성이 분명한 성분이 자리매김하고 있으면 한자의 오행 성이 강화된다. 예를 들어 부수가 宀(집 면)으로서 목성이 분명한, 2015년 기준 성씨 한자 17위 安(편안할 안)과 18위 宋(송나라 송)을 비교하면 목성의 부수 宀 이외에도 성분 안에 木을 가진 宋의 목성이 더 강하다고 보아야 한다. 같은 맥락으로서 30위 劉(모금도 유)도 부수가 刂(칼 도)로서 금성이지만 성분 안에 金(쇠 금)이 있으니 자원오행의 금성이 더욱 강화된다.

열두째, 동양 문화의 육십갑자에는 음양(陰陽)이 있으므로 한자 자원오행도 음양을 고려하면서 한자를 선정할 수 있다. 즉 木이 부수인 한자는 양목(陽木)인 甲木, ++가 부수인 한자는 음목(陰木)인 乙木의 성향이 대체적이다. 그러므로 사주 구성을 살펴 양목이 더 필요하면 木이 부수인 한자, 음목이 더 필요하면 ++가 부수인 한자를 택하면 된다. 같은 원리로 日이 부수인 한자는 양화(陽火)인 丙火, 火가 부수인 한자는 음화(陰火)인 丁火, 山이 부수인 한자는 양토(陽土)인 戊土, 土·田이 부수인 한자는 음토(陰土)인 己土, 金이 부수인 한자는 양금(陽金)인 庚金, 石·玉이 부수인 한자는 음금(陰金)인 辛金의 성향이 대체적이다. 단 氵가 부수인 한자는 일부 예외가 있지만 대체로 양수(陽水)인 壬水, 雨가 부수인 한자는 음수(陰水)인 癸水의 성향이 보인다. 그리고 명리학의 용신론에 입각하면 용신 오행의 운(運)은 음양에 관계없이 길(吉)하게 보듯이 용신 오행 성이 강한 한자는 음양에 관계없이 길(吉)하다고 본다.

2) 주요 부수의 자원오행

(1) 木性의 자원오행

현재 자원오행에 대해 다수의 서적이 자원오행을 木으로 분류하고 있는 부수들은 木·乙·二·儿·入·厶·士·大·宀·干·巾·广·手·扌·攵·文·父·片·艸·++·生·目·示·礻·禾·网(罒)·竹·米·

糸·耒·自·舟·角·豆·長·門·風·香 등이다.

　부수의 자원오행이 木으로 분류된다고 해서 위의 부수들이 모두 동일한 정도의 목성(木性)을 내포·발산할 수는 없고 자원오행이 木이 아닌 것들도 있으므로 부수들의 자원을 분석하여 목성의 강약(强弱)과 유무(有無)를 살펴야 한다.

　우선, 항렬자의 오행 상생법에서 목성(木性)의 한자를 사용한 대(代)의 항렬자 부수와 초목(草木)을 직접적으로 의미하는 부수는 목성(木性)이 강한 부수로 볼 수 있다. 부수인 木은 목성(木性)의 한자를 사용해야 할 대(代)의 항렬자의 주된 자원인데 대체로 柳(버들 류), 松(소나무 송)처럼 양목(陽木)을 뜻하는 한자의 부수로 쓰이니 목성이 강하다. 禾(벼 화), ++·艸(풀 초), 乙(천간 을), 竹(대 죽) 등은 직접초목을 의미하니 목성이 강하다.

　宀(집 면)은 "고대 가옥의 형상을 따서 만든 글자로 포괄적 의미의 집"[49]이라 하였는데 고대 가옥은 목조(木造)임을 볼 때 宀은 자원의 오행이 목성이다. 따라서 宥(너그러울 유)처럼 宀이 부수인 한자들은 자원오행이 木이다. 그러나 시중의 주요 서적에서는 宣(베풀 선)에 대해 日이 있다는 이유로 자원오행을 火로 배속하고 있는데 부수인 宀의 오행을 따라 木으로 시정해야 한다. 그리고 宀(집 면)과 유사한 广(집 엄)도 자원이 목성이다.

　巾(수건 건)은 재질이 베이니 자원이 木이다. 衤·衣(옷 의)는 재질이 옷감이니 자원오행이 木이며 糸(실 사)와 罒·网(그물 망)도 재질상 자원오행이 木이다. 生(날 생)은 원래 뜻이 "초목이 자라나다"[50]이니 자원오행이 木이다.

　示(보일 시)는 제단이나 사당 등 기도처의 목조물이니 자원오행이 목성이다. 示에 대해 한문학자 하영삼은 『한자 어원사전』에서 "示는 원래 신에게 제사를 지내는 제단, 사당인데 신(神)이 길흉을 '나타내다', '보여주다'로 의미가 확장되었다."[51]라고 설명하였다. 이를 참고하면 사당이나 제단이 목조물(木造物)임을 고려할 때 示의 자원을 木으로 봄이 타당하다.

49　하영삼, 앞의 책, 2016, 81쪽.

50　하영삼, 앞의 책, 2016, 100쪽.

51　하영삼, 『한자어원사전』, 도서출판3, 2014, 395쪽.

耒(쟁기 뢰)에 대해 국어국문학자 이충구가 "손으로 밭을 가는 굽은 나무이다."[52]라 하였음을 볼 때 耒의 자원오행은 목성이다. 따라서 耒가 부수인 耕(밭갈 경)을 土로 배정하고 있는 다수의 서적은 오류이다.

米(쌀 미), 豆(콩 두)도 자원오행이 재질상 목성이다. 目(눈 목)은 눈의 모양을 그린 상형문자로 오관(五官) 중 눈의 오행이 木이므로 자원은 강하지 않은 목성이다. 舟(배 주)도 재질상으로 볼 때 자원이 목성이다.

門(문 문)은 고전 건축물의 출입문이니 재질상 자원이 목성이다. 文(무늬 문)에 대해 하영삼은 "원래는 시신의 몸에 낸 무늬로부터 시각적 아름다움"[53]이라고 하였다. 그러나 文은 서책으로 구현되는 학문, 글, 기록이기도 하니 약한 목성이다. 扌·手(손 수)는 상형문자로서 "손가락을 편 모양의 상형이 마치 나뭇가지를 연상시킨 형태였다."[54]라고 하였음을 참조하면 扌·手 자원은 목성이 매우 미약하다.

風은 자신이 부수인 한자로서 김태희가 "오운육기(五運六氣)에서 육기는 충(沖)하는 작용인데 거기에서 사해풍목(巳亥風木)이라는 말이 쓰인다."[55]라고 한 것, 주역(周易) 팔괘 중 오손풍(五巽風 ☴)이 목행(木行)에 속하는 점, 우주 만물이 지(地), 물(水), 불(火), 풍(風, 木)으로 이루어졌고 이 4대 요소가 집산(集散)을 반복하며 만물을 생몰(生沒)시키며 일체의 현상을 만드는 것으로 보는 불교의 관점 등을 종합하여 보면 자원오행이 木이다.

하지만 二(두 이)·儿(밑사람 인)·入(들 입)·厶(옛사사로울 사)·士(선비 사)·大(큰 대)·夂(뒤쳐올 치)·父(아비 부)·自(스스로 자)·角(뿔 각)[56]·長(길 장) 등은 성명학적으로 木 오행을 보충할 수 있는 유의미한 목성이 미약하거나 없다. 二(두 이)는 1, 2를 木으로 보는 획수오행은 목성이 없는 것이며 儿(사람 인), 사람이 팔 벌린 모양을 형상화한 大(큰 대)는 人(사람 인)의 부류에 속하는

52   이충구, 『漢字部首 해설』, 2015, 189쪽.

53   하영삼, 앞의 책, 2016, 67-68쪽.

54   하영삼, 위의 책, 129쪽.

55   김태희, 「한국사회의 예언문화로서 타로 4원소의 '바람[風]'과 명리학 오행의 '목(木)'의 비교」, 『인문사회 21』 9(1), 아시아문화학술원, 2018, 45쪽.

56   角(뿔 각)은 음악의 오음(五音) 중 하나인 角을 말할 때는 오행이 木이지만 짐승의 뿔을 말할 때는 오행 성이 모호하다.

부수이니 木性이 아니라 火性의 부수이다.

<표 35> 부수별 목성(木性)의 강약

木·强	木·中	木·弱
木·禾·艹·艸·乙·竹·香	宀·广·巾·生·礻·衣·皿·网·示·耒·米·豆·門·目·文·舟·糸·靑·風	干·片

(2) 火性의 주요 자원 고찰

현재 자원오행에 대해 시중 다수의 책들이 자원오행을 火로 분류하고 있는 부수들은 人·亠·亻·卜·工·弓·彡·彳·心·忄·小·灬·斗·日·曰·欠·比·氏·玄·耳·聿·臣·舌·行·見·赤·走·車·頁·飛·馬·火·高·鳥 등이다.

부수의 자원오행이 火로 분류된다고 해서 위의 부수들이 모두 동일한 정도의 火 기운을 내포·발산할 수는 없고 자원오행이 火가 아닌 것도 있으니 화성(火姓)의 강약(强弱)과 유무(有無)를 살펴야 한다. 특히 항렬자의 오행 상생법에서 화성(火性)의 한자를 사용한 대(代)에 사용된 한자의 부수와 火를 직접적으로 의미하는 부수는 화성이 강하다. 그러므로 灬·火(불 화), 日(날 일), 赤(붉을 적)이 화성이 강한 부수이다. 忄·小·心(마음 심)은 "심장의 모양을 상형한 것이 해서체(楷書體)의 心이 되었다."[57] 하였고 오장(五臟) 중 심장(心腸)이 火로 배속되니 자원이 화성이다.

사람을 상형한 한자는 강하지 않은 화성이다. 人·亻(사람 인)은 "사람의 옆모습을 형상화한 것"[58]으로 사람은 심장이 뛰는 감정의 동물임을 볼 때 자원이 화성이다. 比(견줄 비)는 두 사람이 나란히 있는 모습으로 자원이 화성이다. 臣(신하 신)은 "엎드려 있는 신하의 모습을 그린 글자"[59]인데 사람에 해당되니 약한 화성이다. 工(장인 공)은 "집을 지을 때 수평이나 직

---

57 진태하, 앞의 책, 2016, 552쪽.

58 진태하, 위의 책, 2016, 546쪽.

59 진태하, 위의 책, 2016, 552쪽.

각을 재는 도구를 가진 목공"[60]이며 장인의 의미를 가짐을 볼 때 화성이 미미하다. 頁(머리 혈)은 "사람의 머리 모양을 그린 것"[61]이니 약한 화성이다. 舌(혀 설)은 입의 牙·舌·脣·齒·喉 중 火에 배속되니 약한 화성이다.

하지만 다수의 서적이 자원을 火로 배속하고 있으나 화성이 없거나 미약한 부수도 다수이다. 車(수레 거)·亠(돼지해머리 두)·卜(점 복)·弓(활 궁)·彡(터럭 삼)·斗(말 두)·曰(가로 왈)·欠(하품 흠)·氏(성씨 씨)·玄(검을 현)·耳(귀 이)·聿(붓 율)·見(볼 견)·走(달릴 주)·飛(날 비)·高(높을 고)·馬(말 마)·鳥(새 조) 등은 화성이 없거나 미력하여 성명학적으로 火 오행을 보충할 수 있는 자원으로써 유의미하지 않다.

行(다닐 행)은 '사거리'를 말하니 土性이고 특히 彳(조금걸을 척)에 대해 하영삼이 "彳은 사거리를 그린 行에서 오른쪽 부분을 생략한 모습으로 '길'을 그렸는데 『설문해자』에서부터 작은 걸음으로 풀이했다. 따라서 彳으로 구성된 글자들은 '(길을) 가다'의 의미가 있으며 (…)"[62]라 했음을 참고할 때, 辶·辵(쉬엄쉬엄갈 착)·彳·廴·夊(뒤쳐져올 치)·走(달릴 주) 등 '길을 가다'류의 부수는 土性이다.

車(수레 차(거))는 "마차를 형상화한 상형문자인데 曰은 차체를 네모꼴로 본 것"[63]이라 했음을 볼 때 車에 내재한 曰은 태양을 말하는 日이 아니므로 車는 화성이 아니라 재질상 木이다. 馬(말 마)·鳥(새 조)는 성분 속에 灬가 있지만 灬는 '불 火'가 아니라 "상형문자로서 다리나 꼬리가 네 점인 灬의 모습으로 상형된 것"[64]을 참조하면 火性이 없다.

〈표 36〉 부수별 화성(火性)의 강약

火·强	火·中	火·弱
灬·火·日·赤	忄·小·心·人·亻	舌·臣·頁·比

---

60 진태하, 위의 책, 2016, 551쪽.

61 진태하, 위의 책, 2016, 546쪽.

62 하영삼, 앞의 책, 2016, 121쪽.

63 하영삼, 위의 책, 2016, 335쪽.

64 하영삼, 위의 책, 2016, 415쪽.

(3) 土性의 주요 자원 고찰

현재 자원오행에 대해 시중 다수의 성명책들이 자원오행을 土로 분류하는 부수들은 力·夂·土·尢·寸·山·己·女·犭·犬·邑·阝·阜·阝·支·方·止·牛·辶·辵·老·耂·瓦·田·羊·至·色·足·辰·里·黃·龍 등이다. 부수의 자원오행이 土로 분류된다고 해서 위의 부수들이 모두 동일한 정도의 土 기운을 내포·발산할 수는 없고 土가 아닌 것도 있으므로 토성(土性)의 강약(強弱)과 유무(有無)를 살펴야 한다.

특히 항렬자의 오행 상생법에서 토성(火性)의 한자를 사용한 대(代)의 항렬자의 자원인 부수나 土를 직접 의미하는 부수는 토성이 강하다. 그러므로 土(흙 토), 山(뫼 산), 阝·邑(고을 읍), 阝·阜(언덕 부), 田(밭 전), 천간오행인 己, 지지의 土 오행인 辰(별 진), 里(마을 리) 등은 강한 토성이다.

이 중에서 田(밭 전)은 자원에 대해 혼선이 있는데, 田처럼 자신이 부수인 한자가 사물일 때는 재질을 중시해야 하고 밭의 재질이 土이자 간지의 己土에 해당하므로 田의 자원오행을 土로 보아야 한다. 따라서 田이 부수가 되는 町(밭두둑 정)도 자원이 土이다.

길을 가거나 걷거나 뛰는 것을 말하는 한자의 부수들은 자원이 토성이다. 辶·辵(쉬엄쉬엄 갈 착)에 대해 이충구는 "잠깐 가다가 잠깐 그침이다. (…) 彳(작은 걸음 척)을 따르고 止(발 지)를 따랐다. (…) 나아가다 다시 그침이 辵이다."[65]라 하였는데 辶·辵에 '길'의 의미가 포함되었음을 보면 자원이 土이다. 足(발 족)은 '발, 가다, 달리다'의 의미이니 자원이 토성이다. 따라서 夂(뒤쳐올 치)도 토성이며 行((길을)갈 행)도 유사한 의미로서 "사람들이 다니고 모이는 사거리"[66]를 그렸으니 자원이 토성이며 다수의 작명 책에서 火성으로 배속되어 있는 走(달릴 주)는 길을 "빠른 걸음으로 달려가는 모양"[67]이니 토성으로 수정해야 한다.[68] 止(발 지)

---

65 이충구, 앞의 책, 2015, 234쪽.

66 하영삼, 앞의 책, 2016, 301쪽.

67 위의 책, 2016, 328쪽.

68 走는 갑골문에서 㞊가 변모하여 현재의 모습이 되었다. 한문학자 하영삼은 走에 대해 "갑골문에서 윗부분이 팔을 흔드는 사람의 모습이고 아랫부분이 발[止, 발 지]을 그려 '빠른 걸음으로 달려가는 모습'을 형상화했다."(하영삼, 앞의 책, 2014, 594쪽)고 하였다. 논자는 자원오행을 '부수로 발현되는 한자의 대표 오행'이라고 보는데 자신이 부수인 走의 경우 '사람

는 "땅 위에 서 있는 발의 모습을 본뜬 것에서 걸음을 가고 그치다로 전이된 것"[69]을 참조하면 자원이 토성이다. 瓦(기와 와)는 흙으로 구운 토기이니 자원이 토성이다.

力(힘 력)에 대해서는 하영삼은 "동물이 쟁기를 끌기 전 사람이 끌었기 때문에 체력이나 힘의 뜻"[70]이라 하였는데 力이 밭을 가는 힘을 나타낸 것이니 애매하지만 미약한 土性의 부수로 볼 수도 있다. 女(여자 여)는 점잖게 앉는 여인 모습의 상형자인데 "처음엔 인류의 기원이자 무한한 생산성의 존재로 인식되었으며(…)"[71]를 참조하면 생산성을 상징하는 의미를 가져 자원이 약한 토성이다. 方(모 방)은 "땅의 모서리, 사방 등의 뜻으로 쓰였다."[72] 하였음을 볼 때 땅의 가장자리를 의미하니 토성이다.

黃(누를 황)은 오색(五色) 중 土로 배속되니 자원이 토성이다. 耂·老(늙을 로), 부수 내에 土가 있으나 원래 '부수의 부수'라는 개념이 없으므로 토성이 없다. 至(이를 지)는 "화살이 땅에 박히는 모습'으로 목적지에 이르다"[73]의 뜻이니 土性이다.

牛(소 우)는 비록 농경용 가축이었고 네발이 땅을 딛고 선다는 이유가 있으나 이것만으로

이 팔을 흔드는 모습'을 중시하면 火로 볼 수 있고 '땅 위에 서 있는 발의 모습을 본떴으며 걸음을 가고 그치다'의 의미인 止를 더 중시하면 土로 볼 수 있다. 논자는 후자가 走의 자원오행 배속에서 더 주된 요소가 된다고 본다. 그 이유는 다음과 같다. 첫째, 달려가는 것은 궁극적으로 발이 땅 위를 빠르게 움직여 가는 것이다. 둘째, 본 논문의 191-192쪽에서 논하고 있듯이 辶은 彳과 止에 근거한 한자인데 辶이 道(길 도)의 부수이고 道는 광역 행정 구역을 나타내는 한자로 사용된다. 또한 辶이 밀양 박씨 충헌공파 66세의 항렬자 '遠(멀 원)'처럼 오행 상생의 항렬법을 따르는 가문의 토성 한자를 쓰는 代에 사용되는 한자의 부수이다. 따라서 辶의 자원오행이 土인 것은 이론(異論)이 없다. 셋째, 辶과 관련되고 '발, 길을 가다, 달리다'라는 뜻의 부수인 止와 동일한 의미의 부수가 足(발 족)인데 足이 路(길 로)의 부수임을 볼 때 止와 足의 자원오행이 土라는 것에도 이론이 없다. 넷째, '길을 가다' 유의 부수인 辶·走를 위시하여 足·癶·廴·行·彳·止 등의 자원오행을 土로 볼 수 있는데(이재승·김만태, 앞의 글, 2018c, 351쪽) 走는 자원에 止를 포함하고 있고 부수의 의미상으로 보아도 '사람이 팔을 흔드는 모습' 부분보다는 '발로 땅 위를 감'의 止가 더 대표성이 있다. 다섯째, 人·亻(사람 인)을 제외하고 사람 관련 부수의 오행 성이 약하다. 예를 들어 女(계집 녀)는 '사람'임에도 土 자원을 포함하고 있다. 시중 작명 서적들은 子(아들 자)를 水, 사람이 서 있는 모습인 大(큰 대)를 木, 立(설 립)을 金이라고 한다. 논자는 본 논문에서 子·大·立의 자원오행 배속의 오류를 지적하고 수정 배속하고 있는데 이런 혼선이 발생하는 근본 이유는 人·亻을 제외한 사람 관련 부수들의 오행 성이 약하기 때문이다. 그러므로 이상의 이유들을 종합하여 볼 때, 走의 자원오행은 발[止]에 더 비중을 두고 살펴야 하므로 자원오행은 土가 적합하다고 볼 수 있다.

69 진태하, 앞의 책, 2016, 555쪽.

70 하영삼, 앞의 책, 2016, 121쪽.

71 하영삼, 앞의 책, 2016, 38쪽.

72 진태하, 앞의 책, 2016, 554쪽.

73 하영삼, 앞의 책, 2016, 279쪽.

는 자원이 토성이라 할 수 없다. 마찬가지로 羊(양 양), 尢(절름발이 왕), 寸(마디 촌), 犭·犬(개 견), 支(지탱할 지), 色(빛 색), 龍(용 용) 등도 토성이 없거나 미약하여 성명학적으로 土 오행을 보충할 수 있는 토성의 자원으로 유의미하지 않다.

〈표 37〉 부수별 토성(土性)의 강약

土·强	土·中	土·弱
山·己·邑·阜·阝·阝·田·辰·里	辶·辵·足·方·黃·止·瓦·走·夊·廴·行·彳	口·力·至·女

(4) 金性의 주요 자원 고찰

현재 자원오행에 대해 다수의 책들이 자원오행을 金으로 분류하는 부수들은 刀·匕·刂· 戈·爪·斤·殳·斤·牙·玉·王·白·皮·皿·矛·矢·石·立·西·言·貝·辛·金·革·韋·音·骨·鼓·齒 등이다. 부수의 자원오행이 金으로 분류된다고 해서 모두 동일한 정도의 金 기운을 내포·발산할 수 없고 金이 아닌 것도 있으니 금성(金性)의 강약(强弱)과 유무(有無)를 살펴야 한다.

특히 항렬자의 오행 상생법에서 금성(金性)의 한자를 사용한 대(代)의 항렬자 부수나 金 오행인 금속(金屬)·석재(石材)·광물을 직접 의미하는 부수는 금성이 강하다. 그러므로 金(쇠 금), 石(돌 석), 王·玉(구슬 옥), 辛(여덟째 천간 신) 등은 금성이 강한 부수이다. 그리고 쇠를 가공한 것인 刂·刀(칼 도)·戈(창 과)·矛(창 모)·矢(화살 시)·殳(창 수)·斤(도끼 근)·匕(비수 비) 등은 금성이다.

貝(조개 패)에 대해서는 하영삼이 "껍데기를 벌린 조개를 그렸다. (…) 화폐, 재산, 부, 상 행위 등과 관련된 의미가 있다."[74]라 했음을 참고하고 조개껍데기가 단단한 석회석 재질임을 볼 때 자원이 金이다. 骨(뼈 골)은 석회질, 칼슘 등의 광물 성분으로 단단함을 가지니 자원이 金이며 牙(어금니 아), 齒(이 치), 爪(손톱 조)도 骨의 아류이니 자원이 金이다. 白(흰 백)은 오색(五色)에서 흰색이 金 색상이니 자원이 金이며 西는 오방(五方)에서 서향이 金이니 자원이 金이다. 革(가죽 혁)은 명리학 고전 『연해자평』에서 庚·辛 일간이 金으로 종(從)하는 사

---

74 하영삼, 앞의 책, 2016, 324쪽.

주를 종혁격(從革格)[75]으로 칭했음을 볼 때 금성이다. 아류인 韋(에워쌀 위)는 나중에 '가죽 위'의 뜻이 붙었으나 원칭(源稱)인 '둘러쌀 위'보다 후생(後生)적 의미이므로 금성이 미미하다.

하지만 비록 자원이 금성으로 배속되어 있으나 금성이 없거나 미약한 부수도 다수 있다. 따라서 言(말씀 언), 皿(그릇 명), 立(설 립) 등은 금성의 자원으로 유의미하지 않다.

言(말씀 언)은 "대 피리 모양의 악기 소리에서 사람의 말로 전이되었는데(…)"[76]를 참조하면 자원의 금성이 없다. 같은 맥락에서 音(소리 음)도 피리 소리에서 소리, 음악으로 전이되었는데 言처럼 금성이 모호하다. 皿(그릇 명)은 재질이 토기(土器)·금기(金器)·석기(石器)인지 불명하므로 자원이 金이라 확신할 수 없다. 특히 立(설 립)은 "땅 위에 두 팔을 벌리고 서 있는 사람의 모양[77]"이니 금성이 없고 火性에 가깝다.

〈표 38〉 부수별 금성(金性)의 강약

金·強	金·中	金·弱
金·石·王·玉·辛	刂·刀·殳·戈·矛·矢·貝·白·骨·西	牙·齒·爪·革

(5) 水性의 주요 자원 고찰

현재 자원오행에 대해 시중 일반인용 책들이 소개하고 있는 내용을 종합하여 보면 한자의 부수 중 자원오행이 水로 분류되는 부수들은 十·冂·厂·又·口·夕·子·小·尸·水·氵·氵·气·月·肉·穴·四·虫·豕·隶·食·首·魚·黑·用·巛·谷·雨 등이다.

부수의 자원오행이 水로 분류된다고 해서 위의 부수들이 모두 동일한 정도의 水 기운을 내포·발산할 수는 없고 水가 아닌 것도 있으니 수성(水性)의 강약(强弱)과 유무(有無)를 살펴야 한다. 특히 항렬자의 오행 상생법에서 수성(水性)의 한자를 사용한 대(代)의 항렬자 부수나 水를 직접 의미하는 부수는 수성이 강하다. 그러므로 氵·水(물 수), 氵(얼음 빙), 巛(내 천),

---

75 徐升 編著, 『淵海子平評註』 卷2, 〈從革格〉, "此格 以庚申日 見巳酉丑金國 或申酉戌全者是也(…)."

76 하영삼, 앞의 책, 2016, 313쪽.

77 진태하, 앞의 책, 2016, 313쪽.

子[78](첫째지지 자) 등은 수성이 강하다.

谷(골 곡)은 "물이 흘러나오되 아직 큰 물길을 이루지 못한 산에 있는 샘의 입구를 그린 것"[79]이니 자원이 수성이다. 雨(비 우)도 자원이 수성이다. 气(기운 기)는 "피어오르는 수증기의 모양"[80]이니 자원이 수성이다. 黑(검을 흑)은 오색(五色)에서 水로 배속되니 자원이 수성이다. 그러나 隶(미칠 이)는 "손에 절굿공이를 들고 방아를 찧는 모양을 그린 글자"[81]인데 글자의 형태를 살피면 글자 안에 水를 가지고 있으나 부수의 부수라는 개념은 없으므로 수성이 아니다. 月·肉(고기 육)은 성분에 수분이 많은 것과 음식의 오행을 水로 보는 것을 볼 때 약한 수성이다. 食(밥 식)은 그릇에 담긴 음식의 상형이니 자원은 약한 수성이다. 魚(물고기 어)는 고기 옆모습의 상형이며 물속의 동물을 말하니 수성이다.

이제 다수의 서적에서 자원이 水로 분류된 부수 중 口(입 구)에 대해 살펴보고자 한다. 口(입 구)를 중시하여 논하는 이유는 다수의 서적에서 자원이 水로 배속되는 한자들 중에 口가 부수인 한자들이 특히 많기 때문이다. 哦(읊을 아), 器(그릇 기), 問(물을 문), 吳(오나라 오), 周(두루 주), 吏(벼슬아치 리), 加(더할 가), 喜(기쁠 희) 등 口가 부수가 되는 한자들은 자원오행이 거의 水로 배속되고 있다.

그러나 口의 자원이 실제 水인지의 여부는 매우 모호하다. 허신의 『설문해자』는 口에 대해 "사람의 언어, 음식을 전적으로 담당하는 기관으로 상형자이며 입이 있는 모든 것의 입구이다."[82]라 적고 있고 하영삼이 口에 대해 "벌린 입을 사실적으로 그렸으며 口는 먹고 말하는 인간의 신체기관은 물론 집의 입구나 기물의 아가리까지 지칭하는 다양한 의미로 확장되었다."[83]라고 했음을 볼 때 口의 자원이 水라는 근거가 없다.

---

78 子는 간지가 아닌, 자손·아들로 쓰이면 약한 火이다.

79 하영삼, 앞의 책, 2016, 314쪽.

80 진태하, 앞의 책, 2016, 554쪽.

81 진태하, 위의 책, 2016, 554쪽.

82 許愼 撰, 段玉裁 注, 『說文解字注』 卷2, 〈說文部首21〉, "人所㠯以言食也, 象形, 凡口之屬皆从口."

83 하영삼, 앞의 책, 2014, 88쪽.

또한 『훈민정음』 제자해(制字解)에서 ㅁ와 같은 모양의 ㅁ에 대해 "마치 땅이 만물을 함축하고 광대한 것과 같다."[84]라고 한 것, 김만태가 "입술소리 ㅁ (…) ㅁ(입구)도 원래 입의 모양을 본뜬 것으로 원래 이 두 글자는 같게 만들어졌다. (…) 사방으로 펼쳐진 지방(地方)의 모습과도 닮았다."[85]라고 한 것, 명리학과 한의학이 오관(五官)의 오행 배속에서 입(口)을 土로 배속하고 귀(耳)를 水로 배속시킨 사실, 오행 상생법을 따르는 가문들의 항렬자에서 수성(水性)의 한자를 사용한 대(代)의 한자로서 口를 부수로 하는 한자를 사용한 범례가 없다는 것 등을 종합하여 살펴보면 口의 자원은 성명학에서 水 오행을 보충할 수 있는 유의미한 수성이 아니고 오히려 土性이라는 결론을 내릴 수 있다. 또한 口(나라 국)은 사방의 넓은 땅이니 역시 토성이다.

十(열 십), 卩(병부 절), 厂(언덕 엄), 又(또 우), 夕(저녁 석), 小(작을 소), 穴(구멍 혈), 四(넉 사), 虫(벌레 충), 豕(돼지 시), 首(머리 수), 用(쓸 용), 尸(시체 시) 등은 다수의 서적에서 자원이 水로 배속되었으나 수성이 없거나 미약하여 성명학적으로 水 오행을 보완할 수 있는 수성의 자원으로 유의미하지는 않다. 이 중에서 十은 9, 0을 水라 하는 획수 오행법이 근거이겠으나 명리학의 본래의 오수(五數)인 선천하도의 오행에 따라 土(5, 0)로 수정 배속됨이 맞지만 수(數)는 오행 성이 미약하다. 厂(언덕 엄)은 언덕에 돌이 있는 모습이니 水와 무관하고 又(또 우)는 '오른손'을 말한 것이니 水性이 없다.

〈표 39〉 부수별 수성(水性)의 강약

水·强	水·中	水·弱
氵·水·冫·巛·雨·子(地支 의미일 때에 한함)	谷·气·黑	月·肉·食

이상으로 주요 부수별 자원과 오행 성의 강약을 살펴보았다. 한자 자원오행이 동일한 한자라도 발현되는 자원오행의 강약이 다를 수 있다. 다만 주요 214개의 부수 중 음양과 오

---

84 『訓民正音』 制字解, "土也. 聲含而廣 如土之含蓄 萬物廣大也."

85 김만태, 앞의 책, 2016, 116쪽.

행이 모호한 것도 다수 있으니 부수 자원오행의 정확한 배속과 명확한 강약의 분류를 위해 지속적인 학제간 융합연구가 필요하다.

<표 40> 부수 자원의 오행 성 강약(强弱)[86]

오행 성	강(强)	중(中)	약(弱)
목성(木性)	木·禾·艹·艸·乙·竹	宀·广·巾·生·礻·衣·罒·网·示·耒·米·豆·門·舟·糸·香·目·車	扌·手·干·文
화성(火姓)	灬·火·日·赤	忄·小·心·人·亻·頁·比·臣·	舌·工
토성(土性)	土·山·己·邑·阜·阝·阝·田·辰·里	辶·辵·足·夂·走·方·黃·止·瓦·廴	力·女·口
금성(金姓)	金·石·王·玉	刂·刀·殳·戈·矛·矢·貝·白·骨·西	牙·齒·爪·革
수성(水性)	氵·水·冫·巛·雨	谷·气·黑	月·肉·食

이상의 소절들의 내용을 바탕으로 위의 표에서 정리된 내용에 대해 부연하고자 한다. 시중 일반인용 자원오행 서적을 보면 江(강 강)과 受(받을 수)를 똑같이 水로 배정하고 있다. 江의 부수 氵(물 수)는 강물처럼 흐르는 물이니 水 오행 성이 강하지만 受의 부수 又(또 우)는 팔뚝 아래의 손목, 손등, 손바닥, 손가락을 합하여 말하는 것이니 水 오행 성이 없다. 그러므로 江과 受의 부수 간 水性의 차이는 비교할 바가 못 되며 受는 水를 보완할 수 있는 성명학적 의미가 없다. 결론적으로 말하자면, 부수 자원의 용신 오행 성이 강할수록 용신 성명학적 이름 짓기의 목적 달성이 가능하다.

(6) 오행 성이 모호한 부수

비록 시중의 작명 서적에 자원오행이 배속되어 있으나 오류가 있거나 오행 성이 애매하고 없는 부수들은 아래의 <표 41>과 같이 분류된다.

---

86 이재승, 앞의 글, 1230쪽.

<표 41> 자원오행 성이 모호한 부수

시중 작명 책의 오행	부수(훈)
木	一(한 일)·二(두 이)·丨(뚫을 곤)·丶(점 주)·儿(사람 인)·入(들 입)·厶(옛사사로울 사)·士(선비 사)·大(큰 대)·夊(뒤쳐올 치)·父(아비 부)·長(길 장)·丶(점 주), 角(五音의 宮일 때만 木)
火	車(수레 차·거)·彑(돼지해밑 두)·卜(점 복)·弓(활 궁)·彡(터럭 삼)·斗(말 두)·曰(가로 왈)·欠(하품 흠)·玄(검을 현)·耳(귀 이)·聿(붓 율)·見(볼 견)·走(달릴 주)·飛(날 비)·高(높을 고)·馬(말 마)·鳥(새 조)·彳(조금걸을 척)·行(다닐 행)·隹(새 추)·飛(날 비)
土	牛(소 우)·羊(양 양)·尢(절름발이 왕)·寸(마디 촌)·犭犬(개 견)·支(지탱할지)·色(빛 색)·龍(용 용)·鹿(사슴 록)
金	言(말씀 언)·皿(그릇 명)·立(설 립)·音(소리 음)·
水	十(열 십)·卩(병부 절)·厂(언덕 엄)·又(또 우)·小(작을 소)·穴(구멍 혈)·四(넉 사)·虫(벌레 충)·豕(돼지 시)·首(머리 수)·用(쓸 용)·尸(시체 시)·口(입 구)·几(안석 궤)·幺(작을 요)·无(없을 무)·非(아닐 비)

註) ① 儿(밑사람 인)→火, 大(큰 대: 사람이 팔을 벌리고 선 모양)→火, 高(높을 고)→木, 口(입 구)→土, 用(쓸 용)·自(스스로 자)→金, 攴·夊(칠 복)→木, 聿(붓 율)·見(볼 견)→木으로 수정 배속해야 한다.[87] ② '길을 가다' 류(類)의 부수인 走(달릴 주), 彳(조금걸을 척), 行(다닐 행), 夊(뒤져서올 치)는 土로 수정 배속한다. ③ 耳(귀 이)[88]는 水로 수정한다. ④ 高(높을 고), 玄(검을 현), 車(수레 차)는 <표 41>에 준하여 木으로 수정 적용한다.

따라서 <표 41>에 나오는 부수 중 일부는 표 아래 註)의 내용으로 수정 배속하여 사용한다. 오행이 모호한 부수는 용신 성명학적 목적을 달성하기 어려우므로 가급적이면 사용하지 않는 것이 좋다.

4. 한국 성씨 한자(姓氏漢字)의 자원오행(字源五行)

한국사회는 부계 가문의 친족 공동체 문화를 전승해 왔으므로 성(姓)은 명(名)의 항렬(行列)과 함께 성명의 핵심적인 구성요소를 이루어왔다. 현대사회에서도 한자 성명을 사용·표기할 때 성씨 한자를 안 쓰는 예는 없다. 또한, 성씨 한자의 자원오행은 성명의 맨 처음의

---

87 이재승·김만태, 앞의 글, 2018c, 346-358쪽.

88 한의학에서는 오관(五官)의 오행을 배속하는데 눈(目, 木), 혀(舌, 火), 입(口, 土), 코(鼻, 金), 귀(耳, 水)이다. 따라서 耳가 火라는 오행 배속은 동양학의 원리에 위배된다.

위치에서 발현되는 오행이며 이름[名] 한자의 자원오행들과 조합을 이루게 된다.

따라서 성씨 한자의 자원오행 성이 분명하다면 성(姓)의 한글 오행처럼 성씨 한자의 자원오행도 한자 선정에서 비중 높게 중시되어야 함은 새삼 강조할 필요가 없다.

우리 사회가 유교적 문화와 한자문화권의 정체성이 계속될 것으로 전망되고 있고 성씨 한자가 한국사회의 성명(姓名)과 성명문화에서 차지하는 비중이 크므로 성씨 한자 자원오행의 활용법 체계가 시급히 확립되어야 한다.

1) 현행 성씨 한자 자원오행의 재검토

성씨 한자의 자원오행은 이름[名] 한자의 자원오행들과 조합을 이루고 있음에도 작명 현장에서는 이에 대한 고려가 없는 실정이다. 그러나 성씨 한자의 자원오행 성이 분명하고 사주 용희신의 기운에 일치하면 한자 이름 짓기에서 성씨 한자의 자원오행도 중시하여 유효 적절하게 활용되어야 한다. 그러므로 인명용 한자의 자원오행이 올바르게 배속되어 성명학에서 적용될 필요성이 있다.

이에 따라 필자는 현행 제도권 밖의 성씨 한자 자원배속의 오류를 교정하고 성씨 한자의 자원오행이 바르게 활용되어 성명에 대한 기층적(基層的) 요구에 부응할 수 있도록 우리나라 주요 100대 성씨 한자의 자원오행과 그 활용법을 고찰하기로 한다.

한국의 주요 100대 성씨 한자들 중에서 앞에서 논한 자원오행의 배속 원칙에 어긋난다고 판단되어 자원오행 배속을 재검토할 필요가 있는 성씨 한자들을 살펴보겠다.

① 7위 趙(조나라 조): 부수가 走(달릴 주)이며 현행 작명 서적들은 走와 趙의 자원오행을 火로 배속하고 있다. 그러나 '길을 가거나 걷거나 뛰다'류(類)의 한자는 자원이 토성이다.[89] 예를 들면 辶·辵(쉬엄쉬엄갈 착), 彳(조금걸을 척) 등의 자원오행은 土이다. 따라서 走(달릴 주)

---

89 이재승·김만태, 앞의 글, 2017b, 760쪽.

에 "달려가는 모양이다."[90]라고 했음을 볼 때 走는 '길을 가다'류(類)의 한자로서 토성이다.

② 8위 尹(다스릴 윤): 부수가 尸(주검 시)이며 현행 작명 서적들은 자원오행을 尸, 尹 모두 水로 배속하고 있다. 그러나 尸에 대해 "죽은 본인이다. 사람이 누운 모습을 본떴다. 사람이 누운 뒤에 영원히 일어서지 못하는 것이 尸이다."[91] 하였음을 볼 때, 尸는 원래 '시체'로서 자원오행이 불분명하므로 尸와 尹의 오행 성을 특정할 수 없다.

③ 9위 張(베풀 장): 張은 弓+長의 형성문자인데 부수는 弓(활 궁)이다. 현행 작명 서적들은 부수인 弓의 자원오행을 火, 長의 자원오행을 木으로 배속하면서 형성 자인 張을 金으로 배속하고 있는데 부수와 한자의 자원오행이 다른 것도 문제이며 오행의 배속도 오류이다. 張의 부수인 弓에 대해 "활의 모습을 상형하여 그린 것이 해서체의 弓이 되었다."[92]라고 하였는데 활의 주된 재질을 따져보면 弓과 張은 약한 목성이다.

④ 12위 吳(오나라 오): 吳의 부수는 口이다. 현행 작명 서적들은 부수 口와 口가 부수인 한자 吳의 자원오행을 水로 배속하고 있다. 그러나 입의 모양을 상형한 口는 수성(水性)이 아니다. 『설문해자』는 口에 대해 "사람의 언어, 음식을 전적으로 담당하는 기관으로 상형 자이며 입이 있는 모든 것의 입구이다."[93]라고 적고 있다.

또한, 이재승·김만태는 "『훈민정음』 제자해(制字解)에서 □와 같은 모양의 口에 대해 "마치 땅이 만물을 함축하고 광대한 것과 같다."[94]라고 한 것, 오행상생법을 따르는 가문들의 항렬자에서 수성의 한자를 사용할 대(代)의 한자로서 口가 부수인 한자를 사용한 범례가

---

90 진태하, 앞의 책, 2016, 552쪽.

91 『小篆』, "終主也 象人臥形 人臥後永不復起爲尸."

92 진태하, 앞의 책, 2016, 552쪽.

93 許愼 撰, 段玉裁 注, 『說文解字注』, "人所目(以)言食也, 象形, 凡口之屬皆从口."

94 『訓民正音』制字解, "土也. 聲含而廣, 如土之含蓄, 萬物廣大也."

없다는 점, 명리학과 한의학이 오관(五官)의 오행 배속에서 입(口)을 土로 배속하고 있는 사실 등을 고려하면 口의 자원이 오히려 토성(土性)에 가깝다."[95]라고 하였다.

이상을 참조해 볼 때 口의 자원오행은 약한 토성이며 口를 부수로 하는 51위 嚴(엄할 엄), 74위 吉(길할 길), 64위 呂(음률 여) 등의 자원오행은 약한 토성이 된다.

⑤ 13위 徐(천천히 할 서): 徐는 부수가 彳(조금걸을 척)으로써 자원오행이 火로 배속되고 있다. 그러나 앞에서 논했듯이 '길을 가다'에 관한 부수이므로 徐의 자원오행은 토성이다.

⑥ 19위 全(온전할 전): 全의 부수는 入(들 입)이며 현행 작명 서적들이 入을 木, 全을 土로써 배속하고 있다. 앞서 언급했듯이 부수 入은 자원오행이 모호하고 全의 성분 속에 '구슬 옥(玉)'이 성분 자에 있으니 자원오행은 약한 金이다.

⑦ 22위 高(높을 고): 高는 자신이 부수인 성씨 한자로서 현행 작명 서적들이 자원오행을 火로 배속하고 있다. 그러나 "상형문자로서 갑골문에서처럼 윗부분은 지붕이고, 중간은 몸체를, 아랫부분은 기단으로, 땅을 다져 만든 기단 위에 높게 지은 건축물을 그렸는데 자형이 변해 지금처럼 되었다."[96]라 하였고 또한 "대관(臺觀, 고층건물)이 높은 모양을 본떴다."[97]고 했음을 참조하면 고대의 높은 목조건축물에서 나온 부수이므로 高의 자원오행은 木이다.

⑧ 27위 曹(성씨 조): 曹는 부수가 日(날 일)이 아니고 曰(가로 왈)이다. 하영삼(2014)은 '(마을에서)사람들이 모여 이야기를 나누다'가 원뜻이라 하였다. 그러므로 얼굴의 '오관' 중 입에 해당하는 오행 土가 자원오행이다.

---

95 이재승·김만태, 앞의 글, 2017b, 762쪽.

96 하영삼, 앞의 책, 2014, 55쪽.

97 『小篆』, "象臺觀高之形."

⑨ 29위 許(허락할 허): 許는 부수가 言(말씀 언)이며 현행 작명 서적들이 言과 許의 자원오행을 모두 金으로 배속하고 있다. 그러나 "言(말씀 언)은 대 피리 모양의 악기 소리에서 사람의 말로 전이되었는데(…)"[98]라 한 것을 참조하면 言의 자원이 모호하다. 특히 명리학은 입[口]의 구성요소 중 치아(齒牙)만을 金으로 배속하므로 言의 자원오행을 金으로 특정할 수 없다. 따라서 許, 許와 부수가 같은 90위 諸(모든 제)의 자원오행은 불명이다.

⑩ 33위 盧(밥그릇 노): 盧는 부수가 皿(그릇 명)이며 현행 작명 서적들이 盧는 자원오행을 水, 皿은 자원오행을 金으로 배속하고 있는데 한자와 부수의 자원오행이 다르니 원칙성이 없을 뿐만 아니라 오류가 있다. 皿(그릇 명)은 "음식의 용기를 말하는 상형문자"[99]를 말하므로 재질이 토기(土器)·금기(金器)·목기(木器) 중 무엇인지 불분명하다. 따라서 皿의 자원오행이 金이라고 특정할 수 없으니 盧는 오행 성이 불명이다.

⑪ 37위 成(이룰 성): 成의 부수는 戈(창 과)로서 현행 작명 서적들이 戈의 자원오행을 金으로 배속하고 있으나 成은 자원오행을 火로 배속하고 있어서 한자와 부수가 자원오행이 다르니 원칙이 없는 것이다. 戈는 "창의 모양을 본떴다. 고대에 일종의 뾰족한 날이 있어 찔러 치기에 편리한 병기 이름으로 상형문자이다."[100]라 하였는데 창은 재질이 금속으로서 전쟁에서 찌르고 베는 무기로 사용되었음을 볼 때 戈는 금성이다. 成이 '戊+丁'의 구조이고 丁은 화성이지만 丁이 成에서는 부수가 아니므로 成의 자원오행은 부수인 戈를 따라 金이 된다.

⑫ 39위 車(수레 차): 車는 자신이 부수인 한자로서 현행 작명 서적들이 자원오행을 火로 배속하고 있다. 그러나 "수레를 가로로 본 모양을 본떴다. (…) 가운데의 왈(曰)은 수레 상

---

98 하영삼, 앞의 책, 2014, 434쪽.

99 『小篆』, "飮食之用器也(…)乃用以盛飮料食物之器 象形."

100 『小篆』, "略象戈形 乃古代一種有鋒刃便利 象形."

자를 본떴다."[101] 하였다. 또한 "마차를 형상화한 상형문자인데 曰은 차체를 네모꼴로 본 것"[102]이라 했음을 볼 때 車에 내재한 曰은 태양을 말하는 日(날 일)이 아니다. 따라서 고대 의 수레는 주된 재질이 목재(木材)이므로 車의 자원은 목성이다.

⑬ 40위 禹(하우씨 우): 禹의 부수는 內(짐승발자국 유)인데 內와 禹의 자원오행이 현재 土 로 배속되고 있다. 부수인 內는 "땅을 짓밟는 짐승의 발을 상형했다."[103]라고 하였고 하 영삼은 "內는 단독으로 쓰이지 않고 다른 글자와 결합된 경우 짐승, 벌레의 뜻으로 쓰였 다."[104]라고 하였는데 짐승의 발, 벌레를 토성으로 볼 수 없으니 內와 禹의 자원오행은 불 명이다.

⑭ 41위 具(갖출 구): 具는 부수가 八(여덟 팔)인데 현행 작명 서적들은 八이 획수오행법상 金임을 내세워 具를 金으로 배속하고 있다. 앞서 언급했듯이 八의 수(數) 오행은 선천하도 에서 배속한 木이 타당하다. 그러므로 八과 具는 선천하도의 수(數) 오행에 따라 약한 목성 이나 오행 성이 유의미하지는 않다.

⑮ 44위 田(밭 전): 田은 자신이 부수인 한자이고 용도를 재질보다 앞세워 木으로 배속한 책들이 많다. 그러나 田은 재질이 흙인 '밭'으로서 천간의 음토(陰土)인 기토(己土)에 해당하 므로 田의 자원은 강한 토성이다.

⑯ 53위 元(으뜸 원): 元의 부수는 儿(사람 인)이다. 현행 작명 서적들이 주로 儿과 元을 木 으로 배속하고 있다. 만일 元이 자신이 부수인 한자라면 자원오행은 木이 된다. 주역의 원

---

101 『小篆』, "象車橫視形(…)中之曰 象興."

102 하영삼, 앞의 책, 2016, 335쪽.

103 許愼 撰, 段玉裁 注, 『說文解字注』, "獸足蹂之也. 象形."

104 하영삼, 앞의 책, 2016, 237쪽.

형이정(元亨利貞)에서 元은 봄[春]이고 春은 오시(五時)에서 木이기 때문이다. 그러나 元은 명백히 儿이 부수인 한자이다. 儿에 대해 "人의 기자(奇字, 변한 한자체)가 儿"[105]이라 하였고 "원래 사람의 측면을 그린 人과 같은 글자였으나 이후 형체를 조금 바꾸어 분화하였고 주로 합성자(合性字)에서 글자의 아래쪽에 쓰였다. 그래서 儿은 人과 뜻이 같고 모두 '사람'과 의미적 관련을 갖는다."[106]라고 했음을 참고하면 儿은 人(사람 인)류(類)의 부수이므로 자원오행이 火이니 儿이 부수인 元도 자원오행이 火이다.

⑰ 54위 千(일천 천): 千의 부수는 十이다. 현행 작명 서적들은 十의 자원오행을 水로 배속하면서 千의 자원오행도 水로 배속하고 있다. 그러나 근거가 취약한 획수오행법으로 한자의 자원오행을 정하면 안 된다. 十은 "사방과 중앙이 모두 갖추어진 모습으로 결함이 없다."[107]라 하였고 千은 "갑골문자의 상징인 가로획에 소리 부(部)인 人을 더해 1천이라는 숫자를 나타냈다."[108]라 하였으니 종합하면 千은 부수인 十의 명리학 고유의 수(數) 오행에 따라 土 미약이다.

⑱ 58위 玄(검을 현): 玄은 자신이 부수인 한자인데 현행 작명 서적들은 玄의 자원오행을 火로 배속하고 있다. 그러나 "幺(작을 요)는 곧 系(실 계)의 고문(古文)이니 대게 물든 실에서 취하였다."[109] 하였고 "검붉은색으로 염색한 실타래를 말했으며, 이로부터 검다는 뜻이, 다시 진실하지 않아 믿을 수 없다는 뜻이 나왔다."[110]라고 하였으니 玄은 絲(실 사)류(類)의 한자로서 자원은 약한 목성이다.

---

105 『小篆』, "人之奇字曰儿."

106 하영삼, 앞의 책, 2016, 18쪽.

107 『小篆』, "―示東西 丨示南北 東西南北四方與中央 因比得以全備無缺 指事."

108 하영삼, 앞의 책, 2014, 640쪽.

109 『小篆』, "幺卽系之古文 蓋取義於染絲也."

110 하영삼, 앞의 책, 2014, 741쪽.

⑲ 68위 卞(법 변): 卞의 부수는 卜(점 복)이다. 현행 작명 서적들은 현재 卜의 자원오행을 火로 배속하면서 卞의 자원오행은 土로 배속하고 있어서 부수와 한자의 자원이 다르므로 원칙성이 없다. 卜에 대해서는 "거북을 굽는 모양을 본떴다. 직선은 거북을 본떴고 횡선은 불붙인 나무가 거북을 굽는 것을 본떴다."[111]라고 하였음을 볼 때 卜이 거북과 '굽다' 중 무엇이 주가 되는지 불명이니 卜과 卜이 부수인 卞은 오행 성이 모호하다.

⑳ 71위 宣(베풀 선): 宣의 부수는 宀(집 면)인데 현행 작명 서적들은 현재 宀의 자원오행을 火로 배속하면서 宣의 자원오행은 火로 배속하고 있다. 특이한 점은 성명학 책들은 宣과 유사한 한자인 亘(베풀 선)을 木으로 배속하면서 이 한자에 목성의 부수 宀을 덮은 宣을 火로 배속하고 있는데 이는 논리성이 없는 배속이다. 즉 宀은 고대 가옥의 형상을 따서 만든 한자[112]이므로 자원오행이 木이고 "宣은 宀과 亘의 형성자"[113]라 했으니 宣의 자원오행은 목성이다.

㉑ 73위 馬(말 마): 馬는 자신이 부수인 한자이다. 현행 작명 서적들은 馬의 자원오행을 火로 배속하고 있는데 馬의 성분 중 灬를 '불 화'로 인식하기 때문이다. 그러나 "灬은 '불 화'가 아니라 꼬리와 다리를 네 점인 모습으로 상형한 것"[114]이니 馬는 자원오행 성이 불분명하다.

㉒ 81위 奇(기이할 기): 奇의 부수는 大(큰 대)이다. 현행 작명 서적들은 大(큰 대)를 木, 奇를 土로 배속하고 있다. 그러나 大(큰 대)는 "사람이 정면으로 서서 두 팔을 들고 두 다리를

---

111 『小篆』, "象灸龜之形 直字 象龜 橫者 象楚焞之灼龜 指事."

112 하영삼, 앞의 책, 2016, 81쪽.

113 진태하, 앞의 책, 248쪽.

114 하영삼, 앞의 책, 2016, 216쪽.

벌린 모양을 본뜬 상형자이다."[115]라고 하였으니 人(사람 인)의 부류에 속하는 부수로서 화성이므로 大와 亼는 자원이 화성이다.

㉓ 88위 印(도장 인): 印의 부수는 卩(병부 절)이다. 현행 작명 서적들은 卩을 水, 印을 木으로 배속하고 있다. 그러나 "卩은 상형자이며 갑골문에서 꿇어앉은 사람의 모습이다. 예컨대 印은 꿇어앉은 사람을 눌러 굴복시킨 모습을 그렸다. 도장은 손으로 눌러 찍기도 하고 그 자체가 사람을 복종시키는 권력의 상징이다. 그래서 印에 도장의 뜻이 생겼다."[116]라 했음을 볼 때 卩은 사람류(類)의 부수이다. 한편 "卩은 옛날 천자가 제후에게 나누어 주어 증명하는 신표로 삼았던 옥부절(玉符節)인 서신(瑞信)이다."[117] 하였으므로 卩의 뜻이 나중에 이런 식으로 확장되었음도 알 수 있다. 어쨌든 卩과 印의 자원오행은 최초 상형자의 원리에 따라 人(사람 인)류(類)의 부수로서 화성이 약하다.

㉔ 91위 牟(소우는소리 모): 牟는 부수가 牛(소 우)인데 현행 작명 서적들은 牛의 자원오행을 土로 배속하고 있다. 그러나 牛는 "소를 정면에서 본 상형자"[118]로서 牛와 牟의 자원오행은 불분명하다.

2) 성씨 한자 자원오행의 재배속

부수의 자원이 갖는 오행 성은 오행을 직접 의미하는 부수가 오행 성이 강(强)하다. 다음으로 부수 자원오행을 재질로 판단함이 가능하면 오행 성은 중(中) 또는 약(弱)이다. 그리고 부수의 오행 성이 미약하여 성명학적으로 오행 성 보완의 의미를 두기 어려우면 무의미(無

---

115 『小篆』, "象人正面立 而揚其兩手 張其兩足之形 相形."

116 하영삼, 앞의 책, 2014, 563쪽.

117 許愼 撰, 段玉裁 注, 『說文解字注』, "瑞信也, 守邦國者用玉卩."

118 『小篆』, "乃自前正視牛形(…)象形."

意味), 오행 성을 정하기 어려우면 불명(不明)으로 분류할 수 있다. 통계청이 2015년 실시한 인구 주택 총조사 자료[119]에 따르면 인구수 5명 이상인 성씨는 533개인데 귀화자들이 많아 지면서 성씨의 종류는 계속 늘어날 전망이다.

〈표 42〉 2015년 100대 성씨 한자의 자원오행

순위	성(부수)	오행성	순위	성(부수)	오행성	순위	성(부수)	오행성	순위	성(부수)	오행성
1	金(金)	金·强	26	裵(衣)	木·中	51	嚴(口)	土·弱	76	延(廴)	土·中
2	李(木)	木·强	27	曺(日)	土·弱	52	蔡(艹)	木·强	77	方(方)	土·中
3	朴(木)	木·强	28	白(白)	金·中	53	元(儿)	火·中	78	魏(鬼)	火·弱
4	崔(山)	土·强	29	許(言)	不明	54	千(十)	土미약	79	表(衣)	木·中
5	鄭(阝)	土·强	30	劉(刀)	金·强	55	方(方)	土·中	80	明(日)	火·强
6	姜(女)	土·弱	31	南(十)	火·中	56	孔(子)	火·弱	81	奇(大)	火·中
7	趙(走)	土·中	32	沈(氵)	水·强	57	康(广)	木·中	82	潘(氵)	水·强
8	尹(尸)	不明	33	盧(皿)	不明	58	玄(玄)	木·弱	83	羅(罒)	木·中
9	張(弓)	木·弱	34	丁(一)	火·强	59	咸(口)	土·弱	84	王(玉)	金·强
10	林(木)	木·强	35	河(氵)	水·强	60	卞(卜)	不明	85	琴(玉)	金·强
11	韓(韋)	無意味	36	郭(阝)	土·强	61	廉(广)	木·中	86	玉(玉)	金·强
12	吳(口)	土·弱	37	成(戈)	金·中	62	楊(木)	木·强	87	陵(阝)	土·强
13	徐(彳)	土·中	38	車(車)	木·中	63	邊(辶)	土·中	88	印(卩)	無意味
14	申(申)	金·强	39	朱(木)	木·强	64	呂(口)	土·弱	89	孟(子)	火·弱
15	權(木)	木·强	40	禹(内)	無意味	65	秋(禾)	木·强	90	諸(言)	不明
16	黃(黃)	土·中	41	具(八)	無意味	66	魯(魚)	水·中	91	牟(牛)	不明
17	安(宀)	木·中	42	辛(辛)	金·强	67	都(阝)	土·强	92	蔣(艹)	木·强
18	宋(宀)	木·强	43	任(人)	火·中	68	蘇(艹)	木·强	93	南宮	火木·中
19	全(入)	金·弱	44	田(田)	土·强	69	愼(忄)	火·中	94	卓(十)	不明
20	洪(氵)	水·强	45	閔(門)	木·中	70	石(石)	金·强	95	鞠(革)	金·弱
21	柳(木)	木·强	46	兪(入)	無意味	71	宣(宀)	木·中	96	余(人)	火·中
22	高(高)	木·中	47	柳(木)	木·强	72	薛(艹)	木·强	97	秦(禾)	木·强
23	文(文)	木·弱	48	羅(罒)	木·中	73	馬(馬)	不明	98	魚(魚)	水·中

119 http://kosis.kr/index/index.do

순위	성(부수)	오행성	순위	성(부수)	오행성	순위	성(부수)	오행성	순위	성(부수)	오행성
24	梁(木)	木·强	49	陳(阝)	土·强	74	吉(口)	土·弱	99	殷(殳)	金·中
25	孫(子)	火·弱	50	池(氵)	水·强	75	周(口)	土·弱	100	片(片)	木·弱

성씨별 인구 1위인 성씨 한자 金(성 김)은 10,689,959명으로서 성씨별 인구수 1위인 김(金)씨, 16,689명으로서 성씨별 인구수 100위인 편(片)씨 등 우리나라의 주요 성씨는 모두 한자 성씨이다. 주요 5대 성씨인 金, 李, 朴, 崔, 鄭씨의 점유율이 약 54%, 10대 성씨의 비중은 약 64%인데 성씨 한자의 자원오행 성이 분명한 성씨의 인구가 그렇지 않은 성씨의 인구보다 압도적으로 많다.

논자는 앞 장(章)에서 세운 자원오행 배속의 원칙에 따라 〈표 42〉와 같이 우리나라 주요 성씨 한자의 자원오행을 오행 성 강약을 반영하여 제안한다. 표를 예시하여 설명하면 성씨별 인구 1위인 성씨 한자 金(성 김)은 부수가 金(쇠 금)이고 金의 오행 성은 金·强이다. 100대 이하들 성씨의 자원오행은 옥편에서 부수를 찾아 앞의 오행 성의 강약에 대한 도표들을 참고하면 된다.

5. 인명 한자 214 부수의 자원오행[120]

지금부터 대법원 지정 인명용 한자 214 부수의 자원오행을 고찰하겠다.[121] 이를 통해 성명학 학습자의 한자 자원에 대한 배경지식과 오행 배속의 근거를 제시하고자 한다. 명리·성명학에서 한자 자원오행 성명학은 한자학과 동양철학의 융합연구를 통해 사주의 용신을 위주로 하여 꼭 필요한 오행을 보완하고 강화하는 학술 체계이다.

---

120 이 절의 214 부수의 자원오행은 선행논저의 자원(字源)해설을 인용하면서 명리·성명학적 관점에서 자원오행을 배속하겠다. 자원의 1차 자료인 원전(元典)을 연구한 선행논저를 2차 자료로 삼아 학제간 융합연구로써 자원오행을 배속하였음을 밝히며 선행논저의 저자에게 감사의 마음을 전한다.

121 V장 5절은 "이재승, 「인명한자 214 부수의 자원에 대한 성명학적 오행 배속」, 『인문사회과학연구』, 국제인문사회연구학회, 6(5), 2024"의 내용을 수정 보완하여 인용하였다.

따라서 용신 성명학의 한자 부분에서는 자원오행의 정확한 파악이 중요한데 어떤 한자의 자원오행을 알고자 할 때는 한자의 부수를 확인하고 이 절을 참조하면 한자의 자원오행과 배속 원리를 알 수 있도록 정리하였다. 또한 부수 오행 성의 강약도 중요하다. 이재승 (2024)은 다음과 같이 논하였다.

> 부수 오행 성의 강약은 추후 한자 성명학의 핵심 이론이 되어야 한다. 시중 재야학자가 쓴 일반인용 자원오행 서적을 보면 晛(햇살 현)과 羽(깃 우)를 똑같이 火로 배정하고 있다. 晛의 부수 日은 태양(천간 丙火)이니 火 기운이 태강하지만 자신이 부수인 羽의 부수 羽는 새의 피부나 날개의 털로써 무늬가 있다고 하나 火로 보기 어렵고 오음(五音)에서 羽가 火라고 하나 음악 관련하여 쓰일 때만 火이다. 그러므로 日과 羽의 부수 간 火性의 강약 차는 비교 대상이 못 되며 깃털로 쓰일 때의 羽 부수인 한자는 火를 보완할 수 있는 성명학적 의미가 없다. 즉, 부수자원의 용신 오행 성이 강할수록 성명학적 이름 짓기의 목적 달성이 가능하다.[122]

214 부수의 자원오행을 배속할 때 "木强·木·木弱·불명" 등의 방식으로 5가지 오행의 '오행 성 강약'을 표시하고자 한다. 이 절의 연구를 통해 현장에서 사용하는 자원오행의 오류가 시정되고 성명 관련 작명가들이 비학술적 이론의 무의식적 답습을 탈피하고 학술에 대한 탐구심을 토대로 연구하는 태세 전환의 전기가 되기를 바란다.

1) 1획 부수

① 一(한 일): 水弱, 一은 시작[123]

---

122 이재승, 앞의 글, 2024.

123 1의 數 오행은 水이나 1획, 11획, 21획 등의 한자 오행이 모두 水인 것은 아니다(예: 晛, 햇살 현, 11획, 火). 한자 획수와 한자 오행은 무관하다. 그러므로 1, 2가 木이라 하는 획수오행법을 쓰면서 1, 2, 11, 12, 21, 22획의 한자를 무조건 木이

② 丨(뚫을 곤): 오행 모호. 관통함을 의미한다.[124]

③ 丶(점 주): 木弱, 등잔 속에서 불이 붙는 심지이다.[125]

④ 丿(삐침 별): 오행 불명, 획을 말하는 지사 문자.[126] 지사 문자는 오행이 모호하다.

⑤ 乙(새, 둘째 천간 을): 木强, 둘째 천간 乙(木)으로 쓰이고, 『說文解字』는 "식물이 땅을 비집고 올라오는 모양이다."라 하였다.[127]

⑥ 亅(갈 고리 궐): 金中, 굽은 쇠가 거꾸로 된 것이다.[128] 현재 거의 쓰이지 않는다.

2) 2획 부수

① 二(두 이): 火弱, 숫자 2는 火이다.[129]

② 亠(돼지해밑 두): 불명, 뜻이 없는 한자이다. 지사 문자는 오행이 모호하다.

③ 人·亻·儿(사람 인): 火, 서 있는 사람의 측면이다.

④ 儿(사람 인): 火, 人과 같다. 예) 允(진실로 윤, 火) 예) 元(으뜸 원, 火)

⑤ 入(들 입): 오행 불명, 금문에서는 동굴의 입구라 하였다.[130] 소전에서는 풀과 나무뿌리가 땅으로 들어가는 모습이라고 하였다.[131]

⑥ 八(여덟 팔): 數 3·8은 木이니 오행은 木弱(단, 8획 한자를 火라고 해서는 안 된다). 예) 共(함께 공, 부수 八)

라 하는 방식인 획수 오행은 사라져야 한다.

124 하영삼, 앞의 책, 2016, 2쪽.

125 하영삼, 위의 책, 2016, 6쪽

126 하영삼, 위의 책, 2016, 8쪽.

127 하영삼, 위의 책, 2016, 9쪽.

128 『小篆』, "鉤逆者 謂之亅."

129 2가 數 오행상 火지만 2획, 12획, 22획 한자를 무조건 火라고 볼 수는 없다. 마찬가지로 재야의 작명가 일부가 2를 木이라 하지만 2획, 12획, 22획 한자를 무조건 木이라고 해서는 안 된다.

130 하영삼, 위의 책, 2016, 11쪽.

131 『小篆』, "象草木根入地形."

⑦ 冂(먼데 경): 土, 수도에서 멀리 떨어진 곳(지역)이다.[132]

⑧ 冖(덮을 멱): 木, 수건 같은 것으로 어떤 물건을 덮고 양쪽 끝이 축 늘어진 모습이다.[133] 예) 冠(갓 관)

⑨ 冫(얼음 빙): 水, 얼음을 상징하는데 재질은 水이다.[134] 여름에 태어나 조열한 사주에게 쓰면 좋다. 예) 准(준할 준, 水)

⑩ 几(안석 궤): 木, 앉아 기댈 수 있도록 고안된 탁자이다.[135]

⑪ 凵(입벌릴 감): 土, 땅을 판 구덩이의 모습이다..[136] 예) 出(날 출)

⑫ 刀·刂(칼 도): 金, 칼이나 칼 모양의 무기이다.[137]

⑬ 力(힘 력): 土 미약 또는 오행 모호,[138] 갑골문에서 쟁기를 그렸다.[139] 이후 나무 쟁기나 쟁기를 끄는 힘으로 쓰였다. 소전에서는 '사람이 힘을 줄 때 생기는 힘줄을 말한다.[140] 종합하면 논밭을 갈기 위해 쟁기를 쓸 때 사람의 힘줄에 힘이 강하게 들어가는 모습이다.

⑭ 勹(쌀 포): 火弱, 태아를 임신한 사람의 측면 모습이다.[141]

⑮ 匕(비수 비): 金, '숟가락처럼 생긴 길이가 짧고 적은 칼'을 말한다.[142]

---

132 『小篆』, "象遠界也."

133 하영삼, 위의 책, 2016, 25쪽.

134 하영삼, 위의 책, 2016, 26쪽.

135 하영삼, 위의 책, 2016, 29쪽.

136 하영삼, 위의 책, 2016, 31쪽.

137 하영삼, 위의 책, 2016, 33쪽.

138 쟁기를 위주로 보면 나무 쟁기는 木, 쇠 쟁기는 金, 전답을 가는 것이니 土, 근골을 말하는 것이니 金, 이상을 종합하면 力은 오행을 확실히 특정할 수는 없다.

139 하영삼, 위의 책, 2016, 36쪽.

140 『小篆』, "象人筋之形."

141 하영삼, 위의 책, 2016, 38쪽.

142 하영삼, 위의 책, 2016, 40쪽.

⑯ 匚(상자 방): 木弱, 물건을 넣어둘 네모형 상자이다.[143]

⑰ 匸(감출 혜): 木弱, 본의(本義)는 위의 匚(상자 방)과 같다.[144]

⑱ 十(열 십): 土弱, 5·10은 土(단, 5, 15, 25, 10, 20획 한자를 土라고 볼 수는 없다. 시중 일부 책은 5, 6을 土라 주장하면서, 5, 15, 25, 6, 16, 26획 한자를 무조건 土라 하는데 이런 이론은 시급히 사장되어야 한다. 한자 획수와 한자 오행은 무관하다)

⑲ 卜(점 복): 오행 불명, 거북 껍질이 태워져 갈라진 모양이다.[145]

⑳ 卩(병부 절): 火弱, 꿇어앉은 사람의 모습이며 사람을 복종시킴을 나타낸다. 예(印, 도장 인)

㉑ 厂(기슭 엄): 土, 바위가 돌출한 흙 언덕이나 기슭이다.[146]

㉒ 厶(사사로울 사): 오행 불명, 지사 문자이다.

㉓ 又(또 우): 오행 불명, 손가락을 측면에서 보면 가림 현상 때문에 세 손가락이 보인다. 이는 팔뚝 아래의 손목, 손등, 손바닥, 손가락을 합하여 말한다.[147]

3) 3획 부수

① 口(입 구): 土, 한의학의 '오관'에서 '입'의 오행은 土이다. 『훈민정음해례』에서는 口와 모양이 같은 ㅁ에 대해 '사방의 땅이 광대한 모양'이라 하였다.

② 囗(에워쌀 위, 나라 국): 土, 갑골문에서 이 字에 대해 대부분 네모반듯하게 쌓은 성이자 넓은 땅이라 하였다.[148]

---

143 하영삼, 위의 책, 2016, 42쪽.

144 하영삼, 위의 책, 2016, 45쪽.

145 『小篆』, "灼剝象也."

146 이충구, 『한자부수해설』, 전통문화연구회, 1998, 50쪽.
      언덕이 돌출한 모습이니 '토 기운 〉 금 기운'이 보편적이니 土로 배정한다.

147 이충구, 위의 책, 1998, 53쪽.

148 하영삼, 위의 책, 2016, 63쪽.

③ 土(흙 토): 대지. 土, (갑골문: 흙을 땅 위로 뭉쳐 세운 모습), 근이다.[149]

④ 士(선비 사): 火弱, 능히 일을 맡을 수 있는 사람을 가리켜 士라 하였다.[150] 그리고 단정히 앉은 법관의 모습이고 남성을 지칭한다.[151]

⑤ 夂(뒤쳐서 올 치): 土, '(길을)걸어오다'의 의미를 갖는 한자는 오행을 土로 본다.

⑥ 夊(천천히 걸어올 쇠): 土, '걸어오다'의 의미를 갖는 한자는 오행을 土로 본다.[152]

⑦ 夕(저녁 석): 水, 달이 떠오르는 시간대로 음기·어둠을 의미한다.

⑧ 大(큰 대): 火, 팔, 다리를 벌린 큰 사람의 정면 모습이다. '大'는 '人'의 고문(古文)이며 본래 뜻은 사람이다.[153] 大(큰 대)의 자원오행이 木으로 널리 쓰이는데 이는 근거가 없다.

⑨ 女(계집 녀): 土弱, 여성을 처음에는 인류의 기원이자 무한한 생산성을 가진 위대한 존재로 인식하였다.[154]

⑩ 子(아들 자): 水 또는 火, 육십갑자의 지지(地支)면 水로 보고 '아이'를 의미하면 사람이니 火로 본다. 예) 孝: 효도 효(火), 孫: 손자 손(火)

⑪ 宀(집 면): 木, 고대 가옥(주택)의 형상을 말한다.[155] 예) 宮(집 궁): 木

⑫ 寸(마디 촌): 오행 불명. 손의 마디를 말한다.[156] 지사 문자이다.

⑬ 小(작을 소): 金弱, 갑골문에서 작은 모래알을 그렸는데 이후 '작다'의 표본이 되었다.

⑭ 尢(절름발이 왕): 오행 모호, 다리가 한쪽을 못 써 다니기에 좋지 못하다는 뜻이고 지사

149 이재승, 앞의 글, 2020b.

150 이충구, 위의 책, 1998, 58쪽.

151 하영삼, 위의 책, 2016, 66쪽.

152 한편 夏(여름 하)는 夊가 부수이니 오행을 火로 보기 어렵다. 그렇다면 火性의 '여름 하'는 昰(여름 하, 日이 부수니 태양의 의미)이다.

153 이충구, 위의 책, 1998, 63쪽.

154 하영삼, 위의 책, 2016, 76쪽.

155 하영삼, 위의 책, 2016, 81쪽.

156 하영삼, 위의 책, 2016, 83쪽.

문자이다.[157]

⑮ 尸(시체 시): 오행 불명. 굽혀 묻힌 시체인데, 추후 시동(신위 옆에 앉혀 영혼을 대신한 아이) 뜻도 파생되었다. 예) 尹(다스릴 윤, 오행 불명)

⑯ 川(내 천): 水, 언덕 사이로 흐르는 일종의 강을 말한다.[158] 예) 州(고을 주: 水)

⑰ 工(장인 공): 火弱, 사람이 컴퍼스, 곡척에 능란한 것을 본떴다. (…) 사람이 행하는 일이 능히 고르게 되어 기준에 맞고 곧음이 먹줄과 같은 것이 工이다.[159]

⑱ 屮(왼손 좌): 오행 불명.

⑲ 山(뫼 산): 土, 천간 戊土이다.[160]

⑳ 己(몸 기): 6번째 천간이니 己土(곡식, 화초를 기르는 음토)이다.

㉑ 巾(수건 건): 木, 허리에 차는 수건이다.[161] 옷감이니 재질상 木이다.

㉒ 干(방패 간): 木弱, 대나무를 헤아림에 干이라 말하니 대나무 날개를 말한다.[162]

㉓ 幺(작을 요): 木, 갑골문에서 작은 '실타래'를 幺라 한다.[163]

㉔ 广(집 엄): 木, 한쪽 벽면이 산·바위에 기대게 지은 집이다.[164] 예) 厦: 큰집 하(木)

㉕ 廴(길게 걸을 인): 土, '걸음이 끊어지지 않고 길을 가다'는 의미이다.[165] 길을 가다류의 한자는 土. 예) 廷: 조정 정, 木

㉖ 廾(두손 마주 잡을 공): 오행 불명. 좌우 두 손을 공손히 모으는 일을 가리켜 공경히 받드

157　이충구, 위의 책, 1998, 72쪽.

158　하영삼, 위의 책, 2016, 93쪽.

159　이충구, 위의 책, 1998, 79쪽.

160　이재승, 앞의 글, 2020b.

161　하영삼, 앞의 책, 2016, 103쪽.

162　이충구, 위의 책, 1998, 83쪽.

163　하영삼, 앞의 책, 2016, 107쪽.

164　하영삼, 위의 책, 2016, 108쪽.

165　이충구, 위의 책, 1998, 85쪽.

는 뜻을 나타낸다.[166]

㉗ 弋(말뚝 익): 金, 말뚝을 말한다.[167]

㉘ 弓(화살 궁): 오행 불명. 화살을 쏘는 도구인 활이다. 지역, 시대에 따라 활의 주 재질이 다르니 오행을 특정하기가 어렵다.

㉙ 크(돼지머리 계): 오행 모호. 돼지머리이다.

㉚ 彡(터럭 삼): 오행 모호. 인간이나 동물의 털이다. 이후 장식 무늬 등 화려한 문양인 물체로 의미가 확장되었다.[168] 불이나 광원에 의해 광채가 나는 것이 아니므로 오행이 모호하다.

※ 필자 註: 彬(빛날 빈)은 오행이 모호한 彡이 부수이므로 彬을 火라고 할 수 없다. 따라서 본서에서 제시한 자원오행 배속의 12원칙 중 10번째 원칙에 의해, 彬의 부수가 아닌 다른 성분이 林(수풀 림)이니 중간 정도나 그 이하의 목성으로 봄이 좋다. 혹자는 '털의 빛깔'이니 火가 아닌가 하는 질문을 할 수 있겠지만, 꽃이 빛난다고 꽃을 火로 볼 수 없는 원리와 같다. 한편, 한자는 일자 다의(多義)인 특성이 있어 사용하는 뜻으로만 한자 오행을 배속하다 보면 한자의 오행이 수시로 변하는 오류가 발생한다. 따라서 한자 자원오행은 부수의 자원을 위주로 오행을 배속함이 타당하다.

㉛ 彳(조금 걸을 척): 土, '사거리'를 나타내던 行에서 우측 부분 생략한 것이다.[169]

※ 필자 註: 彳을 '두인변'이라 부르고 亻(사람 인)이 성분으로 있으니 오행이 火라 하는 시중 책이나 철학관 관련자가 운영하는 앱의 자원오행 오류는 수정되어야 한다. 彳은 자신이 부수인 한자인데 亻이 부수가 될 수 없는 이유는 '부수의 부수'라는 말이 없기 때문이다. 예) 行은 자신이 부수이고 '사거리'를 의미하니 亻이 있다고 火로 배속하면 안 된다. 征(칠 정)은 彳이 부수이니 火가 아니라 土이다.

---

166 이충구, 위의 책, 1998, 86쪽.

167 이충구, 위의 책, 1998, 88쪽.

168 하영삼, 앞의 책, 2016, 108쪽.

169 하영삼, 위의 책, 2016, 121쪽.

4) 4획 부수

① 心·忄(마음 심): 火, 심장의 모양을 본뜬 것인데 고대에는 생각이 심장에서 나온다고 보았다.[170] 심장 오행은 火이다. 예시) 思(생각 사), 想(생각할 상), 志(뜻 지) 등 心이 부수인 한자의 자원오행은 火이다.

② 戈(창 과): 金, 갑골문에서 낫과 창을 말하였다.[171] 예시) 我(나 아)의 부수는 戈이니 자원오행이 金이다.

③ 戶(지게 호): 木, 갑골문, '외짝문'을 말하여 서민의 집을 표현한 부수이다. 예시) 房(방 방)

④ 手·扌(손 수): 오행 불명 또는 木 미미. 손바닥, 손가락을 편 상태에서 구부린 다섯 손가락이 마치 나뭇가지 형상과 유사하다는 의미가 있다. 시중 성명학 책에서는 木 오행의 부수로써 쓰이고 있으나 사실상 木 기운이 미미하다.

⑤ 支(지탱할 지): 木, "대나무 가지를 나눔이다. (…) 반쪽 竹을 따라 가지 치는 일이다."[172] 철학관 운영자가 저술한 시중 책에서 土 오행의 부수로서 널리 쓰이고 있으나 木으로 수정되어야 한다.

⑥ 攵·攴(칠 복): 木中, '약간 침'의 뜻이다.[173] 갑골문에서는 '(손에)막대기나 연장을 들고 무언가를 두드리다.'라는 의미였다.[174] 이 부수는 훈육을 위한 '회초리'나 사람을 강제하기 위한 '몽둥이'를 뜻하는 한자의 자원으로 많이 사용된다. 敎(가르칠 교)를 예시하면 '교육하기 위해 회초리를 드는 의미'이다. 敏(민첩할 민)도 攵이 부수인데 회초리나 몽둥이를 들면 아랫사람이 맞지 않고자 재빨라지므로 '민첩하다'의 뜻이 나온 것이다. 그러므로 攵·攴의 자원오행에 대해 '회초리'나 '몽둥이'의 재질상 木 성향의 부수로 볼 수 있다.

---

170 하영삼, 앞의 책, 2016, 122쪽.

171 하영삼, 앞의 책, 2016, 122쪽.

172 이충구, 앞의 책, 1998, 103쪽.

173 이충구, 위의 책, 1998, 104쪽.

174 하영삼, 위의 책, 2016, 134쪽.

⑦ 文(글월 문): 木弱, 본래 사람의 가슴에 문신한 모양을 상형하여 (…) '무늬'의 뜻으로 쓴 해서체(楷書體)[175]이다. 문자, 문학으로 의미가 확장되었다. 예) 斌(빛날 빈): 文이 부수이니 자원오행을 미약한 木으로 볼 수 있다.

⑧ 斗(말 두): 木弱, 술을 퍼 올릴 수 있는 국자 모양의 용기를 말한다.[176] 추후 10되, 북두칠성의 한 부분으로 확장되었다. 술을 퍼내는 용기이니 보편적으로 재질이 木이다.

⑨ 斤(도끼 근): 金, 갑골문에서 자귀(날이 가로 모양인 도끼)를 그렸다.[177]

⑩ 方(모 방): 土, 갑골문에서는 흙이 농기구로 갈아엎어지는 모습을 표현했고 이후 네모난 땅의 가장자리로 확장되었는데, 흙은 땅의 상징이고 (…) 땅은 네모졌다고 생각했기에 네모나 땅의 가장자리를 의미했다.[178] 예) 施(베풀 시): 方이 부수이니 土

⑪ 无(없을 무): 오행 불명으로 본다.

⑫ 日(날 일): 火, 태양이니 천간 丙火와 같다.[179] 예) 旦(아침 단): 日이 부수니 자원오행은 火이다.

⑬ 曰(가로 왈): 土中, 입에서 말이 나오는 모양을 상형하였는데, 얼굴의 오행인 오관(五官)에서 입의 오행은 土이다.

⑭ 月(달 월): 火弱, 반달을 상형하였다.[180] 반달은 달빛이 달 1/2에서 빛을 발현하는 모습이다. 예) 明: 햇빛과 달빛이 함께하니 '밝다'는 의미이다.

⑮ 木(나무 목): 木, 곧 수목(樹木)을 일컫는다.[181] 줄기를 위주로 잘 뻗은 가지, 뿌리를 상형한 한자이다. 천간 甲木에 해당한다.[182]

---

175 한자의 서체(書體) 중 하나로 글자의 모양이 반듯한 정자(正字)이다. 예서(隷書)에서 나왔다.

176 하영삼, 앞의 책, 2016, 140쪽.

177 하영삼, 위의 책, 2016, 141쪽.

178 하영삼, 앞의 책, 2016, 143쪽.

179 이재승, 앞의 글, 2020b, 429쪽.

180 하영삼, 앞의 책, 2016, 154쪽.

181 이충구, 앞의 책, 1998, 113쪽.

182 이재승, 앞의 책, 2020b, 427쪽.

⑯ 欠(하품 흠): 土 미약. 입을 크게 벌려 숨이 어긋나는 모습을 상형한 '하품'을 말한다.[183]

⑰ 止(발 지): 土中, 사람의 발을 세 발가락 위주로 그린 상형[184]인데 발이 땅 위를 가다가 그침을 반복하는 모습과 관계있다.

⑱ 歹(뼈 부서질 알): 金, 앙상하게 남은 뼈를 그렸다.[185]

⑲ 殳(창 수): 金, 갑골문에서 손에 뾰족한 창을 든 모습이다.[186] 무기인 창, '쇠몽둥이로 때리다' 등을 말한다. 예) 殷(성할 은), 殳가 부수니 자원오행은 金이다.

⑳ 母(어미 모): 水, 손을 모으고 있는 여인에 유방을 의미하는 두 점이 더해져 어미를 형상화했는데 이는 어머니가 젖이 있기 때문이며 어머니는 젖으로 아이를 키운다.[187] 어머니의 유방(젖)의 의미를 중시하여 水로 봄이 타당하다.

㉒ 比(견줄 비): 火弱, 두 사람이 나란히 선 모습이다.[188] 比는 자신이 부수인 한자이고 사람 관련 한자는 오행이 火이다. '부수의 부수'는 없으니 匕(비수 비)를 보고 金으로 보지 않도록 유의한다.

㉓ 毛(털 모): 오행 불명. 눈썹·머리털과 짐승의 털이다.[189]

㉔ 氏(성씨 씨): 火弱, 자원에 대해 여러 이견이 있지만, 갑골문에서 허리 숙인 채 물건을 든 사람의 모습이라는 해석이 비교적 타당하다.[190]

㉕ 气(기운 기): 水, 갑골문에서 세 가닥의 구름 띠가 하늘에 퍼진 모습을 의미하였다.[191]

㉖ 水·氵·氺(물 수): 水, 일정한 형태가 없으므로 흘러가는 물을 상형하여 그린 것이 해서

---

183 이충구, 앞의 책, 1998, 113쪽.

184 하영삼, 앞의 책, 2016, 161쪽.

185 하영삼, 위의 책, 2016, 163쪽.

186 하영삼, 위의 책, 2016, 163쪽.

187 하영삼, 위의 책, 2016, 167쪽.

188 하영삼, 위의 책, 2016, 169쪽.

189 이충구, 앞의 책, 1998, 122쪽.

190 하영삼, 앞의 책, 2016, 163쪽.

191 하영삼, 앞의 책, 2016, 163쪽.

체에서 '水'의 모습으로 완성되었다.[192] 대체로 壬水이다.[193]

㉗ 火·灬(불화): 火, 넘실거리고 훨훨 타오르는 불꽃[194]을 그렸다.[195] 천간 丁의 물상이다.[196]

㉘ 爪(손톱 조): 金弱, '새 발톱'이다.[197]

㉔ 父(아비 부): 金)火, 사냥·전쟁 목적으로 손에 돌도끼를 쥔 남성을 상형하였는데 후에 남성을 거쳐 아버지의 의미로 분화되었다.[198]

㉕ 爻(효 효): 木, 실이나 새끼를 교차해 짜거나 매듭짓는 모습이며 이로부터 그렇게 짠 면직물을 뜻하였다.[199]

㉖ 爿(나무 조각 장): 木, 나무로 만든 침상을 말한다.[200]

㉗ 片(나무 조각 편): 木, 나무를 절반으로 쪼개 놓은 모습을 말한다.[201]

㉘ 牙(어금니 아): 金, 어금니의 위와 아래가 맞물린 형상을 본떴는데 (…) 턱 속에 있다.[202]

㉙ 牛(소 우): 오행 불명. 자세히 관찰하면 사실 소의 머리를 상형한 것이다.[203]

㉚ 犬·犭(개 견): 오행 불명. 앞발이 높은 다리가 있는 개, 혹은 사냥개이다.[204]

---

192 진태하, 앞의 책, 2016, 180쪽.

193 이재승, 앞의 글, 2020b.

194 火·灬는 천간 丁과 같다.

195 하영삼, 위의 책, 2016, 163쪽.

196 이재승, 앞의 글, 2020b.

197 이충구, 앞의책, 1998, 130쪽.

198 하영삼, 앞의 책, 2016, 184쪽.

199 하영삼, 위의 책, 2016, 186쪽.

200 하영삼, 위의 책, 2016, 187쪽.

201 하영삼, 위의 책, 2016, 189쪽.

202 이충구, 위의 책, 1998, 137쪽.

203 하영삼, 앞의 책, 2016, 193쪽.

204 이충구, 위의 책, 1998, 140쪽.

5) 5획 부수

① 玄(검을 현): 木, 玄은 幺(작을 요)의 변형으로 검붉은 실타래의 모습이다.[205] 검은 실을 매달아 '아물아물 검게 보이다'는 뜻이다.[206]

② 玉·王(구슬 옥): 金, 석재이니 재질상 金. 단순한 보석을 넘어서 더없이 보배로운 길상(吉祥)의 상징이다.[207] 辛에 해당하는 물상이다.[208] 예) 理(다스릴 리): 玉 부수, 오행 金

③ 瓜(오이 과): 木, 참외나 오이 등 원뿔꼴의 열매가 넝쿨에 달린 모습을 그렸다.[209]

④ 瓦(기와 와): 土, 흙을 불에 구워 만든 것들을 의미한다.[210]

⑤ 生(날 생): 木, 갑골문에서 땅 위로 솟아나는 싹의 모습을 그렸다.[211]

⑥ 用(쓸 용): 金弱, 가운데가 卜(점 복) 字이고 나머지가 뼈로 구성되어 점복에 쓰던 뼈를 그렸다.[212]

⑦ 田(밭 전): 土, 곡식을 심는 곳(경작지)을 田이라 한다.[213] 己土의 물상이다.[214]

⑧ 疒(병들어 기댈 녁): 이 부수를 가진 한자를 인명으로 쓰지 않으니 오행 배속이 무의미하다. 갑골문에서 병들어 기댄 사람을 상형하였는데 소전체에 들어서 사람과 병상이 하나로 합쳐져 지금의 이 부수가 되었다.[215] 예) 病(병 병)

⑨ 癶(등질 발): 土弱, 발(止)이 서로 반대 방향으로 놓인 모습으로 이 때문에 '떨어지다',

---

205 하영삼, 앞의 책, 2016, 198쪽.

206 진태하, 앞의 책, 2016, 514쪽.

207 하영삼, 앞의 책, 2016, 200쪽.

208 이재승, 앞의 글, 2020b.

209 하영삼, 위의 책, 2016, 203쪽.

210 이충구, 앞의 책, 1998, 147쪽.

211 하영삼, 앞의 책, 1998, 212쪽.

212 하영삼, 앞의 책, 2016, 212쪽.

213 이충구, 앞의 책, 1998, 151쪽.

214 이재승, 앞의 글, 2020b.

215 하영삼, 앞의 책, 2016, 220쪽.

'멀어지다'의 뜻이 나왔다.[216]

⑩ 白(흰 백): 金, 오색(五色) 중 백색은 金의 색상이다.

⑪ 皮(가죽 피): 金, '짐승의 가죽을 벗겨 채취하는 것'을 皮라 한다.[217]

⑫ 皿(그릇 명): 오행 불명. '음식의 용기'이다.[218] 그런데 그릇의 재질을 목기, 토기, 석기, 청동기, 철기 중에서 특정할 수 없으므로 오행 불명으로 보는 것이 합당하다.

⑬ 目(눈 목): 木, 시각을 담당하는 눈의 모습을 상형하였다. 한의학에서 눈은 木이고 간 (肝, 木에 배속되는 오장)이 관장하는 부위이다.

⑭ 矛(창 모): 金, 끝이 뾰족하고 세모진 창의 모양을 그린 것이다.[219]

⑮ 矢(화살 시): 金, 화살의 모양을 그린 글자이다.[220]

⑯ 石(돌 석): 金, 벼랑에 굴러 있는 돌의 모양을 그린[221] 것으로 해서체에서 石이 완성되었다.[222] 갑골문에서 오른쪽은 암벽, 왼쪽은 암벽에서 떨어진 돌덩이를 그렸다. 쇠, 돌, 광물은 金이다. 辛에 해당하는 물상이다.[223]

⑰ 示(보일 시): 木, (…) 제사를 드리는 사당 (…) 이다.[224]

⑱ 內(짐승발자국 유): 오행 불명 또는 土 미약. 『설문해자』에서 "땅을 짓밟은 짐승 발자국을 그렸다."[225]라 함.

⑲ 禾(벼 화): 木, '아름다운 곡식'이다. (…) 아래는 木을 따르고 위 획이 드리운 것은 이삭

---

216 하영삼, 위의 책, 2016, 221쪽.

217 이충구, 앞의 책, 1998, 158쪽.

218 이충구, 위의 책, 1998, 159쪽.

219 진태하, 앞의 책, 2016, 163쪽.

220 진태하, 위의 책, 2016, 191쪽.

221 石은 천간 辛의 일종에 해당한다.

222 진태하, 위의 책, 2016, 244쪽.

223 이재승, 앞의 글, 2020b.

224 하영삼, 앞의 책, 2016, 235쪽.

225 하영삼, 위의 책, 2016, 237쪽.

을 본떴다.[226]라 하였다. 乙에 해당하는 물상이다.[227]

⑳ 穴(구멍 혈): 土〉金, 입구 양쪽으로 받침목이 대진 '주거용 동굴'을 그렸다.

㉑ 立(설 립): 火弱, 사람(人)이 두 다리로 서 있고 몸을 이동하지 않음이 立이다.[228]

㉒ 西(서녘 서): 金, 서향은 오방(五方) 중 金 오행의 방향이다.

6) 6획 부수

① 竹(대 죽): 木, "곧게 뻗는 대와 양옆으로 난 잔가지를 그렸다."[229]

② 米(쌀 미): 木, "벼가 남아시아에서 중국으로 들어간 이후 쌀, 기장, 조 등까지 두루 지칭하게 되었다."[230]

③ 糸(가는 실 사·멱): 木中, "비단실이 원래 뜻이다."[231] 재질상 木이다.

④ 缶(장군 부): 土, "질그릇을 만들기 위한 배토(坏土, 아직 굽지 않은 土)를 표현하였다."[232]

⑤ 网·罒(그물망): 木中, "물고기, 새를 잡을 목적으로 손잡이와 그물망을 가진 그물을 그렸다."[233] 그물의 재질상 木이다.

⑥ 羊(양 양): 오행 불명. "양을 전면에서 본 모습을 상형하였는데 해서체에서 羊이 되었다."[234]

⑦ 羽(깃 우): 오행 불명. "날짐승의 털"[235]이다.

---

226 이충구, 앞의 책, 1998, 169쪽.

227 이재승, 앞의 글, 2020b.

228 이충구, 위의 책, 1998, 172쪽.

229 하영삼, 앞의 책, 2016, 245쪽.

230 하영삼, 앞의 책, 2016, 248쪽.

231 하영삼, 앞의 책, 2016, 251쪽.

232 하영삼, 앞의 책, 2016, 255쪽.

233 하영삼, 앞의 책, 2016, 256쪽.

234 진태하, 앞의 책, 2016, 305쪽.

235 하영삼, 앞의 책, 2016, 260쪽. 한편 羽를 시중 책에서는 火라고 하나 이는 잘못된 것이다. '빛깔이 없는 사물'은 드문 것이니 단지 '빛깔'이 있다는 이유로 火라 볼 수는 없다.

⑧ 而(이을 이): 오행 불명. 수염을 상형하였다.

⑨ 耒(쟁기 뢰): 木, "손으로 밭을 가는 굽은 나무이다."[236]

⑩ 耳(귀 이) 水, 한의학에서 얼굴의 오관(五官) 중 신장이 관할하는 '水 오행'의 기관이다.

⑪ 聿(붓 률): 木, "쓰기 위한 것(붓)이다."[237] 붓은 대나무와 동물털로 만들어졌다. 筆(붓 필)과 동자(同字)이고 筆의 부수는 竹(대 죽)이다. 또한 붓은 전체 크기 중 붓대의 비율이 가장 크므로 붓대의 재료인 대나무를 중시하여 聿의 오행은 木으로 봄이 타당하다.

⑫ 臣(신하 신): 火, "머리를 숙이고 위를 올려보는 노예의 모습"[238]을 그렸다.

⑬ 自(스스로 자): 金, "코를 그렸는데 앞에서 바라본 모습이다."[239] 코는 얼굴의 오관(五官) 중 폐장이 관할하는 金 오행의 기관이다.

⑭ 肉·月(고기 육): 水, "살결이 갖추어진 고깃덩어리이다."[240] 음식류는 오행이 水이다.

⑮ 至(이를 지): 土, '화살이 땅(목적지)에 박히는 모습'에서 '(목적지)에 이르다'가 원래 뜻이다.[241]

⑯ 舌(혀 설): 火, 얼굴 오관 중, 한의학에서는 오장 중 하나인 심장이 관장하는 火 오행의 기관으로 본다.

⑰ 舛(어그러질 천): 土弱, "반대 방향의 두 발을 그렸다."[242]

⑱ 舟(배 주): 木, "배의 모양을 그린 글자"[243]이다.

⑲ 艮(어긋날 간): 木弱, "부라리며 노려보는 눈"[244]을 말한다.

---

236 이충구, 앞의 책, 1998, 189쪽.

237 이충구, 위의 책, 1998, 191쪽.

238 하영삼, 앞의 책, 2016, 274쪽.

239 하영삼, 위의 책, 2016, 276쪽.

240 하영삼, 위의 책, 2016, 272쪽.

241 하영삼, 위의 책, 2016, 279쪽.

242 하영삼, 위의 책, 2016, 285쪽.

243 진태하, 앞의 책, 2016, 421쪽.

244 하영삼, 앞의 책, 2016, 288쪽.

⑳ 色(빛 색): 오행 불명. "안색 또는 '성애 과정'에서 흥분된 얼굴색"[245]을 말한다.

㉑ ⁺⁺·⁺⁺·艸(풀 초): 木, "온갖 풀이다."[246] 싹이 나다라는 의미도 되고 乙木을 상징한다.

㉒ 虍(범 호): 오행 불명. 호랑이를 말한다.

㉓ 虫(벌레 충): 오행 불명. '세모 머리에 긴 몸통을 지닌 살모사'에서 파충류, 곤충으로 뜻이 분화하였다.[247]

㉔ 行(갈 행): 土, "사거리를 그렸고 여러 사람이 모이고 오가는 곳이다."[248]

㉖ 臼(절구 구): 土, "곡식을 찧는 절구의 단면이다. 『주역』에서는 '땅을 파 절구로 썼다.' 라고 했다."[249] 절구는 점차 나무, 돌로 변화하였다.

㉗ 老(늙을 로): 火弱, "'늙음'이다. (…) 사람의 머리카락이 변하여 희어짐이다." 오행을 특정하기 어려우나 사람인 '늙은이'를 상징하므로 火弱으로 볼 수 있다. 글의 성분에 土가 있으나 '부수의 부수'라는 개념은 없으므로 원오행은 土가 아니다.

㉘ 血(피 혈): 水, '피'의 구체적 형태를 그릴 수 없기에 제사에 쓸 동물의 皿(그릇)에 피가 떨어지는 모양을 더하여 나타낸 것이다.[250]

7) 7획 부수

① 見(볼 견): 木, "눈을 크게 뜬 사람을 그려 대상물을 보거나 눈에 들어옴을 형상화하였다.[251]

② 角(뿔 각): 오음(五音)은 각(角), 치(徵), 궁(宮), 상(商), 우(羽) 순서로 木·火·土·金·水이다.

---

245 하영삼, 앞의 책, 2016, 290쪽.

246 이충구, 앞의 책, 1998, 191쪽.

247 하영삼, 위의 책, 2016, 296쪽.

248 하영삼, 앞의 책, 2016, 301쪽.

249 하영삼, 앞의 책, 2016, 281쪽.

250 진태하, 앞의 책, 2016, 516쪽.

251 하영삼, 위의 책, 2016, 309쪽.

角은 자신이 부수니 오음(五音)으로 쓸 때는 木이다. 그러나 "갑골문에서 말한 짐승·소의 뿔"[252]로 볼 때는 얼굴 부위의 뼈를 위주로 각질이 경화한 것이니 오행이 金이다.

③ 言(말씀 언): 오행 불명. "대(竹) 가지나 피리 모양의 악기에서 나는 소리(…)이고 악기 소리에서 사람의 말로 다시 말과 관련한 여러 뜻을 갖게 되었다."[253]

④ 谷(골 곡): 水, 샘이 나와 통하는 내(川)이다.[254]

⑤ 豆(콩 두, 나무그릇 두): 木, "지금은 '콩'의 의미로 주로 쓰이지만, 원래는 곡식이나 음식을 담는 제기(祭器, 나무그릇)를 그렸다."[255] 지금은 '제기'의 의미가 소멸되었다.

⑥ 豕(돼지 시): 오행 불명. "돼지이다."[256]

⑦ 豸(발 없는 벌레 치): 오행 불명. 『설문해자』에서 "등뼈 가진 짐승이 먹이를 노려보는 모습"이라 하였다.[257]

⑧ 貝(조개 패): 金, 조개껍질(석회석 위주의 딱딱한 물질)을 그렸는데 화폐(돈)를 상징한다.

⑨ 赤(붉을 적): 火, 갑골문, "사람이 불을 피우는 모습 (…) 커다란 불로 해석하기도 한다."[258]

⑩ 走(달릴 주): 土, "달림이다. (…) 앞을 향하여 빨리 감이다. 천천히 걸으면 다리가 비교적 곧고 빨리 달리면 굽음이 많다."[259] '길을 가다'류의 한자는 土이다.

⑪ 足(발 족): 土弱, "사람의 다리이다."[260] 다리로 땅 위를 이동하고 몸을 지탱한다.

---

252 하영삼, 위의 책, 2016, 311쪽.

253 하영삼, 위의 책, 2016, 313쪽.

254 이충구, 앞의 책, 1998, 218쪽.

255 하영삼, 앞의 책, 2016, 318쪽.

256 이충구, 앞의 책, 1998, 231쪽.

257 하영삼, 앞의 책, 2016, 322쪽.

258 하영삼, 위의 책, 2016, 326쪽.

259 이충구, 앞의 책, 1998, 224쪽.

260 이충구, 위의 책, 1998, 226쪽.

⑫ 身(몸 신): 火, "금문에서 임신해서 배가 불룩한 모습을 그렸는데(…)"[261]라 하였으므로 人(사람 인) 부류의 한자이다.

⑬ 車(수레 차·거): 木, "갑골문에서 마차를 그렸는데, 금문에서 두 바퀴와 중간의 차체와 이를 가로지르는 굴대, 멍에, 끌채까지 완벽하게 표현되었다."[262] 한편, 글자 가운데 曰은 수레의 차체(몸통)를 상형한 것이므로 日(태양)이 아니므로 시중 작명 책의 車 관련 한자의 자원오행은 현재 火에서 木(수레의 재질)으로 수정해야 한다.

⑭ 辛(매울, 8번째 천간 신): 金, "갑골문에서 형벌 시 쓰는 칼인데 위쪽은 넓은 칼날이고 아래쪽은 손잡이이다."[263] 한편 오미(五味) 중 매운맛이 辛은 金이고 8번째 천간 辛도 음금(陰金)이다.

⑮ 辰(때 신·다섯 번째 지지·별 진): 지지(地支)일 때는 土이다. 그러나 "辰은 조개가 원래 뜻이고 농사 도구로서 조개 칼의 상징이다."[264]라 하였다. 조개나 조개로 만든 칼 의미로서 곡식의 이삭을 자르던 농기구의 뜻이면 조개껍질의 석회석 재질을 따라 金으로 보아야 하니 자원이 통일되지 않은 부수이며 경우에 따라 자원오행을 달리 보아야 한다. 이런 특징은 간지 오행으로 가차된 한자들의 공통된 현상이다.

⑯ 辵·辶(쉬엄쉬엄 갈 착): 土, 갑골문, "사거리에서 길 가는 모습을 형상화하였다."[265]

⑰ 邑·阝(고을 읍): 土, "'고을'이다. (…) 옛날에는 邑과 國이 한 명칭이었는데 國은 크기가 크고 邑은 크기가 작아서 매우 달라졌다."[266]

⑱ 酉(열째 지지 유): 金, "원래는 배가 불룩한 '술독'을 그렸는데 자형이 변해서 지금처럼 되었다."[267] 이후 酉는 열 번째 지지 음금(陰金)으로 차용되었으니 음금의 酉는 민속에

261 하영삼, 앞의 책, 2016, 333쪽.

262 하영삼, 위의 책, 2016, 335쪽.

263 하영삼, 위의 책, 2016, 338쪽.

264 하영삼, 위의 책, 2016, 340쪽.

265 하영삼, 위의 책, 2016, 343쪽.

266 이충구, 앞의 책, 1998, 236쪽.

267 하영삼, 위의 책, 2016, 346쪽.

서는 닭이지만 지지 오행은 金이다.

⑲ 釆(분별할 변): 오행 불명. "원래는 짐승의 발자국을 상형한 글자"인데 무슨 발자국인지 분별하려고 애쓰다 보니 '분별하다'[268]의 뜻이 발생하였다. 해서체에서 采(캘 채)와 닮아있어 采로 보기도 한다. 따라서 木으로 볼 수도 있다.

⑳ 里(마을 이·리): 土, "땅 위에 밭을 일군 곳이 마을이라는 뜻이다."[269]

8) 8획 부수

① 金(쇠 금): 金, 금문에서 "청동기를 만드는 거푸집이고 양쪽의 두 점은 원석(原石)을 표현하였다."[270] 천간의 양금인 庚에 해당하는 한자이다.[271]

② 長(길 장): 오행 불명. 머리를 길게 늘어뜨린 노인이 지팡이를 쥔 모습을 그렸다(…).[272] 오랫동안 길은 '머리털'이 중심적 의미이다.

③ 門(문 문): 木, "문짝이 두 개인 문을 그렸는데 문틀까지 사실적으로 그렸다."[273] 당시, 門의 재질상 木이 타당하다.

④ 阜·阝(언덕 부): 土, "황토지대 반지하식으로 만들어진 원시 형태의 집에서 지하로 내려가는 흙 계단을 그렸다(…)."[274]

⑤ 隶(미칠 이·태): 오행 불명. "손으로 (짐승) 꼬리를 잡음을 본떴다. 뒤로부터 손으로 앞에 미침이다."[275] 비록 隶 안에 氺(물 수)가 있으나 隶는 자신이 부수이고 '부수의 부수'는

---

268 하영삼, 위의 책, 2016, 348쪽.

269 진태하, 앞의 책, 2016, 142쪽.

270 하영삼, 앞의 책, 2016, 352쪽.

271 이재승, 앞의 글, 2020b.

272 하영삼, 위의 책, 2016, 355쪽.

273 하영삼, 위의 책, 2016, 357쪽.

274 하영삼, 위의 책, 2016, 359쪽.

275 이충구, 앞의 책, 1998, 250쪽.

없으므로 隷의 오행은 水로 보기는 어렵다.

⑥ 隹(새 추): 오행 불명. "갑골문에서 부리, 날개, 발까지 새의 모습을 그렸다."[276]

⑦ 雨(비 우): 水, "빗방울이 하늘의 구름에서 떨어지는 것을 그대로 상형하였는데(…) 해서체에서 雨가 되었다."[277] 癸의 물상이다.[278]

⑧ 靑(푸를 청): 木, "『설문해자』에서 靑은 동방의 색을 말하는데 초목이 생장하는 싹의 색을 말한 형성자이다."[279]

⑨ 非(아닐 비): 오행 불명. "『설문해자』에서 飛(날 비)의 아랫부분 날개를 본떴다고 하였다."[280] 그 이후에 '부정하다'의 의미를 나타내게 되었다. 지사 문자인데 지사 문자는 거의 오행 불명이다.

9) 9획 부수

① 面(얼굴 면): 火 미약. "갑골문에서 사람 얼굴을 눈 중심으로 그렸다."[281] 비록 目이 보이나 '부수의 부수'는 없으니 木으로 볼 수 없다. 얼굴에는 오관이 있고 각각 오행이 있다. 目(목), 舌(화), 口(토), 鼻(금), 耳(수)가 모두 얼굴에 있으니 面(얼굴 면)의 오행을 특정하기 어렵다.

② 革(가죽 혁): 金, "짐승의 가죽을 다루어(매만져) 그 털을 제거한 것을 革이라 한다."[282] 명리학에서 庚·辛의 金 일간이 金 오행으로 종(從)하는 외격 사주를 종혁격(從革格)이라 한다.

---

276 하영삼, 앞의 책, 2016, 361쪽.

277 진태하, 앞의 책, 2016, 317쪽.

278 이재승, 앞의 글, 2020b.

279 하영삼, 앞의 책, 2016, 366쪽.

280 하영삼, 위의 책, 2016, 369쪽.

281 하영삼, 위의 책, 2016, 371쪽.

282 이충구, 앞의 책, 1998, 262쪽.

③ 韋(에워쌀·다룸가죽 위): 오행 불명 또는 金 미약으로 본다. "갑골문에서 '성을 에워싸다'는 의미의 회의문자"[283]로 쓰고 있다. 나중에 '가죽'의 뜻으로 가차되었다. '가죽'이 본의(本義)가 아니고 이후에 가차한 것이니 金 오행으로 특정하기가 어렵다.

④ 音(소리 음): 오행 불명. "악기를 이용하여 멀리 (의사) 전달할 수 있는 소리"[284]가 원래 뜻이다. 지사 문자이다. 악기의 음인 각치궁상우(角徵宮商羽)는 이 순서대로 木, 火, 土, 金, 水 오행이지만 단순히 '악기의 音'이라고 쓰면 오행을 특정할 수 없다.

⑤ 頁(머리 혈): 火弱. "갑골문에서 사람의 머리를 그렸다."[285]

⑥ 風(바람 풍): 木中, 동양 의학·역학·종교에서는 風을 木으로 본다. 불교는 물질의 4대 근본을 지수화풍(地水火風)이라고 하는데 여기서 風은 木이다.

⑨ 飛(날 비): 오행 불명. "새가 날개를 치며 나는 모습을 (…) 본떠 그렸다."[286]

⑩ 食(밥 식·먹일 사): 水, "그릇에 담긴 음식을 그렸다."[287] 음식의 오행은 水라는 것이 명리학의 일반적 관점이다.

⑪ 首(머리 수): 오행 불명. "『설문해자』에서는 '사람의 얼굴과 머리'를 그렸다고 했는데 그 이전에 갑골문에서 首는 동물의 머리를 닮았고 금문에서는 위가 사람의 머리칼이 아닌 사슴의 머리를 그렸다는 설이 제기되었다."[288] 『설문해자』의 제자인 허신은 갑골문을 보지 못했다. 따라서 首는 오행을 특정하기가 어렵다.

⑫ 香(향기 향): 木, "갑골문에서 용기에 담긴 곡식을 그렸는데 윗부분은 곡식, 아랫부분은 그릇, 점은 곡식의 낱알이다. (…) 원래 뜻은 새로 수확한 곡식으로 갓 지어낸 밥의 향기이다."[289]

---

283 하영삼, 앞의 책, 2016, 376쪽.

284 하영삼, 위의 책, 2016, 380쪽.

285 하영삼, 앞의 책, 2016, 215쪽.

286 진태하, 앞의 책, 2016, 215쪽.

287 하영삼, 앞의 책, 2016, 389쪽.

288 하영삼, 위의 책, 2016, 391쪽.

289 하영삼, 위의 책, 2016, 393쪽.

10) 10획 부수

① 馬(말 마): 오행 불명. "무용(武勇)의 짐승인 말이다."[290] 아래의 점 4개인 灬는 '불 화'가 아니고 말 다리를 상형한 것이니 馬를 火로 보면 안 된다.

② 骨(뼈 골): 金, 소 전체에서 등장하는데 "살이 붙은 뼈를 형상화하였다."[291]

③ 高(높을 고): 木, "갑골문에서 윗부분 지붕, 중간은 몸체, 아랫부분은 땅을 다져 만든 기단으로서 땅을 다져 만든 기단 위에 높게 지은 건축물을 나타내었다."[292] 시대상으로 볼 때 높은 목조건축물을 말하므로 자원오행은 木이다.

④ 髟(머리털드리워질 표): 오행 불명. "긴 털이 늘어짐이다."[293]

⑤ 鬥(싸울 투): 火弱, "(두 사람이) 마주하여 다툼이다."[294]

⑥ 鬯(울창주 창): 水, 『설문해자』에서 신에게 바치는 술을 말하였다."[295] 지금은 거의 쓰임이 없다.

⑦ 鬼(귀신 귀): 火, "원래 얼굴에 커다란 가면을 쓴 사람을 그린 글자이다."[296] 이후 재앙·역병의 매개체 또는, 신통력을 가진 무서운 존재 등으로 뜻이 확장되었다. 本義의 사람에 주목하여 火로 배속한다.

11) 11획 부수

① 魚(고기 어): 水, 갑골문에서 물고기의 머리, 몸통, 비늘, 지느러미, 꼬리 등이 구체적으

---

290   이충구, 앞의 책, 1998, 273쪽.

291   하영삼, 앞의 책, 2016, 397쪽.

292   하영삼, 위의 책, 2016, 399쪽.

293   이충구, 앞의 책, 1998, 276쪽.

294   이충구, 위의 책, 1998, 277쪽.

295   하영삼, 앞의 책, 2016, 405쪽.

296   하영삼, 위의 책, 2016, 408쪽.

로 표현된 상형자이다.[297]

② 鳥(새 조): 오행 불명. 갑골문에서 부리, 눈, 발 꽁지를 갖춘 새를 나타낸 상형자이다.[298] 특히 점 4개는 灬(불 화)가 아니고 다리를 상형한 것이다.

③ 鹵(소금 로): 金, 금문에서 안쪽은 소금의 원재료, 바깥은 포대를 형상화한 상형자이다.[299] 소금은 광물에 해당하니 金으로 보는 것이 타당하다.

④ 鹿(사슴 록): 오행 불명. 사슴을 그린 상형자이다.

⑤ 麥(보리 맥): 木, 오곡 중 하나인 보리를 말한 형성문자이다.

⑥ 麻(삼 마): 木, 广(집 엄)과 두 개의 木으로 구성되었다. 삼나무를 작업장에서 말리는 모습을 나타낸 형성자이다.

12) 12획 부수

① 黃(누를 황): 土, 오색(五色) 중 황색이 土인데 자신이 부수인 한자이므로 오색(五色)의 오행 그대로 오행을 배정한다.[300]

② 黍(기장 서): 木, 오곡의 하나인 '기장'을 나타낸 회의자이다.

③ 黑(감을 흑): 水, 오색(五色) 중 흑색이 水이다. 자신이 부수인 한자이므로 그대로 색 오행으로 배정한다.[301]

13) 13획 부수

① (바느질할 치): 金, '금문'에서 바느질을 나타낸 상형자이다.[302]

---

297 하영삼, 위의 책, 2016, 411쪽.

298 하영삼, 위의 책, 2016, 415쪽.

299 하영삼, 위의 책, 2016, 417쪽.

300 이재승, 앞의 글, 2019, 185쪽.

301 이재승, 위의 글, 2019, 185쪽.

302 하영삼, 위의 책, 2016, 431쪽.

② 黽(맹꽁이 맹·힘쓸 민): 오행 불명. 갑골문과 금문에서 개구리를 위에서 본 모습을 그린 상형자이다.[303]

③ 鼎(솥 정): 金, 고대 청동제 세발솥을 그린 상형자이다.

④ 鼓(북 고): 金, 짐승의 가죽으로 만든 타악기인 '북'을 나타낸 회의자이다.

⑤ 鼠(쥐 서): 오행 불명. 갑골문에서 쥐의 긴 꼬리와 벌린 입을 특징적으로 그린 상형자이다.

14) 14획 부수

① 鼻(코 비): 金, 폐가 관할하는 호흡기를 나타낸 형성문자이다.

② 齊(가지런할 제): 木, 본래는 갑골문에서 자라난 이삭을 여럿 그린 회의자로 보리 이삭으로 추정되는데 소전에 들어 자형의 균형을 맞추기 위해 획이 2개 더해져 지금처럼 되었다. 그래서 가지런하다가 원래 뜻이 된 것이다.[304]

15) 15획 부수

① 齒(이 치): 金, 입속의 이를 그린 아랫부분에 止(발 지)가 더해져 이빨을 사실적으로 그린 형성문자이다.[305]

16) 16획 부수

① 龍(용 룡): 오행 불명. 갑골문에서 용을 그린 상형자이다.[306]

② 龜(거북 귀): 오행 불명. 거북을 그린 상형자로 알려져 있다. '거북'이 어류에 속하면 水

---

303 하영삼, 앞의 책, 2016, 432쪽.

304 하영삼, 위의 책, 2016, 443쪽.

305 하영삼, 위의 책, 2016, 443쪽.

306 진태하, 앞의 책, 2016, 137쪽.

로 볼 것이나 파충류이므로 오행 성을 특정하기 어렵다.

한편 17획 부수 龠(피리 약, 대피리들을 묶은 관, 木)이 있으나 쓰임이 전혀 없다. 이상으로 214 부수를 자원·오행 강약을 중심으로 고찰하였다. 자원오행이 모호한 부수를 지닌 한자들은 사주 중화를 중시하는 용신 성명학에서는 유용하지 않다.[307]

이상의 고찰을 통해 필자는 다음과 같이 연구 요지 및 학술적 제안을 피력한다. 첫째, 한자 자원오행은 주로 한자 부수의 자원에서 도출한다. 둘째, 214 부수에 의한 자원오행 성을 강, 중, 약, 불명 등으로 구분한다. 셋째, 사주 중화(中和)의 성명학적 목적을 달성하기 위해 용신 오행 성이 강한 한자를 활용해야 한다. 넷째, 오행 성이 미약한 부수를 갖는 한자는 성명학적 한자 작명에서는 유용성이 없다. 다섯째, 한자의 본의와 자원에 관한 연구는 명리·성명학계에서도 지속되어야 한다.

이 절의 연구는 214 부수의 자원과 오행을 심도 있게 고찰하였으며 한자 자원오행에 대한 인식을 제고하고 자원오행 성명학의 학술성에 이바지할 수 있다는 연구 의의가 있다. 추후, 자원오행의 강약 판정에 대한 정확성을 보완하면서 한자 명의(名義) 해석법의 확립을 위해 인명용 한자 8,142자에 대한 본의(本義)와 오행을 고찰하는 후속 연구가 필요하다.

6. 현행 자원오행 성명학 문제점의 해결적 고찰

이 절에서는 성명의 한자 부문에 대한 용신 성명학의 체계를 확립하기 위해 일차적으로 현장에서 현행하는 한자 자원오행 성명학의 문제점을 논하고자 한다.

---

307 지금까지 V장 5절은 "이재승, 「인명 한자 214 부수의 자원에 대한 성명학적 오행 배속」, 『인문사회과학연구』, 국제인문사회학회, 6(5), 2024"의 내용을 수정 보완하여 인용하였다.

1) 자원오행의 오류와 혼선

앞에서 말한 대로 부수가 본질적으로 의미하는 대표 오행을 자원오행으로 정하는 것이 타당하지만 부수에 관계없이 자원오행이 배속되는 경우가 있어 큰 혼란을 주고 있다.

자원오행표를 싣고 있는 현행 작명 서적들은 1985년, 재야의 권세준이 지은 『오행한자전』을 답습하는 수준에 그치고 있으며 그 책의 오류는 아무런 학술적 검증 없이 성명계에 깊숙이 자리 잡았다.

대법원 인명용 한자가 추가 지정될 때도 작명 서적의 저자들은 『오행한자전』의 방식대로 신규 인명 한자의 자원오행을 배속하였다. 그러나 자원오행에 대한 학술적인 연구는 미미하였고 한 책의 오류는 다른 책들로 전달되고 있다. 자원오행의 혼선을 야기하는 유형들은 다음과 같다.

첫째, 한자가 나타내는 사물의 용도가 부수의 재질(材質)과 다른 경우 용도(用度)에 해당하는 자원오행을 배정하는 경우이다. 예를 들면 田(밭 전)은 부수가 田으로서 밭의 재질은 土이나 용도가 초목류를 심는 것이니 용도에 의해 자원오행이 木이라는 주장도 있다. 圩(둑 우)는 부수가 土로서 둑의 재질은 土이지만 둑의 용도가 물을 가두는 것이니 水로 보는 사람도 있다. 그러나 이런 주장은 오류라 판단되는데, 자원오행의 '원(源)'이 근원이나 재질인 점을 간과한 것이다. 예를 들면 밭에 집을 지으면 택지가 되고 밭을 파서 물을 채우면 연못이 되듯이 용도란 다변성이 있어서 용도만으로는 오행을 확정할 수 없다. 따라서 부수가 나타내는 뜻의 용도가 아닌 재질의 오행으로 자원오행을 정하는 것이 타당하다.

둘째, 한자의 자의[字意, 훈(訓)]로 자원오행을 배속한다는 주장이다. 논자는 '자의(字義, 글자 뜻)오행'이라는 학술적 정의가 없이 자의로도 자원오행을 배속한다거나 부수의 자원보다는 한자의 자의가 우선이라는 주장을 배척한다. 이런 처사는 한자가 일자다의(一字多義)의 문자임을 간과하는 주장이다. 한자의 자원오행은 부수의 자원으로 배속함이 원칙이다. 한자의 '훈'으로 지칭되는 자의는 사회·시대적 필요성에 의해 뜻이 추가되거나 분화되는 성질이 있어서 하나의 한자가 다수의 뜻을 복합적으로 갖게 되니 한자는 보통 5-30개의 뜻을 가진 일자다의(一字多義)의 문자이다. 이 점을 간과한 것이 한자 자의로써 자원오행을 배속하자는 주장이다. 이런 주장이 계속 득세한다면 한자 자원오행의 혼선을 해소하는 길은 난망하다.

필자는 다음과 같이 예시하여 한자의 자의로 자원오행을 배속함은 오류이며 부수의 자원(字源)으로 한자 자원오행을 배속해야 한다는 논지를 더욱 강화하고자 한다.[308]

예 1   한문학자 하영삼은 저서인 『어원으로 읽는 214 부수 한자』에서 水·氵(물 수) 부수에서 파생된 한자들을 분류하여 도표화하고 있는데[309] 池(못 지)·源(근원 원)·油(기름 유)·治(다스릴 치)·泥(진흙 니) 등이다. 이 중에서 泥의 경우 '진흙'이 자의인데 자의가 우선이라면 자원오행이 土가 되어야 하며 治의 경우 자의인 '다스리다'로 오행을 배정한다면 '무력'을 의미하여 金이 되어야 하는데 이를 어찌 판단하여야 하는가? 자의로 자원오행을 본다고 주장하면 명쾌한 답을 내릴 수 없다. 부수의 자원으로 자원오행을 볼 때만 泥, 治의 자원오행은 부수인 氵(물 수)에 의해 자원오행이 水인 것이 명쾌하다.

예 2   대법원 인명용 한자에 포함된 霦(옥광채 빈)으로 생각해 보자. 한자 자의로 오행을 본다는 입장에서 보면 '옥(玉)'이 돌이니 '金'이라고 주장할 수도 있으며 또한 '광채'니 빛으로 보아 '火'라고 할 수도 있지 않겠는가? 그러나 霦은 부수가 雨(비·물이름 우)이니 부수의 자원으로써 자원오행을 정하면 혼선 없이 水로 자원오행을 확정할 수 있다.

예 3   대법원 인명용 한자에 포함된 峴(땅이름 현)으로 생각해 보자. 한자 자의로 오행을 본다는 입장에서 보면 자의가 '땅이름'이니 자원오행을 '土'라고 해야 하지 않겠는가? 그러나 시중의 작명 책들조차도 峴의 자원오행을 木으로 배속하고 있다. 峴은 부수가 木이니 마땅히 강한 목성의 자원오행을 갖는 한자가 된다.

예 4   대법원 인명용 한자에 포함된 絳(진홍·강이름·땅이름 강)으로 생각해 보자. 한자 자의로 오행을 본다는 입장에서 보면 '진홍색'이니 火, '강이름'이니 '水', '땅이름'이니 '土' 등으로 자의에 의해 한자의 오행이 수시로 바뀌는 문제를 어찌 설명할 수 있겠는가? 그러나 絳은 부수가 糸(실 사)이니 부수가 나타내는 재질에 의해 자원오행은 木이 되는 것이다.

---

308   일부 예외 사항은 앞서 논한 '자원 배속의 12원칙'을 참조 바란다.

309   하영삼, 앞의 책, 2016, 178쪽.

이처럼 한자의 자원오행을 오직 부수의 자원에 의해 판단하는 것이 타당함을 말할 수 있는 실례는 차고도 넘친다.

셋째, 부수의 자원오행이 미약하거나 무존재하여 오행을 배정하기가 어려운 경우에 속하는 한자들에 대해 무리하게 오행을 배속하지 말고 성명학적 목적의 달성할 수 있는 이름 짓기를 위해 되도록 이런 한자들은 사용하지 않는 것이 좋다.[310]

총괄하자면 한자 부수의 자원으로서 자원오행을 정한다는 원칙을 세우면 자원오행의 혼선을 없게 할 수 있다. 따라서 앞서 세운 자원오행 배속의 12원칙을 다시금 강조하는 바이다.

2) 성씨 한자 자원오행의 미반영

일반적으로 성명에서 한자는 글로 씀이 주된 용도이다. 한자 성명에서 성(姓)을 빼고 이름 부분만 쓰이는 경우는 거의 없고 성(姓)에 쓰이는 한자 역시 자원오행이 있다. 하지만 작명가의 편의에 따라 성 한자의 자원오행을 불용(不用)함이 만연되어 있는데 이는 옳지 않다. 시중의 한 작명 서적에서는 다음과 같이 말하고 있다.

> 앞의 사주는 용신 오행이 木·火·土이므로 자원오행이 木, 火, 土인 한자를 찾으면 된다. (…) 성씨는 바꿀 수 없으므로 성씨의 자원오행은 그대로 사용해야 한다. 성씨 金의 자원오행은 金이다. (…) 金東煥은 성씨 金을 제외한 자원오행이 木火이므로 (…) 잘 지어진 이름이다.

위의 인용한 부분을 살펴보면 金東煥의 한자 자원오행 배열은 성을 빼고 이름 부분만 보면 한자의 자원오행 배열이 木火로서 木·火·土 용신인 사주에게 잘 지어진 이름이라는 것인데 성(姓) 한자의 자원오행 金과 이름 첫 자의 자원오행 木이 상극됨을 개의치 않고 있다.

---

310 대체로 이런 부수들의 오행을 무리하게 배속하는 과정에서 자의(字意)로 배속하는 경향도 있다.

논자가 보기엔 위 예시의 경우는 성씨 한자의 자원오행 金과 용신을 반영하여 金土火 오행법을 채택하면 성명 전체가 火生土 土生金의 상생 배열이고 이름에 용신이 강하니 보다 좋은 이름이 된다.

한자 성명을 쓸 때는 언제나 성의 한자부터 쓰게 되므로 성의 한자 자원오행이 결코 무시될 수는 없다. 성명의 한글 부문이 호칭용으로 쓰일 때, 친밀한 경우에는 성을 부르지 않을 수도 있지만 이름을 한자로 게시할 때는 성 한자는 필수적으로 성명의 맨 앞에 자리 잡게 된다. 이런 점을 감안하면 성(姓) 오행의 경우에는 발음오행에 비해 자원오행의 비중이 더 크다고 볼 수도 있다.

논자는 선행논문에서 성씨 한자의 자원오행과 용희신이 모두 상극이 되는 경우에 대하여 다음과 같이 논하였다.

> 만일 李(오얏 이, 자원오행 木·强)씨의 이름 짓기에서 만일 용희신이 金土이면 성씨 한자의 자원오행과 용희신이 모두 상극(相剋)이 된다. 이때는 사주 명조에서 용신오행의 안정성을 살핀다. 용희신 오행이 안정되고 있으면 용희신 중 하나가 포함되는 木水金이나 木火土의 오행 배열을 채택하고 반대로 사주에서 용희신의 오행이 미약하거나 병(病)이 있다면 상극을 감안하더라도 木土金이나 木金土로 자원오행을 배열하되 용신의 오행 성이 강한 한자를 선정해야 한다. 이 경우 木土金이나 木金土는 이씨(李氏)로서 용희신이 金, 土인 사주는 길(吉)한 오행법이다.[311]

위의 인용문의 논지는 성씨 한자의 자원오행과 용희신이 모두 상극인 경우는 사주가 중화에 근접하여 안정되어 있으면 성의 자원오행과 이름 한자의 용희신 중 하나가 포함되는 상생오행법을 적용하고 사주가 중화에서 멀어져 용희신이 불안하면 이름 부분의 자원오행만 용희신의 상생을 적용함이 최선이라는 말이다.

---

311 이재승·김만태, 앞의 글, 2018c, 361쪽.

예를 들어 金씨(자원오행, 金·强)이고 용신이 木, 火인 사주처럼 성씨 한자의 자원오행과 용신이 모두 상극일 때는 사주의 용희신이 안정적이면 金水木, 金土火 중에서 선별하여 용희신 중 하나가 포함되게 하고 용희신이 약하면 상극이 있더라도 金木火, 金火木을 적용한다. 만일 李(자원오행 木·强)씨의 용희신이 木·火면 木, 木, 火나 木, 火, 木의 오행법이 최선이 되며 사주 구성에 따라 火가 더욱 필요하다면 木, 火, 火도 사용 가능한 오행법이다.

따라서 성씨 한자의 자원오행과 보완하고자 하는 오행이 모두 상극일 수도 있다는 일부분적인 상황 논리를 전부에 적용하여 성씨 한자의 자원오행을 적용 안 해도 된다는 식의 주장을 일반화시키면 안 된다.

성씨 한자의 자원오행을 완전히 무시하는 처사는 '작명 편의주의'라는 비판이 가능하다. 작명 시, 사주의 용희신 오행이 모두 성 한자의 자원오행과 상극이 될 때를 제외하고는 반드시 성씨 한자의 자원오행을 선용해야 한다.

3) 자원오행 생극(生剋)의 부정

자원오행은 한자의 부수를 통해 발현되는 오행의 기운이 용신으로 길(吉)하다면 분산되지 않고 집중됨이 이상적이다. 그러므로 자원오행의 생극을 인정하고 용희신이 상생되는 성명을 더 좋게 보아야 한다. 그러나 한자 자원오행 간의 상생과 상극을 부정하는 시류와 주장이 있어 문제점을 제기하고 반론을 펴고자 한다. 시중 한 작명 책은 다음과 같이 말하고 있다.

> 자원오행은 자연에서 흙[土]과 나무[木]가, 바위[金]와 나무[木]가, 산[土]과 강물[水]이, 바다[水]와 태양[火]이 어우러져 그 자체로 조화를 이루고 있는 형상이므로 상생을 적용하는 것은 그 의미를 왜곡하는 것이다. 예컨대 바다[水]와 태양[火]이 함께 보충되어야 한다면 어찌 상생을 적용하여 보충하겠는가?[312]

---

312 김기승, 『자원오행성명학』, 다산글방, 2015, 71-72쪽.

이처럼 한자 자원오행 간의 상생과 상극을 부정하는 주장을 하는 사람은 자원오행은 나무, 흙, 바위, 산, 태양 등 자연 자체의 조화로운 형상이니 상생과 상극을 적용하지 않으며 또한 자원오행의 상생과 상극을 적용하면 水, 火처럼 상극이 되는 두 오행을 보완할 때는 작명이 어렵다는 이유를 들고 있다. 그러나 이러한 주장은 다음과 같은 이유로 볼 때 타당하지 않다고 판단된다.

첫째, 자원오행을 '자연 자체의 형상'이라는 개념보다는 '한자의 부수로써 발현되는 오행의 기운'이라는 포괄적 개념으로 보는 것이 타당하다. 오행인 木火土金水는 우주 만물 변화의 에너지 작용인 상승(木)-확산(火)-수렴(收斂)·발산(發散)(土)-변형(金)-응축(凝縮)·결속(水)이라는 순환적 의미를 쉽게 설명하고자 초목, 불, 흙, 쇠·돌, 물 등 자연의 구성요소에 상응시키는 것이다. 만일 상승의 개념인 木을 자연의 초목으로만 한정하여 보면 현재로서는 우주에는 목기(木氣)가 지구에만 있다는 말이 될 수 있으니 동양학의 기본원리에도 위배된다.[313]

오행과 자연은 논리학적으로 필요충분조건, 즉 동일 개념이 아니고 오행이 자연을 포괄하는 더 큰 개념이므로 오행을 자연의 형상으로만 이해하는 식으로 축소·한정하면 안 된다.

만일 오행이 자연의 조화로운 형상이므로 상극이 없다는 주장을 사주에 적용한다면 사주 간지 오행의 생극을 부정하는 논리도 가능하다. 예컨대 사주 간지의 오행을 자연의 물상으로 상응시키면 일반적으로 丙火는 태양, 壬水는 강으로 보는데 태양과 강이 자연 자체의 형상이니 상극하지 않는다는 말을 사주 분석의 원리에 적용한다면 丙과 壬의 상극인 병임충(丙壬沖)이 없다는 논리도 가능하다. 부연하면 우주 만물의 생성 소멸의 반복 과정에서 강하게 확산하는 기운은 양화(丙)이고 강하게 움츠러드는 기운은 양수(壬)이니 양자는 서로 극렬하게 반대되는 기운으로서 상극될 수밖에 없으므로 충돌한다는 의미가 丙壬沖인 것이다.

자원오행의 상생, 상극을 부정하는 것은 명리학과 동양학의 근간인 간지의 '오행 생극의 기본 원칙'에서 이탈하는 논리이다. 사주가 간지오행의 집합체로서 오행 간 상생, 상극이

---

313 성운(星雲)에서 하나의 행성계가 태동하여 성장이 시작되는 단계가 木이다.

분명하듯 한자 성명도 자원오행의 집합체로서 상생, 상극이 있다고 보는 것이 합리적이고 용희신 상생의 이름이 이상적인 것이다.

또한 한문학자 하영삼은 "한자의 약 95%가 형성문자의 구조를 가졌다."[314]고 하였는데 이를 반영하여 판단하면 모든 한자의 자원오행을 '자연 자체의 형상'으로 보는 것도 무리가 있다. 예를 들어 家(집 가)를 성명학의 관점으로 보면 부수인 宀(집 면)은 자연 자체의 형상을 나타내는 부수가 아니라 家가 木의 기운을 가진 한자임을 나타내고 있는 것이다. 따라서 자원오행은 '자연의 형상'이니 생극이 없다는 것은 무리한 주장이다.

둘째, '만일 서로 상극되는 오행이 동시에 절실한 사주가 있다면 어찌하겠는가'에 대한 문제 제기에 대해 용신론의 견지에서 살펴보면 상극을 중재하는 오행을 활용하면 이 문제는 해결된다.

용신론으로 보면 상극되는 두 오행이 함께 용신인 사주는 세 가지 유형이 있다. 첫째, 관성이 강하여 신약한 사주는 일간을 생하는 인성과 관성을 제살하는 식상이 모두 용신이 될 수도 있는데 이때는 인성과 식상이 상극 관계이고 비겁은 중재자로서 길하다. 둘째, 신강하고 관성과 식상이 쇠한 사주는 관성과 식상이 모두 용신일 수 있는데 관성과 식상은 상극 관계이고 재성은 중재자로서 길하다. 셋째, 종격의 사주에서 주된 오행, 주된 오행을 생하는 오행, 주된 오행이 생하는 오행으로써 3자가 용희신일 때가 있는데 주된 오행이 나머지 2자의 상극을 중재한다. 따라서 중재오행과 용희신을 두 개로 조합하여 한글 이름과 한자 이름에 분배하면 된다.

이 말을 쉽게 예시하면, 만일 서로 상극인 水와 火가 동시에 용신인 사주가 있다면 水, 火를 중재하는 木도 반드시 길신이 되므로 水木, 木火가 강한 오행법을 성명의 한글과 한자 부분에 각각 분배시키는 것이다.

총괄하자면 한자 자원오행의 배열에서 오행의 상생상극을 무조건 보지 않는다는 논리는 타당치 않다. 그러므로 오행 생극(生剋)의 원리에 따라 한자의 자원(字源)이 최대한 용희신 오행의 상생으로 이루어진 성명이 사주 오복 보완의 에너지가 강하여 좋은 성명이라는 점

---

314 하영삼, 앞의 책, 2016, 〈몇 가지 설명〉 1쪽.

을 강조하고자 한다.

4) 무존재 오행 위주의 작명

용신 성명학은 일간(日干)이 건강과 균형을 잡는 데 필요한 오행인 용신을 성명학으로 보완하는 것이다. 그러나 단순히 존재하지 않는 오행의 한자로써 작명하는 시류가 만연하다.

이는 성명학의 선결 요건인 명리학적 통찰의 결여에서 기인한 오류이다. 사주를 분석할 때, 오행 종류로 개수만 세어서 없거나 1개뿐인 오행으로 이름 짓는다면, 만약 운로(運路)인 대운(10년 운), 세운(1년 운)에서 수적으로 없거나 1개뿐인 오행의 운이 오면 무조건 길하다고 할 것인가? 명리학의 추명이론은 그렇게 단순하지 않다.

무존재 오행과 용신이 일치할 수도 있다. 하지만 어느 무존재 오행이 차라리 없는 편이 결과적으로 더 나은 사주의 구성도 많다. 따라서 명리학의 용신은 사주의 주인공인 일간(日干)을 중심으로 사주를 분석하고 일간을 위한 사주의 중화를 중시하는 오행이므로 무존재 오행과는 구별되는 개념임을 볼 때 용신 오행을 도외시하고 무존재 오행으로 시행하는 작명은 중화의 실현을 으뜸으로 보는 명리학 용신론의 취지에 위배된다.

| 예 1 | 양력 1979년 10월 22일 戌시 생(남자) |

시	일	월	년
庚(金)	壬(水)	甲(木)	己(土)
戌(土)	戌(土)	戌(土)	未(土)

壬 일간이 지지에 기반을 둔 인성 庚金의 생을 받음으로써 의지처가 확실하니 내격의 사주이고 앞 장의 〈표 16〉에 따라 계량화하면 일간세력이 30으로서 매우 신약한 사주이다. 위의 사주에서 일간 壬은 월지 포함 5개의 土가 압박하는 상극을 견뎌야 하며 더욱이 土를 견제해 줘야 할 甲木이 오히려 己土와 합(合)을 원하니 불리함이 가중된다. 따라서 신약한 壬水 일간에겐 土의 압박을 土生金, 金生水로서 살인상생(殺印相生)하여 일간을 구

조하는 金이 용신이고 일간을 조력할 水는 희신이고 식상인 木은 관성을 제압하는 길신의 역할이 애매한 구조이며[315] 火, 土는 불리하다.

이 사주는 정 오행으로 火가 없지만, 火를 用하면 안 된다. 火가 火生土로써 土를 더욱 왕성하게 하면 불리하고 火 자체로도 신약한 壬水 일간, 일간을 돕는 金, 水와 상극이 되니 火는 매우 부담이 큰 오행이다. 따라서 이 사주의 용신 성명학적 작명에서는 단순하게 무존재라는 이유로 火를 사용하면 안 되고 용희신 金,水가 강한 작명이 되어야 한다. 위의 예시를 통해 알 수 있듯이 용신 오행과 무존재 오행이 일치하지 않을 때는 용신 오행을 우선함이 중화와 용신론의 이치에 타당하고 학술적이다.

5) 불용문자, 측자파자론을 주장하는 시류

현재 유행되는 성명 속설 중 시급히 철폐해야 하는 비학술적인 부조리들이 있는데 그중 으뜸 되는 것이 소위 '불용문자론'이다. '불용문자'는 이름에 쓸 수 없다는 한자들인데 용신의 오행이 분명하고 뜻이 긍정적임에도 불용문자로 낙인 되어 사용이 꺼려지는 한자가 다수 있는 실정이다. 필자는 제도권 학자나 재야의 작명가가 합심해서 불용문자를 운운하며 그것만으로 이름이 나쁘다고 말하는 행태를 근절해야 한다고 본다. 물론 『예기(禮記)』에서는 인명에 쓰지 않는 한자에 대한 언급이 있다.

> 자식 이름을 지을 때는 나라의 이름으로 짓지 아니하고 일월의 이름으로 짓지 아니하며 신체에 감추어진 흠으로 짓지 아니하고 산천의 이름으로 짓지 않는다.[316]

그러나 이 말은 중국 봉건시대의 가치관이나 관념이 표출된 것일 뿐, 현대 한국사회의 작명 원칙에 학술적 논거를 제공할 수는 없다.

---

315 일간이 극신약하여 식상제살 이전에 일간 힘이 누출되기 때문이며 甲己 合, 卯戌 合, 寅戌 合 등 合에 의해 식상의 관성 견제가 방해받는 사주 구조이다.

316 『禮記』「曲禮」 上, "名子者, 不以國, 不以日月, 不以隱疾, 不以山川."

용신 성명학의 이치로 보면 오직 한자 자원오행이 한 사람의 사주 안정에 이익이 되는 용희신 여부로 한자 선정 문제를 판단한다. 다시 말해 사주의 강약, 조후, 격국, 합충 등을 분석하여 용희신을 도출한 후, 한자의 자원오행이 사주상의 용희신과 일치하면 좋게 보고 용희신과 상극인 기구신이면 불리하게 보는 것이 용신 성명학의 학술적인 관점이 된다. 그러므로 한자의 뜻이 특별히 불량하지만 않다면 한자의 자원오행과 용희신의 합치 여부로 한자 선정 여부를 판단하여야 한다.

〈표 43〉 불용문자로 분류되는 한자들

可(옳을 가) 甲(첫째천간 갑) 强(굳셀 강) 慶(경사 경) 光(빛 광) 九(아홉 구) 久(오랠 구) 國(나라 국) 菊(국화 국) 貴(귀할 귀) 極(다할 극) 錦(비단 금) 琴(거문고 금) 吉(길할 길) 男(사내 남) 南(남녘 남) 女(여자 녀) 大(큰 대) 德(덕 덕) 挑(돋울 도) 乭(이름 돌) 冬(겨울 동) 東(동녘 동) 童(아이 동) 烈(세찰 열) 蘭(난초 란) 了(마칠 료) 龍(용 룡) 立(설 립) 滿(찰 만) 萬(일만 만) 末(끝 말) 梅(매화 매) 明(밝을 명) 命(목숨 명) 文(글월 문) 美(아름다울 미) 敏(민첩할 민) 培(북돋을 배) 炳(빛날 병) 寶(보배 보) 福(복 복) 富(풍성할 부) 北(북녘 북) 分(나눌 분) 粉(가루 분) 飛(날 비) 絲(실 사) 四(넉 사) 山(뫼 산) 上(윗 상) 常(항상 상) 西(서녘 서) 石(돌 석) 錫(주석 석) 雪(눈 설) 星(별 성) 成(이룰 성) 盛(담을 성) 笑(웃을 소) 昭(밝을 소) 松(소나무 송) 秀(빼어날 수) 壽(목숨 수) 洙(물가 수) 淑(맑을 숙) 順(순할 순) 勝(이길 승) 時(때 시) 是(옳을 시) 植(심을 식) 新(새 신) 信(믿을 신) 實(열매 실) 心(마음 심) 安(편안할 안) 岩(바위 암) 愛(사랑 애) 榮(영화 영) 玉(구슬 옥) 完(완전할 완) 勇(날쌜 용) 雲(구름 운) 元(으뜸 원) 遠(멀 원) 月(달 월) 雨(비 우) 雲(구름 운) 雄(수컷 웅) 留(머무를 유) 銀(은 은) 殷(성할 은) 義(옳을 의) 伊(저 이) 益(더할 익) 仁(어질 인) 寅(범 인) 一(하나 일) 日(날 일) 任(맡길 임) 子(아들 자) 長(길 장) 宰(재상 재) 在(있을 재) 載(실을 재) 裁(마를 재) 栽(심을 재) 哉(어조사 재) 帝(임금 제) 點(점 점) 貞(곧을 정) 政(정사 정) 晶(밝을 정) 精(쌀 정) 柱(기둥 주) 珠(구슬 주) 竹(대 죽) 中(가운데 중) 重(무거울 중) 枝(가지 지) 地(땅 지) 眞(참 진) 珍(보배 진) 進(나아갈 진) 鎭(진압할 진) 鐵(쇠 철) 靑(푸를 청) 初(처음 초) 秋(가을 추) 春(봄 춘) 出(날 출) 忠(충성 충) 平(평평할 평) 風(바람 풍) 豊(풍성할 풍) 兌(바꿀 태) 態(모양 태) 泰(클 태) 夏(여름 하) 香(향기 향) 海(바다 해) 幸(다행 행) 玄(검을 현) 虎(범 호) 好(좋아할 호) 紅(붉을 홍) 花(꽃 화) 孝(효도 효) 勳(공 훈) 輝(빛날 휘) 喜·僖(기쁠 희) 熙(빛날 희) 姬(여자 희)

예를 들어 일부 작명가들이 불용문자로 말하고 있는 明(밝을 명)은 부수가 日(날 일)인 한자로 화성이 강하다. 따라서 火가 용희신인 사주에게는 유익하고 기구신인 사주에게는 불리하다고 보는 것이 학술적 판단이다. 또한 海(바다 해)는 부수가 氵(물 수)로 수성이 강하니 水가 용희신이면 유익하고 기구신이면 불리하다고 보는 것이 타당하다.

明이나 海 같은 한자가 들어가는 이름을 '불용문자가 있는 이름이니 나쁘다.'라고 함부로 속단하여 말하면 안 된다.[317] 물론 死(죽을 사), 姦(간사할 간) 등 뜻이 지나치게 불량한 한

---

317 권익기는 선행 논문(권익기, 앞의 글, 2018, 210쪽)에서 불용문자에 대해 "불용문자는 일부 작명가들의 주장과는 달리 존재하지 않으므로 불용문자에 현혹되지 않아야 한다."고 결론지었다.

자를 인명 한자로 쓰지 않는 것은 타당하다.

그러나 銀(은 은), 珍(보배 진), 宰(재상 재)를 위시하여 위의 〈표 43〉[318]의 한자들에 대해 한자 자원오행과 사주 용신의 비교 검토도 없이 불용문자를 운운하며 불량한 이름이라고 단정 짓는 행태는 성명학의 전문성에 위배되고 학술적 근거도 없으므로 사라져야 할 병폐이다.

또한, 불용문자의 주창자들은 일자다의인 한자의 특성을 간과하고 있다. 한자의 대표적 특징 중 하나는 일자다의(一字多義, 하나의 字가 다수의 뜻으로 사용됨)이다. 한자 하나에 5-30가지의 뜻이 있는데 그중 한 가지 뜻만을 문제 삼고 불용문자를 주장하는 것이다. 뜻이 좋으면 반대로 해석해서 흉하다 하고 뜻이 불량하면 그대로 수용해서 흉하다는 논리의 학술적 근거는 없다.

대다수의 불용한자 주창자들은 한자를 일자일의(一字一義)로 보고 주로 자전 한자들의 상위에 출현하는 뜻으로 불용한자를 주장하곤 하지만 한자의 본의(本義)는 간과한다. 예를 들어 香(향기 향)을 불용문자로 말하면서 '향기'라는 뜻을 곡해하지만, 문자가 만들어지던 상고시대의 사람들에게 햇곡식이나 그것으로 지은 밥이 얼마나 향기로웠고 아름다웠는지를 시사하는 한자 자원에 인식이 있다면 결코 香을 불용한자라고 말하지 못할 것이다.

성명학에서는 원론적으로 불용문자의 개념은 없다. 본명인의 사주를 종합적으로 분석하고 용신을 도출하였을 때, 용신을 상극하는 오행 성을 가진 한자가 바로 사용하면 안 되는 한자이며 그런 한자는 사람마다 다른 것이다. 그래서 작명가에게 요구되는 것은 명리학과 한자에 대한 전문가적 학식과 식견이다.

그러므로 작명 시, 어떤 한자의 용·불용 여부는 오직 용희신과 자원오행의 합치 여부에 따라 정해야 한다. 만인에게 똑같이 불리한 한자는 없다. 불용문자론은 현대사회에서는 학술적 근거가 전무하므로 그런 주장이 소멸되는 것이 타당하다.[319]

---

318 불용문자 주창자들의 불용문자 목록이 개개인마다 다르니 〈표 43〉 이외에도 불용문자로 지정된 한자는 더 있을 것이다.

319 하지만 그 뜻이 매우 흉하거나 불결하여 인명에 사용하기 꺼려지는 '인명 부적합 한자'는 불용문자와 다른 개념으로써 인정해야 한다. 예를 들어 死(죽을 사), 姦(간사할 간), 巳(뱀 사), 病(병 병), 惡(악할 악, 증오할 오), 魔(마귀 마), 鬼(귀신 귀) 등의 한자를 예시할 수 있는데 이런 字들이 대법원 인명용 한자에 포함되니 이런 부분에 대한 대법원 지정 인명 한

한편 일부 작명가는 측자파자(測字破字)론을 쓰기도 한다. 한자가 상하, 좌우로 해체하거나 분리 가능하다면 그런 한자를 인명에 쓰면 흉하다는 논리이다. 예를 들어 好(좋아할 호)는 좌우로 남녀가 갈라지니까 이별을 상징한다는 식으로 말을 만드는데, 들으면 흥미가 생기고 어쩌다 유사 상황이 발생하면 그 말을 타당하게 생각하는 인간 심리에 기초한 논리이다.

조선 중종(中宗) 代에 개혁을 표방했던 조광조(趙光祖)가 축출당할 때, 반대파 훈구세력 홍경주(洪景舟)의 딸인 희빈(熙嬪) 홍씨가 궁궐의 나뭇잎에 꿀로 '주초위왕(走肖爲王)'이라고 써서 벌레들이 갉아 먹어 이 문구가 드러나게 했다는 고사가 유명하다. 趙씨가 왕이 된다는 것인데 趙를 좌우로 분리하면 走肖가 되는 것도 이 원리이다.

唐, 宋 대에 측자파자가 유행하였다. 한자의 모양에 따라 개인의 주관이 담긴 해설로 길흉을 따진다. 예를 들어 承(이를 승)은 手(손 수)가 부수이니 王과 무관했지만, 王 자가 보인다고 王과 연관 지어 예언하거나 과거사를 해석하였다. 이런 식으로 한자 해설을 하던 '측자 학자'들이 있었던 것도 사실이다.

사실 기초 수준의 한자 능력이 있다면 측자파자식 해석은 누구나 가능하다. 예를 들면 正(바를 정)을 一(한 일), 止(그칠 지)로 나누어 '한 번 하고 그만해라.'라고 말하거나 남자에게 男(사내 남)에 田(밭 전)이 있고 田이 十(열 십), 口(입 구)이니 '사내로서 열 사람의 입을 먹여 살려라.'라고 말하면 이것이 측자파자식 해설이 된다.

신유승은 불용문자를 이름에 쓰면 안 되는 이유를 밝힌 최초의 문헌이 『격암유록(格菴遺錄)』이라고 주장하면서 측자파자를 그 근거로 제시하였다.[320] 『격암유록』은 조선 중기, 격암 남사고(南師古, 1509-1571)가 신인(神人)으로부터 전수 받은 것을 기록한 예언서이고 1959년 '이도은'이 필사했으며 현재 일부 종단에서 이 서책의 예언 내용을 포교에 활용하고 있는데, 위서(僞書, 조작한 책)라는 의견이 다수설을 차지한다.

자의 개선이 시급하다.

320 신유승, 『주민등록번호와 이름에 숨겨진 비밀』, 경성라인, 1999, 123-125쪽. 註) 권익기 「한국성명학의 작명관련 비판적 연구」, 동방문화대학원대학교 박사학위논문, 2018, 198쪽에서 재인용하였다.

한자를 육서법으로 살펴보면, 글자들이 결합한 형성문자와 회의문자가 95% 이상임을 알 수 있다. 성명학적 견지에서 보면 절대적 다수를 차지하는 형성문자와 회의문자의 한자들을 이름에 못 쓰게 한다는 것은 이치에 어긋난다. '일자다의'인 한자의 특성을 고려하면, 성명학에서는 한자의 어느 한 가지 뜻보다 자원오행이 더욱 중요하니 측자파자론은 학술적 가치가 빈약하다.

용신 성명학적 관점에서 보면, 한자의 품질은 자원오행과 사주 용신 간 상관성이 중요한 것이다. 그러므로 '측자파자론' 역시 성명학적 작명이론으로 부적합하다.

7. 용신을 적용하는 자원오행 성명학

이상에서 논한 대로 현대인의 '다복한 성명에 대한 기층적 요구'에 대응하기 위해 한자 작명에서 자원오행에 용신을 적용하는 새로운 자원오행 성명학을 제안한다.

1) 용신·성씨 한자 자원오행을 반영하는 오행배열법

앞서 논했듯이 성(姓) 한자도 자원오행을 적용해야 한다. 특히 성을 포함한 성명 전체의 한자 자원오행이 용신 오행의 상생 흐름을 갖도록 배열함을 원칙으로 하되 성씨 한자의 자원오행과 용희신이 상극인 경우는 차선책을 세워야 한다. 또한, 성씨 한자 자원오행을 적용하여 최적의 한자 이름을 짓기 위해서는 무엇보다 사주 명조에서 명리학적인 용희신을 정확하게 도출해야 한다. 이를 전제로 성씨 한자 자원오행의 활용법을 제시한다.

첫째, 성씨 한자의 자원오행 성이 강·중(强·中)일 때의 이름 한자는 성씨 한자와 상생하면서 용신 오행 성이 큰 한자 조합이 되도록 선정하면 최묘(最妙)하다. 예를 들어 木의 자원오행 성이 강한 李(오얏 이)씨의 이름 짓기는 용희신이 木火이면 木火木·木木火, 용희신이 火土이면 木火土, 용희신이 金水이면 木水金, 용희신이 水木이면 木水木·木木水로 자원오행을 배열하면서 오행 성이 큰 한자를 선정한다.

둘째, 용희신의 오행이 모두 성의 한자 자원오행과 상극될 때에는 용희신이 안정되고 중화(中和)에 가까운 사주는 용희신 중 하나는 들어갈 수 있도록 하고 성명 3자의 자원오행을 상생 흐름으로 작명하되 한글 발음오행에서 용신 오행이 더욱 강하도록 작명한다.

셋째, 용신이 미약하거나 사주가 중화에서 멀어진 사주는 성씨 한자의 자원오행과 상극이 되더라도 이름 부분을 용희신의 자원오행이 상생이 되도록 작명한다. 예를 들어 李(오얏이)씨의 이름 짓기에서 만일 용희신이 金土이면 성씨 한자의 자원오행과 용희신이 모두 상극(相剋)이 된다. 이때는 사주 명조에서 용신 오행의 안정성과 중화 여부를 살핀다.

〈표 44〉 용신 성명학의 자원오행 배열법

姓 오행	木火용희신	火土용희신	土金용희신	金水용희신	水木용희신
木	木木火, 木火木, 木火火, 木木木	木火土〉木土火, 木 土土, 木火火	木土金, 木金土, 木金金, 木土土, 용신안정 사주는 木水金, 木火土 도 가능	木水金〉木金水 木金金, 木水水	木水木, 木木水, 木水水, 木木木
火	火木火, 火火木, 火木木, 火火火	火火土, 火土火, 火土土, 火火火	火土金, 火金土, 火土土, 火金金	火金水, 火水金,火 金金, 火水水, 용신 안정 사주는 火土金, 火木水 도 가능	火水木, 火木水, 火水水, 火木木,
土	土火木, 土木火, 土木木, 土火火	土火土, 土土火, 土火火, 土土土	土土金, 土金土, 土金金, 土土土	土金水〉土水金,土 金金, 土水水	土水木, 土木水, 土水水, 土木木 용신안정 사주는 土金水, 土火木 도 가능
金	金木火, 金火木, 金木木, 金火火, 용신안정 사주는 金水木, 金土火 도 가능	金土火〉金火土,金 土土,金火火	金土金, 金金土, 金土土, 金金金	金金水, 金水金, 金 金金, 金水水	金水木〉金木水, 金水水, 金木木
水	水火木〉水木火, 水木木, 水火火	水火土, 水土火, 水土土, 水火火 용신안정 사주는水 木火, 水金土 도 가능	水金土〉水土金, 水金金, 水土土	水水金, 水金水, 水金金, 水水水	水水木, 水木水, 水木木, 水水水

註) ① 木火土〉木土火는 '木火土'가 '木土火'보다 상생 흐름이 있어 더 좋다는 뜻이다. 그리고 '木土火'처럼 성씨와 이름 첫 자의 자원오행이 상극인 오행법도 이름 부분이 용희신의 상생이면 길하다. ② 성씨 한자의 자원오행이 불명·무의미면 이름 부분의 자원오행이 용희신 상생·상조가 되도록 한다.

용신 오행이 안정되고 중화에 가까운 사주이면 용희신 중 하나가 포함되는 木水金이나 木火土오행법을 채택하고 반대로 사주에서 용희신의 오행이 미약하거나 중화에서 멀어진 사주라면 상극을 감안하더라도 木土金이나 木金土로 자원오행을 배열하되 용신의 오행 성이 강한 한자를 선정해야 한다. 이 경우 木土金, 木金土는 이씨(李氏)로서 용희신이 金土인 사주는 길(吉)한 오행법이다. 한자 성명을 쓸 때는 성씨 한자와 이름 첫 자 간 한 칸 '띄어쓰기'가 존재하므로 성씨 한자 자원오행이 이름 한자의 자원오행을 상극하는 힘이 약화한다고 볼 수 있다. 성씨 한자의 자원오행 성이 강(强)·중(中)인 성씨도 이상의 방식에 준하여 한자를 선정해야 한다.

셋째, 성씨 한자 자원오행 성이 무의미(無意味)·불명(不明)일 때는 성씨 한자의 오행에 구애받지 않는 대신 이름 한자는 용희신의 자원오행 성이 강하면서 상생이 되게 선정한다. 예를 들어 성씨 한자의 자원오행 성이 불명인 尹씨의 경우 이름 한자의 자원오행은 용희신이 木火이면 木火·火木으로, 용희신이 火土이면 火土·土火로, 용희신이 土金이면 土金·金土로, 용희신이 金水이면 金水·水金으로, 용희신이 水木이면 水木·木水로써 용희신이 강한 오행 성의 한자를 선정한다.

넷째, 성씨 한자의 자원오행 성이 약한 성씨는 용신이 건실하면 위의 첫째 방식에 준하고 사주의 용신이 중·약하면 위의 셋째 방식에 준하여 이름 한자는 용희신의 자원오행 성이 강하면서 상생되게 선정한다.

다섯째 용신 오행이 나란히 배열하는 상비(相比)배열도 좋다. 예를 들어 용희신이 木火이고 사주 명조에서 木이 충분한데 火가 미약하면 火火, 火가 사주에서 충분한데 木이 미약하면 木木으로 배열해도 좋다.

이상의 논지에 따라 성명의 자원오행의 오행법에 따라 양호함의 정도를 비교 평가하면 ① 이름 부분이 용희신의 상생, 상비이면서 성의 오행과 이름의 오행이 상생, 상비가 되는 이름, ② 성씨 한자의 자원오행과 용희신 오행이 모두 상극이 되거나 성씨 한자의 자원오행이 명확치 않아 이름 부분만 용희신의 상생, 상비인 이름, ③ 성명 3자가 오행상생이고 용희신이 포함되는 이름 중에서 순위를 매길 수 있다.

'①항'이 가장 이상적이며 1순위이고 '①항'이 여러 사정으로 불가할 때만 차선으로 '②항' '③항'을 고려해야 하는데 이 경우는 사주에서 용희신이 미약하면 '②항'이 차순위이고 용희신이 안정되면 '②항' '③항'이 공동으로 차순위가 된다.

  따라서 성명의 자원오행배열은 사주의 용희신을 반영하여 〈표 44〉와 같이 적용하여야 한다. 특히 사주의 분석을 통해 보완이 시급한 용신의 기운이 더 강한 오행법을 맞춤형으로 선정해야 한다. 예를 들어 李氏 성에 용희신이 土, 金이고 용신의 세력이 사주에서 불안정할 때, 李의 자원오행 木과 용신이 모두 상극이니 위의 '②항'에 해당하여 '木金土'나 '木土金'으로 작명하는 것이 좋지만 사주 구성상 金이 안정적이고 특별히 土가 매우 절실하면 木土土, 土가 안정적이고 특별히 金이 매우 절실하면 木金金을 선택할 수 있다.

  자원오행의 용신 적용은 원칙적으로 성 한자의 자원오행을 포함하여 용희신 상생이 가장 좋다. 앞서 논했듯이 무존재 오행과 용신이 일치하지 않을 때는 반드시 용신을 우선적으로 보완해야 한다. 그리고 서로 상극되는 오행이 동시에 용희신이 되는 사주는 상극오행을 중간에서 소통시키는 통관오행을 활용하여 상생으로 작명한다.

  여기서 용신을 적용하는 한자 자원오행 성명학을 예시한다. 용신 성명학의 한자 자원오행의 선정은 위의 〈표 44〉를 참조하면 된다.

| 예시 | ① 火土가 용희신인 사주의 이름을 '김규리'로 희망하면 성(姓)인 김(金)의 한자 자원오행은 金이므로 金과 상생이 되면서 용희신이 강한 상생 오행법에 金土火가 있다. 그러므로 자원오행이 土인 逵(큰길 규)와 자원오행이 火인 俐(영리할 리)를 찾아 '金逵俐'로 하면 한자 자원오행법이 金土火로서 火土의 용희신이 강하고 火生土 土生金의 상생 흐름을 가진 한자 성명이 되어 용신 성명학에 부합된다.

② 金水가 용희신인 사주의 이름을 '이지민'으로 희망하면 성(姓)인 이(李)는 자원오행이 木이므로 木과 상생이 되면서 용희신인 金, 水와 상생인 오행법에 木水金이 있다. 자원오행이 水인 沚(물가 지)와 자원오행이 金인 珉(옥돌 민)을 찾아 작명하면 자원오행법이 木水金으로서 金水의 용희신이 강하고 金生水 水生木의 상생 흐름의 성명으로 용신 성명학에 부합된다.

2) 자원오행 강약(强弱)의 반영

부수의 자원이 갖는 오행 성은 오행 상생법에 입각하여 항렬자로 사용한 한자들의 부수와 오행을 직접 의미하는 부수가 오행 성이 가장 강하다. 차순(次順)으로 부수의 재질과 의미로서 상징하는 오행 성이 강하다. 하지만 오행 성이 미약하거나 없는 부수도 많다.

따라서 논자는 용신의 오행을 내포하고 발산해 줄 한자를 선정할 때에는 한자 자원의 오행 성이 동일한 한자들이라고 해도 내포·발현되는 자원오행 성의 강약이 다를 수 있음에 유의하여 오행 성이 강한 한자를 선정한 후 용신 오행의 상생 배열이 되도록 하는 한자 선정법을 제안한다.

예를 들어 火가 용신으로서 음(音)이 '윤'인 화성(火性)의 한자를 시 중 작명 책에서 선정할 때, 화성을 가진 '윤'은 昀(햇빛 윤), 倫(인륜 윤), 輪(바퀴 윤), 徇(자손 윤), 侖(둥글 윤) 등이 있는데 이들의 부수는 차례대로 日·亻·車·彳·人이다. 이 중에서 자원의 화성이 가장 강한 부수는 태양을 의미하는 日이므로 日을 부수로 하는 昀(햇빛 윤)을 우선적으로 선정하는 것이 현대인의 성명에 대한 기층적 요구에 대응하는 최선의 방법이 된다. 만일 부수에 화성이 없는 輪, 화성이 없고 오히려 토성을 갖는 彳((길을)조금 걸을 척)이 부수인 徇(자손 윤)을 선정하면 용신오행이 미약하거나 없는 배열이 되니 적절치 못하다.

따라서 성명학은 한자 성명의 이름 짓기에 대하여 사주에서 용신을 도출하고 한자 자원오행의 오행 성의 강약을 평가한 후 오행 성이 분명하고 강한 한자를 선정하여 상생 배열한다는 원칙을 확립하여야 한다.

그렇게 되면 성명학이 명리학의 용신론과 한자학의 자원에 기초한 실용학문으로서 성명에 대한 대중의 기층심리에 부응하고 개인과 사회의 발전에 이바지하며 성명학의 사회적 위상이 높아질 수 있다고 사료된다.[321]

---

[321] 이상 용신에 의한 한자 자원오행(字源五行) 성명학은 "이재승·김만태, 「한국 사회 성명문화의 전개 양상에 따른 한자오행법 고찰」, 『인문사회 21』 8(6), 아시아문화학술원, 2017b, 751-765쪽"; "이재승·김만태, 「한국 성씨한자의 자원오행에 대한 고찰」, 『문화와 융합』 40(3), 한국문화융합학회, 2018c, 339-368쪽"; "이재승·김만태, 「작명·개명의 사회적 현상에 따른 성명학의 용신 적용에 대한 고찰」, 『인문사회 21』 8(4), 아시아문화학술원, 2017a, 496-501쪽"의 주요 부분을 발췌·융합·수정하고 인용하였다.

3) 용신 성명학과 호(號) 문화의 융합

주지하다시피 성명은 성(姓)의 한글 오행이나 한자 자원오행이 용신에 부합되면 3자(字)의 오행을, 성(姓)의 오행이 용신에 부합되지 않으면 이름 부분의 2자(字)의 오행만을 적용해야 하는 '제한성'이 엄연히 존재한다.[322] 그러므로 논자는 3자·2자 성명 문화에 의해 성명학이 보완 가능한 오행 수의 제한성 극복 차원에서 한국 성명문화적 정서와 부합되는 '호(號) 문화'를 주목한다.

과거에는 성명 앞에 쓰거나 성명 대신에 호칭이 되어 선비·학자·전문인들의 이상과 자부심을 담았고 경명(敬名) 사상[323]을 내포하였던 '호 문화'는 현대에 이르러 축소되어 정치인, 기업인, 학자 등의 계층에서 제한적으로 잔존한다.

상류층의 우리 조상들은 일생에 여러 호칭을 가지고 있었는데 어렸을 때 지음을 받는 아명[兒名, 관명(冠名)이라고도 함], 관례를 올리는 성년식 때 받는 자(字), 점잖은 자리에서 서로 부르는 아호(雅號) 등이 바로 그것이다.[324]

고인(古人)들은 이름을 중시하여 부모, 스승, 군왕(君王) 이외의 타인이 성인(成人)의 이름을 함부로 부르는 것을 경원하였는데 이를 '경명사상(敬名思想)'이라고 한다. 『예기(禮記)』에서 다음의 말이 나온다.

> 제후가 실정을 하여 관할하던 영지를 잃으면 이름을 부르고, 인륜을 그르쳐 동족을 멸한 경우도 이름을 부른다.[325]

322　이하 용신 성명학의 호문화로의 확장은 "이재승, 「한국의 호(號)문화에 대한 용신(用神)성명학적 고찰」, 『인문사회 21』 10(2), 아시아문화학술원, 2019d"를 수정하고 인용하였다.

323　사람의 본명(本名)을 존중하여 타인이 가급적 부르지 않고 다른 호칭을 부르게 되는 성명문화로 존명(尊名)사상이라고 한다.

324　신용호·강헌규, 『先賢들의 字와 號』, 전통문화연구회, 1997, 183쪽.

325　『禮記』, 曲禮, "諸侯失地名 滅同姓名."

이 말은 제후를 중한 범죄인으로 대우할 때 이름을 부른다는 것으로서, 사람의 이름을 함부로 부르는 것은 그 사람에게는 매우 모욕적인 일임을 시사하고 있다. 또한 '경명 사상'을 자신 스스로에게도 반영하여 특별히 긴요한 경우가 아니면 자신의 이름을 부르지 않았다. 군사부일체(君師父一體) 사상에 의해 부모, 스승, 군왕(君王)이 아닌 사람이 이름을 부르면 결례가 되었는데 군왕도 신하를 호(號)·자(字)로 불러줌으로써 예우함이 미덕이었다.

이러한 경명 사상은 우리나라의 자(字)·호(號) 문화에 큰 영향을 미쳤다. 심경호는 다음과 같이 말하였다.

> 옛사람들은 그 전환의 시기에 새로운 이름으로서의 호를 스스로 짓거나 타인으로부터 지어 받았다. 즉, 태어나서 부여받는 名과 성년이 되면서 갖게 되는 字 이외에도, 삶의 전기를 맞아 號를 지어 가졌으며, 때로는 삶의 여러 단계마다 새로운 號를 짓기도 하였다. 그리고 서재와 같은 일상의 거처에 특별한 이름을 붙여 스스로 경계하는 뜻을 드러냈다. 이것을 室號·齋號·軒號·堂號라고 한다. 본집의 지명을 붙여 시집온 여자나 장가든 남자를 친근하게 부르는 것을 宅號라고 한다. 국가적인 공적을 세운 인물에 대해서는 국가에서 특별히 諡號를 내려 '이름을 바꾸어' 주었다.[326]

따라서 경명사상(敬名思想)에 의하여 공식적인 이름, 즉 관명(冠名, 현대적 의미의 성명)의 호칭을 경원하니 호·자 등 다른 종류의 이름이 많아졌으며 호·자로 호칭하는 것은 상대방에 대한 존중의 표시이자 배려였다.

호는 본명인 관명이 아닌 별명(別名)이란 뜻으로 별호라고도 하는데 광의로 보면 아호(雅號)와 자호(自號), 당호(堂號), 택호(宅號), 시호(諡號) 등이 모두 호에 포함될 수 있다.[327]

---

326 심경호, 「이름과 호의 한자문화」, 『언어연구』 46(3), 2018, 343-367쪽.

327 권익기, 앞의 글, 2018, 46쪽.

종류	내용	비고
아명(兒名)	어릴 때 부르는 이름	개똥, 막동, 도야지
관명(冠名)	관례를 치르고 받는 이름, 호적이나 족보에 오르는 이름, 본명(本名)이라고 함	경호, 명천, 덕재, 한림
자(字)	스승이나 집안 어른이 지어주는 이름, 관명과 뜻이나 발음이 유사	
호(號)	본인 스스로 짓거나 지인이 지어주는 이름, 취미, 성격, 인생관, 고향 등 반영	삼봉(三峰), 연암(燕巖), 남명(南溟), 다산(茶山), 퇴계(退溪)
시호(諡號)	공을 세운 사람의 생전 업적에 따라 임금이 내리는 이름	충무공(忠武公), 문선공(文宣公)
묘호(廟號)	왕이 죽은 후에 왕의 업적에 따라 짓는 이름	세종(世宗), 영조(英祖), 정조(正祖), 연산군(燕山君)
택호(宅號)	여자가 혼인하고 나서 출신지에 따라 짓는 이름이나 집을 짓고 집에 붙이는 이름	충주댁, 충선당(忠善堂)
당호(堂號)	그 사람이 거처하는 집에 따라 짓는 이름	신사임당(申師任堂), 여유당(與猶堂)
법명(法名)	출가한 스님의 이름, 일반인이 수계를 받고 받는 이름	원효(元曉), 지눌(知訥), 무학(無學)
기명(妓名)	기생이 본명 대신 사용한 이름	매월, 황진이
휘자(諱字)	돌아가신 어른의 생전 이름	이성계(李成桂), 이방과(李芳果), 이도(李祹)
별명(別名)	외모나 성격 등을 바탕으로 남이 이름 대신 부르는 이름	여시, 키다리

고인(古人)들은 호를 널리 사용하였다. 특히 문인들은 자신의 문학 활동에 아호(雅號)를 사용하였다. 호 문화는 당나라 때부터 본격 유행하여[329] 남송 때는 지식인이라면 거의 모두가 호를 사용하였다.[330]

---

328 이 표는 (박상원, 「한국인 이름의 권력·세대·운명에 관한 연구」, 성균관대학교 일반대학원 박사학위논문, 2021, 44쪽)의 표를 인용·수정하여 작성하였다.

329 "杜甫는 檢校工部員外郎을 지냈으므로 杜工部로 부르고, 韓愈는 명문 귀족의 지망인 昌黎를 사용하여 韓昌黎라고 자칭하였다. 단, 당나라 사람들은 排行을 존중하여, 관직이 높아도 집안의 항렬을 일컬었다. 白居易는 白二十二, 元稹은 元九라는 식이었다. 간혹 排行과 官職을 함께 부르기도 하였다. 李紳을 李二十侍郎으로 부른 것이 그 예이다. 한편, 李白은 靑蓮, 靑蓮居士, 杜甫는 杜陵, 杜陵布衣, 杜陵野老, 杜陵野客이라고 자칭하였는데, 자호로 볼 수 없다는 설도 있다." 심경호, 위의 글, 2018, 352쪽.

330 심경호, 위의 글, 2018, 345쪽.

우리나라에서는 원효(元曉, 617-686)가 소성거사(小性居士)[331]라는 호를 쓴 사실에 비추어 볼 때 삼국시대부터 호가 사용된 것으로 보인다.[332] 고려 중엽 이후 관료·문인·지식층이 형성되면서 호를 사용하는 풍조가 만연하였는데 이후 고려 시대를 거쳐 조선 시대에 이르러는 사대부만이 아니라 독서, 지식인층이 거의 모두 호를 지녔다.[333]

호에는 호가 갖는 의미, 호를 짓는 의도나 기원 등을 담았다. 작호의 배경이나 동기에 따라 작호의 유형들이 다수 정립되었는데 이규보(李奎報, 1168-1241)는 『동국이상국집(東國李相國集)』에서 작호의 법칙을 논하였다.

> 옛사람 중에 호(號)로서 명(名)을 대신하는 사람이 많았다. 거처를 따라서 호를 정하기도 하고 자신이 간직한 것을 근거로 하기도 하거나 얻은 바의 실상을 호로 한 자(者)도 있었다.[334]

이규보는 작호의 유형을 자신이 거처한 곳의 이름인 '소거(所居)', 자신이 간직하거나 좋아하는 사물을 담은 '소축(所蓄)', 자신이 살아오면서 깨달은 바나 지향점에 대한 의지를 담은 '소득(所得)'으로 분류했다.

신용호는 여기에 자신이 처한 상황이나 처지를 대변하여 호를 짓는 '소우(所遇)'를 보태어 4가지로 분류하였고[335] 한정주는 이상에 자신의 용모나 신체적 특징을 빌려 작호하는 '소용(所容)', 자신이 존경하거나 본받고 싶은 인물에서 호를 찾는 '소인(所人)', 자신 일이나 직업에서 호를 찾는 '소직(所職)', 옛 서적이나 문헌에서 호를 찾는 '소전(所典)' 등을 다시

---

331 『三國史記』卷四十六「列傳」第六, "薛聰, 字聰智. 祖談捺奈麻. 父元曉, 初爲桑門, 掩該佛書, 旣而返本, 自號小性居士."

332 권익기, 앞의 글, 2019, 46쪽.

333 심경호, 앞의 글, 2018, 352쪽.

334 李奎報, 『東國李相國集』, 白雲居士語錄, "古之人 以號代名者多矣, 有就所居而號之者. 有因其所蓄, 或以其所得之寶而號之者."

335 신용호·강헌규, 위의 책, 1997, 88쪽.

추가하여 8가지로 분류하였다.[336]

〈표 46〉 작호 유형과 실례

작호(作號) 유형	예시
소거(所居): 자신이 거처한 곳	한호: 石峰(석봉산 아래에 거처함) 유성룡: 西厓(고향, 하회마을 서쪽 언덕) 이승만: 雩南(남산 아래의 우수현 남쪽) 이수광: 芝峯(동대문 밖, 지봉 아래 거처) 정주영: 峨山(고향마을 地名인 峨山리) 김대중: 後廣(고향마을 地名인 後廣리)
소축(所蓄): 간직하고 선호하는 사물	성삼문: 梅竹軒(매화, 대나무의 기질 흠모), 박팽년: 醉琴軒(가야금에 취하다) 유금: 幾何(기하학을 좋아함) * 유득공의 숙부
소득(所得): 깨달음이나 지향점	이색: 牧隱[은일(隱逸), 숨어 삶]의 동경 정인지: 學易齋(주역의 이치를 궁구함) 성현: 慵齋(게으름을 조롱하여 경계함)
소우(所遇): 자신의 상황이나 처지	곽재우: 忘憂堂(귀향 갔다 온 근심의 망각) 권율: 晚翠堂(늙었으나 푸르른 삶) 조준: 吁齋(세상을 근심하는 심정)
소용(所容): 자신의 용모, 신체적 특징	정약용: 三眉字(눈썹 쪽의 천연두 자국) 권근: 小烏子(유난히 검은 자신의 얼굴)
소인(所人): 존경하는 위인, 스승	신사임당: 師任堂(周 문왕의 母, 太壬을 본받음) 안향: 晦軒('주자'의 號, 晦庵에서 따옴) 박태준: 靑巖(이병철 號, 湖巖에서 따옴)
소직(所職): 자신의 일이나 직업	김정희: 秋史(금석역사가라는 직업) 최북: 毫生子(붓을 쓰는 화가의 직업) 김정호: 古山子(옛 산을 다님, 地圖 제작가) 안견: 朱耕(작품에 인주를 찍는 화가)
소전(所典): 서적이나 문헌	송순: 俛仰亭(『맹자』를 취함) 조식: 南冥(『장자』를 취함) 윤두서: 恭齋(『중용』를 취함)

　　호는 원래 높은 학식이나 관록, 덕망을 가진 명사의 이름을 함부로 부르지 않기 위해 사용되었지만, 조선 후기에는 입신양명(立身揚名)을 이루지 못한 사람도 공명심에 의해 호를 갖는 문화가 보편화되었다. 특히 단원(檀園, 화가, 김홍도의 호) 등 중인들도 자신의 전문성과 명예를 나타내기 위해 호를 사용하였다.

　　본명(本名)은 오직 하나지만 호는 상황에 따라서 작호(作號)하였다. 알려진 것만 해도 300

336　한정주, 『호, 조선선비의 자존심』, 다산북스, 2015, 607쪽.

여 개가 되는 김정희(金正喜, 1786-1856)는 추사(秋史), 완당(阮堂), 노완(老阮), 승설(勝雪), 동방유일사(東方有一士), 금강(琴江), 월성(月城), 노련(老蓮) 등의 많은 호를 사용한 대표적 인물이다.[337]

현대에는 학자, 문인, 예술가, 기업가, 정치인 등이 호를 사용하지만 제한적인 추세이다. 그러나 호 사용의 철학적 기반이 되었던 '경명 사상'은 현대에 전승되어 대중(大衆)이 공유해도 좋은 인간 존중의 철학이므로 계승이 필요한 전통문화의 한 요소라고 사료한다.

자(字)는 약 15-20세에 관례(冠禮, 상투를 올리는 성년식)를 치르고 나서 본명을 대신해서 부르는 이름인데 사람의 이름을 귀하게 여기고 공경했으므로 지인들이 함부로 이름을 부르지 못하도록 하기 위해 자를 지은 후, 자를 부르게 했다.[338]

그러나 현대사회에서는 상투를 올리는 성년식을 의미하는 관례는 문화적으로 계승하거나 되살리기 어려운 환경임을 감안하여 자 문화는 정신만 계승하고 호 문화에 편입시켜 일원화하는 것이 이치에 맞다.

명리학에 기초한 성명학적 견지에서의 '작호'는 '경명 사상'을 전승하고 실천하는 차원이어야 한다. 그러나 작호의 배경이나 유형은 앞 장에서 논한 전통적 작호의 8가지 유형을 고수할 필요는 없다. 작호 대상자의 사주 명조를 분석하여 사주의 중화를 이루어 오복(五福)[339]의 증진에 관계하는 용희신(用喜神)을 도출하고 한글 오행과 한자 자원오행에서 용희신이 강하게 호를 짓는다.

성명학적인 작호를 앞 장의 전통적 작호 유형에 맞게 논자가 정의하여 명명하면 '소복(所福)'이 되겠다. 즉 '자신의 복(福)을 지키고 불러주는 아호'라는 개념의 성명학적 의미인

---

337 김은미(1998), 「추사 김정희의 호에 대한 연구」, 원광대학교 대학원 석사학위논문, 1998, 61-64쪽.

338 한정주, 위의 책, 2015, 597쪽.

339 『書經』의 「洪範」에서는 오복을 상류층의 학자, 정치가 입장에서 언급하였다. "五福, 一曰壽, 二曰富, 三曰康寧, 巳曰攸好德, 五曰考終命"이라 하여 수명, 부귀, 건강, 덕망과 선행, 깨끗한 임종 등을 말한다. 그러나 청대의 적호(翟灝, 1736-1788)가 쓴 『通俗編』에서는 攸好德이 貴(귀한 신분), 考終命이 子孫衆多(자손의 번영)로 바뀌어 있는데 이는 일반 대중의 시각을 반영한 것이다. 필자는 현대적 의미의 오복을 건강장수, 부귀재복, 가정행복, 지위·명예, 말년평안(좋은 자식 포함)이라고 본다. 이는 현대인의 자아실현에 대한 소원을 담은 것이며 명리·성명학적 견지의 용신·성명에 의한 개운론을 반영한 것이다.

'소복(所福)'이다. 명리학의 용신론에 기초하고 사람의 호칭의 일부인 아호에 적용하여 용신의 개운 이론, 즉 운명 개척의 일환으로써 활용하는 취지를 갖는 작호 유형이다.

한국의 성명은 2·3자 성명이 대다수이므로 성명학적인 오행의 보완 수량은 '제한성'이 존재한다. 그러므로 아호를 용신 성명학적으로 작호하여 일생 동안 친애하는 이들이 불러주는 호칭이나 성명 앞에 게시하는 용도로 사용하면 위에서 말한 '제한성'을 상당히 극복함으로써 '소복(所福)'의 목적에 부합될 뿐만 아니라 '경명 사상'의 계승적 차원에서도 바람직한 일이라고 사료된다.

'소복(所福)'이라는 성명학적 작호 유형의 목적을 달성하기 위해서 맨 먼저 사주 명조를 분석하여 용희신을 도출하고 다음으로 한글 오행법에 입각하여 호의 한글 부분을 용희신 오행이 강하게 짓는데 초성, 중성, 종성을 30:40:30으로 적용한다. 그리고 ㅐ, ㅖ 등 복모음의 ㅣ는 土를 적용하여 모음 점수를 반분한다. 예를 들어 ㅐ는 ㅏ(木 20), ㅣ(土 20)로 한다. 만일 종성(받침)이 없으면 종성의 점수 30을 초성에 합산한다.

〈표 47〉 한글 자모음의 오행 (〈표 33〉 재예시)

오행	목	화	토	금	수
자음	ㄱㅋ	ㄴㄷㄹㅌ	ㅁㅂㅍ	ㅅㅈㅊ	ㅇㅎ
기본 모음	ㅏㅕ	ㅜㅛ	ㅡㅣ	ㅓㅑ	ㅗㅠ
추가 모음	ㅐㅖ	ㅝ	ㅢ	ㅔㅒ	ㅚ
기타	ㅘㅙ(수목)　ㅝㅞ(화금)				

이어서 한자 자원오행이 용희신의 오행 성이 강하고 오행상생 하도록 한자를 선정한다. 용희신 중 하나가 극도로 취약한 사주는 그 오행의 상비적 구조, 즉 木木·火火·水水·金金·土土의 오행 배열법도 쓸 수 있다. 지금부터 용신을 활용한 성명학적 작호를 예시한다.

작호 예 1	용희신이 木火일 때

먼저 木火의 자음 ㄱ,ㅋ,ㄴ,ㄷ,ㄹ,ㅌ과 모음 ㅏ,ㅕ,ㅐ,ㅖ,ㅜ,ㅛ가 주된 성분이 되는 한글명을 '대교'라고 지어보면 ㄷ(火 60, 종성이 없으니 종성 점수를 초성에 편입), ㅐ(木 20, 土 20), ㄱ(木 60, 종성이 없으니 종성 점수를 초성에 편입), ㅛ(火 40)이 되니 종합하면 木 80, 火 100, 土 20으로 한글 부문에 木, 火가 강하다. 이어서 木性·火性의 한자로 旲(햇빛 대), 橋(다리 교)를 찾으면 부수가 각각 日(火性 强), 木(木性 强)이 되어 한자 자원오행이 용희신 火, 木으로 木火상생이 되니 작호 대상자의 '소복(所福)'에 용신 성명학적으로 적합한 호가 된다.

작호 예 2	용희신이 火土일 때

먼저 火土의 자음 ㄴ,ㄷ,ㄹ,ㅌ,ㅁ,ㅂ,ㅍ과 모음 ㅜ,ㅛ,ㅡ,ㅢ,ㅣ가 주된 성분이 되는 한글명을 '태림'이라고 지어보면 ㅌ(火 60, 종성이 없으니 점수를 초성에 편입), ㅐ(木 20, 土 20), ㄹ(火 30), ㅣ(土 40), ㅁ(土 30)이 되니 종합하면 火 90, 土 90, 木 20이므로 한글 부문에 火, 土가 강하다. 이어서 土性·火性 한자를 埭(둑 태), 晽(알고자 할 림)을 찾으면 부수가 각각 土[土性 强], 日[火性 强]이 되어 한자 자원오행이 용희신 土, 火로 火土상생이 되니 '소복(所福)'에 용신 성명학적으로 기여할 수 있는 호가 된다.

용신이 土金, 金水, 水木인 사주들도 위의 예시의 방식대로 진행하면 된다. 논자가 보기에도 한글 오행, 한자 자원오행을 모두 용희신이 강하게 작호하는 것은 쉽지만은 않다.

그러나 애써 그렇게 하면 아호의 용신 성명학적 가치는 높다고 본다. 아호를 '소복'이라는 작호 유형을 기준으로 용신 성명학적으로 평(評)하면 ① 한글 오행, 한자 자원오행이 모두 용희신이 강한 호, ② 한글 오행에 용희신이 강하지는 않으나 대체로 포함되고 한자 자원오행이 용희신이 강한 호, ③ 한글 오행에 용희신 기운이 약하고 한자 자원오행에서 용희신이 강한 호 순서로 사주 명리의 용신과 적합한 호의 등위(等位)를 매길 수 있다. 따라서 논자는 '소복(所福)'의 취지에 따라 한글 오행, 한자 자원오행이 모두 용희신이 강한 호를 으뜸으로 평가한다.

논자는 이 논문의 용신 성명학적인 호 연구가 '경명 사상'을 전승하고 명리·성명학에 기초한 호(號) 문화의 중흥의 계기를 마련하여 성명학이 인간 존중과 자아실현에 공헌하는 학문으로 발전하는 데 기여하기를 바란다.[340]

8. 용신 성명학 한자 부문의 십성과 명의(名義)[341]

필자는 선행연구[342]에서 명리학의 주요한 이론인 용신론(用神論)을 작명에 활용하는 용신(用神) 성명학을 연구하였다. 용신이란 '사주 명조의 중화(中和)나 안정을 실현하는 역할을 통해 사주 당사자의 행운과 복을 유지하고 발달에 관여하는 간지 오행'을 말하는 명리학적 개념이다. 용신은 사주 당사자가 행운과 발전을 누리는 데 있어서 반드시 필요한 기운이기 때문에 사주 원국이나 대운, 세운의 흐름에서 용신의 왕쇠(旺衰)가 부귀빈천, 길흉화복(吉凶禍福), 육친(六親, 부모, 형제, 배우자, 자식 등 가족관계), 운로(運路)의 길흉요수(吉凶夭壽)를 판단하는 기준이 된다.[343]

김만태는 용신 성명학에 대해 "사주(四柱)를 분석하여 후천적으로 보완할 음양오행의 글자, 즉 용신(用神)을 분석한 다음 발음오행·자원오행 등으로 보완하는 작명법이다. 현존하는 작명법들 중에서 가장 종합적이며 전문적이다."[344]라 하였다.

---

340 이상 용신 성명학의 호 문화로의 확장은 "이재승, 「한국의 호(號)문화에 대한 용신(用神) 성명학적 고찰」, 『인문사회 21』 10(2), 아시아문화학술원, 2019d"를 수정·인용하였다.

341 V장 8절의 연구는 이재승(2020b), 「용신성명학의 한자부분에서 십성의 적용에 대한 고찰」, 원광대학교 원불교사상연구원, 85, 2020b를 수정 보완하겠다.

342 이재승·김만태, 「한국 사회 성명문화의 전개 양상에 따른 한자오행법 고찰」, 『인문사회 21』 8권6호, 아시아문화학술원, 2017; 이재승·김만태, 「한국 성씨한자의 자원오행에 대한 고찰」, 『문화와 융합』 40권 3호, 한국문화융합학회, 2018a; 이재승, 「사주명조의 계량화와 성명학적 용신법 고찰-내격사주를 중심으로」,, 『동방문화와 사상』 6집, 2019a; 이재승, 「성명학에서 한글 오행의 적용의 난제(難題)에 대한 해결적 고찰」, 『인문사회 21』 10권1호, 2019b; 이재승, 「한국의 호(號)문화에 대한 용신(用神)성명학적 고찰」, 『인문사회 21』 10권6호, 2019c; 이재승, 「명리학의 용신에 의한 성명학 연구」, 동방문화대학원대학교 박사학위논문, 2019d.

343 유경진, 「명리학 용신 도출의 방법론에 관한 연구」, 동방대학원대학교 박사학위논문, 2008, 11-13쪽.

344 김만태, 『한국 성명학 신해』, 서울: 좋은땅, 2016, 38-39쪽.

필자는 용신 성명학의 학제적 기반이 되는 주요 분야를 성명학적 용신론, 용신의 한글 모자음(母子音) 오행을 적용하는 한글 성명학, 용신을 한자에 적용하는 자원오행 성명학 등으로 보고 선행논문들에서 용신 성명학의 체계를 확립하고자 하는 연구를 종합적으로 진행하였으나 이 분야에 대한 선행연구의 부재 등 다수의 난관과 한계가 있었다.

특히 용신 성명학의 한자 부문에서는 십성(十星) 이론이 동양학의 범주 중 명리학에서 특화되었고 사주명리 해석의 핵심 이론임에도 불구하고 한자 자원오행에 십성 이론을 융합하고 활용하는 연구를 시행하지 못한 부분이 주된 한계였다고 사료한다. 그러므로 본 논문에서는 선행논문의 보완적 연구를 통해 성명학의 한자 부문에서 자원오행과 십성을 융합하고 행운(行運)과 명의(名意)에 적용하는 연구를 시행하고자 한다.

1) 한자 자원의 음양오행과 천간

이 장에서는 용신 성명학의 기반 위에서 한자 자원오행과 십성을 융합한다. 십성을 정하려면 음양(陰陽)이 필요하다. 앞 장에서 논하였듯이 한자의 음양을 획수가 아니라 자원(字源)의 본질로 정해야 한다. 그리고 인간의 가공물(加工物)을 뜻하는 자원을 가진 부수는 음양을 정하기가 모호할 수도 있다는 점도 고려해야 한다. 이 장에서는 자원오행의 음양을 살피고 이어서 자원오행과 십성의 융합 연구를 시행하겠다.

(1) 木 오행

양목(陽木)인 갑목(甲木)에 대해 『적천수(滴天隨)』는 "갑목은 하늘을 찌르듯 높이 솟으며 (…) 땅이 윤택하고 하늘이 화창하면 뿌리를 박고 천년을 간다."[345]고 하였다. 갑목의 물상은 '큰 나무'이다. 그러므로 갑목과 상관성이 큰 자원을 갖는 부수는 '木'이며 논자는 앞 장에서 선행논문을 인용하여 부수 木의 자원을 '木强'으로 분류하였다.

---

345 任鐵樵 增注, 袁樹珊 選輯, 『滴天隨闡微』, 臺北: 武陵出版有限公司, 1997, 26쪽, 〈天干〉, "甲木參天, (…) 地潤天和, 植立千古."

한자학자 하영삼은 부수 木을 "상형, 줄기를 중심으로 잘 뻗은 나무와 뿌리를 그려 '나무'를 형상했다. 木이 두 개가 중첩되면 林(수풀 림)이고 세 개가 중첩되면 森(나무빽빽할 삼)이다."[346]라 하였다. 『소전(小篆)』에서는 "수목(樹木)을 칭한다. 상형이다."[347]라 하였다. 따라서 부수 木의 자원은 '큰 나무'와 관계있으니 갑목(甲木)과 상관성이 있다. 그러므로 木이 용신이고 양목의 기운이 필요하다고 판단되는 사주의 한자명은 木이 부수인 柱·株·柔·柳·校 등의 한자를 선정하면 된다.

음목(陰木)인 을목(乙木)에 대해 『설문해자(說文解字)』는 "乙은 봄의 초목이 굽어지고 또 굽어져 나오는 모습이다. 음기가 강하게 남아 있어 꼬불꼬불 나오니 뚫는다는 뜻도 있다."[348]라 하였다. 따라서 을목은 음목으로서 '화초'의 모습이니 이와 상관이 큰 자원을 갖는 부수는 ++(풀 초)이다.

++의 본자(本字)는 艸이다. 하영삼은 艸에 대해 "갑골문자에서 屮(싹 철)이 둘 모인 모습이다. (…) '금문'부터는 소리부에 早(새벽 조)을 더해 草가 되었는데 단독으로 쓰일 때는 草, 다른 글자와 결합할 때는 艸로 쓰였다. (…) 풀의 총칭은 물론 구체적 명칭이다."[349]라 하였다. 『소전』에서는 "온갖 풀이다. (…) 본래 초목이 '처음 나옴'이라고 풀이한다."[350]라 하였다. 따라서 艸은 을목과 관계있으며 논자는 앞 장에서 선행논문을 인용하여 부수 ++의 자원을 '木强'으로 분류하였다.

그러므로 木이 용신이고 음목의 기운이 필요하다고 판단되는 사주의 한자명은 ++가 부수인 蘭·芝·蕺·茶·葰 등의 한자를 선정하면 된다.[351] 또한 禾(벼 화)도 乙木의 부수로 볼 수

---

346 하영삼, 『한자어원사전』, 서울: 도서출판3, 2014, 238쪽.

347 『小篆』, "卽樹木之稱, 象形."

348 許愼 撰, 段玉裁 注, 『說文解字注』, 上海: 上海古籍出版社, 1988, 十四篇下, 740쪽, "乙象春艸木, 冤曲而出. 陰气尙彊, 其出乙乙也. 與丨同意."

349 하영삼, 위의 책, 650쪽.

350 『小篆』, "卽樹木之稱, 象形百卉也. (…) 本作草本草生解."

351 시중 일부 작명가가 쓴 책에서 ++가 부수인 한자에 대해 '자의가 약하다.'라는 이유로 불용(不用)한자, 불길(不吉)문자를 말하는 부분들이 있다. 이에 따르면 사주에서 乙木이 무조건 약하다는 논리가 생기므로 옳지 않다.

있으므로 乙木의 기운이 필요하다고 판단되는 사주의 한자명은 稻·積·秀·科 등 禾가 부수인 한자를 선정할 수 있다.

(2) 火 오행

양화(陽火)인 병화(丙火)에 대해 『예기(禮記)』의 월령(月令)에서는 "병은 빛나는 것이니 여름에 모든 물건이 강대해져서 빛나게 보이는 것이다."[352]라 하였다. 병화는 양화로서 '태양'의 물상이다. 그러므로 병화와 상관성이 큰 자원을 갖는 부수는 '日(날 일)'이며 논자는 앞 장에서 선행논문을 인용하여 부수 '日'의 자원을 '火强'으로 분류하였다.

하영삼은 부수 日에 대해 "상형, 태양을 그렸는데 중간의 점이 특징이다. 이를 흑점으로도 보는데 (···) 인류가 볼 수 있는 강한 빛과 만물을 생장하게 하는 무한한 에너지를 가졌다."[353]라 하였다. 『소전』에서도 부수 日에 대해 "태양의 칭호이다. 상형이다."[354]라고 하였다. 그러므로 火가 용신이고 양화의 기운이 더 필요하다고 판단되는 사주의 한자명은 日이 부수인 旿·暘·曛·旦·昊 등의 한자를 선정하면 된다.

음화(陰火)인 정화(丁火)에 대해 『적천수』에서는 "정화(丁火)는 유(柔)한 가운데에서도 내성(內性)은 밝게 빛나는 것이다."[355]라고 하였다. 음화는 촛불 등 사람이 피운 불의 물상이니 이에 가장 부합되는 자원을 갖는 부수는 '火·灬(불 화)'이며 논자는 앞 장에서 선행논문을 인용하여 부수 火의 자원을 '火强'으로 분류하였다. 『소전』에서는 부수 火에 대해 "불타오름이다. 불탐의 모양이 아래가 넓고 위가 뾰족한 모양을 본떴다."[356]라 하였다.

그러므로 火가 용신이고 음화의 기운이 더 필요하다고 판단되는 사주의 한자명은 火가 부수인 炫·炤·然·燃·炡 등의 한자를 선정하면 된다. 또한 赤(붉을 적)은 하영삼이 "갑골문에

---

352 『禮記』, "丙者炳也, 夏時萬物强大, 炳然著見也."

353 하영삼, 위의 책, 524쪽.

354 『小篆』, "卽太陽之稱, 象形."

355 任鐵樵 增注, 袁樹珊 選輯, 『滴天隨闡微』, 臺北: 武陵出版有限公司, 1997, 30쪽, 〈天干〉, "丁火柔中, 內性昭融."

356 『小篆』, "炎而上, 象火下活上銳之形."

서 大와 火로 구성되어 큰 불을 피우는 모습"[357]이라고 하였음을 참조하면 자원이 음화이다. 그러므로 赤이 부수인 赫·赧 등의 한자는 화가 용신일 때 음화를 보완할 수 있다.

한편 『설문해자』는 "丁은 丙 다음이고 사람의 심장을 본뜬 것이다."[358]라 하였으니 '心·忄(마음 심)'도 자원이 음화라고 볼 수 있다. 그러므로 恩·怡·惠 등의 한자는 화가 용신이며 음화를 보완할 때 쓸 수 있다.

(3) 土 오행

양토(陽土)인 무토(戊土)를 『적천수』는 "무토는 굳고 무거우니 그 자체로 이미 중앙에 거하면 올바른 기품이 있다."[359]고 하였다. 무토는 '흙산' 또는 '높은 땅'의 물상이니 무토와 상관성이 큰 자원을 갖는 부수는 '山(뫼 산)'이며 논자는 앞 장에서 선행논문을 인용하여 부수 '山'의 자원을 '土强'으로 분류하였다.

하영삼은 山에 대해 "상형, 갑골문에서 세 개의 산봉우리를 그려 연이어진 산의 모습을 그려냈다."[360]고 하였다. 그러므로 土가 용신이고 양토의 기운이 더 필요하다고 판단되는 사주의 한자명은 山이 부수인 峻·島·岩·岸·岷 등의 한자를 선정하면 된다.

음토(陰火)인 기토(己土)를 『적천수』는 "기토는 낮고 습하며 바르게 쌓아서 거둔다."[361]라 하였다. 기토는 '밭이나 낮은 땅'의 물상이니 기토와 상관성이 큰 자원을 갖는 부수는 '土(흙 토)'이며 논자는 앞 장에서 선행논문을 인용하여 부수 土의 자원을 '土强'으로 분류하였다.

『소전』에서는 부수 土에 대해 "땅이 모든 물건을 토해 내는 것이다."[362]라 하였다. 하영

---

357 하영삼, 위의 책, 553쪽.

358 許愼 撰, 段玉裁 注, 『說文解字注』, 上海: 上海古籍出版社, 1988, 十四篇下, 740쪽, "丁承丙, 象人心."

359 任鐵樵 增注, 袁樹珊 選輯, 『滴天隨闡微』, 臺北: 武陵出版有限公司, 1997, 31쪽, 〈天干〉, "戊土固重, 既中且正."

360 하영삼, 위의 책, 327쪽.

361 任鐵樵 增注, 袁樹珊 選輯, 『滴天隨闡微』, 臺北: 武陵出版有限公司, 1997, 32쪽, 〈天干〉, "己土卑濕, 中正蓄藏."

362 『小篆』, "地之土生萬物者也."

삼은 "상형, 갑골문에서 땅 위에 뭉쳐 세워놓은 흙의 모습으로 흙, 토지, 대지 등의 뜻을 그렸다."[363]라 하였다. 그러므로 오행 중 土가 용신이고 음토의 기운이 더 필요하다고 판단되는 사주의 한자명은 土가 부수인 埈·坤·型·城·培 등의 한자류(類)를 선정하면 된다. 또한 田(밭 전)도 기토에 해당하니 田이 부수인 畯·界·町류의 한자도 음토의 보완이 가능하다.

(4) 金 오행

양금(陽金)인 경금(庚金)을 『적천수』에서는 "경금은 살기를 띠고 있으며 가장 강건(剛健)하다."[364]라 하였다. 경금은 '무쇠'에 해당하는 물상이니 경금과 상관성이 큰 자원을 갖는 부수는 '金(쇠 금)'이며 논자는 앞 장에서 선행논문을 인용하여 부수 金의 자원을 '金强'으로 분류하였다.

하영삼은 부수 金에 대해 "상형, 금문에서 청동기를 제조하는 거푸집을 그렸는데 양쪽의 두 점은 청동의 재료인 원석을 상징한다. (…) 철이 등장했을 때 '쇠'의 통칭으로, 나아가 값비싼 금속, 황금, 현금까지 뜻하게 되었다."[365]라 하였다. 金이 용신이고 양금의 기운이 더 필요하다고 판단되는 사주의 한자명은 金이 부수인 鐵·錫·鎭·銘·銳 등의 한자를 선정하면 된다.

음금(陰火)인 신금(辛金)을 『설문해자』는 "辛은 가을철에 만물이 여물고 단단해지며 결실이 맺히는 모양이다."[366]라 하였다. 신금은 '돌, 보석'의 물상이니 신금과 상관성이 큰 자원을 갖는 부수는 '石(돌 석)'과 '玉·王(구슬 옥)'이며 논자는 앞 장에서 선행논문을 인용하여 부수 '石·玉·王'의 자원을 '金强'으로 분류하였다.

소전(小篆)에서는 부수 石에 대해 "산돌이다. (…) 돌덩이를 일컫는다. 상형이다."[367]라 하

---

363 하영삼, 위의 책, 692쪽.

364 任鐵樵 增注, 袁樹珊 選輯, 『滴天隨闡微』, 臺北: 武陵出版有限公司, 1997, 32쪽, 〈天干〉, "庚金帶煞, 剛健爲最."

365 하영삼, 위의 책, 108쪽.

366 許愼 撰, 段玉裁 注, 『說文解字注』, 上海: 上海古籍出版社, 1988, 十四篇下, 741쪽.

367 『小篆』, "山石也,(…) 乃石塊之稱, 象形."

였다. 金이 용신이고 음금의 기운이 더 필요하다고 판단되는 사주 당사자의 한자 성명은 石이 부수인 研·硯·矸·碩·磨 등의 한자를 선정하면 된다. 또한 玉·王(구슬 옥)에 대해서 하영삼은 "『설문해자』에서 仁·義·智·勇·潔의 오덕(五德)을 갖추었다. (…) 珍(보배 진)에서처럼 단순한 보석을 넘어 더없이 보배로운 길상의 상징"[368]이라고 하였다. 그러므로 金이 용신이고 음금의 기운이 더 필요하다고 판단되는 사주의 한자명에는 玉·王이 부수인 璀·玩·瑞·現·瑛 등의 한자를 선정할 수 있다.

(5) 水 오행

양수인 임수(壬水)를 『적천수』에서는 "임수(壬水)는 하천과 통함으로써 (…) 강한 가운데 덕이 있어서 두루 막힘이 없다."[369]라 하였다. 임수는 '강, 바다'에 해당하는 물상이니 임수와 상관성이 큰 자원을 갖는 부수는 '氵·水(물 수)'이며 논자는 앞 장에서 선행논문을 인용하여 부수 氵·水의 자원을 '水强'으로 분류하였다.

『소전(小篆)』에서는 水에 대해 "강하(江河) 안의 흐르는 물을 일컫는다. 상형이다."[370]라고 하였다. 水가 용신이고 양수의 기운이 더 필요하다고 판단되는 사주의 한자명은 '氵·水'가 부수인 浩·流·江·海·準 등의 한자를 선정하면 된다.

음수(陰水)인 계수(癸水)를 『적천수』에서는 "계수는 약하나 하늘 나루터에까지 도달할 수 있다."[371]라 하였다. 계수는 '비'의 모습이니 계수와 상관성이 큰 자원을 갖는 부수는 '雨(비 우)'이며 논자는 앞 장에서 선행논문을 인용하여 부수 '雨'의 자원을 '水强'으로 분류하였다.

하영삼은 부수 雨에 대해 "상형, 갑골문에서는 하늘에서 떨어지는 '비'를 그렸는

---

368 하영삼, 위의 책, 459쪽.

369 任鐵樵 增注, 袁樹珊 選輯, 『滴天隨闡微』, 臺北: 武陵出版有限公司, 1997, 34쪽, 〈天干〉, "壬水通河, (…) 剛中之德, 周流不滯."

370 『小篆』, "卽江河中流水之稱, 象形."

371 任鐵樵 增注, 袁樹珊 選輯, 『滴天隨闡微』, 臺北: 武陵出版有限公司, 1997, 36쪽, 〈天干〉, "癸水之弱, 達於天津."

데 자형이 변해 지금과 같이 되었다."[372]라 하였다. 水가 용신이고 음수의 기운이 더 필요한 사주의 한자명은 雨가 부수인 霧·霜·雲·霖·靈 등의 한자를 선정하면 된다.

2) 한자 자원오행과 십성

앞 절에서 오행 성이 강한 한자 자원오행의 음양을 고찰하였다. 이어서 이 절에서는 사주의 나인 일간을 기준으로 한자 자원오행과 십성을 융합한다. 자원오행의 오행 성이 강하면서 음양까지 분명한 부수들이 있고 오행 성은 분명하나 음양이 뚜렷하지 않은 부수들도 있다. 따라서 자원의 음양이 분명한 부수는 10가지 십성을 적용한다. 〈표 48〉을 참조하면 己土 일간의 경우 양목인 木이 부수인 한자는 정관, 음목인 ++가 부수인 한자는 편관, 日이 부수인 한자는 정인, 火가 부수인 한자는 편인, 金이 부수인 한자는 상관, 石·玉이 부수인 한자는 식신, 水·氵이 부수인 한자는 정재, 雨가 부수인 한자는 편재의 십성이 된다.

〈표 48〉 일간에 따른 자원오행의 십성

일간	比肩	劫財	食神	傷官	偏財	正財	偏官	正官	偏印	正印
甲	木	++禾	日	火灬赤心	山	土田	金	石玉	水氵	雨
乙	++禾	木	火灬赤心	日	土田	山	石玉	金	雨	水氵
丙	日	火灬赤心	山	土田	金	石玉	水氵	雨	木	++禾
丁	火心灬赤	日	土田	山	石·玉	金	雨	水氵	++禾	木
戊	山	土田	金	石玉	水氵	雨	木	++禾	日	火灬赤心
己	土田	山	石玉	金	雨	水氵	++禾	木	火灬赤心	日
庚	金	石玉	水氵	雨	木	++禾	日	火灬赤心	山	土田

---

372 하영삼, 위의 책, 481쪽.

일간	比肩	劫財	食神	傷官	偏財	正財	偏官	正官	偏印	正印
辛	石玉	金	雨	水氵	++禾	木	火灬赤心	日	土田	山
壬	水氵	雨	木	++禾	日	火灬赤心	山	土田	金	石玉
癸	雨	水氵	++禾	木	火灬赤心	日	土田	山	石玉	金

〈표 48〉의 적용을 예시하여 설명하자면, 어떤 이가 乙木 일간이고 사주 분석 결과 水, 木이 용희신이고 사주에 정인[陽水]과 겁재[陽木]의 기운이 더욱 필요하다고 하자. 이 경우 용신 성명학적인 이름 짓기에서는 乙木 일간에게는 水·氵가 부수인 한자의 자원오행이 양수인 壬水의 기운으로서 정인이고 木이 부수인 한자의 자원오행이 양목인 甲木의 기운으로서 겁재이다. 따라서 水·氵과 木이 부수인 한자들로 이름 한자를 선정하면 최적이 된다.

한편 음양이 뚜렷하지 않은 부수는 포괄적으로 분류하여 십성을 비겁, 식상, 재성, 관성, 인성 등 5종으로 적용하면 된다. 대체로 인간의 가공물이 부수인 경우는 오행은 분명하더라도 음양이 모호하기 쉽다. 그렇지만 엄밀히 말하면, 음양이 모호한 부수들은 양(陽)보다는 음(陰)에 더욱 가까운 성향이다.

예를 들면 木 오행 자원(字源)의 부수 중 宀·广·巾·生·衤·衣·罒·网·示·耒·米·豆·門·舟·糸·目·車·風 등 음양을 말하기가 다소 모호한 부수도 있다.[373] 따라서 자원의 음양이 모호한 부수들은 〈표 49〉처럼 5종의 포괄적 십성을 반영하거나 음(陰)에 준하여 십성을 보면 된다.

---

373 糸(실 사), 豆(콩 두), 米(쌀 미), 衣(옷 의), 巾(수건 건), 罒(그물 망) 등은 재질상 乙木에 가까우니 〈표 4〉의 ++·禾에 준하여 볼 수도 있다.

〈표 49〉 일간에 따른 부수 자원오행의 십성(5종 포괄적 분류)

일간	비겁	식상	재성	관성	인성
甲, 乙 일간	宀·广·巾·生·風·示·耒·門·目·文·舟·青·風·才·手·干··片	人·亻·頁·舌·工·臣	邑·阜·阝·阝·田·辰·里·辶·走·足·方·黃·止·瓦·走攵·辶·行·彳·力·至·女	刂·刀·殳·戈·矢·貝·白·骨·西·斤牙·齒·爪·革·韋	川·氵·谷·气·黑·月·肉·食
丙, 丁 일간	人·亻·頁·舌·工·臣	邑·阜·阝·阝·田·辰·里·辶·走·足·方·黃·止·瓦·走攵·辶·行·彳·力·至·女	刂·刀·殳·戈·矛·矢·貝·白·骨·西·斤牙·齒·爪·革·韋	川·氵·谷·气·黑·月·肉·食	宀·广·巾·生·風·示·耒·門·目·文·舟·青·風·才·手·干··片
戊, 己 일간	邑·阜·阝·阝·田·辰·里·辶·走·足·方·黃·止·瓦·走攵·辶·行·彳·力·至·女	刂·刀·殳·戈·矛·矢·貝·白·骨·西·斤牙·齒·爪·革·韋	川·氵·谷·气·黑·月·肉·食	宀·广·巾·生·風·示·耒·門·目·文·舟·青·風·才·手·干··片	人·亻·頁·舌·工·臣
庚, 辛 일간	刂·刀·殳·戈·矛·矢·貝·白·骨·西·斤牙·齒·爪·革·韋	川·氵·谷·气·黑·月·肉·食	宀·广·巾·生·風·示·耒·門·目·文·舟·青·風·才·手·干··片	人·亻·頁·舌·工·臣	邑·阜·阝·阝·田·辰·里·辶·走·足·方·黃·止·瓦·走攵·辶·行·彳·力·至·女
壬, 癸 일간	川·氵·谷·气·黑·月·肉·食	宀·广·巾·生·風·示·耒·門·目·文·舟·青·風·才·手·干··片	人·亻·頁·舌·工·臣	邑·阜·阝·阝·田·辰·里·辶·走·足·方·黃·止·瓦·走攵·辶·行·彳·力·至·女	刂·刀·殳·戈·矛·矢·貝·白·骨·西·斤牙·齒·爪·革·韋

예를 들면 木 오행 〈표 49〉를 예시하여 설명하자면, 어떤 이가 甲木 일간이고 이름이 도현(都賢)이라고 하자. 都(도읍 도)는 阝(읍 읍)이 부수이면서 부수의 자원오행이 土이고 賢(어질 현)은 貝(조개 패)가 부수이면서 부수의 자원오행이 金이다. 갑 일간에 土는 재성이고 金은 관성이니 도현(都賢)이라는 이름은 재성과 관성을 가진 이름이고 용신 성명학의 견지에서 이름이 적합한가의 문제는 재성과 관성이 사주에 긍정적인 용희신(用喜神)인지, 부정적인 기구신(忌仇神)[374]인지 여부에 따라 판단한다.

3) 자원오행의 행운(行運) 해석

용신 성명학적 견지에서는 한자 이름의 자원오행이 갖는 용희신이나 기구신의 의미는

---

374 용신론에서 용희신을 상극하면서 용희신의 반대 작용을 하는 부정적 개념의 오행을 말한다.

운명함수[375]의 한 변수로서 본명인에게 긍정적이거나 부정적인 영향이 있다고 볼 수 있다. 한자명의 오행에 의한 운(運)은 대운(大運)과 세운(歲運)의 십성이 용희신 또는 기구신으로 본명인에 미치는 영향에 준하여 논할 수 있다. 〈표 50〉은 명리학의 용신론에 입각하여 자원오행의 십성이 용희신·기구신(忌仇神)[376]일 때의 작용을 비교한 것이다.

　　모든 십성은 용희신으로 작용할 때의 장점이 있고 기구신(忌仇神)으로 작용할 때의 단점이 있다. 명리학의 용신론에 입각하여 용희신의 자원오행을 가진 이름 한자가 성명의 한자로써 긍정적이며 한자명의 자원오행이 내포·발현하는 십성에 의한 행운은 출생신고나 개명의 법적 절차가 완료된 후부터 적용된다고 볼 수 있다.

〈표 50〉 자원오행 십성의 작용

십성	용희신 십성의 긍정적 작용	기구신 십성의 부정적 작용
비겁	발전적 신규사업, 동업의 이익, 긍정적 이동, 승진, 합격, 재산 증가, 경제안정, 대인관계 향상, 인복, 가정운 향상, 좋은 투자, 성장, 발전	대인관계 피해(모함, 배신), 송사당함, 부친불리, 처복불리, 금전손실(사기, 투자 실패), 인간관계 악화, 좌천, 부정적 이동, 사업 악화, 동업 실패
식상	취업, 승진, 재물복 향상, 신규사업, 심신 건강 안정, 학업성취, 언어력 발휘, 결혼 임신 자녀운, 의식주 풍족, 발전적 이직, 남자: 인기 향상, 능력 향상 발휘, 번영	재산 손실, 가정운 약화, 투자 실패, 여자 문제, 좌천 실직, 부도 실패, 관재구설, 부부운 불리, 수술 질병, 반항심, 탈선, 명예 손실
재성	사업 확장, 수입 증대, 신규사업 성공, 승진, 불로소득, 좋은 해외운, 재산 증대, 부부운 증대, 처 덕, 부친 덕, 여자 덕, 승진 합격 당선, 투자 수입 증대, 성실, 부귀	손재수, 사기당함, 경제적 고통, 돈 문제 송사, 부도, 여자 문제 발생, 가정불화, 실직, 낙방, 학업 부진, 관제 구설, 금전관리 방만
관성	취업, 합격, 승진, 영전, 여자: 남편 남자 복, 송사 해결, 인허가 해결, 남자: 자식의 경사, 사업 번창, 포상, 명예 증대, 부귀공명	무직, 좌천, 감봉, 실직, 사고, 질병, 심신 약화, 손재, 관재구설, 부부 갈등, 여자는 남자 문제, 모함, 배신, 남자는 자식 문제, 사업 부진, 재난, 세금 문제, 낙방

375　김만태는 인생에 영향을 주는 다양한 요인들을 반영하여 이하와 같이 '운명함수'를 논하였다.

　　"L=f(T)·CV(w·g·p·o·n·m1·m2·f1·f2·c1·c2·x) [L: 인생진로(Life), T: 생년월일시(Time), f: 주요함수(function), CV: 상수 취급변수(constant-variable), w: 개인의지·노력(will), g:유전자(gene), p: 부모환경(parent), o: 직업(occupation), n: 이름(name), m1: 배우자(mate), m2: 전공(major), f1: 음양택풍수(feng shui), f2: 외모·관상(features), c1: 택일(choosing an auspicious day), c2: 우연요소(chancefactor), x: 기타 동료·상하의 인간관계 등]." 김만태, 「한국 사주명리의 활용양상과 인식체계」, 안동대학교 대학원 박사학위논문, 2010, 309쪽.

376　기구신(忌仇神)은 용희신을 상극하여 긍정적 작용을 방해하는 간지 오행으로서 부정적인 작용력을 갖는다.

십성	용희신 십성의 긍정적 작용	기구신 십성의 부정적 작용
인성	인복, 부모복, 상사복, 학업성취, 합격, 문서복의 행운, 체결, 불로소득, 주택 신축, 좋은 이사, 승진, 영전, 표창, 건강, 마음 안정, 자격 취득, 성공	투자 실패, 사기, 보증 피해, 신규사업 후 실패, 확장 후 실패, 좌천, 감봉, 파면, 강등, 낙방, 인허가 난관, 인복 약화, 방황, 실수, 누명, 명예 손상, 학업 실패

〈표 50〉의 요지는 자원오행이 본명인 사주의 용희신이면 긍정적인 작용, 기구신이면 부정적 작용으로 해석하는 것이다. 예를 들어 자원오행이 비겁일 때, 비겁이 용희신이면 긍정적인 작용으로, 기구신이면 부정적 작용으로 해석한다.

〈표 50〉의 적용을 예시해 보자. 어떤 사람이 박씨 여자이고 丙 일간이며 용희신이 木, 火라 하자. 만일 이 사주의 한자명을 '煃林(불꽃 규, 수풀 림)'이라고 작명했다면, 〈표 48〉에 따라 성씨 한자 朴은 부수가 木이니 자원오행은 '木强'이고 煃는 火가 부수이니 자원오행은 '火强'이며 林은 부수가 木이니 자원오행은 '木强'이다. 한자 자원오행의 배열은 '木木火'가 되어 용희신 오행이 상생하니 긍정적이다. 〈표 48〉에 따라 煃의 부수 火는 병화 일간의 '겁재'이고 林의 부수가 木은 병화 일간의 '편인'으로서 용희신이다. 그렇다면 이 사주에서 '煃林'의 자원오행은 용희신으로서 〈표 50〉에서 비겁과 인성이 용희신으로서 갖는 긍정적인 작용을 하는 한자명이라고 할 수 있다. 즉, 발전적 신규사업, 동업의 이익, 긍정적 이동, 승진, 합격, 재산 증가, 경제안정, 대인관계 향상, 인복, 가정운 향상, 좋은 투자, 성장, 발전 등 비겁의 장점과 인복, 부모복, 상사복, 학업성취, 합격, 문서복의 행운, 체결, 불로소득, 주택 신축, 좋은 이사, 승진, 영전, 표창, 건강, 마음 안정, 자격 취득, 성공 등 인성의 장점을 누리게 할 한자명이라고 할 수 있다.

이번에는 이 사주의 한자명을 '鎭淑(진압할 진, 맑을 숙)'이라고 작명했다고 가정하면 〈표 48〉에 따라 丙 일간인 이 사주에게 鎭의 부수 金은 병화 일간의 '편재'이고 淑의 부수 水는 병화 일간의 '편관'으로서 기구신이다. 그렇다면 이 사주에서 '鎭淑'은 〈표 50〉에서 재성과 관성이 기구신으로서 부정적인 작용을 하는 한자명이라고 볼 수 있다. 즉, 손재수, 사기당함, 경제적 고통, 돈 문제, 송사, 부도, 여자 문제 발생, 가정불화, 실직, 낙방, 학업 부진, 관제 구설, 금전관리 방만 등의 재성의 단점과 무직, 좌천, 감봉, 실직, 사고, 질병, 심신 약화, 손재, 관재구설, 부부갈등, 여자는 남자 문제, 모함, 배신, 남자는 자식 문제, 사업 부진, 재난, 세금 문제, 낙방 등을 유도하는 관성의 단점의 기운을 제공하는 불리한 이름이 된다.

그러나 여기서 유념할 것은 건장한 성인을 잡아당긴다 하여 반드시 끌려가지 않는 이치처럼 사주의 청탁, 대·세운의 흐름, 인복, 본인의 노력, 가정 배경, 건강, 현명함 등의 요인이 건전하면 성명의 오행·십성 기운이 주는 불리함를 극복하거나 인식하지 못할 수 있다. 반대로 사주 구성에서 성공이나 목표 달성에 다소간 못 미치게 되는 결손 사항이 있다면, 용희신의 에너지가 충만한 성명은 성취와 발달에 긍정적인 영향을 주게 된다. 성명이 운명 결정 요소의 전부가 아님을 알고 운명함수의 다른 요인을 강화하는 노력에 만전을 다하는 성실함이 성공의 주요 관건이 된다.

4) 용신 성명학의 명의(名義)

인간사가 말대로 된다고 보고 말의 주력(呪力)에 믿음을 갖는 언령(言靈) 사상은 우리 사회의 작명에서 이름 짓기의 인식적 기초를 형성해 왔다.[377] 따라서 우리 사회에서는 이름 한자의 의미를 중요하게 보았고 그에 대한 고정관념도 있다.

특히 이름 한자의 훈을 조합하여 명의로 삼는데 이런 행태는 한자음(音) 앞에 훈(訓)을 붙여 말하면서 훈이 한자의 유일하거나 고정된 뜻인 양 인식하는 우리식의 독특한 한자 문화와도 연관이 있다. 전재호는 선행논문에서 다음과 같이 말하였다.

> 한국에서는 한자를 "무슨 자(字)?"라고 불러 지적할 때, 음(音)만 부르지 않고 훈(訓)도 함께 불러 말한다. 天을 불러 말할 때 '하늘 천'이라고 하는데 '하늘'은 훈이고 '천'은 음이다. 한자권의 나라인 중국, 일본, 태국에서는 이렇게 훈과 음을 함께 부르지 않는다. (…) 중국에서는 '天은 무슨 자냐?'라고 물으면 '天地의 天'

---

377 김만태, 「현대 한국사회의 이름짓기 요건에 관한 고찰」, 『한국민속학』 62집, 2015, 277쪽.

이라 답하고 '淑은 무슨 자냐?'라고 물으면 '淑女의 淑'이라고 한다. 그러나 한국에서는 '하늘 천' '맑을 숙' 하고 같이 부른다. 유독 우리나라에서만 훈과 음을 함께 말하는 특징을 가졌다. 이것은 언제부터 이렇게 된 것인가? (…) 고대, 중세 초에는 그런 자취를 볼 수 없고 16세기 최세진의 『훈몽자회』에서 정확하게 보인다. 각 한자(漢字)마다 훈과 음을 달아 놓았다. 이 책은 아동들에게 가르치기 위한 한자 입문 교본이니 한자마다 뜻과 음을 모두 달아 알기 쉽게 해놓은 것이다. 字마다의 흡도 정리하여 보편적인 것을 골라 달고 그 여러 뜻 중 가장 보편적으로 쓰이는 뜻을 찾아 訓을 삼았다. 16세기부터 시작된 훈음의 한자·명칭이 보급되고 고정되어 대대로 계승하게 되었다.[378]

전재호의 말을 통해 한자 앞에 훈을 달아 부르며 그 훈이 유일한 뜻으로 인식하는 한자문화를 배경으로 훈을 조합하여 명의를 만들고 기원하는 이름 짓기 방식이 우리의 문화 요소가 된 것임을 유추할 수 있다. 그러나 '훈을 조합하여 만든 문장'이 용신 성명학적 명의(名意)라고 말할 수는 없다.

예를 들어 남자 이름 동수(東洙, 동녘 동, 물가 수)를 '동쪽의 물가', 여자 이름 영숙(英淑, 꽃부리 영, 맑을 숙)을 '꽃부리가 맑다'로 해석하는 것은 용신 성명학적 명의(名意) 해석과 무관하다.

이제 한자를 자의(字義)적 측면에서 살펴보자. 한자는 '파생의미'의 생성이 반복됨을 통해 다양한 의미를 흡수하면서 세대와 시대를 이어 온 문자이다. 원래는 하나의 뜻을 갖는 한자가 갑골문(甲骨文), 금문(金文), 소전(小篆), 한나라 죽간(竹簡), 『설문해자(說文解字)』 등을 거쳐 '파생의미'의 발생이 반복되는 과정을 거쳤고 자형(字形) 역시 변화가 거듭되었다. 결국, 한자는 일자다의(一字多義)의 문자가 되었고 옥편마다 뜻의 순위나 배열이 일치하지는 않는 한자가 많으며 최초의 뜻인 본의(本義)와 상관없는 '대표 훈'을 가진 한자도 많다.

예를 들어 '中'을 보자. 일반적으로 '가운데'가 대표 훈이다. 그러나 옥편들을 참고하면

---

378 전재호, 「한자 훈의 변천과 어휘론적 위상」, 『어문논총』 22권1호, 1988, 2-3쪽.

'가운데'를 필두로 27가지의 뜻이 있다. 하영삼은 '中'에 대하여 "갑골문에서는 바람에 날리는 깃발을 그렸다. (…) 옛날 집단에 중대사가 있으면 넓은 터에 깃발을 세우고 민중을 집합시켰다. (…) 그들 사이로 깃발이 꽂힌 곳이 중심이었다. 이로부터 '中'에는 중심이라는 뜻이 생겨났고 다시 모든 것의 중앙으로 의미가 확대되었다."[379]라 하였다. 이를 통해 '中'이 'center'를 말하는 중심의 의미를 가졌으나 나중에는 'middle'을 의미하는 '중간'의 의미가 생겨 널리 쓰여왔고 다양한 파생의미도 발생하였음을 알 수 있다.

한편, 한자가 '대표 훈' 이외에도 대중이 경원할 만한 다른 뜻이 있어서 그로 인해 이름에 쓰기가 꺼려지는 한자도 다수 있다. 예를 들어 昇(오를 승)에는 '임금이 죽는다.'라는 뜻이, 垠(지경, 영토 은)에는 '낭떠러지'라는 뜻이 옥편에 나오니 이 한자를 이름으로 쓰는 본명인은 예기치 않았던 부정적인 뜻도 있음을 알게 된 후 상당히 고뇌할 수도 있다. 이런 문제는 성명 한자에 대한 인식 전환을 통해서 정신적 지지가 가능하다.

'일자다의'인 한자의 특성에 따라 어떤 뜻을 채용하여 조합하느냐에 따라 명의가 달라지는 문제도 엄연하다. 이름 한자 두 개의 옥편상 의미가 각각 열 개라면 곱셈 법칙에 따라 총 100개의 명의를 조합할 수도 있는 것이다.

따라서 한자명의 성명학적 해석은 한자의 훈이나 의미들을 조합하여 기원을 담는 문화와는 차원이 다른, 용신 성명학 고유의 '명의'에 대한 학술적 체계를 정립할 필요성이 크다고 할 수 있으므로 다음과 같이 제언한다.

첫째, 이름 한자의 오행이 일간 기준으로 갖는 십성의 의미가 명의의 주요 부분이 되어야 한다. 명리학에 기초하는 용신 성명학의 주요 목적은 성명을 통한 자아실현이며 이 역할은 주로 한자 이름이 내포하는 자원오행과 관계가 있다. 그리고 이 오행들은 사주 명조의 일간과 용희신·기구신 여부에 따라 십성의 긍정 또는 부정의 의미가 있다.

---

379 하영삼, 앞의 책, 603쪽.

<표 51> 용신론을 반영한 십성의 긍정적·부정적 의미

포괄적 십성	용희신의 긍정적 의미	기구신의 부정적 의미
비겁	행운, 인복, 발전, 번영, 재복, 성장, 발전, 형제 동료복, 부귀	불운, 배신, 정체, 침체, 손재, 퇴보, 건강 문제, 실패, 가난
식상	행운, 풍요, 번영, 의식주 풍족, 능력, 아이디어, 언어력, 연구력, 표현력, 부귀, 학식, 처가복, 자식복(여자), 높은 연봉 매출	불운, 가난, 실패, 구설, 경거망동, 남에게 피해당함, 의식주 불안, 재물 손실, 매출 연봉 감소, 수술
재성	행운, 부귀, 재력, 인기, 여자복, 시어머니복, 명예, 사업 성공, 높은 연봉 매출, 투자수익, 사교성 향상	불운, 가난, 재산 손실, 투자 실패, 여자로 인한 고생, 가정운 불리, 사업 실패, 손재, 대인관계 불리
관성	합격, 승진, 명예, 성취, 성공, 좋은 직장, 높은 지위, 권세, 재력, 가정 번영, 리더십, 당선	학업성취 불안, 직장운 불리, 직업운 불리, 손재, 관재, 송사, 사고, 질병, 낙선, 빈천
인성	행운, 오복, 학업성취, 학위, 합격, 지위, 문서복, 좋은 매매 체결, 인복, 성공, 부귀	불운, 합격 지체, 학업 지체, 손재, 문서상의 사기, 배신, 실패, 기회 상실, 불운

따라서 용희신의 십성이 발현되는 한자 이름이라면 명리학의 용신론에 입각하여 〈표 51〉에 따라 용희신의 긍정적인 의미를 명의에 포함시킬 수 있다. 예시하여 설명하자면, 어떤 사람이 무더운 여름에 태어난 戊 일간이고 일간의 세력이 강하여 세력과 온도를 안정시킬 水와 金을 용신과 희신으로 정할 수 있는 사주라 하자. 이 사주의 이름을 '수민'으로 정하고 水, 金이 자원오행이며 오행 성이 강한 '洙(물가 수)와 瑉(옥돌 민)'을 한자로 선정하면 최적일 수 있는데 이 경우, 이름의 명의를 단순하게 훈만을 조합하여 '물가의 옥돌'이라는 식으로 해석하는 것은 성명학의 전문성과 부합되는 해석이 아니다.

한자 명의에 용신의 십성을 반영하면 〈표 48〉에 따라 洙는 水가 부수이니 양수로서 일간 戊 기준 편재(偏財)이고 瑉은 玉이 부수이니 음금으로서 일간 戊 기준 상관(傷官)이다. 그러므로 〈표 51〉을 반영하여 洙에서 재성, 瑉에서 식상이 용희신일 때의 의미를 명의에 포함시킬 수 있다. 그러므로 '수민'의 성명학적 명의에는 재성이 용희신으로서 갖는 "부귀, 재력, 번영, 명예, 성공 등의 의미인 이름"과 식상이 용희신으로서 갖는 "풍요, 번영, 의식주 풍족, 부귀, 언어력, 학식의 발휘, 재물, 부귀 등의 의미인 이름"이라는 해석을 부여할 수 있다. 부가적으로 편재와 상관의 특별한 장점을 명의 해석에 첨언(添言)할 수도 있다.

둘째, 한자 이름의 성명학적 의미 해석은 한자의 본의(本義)를 위주로 하여 적용함이 바람직하다. 예를 들어 한자 개명을 하였던 '金大中' 전 대통령의 명의를 '큰 대, 가운데 중'을 합쳐 '크고 가운데'로 해석하지 말고 '大: 大人이 팔을 벌리고 선 모습', '中: (세상의) 중심'이라는 본의를 반영하여 '세상의 중심이 되고 아우르는 큰 사람'이라고 해석하는 것이 본의에 의한 명의 해석이 된다.

한자는 파생 의미의 생성이 오랜 세월에 걸쳐 반복된 문자로서 일자다의(一字多義)의 특징이 엄연하니 보통 한자 한 글자에 5-30개의 뜻이 다양하게 존재하는 현상을 중시하여 옥편에 나오는 뜻을 조합하여 말을 만드는 방식으로 명의를 사용하는 현재의 행태를 지양하고 한자학(漢字學)과의 융합 연구를 통해 한자의 본의를 성명학적 명의에 적용해야 한다.

예를 들면 앞서 예시하였다시피 '中'을 성명학에서는 '가운데'가 아니라 본의인 '중심'으로 파악하자는 것이다. 그렇다면 위에서 말한 '洙(물가 수), 瑉(옥돌 민)'의 성명학적 명의는 "물가의 옥돌"이 아니라 "玉은 예부터 지배층의 고귀한 사람이라는 표상이고 水는 이 사주의 행운, 부귀, 재복, 성취의 오행이니 일생 행운과 부귀오복이 강물처럼 흘러와 귀족의 재록과 부귀명예를 이루고 일생 만복 속에 존귀하다는 뜻"으로 성명학적 명의를 해석할 수 있다. 따라서 성명 한자의 명리학적 의미와 본의를 찾아 명의을 정립하는 성명학적 명의 해석의 체계가 정립되면 용신 성명학의 학술성이 크게 강화될 것이다.[380]

성명학의 최우선 목적은 사주 오복의 보완이기에 한자 이름의 성명학적 명의는 위의 첫째, 둘째를 종합하여 이름 한자의 자원오행이 용희신이나 기구신으로서 갖는 십성 의미와 한자 본의를 약 '6:4'로 종합하여 해석하는 것이 바람직하다.[381]

---

380 한자의 본의를 정확히 파악하기 위해 갑골문부터 『설문해자』까지 체계적으로 연구해야 한다. 서영근은 다음과 같이 말하였다. "『설문해자』가 총 9393자의 방대한 한자를 대상으로 이의 자형, 구조, 원래 뜻, 의미파생과정, 독음 등을 밝혔으나 저자인 『許愼』이 한자의 원류인 갑골문자를 참고하지 못하였다. 갑골문은 BC 13세기부터 商나라가 멸망하기까지 273년간 사용되었던 문자로서 (…) 지금부터 약 3300년 이전의 문자지만 이미 상당히 발달된 언어 표기 체계를 갖추고 있다. 『설문해자』성립부터 계산한다 해도 1400년 전의 고대문자인 까닭에 과거에 절대시 되었던 『설문해자』의 해석 가운데 한자의 초형, 본의를 정확히 파악하지 못한 것이 다수 있다는 사실이 드러나게 되었다. 갑골문이 출토되기까지는 그 누구를 막론하고 『설문해자』의 해설이 정확하다고 믿어 의심치 않았으며 지금 우리가 쓰고 있는 한자 뜻은 대부분 『설문해자』를 따른 것이다." 서영근, 『설문해자 부수 자형고찰』, 한국학술정보, 2009, 34-37쪽.

381 용신 성명학의 목적은 사주의 용신오행을 보완하여 자아실현에 기여할 이름을 짓는 것이므로 용신 오행이 갖는 명리학적 십성의 의미가 더 중요하다.

5) 8절의 맺음말

대법원 인명용 한자의 본의를 고찰하기 위해 명리·한의·동양 역학 등과 한자학의 학제간 융합연구가 필요하며 이를 통해 한자 이름의 명의에 대한 성명학 고유의 학술 체계가 확립 될 것으로 사료한다.

먼저, 선행연구를 토대로 십성 이론과 자원오행 이론, 그리고 성명학에 용신을 적용하는 용신 성명학의 핵심 이론들을 개괄하였다. 이어서 한자 자원오행의 음양과 십성의 상응 관 계를 찾아 융합연구를 시행하였다.

양목인 甲木에 상응하는 자원오행을 갖는 부수는 木, 음목인 을목에 상응하는 자원오행 을 갖는 부수는 艹(卄), 禾, 양화인 丙火에 상응하는 자원오행을 갖는 부수는 日, 음화인 丁 火에 상응하는 자원오행을 갖는 부수는 火(灬)·赤, 양토인 戊土에 상응하는 자원오행을 갖 는 부수는 山, 음토인 己土에 상응하는 자원오행을 갖는 부수는 土·田, 양금인 庚金에 상 응하는 자원오행을 갖는 부수는 金, 음금인 辛金에 상응하는 자원오행을 갖는 부수는 石· 玉, 양수인 壬水에 상응하는 자원오행을 갖는 부수는 水(氵), 음수인 癸水에 상응하는 자 원오행을 갖는 부수는 雨라고 보았다.

음양과 오행 성이 강한 자원을 갖는 부수들은 사주의 일간과 상응시키고 정·편을 가려 십성을 정한 후 도표화하였다. 또한, 오행 성은 분명하나 음양이 모호한 자원을 갖는 부수 들은 비겁, 식상, 재성, 관성, 인성 등 5가지의 포괄적인 십성으로 분류하였다.

다음으로 이름 한자의 자원오행에서 나온 십성을 용신 성명학에서 십성의 의미와 명의 (名意)에서 활용할 수 있는 연구를 진행하였다. 용희신·기구신이 주는 긍정·부정의 영향을 십성별로 도표화하고 이름 한자의 자원오행이 내포·발현하는 십성도 같은 방식으로 해석 하였다.

그리고 이름 한자의 자원오행을 명의에 활용하는 원칙을 세웠는데 일간을 기준으로 용 희신의 자원오행을 갖는 한자명이라면 용희신의 십성이 갖는 긍정적인 의미와 이름 한자 의 본의(本意)를 종합하는 용신 성명학 고유의 명의 해석 체계를 제안하였다.

이 논문은 용신 성명학을 확립해 나가는 과정 위에 있고 이와 관련된 학계의 선행연구가 미비하여 부득불 필자의 선행연구들을 주로 인용한 점 등의 한계와 학술의 전개 방향에 대한 시사점이 공존한다. 필자는 추후 명리·성명학과 한자학의 지속적인 학제간 융합연구가 필요함을 강조하며 이 논문을 통해 성명학과 명리학의 불가분성을 강화하고 작명 현장에서 오용(誤用)되고 있는 성명학 관련 속설(俗說)들이 학술(學術)로 대체되는 전기도 마련되기를 바란다.[382]

9. 인명 상용(常用)한자의 본의(本義)[383]

이 절에서는 한자명의 부분에서 옥편의 상위에 위치하는 뜻보다 본의(本意)를 중점 되게 사용하는 성명학적 명의 해석법의 확립에 이바지하고자 대법원 인명 한자 중, 인명에 다용(多用)하는 한자나 오행 성이 강하여 인명 한자로 추천할 만한 한자들을 선별하여 본의(本意)를 고찰하겠다.

성명학에서 한자의 어원과 철학·사상을 알고 활용할 수 있는 본의(本意)를 고찰하기 위해서는 갑골문자, 금문, 소전, 『설문해자(說文解字)』 등 한자의 자원(字源)을 연구한 한자학과의 학제간 융합연구가 필요하다.

특히 위의 주(註)에서 논한 대로 『설문해자(說文解字)』와 갑골문자의 자원 해석이 다르면 갑골문의 해석을 우선시한다.

이 절에서는 선별한 인명용 한자들에 대해, 한자 어원 해석을 2차의 연구자료로써 인용하고 어원인 본의(本義)와 용신 성명학적 관점의 해석, 자원오행 등을 함께 살피는 융합연

---

382 지금까지 V장 8절의 연구는 이재승(2020b), 「용신성명학의 한자부분에서 십성의 적용에 대한 고찰」, 원광대학교 원불교사상연구원, 85, 2020b. 용신성명학의 한자부분에서 십성의 적용에 대한 고찰, 원광대학교 원불교사상연구원, 85, 2020b를 수정 보완하였다.

383 V장 6절 "인명용 주요 한자의 본의(本意)"에서 나오는 인명 상용한자 고유의 본의는 한자학자의 2차 자료인 "하영삼, 『한자어원사전』, 도서출판3, 2014"의 내용을 위주로 하되 다른 한자학자의 선행논저도 인용한다. 한자의 오행 성과 강약 여부는 한자학과 명리학을 위시한 동양철학의 융합적 관점으로 배정한다. 특히 용신 성명학적 관점의 해설은 각주에서 첨언하겠다.

구의 방식을 채택하고자 한다.

본격적인 어원 분석에 앞서 두 가지 사항을 말하고자 한다. 첫째, 한자음(音) 앞에 천자문 암기 방식으로 한자 앞에 뜻(訓)을 말하는 것은 한자문화권의 나라 중 우리나라만의 독특한 방식이라는 점이다. 이런 방식은 한자 교육에는 장점이 있으니 일자다의인 한자를 일자일의(一字一義)로 오인할 수 있는 폐해가 있다. 예시하면 '建'을 우리 문화는 '세울 건'으로 읽으며 '세우다'라는 의미를 중요하게 본다. 그러나 다른 한자문화권의 나라에서는 '建'을 '건설(建設)이라 할 때의 建'으로 말한다.[384] 한자명의 의미는 일반적으로 통용하는 '대표훈'보다는 字의 본의(本義)를 반영하는 것이 성명학의 학술성 있는 명의 해석 원리이자 과제로서 중요하다.

둘째, 오행 성이 강한 한자의 자원오행이 용신이면, 명의 해설에서 부수의 어원을 용신의 의미와 적절하게 혼용할 수 있다는 점이다. 이 부분 관련 중요 요지를 논하면 아래와 같다.

① 木 용신일 때, 생목(生木: 柳, 松 등 살아 있는 큰 나무)으로서 木이 부수인 한자는 '큰 나무가 울창하게 번성하듯 번영 발달을 이루다'를 명의 해설에 첨언한다.

② 木 용신일 때, 木 부수이지만 생목을 뜻하지 않는 字이면 '사회와 사람에 이바지하는 기둥이 되어 능력을 펼치다'를 명의 해설에 첨언한다.

③ 木 용신일 때, 艸(艹·艹) 부수인 한자는 '초목이 푸르고 울창하듯 성취와 활력으로 발달하고 번영하다'를 명의에 첨언한다.

④ 火 용신일 때, 日이 부수인 한자는 '火中火인 태양의 햇살처럼 빛나는 발전과 성취를 이루다.'

⑤ 火 용신일 때, 火가 부수인 한자는 '화광처럼 빛나는 성취와 명예를 이루다' 를 명의에 첨언한다.

⑥ 土 용신일 때, 土·邑(阝)이 부수인 한자는 '넓은 땅에 영향을 미치고 경영하는 성취를 이루다'를 명의에 첨언한다.

---

384 建의 본의는 "건축물을 짓기 위해 땅에 그림을 그리다"이니 '세우다'는 의미와 다소 괴리가 있다.

⑦ 土 용신일 때, 山이 부수인 한자는 '큰 발달로 부귀명예가 산처럼 크다'를 명의 해설에 첨언한다.

⑧ 金 용신일 때, 金이 부수인 한자는 '청동이 상징하는 힘과 권위를 강건함으로 성취하고 사회를 다스린다'를 명의에 첨언한다.

⑨ 金 용신일 때, 玉(王)이 부수인 한자는 '옥이 상징하는 상류층의 존귀한 사람으로 재복과 권력을 누리다'를 명의에 첨언한다.

⑩ 金 용신일 때, 石이 부수인 한자는 '굳세고 강한 의지로 성취하여 재록과 명성이 쌓이다'를 명의에 첨언한다.

⑪ 水 용신일 때, 氵(水)가 부수인 한자는 '행운과 만복이 강물처럼 흘러와 동행하니 큰 성공을 이루다'를 명의에 첨언한다.

⑫ 水 용신일 때, 雨가 부수인 한자는 '행운과 만복이 삶을 적시고 스며드니 큰 성취와 번영을 이룬다.' 관련 내용을 명의에 첨언한다.

셋째, 『설문해자』의 해석 가운데 한자의 초형(初形), 본의를 정확히 파악하지 못한 것이 있다는 사실과 관련하여 한자의 본의가 부수의 자원과 연관성이 없거나, 부수의 자원오행이 불명확할 때는 한자의 다른 성분 자의 오행을 자원오행으로 대용할 수 있다. 예를 들어 亮(밝을 량)의 경우 부수는 亠(돼지머리해 두)인데 본의는 '높은 곳 위에 서 있는 사람의 모습이 잘 드러나니 밝다'의 의미이므로 부수와 본의의 연관성이 없고 또한 부수의 오행 성도 불명이다. 이때 亮의 성분 자에 儿(사람 인)이 있고 이 부분이 본의와 연관성이 있으므로 亮의 자원오행을 火 성향으로 볼 수 있다는 말이다.

지금부터 대법원 인명 한자 중 다용하는 한자들을 선별하여 어원에 기초한 본의(本義)와 오행 성 강약을 고찰하겠다. 이하의 한자 본의는 한자학자·중문학자인 하영삼의 어원전문 학술서인 『한자어원사전』을 주로 참조 인용하겠다. 『한자어원사전』에는 5,181개 한자의 어원과 의미의 변천, 갑골문에서 비롯하여 한자 모양의 변화 등을 수록한 모든 字들에 대해 상세히 기술하고 있다. 필자는 5,181개 한자 중 인명에 다용하는 한자들을 선별하고 상세한 어원 해설의 핵심을 요약하는 방식으로 인명 한자의 본의(本義)를 기술하고 여기에 명리·용신 성명학적 관점에서 한자의 자원오행과 강약을 배속하는 방식을 채택하겠다.

하영삼의 한자 어원전문 학술서 『한자어원사전』에서 인용한 字의 해설이 이 절의 중심 내용이 되고 있으므로 『한자어원사전』에서 선별한 字에 대해서는 주석을 포괄적으로 사용하고, 필자의 보충 설명이나 다른 한자 어원 서책에서 인용한 字에 대해서는 개별적으로 주석을 표기하도록 하겠다. 한자학·중문학과 명리·성명학의 학제간 융합연구를 진행하는 필자는 선행논저의 저자이신 '하영삼 교수'께 경의를 표명하고 감사의 말씀을 올린다.

1) 음(音) 초성이 'ㄱ'인 한자[385]

① 珂(흰 옥돌 가, 王(玉), 金强): 앞서 논했다시피, 높은 지위와 고귀함의 상징이다.[386]

② 稼(심을 가, 禾, 木强): (오곡백과 풍성한) 결실로 풍요 윤택하다.[387]

③ 佳(아름다울 가, 亻(人), 火中): '人+圭(홀 규)' 구조이니 玉이 상징하는 신분 높은 사람의 풍모가 아름답다.

④ 街(거리가, 行): 동서남북으로 통하는 네거리이다.

⑤ 暇(겨를 가, 日, 火强): 日(날 일)과 叚(빌릴 가)의 회의자로 '한가한 하루'의 의미이다.

⑥ 江(강 강, 氵(水), 水强): 큰 물길인 강을 뜻한다.[388]

⑦ 康(편안할 강, 广, 木中): (악기 연주를 들어) 마음이 평안하고 즐겁다.

⑧ 剛(굳셀 강, 刀, 金中): 刀와 岡(언덕 강)의 회의자이며 '산언덕이라도 힘차게 칼로 끊어내는 굳셈'이다.

---

385 지금부터 선별한 인명 다용한자들의 어원해설은 한자학자·중문학자인 하영삼의 어원전문 학술서인 『한자어원사전』에 나오는 한자들을 선별하였고 본의해설은 요약적으로 인용하였다. 다른 선행논저에서 인용한 字는 각주를 개별적으로 사용하겠다. 또한, 명리·성명학적인 관점에서 한자에 대한 보충설명도 각주를 달고 해설하겠다.

386 玉(王)이 부수인 한자는 金이 용신인 사주의 명의 해석 시 "玉은 지배층의 부귀 권세의 상징"이라는 의미를 사용한다.

387 하영삼, 앞의 책, 2014, 5쪽. 木이 용신인 사주에게는 '행운이 있어 황금 들녘의 풍성한 결실로 윤택하다'는 말을 명의 해석에 첨언한다.

388 水가 용신인 사주는 氵(물 수) 부수인 이름 한자의 명의 해석 시 '행운과 오복이 (강물처럼) 흘러오다.'라고 해석한다.

⑨ 建(세울 건, 廴, 土中): 길에서 붓을 잡고 설계도를 그리는 모습으로 건설(建設)의 전 단계이다. 그러므로 '설계도를 그려 건물을 짓다'로 본다.[389]

(10) 健(튼튼할 건, 亻(人), 火中): 가슴을 세우고 선 모습이니 건장하고 튼튼하다.

(11) 虔(정성 건, 虍, 오행 불명): 범이 걷는 모습처럼 의젓한 모습으로 정성을 다하니 공경받는다.[390]

(12) 乾(하늘 건, 乙, 木强): 초목이 자라게 하는 태양이 하늘에 있다는 의미이다.

(13) 傑(뛰어날 걸, 亻, 火中): 우뚝 선 나무가 빼어나듯 재능이 뛰어난 사람이다.

(14) 決(터질 결, 氵, 水强): 물이 둑을 무너뜨리며 터져 나가다.

(15) 結(맺을 결, 糸, 木中): 실로 연결되듯 관계 지어지다.

(16) 潔(깨끗할 결, 氵(水强), 水): 물처럼 맑고 깨끗하다.

(17) 兼(겸할 겸, 八, 木弱): 벼 여럿을 함께 쥔 모습에서 '겸하다'로 발전하였다.[391]

(18) 謙(겸손할 겸, 言, 불명): 말은 주의하는 것이 덕목이자 겸손이며 침묵이 미덕이다.

(19) 涇(통할 경, 氵(水强), 水): 두 개의 강물이 연결되어 서로 통하다.

(20) 敬(공경할 경, 攵, 木中): (매를 들어 굴복시키니) 근신하고 공경한다.[392]

(21) 慶(경사 경, 心, 火): 축하하는 마음을 가진 이에게 아름다운 사슴 가죽을 받으니, '하례를 받다.'라는 뜻이다.

(22) 卿(벼슬 경, 卩, 火弱): '공경과 대접을 받다'에서 고급관료의 의미로 발전하였다.

(23) 京(서울 경, 亠, 土弱): 높은 집들이 즐비하게 늘어선 곳에서 서울로 발전하였다.[393]

(24) 景(볕 경, 日, 火强): 태양이 수도(首都)의 높은 집들을 비추는 모습이다.[394]

---

389 廴(길게 걸을 인)이 부수로서 '길' 관련 부수의 자원오행은 土이다.

390 육지에 사는 동물 관련 字의 자원오행은 '오행 불명'으로 본다.

391 수(數) 부수인 一二三四五六七八九十은 오행 성을 약하게 보되 하도(河圖)에 의거 木 3, 8 火 2, 7 土 5, 0 金 4, 9 水 1, 6으로 배속한다.

392 진태하, 앞의 책, 2016, 34쪽. 攵(칠 복)은 사람을 때리는 회초리나 몽둥이이니 재질상 木이다.

393 부수 亠에 오행 성이 없다. 따라서 京의 성분 한자에 口(땅을 의미)가 있으니 土弱으로 본다.

394 火 용신인 사주가 日이 부수인 한자를 쓰면, '火中火인 햇살처럼 빛나는 부귀명예'라는 말을 명의에 쓴다.

(25) 炅(빛날 경, 火, 火强): (태양과 불이 만났으니) 환하게 빛난다.

(26) 徑(지름길 경, 彳, 土中): 차(수레)가 다닐 수 없는 좁은 길이다.

(27) 鏡(거울 경, 金, 金强): 금속의 면을 매끄럽게 만들어 거울로 사용한다는 뜻이다.[395]

(26) 桂(계수나무 계, 木, 木江): '木+圭(홀 규)'의 구조로 계수나무는 귀한 나무(한약재 재료)임을 암시한다.[396]

(27) 高(높을 고, 高, 木): 높게 지은 건축물(위는 지붕, 중간은 몸체, 아래는 땅을 다진 기단)이다.

(28) 稿(볏집 고, 禾, 木): 수확한 벼를 탈곡 전에 높이 쌓은 볏단, 추후 가공이 필요하다는 의미가 확장되어 '초고(草稿, 첫 원고)'라는 뜻이 나왔다.

(29) 庫(곳집 고, 广, 木中): 수레를 넣어두는 창고이다.[397]

(30) 郭(성곽 곽, 阝(邑), 土): 넓은 땅 위에서 높게 지은 건물을 에워싼 성곽이다.

(31) 官(벼슬 관, 宀, 木): 군대의 주둔지에 세운 집은 힘과 권위가 있으니 관료, 관청이 되었다.

(32) 寬(너그러울 관, 宀, 木): 화려하게 치장한 제사장인 고대의 권력자가 너그럽고 온화하다.

(33) 觀(볼 관, 見, 木弱): 황새가 먹이를 찾아 자세히 보는 것에서 보거나 '관찰하다'는 의미가 나왔다.

(34) 冠(갓 관, 冖, 木弱): 법도에 따라 머리에 쓰는 관이다.

(35) 廣(넓을 광, 宀, 木): 사방으로 벽이 없는 (안 보이는) 큰 집이니 넓고 광대하다.

(36) 光(빛 광, 儿, 火): (불을 들고 시중드는 사람이 있으니) 빛 때문에 밝다.

(37) 洸(물 용솟음칠 광, 水, 水强): 물이 용솟음치면서 빛을 발한다.

(38) 校(학교 교, 木, 木强): 나무 울타리를 둘러 그 안에서 가르치는 곳이니 학교이다.

(39) 敎(가르칠 교, 攵, 木中): (회초리를 들어) 가르치는 모습이다.

(40) 橋(다리 교, 木, 木强): 나무로 만든 아치형 다리이다.

(41) 喬(높을 교, 口, 土): 땅 위에 선 사람이 발(止, 사람의 발)을 높이 든 모습이다.

---

395 진태하, 위의 책, 2016, 35쪽. 金은 원전에서 주로 '청동'을 말하니 고대 지배층의 힘, 권력의 상징이다.

396 진태하, 위의 책, 2016, 40쪽.

397 진태하, 앞의 책, 2016, 43쪽.

(42) 丘(언덕 구, 一,[398] 土): 갑골문에서 '산봉우리 두 개 사이의 커다란 구릉지(언덕)'를 말한다.

(43) 具(갖출 구, 八, 木 미약): 금문에서 '두 손으로 솥을 든 모습이니 제사 지낼 음식·도구를 갖추었다'는 뜻이다.

(44) 求(구할 구, 氺(水), 水): 갑골문에서 가죽옷이다. 추울 때 모든 사람이 구하고자 하는 귀한 물건이다.

(45) 球(공 구, 王, 金强): 옥으로 만든 악기 '경(磬)'이었는데 후에 '공'으로 의미가 변하였다.

(46) 國(나라 국, 囗, 土): 성으로 둘러싸인 나라(땅)이다. 내부의 戈(창 과)는 나라를 지키는 무기의 상징이다.

(47) 菊(국화 국, ++, 木强): '국화'를 의미한다.[399]

(48) 局(판 국, 尸, 불명): 尸(시체)는 '구부려 묻는다'는 의미가 있으니 변형된다는 뜻이 나왔고 여기에서 '장기·바둑 판'이나 정세하는 의미로 분화되었다.

(49) 君(임금 군, 口, 土弱): 백성을 다스리기 위해 (입으로) 호령하는 군주이다.[400]

(50) 郡(고을 군, 阝, 土): 임금이 다스리는 마을이니 지방 행정구역의 군이다.[401]

(51) 群(무리 군, 羊, 불명): '양의 무리'에서 집단이라는 뜻이 나왔다.[402]

(52) 宮(집 궁, 宀, 木中): 방이 여러 개 있는 큰 집이고 후에 궁궐로 발전했다.[403]

(53) 權(권세 권, 木, 木强): 노랑꽃이 피는 나무에서 저울추로, 다시 저울추에서 권세, 권리의 뜻으로 발전했다.

(54) 圭(홀 규, 土, 土强): 농경문화의 흙은 소중하고 아름다운 존재이니 관료들이 홀(玉)의 의미로 사용한 한자이다. 추후, 玉의 의미를 분명히 하고자 珪(홀 규)를 만들었다.

---

398 여기서 一은 '하나'가 아니고 '평평한 땅'의 모습을 말한다.

399 진태하, 위의 책, 2016, 67쪽.

400 진태하, 앞의 책, 2016, 67쪽.

401 진태하, 위의 책, 2016, 67쪽.

402 진태하, 위의 책, 2016, 68쪽.

403 진태하, 위의 책, 2016, 68쪽.

(55) 奎(별 이름 규, 大, 火): 28수의 15번째인 규성(奎星)이라는 큰 별(태양처럼 스스로 타는 별)

이고 천하가 태평하게 하는 길성(吉星)으로 보았다.[404]

(56) 逵(길거리·한길 규, 辶(辵), 土): 사람이 다닐 수 있는 사방팔방의 큰길이다.

(57) 規(법 규, 見, 木弱): '夫+見'의 구조로 장부는 사물을 올바르게 본다는 의미에서 '바르

다', '규범'의 뜻이다.[405]

(58) 均(고를 균, 따를 연, 土, 土强): 흙을 고르게 하는 모습이다. 이후 고르다, 공평하다, 균

등하다, 조화롭다 등의 의미로 쓰게 되었다.

(59) 根(뿌리 근, 木, 木强): 땅속으로 뻗어가는 나무의 뿌리이다. 근거, 근본의 단어에 쓰인다.

(60) 槿(무궁화나무 근, 木, 木强): 무궁화나무나 꽃을 말한다.[406] 木이 부수인 한자는 甲과 연

관 지어 생각하면 된다.

(61) 近(가까울 근, 辶, 土): 나무를 자르려면 도끼를 들고 나무 가까이 가야 하기에 '가깝다'

의 뜻이다.[407]

(62) 錦(비단 금, 金, 金强): 찬란한 금빛을 내는 청동(상고 시대에 지배층 힘의 상징)처럼 화려한

무늬가 수놓인 '비단'이다.

(63) 琴(거문고 금, 王, 金强): (줄이 달린) 현악기의 상형자이다.[408]

(64) 記(기록할 기, 言, 불명): 사실을 조목조목 분별하여 기록한다는 뜻이다.[409]

(65) 基(터 기, 土, 土强): 땅을 다져 만든 (건축의) 기초이다.[410]

---

404 부수 大는 시중 작명 책들이 木으로 분류 중이나, 큰 사람이 팔을 벌린 모습이니 火가 맞다. 한편, 奎는 한자 성분에 土
가 있어 土 오행을 쓰는 자손 대의 항렬자로 쓰기도 한다. 예) 능성 具씨 35세 기본항렬자(33-37 世: 林-熙-奎-鍾-洙).

405 진태하, 앞의 책, 2016, 73쪽.

406 木이 부수인 生木의 한자는 甲木과 연관 지어 생각하면 된다.

407 진태하, 위의 책, 2016, 78쪽.

408 진태하, 위의 책, 2016, 74쪽.

409 진태하, 위의 책, 2016, 79쪽.

410 土가 용신인 사주가 이름 한자로 쓰면, '복지에 터전을 세워 대성하다'로 해석한다.

(66) 起(일어날 기, 走, 土): 몸을 일으켜 달린다는 뜻이니 '일어서다'이다.[411]

(67) 機(기계 機, 木, 木強): 나무로 만든 베틀이다. 생산수단이다. 여기서 기계의 뜻이 나왔다.

(68) 奇(기이할 기, 大, 火): 사타구니를 크게 벌리고 선 사람의 절뚝발이 같은 모습이 일반
적인 사람보다 특이하다.

(69) 吉(길할 길, 口, 土): 원시시대 집 앞의 땅에 새운 단단한 남성 상징물이니 단단하다가
원래 뜻이고 후에 선비의 말은 '길하다'의 뜻이 나왔다.[412]

2) 음(音) 초성이 'ㄴ'인 한자

(1) 拏·挐(붙잡을 나, 手, 木 미약 또는 오행 불명): 종(노예)이 도망치지 못하게 붙잡는 손이다.
그래서 '붙잡다, 잡아서 끌다'의 뜻이 나왔다.

(2) 那(어찌 나, 阝(邑), 土): 중국 서부의 땅에 거주하는 한 이민족의 호칭이다. '어찌'는 나
중에 붙은 뜻이다.

(3) 柰(어찌 나, 木, 木強): 본래는 능금(사과)나무다. '어찌'는 나중에 붙은 뜻이다.

(4) 娜(아리따울 나, 女, 土 미약): 가냘프고 연약한 여자의 모습이 아름답다는 뜻이다.

(5) 奈(어찌 나, 大, 火弱): 나무를 태우며 하늘에 지내는 제사이다. '어찌'는 나중에 붙은 뜻
이다.

(6) 暖(따뜻할 난, 日, 火強): 햇빛은 만물을 따뜻하게 하고 따뜻한 것은 만물을 이끈다.[413]

(7) 男(사내 남, 田, 土強): 밭에 나가 쟁기를 끄는 것은 사내의 역할이다.

(8) 寧(편안할 녕, 宀, 木): 집에서 밥그릇에 담긴 음식을 먹으니 마음이 편안하다.[414]

---

411 진태하, 위의 책, 2016, 80쪽. 註) 부수인 走는 갑골문을 보면 '사람이 팔을 흔들고 길을 달려가다'의 의미이고 '길을 가
다'류의 부수는 土이다.

412 진태하, 위의 책, 2016, 87쪽.

413 진태하, 앞의 책, 2016, 88쪽.

414 진태하, 위의 책, 2016, 93쪽.

(9) 能(능할 능, 月(肉), 水弱): 곰이 재주를 잘 부리니 '능하다'는 뜻으로 전이되었다.[415]

(10) 柅(무성할 니, 木, 木強): 나무나 나뭇가지가 왕성하다.[416]

3) 음(音) 초성이 'ㄷ'인 한자

(1) 多(많을 다, 夕, 水): 많은 양의 고깃덩어리(肉·月, 고기 육)가 널린 모습이다. 현대적으로는 '식복이 많다.'라는 해석이 가능하다.

(2) 茶(차 다, ++(艸), 木): 쓴맛을 내는 식물에서 맛을 내는 차로 의미가 변성되었다.[417]

(3) 丹(붉을 단, 丶(심지 주), 木弱): 붉은 주사(朱砂)의 귀한 약을 그릇에 담은 모양이다.[418]

(4) 旦(아침 단, 日, 火強): 지평선 위로 해가 떠오르는 모습이다.

(5) 檀(박달나무 단, 木, 木強): 속이 찬 나무이다. 제단의 재질이 된다.

(6) 達(통달할 달, 辶(邑), 土): 사람이 막힘없는 큰길을 가는 모습이고 그래서 '두루 통달하다'의 뜻이 나왔다.

(7) 潭(깊을 담, 氵(水), 水強): 깊은 강이나 못을 말한다.

(8) 淡(묽을 담, 氵, 水強): 타오르는 불에 물이 더해지면 식고 약해지니 묽고 담백함을 그렸다.

(9) 堂(집 당, 土, 土強): 흙으로 세워진 기단 위에 높게 세운 집이다.

(10) 待(기다릴 때, 彳, 土): 길에서 시중받는 사람이 기다리는 모습에서 '기다리다'가 나왔다.

(11) 岱(대산 대, 土, 土強): 높은 산인 태산의 별칭이다.

(12) 臺(돈대 대, 土, 土, 土強): 높은 평지이다.

(13) 坮(대 대, 土, 土強): 평평하고 높게 쌓아 올린 '돈대'이다.

---

415 진태하, 앞의 책, 2016, 95쪽.

416 木이 용신인 사주에 대해 木 부수가 살아 있는 生木을 뜻한다면, 한자의 명의 해석 시, '큰 나무가 울창하듯 성공, 발달의 기운이 왕성하다.'라는 말을 첨언한다.

417 '차'는 '지배층이 부귀여유를 누리는 문화 요소'였으니 이 말을 木 용신인 사주의 명의 해석 시 '지배층의 부귀여유의 요소'라는 말을 사용한다.

418 진태하, 앞의 책, 2016, 97쪽.

(14) 代(대신 대, 亻, 火): 앞뒤를 잇다[419]의 뜻이니 교체하다의 의미가 생겼다.

(15) 貸(빌릴 대, 貝, 金): 代와 貝의 형성자로 '돈을 꾸어 주다'의 의미이다.[420]

(16) 德(큰·덕 덕, 亻, 土): 길을 갈 때 똑바로 보다는 의미에서 똑바른 마음, 도덕적 마음을 상징하였다.

(17) 悳(큰·덕 덕, 心, 火): 똑바른 마음, 도덕적 마음을 상징한다.[421]

(18) 道(길 도, 辶(辵), 土): 사슴뿔이 매년 자라고 떨어지는 자연법칙에 순응하는 것은 인간이 가야 할 길이다. 辶은 길 관련 부수이고, 인간의 숭고한 지향점을 '道'라고 한다.

(19) 導(이끌 도, 부수 寸의 오행이 불명이니, 한자 성분 속의 辶에 의해 '土弱'으로도 볼 수 있다): 길을 가도록 잡아 이끌어 인도하다.

(20) 稻(벼 도, 禾, 木强): 일년생 초목으로 곡식을 생산하는 '벼'를 말한다.[422]

(21) 跳(뛸 도, 足, 土): 발을 이용해 길 위에서 뛰거나 질주하다.

(22) 棹(노 도, 木, 木强): 나무로 만든 배나 배를 젓는 '노'이다.

(23) 堵(담 도, 土, 土强): 흙을 쌓아 만든 담이다.

(24) 都(도읍 도, 阝(邑), 土): 선왕들의 신주가 모셔진 땅에서 도읍으로 확장되었다.[423]

(25) 途(길 도, 辶(辵), 土): 길을 갈 때 잠시 쉬거나 쉬는 장소를 말한다.

(26) 塗(진흙·길·칠할 도, 土, 土强): 길을 따라 흐르는 도랑의 물이 넘치지 않게 진흙으로 쌓은 둑이다.

(27) 徒(무리 도, 彳, 土): 길을 함께 가는 사람들이니 동행자의 '집단'이다.

(28) 度(법도 도, 广, 木): '길이나 양을 잴 때는 표준이나 법도가 필요하다'에서 지켜야 할 법의 권위로 발전하였다.

---

419 진태하, 앞의 책, 2016, 103쪽.

420 진태하, 위의 책, 2016, 105쪽.

421 德을 이름 자로 쓰고 싶은데 용신이 火라면 悳으로 대용한다.

422 木 용신 사주에게는 '황금 들녘의 결실에 의한 풍요'라는 의미를 첨언한다.

423 土 용신인 사주에게는 '(사회의) 중심이 되는 사람'으로 해석한다.

(29) 渡(건널 도, 氵, 水强): 물을 건너다.

(30) 鍍(도금할 도, 金, 金强): 물체에 금, 금가루를 입히는 것이다.[424]

(31) 燾(비출 도, 灬(火), 火强): 햇빛과 달빛이 만물을 비추고 감싸며 덮어 주는 모습이다.

(32) 到(이를 도, 刂, 金): 화살이 목적지인 땅에 꽂히는 모습에서 '이르다, 도착하다'가 되었다.

(33) 淘(일 도, 氵(水), 水强): (흙을 물에 흔들어) 쓸 것, 못 쓸 것을 가리다.

(34) 滔(물 넘칠 도, 氵(水), 水强): 물이 담을 수 있는 한도를 벗어나 넘쳐 나다.

(35) 圖(그림 도, 囗, 土弱): (땅의) 경계를 지어 그리는 지도이다.[425]

(36) 敦(도타울 돈, 攵, 木): '(회초리로)매질이나 야단을 치다'에서 심한 정도가 '두텁다'라는 의미가 나왔다.

(37) 同(한가지 동, 口, 土弱): '뜻을 하나로 모으다'에서 '한가지'가 되었다.[426]

(38) 東(동녘 동, 木, 木强): 해가 떠오르며 나무에 걸린 모습이니 동향이다.

(39) 棟(마룻대 동, 木, 木强): 목조 건축물 지붕의 용마루(서까래의 받침대)이며 떠받치는 기둥이 된다.

(40) 潼(강 이름 동, 氵(水), 水强): 사천성에서 절강 지역으로 흐르는 강이다. '강물이 흘러가는 모습'으로 본다.

(41) 動(움직일 동, 力, 土 미약): '움직임을 강제하다'는 의미이다.

(42) 桐(오동나무 동, 木, 木强): 거문고의 재료가 되는 오동나무이다.

(43) 得(얻을 득, 彳, 土): 길에서 돈을 손으로 줍는 모습이다. 그래서 '얻다'라는 뜻이 나왔다.

(44) 銅(구리 동, 金, 金强): '구리'를 말하며 단단함을 비유했다.

---

424 '구리·청동'은 비싸고 귀한 자원이니 金이 용신인 사람에게는 명의 해석 시, '상류의 부귀 권력을 상징한다.'라는 말을 첨언한다.

425 진태하, 위의 책, 2016, 107쪽.

426 진태하, 앞의 책, 2016, 112쪽.

4) 음(音) 초성이 'ㄹ: 라~린'인 한자

(1) 羅(벌일·그물·비단 라(나), 罒(网), 木): 새를 잡는 그물에서 동물 잡는 그물로 발달했고 糸 (실 사)가 붙어 실을 촘촘하고 아름답게 만든 '비단'이라는 뜻도 나왔다.

(2) 樂(즐길 락, 木, 木強): 나무로 된 악기 연주를 듣고 즐겁지 않은 이가 없다.[427]

(3) 洛(강이름 락, 氵, 水強): 위수(渭水)의 지류인 강이다.

(4) 蘭(난초 란(난), ++(艸), 木): 난초를 뜻한다. 난초의 은은한 향기 때문에 군자나 훌륭함 을 상징한다.

(5) 來(올 래(내), 人, 火): 보리가 외래종이므로 '오다'의 뜻이 나오고 '미래'도 상징하였 다.[428]

(6) 郞(사나이 랑, 阝(邑), 土): 궁궐에서 일을 보는 왕의 최측근 사람이니 '훌륭하고 뛰어난 남자'를 상징하였다.

(7) 浪(물결 랑(낭), 氵(水), 水強): 강물의 움직임에 의한 물결이다.

(8) 廊(높을 랑(낭), 广, 木): 부귀한 이가 사는 높고 큰 집이다.

(9) 亮(밝을 량(양), 亠, 火弱[429]): '높은 건물 위에 있는 사람'이 잘 드러나는 모습이니 '밝 다', '분명하다'의 뜻이 나왔다. 부수 亠는 오행 성이 없으나 한자 성분에 儿(사람 인)이 있어 火弱으로 본다.

(10) 凉·涼(서늘할 량, 氵, 水強): 높은 집에 올라서면 바람 때문에 얼음이나 찬물처럼 서늘 하다.

(11) 梁(들보 량(양), 木, 木強): 물을 건너기 위한 나무다리에서 건축물 기둥과 기둥 사이를 가로지르는 '들보'가 되었다.

---

427 진태하, 앞의 책, 2016, 112쪽.

428 來는 자전상 부수 선정의 오류가 있을 가능성이 있다. 어원상, 麥(보리 맥)이 원래 글자이기 때문에 人 대신에 '來' 자신 이 부수가 되는 것이 이치에 맞을 수 있다.

429 부수 亠(돼지해머리 두)는 오행 성이 없다. 亮은 성분 속에 儿(사람 인)이 있고 한자의 핵심 본의가 '사람'이니 미약한 火 로 자원오행을 정할 수 있다.

(12) 麗(고울 려(여), 鹿, 오행 불명): 사슴뿔의 아름다운 모습에서 '곱다'가 나왔다.

(13) 侶(짝 려(여), 亻, 火): 벗이나 동반자인 사람이다.

(14) 勵(힘쓸 려(여), 力, 土弱): '노력하도록 격려해 주다'는 의미이다.

(15) 慮(생각할 려, 心, 火): 깊이 생각한다는 의미이다.[430]

(16) 鍊(불릴 련(연), 金, 金强): 금속을 불에 녹여 불순물을 없애거나 가공을 위해 쇠를 달구는 모습이다.

(17) 連(잇닿을 련(연), 辶(辵), 土): 길을 따라 수레들이 연이어 가는 모습이다.

(18) 練(익힐 련(연), 糸, 木): 누에고치를 삶아 실을 만드는 방법을 연습하다.[431]

(19) 蓮(연밥 련(연), ++(艸), 木强): 연꽃이나 '연'을 지칭한다.

(20) 戀(사모할 련(연), 心, 火): 마음이 이어지니 이성에게 마음이 이끌려 사모하다.[432]

(21) 烈(세찰, 매울 렬(열), 灬(火), 火强): 불꽃이 세차게 타오르는 모습이다.

(22) 廉(청렴할 렴(염), 广, 木): 집에서 각진 곳이 모나니 그것은 성품이 '올곧음'을 상징한다. 그래서 '청렴(淸廉)하다'라는 뜻이 나왔다.

(23) 逞(굳셀 령(영), 辶(辵), 土): '어떤 목적지를 향해 막힘없이 간다.'라는 의미이다.

(24) 令(우두머리 령(연), 人, 火): 모자를 쓰고 앉은 우두머리가 내리는 명령이다.

(25) 鈴(방울 령(영), 金, 金强): 우두머리의 명령을 전하고 시행할 때 쓰는 '청동 방울'이다.[433]

(26) 伶·怜(영리할 령(영), 亻(人)·忄(心), 火): 명령을 내려 사람을 좌지우지할 수 있는 우두머리인 사람이다.

(27) 昤(햇빛 령(영), 日, 火强): 해가 영롱하게 빛나다.

(28) 玲(옥소리 령, 王, 金强): 수령 등 우두머리 옷에 다는 옥 장신구의 맑은 소리이다.

---

430 진태하, 앞의 책, 2016, 126쪽.

431 진태하, 앞의 책, 2016, 128쪽.

432 진태하, 앞의 책, 2016, 129쪽.

433 金이 용신인 사람에게 철, 청동은 힘과 권력의 상징이다.

(29) 領(거느릴 령(영), 頁, 火弱): 본의는 '(사람의) 목'이었는데 뒤에 '거느리다'의 뜻으로 쓰였다.[434]

(30) 嶺(재 령(영), 山, 土强): 본래는 '산길'의 뜻이었는데 뒤에 '산 고개'가 되었다.[435]

(31) 例(법식 례(예), 亻(人), 火): 사람들이 열 지어 선 모습에서 '의례', '법식'이라는 뜻이 나왔다.

(32) 禮(예도 례(예), 示, 木): 부수 示는 사당, 제단이 본의이므로 '경건하게 신을 모시던 제사'에서 공경, 하례의 뜻이 나왔다.

(33) 路(길 로, 足, 土): 사람이 발로 걷는 '길, 도로'이다.

(34) 勞(일할 로, 力, 土 미약): 불을 밝혀 밤새 일하는 모습이다.

(35) 盧(밥그릇 로, 皿, 불명): 화로 위에 음식을 놓는 그릇이다.

(36) 祿(복 록, 示, 木): '사당에서 제사를 지내 복을 빌다'에서 '복(福)'의 뜻이 나왔다.

(37) 綠(초록빛 록(녹), 糸, 木): 본래는 '초록빛 비단'이었다가 '초록'으로 쓰인다.

(38) 錄(기록할 록, 金, 金强): 쇠에다 (글자를) 파 넣어 영원히 변치 않게 하다.[436]

(39) 龍(용 룡(용), 龍, 오행 불명): 상상의 동물인 '용' 모습의 상형자이며 황제의 상징으로 여기기도 했다.

(40) 樓(다락 루(누), 木, 木强): '상하로 겹치는 모습으로 높게 지어진 목조 건물'이다.

(41) 熡(불꽃 루(누), 火, 火强): 높이 타오르는 화염이다.

(42) 嶁(봉우리 루(누), 山, 土强): 높은 산의 꼭대기이다.

(43) 累(묶을 루(누), 糸, 木): '실을 여러 겹으로 동여매다'에서 누적, 중첩의 뜻이 나왔다.

(44) 漏(샐 루(누), 氵(水), 水强): 구리 그릇 등에서 물을 일정하게 새어나가게 한 후 시간을 재던 물시계를 말한다.

(45) 劉(죽일·모금도 류(유), 刂(刀), 金): '칼로 자르는 방법으로 죽이다'의 의미였는데 나중

---

434 진태하, 앞의 책, 2016, 131쪽.

435 진태하, 앞의 책, 2016, 131쪽.

436 金이 용신인 사람에게 철, 청동은 힘과 권력의 상징이다.

에 성씨 한자로 차용되었다.

(46) 溜(방울져 떨어질 류(유), 水): '강 이름'에서 물방울이 떨어지는 모습으로 확장되었다.

(47) 流(흐를 류(유), 氵(水), 水强): 출산 시 '양수가 흘러나오다'에서 '큰물이 흐르다'로 의미가 확장되었다.

(48) 留(머무를 류(유), 田, 土强): '농사를 크게 짓기 위해 머물다'는 뜻이다.

(49) 琉(유리 류(유), 王(玉), 金强): 옥처럼 광택 나는 '유리'이다.

(50) 陸(뭍 륙(육), 阝(阜), 土): 흙으로 된 언덕배기의 의미이다.

(51) 侖(둥글 윤, 人, 火): 사람이 피리를 불 때 조리(條理)나 순서를 형상화하여 그런 순서가 한 바퀴 도는 주기이다.

(52) 輪(바퀴 륜(윤), 車, 木): 회전하여 수레를 움직이게 하는 바퀴이다.

(53) 倫(인륜 륜(윤), 亻(人), 火): 사람들에게 두루 미칠 수 있는 '윤리'이다.

(54) 崙(산이름 륜(윤), 土, 土强): 티베트의 '곤륜산(崑崙山)'을 의미했다가 '높은 산'으로 의미가 확장되었다.[437]

(54) 栗(밤, 잘 여물 률(율), 木, 木强): 밤나무에 열매가 주렁주렁 열린 모습에서 곡식 등이 '열매가 잘 영글다'는 뜻으로 확대되었다.

(55) 聿(붓 률(율), 聿, 붓의 주된 재질상, 木弱에 가깝다): '손으로 붓을 잡은 모습'을 그린 상형문자이다.

(56) 律(법률 률(율), 彳, 土): 길에서 법령을 붙이는 모습에서 일반적인 법률로 의미가 확대되었다.

(57) 隆(클 륭(융), 阝, 土): 낮은 땅에서 불쑥 솟아난 모습으로 사물이 융성함을 나타낸다.[438]

---

437 厂(언덕)의 부수에 里가 더해져 土 오행 성이 더 강해졌다. 土가 용신인 사주에게는 매우 좋은 한자로 '내가 속한 사회에서 성취하여 넓은 땅을 경영하다'로 해석한다.

438 진태하, 앞의 책, 2016, 142쪽.

(58) 陵(큰 언덕 릉): 매우 높은 언덕을 말한다.[439] 후에 '왕릉'의 뜻이 되었다.[440]

(59) 里(마을, 이웃 리(이), 里, 土强): 경작 가능한 농지를 갖추어 이웃을 이루고 거주할 수 있는 25가구 이상의 마을이다.

(60) 裏(속 리(이), 衣, 木): '옷 안쪽'의 의미로서 겉으로는 보이지 않는 '속'으로 확장되었다.

(61) 厘(다스릴 리(이), 厂, 土强): '100모(畝)의 땅, 즉 사방 만보(萬步)의 땅을 경작·경영하다'의 의미로 쓰인다.[441]

(62) 利(날카로울, 이로울 리(이), 刂(刀), 金): '곡식 이삭을 자르는 칼'이니 날카로우면서도 이롭다.

(63) 悧(영리할 리(이), 忄(心), 火): '이로움(利)에 밝은 마음'이니 '영리하다'를 말한다.

(60) 吏(벼슬아치 리(이), 口, 土): 벼슬을 쥐고 문서를 기록하는 일을 하는 관리이다.

(64) 莅(다다를 리, ⺿, 木强): 이르다, 다다르다는 뜻이며 가서 보다, 다스리다의 뜻으로 확장되었다.

(65) 隣(이웃 린(인), 阝(阜), 土): 옛날에 5집을 1隣이라 하였으니 가까이 사는 이웃이다.

5) 음(音) 초성이 '림~ㅁ'인 한자

(1) 林(수풀 림(임), 木, 木强): 나무가 한곳에 많이 모인 숲이다.[442]

(2) 琳(옥 림(임), 王(玉) 金强): 푸른 비취색의 아름다운 옥이다.

(3) 霖(장마 림(임), 雨, 水强): '숲처럼 쏟아지는 비'이며 보통 3일 이상 내리는 비이다.

(4) 臨(임할 림(임), 臣, 火): '눈으로 물품을 파는 사람'에서 '높은 곳에서 아래를 살피는 모습'으로 확장되었다.

439　진태하, 위의 책, 2016, 142쪽.

440　진태하, 위의 책, 2016, 142쪽.

441　'厂+田+土'의 구성이니 土强이다.

442　진태하, 앞의 책, 2016, 145쪽.

(5) 晚(저물 만, 日, 火强): '해가 늦은 시간대'로서 '늦다'라는 말도 나왔다.

(6) 滿(찰 만, 氵(水), 水强): 물이 넘칠 정도로 가득 찬 모습이다.

(7) 萬(일만 만, ++, 불명): '전갈'은 새끼를 한꺼번에 많이 낳는다는 뜻에서 숫자 '일만'이 나왔다.[443]

(8) 梅(매화 매, 木, 木强): 매화나무나 매실이다.[444]

(9) 孟(맏이 孟: 子, 火弱): 아이를 그릇에 담아 씻기는 모습인데 항렬 첫째나 우두머리의 뜻이 나왔다.[445]

(10) 勉(힘쓸 면, 力, 土 미약): '힘써 노력하다.'라는 의미이다.

(11) 命(목숨 명, 口, 土弱): 모자를 쓰고 앉은 우두머리의 명령(命令)을 말할 때 '명'이다. 천명(天命, 하늘의 명령)처럼 목숨을 다해 행하라는 의미이다.

(12) 銘(새길 명, 金, 金强): 견고한 쇠에 이름을 새겨 영원하도록 기록하다는 뜻이다.

(13) 冥(어두울 명, 冖, 木弱): 아기를 받는 곳은 어두우니 '어둡다'라는 말이 나왔다. (글자의 윗부분은 자궁, 중간은 아기, 아랫부분은 두 손을 의미한다)

(14) 溟(어두울, 바다 명, 氵, 水强): 물이 깊으면 어두우니 '크고 깊은 바다'를 말한다.

(15) 明(밝을 명, 日, 火强): 햇빛과 달빛이 밝음을 형상화하였다.

(16) 模(법 모, 木强): '나무로 만든 거푸집의 형상을 만드는 법'에서 '법식'이나 '모범'을 뜻하게 되었다.

(17) 慕(그리워할 모, 心, 火): 해가 지면 사물의 형상을 구별할 수 없는 것처럼 남을 사모할 때는 (마음이) 한 가지가 된다는 뜻이다.

(18) 穆(화목할 목, 禾, 木强): 이삭이 잘 여물어 곡식이 화려하니 사람들이 풍요로우니 서로 화목하다.

---

443 부수 ++은 '풀 초'가 아니라 '전갈의 집게'를 본뜬 것을 '풀 초'식으로 표현하였다(진태하, 앞의 책, 2016, 149쪽). 그래서 오행 성 '불명'으로 표시하였다.

444 진태하, 앞의 책, 2016, 223쪽.

445 子가 지지(地支)를 의미하면 水지만 아들·자손으로 쓰면 약한 火이다.

(19) 牧(기를 목, 牛(소 우) 부수이니 오행 불명이지만 회초리를 의미하는 攵을 성분으로 가지니 미약한 木도 가능): 목동이 회초리를 들고 소를 가볍게 쳐서 풀을 뜯게 하니 '기르다'의 뜻이다.

(20) 睦(화목할 목, 目, 木): 눈빛이 평평한 언덕처럼 평순하니 화목하다는 뜻이다.

(21) 珷(옥돌 무, 王(玉), 金强): 옥돌을 말한다.[446] 옥돌은 고귀한 존엄의 상징이다.

(22) 茂(무성할 무, ++(艸), 木强): '초목이 왕성하게 우거져 번성하다.'라는 의미이다.

(23) 紋(무늬 문, 糸, 木): 실로 만들어진 비단에 새겨진 아름다운 무늬이다.

(24) 武(무사 무, 止, 土弱): 창을 들고 어떤 혼란을 막는(止) 무사의 뜻이다.[447]

(25) 貿(바꿀 무, 貝, 金): 묘시에 문을 열어 돈으로 물건을 사고파는 일에서 '무역하다'의 뜻이다.[448]

(26) 汶(내 이름 문, 氵(水), 水强): 강의 이름이다.

(27) 楣(나무 끝 미, 木, 木强): 나무의 끝부분을 말한다.

(28) 嵋(산 이름 미, 山, 土强): 사천성(泗川城)에 있는 '산 이름'이다.[449]

(29) 楣(문미 미, 木, 木强): 창문 위로 벽의 무게를 받치기 위해 가로로 댄 나무이다.

(30) 米(쌀 미, 米, 木强): 쌀은 물론 일반 곡식까지 두루 지칭한다.

(31) 美(아름다울 미, 羊, 오행 불명): 양가죽을 둘러쓴 사람은 뛰어난 재주의 소유자인데, 큰 양이 유용하고 유용한 것이 아름답다는 의미가 되었다.

(32) 渼(물놀이 미, 水强): 호수 이름이다. '미파(美波)'가 물맛이 좋고 맛 좋은 물고기가 많이 나서 붙여진 이름이다.

(33) 敏(민첩할 민, 攵(攴), 木): 어머니에게 회초리로 훈육 받은 자식이 민첩하고 영리한 모습이다.

(34) 民(백성 민, 氏, 火 미약): 전쟁 포로의 한쪽 눈을 찔러 못 쓰게 한 노예에서 신하라는 뜻

---

446 옥돌은 고귀한 존엄의 상징이니 金 용신의 사주에게 유익하다.

447 진태하, 앞의 책, 2016, 169쪽.

448 진태하, 위의 책, 2016, 170쪽.

449 土가 용신이면 山이 부수인 한자는 '부귀오복이 산처럼 크다.'라 해석한다.

이 나오고 다시 백성의 뜻이 나오면서 氏(성씨 씨)가 부수가 되었다.

(35) 珉·玟·瑉·瑉(옥돌 민, 金): 아름다운 옥돌이다.

(36) 岷(산 이름 민, 山, 土强): 사천성(泗川城) 북쪽에 위치하는 산이다.[450]

(37) 慜(총명할 민, 근심할 민, 心, 火): 敏(민첩할 민)에 心(마음 심)이니 '마음이 민첩하여 총명한 것'이지만, 본뜻은 노예나 백성을 때리는 마음이 아픔을 상징한다.

(38) 緡(낚싯줄 민, 糸, 木): '질긴 낚싯줄로 고기를 잡다.'라는 의미이고 질긴 줄로 쇠돈(천 냥)을 꿴 돈꿰미의 뜻도 있다.

(39) 旻(하늘 민, 日, 火强): (햇살이 빛나는) 아름답고 푸른 하늘이다.[451]

(40) 潣(물 졸졸 흘러내릴 민, 氵(水), 水强): 물이 넓고 평평하게 흘러내리는 모습이다.[452]

(41) 暋(강할 민, 日, 火强): 굳세고 강한 마음으로 힘을 써서 성취한 사람은 (명예가) 햇살같이 빛난다.[453]

6) 음(音) 초성이 'ㅂ'인 한자

(1) 博(넓을 박, 十, 10의 數 오행은 土이지만 자원오행은 土 미약): 베를 짜는 능력처럼 전문적인 학식을 폭넓게 갖춘 것을 말한다.

(2) 朴(후박나무 박, 木, 木强): 나무껍질을 약재로 쓰는 후박나무이며 성씨로 쓰인다.[454]

(3) 房(방, 집 방, 戶, 木): 집의 정실 곁에 배치된 측실(側室)이다.

(4) 放(놓을 방, 攵(攴), 木): (회초리나 몽둥이로써 강제로) 내치다.

(5) 培(북돋을 배, 土, 土强): '흙을 두껍게 하여 북돋다'에서 북돋아 키우는 배양(培養)의 의미로 확장되었다.

---

450 성명학적 명의에서는 '山(戊土)'만 본다.

451 형성문자로서 '日(의미)+文(음)' 결합 형식이다. 文(문)의 음이 '민'으로 변화하였다.

452 水 용신인 사주의 성명자로 좋다.

453 火 용신인 사주의 성명자로 좋다.

454 살아 있는 生木이고 甲木에 속하니 木强의 오행 성이다.

(6) 倍(곱 배, 亻(人), 火): (두 사람이) 등을 맞댄 것을 뒤집으면 다른 면이 나오므로 '두 배가 되다'이고 등을 맞대고 돌아섰으니 이어서 '배반하다'의 뜻이 나왔다.

(7) 裵(성, 치렁치렁할 배, 衣, 木): 옷이 양쪽으로 늘어져 치렁치렁한 모습이고 성씨로 쓰인다.

(8) 伯(맏 백, 亻(人), 火): 첫째나 우두머리를 말한다.

(9) 柏(나무 이름 백, 木, 木强): 측백나무이다.[455]

(10) 帛(비단 백, 巾, 木): 무늬나 색을 넣지 않은 흰 비단이다.

(11) 百(일백 백, 白, 金): 1백이라는 숫자는 '많다'나 '완전하다'의 의미이다.

(12) 凡(무릇 범, 几, 木): 베로 만든 네모의 돛인데 이후 '무릇'이라는 뜻으로 가차되었다.

(13) 範(법 범, 竹, 木强): '수레를 타고 길을 떠날 때 산에 지내는 제사 의례가 법식이 있다'는 뜻에서 꼭 지켜야 할 법, 규범을 뜻한다.

(14) 邊(가 변, 辶, 土): 길을 통해 시신을 땅의 구석(가장자리)으로 옮기는 것인데 이로부터 '변두리'라는 의미가 나왔다.

(15) 秉(잡을 병, 禾, 木强): 손으로 볏단을 잡은 모습이다.

(16) 昞·炳(밝을 병, 火): 해나 불처럼 밝고 빛난다는 뜻이다.

(17) 柄(자루 병, 木): 도구의 나무로 만든 '손잡이'이다.

(18) 竝(아우를 병, 立, 火弱): 사람이 나란히 선 모습이고 여기서 '아우르다'의 뜻이 나왔다.[456]

(19) 步(걸을 보, 止, 土): 두 개의 발(止) 모습이 포함된 형상이고 걸음걸이, 두 발 간 거리를 말하며 5척(尺) 정도의 길이가 한 걸음이다.

(29) 保(보전할 보, 亻, 火): 어른이 아기를 업고 보호하는 모습처럼 보전하다.[457]

(21) 甫(클 보, 用, 金弱): '싹이 돋은 채소밭'인데 주식은 아니더라도 부식을 제공해 주니 '위대하다', '크다', '보완하다'의 뜻이 나왔다.

---

455 살아 있는 生木이고 甲木에 속하니 木强의 오행 성이다.

456 시중 성명 책이 竝을 金으로 배속하는 것은 오류이다.

457 진태하, 앞의 책, 2016, 198쪽.

(22) 補(기울 보, 衤(衣), 木): 옷의 해진 곳을 기워 보완하는 것에서 보완, 보수 등의 뜻이 나왔다.

(23) 寶(보배 보, 宀, 木): 玉과 화폐 등이 '집'에 가득한 모습을 말한다.

(24) 普(널리, 두루 보, 日, 火強): 햇빛이 넓은 영역에 두루 비춘다.

(25) 洑·湺(보 보, 氵(水), 水強): 물의 흐름을 굴복시켜 한데 모이게 하고 농업용수로 쓰는 관계시설이다.

(26) 報(갚을 보, 土, 土): 손을 뒤로 묶은 죄인을 꿇어앉히고 조상신에게 죄를 고하는 모습이 원래 뜻이나, '고하다', '보고하다', '보답하다'로 의미가 확장되었다.

(27) 珤(보배 보, 王(玉), 金強): 玉과 같은 보물이다.

(28) 褓(포대기 보, 衤(衣), 木): 아기를 감쌀 때 쓰는 이불에서 '천(옷감)', '이불'의 뜻으로 확장되었다.

(29) 復(돌아올 복·다시 부, 彳, 土): 길을 떠나갔다가 원상태로 돌아온다는 의미이다.

(30) 福(복 복, 示, 木): 사당·제단에서 신에게 술을 올리고 복을 비는 모습을 형상화한 글자인데, 복을 받아 편안하면 '행복하다'고 한다.

(31) 本(밑, 근본 본, 木, 木強): 나무의 뿌리에서 가지, 근본의 뜻으로 확장되었다.

(32) 封(봉할 봉, 寸, 土): 갑골문에서는 흙더미에 나무를 심는 모습이다. 제후에게 작위 수여와 함께 나누어 주는 땅이다.[458]

(33) 峰(봉우리 봉, 山, 土強): 산의 봉우리에서 사물의 정점으로 확장되었다.

(34) 奉(받들 봉, 大, 火): 본래 금문에서는 어린 묘목을 두 손으로 받든 모습이었는데, 농작물을 신에게 바쳐 풍작을 비는 모습으로 확장되었고 '받들다', '바치다'의 뜻이 생겼다.

(35) 富(부유할 부, 宀, 木): 집안에 술독, 재물이 풍족하여 부유하다는 의미이다.

(36) 付(줄 부, 亻(人), 火): '물건을 건네주다'는 뜻이다.

---

458 부수인 寸이 오행 불명이니 다음 차례로 한자 성분을 보아야 하는데 土가 있고 본의도 '흙더미를 쌓다'는 의미이니 土오행의 한자로 본다.

(37) 夫(지아비 부, 大, 火): 중국 고대에는 성인 남자도 머리에 '비녀'를 꽂았으니 비녀를 꽂는 큰 사람으로 '성인 남자', '지아비'를 상징하였다.

(38) 副(버금 부, 刂(金), 金): '칼을 잘라 두 쪽으로 분리하다'에서 '두 번째'의 뜻이 생겼다.

(39) 扶(도울 부, 扌, 오행 불명 또는 木 미미): '사람을 손으로 부축하다'에서 '돕다', '부축하다'의 뜻이 생겼다.

(40) 粉(가루 분, 米, 木强): 쌀가루를 말하는데, 얼굴에 바르는 분을 뜻하기도 한다.

(41) 朋(벗 붕, 月, 金): 갑골문에서는 조개·화폐를 묶어둔 것인데, 이후 동행하는 '무리나 벗'으로 확장되었다.⁴⁵⁹

(42) 毗·毘(도울 비, 比, 火): 본래 囟(정수리 신)이었는데 田으로 바뀌었다. 사람의 배꼽을 말했는데 여기서 '돕다', '보좌하다', '기대다'라는 뜻이 나왔다.

(43) 庇(덮을 비, 广, 木): '큰 집이 나란히 선 사람을 덮으며 보호하다'의 뜻이다.

(44) 批(칠 비, 扌, 木 미약 또는 오행 불명): '손으로 반격하여 치다.'라는 뜻이다.

(45) 泌(샘물 흐르는 모양 비, 氵(水), 水): 계곡물이 흐르는 모양이다. 지금은 '분비(分泌)하다'에 쓰인다.

(46) 庇(덮을 비, 广, 木): 큰 집이 나란히 선 사람을 덮어주고 있는 모습에서 '보호', '비호'의 의미가 나왔다.

(47) 丕(클 비, 一, 土): 一은 一(한 일)이 아니고 평평한 땅을 상징하여 '땅 위로 자란 꽃꼭지'를 그려 '씨앗처럼 생명을 배태하다'는 뜻을 표현했으니 여기서 생명 잉태는 '위대하다', '크다' 등의 의미가 되었다.⁴⁶⁰

(48) 備(갖출 비, 亻, 火): 고대에서 화살통의 활은 사람이 언제나 갖추어야 할 것임을 반영한 字이다.

(49) 妃(왕비 비, 女, 土 미약): 남자 입장에서 자기의 배우자다.

(50) 彬(빛날 빈, 彡, 목): 부수인 彡('터럭 삼'이 오행 불명인데 성분 자인 林의 木이 매우 강하니 전체

---

459 여기서 月은 '달'이 아니라 '조개로 된 화폐'이다. 자형의 변화에 의해 자전상의 부수가 변형된 유형이다.

460 一은 평평한 땅을 상형하였는데 그 모습이 一(한 일)과 같아 자전에서 一(한 일)이 부수가 된 字로 보인다.

적으로는 강하지 않은 木이다): 문무 겸비를 말하는 '문채가 빛나다'는 뜻이다.

(51) 斌(빛날 빈, 文, 木弱): 문무 겸비를 말하는 문채가 빛나다.

(52) 玭(구슬 이름 빈, 王(玉), 金強): 玉의 이름을 말한다.

(53) 賓(손 빈, 貝, 金): '예물(貝, 돈)을 지참한 손님'에서 '접대하다'의 뜻이 나왔다.

(54) 浜·濱·瀕(물가 빈, 氵(水)): 물이 흐르는 '물가'가 원뜻이다.

7) 음(音)이 '사~섭'인 한자

(1) 私(사사로울 사, 禾, 木強): '곡물을 자신의 것으로 만들다'에서 사적이고 개인적인 것을 말하는 뜻이다.

(2) 仕(벼슬 사, 亻, 火): 선비 중 공부와 덕을 쌓은 사람이 나랏일을 본다는 데서 '벼슬'의 뜻이다.

(3) 辭(말 사, 辛, 金): '송사(訟事)'를 말하는데, 송사에서 하는 말은 과장되므로 '과장된 말'이라는 뜻이다.

(4) 師(스승 사, 巾, 木): 사면의 흙 언덕에 군사가 주둔한다는 의미였는데 뒤에 '스승'으로 쓰였다.

(5) 社(모일 사, 示, 木): 토지神에게 제사를 지내러 사람들이 모이니 '사회', '단체'의 뜻으로 쓰였다.

(6) 産(낳을 산, 生, 木): 아이를 낳다의 뜻이다.

(7) 珊(산호 산, 王(玉), 金強): 물속에서 나온 산호를 엮은 것으로 玉이 부수인 것은 산호를 玉(보물)으로 보았기 때문이다.

(8) 三(석 삼, 3의 數 오행이 木이니 木 미약으로 본다): 숫자 三을 나타내는데 삼재(三才, 천(天)·지(地)·인(人)) 사상의 '三'으로도 의미가 있다.

(9) 森(나무 빽빽할 삼, 木, 木強): 수풀에는 나무가 많으니 그 모습이 빽빽하다는 뜻이다.

(10) 上(위 상, 一(일)이 부수이니 數 오행상 水이므로 水를 약하게 본다): 위 또는 앞을 상징하는 지사문자(指事文字)이다.

(11) 相(서로 상, 木, 木强): '눈으로 나무를 자세히 살피거나 높은 나무 위를 비롯하여 높은 데서 자세히 살펴보다'의 뜻이다.

(12) 祥(상서로울 상, 示, 木): 양(羊)을 길상으로 보고 숭배 대상으로 삼았는데 이로부터 길(吉)함의 전조를 '상서롭다'고 한다.

(13) 想(생각할 상, 心, 火): 마음으로부터 자세히 살피는 것이니 생각, 상상 등을 의미하게 되었다.

(14) 床(평상 상, 广, 木): 나무를 평평하게 만들어 눕거나 음식을 차리는 용도로 쓴다.

(15) 尙(오히려 상, 小, 오행 불명): 八과 向(향할 향)이 결합한 것이므로 옥편이 小를 부수로 하는 것은 오류이며 집의 창을 통해 위로 올라가는 연기를 상징했고 이어서 '숭상하다'의 뜻이 나왔다.

(16) 常(항상 상, 巾, 木): 巾은 일상에서 입는 옷의 재료이니 '일상'이라는 뜻이 나오고 다시 '항상 변화 없다.'라는 뜻이 나왔다.

(17) 署(관청 서, 罒(网), 木): 관리를 그물망처럼 배치하다는 뜻인데 '사냥할 그물과 요리할 도구를 배치하다'는 말에서 유래되었다.

(18) 曙(새벽 서, 日, 火强): '日+署'로서 관청은 해뜨기 전, 즉 새벽부터 일해야 함을 말한다.

(19) 緖(실마리 서, 糸, 木): 감기거나 얽힌 실의 첫머리이며 사건을 풀어가는 단서를 말한다.

(20) 書(글 書, 曰, 土): "聿(붓 율)+口"의 구조인데 口가 曰(가로 왈)로 바뀌었다. 먹을 찍어 붓으로 글을 쓰는 것이다.

(21) 胥(서로 서, 月(肉), 水): 게장으로 젓갈을 담글 때, 살과 뼈를 함께 넣으니, 함께 넣는 의미로 '서로'의 뜻이 나왔다.

(22) 鋤·鉏(호미, 김맬 서, 金, 金强): 철로 만든 농기구로 잡풀을 제거하고 밭을 가는 것을 의미한다.[461]

(23) 栖·棲(깃들일 서, 木, 木强): 栖는 새가 나무 둥지에 살다이고 棲는 새가 나무 둥지에 사

---

461   金이 용신인 사람에게는 '모든 장애 요소가 제거되고 땅을 경영하여 청동이 상징하는 힘을 가지다.'라는 의미로 해석한다.

는 모습이 아내와 함께 사는 것과 같다는 의미이다.[462]

(24) 序(차례 서, 广, 木): 집의 일종인 행랑이 차례대로 나란히 늘어선 모습인데, 그곳이 학교라는 의미이다.

(25) 舒(펼 서, 舌(혀 설), 火): '쉬는 집에서 왔다 갔다 하니 마음이 느긋하다'에서 마음이 '펴지다', '긴장을 풀다'의 뜻이 나왔다.

(26) 抒(풀 서, 扌, 木 미미 또는 불명): 손으로 얽힌 것을 푼다는 뜻이다.

(27) 瑞(상서 서, 王(玉), 金强): 신의의 증표로 삼던 옥으로 화기애애하니 그 모습이 길상이고 상서롭다.[463]

(28) 徐(천천히 할 서, 彳, 土): 길에 설치한 임시 막사에서 편히 머물면서 '천천히 쉬어가다'의 뜻이다.

(29) 敍(차례 서, 攵(攴), 木): 집을 수리하는 데 순서가 있다는 의미의 '차례'이다.

(30) 逝(갈 서, 辶(辵), 土): 원래 '다른 데로 가다'의 뜻인데, '서거하다(죽다)'라는 뜻도 쓰인다.

(31) 恕(용서할 서, 心, 火): "心+如(같을 여)"의 구조로 타고난 선한 마음과 같은 것이 용서라는 의미이며 '어질다', '사랑을 베풀다'의 뜻도 나왔다.[464]

(32) 嶼(섬 서, 山, 土强): '작은 산'이나 '바다 위의 산(섬)들이 줄지어 선 모습'이다.

(33) 墅(농막 서, 土, 土强): '경작지같이 넓은 땅을 관리하고자 지은 집'인데, '별장'이라는 뜻도 추가되었다.

(34) 暑(더울 서, 日, 火强): 태양에 삶는 모습의 형성자로, 덥다의 뜻이다.

(35) 庶(여러 서, 广, 木): 맛있는 음식(甘)과 따뜻한(灬) 방 있는 집 안에 사람들이 무리로 모여 있다는 뜻이다.

(36) 署(관청 서, 罒, 木): 죄인에게 벌을 주는 곳을 뜻하여 관청이 되었다.

---

462 木이 용신인 사람에게는 '복된 곳에 터전을 세우고 태평하다.'라 해석한다.

463 金이 용신인 사람에게는 옥이 부수이고 한자의 山 성분을 참조하여 '상서로운 기운으로 성취하여 옥이 상징하는 고귀함이 산처럼 크다.'라는 명의 해석이 가능하다.

464 恕와 같은 字이다.

(37) 碩(클 석, 石, 金強): '머리통이 바위처럼 크다'는 말인데 머리통이 크다는 것은 두뇌가 총명하고 많은 지식을 담을 수 있기에 슬기롭고 박식하다는 의미이다. 큰 학자를 '석학(碩學)'이라고 한다.

(38) 析(가를 석, 木, 木強): '나무를 도끼로 쪼개다'에서 분석·해석의 의미가 나왔다.

(39) 晳(밝을 석, 日, 火強): "析+日"의 구조로 '해처럼 밝다'는 의미이다.

(40) 奭(클 석, 大, 火): 큰 수를 상징하는 百이 쌍으로 있으니 '크다'라는 뜻이며 위대하다는 뜻도 나왔다.

(41) 錫(주석 석, 金, 金強): 청동을 만들 때, 단단한 성질로 바꾸어 주는 역할을 했던 '주석'이며 '하사하다'의 의미로도 쓰인다.[465]

(42) 宣(베풀 선, 宀, 木): "宀(집 면)+亘(베풀 선)"의 구조로 '천자(天子)가 자신의 집에서 명령을 내려 백성에게 베풀다.'라는 의미이다.

(43) 瑄(도리옥 선, 王(玉), 金強): 직경 8치짜리 큰 벽옥(璧玉, 아름다운 옥)이며 하늘에 제사를 지내는 큰 행사에 쓰였다.

(43) 璿·璇(아름다운 옥 선, 金強): 아름다운 옥을 말한다.

(44) 鮮(고울 선, 魚, 水): '생선, 육류 등의 고기가 곱고 신선하다'는 의미이다.

(45) 善(착할 선, 口, 土): 양(羊)의 신비한 능력으로 언쟁의 시비를 가려주는 신판(神判)의 의미로 길상과 훌륭함의 상징으로서 '착하다', '선하다'의 의미가 나왔다.

(46) 琁(옥 선, 王, 金強): 아름다운 옥을 말한다.

(47) 線(줄 선, 糸, 木): 누에고치로부터 샘물이 흘러나오듯 길게 뽑아 만든 실이며 이후 실의 통칭이 되었다.[466]

(48) 煽(부칠 선, 火, 火強): 부채질하면 불이 왕성하게 일어나니 '불이 세차게 일다'의 뜻이다.

(49) 仙(신선 선, 亻, 火): '산에 사는 사람'인 '신선'이나 '신선의 세계'를 말한다.

(50) 先(먼저 선, 儿, 火): 발이 사람의 몸보다 앞서나가는 것에서 '앞'이라는 공간 개념이고

---

465 '청동'은 상고시대에 '지배층의 힘'을 상징하니 여기에서 '하사하다'의 의미가 나온 것으로 유추된다.

466 누에고치로부터 나오는 명주실은 '비단'의 재료이다. 木 용신인 사주에게는 의식주 충족의 의미를 볼 수 있다.

시간이 '앞이다'는 시간 개념으로 확장되었다.

(51) 選(가릴 선, 辶, 土): 제사에 쓸 것을 뽑아 보내다는 의미(⋯) '선발하다', '뽑다'의 의미가 나왔다.

(52) 旋(돌 선, 方, 土): 깃발을 가진 기수가 주위를 발로 걸어서 빙빙 돈다는 뜻이다. '선회하다'의 의미로 쓰인다.

(53) 薛(맑은 대쑥 설, ++(艸), 木): 초목을 뜻하는 ++가 부수이다. 일종의 '쑥'이다.

(53) 楔(문설주 설, 木, 木强): 쐐기(틈 메우는 용도)에서 문의 기둥으로 확장되었다.

(54) 洩·泄(샐 설, 氵(水), 水强): 물이 새는 것을 말하니 '배설하다'로 뜻이 확장되었다.

(54) 說(말씀 설·기쁠 열·달랠 세, 言, 오행 불명): 말을 정확하게 하면 말로써 사람을 기쁘게 할 수 있으므로 '말씀', '달래다', '기쁘다'의 뜻이 나왔다.

(55) 設(베풀 설, 言, 言은 오행 불명이나 성분 자에 殳(창 수)가 있으니 金弱으로도 볼 수 있다): 말로 지시하여 병기(창)를 들어 거동하게 하는 모습에서 '베풀다'의 뜻이 나왔다.

(56) 燮(불꽃 섭, 火): 갑골문에서 '대나무통을 손으로 잡고 불 위로 돌려가며 익히다.'라고 말했는데 여기에서 '고루 익히다', '고르다'의 뜻이 나왔다.

(57) 涉(건널 섭, 氵(水), 水): '물을 건너다'에서 '(목적지에)이르다', '지나가다'의 뜻이 나왔다.

8) 음(音)이 '성~승'인 한자

(1) 星(별 성, 火强): 반짝이는 별이다.

(2) 醒(깰 성, 酉, 金): '정신이 반짝이는 별처럼 밝은 상태로 돌아오다'는 의미이다.[467] (酉가 '술독'을 의미하니 술에서 깨다에서 수면, 혼수상태에서 깨어나다로 확장되었다.

(3) 省(살필 성, 目, 木): 눈으로 '대략' 살피는 것이다.

(4) 性(성품 성, 忄(心)): 산천척으로 타고난 성품이며 철학 사상과 감정의 의미와 결합하였다.

(5) 聖(성스러울·성인 성, 耳, 水): 남의 말을 귀담아듣는 사람이다. (⋯) 이로부터 총명함과 혜

---

467 酉가 '술독'을 의미하니 술에서 깨다에서 수면, 혼수상태에서 깨어나다로 확장되었음을 유추할 수 있다.

지를 지닌 존재인 지도자, 성인을 지칭하였고 유가에서는 공자를 부르는 말로 쓰였다.

(6) 成(이룰 성, 戈, 金): 창과 같은 무기로 성을 단단히 지킴을 의미하였고 '성을 잘 지키면 목적이 성취되다'의 의미로 발달하였다.

(7) 城(재·성 성, 土, 土强): '흙을 쌓아 만든 성'이며 도시, 국가로 확장되었다.

(8) 盛(담을 성, 부수인 皿(그릇)의 재질이 불특정적이라 오행 불명인데 성분 자에 戈(창 과, 金)가 있으니 金弱으로도 볼 수 있다): 곡식을 그릇에 담음을 말하며 이로부터 '가득 담다', '성하다', '풍성하다' 등의 의미가 나왔다.

(9) 誠(정성 성, 부수인 言이 오행 불명인데 성분 자에 戈(창 과, 金)가 있으니 金 미약으로도 볼 수 있다): 정성, 성실의 의미로써, 말한 대로 정성을 다하면 믿음이 간다는 뜻이다.

(10) 晟(밝을 성, 日, 火强): '햇빛이 만들어 내는 환하고 밝은 상태'를 말한다.

(11) 筬(바디 성, 竹, 木强): 대나무가 재료인 '베틀'이다.[468]

(12) 珹(옥 이름 성, 王, 金强): 구슬처럼 생긴 '玉의 보배'이다.

(13) 宬(서고 성, 宀, 木): 책을 소장하고 보관하던 건축물(宀)이다.

(14) 世(대 세, 一, 水 미약 또는 불명): 갑골문에서 매듭을 지은 세 가닥 줄을 이어놓은 모습이다. (매듭의 줄) 하나는 10을 상징하는데, 3개는 30이고 30년은 한 세대(代)이다.

(15) 稅(구실 세, 禾, 木强): 곡물을 재배하고 내는 토지 경작세인데 세금은 기쁜 마음으로 내야 한다는 이념이 반영되어 징세의 구실을 내세웠으므로 '구실'이라는 뜻까지 생겼다.

(16) 勢(기세 세, 力은 土가 미약하나 한자의 성분에 土가 2개 있으니 강하지 않은 土로 볼 수 있다): 흙에 초목을 심으면 나중에 초목의 기세가 강해짐을 의미하는데, 여기서 권세, 형세 등의 뜻이 나왔다.

(17) 洗(씻을 세, 氵(水), 水强): 先의 의미를 담아 '발을 내밀어 물로 씻다.'라는 뜻이었고 '깨끗하다'라는 뜻도 나왔다.

(18) 銷(녹일 소, 金, 金强): 원석을 잘게 잘라 '녹임'을 말하며 기구를 만들기 위해 광물을

---

468 베틀'은 '옷감 재료'의 생산수단이니 木이 용신인 사람에게는 '생산수단을 소유하여 의식주가 풍족하다'로 해석한다.

녹이는 것이고 이때 불순물을 제거하니 '제거', '소비'의 뜻이 나왔다.

(19) 逍(거닐 소, ⻌(辵), 土): 작은 걸음으로 여유롭게 걷는 모습이다.

(20) 笑(웃을 소, 竹, 木): 음악 소리를 듣고 기뻐하며 웃으니 웃음소리가 퍼져나감을 의미한다.

(21) 召(부를 소, 口, 土): 손님을 접대하기 위해 술을 뜨는 모습이니 여기서 '부르다', '초대하다'의 의미로 확장되었다.

(22) 昭(밝을 소, 日, 火强): 해가 밝은 모습이니 여기에서 '명확', '명쾌'의 뜻이 나왔다.

(23) 炤(밝을 소, 火, 火强): '불을 밝게 하다'나 '불이 밝다'의 의미이다. 잔치하려고 불을 밝히는 모습을 말하는 것이다.[469]

(24) 邵(고을 이름 소, ⻏(邑), 土): '땅'이라는 의미이다.[470]

(25) 素(흴 소, 糸, 木): 물들이지 않은 흰 명주를 말한다.[471]

(26) 乺(솔·땅 이름 솔, 乙, 木): '乙+所'의 구조이니 乙木(초목)이 자라는 지역이나 땅을 말한다.

(27) 率(거느릴 솔, 玄, 木): 거대한 물체를 이끄는 '동아줄'을 말하는데 '이끄는 모습'에서 '거느리다', '통솔하다'의 의미로 확장되었다.

(28) 松(소나무 송, 木, 木强): 소나무이며 '정절'과 '장수'의 상징이다.

(29) 修(닦을 수, 亻(인), 火): '목욕재계로 화려하게 치장하다'가 원뜻이므로 '목욕'의 의미에서 '닦다', '수행하다'로 확대되었다.

(30) 授(줄 수, 扌(手), 木 미미): '손으로 무엇을 건네는 모습'이며 '주다', '전수하다'의 뜻이 나왔다.

(31) 秀(빼어날 수, 禾, 木强): '禾+乃'에서 나온 뜻으로 '낮은 곡식을 수확하는 데 빼어난 도구'라는 의미에서 '빼어남', '훌륭함'의 뜻이 나왔다.

(32) 銖(무게 단위·저울 눈 수, 金, 金强): 금속의 무게를 재는 단위이다.

---

469 火가 용신인 사주에게는 '밝은 화광이 빛나듯 명예나 앞날이 빛나다.'라 첨언하여 명의를 쓴다.

470 土가 용신인 사주에게는 '성취로써 큰 땅을 소유하고 경영하다.'라 첨언하여 명의를 쓴다.

471 木이 용신인 사람에게는 '명주는 비단의 재료이니 장차 귀한 물건이 되듯이 빛나는 사람이 된다.'라 첨언하여 명의를 쓴다.

(33) 洙(강 이름·물가 수, 氵(水), 水): 산동성의 강인데, '강물이 흐르다'로 본다.[472]

(34) 守(지킬 수, 宀, 木): '집, 관청에서 규정된 규칙을 지키며 일을 하다'의 의미로 규칙에 맞게 업무를 보는 것이다.

(35) 收(거둘 수, 攵(攴), 木): '죄인들을 잡아서 포승줄로 묶다'에서 '잡아들이다', '(농작물)을 거두어들이다'의 뜻으로 확장되었다.

(36) 壽(목숨 수, 土, 火 미약): 원뜻은 전답(田畓) 사이로 구불구불한 수로를 말하였는데, 이로부터 '굽다', '길다'의 뜻이 나오고, 다시 '허리가 굽은 노인이 길게 사는 모습'에서 '목숨' '장수(長壽)'의 뜻이 나왔다.

(37) 樹(나무 수, 木, 木强): '나무를 심을 때는 울창하게 하기 위해 곧게 심는다'의 의미에서 나온 뜻의 한자이다.

(38) 酬(갚을 수, 酉, 金): '상대방에게 술을 권하다'에서 '보답', '보상', '보수(報酬)'의 의미가 나왔다.

(39) 粹(순수할 수, 米, 木强): '이물질이 섞이지 않은 쌀'이 원뜻이고 여기서 '순수한 것', '아름다운 것'을 지칭하는 의미가 나왔다.

(40) 綏(편안할 수, 糸, 木): '수레에 탄 사람이 몸이 안정될 수 있게 잡는 줄'을 말하며 여기에서 '편안하다', '안정되다'가 나왔다.

(41) 岫(산 굴 수, 山, 土强): 산의 동굴이나 산의 연이어진 봉우리를 말한다.

(42) 淑(맑을 숙, 氵(水), 水强): 깨끗한 물처럼 아름답고 선하다.

(43) 順(순할 순, 頁, 火弱): 川(내 천)을 성분 자로 갖고 있으니 '물이 흐르듯 순조롭게 머리를 조아리다'의 의미로 '유순함', '순조로움'을 뜻한다.

(44) 純(생사 순, 糸, 木): 가공하지 않은 순수한 '비단실'이다.

(45) 淳(순박할 순, 氵(水), 水强): "水+享(드릴, 제사 지낼 형)"의 구조이다. '제사 때 쓰는 술'에서 '맛이 진하고 깊다', '순수하다', '순박하다'의 뜻이 나왔다.

(46) 舜(순임금 순, 舛, 土弱): 고대 중국 전설상의 '순임금'이며 부족장이자 제사장이었다.

472　水가 용신인 사주에게는 '水의 명리학적 의미와 함께, 행운과 복이 강물처럼 흘러오다.'라는 의미를 첨언한다.

(47) 述(말할 술, 辶(辵), 土): '길거리에서 곡물을 매매할 때 떠벌리며 선전하다'에서 '말하다'의 뜻이 나왔다.

(48) 瑟(큰 거문고 슬, 王(玉), 金强): '고대의 음률을 내는 악기'이다.[473]

(49) 瑟·瑋(푸른 구슬 슬, 王(玉), 金强): 옥구슬이다.[474]

(50) 乘(탈 승, 丿, 오행 불명): '큰 나무에 발을 벌리고 올라선 사람'이며 이로부터 '올라타다', '오르다'의 뜻이 생겼다.

(51) 承(이을 승, 手, 木 미미): 원뜻은 '앉은 사람을 두 손으로 받들다'이니 '받들다', '받아들이다', '이어 가다'의 뜻이 나왔다.

(52) 昇(오를 승: 日, 火强): '해가 떠오르는 모습'을 말하며 이로부터 '올라감', '승진함'의 뜻이 나왔다.[475]

(53) 陞(오를 승, 阝(阜), 土): '흙 계단이나 언덕을 오르다'는 뜻이다.[476]

(54) 丞(도울 승, 一이 부수이고 一은 水이다. 數 오행은 약하게 본다): 갑골문에서 '구덩이에 빠진 이를 끌어 올려주는 모습'을 표현했으니 '돕다', '구제하다'로 쓴다.

(55) 勝(이길 승, 力, 土弱): 갑골문에서 '맡은 일을 감당할 능력'을 말하였는데 여기서 '이기다', '~보다 낫다'라는 뜻이 생겼다.

9) 음(音)이 '시~연'인 한자

(1) 翅(날개 시, 羽, 오행 불명): 몸체 곁으로 난 날개이다.

(2) 時(때 시, 日, 火强): 본래는 "日+之"로서 '태양의 운행'이라는 의미였는데 자형도 변하

---

473 옥이 부수인 것으로 보아 거문고를 '보물'로 보았고 존귀한 신분을 가진 사람들의 '문화 요소'였음을 알 수 있다.

474 존엄의 상징인 옥의 구슬은 보배이다.

475 한자는 일자다의(一字多義)의 문자이니 해가 떠오름을 말하는 昇을 군주가 서거함을 말하는 승하(昇遐, 태양 같은 존재인 군주가 멀리 떠나감)라는 어휘에 쓰기도 한다. 그러나 이 한자를 인명에 쓰는 사람은 본의(本意)인 '일출'의 의미만 생각해도 충분하니 굳이 그런 뜻에 얽매일 필요가 없다.

476 土가 용신인 사람은 '점진적인 발전이 지속되어 크게 대성하다.'라는 의미를 명의에 첨언할 수 있다.

고 시간, 시대, 세월 등의 뜻으로 확장되었다.[477]

(3) 恃(믿을 시, ↑(心), 火): "心+寺(절 사)"의 구조이니 사람은 믿음을 가져야 하며 또한, 믿음을 주어야 한자는 의미이다.

(4) 蒔(모종 낼 시, ++(艸), 木强): '벼를 심을 때'를 말한다.[478]

(5) 施(베풀 시, 方, 土): 네모진 땅 위로 사람을 모아 정책을 알리는 모습에서 '베풀다', '보시(報施)', '시행'의 뜻이 나왔다.

(6) 柿(감나무 시, 木, 木强): 감나무나 열매인 '감'을 상징한다.

(7) 始(처음 시, 女 土): 아이를 가져 기뻐하는 어머니의 모습이다. 이로부터 만물의 시작, 시초라는 의미를 표현했다.[479]

(8) 是(옳을 시, 日, 火强): 해가 한가운데 위치하니 '곧고 바르다'의 뜻이 나오고 여기에서 '옳다' 등의 뜻이 나왔다.

(9) 植(심을 식, 木, 木强): "木+直(곧을 직)"이며 나무를 심을 때는 곧게 심어야 잘 자란다는 의미로서, 나무처럼 곧게 선 존재를 가치 있게 본다는 관점이 내재되어 있다.

(10) 識(알 식, 言, 오행 불명): '말을 머릿속에 새겨 지식이 되게 하다'의 의미로 '지식'에 쓰인다. 한편 '기록하다'의 의미도 나왔는데 그때는 '표지(標識)'처럼 '지'로 쓴다.

(11) 晨(새벽 신, 日, 火强): 농사일을 개시하는 여명 전후의 시간을 말한다.

(12) 新(새 신, 斤, 金): 대나무나 나무를 정교하게 쪼개어 새로운 것을 만드는 것을 말하니 '새것'의 의미가 되었다.

(13) 信[480](믿을 신, 亻(인), 火): "人+言"의 구조이니 사람의 말은 신뢰, 믿음이 있어야 한다는 의미가 담겨 있다.

(14) 愼(삼갈 신, ↑(心), 火): "心+眞"의 구조이다. 진실한 마음과 신중하고 삼가는 태도가

---

477   火가 용신인 사람에게는 '火中火인 태양이 하늘길로 나아가며 빛나는 모습의 성공과 명예'라는 말을 명의에 첨언한다.

478   木이 용신인 사주는 '황금 들녘의 기대로 심은 모종이 장차 오곡 풍성한 결실을 이루다.'라는 말을 명의에 첨언한다.

479   女는 약한 土이나 성분 자에 또 다른 土인 口가 있어 오행을 土라 표기하였다.

480   信은 유교의 오상(五常, 仁·義·禮·智·信)의 덕목 중 하나이고 오행은 '土'에 해당한다. 만일 信의 부수가 자신이면 자원오행이 土가 되겠으나, 人이 부수이므로 자원오행은 火이다.

이롭다는 의미이다.

(15) 迅(빠를 신, 辶(辵), 土): 길을 날아가는 속도로 이동하여 가는 것을 의미하니 '빠르다'를 뜻한다.

(16) 伸(펼 신, 人, 火): '사람의 몸을 쭉 펴다'에서 속말을 진술하다의 뜻이 나왔다.

(17) 實(열매 실, 宀, 木): 宀·田·貝 3字로 구성되었으니 '집에 곡식과 화폐가 가득하다'가 원래 뜻이며 여기서 알차다는 의미의 '충실함'이 나왔고 뒤이어 열매, 과실의 뜻으로 확장된 것이다.

(18) 沈(가라앉을 심(침), 水): '물이 깊다', '물에 가라앉다'의 의미이다.

(19) 深(깊을 심, 氵(水), 水强): 원래는 강 이름이었으나 이후 '깊다', '정도가 심하다', '(색)이 진하다'의 뜻이 나왔다.

(20) 我(나·우리 아, 戈, 金): 갑골문에서 '날이 여럿 달린 창(戈, 창 과)'을 말했는데, 이런 모습의 창으로 내가 속한 우리를 지킨다는 의미로 해석된다.

(21) 峨·峩(높을 아, 山, 土强): 산이 날이 선 창, 칼처럼 아름다움이 빼어나고 높음을 말한다.

(22) 椏(가장귀질 아, 木, 木强): 큰 나무가 가지를 뻗어 울창한 모습이다.[481] 枒(가장귀 아)와 같은 뜻이다.

(23) 莪(지칭개, 쑥, 약초 아, ++(艸), 木强): 식용 및 약용으로 쓰는 국화과 지칭개 어린잎을 말한다.[482]

(24) 雅(메 까마귀·맑을·우아할 아, 隹, 오행 불명): 까마귀는 태양을 지키는 성스러운 새이자 아름다운 성품의 새로 여겨져 사랑받았으니, 이로부터 '우아', '고상'의 의미가 나왔다.

(25) 芽(싹 아, ++(艸), 木强): 식물의 새싹이자 사물의 시작을 상징한다.[483]

(26) 阿(언덕 아, 阝(阜), 土): 커다란 언덕이고 산이나 산비탈을 말한다.

---

481 하영삼(2014)의 선행논저 없어 사전적 의미를 해설하였다. 용신 성명학적 관점에서는 '큰 나무들이 하늘 향해 가지 뻗어 울창한 숲을 이루고 번성하는 모습과 같은 발달을 이룬다.'라는 말을 명의에 첨언한다.

482 木이 용신이면 '사람과 사회에 치유를 주는 사람'이라는 말을 명의에 첨언한다.

483 '싹'이 약해 보인다는 이유로 芽를 인명에 쓰면 안 된다는 주장은 논거가 없다. 木이 용신이면 '싹이 성장하여 장차 울창한 숲과 풍성한 결실을 이루는 성취를 이룬다.'라는 말을 명의에 첨언한다.

(27) 兒(아이 아, 儿, 火): 어린아이가 원래 뜻이고 남자아이의 의미, 자식이 부모 앞에서 자신을 낮추어 부르거나 부모가 자식을 부르는 말 등으로 쓰였다.

(27) 衙(마을 아, 行, 土): 사람 왕래가 빈번한 사거리에 세워진 행정관청이다.

(28) 亞(버금 아, 二, 二는 數 오행으로 火弱): 본래 무덤의 평면도인데 왕의 무덤을 관리하던 관직에서 '버금'이 나왔다.

(29) 岸(언덕 안, 山, 土强): 산이나 물가의 언덕이다.

(30) 安(편안할 안, 宀, 木): 여성이 집에서 편안히 머무는 모습에서 '편안하게 느끼다', '안정시키다'의 뜻이 나왔다.

(31) 案(책상, 생각 안, 木, 木强): 편안하게 공부하고 업무를 볼 수 있는 목재 가구를 뜻했고 추후 법률이나 정치 사건 등을 지칭하게 되었다.[484]

(32) 晏(늦을·편안할 안, 日, 火强): '해가 지는 때(저녁)로 쉴 시간이 되어 편안하다'의 뜻이다.[485]

(33) 矸(깨끗한 안, 石, 金强): 산의 바위, 돌이 희고 깨끗한 모습을 말한다.

(34) 艾(쑥 애, 木): 역병을 없애주는 풀인 '약 쑥'을 말한다. 이로부터 '정지시키다', '단절하다'의 뜻이 나왔다.

(35) 愛(사랑 애, 心, 火): '남에 대해 갖는 진실한 마음과 사랑'을 말한다. 이로부터 '흠모하다', '아끼다', '좋아하다', '베풀다' 등의 뜻이 나왔다.

(36) 養(기를 양, 食, 水): "羊+食"의 뜻으로 '양을 잘 먹여 정성으로 보살피고 키우다'는 의미로 '기르다', '휴양', '부양'의 의미가 나왔다.

(37) 陽(볕 양, 阝(阜), 土): 양지바른 땅, 재단에 햇살이 비치는 모습이며 '음양론'의 陽을 의미한다.[486]

(38) 楊(버들 양): '수양버들' 나무를 일컫는다.

---

484 木이 용신인 사람에게는 '학문과 능력을 성취하여 발달한다'의 말을 명의에 첨언한다.

485 '해가 지는 늦은 시간'을 의미하니 '(출발, 도착이) 늦게 되다', '지각하다' 등으로 오인하면 안 된다.

486 이로부터 양지, 남성, 임금 등 강한 것의 상징어가 되었으며 陰과 반대어이다.

(39) 揚(오를 양, 扌(手), 木 미약): '태양을 받들 듯 손을 높이 들어 올림'의 의미이다.

(40) 洋(큰 바다 양, 氵(水), 水强): 강, 바다, 바다 건너의 나라 등을 상징한다.

(41) 億(억 억, 亻(인), 火): "人+意"로서 '사람의 마음에 맞는다', '만족하다' 등을 상징하였
는데 이로부터 '만족', '최고로 큰 수 1억'이라는 뜻이 나왔다.

(42) 彦(선비 언, 彡, 오행 불명): 재덕이 출중한 사람, 인문학적 자질이 빛나는 사람 등의 뜻
이고 이후 '아름답다'의 뜻이 나왔다.

(43) 嚴(엄할 엄, 口, 土): 바위 언덕에서 광석 덩이를 캐내는 모습을 나타낸 것으로 광석을
캐내는 일이 위험하니 엄격한 규율이 필요하므로 '엄하다'라는 뜻으로 쓰였다.

(44) 汝(너 여, 氵(水), 水): 원래는 회수로 흘러드는 강의 이름을 말하다가 이후 '너'라는 2
인칭 명사가 되었다.

(45) 硏(갈 연, 石, 金强): '돌이 평평해지도록 갈다'는 뜻으로 이로부터 '연구하다'는 뜻이
나왔다.

(46) 姸(고울 연, 女, 土弱): "女+幵(평평할 견)"이니 돌을 갈아 평평하고 모나지 않는 모습처
럼 여자가 곱고 아름답다는 뜻이다.

(47) 然(그럴 연, 火): 犬(개 견)과 灬(불 화)가 있으니 개고기를 불에 굽다는 말을 표현한 것이
며 이후 '그렇다', '명백하다'로 뜻이 가차되었다.

(48) 燃(사를·탈 연, 灬(火), 火): 개고기를 불에 굽다는 말을 표현한 然이 '그렇다', '당연하
다'로 뜻이 변하니 然 앞에 火를 더해 원래 의미를 고수한 것이다. 추후 '불로 타다'
나 '연소하다'로 확장되었다.

(49) 衍(넘칠 연, 行, 土): "行(사거리)+氵"의 구조로 물이 물길이 아닌 사람이 다니는 길 위
로 넘쳐흐르는 것을 말한다. 이로부터 '넘치다', '넓히다' 등의 뜻이 나왔다.

(50) 延(끌 연, 廴, 土): '길'과 발(止)로 구성되어 먼 길을 가다라는 뜻인데, 이로부터 '(길이,
시간 등을) 연장하다'는 뜻이 나왔다.

(51) 硯(벼루 연, 石, 金强): 글씨를 쓰게 먹을 가는 미끄러운 돌, '벼루'를 의미한다.[487]

---

487 金이 용신이면 '학식과 문장을 대성하다.'라는 말을 명의에 첨언한다.

(52) 椽(서까래·사다리 연, 木, 木强): 지붕의 가장자리로 빠져나오는 '서까래'를 말한다.

(53) 緣(가선 연, 糸, 木): '옷의 가장자리를 실로 장식하며 선을 두르다'의 의미인데 옷의 끝 부분은 외부와 연결되는 부위이므로 '인연(因緣)'이라는 뜻도 나왔다.

(54) 燕(제비 연, 灬, 오행 불명): 제비를 상형한 것이다. '예서체'에서부터 꼬리 부분을 상형한 것이 점 4개로 표현되어 火인 灬과 혼용된 것이다.[488]

(55) 沇(강 이름 연, 흐를 윤, 氵, 水强): 강물이 끝없이 흐르는 모양이다.[489]

(56) 沿(따를, 물 따라갈 연, 氵(水), 水强): '강가에서 강물을 따라서 가다'가 원뜻이고 여기서 '따르다', '이어받다'의 뜻이 나왔다.

(57) 涓(시내 연, 氵(水), 水强): "水+肙(장구벌레 연)"이니 '장구벌레가 놀 정도로 작고 천천히 흐르는 물길'에서 '시냇물'이라는 뜻이 나왔다.

(58) 娟(예쁠 연, 女, 土弱): 여인의 아름다운 모습이며 여기서 '훌륭하다'의 뜻도 나왔다.

(59) 演(멀리 흐를, 펼 연, 氵(水), 水): '길게 흐르는 강물'이 원뜻이고 강이 주변 땅을 윤습(潤濕)하게 하니 '(영역을) 넓히다'라는 뜻이 나왔다.

(60) 縯(길 연, 糸, 木): '실을 길게 늘여뜨린 모습'에서 '길다'라는 뜻이 나왔다.

(61) 宴(잔치 연, 宀, 木): '집에서 사람을 초대해 잔치하는 것'이나 '집에서 편하게 지내는 것'을 말한다.

(62) 沇(강 이름 연, 水): '황하로 흘러오는 강' 중 하나이다.[490]

(63) 淵·渊(못 연, 氵(水), 水强): '깊은 연못'이 원래 뜻이다.

10) 음(音)이 '엽~완'인 한자

① 葉(잎 엽, ++(艸), 木): '초목에 달린 잎'을 말한다.

---

[488] 즉, 상형문자인 燕의 점 4개는 꼬리 부분, 발의 모습을 상형한 것이니 화(灬)가 아니다.

[489] 水가 용신이면 행운과 복이 계속 흘러오다를 명의에 첨언한다.

[490] 성명학에서는 강의 소재지와 관계없이 '강 이름', '물 이름'이 훈인 한자는 '강물이 흐르다'로 보면 된다. 水가 용신이면 '행운과 복이 강물처럼 흐르다'를 명의에 첨언한다.

② 華(꽃·빛 화, ++(艸), 木): '화사한 꽃'인 양 빛남을 말한다.

③ 英(꽃부리 영, ++(艸), 木): 식물의 꽃인데, 꽃이란 가장 핵심적인 부분이라는 인식에서 '뛰어난 사람', '영웅', '아름다운 문장', '정수', '광채'의 뜻이 추가되었다. 나라명 'England(英國, 영국)'에도 쓴다.[491]

④ 瑛(옥빛 영, 王(玉), 金强): 玉의 빛나는 광채를 말하며 玉처럼 아름다운 돌도 의미한다.

⑤ 暎·映(비칠, 비출 영, 日, 火强): '태양 빛이 (광채롭게) 비추다'의 뜻이다.

⑥ 渶(물 이름 영, 氵(水), 水): 산동성 부근의 강 이름이다.

⑦ 鍈(방울 소리 영, 金,[492] 金强): 쇠·금속으로 만든 방울의 소리를 의미한다.

⑧ 煐(빛날 영, 火, 火强): '불꽃처럼 빛나다'를 말한다.

⑨ 榮(꽃, 영화 영, 木, 木强): '소전'에서부터 등불을 켠 듯 (화사하게) 빛나는 꽃을 말하는데 이로부터 번영, 영화 등의 뜻이 나왔다.

⑩ 營(경영할 영, 火, 火强): 宮(집 궁)과 熒(등불 형)이 합하여진 글자로 약간의 생략이 있는데, 궁의 주위를 담으로 쌓다라는 뜻에서 '집을 짓다', '군대의 편제를 나눔', '계획하다'의 의미가 나오고 현대에 이르러 '경영하다'의 뜻도 추가되었다.

⑪ 瑩(밝을 영, 王(玉), 金强): '玉의 색깔이 밝게 빛나 영롱하다'이다.

⑫ 盈(찰 영, 皿, 오행 불명): '그릇에 가득 차다.'라는 의미이다.

⑬ 楹(기둥 영, 木, 木强): 대청마루 앞의 나무 기둥을 말한다.

⑭ 潁(강 이름 영, 水, 水强): '회수의 지류'에서 '강물이 흐르다'로 확장되었다.

⑮ 穎(이삭 영, 禾, 木强): 익어서 머리를 기울인 곡식의 이삭이다.[493]

⑯ 永(길 영, 水, 水强): '수영하다'에서 '길게 이어진 물줄기', '영원함' 등의 의미로 확장되어 쓰이게 되었다.

⑰ 泳(헤엄칠 영, 水): 永이 '수영하다'에서 '길게 이어진 물줄기', '영원함'으로 쓰이자 여

---

491 英이 '불용한자'라는 일부의 주장은 어불성설이다. 木이 용희신인 사주에게는 좋은 한자이다.

492 金이 용희신인 사주에게는 '청동이 의미하는 지배층의 부귀권세'라는 말을 첨언한다.

493 木이 용희신인 사주에게는 '오곡 백화 풍성한 결실을 이루다.'라는 말을 명의에 첨언한다.

기에 'ㅣ'를 붙여 다시 '수영하다'로 쓴 것이다.[494]

⑱ 郢(땅 이름 영, 土): '초나라의 수도'인데 '도읍이 되는 땅'이다.[495]

⑲ 預(미리 예, 頁, 火弱): 頁(머리 혈)+予(나 여)의 구조로 머리를 좌우로 움직이며 '앞으로 일어날 일을 예상하다'는 의미이다.

⑳ 豫(미리 예, 豕, 오행 불명): 코끼리는 의심이 많아 일을 하기 전에 반드시 먼저 생각하니 이로부터 '예상', 바로 결정 못 하는 '유예'의 뜻이 나왔다.

㉑ 譽(기릴 예, 言, 오행 불명): '공적을 들어 올려 찬양하다'의 의미로 여기서 '명예'의 뜻이 나왔다.

㉒ 汭(물굽이 예, ㅣ(水), 水强): '굽이쳐 흐르는 강물이 흐르다.'라는 의미이다.

㉓ 乂(벨 예, ノ, 오행 불명): 가위처럼 생겨 풀을 자르는 도구이며 여기서 뛰어나다는 의미가 나왔고 '베다'는 의미를 강화, 보존하기 위해 ㅣ(칼 도)를 붙인 '刈'가 나왔다.

㉔ 睿(깊고 밝을 예, 目, 木): 골짜기처럼 속 깊은 안목을 가졌다는 의미로부터 통찰력이 있고 생각이 깊은 것을 말하니 '슬기'라는 뜻도 나왔다.

㉕ 濊(깊을 예, ㅣ(水), 水强): 물이 많은 모양이니 '넓고 깊음'의 뜻이다.

㉖ 銳(날카로울 예, 金, 金强): 쇠(금속)는 모름지기 날카로운 예리한 상태일 때 쓰임새가 좋다는 의미이며, '(감각이) 뛰어나다', '왕성하다'의 뜻이 나왔다.

㉗ 旿(밝을 오, 日, 火强): '한낮인 午시의 태양처럼 밝게 비춘다'는 의미이다.

㉘ 墺(물가 오, 土, 土强): 강, 해변의 가까운 언덕이며 사람이 살 수 있는 곳이다. 흐르는 물과 무관하다.

㉙ 吾(나·글 읽는 소리 오, 口, 土弱): 나, 우리를 말하는 1인칭 대명사이다.

㉚ 昷(어질 온, 日, 火强): 명(皿, 그릇)은 먹을 것을 말하며 『설문해자』에 의거하여 '죄수에게

---

494 水가 용신인 사주는 '水가 상징하는 행운과 복을 물놀이하듯 누리다.'라는 말을 명의에 첨언한다.

495 土가 용신인 사주는 '서울'의 의미를 반영하여 '사회의 중신이 되는 성공으로 넓은 땅을 경영하다.'라는 말을 명의에 첨언한다. 한편 이 한자는 '포털사이트'에서 '땅이름'으로는 검색이 안 되며 '초나라 서울 영'으로만 검색된다. 이런 식으로 '포털사이트'의 한자 뜻은 字典에서 상용하는 뜻과 조금 다르고 오직 한 가지 뜻으로만 검색되기에 여기에 의지하는 누리꾼들에게 혼선을 주는 경우가 있으니 유의해야 한다.

먹을 것을 제공하는 따뜻한 마음'에서 '어질다'라는 뜻이 나왔다.

㉛ 溫(따뜻할 온, 氵(水), 水强): 원래는 강의 이름(黔水(검수))으로 흘러가는 따뜻한 강물이다. 이후 따뜻함과 관계된 '온난', '온천'의 뜻으로 쓰였다.

㉜ 瑥(사람 이름 온, 王(玉), 金强): 진(晉)나라 때 '적온(翟瑥)'이라는 사람의 이름이고 '사람 이름'의 뜻으로 쓴다.[496]

㉝ 穩(평온할 오, 禾, 木强): 곡식을 발로 밟아 알곡을 분리시킨다는 의미이고 먹을 것이 풍족하니 '안온하다', '평온하다'의 뜻이 나왔다.

㉞ 玩(희롱할·놀 완, 金强): "玉+元(으뜸)"의 뜻이니 玉을 가지고 '놀다', '감상하다', '유희' 등의 뜻이 나왔다.[497]

㉟ 完(완전할 완, 宀, 木): "宀+元"의 구조로 '완전하게 차려입은 성인이 종묘 앞에 서다'의 의미로 여기에서 '완전하다'라는 말이 나왔다.

㊱ 浣(빨 완, 氵(水), 水强): 물에 옷을 빨거나 몸을 씻는 것을 의미하는데, 당나라에서 관리들이 10일에 한 번 목욕하는 것을 휴완(休浣)이라 하였기에 10일을 상징하기도 한다.

㊲ 琬(옥 이름 완, 王(玉), 金强): 옥을 말한다.[498]

㊳ 椀(주발 완, 木, 木强): 나무 속을 오목하고 둥글게 깎아 만든 그릇인 '주발'을 의미한다.[499]

11) 음(音)이 '왕~월'인 한자

① 王(임금 왕, 金): 『설문해자』에서는 三(三才, 天·地·人)과 ㅣ(뚫을 곤)으로 구성되어 하늘,

---

496 金이 용신인 사람은 존귀함의 상징인 玉이 부수인 한자이니 '상류의 공명을 누리는 고귀한 사람'이라는 말을 명의에 첨언한다.

497 金이 용신인 사람은 존귀함의 상징인 玉이 부수인 한자이니 '상류층으로서 즐거운 유희를 누린다.'라는 말을 명의에 첨언한다.

498 完을 썼으니 품질이 완전하여 '아름다운 玉'을 말할 것이다.

499 木이 용신이면 '밥그릇'이란 말이 식복을 상징하니 '의식주가 풍족하다.'라는 말을 명의에 첨언한다.

땅, 사람을 꿰뚫는 존재가 왕이라고 하였다. 여기서 '크다', '위대하다'의 뜻이 나왔
다.[500]

② 旺(성할 왕, 日, 火强): 태양의 빛이 왕성함을 말하니 '왕성'의 의미이다.

③ 庸(쓸 용, 广, 木): '일의 시행에 쓴다'는 의미로 여기에서 '필요', '고용', '노고' 등의 뜻
이 나왔다.

④ 鏞(종 용, 金, 金强): 큰 '종'을 말한다.[501]

⑤ 勇(날쌜 용, 力, 土弱): 무거운 청동을 들 수 있는 힘은 용기의 상징이라는 뜻이고 여기
서부터 '날쌔다', '과감하다', '용맹하다'의 뜻이 나왔다.

⑥ 鎔(녹일 용, 金, 金强): '쇠를 녹여 거푸집, 형틀 등에 다양한 도구를 만들다'는 의미다.

⑦ 愚(어리석을 우, 心, 火): "心+禺(긴꼬리원숭이 우)"의 결합으로 원숭이처럼 단순한 생각을
하는 존재에서 '어리석음'의 뜻이 나왔으나 자신을 낮추는 겸양한 말에 쓰였다.

⑧ 于(어조사 우, 부수가 二이고 數 오행은 火이나 자원오행은 火 미약으로 본다): 일종의 피리 같
은 악기에서 펼쳐나오는 '기(氣)'인데, 『설문해자』에서는 '기가 펼쳐져 나오는 것'이라
고 하였다. 추후 어조사로 가차되었다.

⑨ 宇(집 우, 宀, 木): '집의 처마'이다.[502]

⑩ 旴(클 우, 日, 火强): '지면으로 떠오르는 태양의 모습이 크다.'라는 의미이다.

⑪ 玗(옥돌 우, 王(玉), 金强): 옥이나 옥과 같이 생긴 아름다운 돌이다.

⑫ 釪(악기 우, 金, 金强): 쇠로 만든 악기이다. 간혹 스님들의 공양 그릇을 상징하기도 한
다.[503]

---

500 임금(王)은 부수가 玉이며 쓰임도 玉과 관련이 크다. 玉에서 점을 생략하면 王이 되며 '옥좌', '옥체', '옥새' 등이 임금과
관련된 개념이다.

501 金이 용신이면 '사회에 큰 울림을 통해 이바지한다'의 뜻을 명의에 첨언한다.

502 宙(집 주, 대들보)는 대들보인데 중국인은 처마와 대들보가 한없이 늘어난다고 생각하여 그런 대상을 '우주(宇宙)'라 하
였다. 하영삼, 앞의 책, 2914, 481쪽.

503 釪는 포털사이트에서는 오직 '창고달 우'로만 검색된다. 차서의 의미로 '악기 이름'이라는 뜻도 나오기는 하나 '악기이
름 우'로는 검색이 안 된다. 포털사이트에서는 한자 뜻이 다양함에도 한 가지 뜻으로만 한자가 검색되고 있고 이마저 수
시로 변하니 이용자의 불편이 크므로 시스템적 보완이 요망된다.

⑬ 優(넉넉할 우, 亻(人), 火): 풍족하다, 넉넉하다 등의 뜻이며 후에 우수하다, 뛰어나다 등의 뜻도 나왔다.

⑭ 友(벗 우, 又, 오행 불명): 오른손 2개가 같은 방향으로 그려진 모습을 거쳐 지금의 자형이 되었는데, 오른손은 '도움'을 상징하니 도움을 줄 수 있는 관계가 '友'라는 의미이다.

⑮ 佑(도울 우, 亻(人), 火): "人+右"이다. 다른 사람을 옆에서 돕는 것이니 '보우', '보좌'의 뜻이 나왔다.

⑯ 禹(하우씨 우, 内, 오행 불명): 고대 중국에서 전설의 우임금 또는, 머리, 발, 꼬리가 감추어진 벌레이다.

⑰ 瑀(패옥 우, 王(玉), 金强): 지배자나 신하가 허리에 차는 玉이다.

⑱ 祐(복, 도울 우, 示, 木): 사당에서 제사를 돕거나 신이 주신 복을 바란다는 의미이다.

⑲ 虞(헤아릴 우, 虍, 오행 불명): 호랑이 가죽을 덮어쓰고 춤추는 모습에서 '가장하다'와 진실을 '추측하다'가 나왔다.

⑳ 云(이를 운, 二는 數 오행 火이니 자원오행은 火弱): 피어오르는 구름을 뜻하다가 '말하다'로 가차(假借)되었다.

㉑ 旭(밝을, 아침 해 욱, 日, 火强): 태양이 9개이니 더없이 밝다가 원뜻이고 이로부터 떠오르는 태양(아침 해)의 뜻이 나왔다.

㉒ 昱(빛날 욱, 日, 火强): '우뚝 선 해'이니 빛을 발하고 밝은 태양이다.

㉓ 郁(땅 이름 욱, 阝(邑), 土): 넓은 땅이 번성하여 결실이 풍성하고 풍요로우며 향기가 난다고 본다.

㉔ 彧(문채 욱, 彡, 오행 불명): '문채(광채)가 빛나다'는 뜻으로 여기서 '성하다'의 뜻이 나왔다.

㉕ 熉(노란 모양 운, 火, 火强): 불꽃이 누렇게 비치는 모습이다.

㉖ 橒(나무무늬 운, 木, 木强): 구름결같이 형성된 나무들을 뜻한다.

㉗ 澐(큰 물결 운, 氵(水), 水强): 장강의 큰 물결이 넓게 일렁거리는 모습이다.

㉙ 運(돌릴, 움직일 운, 辶(辵), 土): "辶+軍(군대 군)"의 구조니 군대를 움직이는 것을 말하였는데 이로부터 '움직이다', '옮기다'의 뜻이 나왔다.

㉙ 暈(무리 운, 日, 火强): 구름이 태양 표면을 가릴 때, 태양 둘레에 생기는 불그스름한 빛의 둥근 테이다.

㉚ 蔚(풀이름 울, ++(艸), 木强): '뜸치료에 쓰는 풀(제비쑥)'이 원뜻인데 '초목이 무성하고 울창하게 자람'의 뜻이 나와 '울창'의 말이 생겼다.

㉛ 雄(수컷 웅, 隹, 오행 불⁵⁰⁴): 隹(새 추)에 근거하여 '새의 수컷'이 원뜻이나 厷(팔뚝 굉)이 있어 힘이 강함을 상징하니 수컷이다. 새의 수컷에서 '명성'으로 뜻이 확장되어 '걸출하다', '뛰어나다', '영웅'의 뜻이 나왔다.

㉜ 原(근원, 언덕 원, 厂, 土): 샘물의 근원인 깎아지른 바위가 있는 언덕이다.

㉝ 源(근원 원, 氵(水), 水强): 原이 '원래', '최초', '가공되지 않음'의 뜻으로 변화하여 쓰임에 따라 원래 뜻인 '근원'을 보존하기 위해 氵를 붙여 源을 만들었다.

㉞ 愿(삼갈 원, 心, 火): 마음이 진실되고 조심하는 것을 말한다.⁵⁰⁵

㉟ 願(원할 원, 火弱): 頁(큰 머리) 속에 희망을 채워 바라다는 의미이다.

㊱ 元(으뜸 원, 儿(人), 火): 갑골문에서 사람의 측면 머리를 크게 그렸고 머리가 맨 위에 있으니 '으뜸', '처음'의 뜻이 나왔다.⁵⁰⁶

㊲ 沅(강 이름 원, 氵(水), 水强): 호남성 서부에 있는 강 이름이다.⁵⁰⁷

㊳ 院(담 원, 土): 담으로 둘러쳐진 궁실(宮室, 궁전 안의 방)이나 정원을 말하는데 이로부터 '관청', '사원(寺院)' 등의 뜻이 나왔다.⁵⁰⁸

㊵ 瑗(도리옥 원, 王(玉), 金强): 서로 차지하려고 손과 손이 잡아당기는 옥이니 보물이다.⁵⁰⁹

㊶ 媛(미인 원, 女, 土弱): 서로 차지하려고 손과 손이 잡아당기는 여자이니 '미인'이다.⁵¹⁰

---

504 隹(새 추)가 亻이 부수이면 火이겠으나 자신이 부수이고 부수의 부수는 없는 개념이므로 오행 불명이다.

505 포털사이트에서는 '원할 원'으로 검색되고 '삼갈 원'은 검색되지 않으니 유의한다.

506 元이 만일 자신이 부수라면 봄(春)을 상징하니 木오행이 되나 儿(사람 인)이 부수이므로 火오행의 한자이다.

507 성명학에서는 '강물이 흐르다'만 중시하여 본다.

508 이 한자는 포털사이트에서는 '집 원'으로만 검색되니 유의한다.

509 이 한자는 포털사이트에서는 '구슬 원'으로만 검색되니 유의한다.

510 이 한자는 포털사이트에서는 '여자 원'으로만 검색되니 유의한다.

㊶ 湲(물이 흐를 원, 氵(水), 水强): 물이 흘러내리는 소리이다.

㊷ 圓(둥글 원, 囗, 土): 정(鼎, 솥)의 아가리처럼 둥근 의미의 員(수효, 둥글 원)에 테두리를 뜻
하는 囗(나라 국)을 더해 '둥글다', '원만하다' 등에 활용한다.

㊸ 遠(멀 원, 辶(辵), 土): 먼 길을 가다의 뜻이며 '원대', '심원'의 뜻이 나왔다.

㊹ 園(동산 원, 囗, 土): 둥글게 담으로 둘러싼 과일 심은 동산이다.

㊺ 轅(끌채 원: 車, 木): 짐승이나 사람이 수레를 잘 끌 수 있게 양쪽에 댄 채이다.

㊻ 苑(나라 동산, 동산 원, ++(艸), 木强): 사냥의 유희를 즐기는 장소에서 (먹을 풀이 풍족한) 짐
승이 누워 즐겁게 놀게 하다는 의미이다.

㊼ 洹(강 이름 원, 氵(水), 水强): 하남 북부의 강이다.[511]

㊽ 垣(담 원, 土, 土强): 땅이나 산의 둘레를 따라 쌓은 담이고 여기서 성(城)이 나왔다.

㊾ 爰(이에 원, 爪, 金 미약): 패옥(珮玉)처럼 귀한 물건을 서로 가지려고 '잡아당기다'가 원
뜻이며 여기서 '이에'라는 발어사(發語詞)로 가차되었다.

㊿ 越(넘을 월, 走, 土): 빠른 걸음으로 건너감을 말하며 여기서 권한의 범위를 넘어서는
'월권하다'의 뜻이 나왔다.

12) 음(音)이 '위~이'인 한자

① 尉(벼슬 위, 寸, 오행 불명): 상처 부위를 불로 지져 치료하다는 의미가 원뜻인데 환자에
대한 '위로', '위안'을 거쳐 '도위(都尉)' 같은 벼슬 이름에 쓰이게 되었다.

② 庾(곳집 유, 广, 木) 지붕 없이 곡식을 쌓아두는 창고이다.

③ 油(기름 유, 氵(水), 水强): 원래는 장강의 지류인 강물이다. 피마자즙으로도 쓰이다가 나
중에 기름을 통칭하게 되었다.

④ 釉(윤·광택 유, 采, 木): 반들반들하게 윤이 나도록 채색하는 것이다.[512]

---

511 성명학에서는 '강물이 흐르다'만 중시한다.

512 원래는 采(캘 채)가 의미부의 한자였으므로 오행은 木으로 배속 가능하다. 釉는 포털사이트에서 '광택 유'로만 검색되니
유의한다.

⑤ 兪(점점 유, 入, 오행 불명): 배들이 강에 모여 물결을 헤치고 여기서 '변화', '긍정'의 의미가 나왔다.[513]

⑥ 逾(건널 유, 辶(辵), 土): 길을 따라 앞으로 나아감을 의미한다. 그래서 '낫다'라는 말도 쓰였다.

⑦ 愈(나을 유, 心, 火): "心+兪"의 구조이니 '심신의 병이 점점 낫다.'라는 의미이다. 이후 '훌륭하다'의 뜻이 쓰였다.

⑧ 愉(즐거울 유, 忄(心), 火): "心+兪"의 구조로 마음이 '즐겁다', '기쁘다', '나아지다'의 뜻이다.

⑨ 瑜(아름다운 옥 유, 王(玉), 金強): 아름다운 옥이나 옥의 광채이다.

⑩ 鍮(놋쇠 유, 金, 金強): '황동'이며 금(金)에 비견될 정도의 훌륭한(값어치 있는) 합금이다.

⑪ 裕(넉넉할 유, 衣, 木): "衣+谷"이니 입을 옷의 양이 골짜기처럼 커서 여유가 있다는 말로 '넉넉하다', '충족하다' 등의 의미이다.

⑫ 柔(부드러울 유, 木, 木強): '창의 자루로 쓰는 나무는 유연해야 쓸모가 있다'는 의미로 '부드럽다', '온화하다' 등의 뜻이 생겼다.

⑬ 儒(선비 유, 亻(人), 火): 유학자나 지식인을 통칭하는 개념이다.

⑭ 惟(생각할 유, 忄(心), 火): '마음으로부터 깊게 생각하다.'라는 뜻이다.

⑮ 維(바 유, 糸, 木): 새를 잡는 그물처럼 수레 지붕을 잡아주는 밧줄을 말했는데 이후 '매다', '유지하다'의 뜻이 나왔다.[514]

⑯ 有(있을 유, 月(肉), 水): 肉(고기, 月)이 부수이니 '손으로 고기를 잡는 모습'이고 소유의 의미가 있었는데, 이후 '있다', '얻다'의 의미로 쓰인다.

⑰ 宥(용서할 유, 宀, 木): 집에 어떤 것(곡식, 화폐) 등을 소유한 모습이니 '넉넉한 집'을 그렸

---

513 이 字는 포털사이트에서 '대답할 유'로만 검색되니 유의 바란다. 또한 속자로서 俞로 쓰기도 하는데, 맨 위는 入을 人으로 변형하여 쓰는 것이므로 俞의 자원오행을 火로 보면 안 된다.

514 이 字는 포털사이트에서는 '벼리 유'로 검색되니 유의한다.

다. 넉넉하고 여유로우니 너그럽고 포용하고 봉사하는 모습이다.[515]

⑱ 侑(권할 유, 亻(人), 火): '술좌석에서 술과 음식을 권하는 시중을 들다'가 원뜻이며 이후 '배식하다', '도우다' 등의 의미도 사용된다.

⑲ 洧(강 이름 유, 氵(水), 水強): 강물이 흐르는 모습이다.

⑳ 游(헤엄칠 유, 氵(水), 水強): '물길을 따라 유람하다'가 원뜻이며 '수영하다', '한가롭게 노닐다'로 확대되었다.

㉑ 允(진실로·맏 윤, 儿(人), 火): 마음이 좋은 사람을 쓴다는 의미이다.

㉒ 珎(붉은 구슬 윤, 王(玉), 金強): 귀족의 관면(冠冕, 면류관) 아래 양쪽으로 길게 달던 붉은 색 玉이며 귀에 끼우기도 했다.[516]

㉓ 鈗(병기 윤, 金, 金強): 군주의 신하, 내시들이 호위용으로 쓰던 창 같은 무기이다.[517]

㉔ 胤(자손 윤, 月(肉), 水): 月은 자손, 幺는 실 등을 의미하니 '자손이 실처럼 끊이지 않고 계속 이어짐'을 상징한다.

㉕ 閏(윤달 윤, 門, 木): 왕이 윤년에 문안에서 역법을 선포하고 이듬해의 달력을 나눠주며 정령을 함께 내리는 정삭(正朔, 정월 초하루) 의식의 거행 모습이다.

㉖ 潤(젖을, 윤택할 윤, 氵(水), 水強): 물이 땅을 적시니 윤택한 땅이 되다는 의미이고 더 나아가 '사람의 도덕, 품성을 가르쳐 선으로 나가게 하다'의 뜻이다.

㉗ 贇(예쁠 윤(빈), 貝, 金): 斌(빛날 빈)이 있어 문무의 재주가 아름답고 빛나며 貝가 의미하는 재물까지 갖추었다는 의미이다.

㉘ 鋆(금 윤, 金, 金強): 황금이나 금속 쇠붙이를 말한다.

㉙ 恩(은혜 은, 心, 火): "心+因(인할 인)"의 구조이니 '마음으로부터 의지할 수 있는 존재'로 은혜라는 의미를 나타내었다.

---

515 이 字는 포털사이트에서는 '너그러울 유'로 검색되니 유의한다.

516 이 字는 포털사이트에서는 '귀막이구슬 윤'으로 검색되니 유의한다. 金이 용신이면, 붉은 옥이 의미하는 귀족의 지위, 권위를 명의에 첨언한다.

517 金이 용신인 사람에게는 '큰 권위와 권력이 있어 신하들의 호위를 받는다.'라는 말을 명의에 첨언한다.

㉚ 殷(성할 은, 殳, 金): 창으로 불룩한 배를 치료하니 '병세가 성하여 심각하다'에서 '크다', '성대하다'의 뜻이 나왔고 다시 '괴로워하다'라는 뜻이 추가되었다.

㉛ 銀(은 은, 金, 金强): 銀은 쇠처럼 단단하지 못한 귀금속이고 잘 구부러지니 '화폐', '은색'을 지칭하게 되었다.[518]

㉜ 誾(온화할 은, 부수 言은 오행 불명이고 한자 성분 중 門이 木이니 木弱): 『설문해자』에서는 '온화하고 정직하게 논쟁하는 것'이며 이로부터 온화하고 공경하니 큰 문처럼 열리는 너그러움을 나타냈다.

㉝ 圻(지경 은, 土, 土强): 영토나 지경(땅의 경계)을 말한다.

㉞ 垠(끝 은, 土, 土强): 땅이 끝나는 지경, 영토를 말하며 나중에 절벽의 뜻도 생겼다.

㉟ 泿(물가 은, 氵(水), 水强): 강물이 흐름을 말한다.

㊲ 珢(옥돌 은, 氵(水), 水强): 玉이나 아름다운 돌을 말한다.

㊳ 䕂(풀빛 푸른 은, ++(艸), 木强): 초목이 푸르고 왕성한 모습이다.

㊴ 儨(기댈 은, 亻(人), 火): 人+㒳(삼갈 은)이니 삼가고 공경하는 마음으로 (사람을) 대하니 도움을 받는다는 의미이다. 여기서 '안온(安穩)하다'의 뜻이 나왔다.

㊵ 陰(응달 음, 阝(阜), 土): 구름에 가려 볕이 들지 않는 언덕을 말한다. '陰陽'의 陰이다.

㊶ 應(응할 응, 心, 火): 心이 의미부이니 '응당 어떻게 해야 한다'는 마음으로부터 동의가 이루어져야 하므로 심리 활동의 의미로 채택되었다.

㊷ 意(뜻 의, 心, 火): 마음의 뜻이다. 여기서 '생각', '감정', '의미'의 뜻이 나왔다.

㊸ 義(옳을 의, 羊, 오행 불명): "羊(양)+我(나 아, 날이 여러 개인 창으로 우리를 보호하다)"에서 창에 양의 장식을 넣어 종족의 결속을 다졌는데, '배반'을 응징하는 '정의로움'을 그렸다. 여기에서 '규범', '정의', '의로움', '선량함', '명분', '이치'가 나왔다.

㊹ 議(의논할 의, 言, 오행 불명): 말로 '정의로운 일을 의논하다.'라는 의미이다.

㊺ 依(의지할 의, 亻(人), 火): '사람이 옷을 입는다'가 원뜻이며 옷 없이는 살 수 없으니 언

---

518 金이 용신이면 '상류층의 재물 부귀의 상징'이라는 말을 명의에 첨언한다. 한편, 銀이 '불용한자'라는 주장은 속설일 뿐이며 金이 용신인 사주에게는 좋은 한자이다.

제나 의지하고 기댄다는 의미이다.

㊻ 珥(귀엣고리 이, 王(玉), 金强): 玉으로 만든 귀고리이다.[519]

㊼ 貳(두 이, 貝, 金): 조개를 양쪽으로 가르면 대칭되듯 두 개가 된다는 의미로 二와 같은 뜻이다.

㊽ 隶(미칠 이, 오행 불명): 짐승의 뒤를 쫓아가서 꼬리를 잡은 모습에서 '미치다', '따라잡다'의 뜻이 나왔다.[520]

㊾ 異(다를 이, 田, 土强): 보통의 형상과는 다르다는 의미로 '특이하다', '기이하다', '다르다' 등의 뜻이 생겼다.

㊿ 移(옮길 이, 禾, 木强): '벼를 모판에 옮겨 심다.'라는 뜻으로 '옮기다', '고치다'의 뜻이 나왔다.

13) 음(音)이 '이~정'인 한자

① 伊(저 이, 亻(人), 火): "人+尹(다스릴 윤)"으로 붓을 들고 사무를 보는 행정직을 말하며 상나라 초기의 이윤(伊尹)이라는 재상이 있다. 이후, 이것, 저것 등 3자를 지칭하는 인칭대명사로 쓰였다.

② 易(쉬울 이, 日, 火): 햇살이 드러난 만물에 쉽게 이르다는 의미에서 '쉽다', '용이하다'는 뜻이 나왔다.[521]

---

519 金이 용신이면 이 字를 '상류층이 갖는 부귀권세의 존귀함'이라는 말을 명의에 첨언한다. 포털사이트에서는 '귀고리 이'로 검색되니 유의한다.

520 자신이 부수인 한자이니 성분 자에 水가 있으나 '부수의 부수'라는 말은 없으므로 자원오행이 水는 아니며 불명이라고 보는 것이 원칙이다.

521 이 字는 '바꿀 역'으로도 쓰인다. 이를 두고 이름에 易을 쓰면 읽는 이가 '이', '역' 중 무엇으로 읽을지 혼동되어 불용문자라고 주장하는 재야학자도 있다. 그러나 이런 주장은 실효성이 없다. 현대에는 한자명 단독으로 이름을 기재하는 일이 없고 한글, 한자를 병기하므로 혼동이 생길 이유가 없다. 이 字는 첫째, 火가 용신인 사람에게는 좋은 한자이다. 둘째, 육서(六書)에서 2가지 이상의 音, 義로 읽히는 전주문자(轉注文字)에 해당한다. 전주문자는 한글, 한자를 병기하는 현대의 성명문화를 볼 때, 사용에 불편함이 없으며, 자원오행이 용신에 일치하면 좋은 한자라 할 수 있다. 예) 樂: 악기 악, 좋아할 요.

③ 薏(벨 이, ++(艸), 木强): '(불필요한) 풀을 베다'는 의미이다.

④ 怡(기쁠 이, 火): '心이 부수이니 마음으로 기쁘고 즐거워하다'는 뜻이다.

⑤ 貽(끼칠 이, 貝, 金): '貝가 의미부이니 '돈을 주다'는 의미이고 남에게 좋은 영향을 끼친다'는 뜻이다.

⑥ 益(더할 익, 皿, 오행 불명): '물이 그릇에서 넘쳐흐르다'의 뜻을 말하고 여기에서 '더하다'라는 뜻이 추가되었다.

⑦ 翼(날개 익, 羽, 오행 불명이나 한자 성분에 田이 있어서 土弱도 가능하다): 날개라는 뜻이고 여기에서 '보좌하다'의 뜻이 생겼다.

⑧ 引(끌 인, 弓, 오행 불명): '화살을 힘껏 당긴 상태'에서 '당기다', '끌다'의 뜻이 나왔다.

⑨ 認(알 인, 言, 오행 불명): 말이 칼날처럼 가슴에 각인되어 인지하는 것이다. 여기에서 '인식하다', '알다'의 뜻이 나왔다.

⑩ 印(도장 인, 卩, 火 미약): 사람을 손으로 꿇어앉혀 굴복시키는 모양을 그린 것인데, 도장은 눌러 찍는 것이고 그 자체가 굴복시키는 언약이니 권력의 상징이다.

⑪ 仁(어질 인, 亻(人), 火): 사람이 사람을 만날 때의 마음이 仁이며 사람을 사랑하는 마음이다.[522]

⑫ 溢(넘칠 익, 水): 물이 넘쳐흐르는 모습이다.[523]

⑬ 壹(한 일, 士, 火弱): 壹은 단순한 하나가 아닌 만물의 창조 근원인 원기(元氣)이고 최고 개념인 道까지 뜻하는 심오한 글자이다.

⑭ 任(맡길 임, 亻(人), 火弱): 사람이 일을 맡아 책임지고 하는 모습이다.

⑮ 張(베풀 장, 弓, 오행 불명): 원래는 활시위를 길게 늘어뜨려 활에 걸친 것인데, 이로부터 '확장하다', '길게 늘어뜨리다'의 뜻으로 쓰였다.

⑯ 才(재주 재, 手, 木 미약 또는 불명): 새싹이 땅을 비집고 올라오는 모습인데 이후 능력 있

---

522 유교의 오상(五常) 중, 仁은 木에 해당한다. 仁의 부수가 자신이면 오행이 木이겠지만 사람 인(人)이 부수이므로 자원오행은 火이다.

523 水가 용신인 사주에게는 '행운과 오복이 넘쳐 ~한 발달을 이루다'로 명의에 첨언한다.

는 사람을 뜻하였다. 현대 옥편에서는 재주라 하면 손재주가 대표적이기에 手에 귀속
시켰다.

⑰ 材(재목 재, 木, 木強): 유용한 나무라는 뜻으로 여기서 '자질', '능력'의 뜻이 등장했다.

⑱ 財(재물 재, 貝, 金): 돈이 되는 유용한 물품이라는 뜻이며 '재물', '물자'를 말한다.

⑲ 裁(마름질할 재, 衣, 木): 옷감을 칼로 재주껏 마름질하는 모습이다. 여기서 '재단하다',
'결단하다', '결정하다'의 뜻이다.

⑳ 栽(심을 재, 木, 木強): '나무를 칼로 잘라 재주껏 심다.'라는 뜻이다.[524]

㉑ 濊(맑을 재, 氵(水), 水強): 중국의 강 이름이니 '강물이 흐르다'는 뜻으로 쓴다.

㉒ 載(실을 재, 車, 木): 수레에 실을 물건을 잘 다져서 싣는다는 뜻이다.

㉓ 在(있을 재, 土, 土強): 土와 才를 합한 의미로 새싹이 움트는 대지로 생명이 탄생함을
말한다. 이로부터 '존재', '실존'의 의미가 나왔다.

㉔ 齋(재계할 재, 齋, 불명): 示(보일 시, 제단)와 齊(가지런할 제)의 뜻이 합쳐져서 '목욕하기 전,
제사를 지내어 몸과 마음을 가지런히 하던 것'을 말한다.

㉕ 宰(재상 재, 宀, 木): 宀와 辛의 합자로 '집 안에 칼을 갖고 있다'에서 '짐승을 죽이다'는
뜻인데 여기서 '생사의 여탈권'을 가진 사람을 말하여 '재상(宰相)'이 되었다.

㉖ 梓(가래나무 재, 木, 木強): "木+宰"의 구성인 '가래나무'를 말하는 한자인데 형벌 칼을
만들 만큼 단단한 재질의 나무를 말한다.

㉗ 縡(일 재, 糸, 木): "糸(실 사)+宰"의 구조로서 일(事) 중에서 베를 짜는 일을 관리 감독하
는 것이 대표적 일상사 중 하나라는 의미이다.

㉘ 靜(고요할 정, 靑, 木): 원래는 자연색에 가까운 화장(化粧, 얼굴에 분을 발라 곱게 꾸미는 일)
을 말했는데, 이로부터 '안정되다', '고요하다'가 나왔다.

㉙ 淨(깨끗할 정, 氵(水), 水強): "水+爭"의 의미로 물(水)들이 다투어야 할 속성이 맑고 깨
끗한 것임을 표현했다.

㉚ 情(뜻 정, ↑(心), 火): 순수하고 깨끗한 마음에서 우러나오는 정(情)을 발한다. 이로부터

---

524 木이 용신인 사주는 '심은 나무들이 울창한 숲을 이루는 성취를 이루다.'라는 말을 명의에 첨언한다.

애정, 정황 등의 뜻이 나왔다.

㉛ 精(찧은 쌀 정, 米, 木强): 껍질을 깨끗하게 벗겨내 찧은 쌀을 말한다.[525]

㉜ 定(정할 정, 宀, 木): "宀+正(발 소)"의 구조로 '집 안에서 발을 멈추고 안정을 취하고 쉬다'의 구조이고 여기서 '안정', '확정', '규정'의 뜻이 나왔다.

㉝ 鄭(나라 이름 정, 阝(邑), 土): 중국의 지명 또는 술을 빚던 땅을 의미한다.

㉞ 貞(곧을 정, 貝, 金): 원래는 鼎(솥)과 같은 제기를 차려놓고 제사 중에 점을 치던 일을 말하는데 여기서 곧은 절개, 충절이 나왔다. 이 字에 있던 鼎은 현대 옥편에서 貝로 변했다.[526]

㉟ 禎(상서 정, 示, 金): "示+貞"이고 점을 쳐서 알게 되는, 신이 내려주는 복되고 길한 일이 일어날 조짐을 말한다.

㊱ 呈(드릴 정, 口, 土): 발을 땅 위로 곧추세우고 공손하게 말하며 공경하는 태도로 건네주는 모습을 말한다.

㊲ 程(단위 정, 禾, 木强): 곡식을 분류하고 등급을 매기는 단위이다.[527]

㊳ 廷(조정 정, 廴, 土): '신하들이 발을 길게 돋우고 도열하는 뜰'을 말하며 여기서 조정, 궁정, 관사 등의 뜻이 나왔다.

㊴ 庭(뜰 정, 广, 木): 집 안에 있는 뜰, 정원이며 또한, 신하들이 늘어설 수 있는 건축물이다.

㊵ (옥홀 정, 王(玉), 金强): 천자가 사용하는 3자 길이의 곧추선 옥이다.

㊶ 町(밭두둑 정, 田, 土强): 밭 사이로 길을 낸 흙 언덕이나 경작지를 말한다.

㊷ 玎(옥소리 정, 王(玉), 金强): 玉이 부딪히며 나는 소리이다.

㊸ 停(머무를 정, 亻(人), 火): '정자'가 있는 길을 가는 사람이 그 정자에서 '머무르다'가 원뜻이며 '정지', '쉬다' 등의 뜻이 나왔다.

---

525 한의학에서는 오장육부의 재료이고 생명의 원천인 것을 '精'이라 하는데, 이것을 곡식에서 얻는다고 본다. 이 字는 포털사이트에서 '정할 정'으로 검색된다.

526 鼎은 현대 옥편에서 貝로 변했을지라도 오행은 여전히 金이다.

527 이 字는 포털사이트에서 '한도 정'으로 검색된다.

㊹ 頂(정수리 정, 頁, 火弱): 머리의 꼭대기를 말하고 '극점', '최고'의 뜻이 나왔다.

㊺ 正(바를 정, 止, 土): 정벌을 가는 것은 바른 명분이 있다는 뜻이며 이로부터 '바르다', '정직하다', '곧다'라는 뜻이 나왔다.

㊻ 政(정사 정, 攵(攴), 木): 몽둥이(회초리, 채찍)로 때려가며 바르게 되게 하는 것이 '정치'이자 '정사'이다.

㊼ 晸(해 뜨는 모양 정, 日, 火強): 해가 뜰 때부터 나라의 정사는 시작된다는 의미이다.

㊽ 姃(단정할 정, 女, 土弱): 여성의 용모가 단정함을 말한다.

㊾ 炡(빛날 정, 火, 火強): 화광(火光)이 번쩍거림을 말한다.

㊿ 晶(밝을 정, 火, 火強): 日(별, 해)이 셋이니 밝고 빛나다는 뜻이다.

14) 음(音)이 '제~준'인 한자

① 齊(가지런할 제, 齊, 木): 갑골문에서 '이삭(보리 이삭 추정)'을 말했는데 '소전'에서부터 '가지런하다'가 쓰였고 다시 '정돈', '엄숙', '삼감' 등의 뜻이 나왔다.

② 濟(건널 제, 氵, 水強): 중국 하북성에 소재한 강인데 이후 '강을 건너다.'라는 뜻으로 쓰인다.

③ 制(마를 제, 刀, 金): 刀와 未(끝 말)의 결합으로 칼로 나뭇가지를 정리하는 모습에서 옷감이나 재료를 치수에 맞게 재거나 자르는 것을 말하게 되어 '제정', '제지', '제도' 등의 뜻이 나왔다.

④ 製(지을 제, 衣, 木): '옷을 마름질하다'의 의미이다. 여기서 '제작'의 뜻이 나왔다.

⑤ 帝(임금 제, 巾, 木): 식물의 번식을 상징하는 꽃꼭지를 숭배하면서 만들어진 상형문자이다. 여기서 '천제(天帝)', '제왕', '황제' 등에 쓰이는 글자가 됐다.

⑥ 悌(공경할 제, 忄(心), 火): 心과 弟의 결합으로 동생이 형에 대해 가져야 할 공경하는 마음을 말한다.

⑦ 諸(모두 제, 言, 오행 불명): '모든 말을 한데 모아 섞어서 변론함'에서 '모두'의 뜻이 나왔다.

⑧ 題(표제 제, 頁, 火): 是(옳을 시)가 여기에서는 이마를 말하게 되어 '머리의 이마가 나와

보이다.'라는 의미로써 '제목', '문제'의 뜻이 나왔다.[528]

⑨ 緹(붉은 비단 제, 糸, 木): 귤 홍색의 비단을 말하는데 이후 '붉은색'을 지칭하였다.[529]

⑩ 助(도울 조, 力, 土 미약): 且(차)가 여기에서는 '조부모'를 말하므로 조상의 힘이 도움을 주는 것을 말하며 이후 '도움'의 뜻이 나왔다.

⑪ 祖(조상 조, 示, 木): 且(차)가 여기에서는 '조부모'를 말하므로 사당에서 제사를 올리는 조상을 의미한다. 여기서 '시조', '조국', '선조' 등의 말이 나왔다.

⑫ 曹(성 조, 부수 曰이 '日(날 일)'이 아니고 사람의 입을 상형한 '가로 왈'이니 土이다): '함께 모여 이야기하는 마을'을 뜻하였는데 성씨 한자로 쓰인다.

⑬ 調(고를 조, 言, 오행 불명): '말을 여러 사람과 소통하려고 고르고 조화롭게 한다'의 뜻으로 여기에서 '조화(調和)'라는 뜻이 나왔다.

⑯ 朝(아침 조, 月, 火[530]): 아직 달이 남아 있는 가운데 해가 수풀 사이로 떠오르는 이른 아침 시간대를 말하며 여기서 '조회', '조정', '왕조'의 뜻이 나왔다.

⑰ 潮(조수 조, 氵(水), 水强): 강물이 바다로 흘러가는 모습이고 이로부터 '조수(潮水)'의 뜻이 나왔다.

⑱ 趙(나라 이름 조, 土): 走(달릴 주)가 부수이니 '길을 빠르게 달리다'와 '빨리 달리려면 가볍고 작아야 한다.'라는 뜻이다. 이후 '전국칠웅(戰國七雄)' 중 하나인 나라 이름으로 차용되었다.

⑲ 造(지을 조, 辶(辵), 土): '소전'에서 작업장에서 배, 청동 기물, 화폐 등을 만들고 조상신에게 알리는 모습으로 추정되며 물건의 제조가 원뜻이다.

⑳ 照(비출 조, 灬(火), 火强): 불(햇살 포함)이 사물을 밝게 비추는 모습이다. 여기서 '비치다', '밝다'라는 뜻이 나왔다.

---

528 頁은 火오행이 약한데 是의 日이 火性을 강화한다.

529 이 字는 포털사이트에서 '불을 제'로 검색된다.

530 이 字의 자원오행 배속은 심층적인 고려가 필요하다. 시중의 작명 책에서는 朝의 부수를 月(肉, 고기 육)로 보고 水로 배정하고 있으나 月을 月로 본 착시에 의한 오류이다. 부수가 月(달·달빛 월)인데, 지구의 위성인 달은 재질로 보면 金이고 '달의 빛', 즉 '달빛'으로 보면 火이다. 달빛과 햇빛이 교차하는 시간대를 말하므로 火로 자원오행을 배정함이 타당하다.

㉑ 宗(마루 종, 宀, 木): "示(사당)+宀(집)"의 합자로서 조상의 제사를 모시는 제단이 설치된 집, 종묘이다. 여기서 종파, 종갓집, 으뜸 등의 뜻이 나왔다.

㉒ 種(씨앗 종, 禾, 木強): 곡물의 파종을 위한 씨앗이다. 여기서 '파종', '인종(人種)'의 뜻이 나왔다.

㉓ 鐘(종 종, 金, 金強): '쇠로 된 악기'인데 절에서 알림용으로 쓰는 종, 시계 등을 지칭하기도 한다.[531]

㉔ 鍾(종 종, 金, 金強): 쇠로 된 술잔을 말하는데 鐘과 의미가 같다..[532]

㉕ 朱(붉을 주, 木, 木強): 『설문해자』에서 소나무의 일종인 '적송(赤松)'을 지칭하였으므로 여기로부터 '붉다'라는 뜻이 나왔다.[533]

㉖ 株(그루 주, 木, 木強): 지면으로 돌출된 큰 나무줄기이며 나무를 헤아리는 단위이다.

㉗ 珠·珘(구슬 주, 王(玉), 金強): 옥구슬, 옥의 일종인 붉은색의 진주 등을 말한다.

㉘ 姝(예쁠 주, 女, 土弱): 아름다운 여자, 미인을 말한다.

㉙ 邾(나라 이름 주, 阝(邑), 土): 나라 이름이나 땅 이름을 말한다.[534]

㉚ 主(주인 주, 丶, 木弱): 원래는 등잔의 '심지'이다. 그런데 主가 '주인'으로 널리 쓰이자 원래 뜻을 보존하기 위해 火를 써서 炷(심지 주)가 나왔다.

㉛ 注(물 댈 주, 氵(水), 水強): '물을 대다'의 뜻이고 '물을 부어 막힌 곳을 통하게 하다'는 뜻에서 학문적 글에서 논거 제시나 보충 설명용으로 사용하는 '주석(注釋)'이라는 뜻으로도 활용된다.[535]

㉛ 柱(기둥 주, 木, 木強): '나무로 만든 버팀목, 기둥'을 말한다.[536]

---

531 이 字는 포털사이트에서 '쇠북 종'으로 검색된다.

532 이 字는 포털사이트에서 '쇠북 종'으로 검색된다. 金이 용신이면 '철은 상고부터 지배층의 권력의 상징인데 쇠로 만든 술잔으로서 부귀여유의 상징이다.'라는 말을 명의에 첨언한다.

533 이 字는 재질로 보면 木 부수이고 색깔로 보면 적색 火지만, 자원오행 배속 시, 재질이 우선되므로 자원오행은 火이다.

534 土가 용신인 사주에게는 '행운과 복으로 성취하여 넓은 땅을 경영하다'를 명의에 첨언한다.

535 이 字는 포털사이트에서 '부을 주'로 검색된다.

536 이 字를 두고 이름에 쓰지 않는 '불용문자'라는 주장은 '속설'에 불과하다. 木이 용신인 사주에게는 '사회와 나라의 기둥

㉜ 周(두루 주, 口, 土): 밭에 곡식을 빼곡하게 심어놓은 모습인데 그러다가 다시 나라 이름으로 가차되었고, 원래 뜻의 한자를 보존하기 위해 禾를 부수로 한 '稠'를 써서 곡식임을 나타내었다. 성(城) 외곽에서 농사를 지었으므로 '주변까지 가다'는 의미에서 '두루'의 뜻도 나왔다.

㉝ 週(돌 주, 辶(辵), 土): "辶+周"의 구조로 '경작지까지 가다'의 뜻이다.[537]

㉞ 澍(단비 주, 氵(水), 水强): "水+尌(멈출, 세울 주)"의 구조로 만물이 자랄 수 있도록 때에 맞게 내리는 비(雨)를 말한다.

㉟ 宙(집 주, 宀, 木): 집의 '대들보'를 말하다가 나중에 '우주(宇宙)'로 의미가 확장되었다.

㊱ 紬(명주 주, 糸, 木): 비단의 재료가 되는 굵은 비단실이며, 고치에서 나온 실로 짠 옷감을 말한다.

㊲ 湊(모일 주, 氵(水), 水强): 물이 한곳으로 모이는 것을 말한다.

㊳ 做(지을 주, 亻(人), 火): "人+故(옛 고)"의 구조이다. '옛것을 모범 삼아 만들다'는 의미이다.

㊴ 州 (고을 주, 川, 水强): 원래는 굽이쳐 흐르는 하천(河川) 사이의 모래톱을 말했는데, 큰 강을 경계로 행정구역이 결정되었으니 '행정구역'의 의미로 분화되었고 원래 뜻은 氵를 붙여 洲(섬, 주)로 나타내었다.

㊵ 洲(섬 주, 氵(水), 水强): 하천(河川) 사이의 모래톱(육지)을 말한다.[538]

㊶ 埈·峻(높을 준, 土·山, 土强): 산이 높음을 말한다.[539]

㊷ 晙(밝을 준, 日, 火): '해가 높이 솟아 밝게 비춤'의 의미이다.

㊸ 畯(농부·농관 준, 田, 土强): 원래는 농사를 관장하는 관리나 신(神)을 말했으나 이후에 '농부'의 뜻이 나왔다.

으로서 큰일을 수행하고 발달하여 존경받는다'의 말을 명의에 첨언한다.

537 현대에 와서 '일주일간'이라는 의미로 쓰인다.

538 이 字는 포털사이트에서 '물가 주'로 검색된다.

539 土가 용신인 사주는 '높이 올라 공명이 크다.'라는 말을 명의에 첨부한다. 峻이 '높은 산'에 더 적합한 한자인데 두 字가 동의(同義)로 쓰이고 있다. 사주 구성상 陰土가 용신으로 더 적합하면 埈을, 陽土가 용신으로 더 적합하면 峻을 사용함이 좋다.

㊹ 准·準·準(승인할 준, 冫(얼음 빙), 氵 모두 水 오행의 한자이니 水): 물을 넣어 땅의 기울기를 재는 '수준기'에서 '기준', '규칙', '준칙'의 뜻이 나왔다.

㊺ 陖(가파를 준, 阝(阜), 土): 산이 높고 가파르다는 의미이다.

㊻ 濬(칠·준설할 준, 氵(水), 水强): '물길을 깊게 파서 소통시키다'의 뜻이다. 여기서 '개통', '준설(濬渫)'의 뜻이 나왔다.[540]

㊼ 寯(모일·준걸 준, 宀, 木): "人+雋(영특할 준)"의 뜻이다. 집안으로 재물, 인재 등이 모여드는 것을 말하며 뛰어난 재주를 가진 '준걸'의 의미도 갖는다.

㊽ 俊·儁(준걸 준, 亻(人), 火): 뛰어난 재주를 가진 영특한 사람을 '준걸'이라 한다.

㊾ 葰(클 준, ++(艸), 木强): "+++俊(준걸 준)"의 구조로 초목의 기운이 빼어나듯 왕성하고 크다는 의미로 본다.[541]

㊿ 踆(마칠 준, 足, 土): '뛰어난 업적을 세운 후 임무를 완성하고 물러나다'의 뜻이다.

15) 음(音)이 '중~천'인 한자

① 重(무거울 중, 里, 土): 노예들이 짊어져야 하는 힘들고 과중한 노동을 그린 한자로 여기로부터 '과중', '힘듦', '심함', '중시'의 뜻이 나왔다.

② 衆(무리 중, 丨, 오행 불명): 피땀을 흘려 힘든 노동을 하는 사람들(노예)에서 '노예에 대한 감시'를 거쳐 '일반 대중'으로 의미가 확장되었고 '많은 사람'의 뜻을 가지게 되었다.

③ 中(가운데 중, 부수 丨는 오행 불명이나 한자의 성분에 口가 있고 땅을 의미하니 土弱으로 볼 수 있다): 옛날 씨족에 중대사가 있으면, 깃발을 세운 곳을 중심으로 사람이 모이게 하였고 기발이 꽂힌 곳이 중앙(中央)이고 중심이었다. 여기서부터 '치우치지 않고 적정하다', '적중하다', '정확하다'의 뜻이 나왔다.

④ 仲(버금 중, 亻(人), 火): 사람의 항렬 중 가운데에 속한 사람을 말하며 여기에서 순서상

---

540 이 字는 포털사이트에서 '준설할 준'으로 검색된다.

541 이 字는 하영삼(2014)의 선행논저에 없으므로 字의 구성을 살펴 용신 성명학의 관점에서 해석하였다. 木이 용신이면 '초목이 크고 울창하듯 큰 발달을 이루다'의 말을 명의에 첨언한다.

가운데를 지칭했다.

⑤ 枝(가지 지, 木, 木强): '나무의 갈라진 가지'이며 이로부터 적장자 이외의 자손을 지칭하였다.[542]

⑥ 砥(숫돌 지, 石, 金强): 밑에 대고 갈아서 칼을 날카롭게 하는 숫돌을 말한다.[543]

⑦ 池(못 지, 氵(水), 水强): 호수나 연못을 말한다.

⑧ 志(뜻 지, 心, 火): 처음엔 "心+之(갈지)" 구조로 '마음이 가는 곳'이 뜻이었다가 之가 士로 변한 후, '선비 같은 마음'이 뜻이 되었다. 이후 '의지'라는 뜻이 나왔다.

⑨ 持(가질 지, 扌(手), 木 미약): '손으로 어떤 일을 하다'에서 '손에 쥐다'의 뜻이 나왔다. 거기서 '지속', '관리함', '다스림'의 의미가 나왔다.

⑩ 旨(맛있을·뜻 지, 日, 火强): 본래는 "口+匕"로 입과 숟가락이니 '맛있다'는 의미였다.[544]

⑪ 址(터 지, 土, 土强): "土+止(발 지)"의 구조로 '집을 짓고 살 수 있는 터전'을 말한다.

⑫ 祉(복 지, 示, 木): 示는 제를 지내는 사당을 말하니 신이 내려주어 인간에 머물게 하는 복(福)을 상징한다.

⑬ 知(알 지, 矢, 金): '화살(矢)이 과녁을 꿰뚫듯 상황을 정확히 파악하고 의중을 정확히 말하는 능력이 지식에서 나온다.'라는 의미를 가진다.

⑭ 智(지혜 지, 日, 火): 知와 日의 합자 구조로서 지식이 일정한 세월을 지나야만 '슬기', '지혜'가 됨을 말한다.

⑮ 之(갈 지, 丿, 土): 갑골문에서 '止의 원래 글자'라 하였고 '어떤 지점으로 가다가 도착하다'나 '(길을) 가다'의 의미이다. 옥편의 丿 부수는 오류일 가능성이 크다.

⑯ 直(곧을 직, 目, 木): '눈이 똑바로 보다'가 원뜻이며 여기서 '곧다', '정직'의 의미가 나왔다.

---

542 枝는 학술적 근거 없이 재야 철학관이나 작명 앱에서 인명 불용문자로 치부된다. 불용문자는 학술적 근거가 없으며 枝는 木이 용신인 사주에 대해 좋은 한자이다. '큰 나무들이 가지 뻗어 울창한 숲을 이루듯 번영과 발달을 이루다.'라는 말을 명의에 첨언한다.

543 金이 용신인 사주가 이 字를 인명에 쓰면, '실력과 능력을 갈고닦아 대성하여 빛난다.'라는 말을 명의에 첨언한다.

544 나중에 口가 日로 변하면서 '임금의 뜻'을 말하게 되었다. 火가 용신인 사주가 旨를 인명에 쓰면 '햇살이 드러난 만물에 쉽게 이르듯 큰 뜻을 일찍이 성취하여 발달한다.'라는 말을 명의에 첨언한다.

⑰ 職(벼슬 직, 부수 耳(귀 이)는 얼굴의 오관 중, 水에 해당한다. 따라서 자원오행은 水이
다): 남의 말을 귀에 새기고 봉사하는 것이 '직책'이라는 것임을 말한다.

⑱ 稷(기장 직, 禾, 木強): 기장(수수)은 전통적으로 대표되는 농작물이며 자연스레 숭배되
는 대표 농작물이 되었으니 온갖 곡식을 관장하는 신으로 격상되기도 했다.[545]

⑲ 眞(참 진, 目, 木): 신의 소리를 듣고자 점복을 행할 때의 몸과 마음가짐처럼 '진실하고
참되다'의 의미이다.

⑳ 鎭(진압할 진, 金, 金強): '무거운 쇠 같은 것으로 누르다.'라는 뜻으로 '진압하다'라는 말
이 나왔다.

㉑ 進(나아갈 진, 辶): "辶+隹(새 추)"의 합자로 '새는 뒤로 걷지 못하고 앞으로 가기만 한다'
는 새 걸음의 특징을 말하였고 이로부터 '나아가다'가 되었다.

㉒ 振(떨칠 진, 扌(手), 불명이거나 木 미약): "手+辰(조개, 地支로 가차되기 전에는 조개를 말하
였다)"의 합자로 조개가 먹이를 보고 갑자기 움직이듯, 손에 의한 진동(振動)이다.

㉓ 震(벼락 진, 雨, 水強): 조개가 꼼짝하지 않다가 먹이를 발견한 순간 갑자기 모래 먼지를
일으키며 육중한 몸을 움직이는데 이 모습이 천지를 뒤엎는 벼락의 기세와 같다는 의
미이다.[546]

㉔ 賑(구휼할 진, 貝, 金): 貝는 화폐이므로 돈이 많아 남을 돕고 '구제하다'는 의미이다.

㉕ 桭(평고대 진, 木, 木強): 처마 끝에 가로로 댄 가늘고 긴 목재이다. 이후 '대청마루'라는
뜻으로도 쓰인다.

㉖ 溱(많을 진, 氵(水), 水強): 강 이름이며 물이 세차게 흐르는 모습이다.

㉗ 陳(늘어놓을, 베풀 진, 阝(阜), 土): 흙은 판 집 앞에 물건 담은 포대기를 널려진 모습으로
'진설(陳設, 제사, 행사에서 음식을 법식에 따라 상차림함)하다'의 뜻이 나왔다.[547]

---

545 그래서 이 字는 사직(社稷, 나라, 조정)을 말하는 중대한 개념에도 쓰였다.

546 이 字는 포털사이트에서 '우레 진'으로 검색된다.

547 이 字는 포털사이트에서 '베풀 진'으로 검색된다.

㉘ 珍(보배 진, 王(玉), 金强): 玉과 같은 보배이다.[548]

㉙ 盡(다할 진, 皿, 오행 불명): 聿(붓 율)과 皿(그릇 명)의 합자로서 그릇 속의 찌꺼기까지 깨끗하게 청소하는 모습으로서 이후 '끝까지', '완벽', '극단'의 뜻으로 쓰였다.

㉚ 璡(아름다운 돌 진, 王(玉), 金强): 玉 또는 玉에 버금가는 아름다운 돌이다.

㉛ 津(나루 진, 氵(水), 水强): '배를 타고 물을 건너는 모습'이다.

㉜ 借(빌릴 차: 亻(人), 火): "人+昔(예 석)"의 합자로 안 지 오래된 사람이 빌릴 수 있다는 의미이니 '빌려주다', '빌려 오다', '얻다' 등의 뜻으로 썼다.

㉝ 此(이 차, 止, 土): 사람이 발로 밟고 멈추어 선 모습이다. 인간이 선 자리는 현재에 해당하니 '이곳', '이때', '이렇게', '곧'의 뜻이 나왔다.

㉞ 粲(정미 찬, 米, 木强): 쌀을 씻어 백미를 만드는 것이며 하얗고 깨끗한 색을 비친다. 그래서 '찬란하다'의 뜻이 나왔다.

㉟ 璨(옥빛 찬, 王(玉), 金强): "玉+粲"의 합자로 갓 정미한 쌀처럼 옥이 찬란하게 빛난다는 의미이다.

㊱ 燦(빛날 찬, 火, 火强): "火+粲"의 합자로 갓 정미한 쌀처럼 '불빛이 밝게 비치다'는 의미이고 이로부터 '밝게 빛나다', '찬란하다' 등의 뜻이 나왔다.

㊲ 澯(맑을 찬, 水, 水强): 갓 정미한 쌀처럼 티 없이 맑은 물이다.

㊳ 纂(모을 찬, 糸, 木): 算(셀 산)이 있으니 사람의 글을 머릿속으로 계산해 가면서 모아 실로 엮어 만드는 책을 말하며 여기서 '편찬하다'의 뜻이 나왔다.

㊴ 撰(지을 찬, 扌(水) 木 미약): 손으로 어떤 글과 단어를 모아 저술, 편찬 등을 한다는 의미이다.

㊵ 贊(도울 찬, 貝, 金): 貝(재물)를 갖고 예를 갖추어 나가는 모습으로 '알현', '찬조', '도움 주다' 등의 뜻이 나왔다.

㊶ 讚(기릴 찬, 부수 言은 오행 불명인데, 성분 자에 金 오행 성이 강한 貝가 있어 약한 金으로 볼 수도 있다): 훌륭한 대상을 언어로 칭송함을 말한다.

---

548 이 字를 이름에 쓰면 안 된다는 불용문자에 포함하는 것은 '속설'일 뿐이다. 金이 용신인 사람에게 사용하면 좋다.

㊷ 創(곳집 창, 刂(刀), 金): 갑골문에서 습기나 쥐로부터 곡식을 보호하고자 만들어진 창고를 그린 상형자이다.

㊸ 蒼(푸를 창, ++(艸), 木): ++가 부수이니 풀처럼 푸른색을 말한다. 여기서 '남색', '하늘'의 의미도 나왔다.

㊹ 昌(창성할 창, 日, 火强): 태양처럼 밝음과 햇빛처럼 창성한 모습을 말한다.

㊺ 昶(밝을 창, 日, 火强): '햇빛이 오래 비추니 밝은 시간이 계속됨'으로 쓰인다.[549]

㊻ 暢(펼 창, 日, 火强): 햇살이 뻗어 나와 화사하게 비추는 모습이다.[550]

㊶ 采(캘·풍채 채, 木): "爪(손톱 조)+木"으로 구성된 한자이며 나무 열매나 잎을 따는 것을 말한다.[551]

㊷ 採(풍채·캘 채, 부수인 手는 오행이 미약한 木이나 한자의 성분 자에 木이 있어 약하지 않은 木으로 본다): 나무 열매나 잎을 따는 것을 말한다.[552]

㊸ 彩(무늬 채, 부수 彡(터럭 삼)은 오행 불명이지만 성분 字에 木이 있어 중·약의 木으로 본다.): 이 字에서는 彡을 터럭, 털 등이 햇살에 빛나는 모습으로 보아 彩를 햇살 아래 이루어지는 열매, 잎 등의 채집 행위로 본다. 여기서 '색채', '문채' 등의 뜻이 나왔다.

㊹ 綵(비단 채, 糸, 木): 채색이 된 '비단'을 발한다. 여기에서 '무늬', '문채'의 뜻이 나왔다.

㊺ 寀(녹봉 채, 宀, 木): 관직이나 관리를 뜻하는데 여기서 관리는 영지(領地, 벼슬로 지급받은 농사 가능한 토지)를 가진 관리가 사는 집이라는 의미도 포함된다.

㊻ 砦(울타리 채, 石, 金强): 견고함을 위해 돌로 쌓는 울타리나 성채이고 이 안에서 함께 산다는 의미로 '촌락'의 뜻도 있다.[553]

㊼ 埰(사패지 채, 土, 土强): 군주에게 하사받은 땅으로 물산의 채취, 소유의 권한이 부여

---

549 이 字는 포털사이트에서 '해길 창'으로 검색된다.

550 이 字는 포털사이트에서 '화창할 창'으로 검색된다.

551 이 字는 포털사이트에서 '풍채, 캘 채'로 검색된다. 한편 나중에 采는 영지(領地)의 뜻으로 기차 되었고 여기서 '풍채, 벼슬' 등의 뜻이 나왔으며 원래의 뜻인 '캘 채'의 의미를 보존한 한자는 手를 부수로 사용한 採로 대체되었다.

552 이 字는 포털사이트에서 '풍채, 캘 채'로 검색된다.

553 이 字는 포털사이트에서 '진터 채'로 검색된다.

된다.[554]

㊽ 千(일천 천, 十이 부수이고 10의 數 오행은 土이지만 자원오행은 土 미약으로 본다): 1,000을 뜻
하며 많다는 의미를 가진 지사문자이다.

㊾ 天(하늘 천, 大, 火): (大人이 팔 벌리고 선 모양인) 大의 윗부분은 사람의 머리에 해당하는데
여기를 가로획으로 바꾼 상형문자이다. 머리끝에 맞닿은 것이 하늘임을 나타내고 여
기서 '최고', '꼭대기' 등의 뜻이 나왔다.

㊿ 泉(샘 천, 水, 水强): 갑골문에서 바위틈으로부터 물이 솟아나는 모습을 그린 것이니 샘
물이 원뜻이며 지하수를 지칭하기도 한다.[555]

16) 음(音)이 '철~해'인 한자

① 徹(통할 철, 彳, 土): '길 위에서 식사를 마치고 솥을 치우는 모습'이며 '철거', '철수'의
의미가 생겼다.

② 澈(물 맑을 철, 氵(水), 水强): 물속까지 다 보이도록 물이 맑음을 말한다.

③ 鐵(쇠 철, 金, 金强): '철'이 원뜻이며 철로 만든 기구, 철의 색깔, 철의 속성인 강함과 움
직이지 않음을 표현했다.[556]

④ 哲·喆(밝을 철, 口, 土弱): "口+折"의 결합인데, 여기서 折은 사고력이나 언어로 정확한
판단을 하는 것을 의미하니 '마음이 지혜롭고 명석함'을 말한다. 또한 철인(哲人)의 언
어, 행동은 길하므로 吉(길할 길) 두 개를 붙여서 喆을 만들어 哲과 동의어로 사용하였다.

⑤ 靑(푸를 청, 靑, 木): '금문'에서 "丹+生"의 구조였는데 이후 자형이 변해 현재처럼 되었
다. 生은 싹이 올라오니 『설문해자』에서 '동방의 색', '푸른색'을 지칭하였다. 靑은 푸

---

554 이 字는 포털사이트에서 '사패지 채'로 검색되는데 나열된 뜻 중에 '무덤'이 나옴으로써 한자 본의(本義)가 아닌, 포털사
이트에 검색되는 뜻을 추종하는 누리꾼들의 성향에 따라 도저히 인명에 쓸 수 없는 한자가 되고 말았다.

555 水가 용신인 사주에게는 '행운과 오복이 원천에서 물이 샘솟아 흐르는 모습처럼 항구하다.'라는 말을 명의에 첨언한다.

556 金이 용신이면 '철이나 철을 합금한 청동 등은 지배층의 힘, 권력의 상징이니 굳건한 의지로 성취하여 권위와 힘이 크
다.'라는 말을 명의에 첨언한다.

른색, 자연의 색이니 순수하고 '깨끗', '빛남'의 상징이니 여기서 '빛남', '청춘', '청년'을 지칭하게 되었다.

⑥ 淸(맑을 청, 氵(水), 水强, 水): 물이 맑고 깨끗함을 상징한다. 순수, 정결, 깨끗, 청렴을 상징한다.

⑦ 礎(주춧돌 초, 石, 金强): 단단한 기둥을 받치는 주춧돌이며 여기서 '기초'의 뜻이 나왔다.

⑧ 崔(높을 최, 山, 土强): 산이 높고 큼을 상징했다.

⑨ 催(재촉할 최, 亻(人), 火): '사람을 재촉하다'의 뜻에서 '사람을 부림'의 뜻으로 발전하였다.

⑩ 秋(가을 추, 禾, 木强): "火+禾"의 합자 구조로서 곡식을 불로 태우는 모습이다. '추수', '수확'이 원뜻이며 수확하는 계절이 '가을'이라는 의미가 나왔다.

⑪ 春(봄 춘, 日, 火): 원래는 따스한 햇살 아래 땅을 비집고 풀이 올라오는 때가 봄이라는 의미이다. 초목이 나고 자라는 봄이 사실상 원뜻이며 욕정, 춘정의 뜻도 나왔다.

⑫ 忠(충성 충, 心, 火): 어느 한쪽으로도 치우치지 않는 공평한 마음이 바로 忠이고 이로부터 '충심', '충성'의 뜻이 나왔고 孝와 철학을 이루어 유가의 중요 철학이 되었다.

⑬ 治(다스릴 치, 氵(水), 水强): 원래는 중국의 강 이름인데 이후 '물길을 다스림'로 변했다.

⑭ 台(별·기쁠 태, 口, 土): '입에서 웃음이 나오도록 기쁘다'가 원뜻이며 怡(기쁠 이)와 같은 字이다. 이후 삼공(三公, 3정승)을 뜻하는 '삼태성(三台星, 큰곰자리의 상태·중태·하태의 세 별)'을 말할 때는 '태'로 읽혔다.

⑮ 颱(태풍 태, 風, 木): '크게 불어오는 큰바람'을 상징한다.

⑯ 太(클 태, 大, 火): 大(큰 대, 大人의 정면 모습)에 점을 찍어 극단적으로 큰 사람, 고상하고 위대한 사람 등을 나타낸 글자이며 상대를 극존칭으로 부를 때 쓰기도 한다.

⑰ 汰(일 태, 사치할 태, 氵(水), 水强, 水): '쌀이나 콩을 물에 씻다.'라는 뜻이며 이후 '물결', '사치하다' 등의 뜻이 나왔다.

⑱ 泰(클 태, 水, 水强): 두 손으로 물을 건질 때 물이 크게 빠져나가는 모습을 형상화했으며 이로부터 '(물이) 크거나 대단하다'의 뜻이 나왔다.

⑲ 態(모습, 모양 태, 心, 火): "心+能(능할 능)"의 구조이며 마음속의 능력이 밖으로 드러난

모양·태도 등을 발한다.

⑳ 兌(기쁠 태, 儿(人), 火): "儿(사람 인)+口"가 합자하여 변형된 구조로 사람의 벌어진 입에서 웃음이 나오니 '기쁘다', '웃다' 등의 뜻이 나왔다.

㉑ 擇(가릴 택, 扌(手), 불명 또는 木 미약): '手+睪(엿볼 역)'의 구조로 '눈으로 자세히 살펴 손으로 가려내다'의 구조가 되어 '선택', '구별' 등의 뜻이 나왔다.

㉒ 澤(못 택, 氵(水), 水强): '水+睪(엿볼 역)'의 구조로 '광택이 나다'가 원뜻인데 '흐르지 않고 고여 있는 물'은 잔잔하여 햇빛을 반사하니 광택이 난다는 의미이다.

㉓ 宅(집 택, 宀, 木): "宀+乇(의탁할 탁)"의 구조로 '몸을 의탁하는 곳이 집이다.'라는 의미이다.

㉔ 平(평편할 평, 干, 木弱): 『설문해자』에서 '악기라서 소리가 고르게 퍼져 나오듯 말이 평탄하게 잘 나오는 것을 말한다.'라 하였는데, 평평하다가 원뜻이고 이후 '공평'의 뜻이 나왔다.

㉕ 必(반드시 필, 心, 火): '金文'에는 갈라진 틈으로 낫, 창(戈)을 끼우는 것을 말하는데, 낫, 창 같은 무기는 반드시 자루에 끼워야 쓸 수 있다는 원리에 의해 '반드시'라는 의미가 나왔다.

㉖ 泌(샘물 흐르는 모양 필, 氵(水), 水强): 샘물이 흐르는 모양이다. 하남성 서부의 당하(唐河) 상류를 말하기도 한다.

㉗ 弼(도울 필, 弓, 오행 불명), 뒤틀린 활, 쇠뇌 등을 바로잡아 준다는 뜻에서 '돕다'는 뜻이 나왔고 '보필(輔弼)' 등에 활용한다.

㉘ 河(물, 강 하, 氵(水), 水强): 황하(黃河)를 지칭하는 고유명사인데 강의 통칭이 되었다.

㉙ 何(어찌 하, 亻(人), 火): "人+可"의 합자 구조인데 可는 여기서 자루가 달린 괭이를 말하니 '(밭)메다'가 원뜻이며 이후 '어찌'라는 의문사와 부사어로 가차되었다.

㉚ 下(아래 하, 부수 一은 數 오행으로 水이나 자원오행은 水 미약으로 본다): 어떤 기준보다 아래에 있음을 말하는 지사문자이다. '아래'가 원뜻이며, '뒤', '낮다'의 의미가 있다.

㉛ 霞(노을 하, 雨, 水): 원뜻이 노을이며 하늘을 붉게 보이게 하는 기상 현상이다.

㉜ 旻(여름 하, 日, 火): (여름의) 태양이 한가운데 위치함을 말하며 여기서 '곧바르다', '옳다'의 뜻도 나왔다. 夏의 고자(古字)이다.[557]

㉝ 廈(처마, 큰 집 하, 木): "广+夏"의 구조이며 여기서 夏는 '크다'를 말하니 '큰 집'이 원뜻이다. 厦와 의미가 같다.

㉞ 賀(하례할 하, 金): 재물(화폐)을 더해 줌으로써 축하함을 말한다.

㉟ 碬(숫돌 하, 金強): 무딘 연장을 날카롭게 갈아서 쓰임새가 있게 하는 돌을 말한다.[558]

㊱ 遐(멀 하, 辶(彳), 土): '멀리 가다'의 뜻이고 여기서 '멀다', '소원하다' 등의 뜻이 나왔다.

㊲ 學(배울 학, 子가 부수인데 地支 '子'가 아니고 '아이'를 의미하는 子이니 火弱): 집안에서 새끼 매듭을 만드는 법을 아기가 배우는 모습인데, 원뜻이 '배우다'며 학생, 학교, 학당, 학과 등 학문과 배움 관련 용어에 쓰인다.

㊳ 漢(한수 한, 氵(水), 水強): 강이다. 장강의 한 지류이다.

㊴ 翰(깃 한, 羽, 오행 불명): 새의 깃털로 만든 붓을 말하며 붓은 글을 상징하니 '편지', '시문'을 뜻했다.[559]

㊵ 瀚(넓고 큰 모양 한, 氵(水), 水強): 당(唐)대 기준, 고비사막 이북의 넓고 광활한 지역을 말한다.[560]

㊶ 閑(막을 한, 門, 木): '사람이 못 들어오게 문을 걸어 잠금'이라는 의미인데 원뜻은 문 사이에 나무로 울타리를 친 '마구간'이고 이후 '한가하다'가 나왔다.

㊷ 暵(말릴, 볕 내리쬘 한, 日, 火): 햇볕이 내리쬐는 모습을 말하며 햇볕에 의해 젖은 것이 '마름'의 의미가 나왔다.

㊸ 橌(큰 나무 한, 木, 木強): 큰 나무들이 일정한 틈새(간격)를 두고 서 있는 모습이다.

---

557 夏에 대한 견해를 밝히면 첫째, 고 왕조 夏(하나라)의 나라명이다. 둘째, 夏가 불용한 자라는 일부 재야학자의 주장은 논거가 빈약하다. 앞서 논했다시피 나라명을 인명에 쓰지 않는다는 주장은 봉건 시대적 관점일 뿐이다. 셋째, 夏의 자원오행은 부수가 夊(뒤처져올 치, 土)이니 주된 훈이 '여름'이나 오행은 火와 무관하다.

558 金이 용신인 사주는 이 字에 대해 '학문과 능력을 갈고닦아 펼쳐내다.'라는 말을 명의에 첨언한다.

559 이 字는 포털사이트에서 '편지 한'으로 검색된다.

560 '氵'가 의미부이자 부수이니 성명학적 명의에서는 '넓고 큰 강물이 흐르다.'라는 해석이 가능하다.

㊹ 瀚(넓을 한, 氵(水), 水强): '폭이 넓은 물이 흐름'의 의미이다.

㊺ 閒(한가할 한, 門, 木): 문의 틈 사이로 달빛이 새어 들어오는 모습인데 이후 '한가하다'
라는 의미가 나왔다.[561]

㊻ 咸(다 함, 口, 土弱): 무기를 들고 다 함께 함성을 지르는 모습이므로 '함께', '모두'의 뜻
이 나왔다.

㊼ 恒(항상 항, 忄(心), 火): 항상 변치 않는 마음을 말한다.

㊽ 垓(지경 해, 土, 土强): '천하 8極 9州의 땅을 다 갖춤'의 의미이며 억(億)보다
1,000,000,000배 큰 수가 해(垓)이다.[562]

㊾ 晐(갖출 해, 日, 火): 햇볕이 골고루 내리쬐는 모습이니 볕이 부족함이 없고 이로부터
'갖춤'의 의미도 나온 것으로 추정된다.

㊿ 瀣(이슬 기운 해, 氵(水), 水强): 밤사이 생긴 물기를 말한다.

17) 음(音)이 '해~횡'인 한자

① 楷(나무 이름·본보기 해, 木, 木强): 楷木(자공이 공자 무덤에 심은 나무)으로 여기서 '강직함'
의 상징이었고 '모범', '규범', '법식'의 뜻이 나왔다.[563]

② 偕(함께 해, 亻(人), 火): "人+皆(다 개)"의 합자 구성이며 사람들이 모두 다 함께함을 말
한다.

③ 幸(다행 행, 干, 木弱): '소전'에서 逆(거스를 역)과 夭(어릴 요)로 구성되었는데 불행의 상
징인 '요절'과 반대되는 의미를 상징한다. 이로부터 '다행', '행복' 등의 뜻이 나왔다.

④ 杏(살구나무 행, 木, 木强): 입에 침이 흐르게 하는 과실인 살구나 살구나무를 말한다.

⑤ 鄕(시골 향, 阝(邑), 土): 식기를 가운데 두고 주인과 손님이 마주 앉은 모습인데, '손님

---

561 ㊷, ㊸, ㊹, ㊺, ㊾는 하영삼(2014)의 선행논저에 나오지 않으므로 용신 성명학적 관점을 반영하여 해석하였다.

562 土가 용신이면 '사방의 드넓은 땅을 영토로 삼아 경영하는 성취를 이루다.'라는 말을 명의에 첨언한다.

563 이 字는 포털사이트에서 '본보기 해'로 검색된다.

에게 식사를 대접하다'는 뜻이며 이후, 함께 모여 식사를 같이 하는 씨족집단이라는 의미로 '시골', '고향'을 뜻하였다.

⑥ 饗(잔치할 향, 食, 水): "鄕+食"의 구조로 손님과 마주 앉은 모습에 食이 더해져 잔치를 베풀어 음식을 대접하는 것을 말한다.

⑦ 向(향할 향, 口, 土弱): 집에 낸 창문의 모습이고 창을 낸 방향의 의미가 나와 '향하다'의 뜻이 나왔다.

⑧ 許(허락할 허, 言, 오행 불명): 言(말씀 언)이 있는 형성문자로 '말을 들어줌'을 말했고 여기서 '허락하다'의 뜻이 나왔다.

⑨ 獻(바칠 헌, 犬, 오행 불명): "鬲(솥, 막을 격)+犬(개 견)"의 구조로 제사에 바칠 개고기를 솥에 삶는 모습을 그렸다가 '금문'에서 虍가 더해졌다. '바치다', '봉헌하다'가 원뜻이다.

⑩ 憲(법 헌, 心, 火): '금문'에서 선명한 눈(目)과 그 위의 '투구' 같은 모습, 아래는 마음(心)으로 구성된 것으로 보았는데, 화려한 장식을 단 '면류관'이 원뜻이고 이로부터 '덮다', '드리우다'의 뜻이 나왔으니 憲은 세상을 덮고 마음으로부터 복종해야 할 법을 상징하였고 여기서 '헌법', '법령'의 뜻이 나왔다.

⑪ 奕(클 혁, 大, 火): 대단히 크다는 뜻이고 중첩하여 '혁혁(奕奕)'이라 쓰면 매우 뛰어나다는 말이다.

⑫ 赫(붉을 혁, 赤, 火强): 큰 불꽃에서 나오는 붉은 빛깔을 말한다. 의미를 강화하기 위해 火를 부수에 쓴 爀이 나왔다.[564]

⑬ 絢(무늬 현, 糸, 木): 비단의 무늬가 다채롭고 현란하다는 의미이다.

⑭ 賢(어질 현, 貝, 金): 貝와 臤(굳을 간, 어질 현)의 합자로서 '노비, 재물을 잘 관리하고 재능이 많은 사람'을 상징하였으며 이후 재주, 총명, 현자(賢者) 등의 뜻을 말하게 되었다.

⑮ 弦(시위 현, 弓, 오행 불명): 살이 활에 매여진 것이다.

⑯ 衒(자랑할 현, 彳, 土): '길'에서 물건을 파는 것이다.

⑰ 炫(빛날 현, 火, 火强): '火+玄'으로 눈이 캄캄하게 느껴질 정도로 불꽃이 빛난다는 의미

564　爀(붉을 혁, 火, 火强): 赫과 같다.

이다.⁵⁶⁵

⑱ 鉉(솥귀·삼공의 지위 현, 金, 金强): 청동 솥(鼎)의 귀이며 발이 3개이므로 삼공(三公, 3정승)의 뜻도 된다.

⑲ 玹(옥돌 현, 王(玉), 金强): 玉에 버금가는(해당하는) 아름다운 돌이다.

⑳ 晛(햇살 현, 火, 火强): 햇살이 빛나 밝은 모습이다.

㉑ 峴(재 현, 山, 土): '산이 마주 보고 있다'는 의미에서 '고개'이다.⁵⁶⁶

㉒ 現(나타날 현, 王(玉), 金强): '玉 무늬가 드러남'을 의미하며 이로부터 '나타나다', '현재'라는 뜻이 나왔다.

㉓ 縣(매달 현, 糸, 木): '머리'를 거꾸로 실에 매단 모습이고 이후에 행정조직의 하나인 '현'으로 가차되었다.

㉔ 顯(나타날 현, 頁, 火): 햇볕에 실을 말리면서 머리(얼굴)를 드러내는 모습이고 여기서 '드러내다', '밝다'의 의미가 나왔다.

㉕ 俠(호협할 협, 亻(人), 火): 사람을 양 겨드랑이에 끼고 불공평을 평정하고 약한 자를 도와주는 협객을 말한다.

㉖ 浹(두루 미칠 협, 氵(水), 水强): 골짜기의 수위가 높아져 높은 곳까지 가득 차고 평소에 미치지 못하는 곳까지 두루 미침을 반영한 글자이다.

㉗ 衡(저울대 형, 行, 土): 사람이 붐비는 사거리(行)에서 사람이 소뿔에 받힐까 염려되어 뿔에 커다란 가름대를 단 모습으로 추정되며 가름대가 있는 옛날의 저울을 닮아 '저울'을 뜻하게 되고 '무게를 달다.'라는 뜻이 나왔다.

㉘ 珩(노리개 형, 王(玉), 金强): 패옥을 말하며 관에 다는 장식을 뜻하기도 한다.

㉙ 形(모양 형, 彡, 오행 불명): 모양을 만들어 내기 위한 '틀'이다.

㉚ 亨(형통할 형, 亠, 오행 불명): '제물로 모시는 고기'로부터 제사를 잘 모시면 만사가 형통한다는 의미를 담았다.

---

565 炫에서 火를 日로 교체하면 昡(햇빛 현)이 된다. 炫, 昡 모두 火용신인 사주의 이름 한자로 좋다.

566 이 字는 포털사이트에서 '고개 현'으로 검색된다.

㉛ 瑩(밝을 형, 王(玉), 金强): 반짝반짝 광이 나는 옥돌을 말한다.

㉜ 熒(등불 형, 火, 火强): 활짝 핀 꽃처럼 불빛이 환한 모습이다.

㉝ 炯(빛날 형, 火): "火+冋(들 경)"으로 (넓게) 비추는 불빛을 말하며 '빛나다', '밝다'의 뜻이
   나왔다.

㉞ 逈(멀 형, 辶(辵), 土): 중심에서 길이 멀리 떨어진 들판이다.

㉟ 慧(슬기로울 혜, 心, 火): 총명하다는 뜻이고 혜성처럼 빛나는 총명함을 가졌다는 의미에
   서 '슬기롭다'라는 말이며 슬기, 지혜는 심장에서 나온다는 말이다.

㊱ 暳(별 반짝일 혜, 日, 火强): 별이 해처럼 밝게 반짝거리며 빛나는 모습이다.

㊲ 惠(은혜 혜, 心, 火): 心과 叀의 합자인데, 叀는 제를 짤 때 쓰는 실패이니 베를 짤 때 남
   을 재려 하는 섬세하고 어진 마음이다. 여기서 배려, 사랑, 은혜 등의 뜻이 나왔다.[567]

㊳ 豪(호걸 호, 亠, 오행 불명): 멧돼지 등에 난 높고 거센 털처럼 힘센 사람이 호걸이자 우두
   머리임을 그렸다.

㊴ 琥(호박 호, 王(玉), 金强): 호랑이 모양으로 조각한 玉이니 玉의 일종인 '琥珀'이다.

㊵ 昊(하늘 호, 日, 火强): '예서(禮書)'에서 태양이 광활한 하늘을 비춘다는 의미를 말하였다.

㊶ 淏(맑을 호, 氵(水), 水强): 높은 하늘처럼 맑은 물이 넓다는 의미이다.

㊷ 顥(클 호, 頁, 火): '태양이 높은 집을 비추듯 이마가 훤하고 넓다.'라는 의미인데 여기서
   '크다'의 뜻이 나왔다.

㊸ 滸(물가 호, 氵(水), 水强): "氵+許(허락할 허)"로 물이 있어 살수 있게 허락된 땅을 뜻했다.

㊹ 祜(복 호, 示, 木): 示(보일 시)는 사당을 의미하니 신이 내려주는 큰 복을 말한다.

㊺ 岵(산 호, 山, 土): 초목이 무성한 산을 말함이 다수설이다.

㊻ 浩(클 호, 氵(水), 水强): 물이 넓고 큼을 말한다. '澔'와 같은 의미이다.[568]

㊼ 湖(호수 호, 氵(水), 水强): 물을 저장하는 호수이다.[569]

---

567 惠의 의미를 더 강화하기 위해 心을 좌측 부수변에 쓴 字가 憓(사랑할 혜)이다.

568 이 字는 포털사이트에서 '넓을 호'로 검색된다.

569 水가 용신이면 '행운과 복이 흘러와 호수가 되어 동행한다.'라는 말을 명의에 첨언한다.

㊽ 瑚(산호 호, 王(玉), 金强): 산호는 玉, 보물로 간주되고 제사 때 호련(瑚璉, 중요한 제기)으로 쓰였다.

㊾ 縞(명주 호, 糸, 木): 가늘고 희며 높은 품질의 비단을 상징한다.

㊿ 弘(넓을 홍, 弓 오행 불명): 화살이 시위를 떠날 때 나는 큰 소리이며 '크다', '강력하다'의 뜻을 포함한다.

18) 음(音)이 '홍~희'인 한자

① 洪(클 홍, 氵(水), 水强): '홍수'를 말하며 여기서 '크다'라는 뜻도 나왔다. 共(함께 공)이 있으니 '손잡고 막아야 할 큰물'인 '홍수'를 말한 것이다.

② 紅(붉을 홍, 糸, 木): 붉은색의 면직물을 말하는데 붉은색은 길상(吉祥)의 상징이니 '좋은 일', '경사'의 뜻이 나왔다.

③ 華(꽃 화, ++(艸), 木强): 화사하게 꽃을 드리운 꽃나무를 상징하는 상형자이다.[570]

④ 化(될 화, 匕, 金): '변화하다', '바꾸다'의 뜻이다. 人은 산 사람, 匕는 죽은 사람으로 삶과 죽음의 전화(轉化)를 그렸다. 이로부터 '변화'의 의미가 나왔다.

⑤ 花(꽃 화, ++(艸), 木强): 씨를 맺어 새로운 생명으로 변화시키는 꽃을 말한다. 본래 꽃은 '華'이나 華가 중국 민족을 뜻하자 花가 대용으로 쓰였다.

⑥ 貨(재화 화, 貝, 金): 화폐나 통화를 말한다. 여기서 화물, 상품, '팔다' 등의 뜻이 나왔다.

⑦ 話(말씀 화, 言, 오행 불명): 이야기, 화제, 담론 등을 말한다.

⑧ 和(화할 화, 口, 土弱): 피리들에서 나는 소리가 조화로움을 말하는 것으로 이로부터 '조화', '화목', '화합'의 뜻이 나왔다.

⑨ 擴(넓힐 확, 扌(手), 木 미약): "手+廣"의 구조이다. '손으로 잡아당겨 넓게 펼치다'는 의미이다. 이로부터 확대, 확장 등의 뜻이 나왔다.

⑩ 還(돌아올 환, 土): 갔다가 둥근 원을 그리듯 한 바퀴 돌아온다는 뜻이며 여기서 '돌아오

---

570   이 字는 포털사이트에서 '빛날 화'로 검색된다.

다', '되돌리다', '돌려주다'의 뜻이 나왔다.

⑪ 環(고리 환, 王(玉), 金强): 가운데가 뚫린 둥근 모양의 옥이다. 여기서 '고리', '둘러싸다'의 뜻이 나왔다.

⑫ 奐(빛날 환, 어른이 팔을 벌리고 선 모습인 大가 부수니 火이다): '어떤 것을 집으로 가져와 바꾸다.'라는 의미에서 추후 '빛나다'라는 뜻으로 쓰이자 본래 의미는 手를 더한 換(바꿀환)이 나왔다.

⑬ 晥(환할 환, 日, 火强): '햇빛이 환하게 비치다'는 의미이다.

⑭ 煥(불꽃 환, 火, 火强): 불이 밝아 빛남을 말하며 '광채를 발하다'는 뜻도 나왔다.

⑮ 渙(흩어질 환, 氵(水), 水强): 물이 세차게 흐르는 모양을 말하며 이로부터 '흩어지다'라는 말이 나왔다.

⑯ 活(살 활, 氵(水), 水强): 원래는 물이 흘러가는 것을 말했는데, '살다', '생존하다', '살아 있다' 등의 뜻이 나왔다.

⑰ 皇(임금 황, 白, 金): 황제라는 뜻이고 왕 중에서도 우두머리이다.

⑱ 晄(밝을 황, 日, 火强): 태양 빛이 밝다는 뜻이다.

⑲ 效(본받을 효, 攵(攴), 木): '매로 다스려 본받게 하다'는 뜻이며 여기서 '효과(效果)'라는 말이 나왔다.

⑳ 曉(새벽 효, 日, 火强): 해가 높이 떠올라 날이 밝다는 뜻이며 여기서 '새벽', '동이 트다'는 뜻이 나왔다.

㉑ 孝(효도 효, 子가 부수인데, 여기서는 지지 첫 자가 아니라 자식의 의미이니 火弱): 자식이 늙은 이를 등에 업은 모습으로 孝의 개념을 그렸다. 孝는 유교권 나라에서 국가를 지탱하는 중심 이념이다.[571]

㉒ 淆(물 이름 효, 氵(水), 水强): 중국의 강 이름이다.[572]

---

571   孝(효도 효)는 만인에게 미덕이고 권장할 덕목임에도 불구하고 '효도는 고생'이라는 이유로 '불용문자'를 말하는 것은 성명학의 명예를 실추시키는 것이고 학술적 근거도 없으니 사라져야 할 병폐이다.

572   용신 성명학에서는 '강물이 흐르다'로 보며 水가 용신인 사주에게 좋은 字로 본다.

㉓ 後(뒤 후, 彳, 土): '남보다 뒤처져서 길을 가다'는 뜻이다.

㉔ 后(임금 후, 口, 土): 갑골문에서 아이를 낳은 여인을 나타낸 것이고 아이를 낳는 여인이 최고라는 의미에서 임금을 비롯한 '최고'를 말하게 되었고 이후 왕비의 뜻으로도 확대되었다.

㉕ 逅(만날 후, 辶(辵), 土): '길에서 예기치 않게 만나다'는 뜻이다.

㉖ 厚·垕(두터울 후, 厂·土, 土): 산처럼 두터움을 말하며 '깊다', '무겁다', '크다', '후하다' 등의 뜻이 나왔다. 땅의 두터움을 아는 데는 계곡의 깎아지른 듯한 절벽만 한 것이 없기에 산처럼 두터움을 말하는 厂(언덕·기슭·절벽 엄)을 사용한 字이다.

㉗ 候(물을 후, 亻(人), 火): '활을 쏘는 것을 가만히 지켜보다'에서 이후 '안부를 묻다.'라는 뜻이 나오고 다시 시후(時候)에서처럼 '때'를 뜻하는 것으로 확장되었다.

㉘ 侯(과녁 후, 亻(人), 火): 갑골문에서는 과녁과 화살을 그렸으며 활쏘기가 제후들의 전용 놀이였기에 '제후'라는 뜻이 나왔다.

㉙ 帿(과녁 후, 巾, 木): '베'로 만든 과녁이다.[573]

㉚ 煦(따뜻하게 할 후, 灬(화), 火强): 해가 돋아 열기를 더해 따뜻하게 하다는 뜻이며 '새벽의 햇빛', '남을 따뜻하게 하는 은혜'의 뜻이 있다.

㉛ 珝(옥 이름 후, 王(玉), 金强): 玉의 이름이다.

㉜ 訓(가르칠 훈, 들은 오행이 불명이나 성분 字로 川(내 천)이 있으니 종합하여 다소 약한 水로 볼 수 있다): '말이 강물처럼 잘 소통되게 풀이하는 것이며 그것이 가르침의 본질이다'의 의미이다. 여기서 '가르치다', '풀이하다', '해석하다'의 뜻으로 쓰인다.

㉝ 勳·勛(공 훈, 力, 土 미약): 힘껏 노력하여 세운 공을 말한다.

㉞ 薰(향풀 훈, ++(艸), 木强): '향기 나는 풀'이며 '향기', '향로', '훈증하다' 등의 의미로 쓰인다.

㉟ 壎·塤(질 나발 훈, 土, 土强): 흙을 구워 만든 고대의 취주(吹奏) 악기이다.[574]

---

573 木이 용신이면 '과녁에 화살이 꽂히듯 성공의 목적지에 이르러 뜻을 성취하다.'라는 말을 명의에 첨언한다.

574 土가 용신이면 '음악을 연주할 수 있는 경사가 많다.'라는 말을 명의에 첨언한다.

㊱ 熏·燻(연기에 그을릴 훈, 灬·火, 火强): 불 때문에 연기가 끼다는 말이다.

㊲ 暈(무리 훈, 日, 火强): 태양의 사방 주위로 형성되는 햇무리를 말한다.

㊳ 輝·暉(빛날·빛 휘, 光·日, 火强): 태양 둘레로 발산되는 빛을 말한다.

㊴ 興(일어날 흥, 臼, 土): 同(한가지 동)과 舁(마주들 여)로 구성된 字이니 힘을 합쳐 함께 드는 것을 발한다. 이로부터 '일으키다'의 뜻이 나왔다.[575]

㊵ 希(바랄 희, 巾, 木): 옷감의 올을 성기게 짠 베를 말하며 '드문드문하다'라는 의미였으나 '희망(希望)'의 뜻으로 쓰였다. 그래서 禾를 부수로 써서 稀(드물 희)가 만들어졌다.

㊶ 晞·烯(밝을·마를 희, 日·火, 火强): 날이 희미하게 밝을 때나 화광이 강하면 이때부터 대지가 밝고 마르기 시작하므로 '마르다'의 의미가 나왔다. (烯는 불꽃 희로도 많이 쓰인다)

㊷ 熙(빛날 희, 灬, 火强): 자손(여기서는 巳가 자손을 말함)이 불(灬)처럼 번성하다는 뜻으로부터 '흥성하다', '빛나다' 등의 뜻이 나왔다.

㊸ 凞(빛날 희, 冫, 水强): 화목하여 빛나다는 뜻이다.

㊹ 戱·戲(놀 희, 戈, 金): '유희'를 말한다. 원래 받침대 위에 호랑이를 올려놓고 창으로 장난질을 치던 모습이다.

㊺ 喜(기쁠 희, 口, 土): 壴(북, 악기 이름 주)와 口로 구성되어 '북'으로 대표되는 음악의 즐거움과 口로 대표되는 맛있는 것의 즐거움을 더해 '즐겁다'는 뜻을 그렸다.

㊻ 禧(복 희, 示, 木): 示(사당, 제단)에서 지내는 제사 이름이며 여기서 복 받음과 길상(吉祥)의 뜻이 나왔다.

㊼ 熺·熹(성할 희, 火·灬, 火强): "火+喜"의 구조이고 『설문해자』에서 고기를 구울 때 타오르는 불꽃처럼 성하다'라는 뜻이다.[576]

㊼ 憘(나무 이름 희, 木, 木强): 일본에서 만들어진 한자로 알려져 있다.[577]

---

575 이 字는 포털사이트에서 '일 홍'으로 검색된다. 땅을 파서 쓴 절구(臼)가 부수이니 자원오행을 土로 삼았다.

576 이 字는 포털사이트에서 '빛날 희'로 검색된다.

577 이 字는 하영삼(2014)의 선행논저에 나오지는 않는다. 용신 성명학의 관점에서 보면 木이 용신인 사주에게 좋은 한자이며 '큰 나무들이 울창하여 숲을 이루고 번성하는 모습처럼 발달하니 기쁘다.'라는 말을 명의에 첨언한다.

㉘ 僖(기쁠할 희, 亻(人), 火): 기뻐하는 사람의 의미를 담았다.

㉙ 憙·憘(기뻐할 희, 心·忄, 火): 마음이 기쁨을 말하며 '기뻐하다', '좋아하다'의 뜻이 나왔다.

㊿ 曦(햇빛 희, 日, 火强): 햇빛이 비추다는 뜻이다. 日 대신 火가 들어간 爔(불 희, 火, 火强)를 대용하여 써도 좋다.[578]

이상으로 대법원 인명용 한자 중, 인명에 다용하거나 오행 성이 강하여 이름 한자로 추천할 수 있는 한자를 선별하여 본의(本義)를 용신 성명학의 관점에서 살피고 자원오행을 배정하였다.[579]

한자학자 하영삼(2014)의 선행논저인 『한자어원사전』의 한자 어원 해석을 2차적 연구자료로써 인용하고 이 책에 수록된 5,181字 중 인명에 다용하는 한자, 오행 성이 강하여 작명 시 사용을 권유할 수 있는 한자들을 선별하고 어원 해석을 요약하여 어원의 용신 성명학적 관점의 해석, 자원오행, 오행 강약, 본의(本義) 등을 함께 살피는 학제간 융합연구를 채택하였다.

대법원 인명용 한자 중 인명에 다용하는 918字를 선별하여 검토하면서 재차 느낀 점은 대법원 인명용 한자 중 인명에 거의 쓰지 않는 한자가 의외로 많다는 점이다. 死(죽을 사), 巳(뱀 사) 등 인명에 부적합한 음(音)이나 뜻을 가진 字들은 배제하고 인명에서 다용하는 음(音)과 좋은 어원을 가진 한자들을 채택하는 방식으로 인명 한자의 내용적 개편을 제언하는 바이다.

---

578 爔(불 희)도 '화광이 밝게 비추다'의 뜻이다.

579 지금까지 XIV장 6절 '인명용 주요 한자의 본의(本意)'에서 나오는 인명 한자 고유의 어원 설명은 한자학의 원전을 해석한 2차적 학술서인 (하영삼, 『한자어원사전』, 도서출판3, 2014)의 한자 어원해설에서 한자와 어원해설을 선별적으로 발췌하고 요약하는 방식으로 인용하였다. 동시에 용신 성명학적 관점의 해설은 각주에서 다루었다.

VIII

용신 성명학의
작명

1. 용신 성명학 작명의 5단계

이 장에서는 지금까지 논한 내용을 바탕으로 용신 성명학에 의한 이름 짓기 과정을 예시하여 설명하겠다. 용신 성명학에 의한 작명을 하는 학자는 다음의 5단계 과정으로 본명인의 이름을 지으면 된다.

1단계는 사주 용신의 조후, 일간의 강약, 격국, 음양의 조화, 합충 이론 등을 종합하여 용희신을 도출한다. 2단계는 용신의 오행 성이 강한 한글 모·자음오행의 작명을 시행한다. 3단계는 전 단계에서 나온 이름에 대한 한자 작명을 시행한다. 성씨 한자 자원오행이 용희신과 일치하면 성명 전체를 용희신의 상생으로 구성하도록 노력하고 성씨 한자 자원오행이 용희신 모두와 상극하면 이름 두 자에 강한 용희신의 상생 또는 상조가 이루어지게 작명한다.

4단계는 용신 성명학에 의한 명의를 해석한다. 희신도 큰 틀로 보아 용신으로 보고 이름의 한자 자원오행이 갖는 명리학적 의미를 6할, 한자의 본의(本意)를 4할 비율로 융합하여 명의를 해석한다.

5단계는 본명인의 삶에서 유익할 용희신 오행의 활용법을 제공한다. 사람은 용신 오행의 에너지는 대운, 세운, 월운 등의 행운, 한글 성명의 모·자음오행, 한자 성명의 자원오행 이외에도 생활 공간에서 색상, 숫자, 방향, 자연의 물상(物像), 취미, 심리 등에서도 보완할 수 있다. 따라서 본명인의 개운을 위해 삶 속에서 본서의 Ⅲ장 5절에 나오는 유익할 용신

오행의 활용법을 숙지시키는 상담을 시행한다.

2. 용신 성명학 작명의 실례

1) 일간이 신약한 사주

예 1   양력 1980년 4월 12일 戌시(남, 李씨)

시	일	월	연
丙(火)	乙(木)	庚(金)	庚(金)
戌(土)	卯(木)	辰(土)	申(金)

해설

　1단계: 乙 일간이 일지의 건록 卯에 통근(通根, 뿌리 내림)하여 의지처가 있으니 억부, 조후 등의 용신을 쓰는 내격의 사주이고 일지 卯木 이외에는 정 오행으로 인성 水와 비겁 木이 더 없으니 乙木 일간이 신약하다.

　천간 乙庚합은 2:1의 쟁합, 丙庚沖의 방해, 乙木이 자신의 건록 卯에 통근하는 요인 등에 의해 성립하지 않는다. 지지의 卯戌合火는 卯와 乙이 동일 오행의 柱(干如地同, 천간·지지 오행이 같다)를 이루니 합력이 약한 육합에 반응치 않으려 한다. 다만, 천간에 丙火가 합을 독려하며 화국(火局)을 이끌려고 하니 卯 일부라도 火性이 발생하는 모습이라 일간을 조력할 卯 역할이 분산될 가능성도 있다. 그러나 申과의 申辰合水에 대해 결코 얽매이지 않는 辰土가 거리상 약화되긴 하였으나 辰戌沖의 기세로 卯戌合을 방해하니 卯木이 정체성을 유지하고 있어서 신약한 乙일간에게는 '천만다행'이라고 해도 과언이 아니다. 연지 申과 월지 辰의 申辰合水가 성립하면 목마른 일간 乙木이 水를 다소나마 얻을 수 있겠지만 천간 庚들이 자신들의 건록지 申에 통근한 데다 연주가 동일한 金 오행의 柱라서 합이 잘 성립하지 않는다.

　만일 대운·세운에서 水의 왕 지지인 子가 온다면, 사주 원국에서 申·辰이 이웃하므로 申

子辰 수국(水局)의 3슴이 발생하여 乙木 일간은 水生木에 의한 발복을 기대할 만하다. 또한 대·세운에서 寅을 만나면 寅卯辰 木局의 방합이 성립한다. 木의 왕 지지인 卯의 자리가 월지가 아니면 방합이 크게 약화되는데, 마침 卯가 월지 다음가는 일지에 있고 천간의 乙木이 木局을 이끌어 다소 강한 희신의 슴이 발생하여 상당히 이로울 수 있다.

그러나 사주에 합충이 많고 일간이 신약하여 복록을 담을 수 있는 용기(容器)가 작아서 다소 탁기가 있는 사주로서 복록의 양이 불안정함은 참고해야 한다. 결국, 辰의 지장간 중기 癸水를 용신으로 하고 木을 희신으로 삼아야 하는 내격의 신약 사주이다. 여기서 지장간 癸水를 용신으로 세울 수 있는지에 대한 논란이 있겠으나 운로에서 水가 오면 발복하므로 용신으로 세울 수 있다.

2단계: 水, 木이 용희신이니 한글 모·자음오행 ㅇ·ㅎ·ㅗ·ㅠ와 ㄱ·ㅏ·ㅕ를 위주로 하여 한글 이름을 지으면 되는데 여기서 '이규현'을 예시한다. "이: 水 60, 土 40, 규: 木 60, 水 40, 현: 水 30 木 40 火 30"으로서 水 130, 木 100이 되니 230/300으로 용희신 水, 木이 다수인 이름이 된다.

3단계: 성씨 한자 李의 자원오행이 木이니 사주 용희신에 일치한다. 그러므로 사주 일지가 木이고 성씨 한자도 木이지만, 사주 원국의 정 오행에 水가 없고 水가 용신으로 복록이 크므로 이름 두 자 모두 水를 사용하여 木水水 오행법을 쓰면 이상적이다. 따라서 潙(강 이름 규), 泫(깊고 넓을, 이슬 빛날 현)으로 한자를 선정하면 "李潙泫"이라는 한자 작명이 가능하다.

4단계: 규현(潙泫)의 명의를 살펴보자. 潙는 중국에 있는 강(江)의 명칭이다. 泫은 'ㅣ + 玄'의 구조인데 玄(검을 현)에서 물이 깊으면 검게 보이는 원리를 이해하면 된다. ㅣ는 양수로서 乙일간에게는 正印이다. 정인이 용신이면, 행운·학식·인복·부귀·다복·문서복 등을 의미하므로 이상을 종합하면 "水는 이 사주의 행운, 복, 부귀, 학식, 명예, 인복 등의 오행이니 일생 행운과 만복이 넓고 깊은 강물처럼 흘러와 큰 성취와 학식으로 상류의 부귀와 인복을 누리며 강물이 바다에 이르듯 성공의 복지에 이르러 명성이 화광처럼 빛난다."라는 용신 성명학적 명의 해석이 가능하다. 포털사이트에 "강 이름 규, 이슬 빛날 현"으로 검색된다 하여 명의를 "강가에 이슬이 빛나다"나 "이슬이 빛나는 강"으로 말해서는 안 된다.

5단계: 이 사주 당사자에게 본서의 Ⅲ장 5절에 나오는 용신의 활용법을 제시하고 안내한다. 水 용신 활용법을 주로 하고 木 용신 적용법도 보조적으로 활용할 수 있도록 안내하면 된다.

2) 중화 신약 사주

예 2   양력 1972년 4월 16일 13시(여, 朴씨)

시	일	월	년
丙(火)	丁(火)	甲(木)	壬(水)
午(火)	丑(土)	辰(土)	子(水)

해설

1단계: 丁일간이 시지 건록지 午火에 통근하고 시간 丙의 조력을 받으며 월간의 甲木이 일간을 木生火로 상생하는데, 연주 壬子로부터 水生木의 상생을 받아 다시 일간 丁火를 상생하는 모습이 아름답다. 그러므로 일간 丁이 사주에 의지처를 확보하였으니 내격 사주고 〈표 23〉의 용신 도출 시 간지오행의 강약표를 참조하면 일간, 비겁, 인성의 세력이 55가 되어 중화의 기점 60에 가까우므로 중화신약 사주가 된다. 사주에 丑, 辰의 土가 있어 甲木과 상극 관계면 좋지 않으나 丑, 辰은 지장간 중기에 癸水를 가진 습토로서 갑목과 은연중에 유정하니 큰 문제는 되지 않는 구성이다. 子辰合水는 사주에서 가장 힘의 비중이 큰 월지 辰土를 子가 도모하여 水로 넘어오게 하는 것은 역부족인 데다가 子丑合土로 합이 분산되니 辰土의 정체성은 유지된다. 사주에 金은 丑土 지장간의 辛 외에는 정 오행으로 존재하지 않는다. 사주에서 일간 기준하여 정, 기, 신 3자가 안정되면 좋은데 金 재성이 없으므로 일간, 비겁에서 나온 기운이 '식→재→관'의 흐름을 갖고 유통되지 못하니 신(神)이 완벽하지 못한 아쉬운 점이 있다.

억부용신으로 보면, 식상이 강하여 신약하니 '진상관용인격'으로서 식상을 견제할 인성 木을 용신, 일간을 조력하는 火를 희신으로 보면 된다. 또한, 중화된 사주는 격국용신의 장점을 누릴 수 있는데 그 장점은 중화의 기점에 가까울수록 크다고 할 것이다. 월지가 상관이고 천간에 지장간 乙·癸·戊가 투출하지 않으니 본래대로 상관격이 된다. 상관은 4흉신으로 역용하니, 상관을 상극하는 인성(상관을 더 강하게 상극하는 정인이 편인보다 좋다) 木, 상관의 기운을 土生金으로 누출하는 재성 金을 동시에 격국용신으로 세운다. 그렇다면 木, 火, 金이 나름대로의 역할을 갖고 길하며 이 사주에서 金은 격국용신이면서도 동시에 정 오행으로 金이 없는 사주에서 오행의 흐름을 유통하는 장점도 있다고 볼 수 있다.

2단계: 木, 火가 억부용신이니 木: ㄱ·ㅏ·ㅓ, 火: ㄴ·ㄷ·ㅌ·ㄹ·ㅜ·ㅛ 등의 모·자음과 격국용신 金: ㅅ·ㅈ·ㅊ·ㅓ·ㅑ 등을 사용하면 되는데, 이에 맞게 '박주현'을 예시한다. 한글 모·자음오행은 "박: 土 30, 木 70", "주: 金 60, 火 40", "연: 水 30, 木 40, 火 30"으로서 억부, 격국용신이 240/300이 되어 다수를 차지한다.

3단계: 억부용신 木, 火와 격국용신 중 하나인 金은 모두 상극이 된다. 木은 억부용신이고 동시에 격국용신이며 사주에서는 정 오행으로 1위이다. 사주 용신은 1위가 강건하면 2-3개 있는 것보다 더 나을 수 있다. 그것은 용신 오행끼리 용신을 다투거나 미루는 현상이 우려되기 때문이다. 그러나 성명의 용신 오행은 사주 용신을 조력하지만 사주 명조 내에서 용신의 지위를 탐하지는 않는다. 동시에 木은 억부, 격국용신에 모두 해당되는 최고의 용신이며, 성씨 한자 朴도 자원오행이 木이니 이를 잘 활용하면 '박주현'의 한자를 '朴柱炫(기둥 주, 빛날 현)'으로 작명할 수 있다. 자원오행은 '木木火'로서 용신 상생의 이름이 된다.

柱(기둥 주)를 불용문자라고 말하는 이들이 있는데, 앞서 논했다시피 '불용문자'란 학술적으로 근거가 없는 말이다. 한자 의미가 특별히 흉하거나 불결하지는 않다는 전제하에서, 모든 사람에게 공통되게 좋거나 불리한 한자는 없다, 木이 용신인 사주에 대해서는 木이 부수로서 木 오행이 강한 柱는 매우 좋은 한자이다. 일부에서 주장하는 '불용문자론'은 비학술적이고 상업적으로 악용되는 이론이니 채용할 필요는 없다.

한편 이 사주의 일간은 음 일간이고 신약하니 한자의 음양을 "양 2개, 음 1개" 또는 3字 모두를 '양'으로 취하면 좋다. '朴柱炫'의 한자 음양은 木은 甲이고 火는 丁이니 "양·양·음"이다.

4단계: 주현(柱眩)의 명의를 살펴보자. 柱의 부수 木은 양 목이며, 丁火일간의 正印이다. 정인이 용신이면, 행운·학식·인복·부귀·다복·문서복 등을 의미한다. 眩의 부수 日은 陽火로서 丙과 같고 丁火일간의 劫材이다. 겁재가 용신이면, 4흉신의 부작용보다는 행운·인복·발달·번영·부귀·성취 등의 길한 면이 강조된다. 따라서 용신오행이 갖는 십성의 명리학적 의미와 본의를 6:4로 종합하여 "火는 이 사주의 행운·인복·발달·번영·부귀의 오행이니 장차 火中火인 태양의 햇살처럼 부귀명예가 빛나는 성공을 이루고 사회의 동량이 되어 이바지하고 존경받는 고귀한 사람으로 오복을 누린다"라는 용신 성명학적 명의 해석이 가능하다.

5단계: 이 사주 당사자에게 본서의 Ⅲ장 5절에 나오는 용신의 활용법을 제시한다. 木을 위주로 火, 金을 병용하는 용신 활용법을 안내하면 된다.

3) 중화 신강 사주

예3 양력 2015년 10월 3일 11시(여, 윤(尹)씨)

시	일	월	년
乙(木)	壬(水)	乙(木)	乙(木)
巳(火)	子(水)	酉(金)	未(土)

해설

1단계: 壬일간이 월지에 정인 酉를 얻어 득령했고 일지에 제왕지 子水를 얻어 득지했으니 이것만으로도 〈표 23〉의 용신 도출 시 간지오행의 강약표를 참조하면 일간, 비겁, 인성의 세력이 71이 된다. 지지에서 재성 火, 관성 土, 천간에서 未土 지장간 중기 乙木과 子水의 지원을 받는 상관 乙木 3위가 있어 일간의 기운을 억제하고 있으니 내격의 사주가 된다. 지지에서 巳酉合金은 거리가 먼 요합이므로 巳火가 金으로 化하고자 하는 합력은 약하다. 종합하면 중화신강 사주로 귀결된다. '신왕월지정인격'이므로 억부용신법에 따라 신강의 주된 원인인 정인 酉를 상극할 재성 火가 용신이 되고 火를 생할 木이 희신이 된다. 한편, 중화 사주는 격국용신의 장점을 누릴 수 있는데 월지가 사왕지지 酉金 인성이므로 길신의 격인 '정인격'이 되니 순용하여 金을 생하는 土, 金이 생하는 水가 격국용신이 된다.

2단계: 木, 火가 억부용신이니 木: ㄱ·ㅏ·ㅕ, 火: ㄴ·ㄷ·ㅌ·ㄹ·ㅜ·ㅛ 등의 모·자음과 격국용신 金: ㅅ·ㅈ·ㅊ·ㅓ·ㅑ, 水: ㅇㅎㅗㅠ 등을 사용하면 되는데, 이에 맞게 '윤다현'을 예시한다. 한글 모·자음오행은 "윤: 水 70, 火 30", "다: 火 60, 木 40", "현: 水 30, 木 40, 火 30"으로서 억부, 격국용신이 300/300이 되어 좋게 되었다.

3단계: 성씨 한자 尹은 부수가 尸이고 본의가 '시체 시'이므로 오행을 특정하기가 어렵다.[1] 그러므로 이름 부분에만 억부용신 木, 火의 상생을 이용하여 茶昡(차 다, 밝을 현)으로 정하면 茶는 ++ 부수로서 木性이 강하고 昡은 日 부수로서 火性이 강하니 이름 두 자의 한자 자원오행이 木火 상생이 되어 용신상생의 한자 이름이며 사주 용신을 강화할 수 있다.

한편 茶의 부수는 ++이므로 陰木이고 昡의 부수는 日이므로 陽火이니 이름 두 자의 음양이 조화롭다.

4단계: 다현(茶昡)의 명의를 살펴보자. 茶의 부수는 ++이므로 陰木이니 일간 壬水 기준 상관이고 昡의 부수는 日은 陽火이니 일간 기준 편재이다. 상관이 용희신이면 언어, 표현, 아이디어, 식복, 부귀, 능력, 예술성이고 편재가 용희신이면 재복, 부귀, 성공, 발달, 풍요, 일확천금 등을 상징한다. 따라서 용신오행이 갖는 십성의 명리학적 의미와 한자의 본의를 6:4로 종합하여 "火는 이 사주의 행운·재복·부귀·성공의 오행이니 장차 火中火인 태양의 햇살처럼 빛나는 성공을 이루어 재복과 부귀를 이루고 '차'가 상징하는 여유와 행복을 누리는 귀한 사람으로 오복을 누린다"라는 용신 성명학적 명의 해석이 가능하다.

5단계: 이 사주 당사자에게 본서의 Ⅲ장 5절에 나오는 용신의 활용법을 제시한다. 억부용신 火, 木을 위주로 격국용신 土, 水의 활용법을 인식시킨다. (중화 신강이지만 일간 세력 71이 중화의 기점 60에서 조금 거리가 있으니 억부용신이 더 나아 보인다)

---

1 추후 제사 지낼 때, 신위(神位) 대신 앉히는 아이인 '시동(尸童)'의 뜻이 尹에 추가되었다.

4) 신강한 사주

예4 양력 2010년 10월 18일 08시, 남자, 이(李)씨

시	일	월	년
壬(水)	辛(金)	丙(火)	庚(金)
辰(土)	丑(土)	戌(土)	寅(木)

해설

　1단계: 戌월에 난 辛金 일간이 월지, 일지, 시지에서 자신을 상생할 土에 의지하고 연간에 겁재 庚金을 얻었으니 용신 도출을 위한 간지 오행을 수량화한 〈표 23〉에 의거하면, 일간 세력이 91에 이르므로 중화의 기점을 크게 초과하니 매우 신강하다. 그러나 寅木의 생을 받고 戌土 지장간 건록(丁)에 통근한 천간 丙火가 일간을 충하고 천간 지지에 일간의 세력을 천간 丙火가 일간을 충한다. 따라서 일간 세력을 약화하는 丙, 寅이 건재하여 종격이 되지 못하고 내격의 신강사주로 귀결된다. 강한 세력의 인성들이 사주를 신강하게 하는 주된 원인이므로 '인중용재격(印重用財格)'의 사주로서 인성을 상극하는 재성 木을 용신, 木을 생하는 水를 희신으로 볼 수 있다. 연간의 丙火가 사주에서 강한 土를 火生土하여 土를 양생하는 점은 불리해 보이지만, 그래도 일간과 겁재에 인접하고 견제하는 火 역시 위치상의 이점이 있어 길신의 역할이 인정된다. 丙辛合水의 합은 丙庚沖, 丙壬沖에 의해 분산되고 아울러서 丙이 연지 지장간 寅木의 중기인 丙에 통근하였으니 결코 합이 성립할 수 없다. 丙이 신강한 일간을 근접하여 견제하면서 길신으로서의 역할을 수행할 수 있는 점은 다행이다. 한편, 용신 寅木은 일간과 거리가 멀어 무정하고 더욱이 시간 壬水의 상생을 받기에는 거리가 멀어 힘을 받지 못하니 용신의 기세가 약하여 사주가 탁해지는 한 요인이 된다. 寅木이 술토와 寅戌火로 합하면 용신이 일부 합거(合去, 합해서 사라짐)할 수도 있지만 丑戌刑, 辰戌沖이 방해하니 합은 성립하지 않는다. 오히려 합이 약하여 상대적으로 강한 지지 형충(刑沖)을 모두 해소하지 못하니 사주의 탁기가 가중되어 복록이 약해지거나 운로에 따라 복록의 진폭이 크다고 볼 수 있다.

　2단계: 木, 水가 용희신이니 ㄱ·ㅏ·ㅋ, ㅇ·ㅎ·ㅗ·ㅠ와 길신 火의 ㄴ·ㄷ·ㅌ·ㄹ·ㅜ·ㅛ 등을

위주로 사용하여 한글 이름을 짓는다. 그러면 '이강우'를 예시할 수 있다. 이: 水 60, 土 40, 강: 木 70, 水 30, 우: 水 60, 火 40을 종합하면 水 150, 木 70, 火 40, 土 40으로서 용희신과 길신이 260/300이 되어 이상적인 한글 이름이 된다.

3단계: 성씨 한자 李은 '木' 부수로서 木性이 강하다. 그러므로 이름 두 자에만 용희신의 자원오행을 갖는 이름을 '江杅(강 강, 사발 우)'로 예시한다. 江杅는 일본식 수리성명학에서 4격 수리가 좋지 않으나 필자는 江杅를 매우 좋은 한자 이름으로 본다. 그 이유는 사주는 오행으로 구성되고 용신 성명학의 목적은 일간을 안정시키는 용신 오행을 보완하는 것이며 오행은 오행이 보완할 뿐, 수리 4격이 보완하는 것이 아니라는 관점을 중시하기 때문이다. 한편, 한자의 음양은 부수가 木, 氵, 木이니 '양, 양, 양'이다. 사주 간지가 양이 음보다 강하지만 일간이 음일간이므로 한자 음양은 무난하다고 사료한다.

4단계: '江杅'의 杅는 큰 나무 기둥을 깎아 만든 용기로서 음식, 물, 곡식을 담는다. 고전적으로 먹을 복(福)은 의식주 풍족을 의미하니 水(식상), 木(재성)이 용희신일 때 명리학적 긍정의 의미와 본의를 6:4로 조합하면 된다. "水는 이 사주의 행운, 풍요, 발달, 부귀의 오행이니 일생 행운과 오복이 강물처럼 흘러와 의식주 풍족으로 풍요 윤택하고 부귀재록을 누리며 오복 속에 영화를 이루어 고귀하다는 뜻"으로 해석하면 된다.

5단계: 이 사주 당사자에게 본서의 Ⅲ장 5절에 나오는 용신의 활용법을 제시한다. 木, 水를 병용하는 용신 활용법을 안내하면 된다.

5) 여름 생 사주의 조후용신

예 5 | 양력 2022년 8월 01일 未시, 남자, 최씨

시	일	월	년
壬(水)	丙(火)	丁(火)	壬(水)
辰(土)	戌(土)	未(土)	寅(木)

해설

1단계: 丙(火) 일간이 未월에 태어나 사주가 매우 조열하다. 巳, 午, 未월의 여름 사주는

용신 도출을 위한 간지 오행을 수량화한 〈표 23〉으로 볼 때, 일간이 극도로 신약하지 않는 한 조후용신을 따른다. 未月의 온도는 연중 최고이므로 조후용신을 볼 때는 火 30으로 본다. 따라서 일간 丙(火)의 환경이 극도로 조열하므로 사주를 시원하게 할 水를 용신으로 하고 水를 생하는 金을 희신으로 삼아야 한다. 천간의 두 壬(水)은 거리상 문제로 상호 간 조력이 어렵고 간지 오행 수량 합이 15에 그친다. 연간의 壬水는 丁壬合木이 어렵다, 병임충의 방해, 월간 丁이 寅 지장간 중기인 丙(제왕)에 통근하는 등의 요인에 따라 合에 응하는 힘이 약화하기 때문이다. 시간 壬水는 일간에 丙壬沖을 하는데 丁壬合이 어느 정도 충을 해극 한다. 조후용신인 시간(時干)의 壬水가 辰의 지장간 癸에 통근해야 안정되는데 辰戌沖으로 辰의 지장간 癸와 戌 지장간 丁이 정계충을 일으킴에 따라 시간 壬水가 통근하기 어려워 또한 매우 불안정한 처지에 있다고 볼 수 있어 사주가 탁한 이유가 된다. 사주가 탁하면 복록이 약하거나 운로에 따라 기복이 커진다.

2단계: 水, 金이 용희신이니 ㅇ·ㅎ·ㅗ·ㅠ와 ㅅ·ㅈ·ㅊ·ㅓ·ㅑ 등을 위주로 사용하여 한글 이름을 짓는다. 그러면 '최서호'를 예시할 수 있다. 성씨, 최: 金 60, 水 20, 土 20으로 성씨의 한글 부분이 사주 용신과 대체로 부합한다. 서: 金 100, 호: 水 100으로 한글 성명 부분에서 280/300이 되니 용신 성명학에 부합하는 이름 중 하나이다.

3단계: 성씨 한자 崔는 山이 부수이니 戊土의 기운을 가진 양토다. 이름 부분에 서 金·水 상생이 되어야 하는데, 성씨 한자 자원오행을 반영하면 '土金水'가 '土水金'보다는 좀 더 낫다. 따라서 瑞浩(상서 서, 넓을 호)로 한자를 찾으면, 土金水 오행법으로 용신 성명학의 목적 달성을 위한 이상적 이름이 된다.

4단계: 瑞는 최고로 고귀한 사람의 표상인 玉[2]이 산처럼 커서 '상서롭다'는 뜻이고 浩는 '큰물이 넓다'는 의미이다. 성명학적 의의는 오행 水가 이 사주의 관성 용신, 오행 金이 재

---

2 한자학자 하영삼은 선행논저에서 玉이 仁(인, 온화함), 義(의, 무늬를 밖으로 내보여 속을 알게 함), 智(지, 소리가 낭랑하여 멀리서도 들을 수 있음), 勇(용, 끊길지언정 굽히지 않음), 潔(결, 날카로우나 남을 해치지 않음) 등 아름다운 오덕(五德)을 갖추었다는 『설문해자』의 말을 인용하고 "최고의 덕목을 갖춘 물건(…)珍(보배 진)은 단순한 보석을 넘어 더없이 보배로운 길상(吉祥)(…)옥을 몸에 걸치는 장신구는 신분의 상징이자 권위를 상징(…) 중요사의 예물(…)"이라 하였다. 하영삼, 『한자 어원사전』, 도서출판3, 2014, 459-460쪽.

성 희신임을 반영하는데, 희신도 큰 틀로 보면 용신이니 이를 반영하여 명의를 해석한다. "水는 이 사주의 부귀, 권세, 명예, 행운의 오행이니 일생 행운과 명예의 복이 넓고 큰물처럼 흘러오는 상서로움으로 성공하여 玉이 상징하는 지배층의 부귀공명을 누리며 오복 속에 존귀하다는 뜻"의 요지로 해석한다.

5단계: 이 사주 당사자에게 본서의 Ⅲ장 5절에 나오는 용신의 활용법을 제시한다. 水, 金 용신의 활용법을 안내하면 된다.

6) 겨울 생 사주의 조후용신

예 6 | 양력 2000년 12월 27일 오후 18시 生, 여자, 정(鄭)씨

	時	日	月	年
천간	癸(水)	己(土)	戊(土)	庚(金)
지지	酉(金)	未(土)	子(水)	辰(土)

해설

1단계: 겨울인 子월에 난 己(土) 일간이 만물이 차갑게 동결되는 현상으로 자신마저 동토(凍土)가 될 수 있으니 사주가 매우 한랭하다. 亥, 子, 丑월의 겨울 사주는 용신 도출을 위한 간지 오행을 수량화한 〈표 23〉으로 볼 때, 일간 세력이 극도로 신약하지 않는 한 조후용신을 따른다. 子월은 水 30으로 보고, 여기에 子辰合水, 시주에서의 金生水는 사주의 한랭함을 심화한다고 판단한다. 일간 己土의 비견, 겁재 세력 수량은 본래 60으로 강약을 한정하기 어려운 중화신약이나 사왕지지가 월지에서 주도하는 子辰合水로 말미암아 辰土의 다수가 水로 변성됨에 따라 본래보다는 신약해진 사주이다. 그러나 겨울 사주는 일간이 극도로 신약하지 않는 한 조후의 충족이 우선이므로 사주를 온난하게 할 火를 용신, 火를 생하는 木을 희신으로 쓰는 조후용신법을 따라야 한다. 未土는 조토라 하나 계절이 겨울이므로 온난 효과는 미미하다. 따라서 일간 己土의 환경이 극도로 한랭하니 사주를 따뜻하게 할 火를 용신으로 하고 火를 생하는 木을 희신으로 삼아야 한다. 결국 이 사주는 조후용신 火, 木이 절실한 사주라고 판정할 수 있다. 사주 원국에 火는 未土 지장간, 木은 辰

土 지장간에 암장되어 있어 답답하나 대운, 세운에서 火, 木을 만나면 사주의 한랭함이 호전된다. 戊癸合火는 원격의 요합이고 己癸의 충(상극)이 방해하니 성립하기 어렵다.

2단계: 火, 木이 용희신이니 ㄴ·ㄷ·ㅌ·ㄹ·ㅜ·ㅛ와 ㄱ·ㅋ·ㅏ·ㅕ 등을 위주로 사용하여 한글 이름을 짓는다. 성씨, 정: 金 70, 水 30이니 성씨의 한글 모·자음오행이 용신과 맞지 않는다. 그럴지라도 성은 바꿀 수 없으니 이름의 한글 모·자음오행이 용신과 최대한 부합하게 짓는다. 그래서 '가린'으로 한글 이름을 지으면 가: 木 100, 린: 화 60, 토 40으로 이름 부분에서 160/200이 木, 火로써 사주 용신과 대체로 부합한다.

3단계: 성씨 한자 鄭은 땅을 의미하는 邑(고을 읍)과 같은 字인 ß가 부수이니 土 오행의 한자이고 음양은 가리기 어렵다. '가린'의 한자를 '暇橉(겨를 가, 나무 이름 린)'으로 정하면 暇는 日이 부수이고 火性이 강하며 橉은 木이 부수이고 木性이 강하다. 이름 부분이 '火木'의 용신상생이고 성오행 土를 같이 배열해도 성명자원오행배열이 뒤에서부터 木生火, 火生土의 상생오행법이니 좋게 지어진 이름이다. 이름 부분 음양은 한자 부수가 日, 木이니 모두 '양·양'인데 음일간이고 음이 양보다 강한 사주이니 음양은 좋게 볼 수 있다.

4단계: '暇橉'의 명의를 쓰면 먼저 '暇'의 부수 日은 陽火이니 일간 己 기준 丙火이고 '정인'이다. 정인이 용희신이면 학식, 부귀, 문서복, 인복, 재복, 합격승 진의 명예 등을 의미한다. 橉의 부수 木은 陽木이니 일간 己 기준 甲木이고 '정관'이다. 정관이 용희신이면 성공, 지위, 명예, 권위, 부귀, 명성, 인품 등을 의미한다. 여기에 본의를 반영하여 십성 의미와 본의를 6:4로 반영하면 "햇살처럼 빛나는 부귀영화와 울창한 숲이 번성하는 모습의 지위 명예로 오복을 누리는 삶이 여유롭고 전성기가 항구한 귀인"이라는 명의 해석이 가능하다.

5단계: 이 사주 당사자에게 본서의 III장 5절에 나오는 용신의 활용법을 제시한다. 水, 金을 병용하는 용신 활용법을 안내하면 된다.

7) 조후 충족으로 억부용신을 쓰는 사주

예7 │ 양력 1967년 1월 18일 오후 12시 生, 여자, 유(柳)씨

	時	日	月	年
천간	丙(火)	壬(水)	辛(金)	丙(火)
지지	午(火)	午(火)	丑(土)	午(火)

해설

1단계: 맹동지절인 丑월에 태어나 만물이 동결된 현상이 발생하니 사주의 壬(水) 일간의 환경도 한랭할 가능성이 크다. 그러므로 일간이 극도로 신약하지 않는 한 계절을 반영하여 조후용신 火, 木을 고려할 만한 사주이다. 살피건대 사주 간지에 5개의 火가 자리 잡아 일간 제외하고 丑(월지 丑은 조후용신을 볼 때 水 30), 월간 辛(10)을 합한 수량을 압도하고도 남음이 있다. 그러므로 사주의 조후는 완전히 충족되었으므로 조후용신은 무의미하니 억부용신법을 살핀다. 일간 壬수는 월지 丑土 위에 기반을 세운 정인 辛金에 의지처를 확보하고 있으니 내격의 사주이며 용신 도출을 위해 간지 오행을 수량화한 〈표 23〉으로 볼 때, 일간 세력이 30으로써 상당히 신약하다.[3] 그러므로 신약한 일간을 生하여 줄 인성 金을 용신, 조력해 줄 水를 희신으로 삼을 수 있다. 중화의 기점에서 멀어진 신약이니 격국용신은 살피지 않는다. 천간의 丙辛合은 연간 丙이 자신의 제왕지 午火에 뿌리를 내렸고 1:2 쟁합 구조이며 丙壬沖이 합을 방해하니 반영하지 않는다.

2단계: 金, 水가 용희신이니 金: ㅅ·ㅈ·ㅊ·ㅓ·ㅑ와 水: ㅇ·ㅎ·ㅗ·ㅠ 등을 위주로 사용하여 한글 이름을 짓는다. '유정아'로 한글 부분 작명을 예시하면 유: 水 100, 정: 金 70, 水 30, 아: 水 60, 木 40이니 용희신 金, 水가 260/300이 되어 용희신의 모·자음오행이 주도하는 한글 이름이 된다.

3단계: '유정아'의 성씨 한자 柳는 木 부수이고 陽木이다. '정아'의 한자를 '汀砑'라 예시한다. 汀(물가 정)은 氵가 부수이고 자원오행은 陽水이다. 砑(갈·광택 낼 아)는 石(돌 석)이

---

3   월지 丑은 조후용신으로 볼 때는 水 30의 기운으로 보지만 억부용신으로 볼 때는 土 30의 기운으로 본다.

부수이니 陰金이다. 따라서 '유정아'의 자원오행을 배열하면 "木, 水, 金"이다. 이름 부분이 용희신의 金水 상생이고 성씨 한자와도 金生水, 水生木의 조화를 이루니 잘 지어진 한자 이름이다. 물론 "木, 金, 水"도 이름 부분이 용희신의 金水 상생으로써 길하나 "木, 水, 金"이 "木, 金, 水"보다는 조금 나은 구조이다. '유정아'의 음양 배열은 "양, 양, 음"이니 무난하다.

　　4단계: '汀砑'의 명의를 쓰면 먼저 '汀'은 부수 氵의 자원이 陽水이니 壬水일간의 '비견'이고 비견의 용신 의미는 인복, 발달, 성취, 번영, 개업이다. '砑'는 부수 石의 자원이 陰金이니 壬水일간의 '정인'이다. 정인이 용희신이면 학식, 부귀, 문서복, 인복, 재복, 합격 승진의 명예 등을 의미한다. 여기에 본의를 반영하여 십성 의미와 본의를 6:4로 반영하면 "水는 이 사주의 행운, 인복, 번영, 발달의 의미이니 일생 행운과 복이 강물처럼 흘러오고 학문과 실력을 갈고닦아 대성하니 성공과 번영으로 부귀재록과 영화를 누리고 오복 속에 대귀한 사람"이라는 명의 해석이 가능하다.

　　5단계: 이 사주 당사자에게 본서의 Ⅲ장 5절에 나오는 용신의 활용법을 제시한다. 水, 金을 병용하는 용신 활용법을 안내하면 된다.

8) 종격[외격, 순응격]의 사주

예8　양력 2013년 9월 8일 오후 16시 生, 여자, 정씨

	時	日	月	年
천간	戊(土)	丁(火)	辛(金)	癸(水)
지지	申(金)	丑(土)	酉(金)	巳(火)

해설

　　일간 丁火는 오직 연지 巳火 제왕지에 통근하니 의지처가 있어 내격일 것 같다. 그러나 월지에 사왕 지지인 酉금이 자리 잡고 巳, 丑이 이웃하여 3합을 이루는 3자가 인접하니 강력한 삼합인 巳酉丑 금국(金局)이 성립하여 巳, 丑이 모두 金으로 合化한다. 시지 역시 申金으로서 지지가 온통 금국인데, 천간 辛이 합국을 이끄니 금국의 합이 더욱 견고하다. 시

간 戊土는 토생금으로 금국에 협조하며, 연간 癸水는 金生水로 金 기운을 설기(泄氣)하나 금국에 반할 정도가 아니고 오히려 상생관계로 금국과 유정할 뿐이다. 이때, 일간 丁火는 음간이면서 丁辛沖, 丁癸沖을 받고 의지처가 없어 금국(金局)에 저항하지 않고 세력에 순응하니 일간이 재성의 기운을 따르는 '종재격'의 사주이다. 특히, 양간은 정체성을 잘 지키고 세력에 순응하려 하지 않지만, 음간은 세력을 거스르지 않고 순응을 잘 하게 되는 경우를 두고 『적천수(滴天髓)』「천간(天干)」에서는 "음간은 무정하여 세력을 잘 따른다."[4]라 하였다. 따라서 중심 오행 金을 용신으로 하고 종격을 생하는 土, 중심 오행 金이 생하는 水가 희신이다.

2단계: 土, 金, 水가 용희신이니 土: ㅁ·ㅂ·ㅡ·ㅣ, 金: ㅅ·ㅈ·ㅊ·ㅓ·ㅑ, 水: ㅇ·ㅎ·ㅗ·ㅠ 등을 위주로 하여 한글 이름을 만들어 '정채민'을 예시할 수 있다. 정: 金 70, 水 30, 채: 金 60, 木 20, 土 20, 민: 土 70, 火 30이다. 그러면 용희신 土, 金, 水의 오행이 250/300이 되어 용신 성명학에 부합하는 이름 중 하나이다.

3단계: 성씨 한자 鄭은 邑(阝의 本字, 고을 읍)이 부수로서 土性이다. 이를 반영하여 瑋潣(주옥광채 채, 물 졸졸 흘러내릴 민)으로 성명 한자를 찾으면, 성씨 한자 포함 '土金水'로서 土生金, 金生水의 용신 상생 구조를 가진 이름이 된다.

4단계: 이름 한자의 자원오행이 갖는 명리학적 용신의 의미(金: 재성, 水: 관성)와 한자의 본의를 종합하여 명의를 해석하면 "玉은 높은 지위와 권위의 상징이고 水는 이 사주의 명예, 지위, 행운, 부귀의 상징이니 일생 행운과 만복이 원천에서 발원한 물처럼 끝없이 흘러와 입신양명으로 지배층의 부귀권세를 누리고 존귀한 귀족이다."라 해석한다.

5단계: 이 사주 당사자에게 본서의 Ⅲ장 5절에 나오는 용신의 활용법을 金 위주로 土, 水까지 포함하여 제시하고 안내하면 된다.

---

4 『滴天髓』, 「天干」, "五陰從勢無情義."

9) 종격 중 화격(和格)의 사주

예 9 | 음력 1928년 12월 4일 戌時, 여자, 徐씨

시	일	월	년
甲(木)	己(土)	乙(木)	戊(土)
戌(土)	未(土)	丑(土)	辰(土)

해설

　1단계: 사주의 주인공인 일간은 사주 명조에서 세력을 확보해야 한다. 일간이 신강하면 강한 기운을 억제할 오행이 건재하고 신약하면 의지처가 확보되었을 때, 종격 사주가 되지 않고 억부, 조후 등의 용신을 쓰는 내격의 사주로 귀결된다. 살피건대 지지가 辰, 戌, 丑, 未의 土 일색이고[5] 연간 戊土가 있으며 일간 己土와 甲은 甲己合土로써 토국(土局)에 가세하는 형국이다. 이때, 월간 乙이 축술미 3형으로 인해 未 지장간 乙에는 통근이 어려우나 辰土 지장간 중기의 비겁 乙에 통근(通根, 뿌리를 내림)한다. 또한, 乙己冲으로 甲己合土를 무산시키면, 木의 정체성을 유지한 甲과 월간 乙 두 木이 木剋土하여 土를 억제할 수 있으므로 억부, 조후 등을 따르는 내격의 사주로 귀결될 수 있다.

　그러나, 월간 乙이 未土 지장간 중기의 비겁 乙에 통근하지 못하는 중대 사유가 존재한다.[6] 지지에서 丑戌未의 강력한 3형(刑)에 의해 지장간이 요동하므로 월간 乙木은 未土 지장간 乙木에 통근하지 못하고 기세를 잃게 되므로 말미암아 土에 매몰됨을 모면하고자 土로 종하는 대세에 순응하게 되니 결국 甲己合土에 의한 가화격(假和格)이라는 외격, 즉 종격 사주로 귀결되고 만다. 따라서 종격의 주된 용신 土와 土를 생하는 火, 土가 생하면서 종격 유지에 있어 반대 요소가 되는 월간의 乙木의 기운을 억제할 金 등 3가지 오행이 용신이 된다.

5　사주에 土 지지인 辰·戌·丑·未가 다 있는 유형을 '사고격(四庫格)'이라 한다. 고집과 명예심이 강하지만 길격(吉格)으로 보기도 한다. 그러나 土지지의 위치나 천간 구성, 대운 흐름에 따라 정밀한 분석을 요하며 '사고격'이라는 이유로 무조건 吉하다고 할 수는 없다.

6　연지 辰의 지장간에도 乙이 있으나 '여기'에 해당하고 천간오행은 '여기'에 통근하지 않는다.

2단계: 火: 土, 金이 용신이니 火: ㄴ·ㄷ·ㅌ·ㄹ·ㅜ·ㅛ, 土: ㅁ·ㅂ·ㅡ·ㅣ, 金: ㅅ·ㅈ·ㅊ·ㅓ·ㅑ 등을 위주로 하여 한글 이름을 만들면 '서민주'를 예시할 수 있다. 서: 金 100, 민: 土 70, 火 30, 주: 金 60, 火 40 등의 오행 구성이니 종합하면 용신 火, 土, 金의 오행이 300/300 이 되어 용신 성명학에 부합하는 이름 중 하나이다.

3단계: 성씨 한자 徐는 彳(조금걸을 척)이 부수이다. 앞서 살폈듯이 彳은 사거리를 뜻하는 行에서 우측을 생략하여 만든 모습으로 '길'을 상징했는데 『설문해자』에서부터 '작은 걸음'으로 표시했다.[7] '길'이나 '길을 가다'류의 한자는 오행이 土이므로 徐의 자원오행은 土性이다.[8] 이 점을 고려하여 '岷賙'라고 한자 이름을 지을 수 있다. '산 이름 민, 진휼할 주'이고 오행은 성씨 한자의 자원오행을 포함하여 "土土金"의 용신 상생 구조를 가진 이름이 된다.

4단계: 이름 한자의 자원오행이 갖는 명리학적 용신의 의미(土: 비겁, 金: 식상)와 한자의 본의를 종합하여 명의를 해석한다. 岷(산 이름 민)은 우측이 음, 좌측이 의미를 말하는 '형성문자'이다. 賙(진휼할 주)도 형성문자인데 좌측의 貝는 화폐를 상징하고 우측은 나라를 말하니 '사회(나라)의 궁핍한 이에게 돈을 주어 구제하다'로 본다. 이상의 내용을 종합하면 "土는 이 사주의 행운, 인복, 발달, 부귀의 오행이니 장차 흙이 높이 쌓인 산처럼 번영과 부귀가 큰 성공으로 공명과 재복을 누리고 사회의 약자를 구휼하여 존경받는 고귀함 속에 만복이 크다."라는 명의 해석이 가능하다.

5단계: 이 사주 당사자에게 III장 5절에 나오는 용신의 활용법을 土를 위주로 金, 火까지 포함하여 제시하고 안내하면 된다.

---

7 하영삼, 『어원으로 읽는 214 부수 한자』, 도서출판3, 2016, 121쪽.

8 시중, 일반인 대상 성명책에는 彳을 '두인변'으로 말한다. 亻이 들어 있다 하여 彳이 부수인 한자를 모두 火로 나타내고 있는데 土로 수정하여 사용해야 한다. 그리고 '부수의 부수'는 없는 개념임을 유의해야 한다.

10) 통관 용신 사주

예 10 | 양력, 2015년 9월 12일 18시 30분 시, 여자, 林씨

시	일	월	년
丁(木)	辛(土)	乙(木)	乙(土)
酉(土)	卯(木)	酉(土)	未(土)

해설

1단계: 사주는 일간 辛金이 신강한 사주이다. 그리고 金의 세력이 막강하다. 한편, 木의 세력은 金에는 못 미치지만 두 번째로 강한 오행 세력이다. 그러므로 이 사주 명조는 금과 목의 두 세력이 양분하고 있다고 볼 수 있다. 그런데 천간에서 乙辛沖의 쟁충, 지지에서 卯酉沖의 쟁충이 일어나고 월지, 일지, 시지 등 수량이 강한 지지의 쟁충이 발생하니 卯未 슴의 쟁충 해소 효과는 미미하다고 볼 수 있다. 그러므로 사주의 큰 세력인 木, 金이 전면 적으로 쟁충하는 현상을 완화시키는 것만이 사주의 안정을 도모하는 최선의 방법이다. 그 러므로 金과 木을 통관하는 水 오행이 통관용신으로서 주된 용신이 된다. 또한 목생화→ 화생토→토생금으로 연결시키는 간접적인 통관을 이뤄내는 火도 통관용신의 작용력이 있 다. 또한 金 비겁이 강하여 신강한 사주이니 통관 작용을 하는 水, 火는 억부법에 해당하 는 용희신이다.

2단계: 통관 용신의 주 오행인 水와 火가 상극이니 水, 火를 동시에 한자 성명으로 사용 하면 수화쌍전(水火双戰)이 발생한다. 그러므로 주된 통관 용신 水를 한자 부분에, 火는 한 글 모·자음 부분에 사용한다. 따라서 火: ㄴ·ㄷ·ㅌ·ㄹ·ㅜ·ㅛ, 水: ㅇ·ㅎ·ㅗ·ㅠ 등을 위주로 하 여 한글 이름을 만들면 '이도이'를 예시할 수 있다. 이: 水 60, 土 40, 도: 화 60, 水 40, 이: 水 60, 토 40의 오행 구성이니 종합하면 통관용신 水, 火의 오행이 220/300이 되어 용희 신의 기운이 강하니 용신 성명학에 부합하는 이름 중 하나이다.

3단계: 성씨 한자 李는 木이니 陽木의 부수이다. 도이는 "滔洷"라 작명할 수 있다. "滔 (물 넘칠 도), 洷(임할, 다다를 이)"로 작명하면 부수가 " 氵, 氵"이니 오행은 陽水 에너지를 갖 는 한자이다. 그러므로 이름 한자 부분에 통관용신 '水, 水'가 자리 잡고 상호 조력하는 이

름이 되니 용신 성명학적으로 길한 이름이다. 성씨란 자 자원오행까지 포함하면 "목, 수, 수"로써 최상의 한자 이름이 된다. 사주가 일간 辛이 음이고 음의 간지로 구성되었으니 '양, 양, 양'의 한자 음양도 무난하다.

4단계: 이름 한자의 자원오행이 갖는 오행에 일간을 대비하면 십성이 나온다. "氵, 氵"는 양수 壬과 같고 辛 일간의 상관이다. 상관이 용신일 때의 장점은 의식주 풍요, 언어력, 표현력, 능력, 부귀, 예술성 등이니 여기에 한자의 본의를 종합하여 명의를 해석한다. 따라서 "水는 이 사주의 행운, 풍요, 능력, 부귀의 오행이니 일생 행운과 오복이 큰 강물이 바다에 이르는 모습처럼 흘러와 장차 성공의 복지에 도달하여 기반을 세우고 부귀, 영화, 풍요, 번영의 복을 넘치도록 누리며 대귀하다."는 뜻의 명의 해석이 가능하다.

5단계: 이 사주 당사자에게 III장 5절에 나오는 용신의 활용법을 水를 위주로 火까지 포함하여 제시하고 안내하면 된다.

3. 용신 성명학의 과제

용신 성명학은 명리학에 기초하여 수립된 성명학 이론으로서 가장 전문적이고 학술적인 명리·성명학 이론이다.[9] 특히 동양철학의 음양오행과 중화사상에 입각하면서도 십성, 합충, 사주 심리, 용신, 격국, 행운의 해석 등 사주명리학의 고유 이론에 대해 정통함을 요구한다. 또한, 훈민정음의 제자원리와 한자학의 자원과 성명학적 관점의 오행 성 강약에 대한 깊이 있는 연구가 필요한 학술 영역이다. 그러므로 용신 성명학자는 이런 부분에 대해 종합적이고 지속적인 연구를 수행한 학술논문을 한국연구재단(K.C.I) 등재 학술지에 지속적으로 게재하여 이론의 심화·확장·체계화를 위한 노력을 끝없이 경주해야 한다.

부연하면, 용신 성명학은 명리학에 입각한 성명학으로서 명리학적 심층 연구를 수반하는 성명학이다. 용신 성명학에서 요구되는 명리학적 깊이와 소양은 여타 성명이론의 그것

---

9 김만태, 앞의 책, 2016, 39쪽.

과는 차원이 다르며 매우 전문적인 것임을 인식해야 한다.

또한, 용신 성명학을 연구하는 학자는 내담한 본명인의 사주 분석을 통해 학술에 입각한 최선의 작명 외에도 개운을 위한 용신 활용법을 위시하여 다양한 명리학적 정보를 제공할 수 있는 소양도 갖추어야 한다.

그렇다면 용신 성명학은 성명학 이론들을 비판적으로 보는 비평들 속에서 어떤 평가를 받고 있는지 살펴볼 필요가 있다. 권익기(2018)[10]는 박사학위논문 「한국 성명학의 작명 관련 비판적 연구」에서 다음과 같이 용신 성명학을 비평하고 있다.

첫째, "용신 도출이 너무 어려워 전문가가 아니면 사용할 수 없다."[11]라 하였다. 필자는 음양오행과 육십갑자는 자연의 이치이자 천도(天道)이며 음양오행과 육십갑자로 구성된 '사주 명조의 용신' 역시 마찬가지로 본다. 용신법은 억부, 조후, 통관, 병약, 격국, 순응격 [종격, 외격] 등이 있어 다양하고 합충 이론에 대한 정교한 해석 능력은 정확한 용신 도출의 필수 요소이다. 명리 고전마다 중시하는 용신법이 다르고 학자들 역시 우선시하는 용신법이 다를 수 있다. 문제는 사람마다 다른 사주에서 최적의 용신론을 적용하는 능력인 것이다.

동일 사주에 대해 서로 다른 용신을 주장하는 두 학자가 있고 제3자가 용신 성명학자라면 그는 누구의 의견이 학술적으로 더 타당한지 가릴 수 있는 안목이 있어야 한다. 그러므로 명리학자나 용신 성명학자는 여러 가지 용신론 속에서 개개의 사주에 맞는 최선의 용신론을 채용하여 정확한 용신을 찾아 적용할 수 있는 소양을 지속적으로 함양해야 한다. 이를 위해 명리 고전들의 심층분석, 용신관련 논문의 숙독과 비판, 실제적 임상 상담 등을 통한 이론 적용 등 다양한 연구와 경험의 축적이 필요하다.

위에서 소개한 권익기(2018)의 말을 역으로 해석해 보면 "용신 도출은 전문가만이 가능하다"가 된다. 이렇게 해석하면 용신 성명학이 가장 전문적인 성명학임을 새삼 인식할 수 있고 학자의 학술적 깊이에 따라 용신 도출의 정확성에서 차이가 발생하며 용신 성명학이

---

10   권익기, 「한국 성명학의 작명 관련 비판적 연구」, 동방문화대학원대학교 박사학위논문.

11   권익기, 위의 글, 2018, 158쪽.

누구나 쉽게 체득할 수 있는 학문 섹터가 아니기에 더욱 전문적이고 학술적인 성명학이 되는 것이다.

성명학에 대한 대중의 기층 욕구 역시 '누구나 쉽게 배울 수 있는 성명학'이 아니라 '깊이 있는 학술이 정확하게 적용되는 성명학'일 것이다. 용신론이나 용신 성명학에 대해 용신 도출의 어려움을 비판하는 학자들이 다수 있지만, 그들 중에서 용신에 대한 전문적 연구 성과가 있고 안목이 높으며 용신에 대해 임상 경험이 풍부한 전문학자는 의외로 소수이다. 용신 도출이 어렵다고 경원하고 비판할 뿐 용신론에 다가가지 않는 것은 참된 학자의 자세로 바람직하지 않다.

둘째, "초보자도 이해하여 활용할 수 있는 용신 도출과 적용 방식 및 일반화에 대한 연구가 필요하다."[12]라 하였다. 필자는 초보자도 이해하여 활용할 수 있는 '기술'은 있을지라도 '학술'은 없다고 본다. 명리학과 명리학의 용신에 의한 용신 성명학은 학술이므로 초보자가 단시간에 이해하고 활용하기가 결코 쉬울 수는 없다.

하지만 필자는 학술적이고 전문적인 '용신 성명학'의 보급을 위해 초심자도 용신에 잘 접근할 수 있게 할 목적을 갖고 용신 도출 관련 연구를 수행하여 다수의 용신 관련 논문들을 한국연구재단 등재지에 게재하였고 본서의 II, III장에서 그런 연구들을 체계적으로 집성하였음을 밝히는 바이다.[13]

---

12 권익기, 위의 글, 2018, 158쪽.

13 그럼에도 불구하고 초심자는 용신론이 쉽지 않을 수 있는데, 정통함이 어려운 것은 학문의 보편적 특성이다. 그래서 학자는 학문 앞에 항상 겸손한 자세를 유지해야 한다.

여타 성명 이론의
학술적 비판과 대안

1. 소리·획수·십성을 종합한 성명 이론

이 소절에서는 작명 현장에서 현행하는 성명 이론을 비판적으로 검토하고자 한다.[1] 본서의 Ⅰ장에서는 현행 주요 성명학 10가지를 소개하였다. 본서는 Ⅶ장까지 용신 성명학을 용신론, 한글 오행 성명학, 한자 자원오행 성명학의 융합적 학문으로 정의하고 그간의 학술적 연구 결과를 토대로 논지를 전개하였다. 그러므로 이 절에서는 용신 성명학의 범주를 제외한 여타의 성명 이론에 대해 비판적으로 살펴보고 대안이 있으면 제시하겠다.

1) (파동) 성격 성명학의 요지

김만태는 선행연구(2020)에서 '자음 십성 작명법'과 '파동 성명학'에 대해 다음과 같이 논하였다.

> 한글 이름 획수의 홀·짝과 초·중성 자음의 오행, 태어난 해(생년) 사이에서 도출한 비견·겁재·식신·상관 등 십성(十星)의 의미에 따라 이름의 길흉을 판단하는

---

1   이재승, 「작명현장의 주요 성명이론에 대한 비판과 대안에 대한 고찰」, 『인문사회과학연구』, 6(6), 2024. "의 연구를 수정, 보완하고 인용하였다.

작명법이다. 음파인 소리 파동과 전혀 무관한데도 '파동 성명학'[2]으로 오도(誤導)하였다.[3]

학문의 명칭은 정체성을 함축하여야 하므로 이에 대한 김만태의 비판적 검토가 있었다고 사료한다.

성격 성명학의 요지를 정리하면 다음과 같다.

① 소리에 의한 개운론을 주장한다. 즉 소리가 운명을 바꿀 수 있다고 전제한다. 클래식을 들은 농작물, 음악을 들은 가축의 생산량 증대 등을 예시한다.
② 성격 성명학으로 성격 유형을 파악하면, 취미·직업·적성·진로·대인관계 양호·지도력 증대 등에 대한 방향 제시가 가능하다.
③ 이름에 의해 변화된 성격이 인생의 흐름을 바꾼다고 본다.
④ 이름을 나[我, I]로 본다.
⑤ 연 주의 천간, 지지를 이름에 대조하여 십성의 논리를 전개한다.
⑥ 이름 한자의 원획에 의한 획수 음양을 한글 자음의 음양으로 본다. 즉, 이름의 한글 자가 홀수 획 한자를 가지면 陽, 짝수 획인 한자를 가지면 陰이라고 한다.
⑦ 중성(모음) 오행을 쓰지 않는다.
⑧ 한글 순음·후음의 초성, 종성에 대하여 운서(韻書, 중국어 음운의 오행을 분류한 책)류의 자음오행을 사용하고 세종의 『훈민정음해례』 제자해의 오행 배속을 배척한다. 즉, '순음(脣音, 입술소리) ㅁㅂㅍ을 水, 후음(喉音, 목구멍소리) ㅇㅎ을 土'로 사용한다.
⑨ 이름에서 이름 한자의 획수 음양과 호칭 첫 자의 초성, 종성의 오행으로 천간을 도출한다. 이 천간들을 나로 보고 사주 연주(年主)의 연간·연지로 십성들을 만든다.
⑩ 호칭 첫 자에 기준하여 연간과 대비하여 나온 십성을 중심 성격, 연지와 대비하여 나

---

2 '파동성격성명학' 명칭의 저작권에 대한 법적 분쟁이 있은 후, '성격 성명학'이라는 명칭이 신생하였음은 주지의 사실이다.

3 김만태, 「『훈민정음해례(訓民正音解例)』에 의거한 모자음오행 성명학의 실증사례 분석」, 『민족사상』 14(3), 254쪽.

온 십성을 부중심 성격으로 정한다.

예시) 丙午년생, 김진우(金珒宇, 8.11.6획, 획수음양법 음,양,음 적용)를 예시해 보자.

첫째, 1단계 과정은 다음과 같다.

·김: 자음 ㄱ은 木, ㅁ은 水인데 한자 음양을 가져오면, 金이 8획 짝수이니 음이다. 따라서 음목, 음수가 되므로 해당하는 도출되는 천간은 乙·癸이다.

·진: 자음 ㅈ은 金, ㄴ은 火인데 珒은 11획 홀수이니 양이다. 따라서 양금, 양화가 되니 도출되는 천간은 庚·丙이다.

·우: 자음 ㅇ을 土로 보고 宇는 6획 짝수이니 음이다. 따라서 한자 음양을 가져오면, 陰土이니 천간은 己이다.

둘째, 2단계 과정은 다음과 같다.

· 김: 천간 乙·癸를 나로 간주하고 연간 丙을 보면 상관·정재이다.

· 진: 천간 庚·丙을 나로 간주하고 연간 丙을 보면 편관·비견이다.

· 우: 천간 己를 나로 간주하고 연간 丙을 보면 정인이다.

셋째, 3단계 과정은 다음과 같다.

· 김: 천간 乙·癸를 나로 간주하고 연지 午를 보면 식신·편재이다.

· 진: 천간 庚·丙을 나로 간주하고 연지 午를 보면 정관·겁재이다.

· 우: 천간 己를 나로 간주하고 연지 午를 보면 편인이다.

넷째, 4단계 과정은 호칭 첫 자의 십성에 따라 연간에서 나온 십성은 '중심 성격', 연지에서 나오는 성격은 '부중심 성격'으로 본다. 비중은 중심, 부중심이 60:40의 비율을 갖는다. '김진우'는 여러 호칭으로 불릴 수 있는데 그때마다 성격 심리는 다르다.

경우 1) 가까운 사이인 지인(知人)이 "진우야"라 부르면 호칭 첫 자 "진"의 소리 기운이 가장 강한 것으로 간주한다. 그러면 위의 2단계 '진'의 편관·비견이 중심 성격으로 60%를 차지하고 3단계 '진'의 정관·겁재가 40%의 부중심 성격이 된다. 따라서 편관·비견의 성격이 주된 영향, 정관·겁재의 성격이 보조적 영향을 미친다는 말이다.

경우 2) 공적 호칭인 "김진우", "김 과장" 등으로 불리면 호칭 첫 자 "김"의 소리 기운이 성격에 영향을 미친다. 그러면 위 예시의 2단계에서 '김'의 상관·정재가 60%의 중심 성격, 3단계 '김'의 식신·편재가 40%의 부중심 성격이 되어 본명 인의 성품에 영향을 미친다고 보는 논리이다.

경우 3) 한국인은 친애의 정도가 강한 사람에 대해서는 이름 끝 자를 호칭으로 쓰기도 한다. "김진우"를 친애하는 사람이 '우야!'라고 부르면 위 예시 2단계의 정인이 중심 성격으로 60%, 위 예시 3단계의 편인이 부중심 성격으로 40%의 비중으로 성격에 영향을 미친다.

경우 4) 일상에서는 호칭이 "김진우", "진우야(씨)"로 혼용하는 현상이 있으니 사실상 호칭의 첫 자가 '김', '진' 두 개가 가능하다. 호칭 첫 자에 따라 중심 성격이 상관·정재 또는 식신·편재 4개이고 부중심 성격도 편관·비견 또는 정관·겁재 4가지기 되니 호칭 첫 자에 따라 후천적 성격에 영향을 미치는 십성이 다르다.

⑪ 위의 ⑩에서 성씨 한자 金은 8획 음이니 '김'에서 나온 십성은 음상관·음정재·음식신·음편재, 이름 첫 자의 한자 珒은 11획 양이니 '진'에서 나온 십성은 양편관·양비견·양정관·양겁재로 본다. 여기서 음상관은 음과 상관의 성향이 융합된 것, 음정재는 음과 정재의 성향이 융합된 것 등으로 이해하면 된다.

⑫ 부모가 생각하는 자녀의 미래상(像), 즉 원하는 성품·직업에 맞추어 이름을 지을 수 있다고 주장한다.

2) 성격 성명학의 비판과 대안

2023년 7월 1일 현재, 포털사이트 창에서 KISS(한국학술정보서비스) 사이트를 찾아 파동 성격 성명학이나 성격 성명학 주제로 한국연구재단(K.C.I)에 등재된 논문을 검색하니 학술논문과 박사논문은 없다. 유사 제목의 석사논문 1편이 검색되는데 김동완(2000)[4]의 논문이다.

---

4 김동완, 「四柱(性格)姓名學에 나타난 性格類型과 進路適性과의 相關關係 硏究」, 동국대학교 교육대학원 석사학위논문,

(파동) 성격 성명학의 주요 사안에 대해 다음과 같이 검토한다.

① 김동완(2000)은 석사학위논문에서 "이름이 나이고 태어난 年의 육십갑자와 비교한다."[5]라 하였다. 그러나 연주를 일주보다 우선하는 것은 '서자평(徐子平)' 이전의 고법 명리의 이론으로서 일간을 중시하는 현재의 자평 명리학(신법 명리학)의 기본적 궤도를 이탈하는 논리이다. 명리학의 사주 명조에서 나는 일간이고 일간과 사주의 중화(中和)에 이바지하여 사주를 안정시키고 복을 강화하는 것이 성명학의 참된 의의이다.

그런데, '일간이 아닌 이름이 나(我)이고 태어난 연도의 육십갑자인 연주(年柱)를 비교 대상으로 하는 이유나 원리'에 대한 논거 제시가 없이 '사주의 나'인 일간을 소외시키고 있다.

② 성명 한자의 원획에 대한 홀·짝이 한글 부분 십성의 음양이 되는 이유에 대한 논거가 없다. 그렇다면 작명자가 본명인의 성격상의 음양을 이름 첫 자의 한자 획수로 조정할 수 있다는 말이 된다.

이 점에 대한 문제 제기를 위해 다음을 예시한다. 성격 성명학은 호칭의 첫 자를 중시한다. 어떤 회사에 직급이 과장인 사람 중 A는 김씨고 B는 이씨라면 '김 과장', '이과장'으로 불릴 것이다. 호칭의 첫 자는 '김', '이'가 되고 金은 8획 음이고 李는 7획 양이니 호칭 첫 자인 성씨 한자 획수에 의해 김과장의 성격은 '음', 이과장의 성격은 '양'이라는 논리에 대한 설득력이 있어야 한다. 또한 '김 과장'의 이름 첫 자 획수가 짝수라면 이름으로 불릴 때의 성격은 음이 된다. 따라서 동일인이 호칭되는 방법에 따라 음양이 교차한다는 말이 되는데 논리적 합당성이 와닿지 않는다. 그리고 사주 명조의 음양과 호칭에 의한 음양의 순위나 본명인 성격에서의 점유비에 대한 관계 정립은 어찌할 것인지에 대한 보완적 논리가 필요하다.

③ 현행 한글 자음 중, 순음(脣音, 입술소리), 후음(喉音, 목구멍소리)에 대하여 『훈민정음운해』, 『사성통해』, 『동국정운』 등 중국음 운서(韻書, 중국어 한자의 발음을 분류한 책)류의 방식

2020. 이 논문의 성격성명학 이론 부분은 선행논저나 이론에 기반하고 있음을 나타내는 주석이 거의 없으며 학술서가 아닌, 일반인용으로 시중에 출간되었다.

5 김동완, 「四柱(性格)姓名學에 나타난 性格類型과 進路適性과의 相關關係 硏究」, 동국대학교 교육대학원 석사학위논문, 2020, 82쪽.

을 사용하고 있다. 순음·후음의 자음은 현행 한글 자음 14개 중 5개(ㅁ·ㅂ·ㅍ·ㅇ·ㅎ)이며, 명칭 분류 시, 5가지(牙·舌·脣·齒·喉) 중 2가지이다. 자모로 보면 5/14, 28%이고 음(音)으로 보면 2/5, 40%이다. 한글 성명 3자의 자음은 최대 6개까지 가능하다.

그러므로 확률의 덧셈 법칙에 의거하면, 순음·후음이 없는 한글 성명은 사실상 찾기가 쉽지 않다. 따라서 성격 성명학이 학문적 기반을 확립하기 위해서는 세종이 '『훈민정음해례』 제자해'에서 배속한 순음·후음의 자음오행이 틀렸고, 운서(韻書)류의 순음·후음 자음오행이 옳다는 결과를 도출한 학술적 연구를 시행하고 국어학계의 공인을 받아야 한다.[6]

최근 성명학 학계의 학술·학위 논문에 '『훈민정음해례』 제자해'에서 배속한 순음·후음의 자음오행이 옳다는 연구 결과가 계속 나오고 있으며 반대의 결과를 주장하는 연구는 없다. 이러한 문제를 학술적으로 극복하거나 『훈민정음해례』에 맞게 성명 이론을 갱신할 수 없다면 성격 성명학은 공론(空論)이 되고 말 것이다. 따라서 성격 성명학이 국어학의 궤도를 이탈하지 않으려면, 이 부분에 대한 이론 수정이나 학술적 연구의 뒷받침이 요망된다.

④ 본서의 앞에서 논했다시피 홀수 획 한자는 양, 짝수 획 한자는 음이라는 획수 오행법은 數 음양의 '확대해석의 오류'이자 '성급한 일반화의 오류'도 가진다. 辛(7획, 음금)처럼 홀수가 양이라 해서 홀수 획 한자가 반드시 양이라는 말은 아닌 것이며 日(4획, 日은 양화 丙)처럼 짝수가 음이라 해서 짝수 획 한자가 반드시 음이라는 말은 아니다. 한자의 약 94%는 부수에 음양과 오행이 있는 형성문자이고 음양은 부수에 내재되 양, 음, 음양 불명 등의 형태로 표출된다. 즉 한자의 음양은 부수가 의미하는 본질이 중요하다. 획수는 자전에서 한자를 찾기 위해 사용하는 수(數)일 뿐이다.[7] 그러므로 획수로 한자 음양을 보는 부분에 대한 학술성 있는 수정이론이 필요하다.

⑤ 이름은 사람 내면의 정신세계에서 청자(聽者)인 본명인이나 화자(話者)인 불러주는 사

---

6 그러나 KISS(한국학술정보서비스)에서 검색되는 40여 개의 성명학 관련 논문들 중에서 운서류의 오행 배속이 현대 국어에 맞는다는 연구 내용을 고찰한 글은 사실상 없다. 일부 석사논문에서 '운서류의 오행이 더 많이 쓰이니 그 방식으로 논리를 전개하겠다.'라는 글이 소수 발견되는 정도이다. 예) 안종희, 「소리성명학의 이론과 특성에 대한 연구」, 공주대학교 대학원 석사학위논문, 2017.

7 '부수'에서 한자의 음양을 본질적으로 파악하면, 양, 음, 음양 모호 등으로 구별된다.

람의 심상(Image)에 영향을 미친다. 그러므로 부르기 쉽고 고상한 이름이 호평받는다.[8](파동) 성격 성명학 이론에서는 이름의 주인공인 본명인, 즉 청자(聽者)의 심리만 중시할 뿐, 화자(話者)의 심리 분석은 외면하고 있다. 만일 청자의 심리가 중요하다면 화자의 심리도 중요하다. 왜냐면 화자의 심리는 청자에 대한 예의, 태도, 대우 등과 직결되기 때문에 파동과 '화자의 심리'에 대한 보완 연구도 필요하다.

⑥ 사람의 선천적 성품은 신법 명리 이론에 근거하여 일간, 오행, 십성, 격국, 용신, 일부 신살 등 사주 명조의 면밀한 분석을 통해 분석이 가능하다. 후천적으로 변화되는 성품은 대운의 흐름도 중요하고 부모, 환경, 선생님, 친구, 동료, 형제, 선후배, 배우자 등 운명 함수에 대한 감정 교류와 경험치에 의한 학습효과에 의해 영향을 받으니 성품의 명리학적 선천성이 같은 동일 사주일지라도 성격 차가 발생하는 원인이 된다.

본명인의 이름이 전달력이 좋고 고상하다는 전제하에서, 호칭의 첫 자가 성격 변화에 있어 변인이 될 수 있는지를 고찰한 학술 연구논문이 성격 성명학 분야에서 필요하다.

이상에서 제기한 비판과 대안을 수용하여 성격 성명학이 좋은 성명학 이론으로 자리매김하기를 기대한다.

2. 한자 획수 성명 이론

1) 역상(주역) 성명학

(1) 주역 성명학의 요지

김만태는 선행논저에서 역상 성명학에 대해서 "정확하게 말하면 성명학이 아니라 이름자에 의거한 운수 판단법이다. 이름자의 한자 획수로 주역의 대성괘(大成卦)를 만들고, 경우에 따라서는 동효(動爻)까지 산출하여 그 괘상으로 이름에 담긴 운명의 길흉을 해석한

---

8 김만태, 『한국 성명학 신해』, 좋은땅, 153쪽.

다.”라 하였다.[9]

『주역(周易)』에서는 천지 만물은 음양이원론(陰陽二元論)에 입각하여 존재한다고 본다. 천지가 있어 인간은 성장하고 남녀가 있어 인간의 생명은 영속된다. 음양의 조화로 인해 만물은 생성, 성장, 발전한다고 보는 주역의 인간관은 동양철학과 사상에 끼친 영향이 매우 크다. 예를 들면 성리학 논리적 기반은 이기설(理氣說)이고 이기설(理氣說)은 송나라의 주돈이(周敦頤, 1017-1073)의 『태극도설(太極圖說)』이 시원(始原)이며 이 책의 사상적 근본은 주역(周易)이다.

주역의 원리에 의하면 태극(太極, 우주 만물의 본체. 천지 구별도 없는 원시 상태)에서 음양이 나오고 다시 오행과 사상(四象)이 나왔다. 사상(四象)은 음양이 각각 음양으로 나누어진 것으로 양에서 나온 太陽·少陰, 음에서 나온 少陽·太陰 4가지이다. 사상이 다시 양(⚊), 음(⚋)으로 나뉘어 8가지가 된 팔괘는 건(乾:☰)·태(兌:☱)·이(離:☲)·진(震:☳)·손(巽:☴)·감(坎:☵)·간(艮:☶)·곤(坤:☷)이며 이런 괘를 소성괘(小成卦)라 한다. 건(乾)은 天, 태(兌)는 澤(연못), 이(離)는 火, 진(震)은 뇌(雷, 우레), 손(巽)은 風, 감(坎)은 水, 간(艮)은 山, 곤(坤)은 地(땅)이다.[10] 이어서 천변만화(千變萬化)하는 우주의 조화를 팔괘로 다 표현하기가 어려워 또 다른 소성괘를 가져와 上下로 조합하니 이것이 대성괘이자 64괘이다.[11]

〈표 52〉 64괘

상괘 하괘	1. 건☰ 천(天)	2. 태☱ 택(澤)	3. 이☲ 화(火)	4. 진☳ 뇌(雷)	5. 손☴ 풍(風)	6. 감☵ 수(水)	7. 간☶ 산(山)	8. 곤☷ 지(地)
1. 건☰ 천(天)	11 중천건 重天乾	21 택천쾌 澤天夬	31 화천대유 火天大有	41 뇌천대장 雷天大壯	51 풍천소축 風天小畜	61 수천수 水天需	71 산천대축 山天大畜	81 지천태 地天泰
2. 태☱ 택(澤)	12 천택리 天澤履	22 중택태 重澤兌	32 화택규 火澤睽	42 뇌택귀매 雷澤歸妹	52 풍택중부 風澤中孚	62 수택절 水澤節	72 산택손 山澤損	82 지택림 地澤臨

---

9 김만태, 『한국 성명학 신해』, 좋은땅, 2016, 38-39쪽.

10 8괘를 가족과 관련지으면, “건: 아비, 태: 막내딸, 이: 둘째 딸, 진: 큰아들, 손: 장녀, 감: 둘째 아들, 간: 막내아들, 곤: 어미”이다.

11 〈표 52〉는 권익기, 앞의 글, 2018, 82-83쪽에서 인용하였다.

상괘 하괘	1. 건☰ 천(天)	2. 태☱ 택(澤)	3. 이☲ 화(火)	4. 진☳ 뇌(雷)	5. 손☴ 풍(風)	6. 감☵ 수(水)	7. 간☶ 산(山)	8. 곤☷ 지(地)
3. 이☲ 화(火)	13 천화동인 天火同人	23 택화혁 澤火革	33 중화리 重火離	43 뇌화풍 雷火豊	53 풍화가인 風火家人	63 수화기제 水火既濟	73 산화비 山火賁	83 지화명이 地火明夷
4. 진☳ 뇌(雷)	14 천뢰무망 天雷无妄	24 택뢰수 澤雷隨	34 화뢰서합 火雷噬嗑	44 중뢰진 重雷震	54 풍뢰익 風雷益	64 수뢰둔 水雷屯	74 산뢰이 山雷頤	84 지뢰복 地雷復
5. 손☴ 풍(風)	15 천풍구 天風姤	25 택풍대과 澤風大過	35 화풍정 火風鼎	45 뇌풍항 雷風恒	55 중풍손 重風巽	65 수풍정 水風井	75 산풍고 山風蠱	85 지풍승 地風升
6. 감☵ 수(水)	16 천수송 天水訟	26 택수곤 澤水困	36 화수미제 火水未濟	46 뇌수해 雷水解	56 풍수환 風水渙	66 중수감 重水坎	76 산수몽 山水蒙	86 지수사 地水師
7. 간☶ 산(山)	17 천산돈 天山遯	27 택산함 澤山咸	37 화산려 火山旅	47 뇌산소과 雷山小過	57 풍산점 風山漸	67 수산건 水山蹇	77 중산간 重山艮	87 지산겸 地山謙
8. 곤☷ 지(地)	18 천지비 天地否	28 택지취 澤地萃	38 화지진 火地晉	48 뇌지예 雷地豫	58 풍지관 風地觀	68 수지비 水地比	78 산지박 山地剝	88 중지곤 重地坤

위에서 개괄한 주역의 원리로써 성명의 운수를 판단할 수 있는 방법론으로 사용되고 있는 성명 이론이 바로 역상 성명학(주역) 성명학이다. 역상 성명학은 사용자도 소수이고 성명 해석 이론도 통일되어 있지는 않다.

권익기(2018)는 "주역 전문가가 아니면 성명의 길흉 해석 등도 쉽지 않아서 수리 성명학, 자원오행 성명학, 발음오행 성명학 등에 밀려 현재 거의 사용되지 않는 성명학이지만, 동양 최고의 대경대법(大經大法)인 주역을 이용한다는 점에서 높은 평가를 받기 원하는 성명학이다."라 논하였다. 역상 성명학의 성명 해석법을 다음과 같이 예시할 수 있다.[12]

예) 허재영(許載營, 원획법, 11, 13, 17획)

① 상괘를 찾는다. 상괘는 성명 3자의 획수 전체 합을 8로 나눈 나머지이다. 3 자 획수를

---

12 현대 성명학의 한자 획수는 원획 사용이 대세로 자리 잡았다. 그러므로 성명학의 한자 획수는 필획을 사용하는 옥편의 획수와 다를 수 있다.

더하면 41이니 8로 나눈 나머지는 1이다. 위의 〈표〉에서

상괘 1번은 천(天), ☰이다.

② 하괘를 찾는다. 하괘는 이름 2자의 획수 합을 8로 나눈 나머지이다. 이름 2자의 획수를 더하면 30이니 8로 나눈 나머지는 6이다. 하괘 6번은 수(水), ☵이다.

③ 따라서 상괘 1번, 하괘 6번을 상하로 조합하면 '천수송(天水訟)'이다. 이 '천수송'이 허재영(許載營)이 갖는 이름 본래의 운이 된다.

☰
☵

천수송

④ 이번엔 동효(動爻)에 의한 괘를 찾는다. 방법은 상괘, 성명 3자 수의 합 41과 하괘 이름 2자 수의 합 30을 더하고 6으로 나눈 나머지를 찾는다. 그러면 나머지는 5이니 '천수송' 괘의 맨 아래서 위로 5번째 효(爻)에 대한 음양을 바꾼다.[13] 그러면 상괘가 3번 火 ☲으로 바뀌므로 3번과 6번의 조합인 '화수미제'가 동효가 된다.

☲
☵

화수미제

그러면 미래에는 '천수송'에서 '화수미제'로 운의 변동이 나타난다고 해석한다. 따라서 주역의 괘를 해설한 서적에서 '천수송', '화수미제' 순서로 인용하여 운의 흐름을 파악하면 된다.

(2) 역상(주역) 성명학의 검토와 개선안

역상(주역) 성명학을 비판적으로 검토하고 개선안을 제시하면 다음과 같다. 첫째, 주역은 동양학의 원론적인 역할 이외에도 주역에서 함축하고 있는 만물 변화 이치를 인간 삶의 미

---

13 맨 아래 효가 초효(初爻)이고 맨 위 효가 상효(上爻)이다.

래 예지를 위한 술수로 활용하는 것이다. 주역의 64괘를 술수 학으로 응용하려면 작효(作爻)의 과정이 선결 요건이다.

『주역(周易)』「계사전(繫辭傳)」 상편의 주소(注疏)에서는 점을 치기 위해 작효를 할 때는 서죽(筮竹) 50개를 준비하여 그중 하나는 태극(太極)의 몫으로 제외하고 49개를 사용한다고 말하고 있는데, 서죽 대신 동전이나 윷을 던져 작효(作爻) 하기도 한다. 작효로 작괘를 할 때는 경건한 심신을 유지하고 중요 사안일지라도 1회만 시행함이 합당하다.

역상 성명학은 주역을 통한 술수의 기본인 작효, 작괘 과정을 한자의 획수로써 대용하고 있다. 음양 원리에 의한 우주 만물 변동의 원리를 준칙 삼아 우연에서 필연을 찾는 작효, 작괘의 해석과 사주 명조의 음양, 오행, 십상, 격국, 합충 등과의 연관성을 밝히는 과정이 없다면 주역에 의한 역상 성명학은 '성명학'의 영역으로 단정 짓기가 모호하다.

둘째, 현재의 역상 성명학은 작명보다는 성명을 통한 운의 분석에 더 적합하다. 그러나 명리학에는 대운(10년 운), 세운(1년 운), 월운(1달 운)이 있고 이를 일간, 용신, 격국, 합충, 신살 등의 이론에 맞추어 해석하는 미래 추명(推命)의 원리와 개운론이 있으므로 명리학과 차별성이 있는 행운(行運) 분석에 대한 심층 연구를 시행함이 역상 성명학적 작명보다 더 유효할 것이다.

셋째, 앞에서 논하였듯이 사람의 사주 명조의 간지는 오행으로 구성되어 있고 성명학은 일간(日干, 나)과 사주를 중화의 원리로써 안정시켜 행운과 오복의 강화에 이바지할 오행성을 갖는 이름을 추구하는 것이고 더욱이 오행은 오행이 보완 가능한 것이므로 성명이 갖는 오행의 에너지를 중시하지 않고 괘로서 운(運)을 보는 역상 성명학은 실효성에 문제가 있다.

권익기(2018)는 선행논문에서 역상 성명학에 대해 '(소멸) 위기의 성명 이론'이라고 평하였다.[14] 특히 권익기는 최고의 괘상 풀이가 나오는 획수 조합을 먼저 찾고 역순으로 사주에 맞는 작명을 시도하는 것도 한 방법이라고 하였는데, 필자가 보기에도 효와 괘는 시행 전 시점에서는 미지(未知)의 것이고 한자 획수는 기존에 존재하는 것이니 한자의 획수를 작효,

---

14 권익기, 「한국성명학의 작명관련 비판적 연구」, 동방문화대학원대학교 박사학위논문, 2018, 72쪽.

작괘를 대용할 수 있는 재료로 대체한다는 것은 무리수가 있다.

역상 성명학의 연구자는 이런 지적과 조언을 유념하여 사주 명조를 바탕으로 하는 명리학과 사주 명조와의 연관성을 확립하는 학술적 연구를 지속하고 이론 체계를 완성하여야 할 것이다.

2) 81격 수리 성명학

(1) 81격 수리 성명학의 일반론

1920년대 후반, 일본의 "구마사키 겐오"가 창안한 81격 수리 성명학은 작명 현장에서 핵심 이론으로 사용되나 동시에 학계의 석사·박사·학술 논문들을 통해서 학술적 타당성에 대한 비판이 가장 많이 제기되는 성명 이론이다. 구마사키는 낙서(洛書)의 9수를 용(用)으로 삼아 낙서에서 나온 홍범구주(洪範九疇) 9수의 9를 제곱한 81의 수에 삼재(三才, 天·地·人), 우주와 인사(人事)의 원리 등이 있기에 인간의 길흉과 관련 있어서 개운에 활용할 작명이 가능하다고 주장하였다.

구마사키는 성명 한자의 원획수(예: 氵가 부수인 正子인 '水'로 바꾸어 획수를 3획이 아닌 4획으로 계산함)를 기반으로 성명의 획수를 산정한 후 그 성명에 연계된 1-81수에 의해 사람의 운명이 좌우된다고 보면서 천(天)·인(人)·지(地)·외(外)·총(總)의 5격(格)으로 나누어 운명을 판단하는 오격부상법(五格剖象法)을 창안하였다.[15]

4자(字) 성명인 일본과는 달리 3자 성명을 쓰는 우리나라는 5격을 쓸 수 없다. 따라서 81 영동 수는 그대로 적용하면서 우리의 현실에 맞게 원(原)·형(亨)·이(利)·정(貞)이라는 4격(格) 수리를 쓰고 있다.[16] 한자 성명을 성, 이름 첫 자, 이름 둘째 자로 나누고 이름 첫 자와 둘째

---

15 김만태, 『한국 성명학 신해』, 좋은땅, 2016, 38-39쪽.

16 원(原)·형(亨)·이(利)·정(貞)은 주역에서 말한 봄, 여름, 가을, 겨울이고 이것을 인생에 대비하여 초년, 청년, 중년, 말년이 된다. 81수리에서 길한 수리는 1,3,5,6,7,8,11,13, 15,16,17,18,21,23,24,25,29,31,32,33,35,37,39,41,45,47,48,52,57,61, 63,65,67,68,81이다.
예를 들어 원획 기준, 이름 두 자 획수 합이 위의 수들 중 하나면 초년이 길하고, 해당치 않으면 초년이 불리하다고 본다. 이름 첫 자와 성씨 한자 획수 합이 위의 수들 중 하나면 청년이 길하고, 해당치 않으면 청년이 불리하다고 본다. 같은 방

자의 획수를 합한 것이 원격(元格, 초년), 성과 이름 첫 자의 획수를 더한 것이 형격(亨格, 청년), 성과 이름 둘째 자의 획수를 더한 것이 이격(利格, 중년), 성명 3자의 획수를 모두 더한 것이 정격(貞格, 말년 및 총운)이 되며 4격이 모두 좋은 획수 조합을 갖는 이름을 길하게, 하나라도 좋지 못한 이름을 흉하게 본다. 81격(영동 수)의 길흉은 아래의 표[17]와 같다.

〈표 53〉 일본 성명학 수리 81격

수	격운	길흉	수	격운	길흉
1	두수격(頭首格) 시두운(始頭運)	○	2	분산격(分散格) 고독운(孤獨運)	×
3	명예격(名譽格) 복록운(福祿運)	○	4	파멸격(破滅格) 파괴운(破壞運)	×
5	성공격(成功格) 명재운(名財運)	○	6	풍후격(豊厚格) 덕후운(德厚運)	○
7	발달격(發達格) 발전운(發展運)	○	8	건창격(健暢格) 강성운(剛盛運)	○
9	종국격(終局格) 시휴운(時虧運)	×	10	단명격(短命格) 공허운(空虛運)	×
11	갱신격(更新格) 재흥운(再興運)	○	12	유약격(柔弱格) 고수운(孤愁運)	×
13	총명격(聰明格) 지달운(智達運)	○	14	이산격(離散格) 파괴운(破壞運)	×
15	통솔격(統率格) 복수운(福壽運)	○	16	덕망격(德望格) 유재운(裕財運)	○
17	용진격(勇進格) 창달운(暢達運)	○	18	발전격(發展格) 융창운(隆昌運)	○
19	성패격(成敗格) 병악운(病惡運)	×	20	공허격(空虛格) 허망운(虛妄運)	×
21	자립격(自立格) 두령운(頭領運)	○	22	박약격(薄弱格) 단명운(短命運)	×
23	혁신격(革新格) 왕성운(旺盛運)	○	24	출세격(出世格) 축재운(蓄財運)	○
25	건창격(健暢格) 재록운(財祿運)	○	26	만달격(晩達格) 영웅운(英雄運)	△
27	중절격(中折格) 중단운(中斷運)	×	28	풍파격(風波格) 파란운(波瀾運)	×
29	성공격(成功格) 향복운(亨福運)	○	30	불측격(不測格) 불안운(不安運)	×
31	개척격(開拓格) 흥가운(興家運)	○	32	순풍격(順風格) 왕성운(旺盛運)	○
33	등룡격(登龍格) 융성운(隆盛運)	○	34	변란격(變亂格) 파멸운(破滅運)	×
35	태평격(泰平格) 안강운(安康運)	○	36	영웅격(英雄格) 파란운(波瀾運)	×
37	정치격(政治格) 출세운(出世運)	○	38	문예격(文藝格) 학사운(學士運)	○
39	장성격(將星格) 지휘운(指揮運)	○	40	변화격(變化格) 공허운(空虛運)	×

식으로 성씨 한자 획수와 이름 끝 자 획수 합을 중년, 성명 3자의 획수 합을 말년 및 총운으로 본다. 이것이 일본식 수리 성명학의 요지이다.

17 권익기, 「한국성명학의 작명관련 비판적 연구」, 동방문화대학원대학교 박사학위논문, 82-83쪽.

수	격운	길흉	수	격운	길흉
41	고명격(高名格) 제중운(濟衆運)	○	42	신고격(辛苦格) 수난운(受難運)	×
43	성쇠격(盛衰格) 산재운(散財運)	×	44	침마격(侵魔格) 파멸운(破滅運)	×
45	대각격(大覺格) 현달운(顯達運)	○	46	비애격(悲哀格) 비수운(悲愁運)	×
47	전개격(展開格) 득시운(得時運)	○	48	제중격(濟衆格) 영달운(榮達運)	○
49	변화격(變化格) 성패운(成敗運)	△	50	성패격(成敗格) 상반운(相半運)	×
51	성쇠격(盛衰格) 길흉운(吉凶運)	×	52	승룡격(昇龍格) 시승운(時乘運)	○
53	내허격(內虛格) 반길운(半吉運)	×	54	무공격(無功格) 패가운(敗家運)	×
55	미달격(未達格) 불안운(不安運)	×	56	한탄격(恨歎格) 패망운(敗亡運)	×
57	봉시격(逢時格) 강성운(剛盛運)	○	58	선곤격(先困格) 후복운(後福運)	△
59	재화격(災禍格) 불성운(不成運)	×	60	동요격(動搖格) 재난운(災難運)	×
61	이지격(理智格) 재리운(財利運)	○	62	화락격(花落格) 쇠퇴운(衰退運)	×
63	순성격(順成格) 발전운(發展運)	○	64	봉상격(逢霜格) 쇠멸운(衰滅運)	×
65	번영격(繁榮格) 흥가운(興家運)	○	66	암야격(暗夜格) 실등운(失燈運)	×
67	천복격(天福格) 영달운(榮達運)	○	68	명지격(明智格) 발명운(發明運)	○
69	종말격(終末格) 정지운(停止運)	×	70	공허격(空虛格) 암야운(暗夜運)	×
71	현룡격(見龍格) 발전운(發展運)	△	72	상반격(相半格) 후곤운(後困運)	×
73	평길격(平吉格) 안과운(安過運)	△	74	우매격(愚昧格) 불우운(不遇運)	×
75	적시격(適時格) 평화운(平和運)	△	76	선곤격(先困格) 후성운(後盛運)	×
77	전후격(前後格) 길흉운(吉凶運)	△	78	선길격(先吉格) 평복운(平福運)	△
79	종극격(終極格) 종말운(終末運)	×	80	종결격(終結格) 종지운(終止運)	×
81	환원격(還元格) 갱희운(更喜運)	○		○(길) △(평) ×(흉)	

획수들 합의 결과 1, 3, 5, 7, 11, 13, 15, 16, 17, 18, 21, 23, 24, 25, 29, 31, 33, 35, 37, 38, 39, 41, 44, 47, 49, 52, 57, 61, 63, 65, 67, 68, 81획이 되는 격이 길하고 나머지는 흉하다고 본다. 수리 81격의 각각의 명칭은 통일되어 있지는 않지만 '획수 합 숫자의 격'에 대한 길흉 평가는 대체로 일치한다.

예시하면, '김상민(金 相民)'의 경우 획수가 8, 9, 5이다. 원: 9+5=14, 형: 8+9= 17, 이: 8+5=13, 정: 8+9+5+22이다. 그러면 초년인 元 14와 말년 및 총운인 貞 22가 위의 길 수 들에 포함되지 않으니 흉한 수리가 2개 있다 보고 불량한 이름으로 단정한다. 그러나 이

방법은 보편적인 일례일 뿐이고 현장의 작명가마다 방법상 차이가 있는 것도 현실이다.[18]

'구마사키'의 81수를 옹호하는 관점에서, 송진희·최정준(2019)은 "구마사키 81수 이론이 그 이전의 이론과 어떤 연관성이 있는지 검토하는 것은 역사성 계승의 관점에서 중요하기 때문에 채침의 81수와 비교하여 길흉을 살폈다."[19]라 말하였는데 '역사성'이라는 표현을 써서 두 종류의 81수 간에 연관성이 있음을 시사하였다.

송진희·최정준(2019)은 두 81수 간 유사점으로 낙서(洛書) 체용론, 홍범구주(洪範九疇), 마방진(魔方陣) 원리에 근거하는 점들을 꼽았으며, 상이점으로는 81수 중, 27개 數가 길흉이 상반되는데 구마사키는 성명학을 염두에 둔 술수학적인 길흉론, 채침은 설시법(揲蓍法, 주역에서 시초점을 치는 방법)을 통한 의리적이고 경학[20]적인 길흉론에 치중한 이유라고 말하였다.[21]

채침의 81수는 '구구원수도(九九圓數圖)'에서 구체화된다. 자연의 음양 원리에 의해, 一一(동지, 陽의 시작)에서 九九(陰의 최대치)에 이르기까지의 81수를 차서로 나열한 원도이다. 이를 통해 천명(天命), 인사(人事)를 81수에 의한 점법(占法)으로 밝히려 하였다. 명칭과 구성은 〈표 54〉[22]와 같다.

〈표 54〉 채침 81수 명칭과 구성

구분	1	2	3	4	5	6	7	8	9
1	原	成	見	比	庶	飾	迅	實	養
2	潛	冲	獲	開	決	戾	懼	賓	遇

---

18 예를 들면 성씨 한자의 획수에 1을 더하는 천격(天格)의 사용 여부, 획수 조합에 의한 수리 격 명칭이나 길흉의 판단이 다소 다른 점이다.

19 송진희·최정준, 「구마사키 수리성명학에 대한 비판적 고찰-채침 81수와 비교하여」, 『동양문화연구』 31, 2019.
　　註) 이 글은 논제에는 '비판'이라는 말이 있으나 실제 내용은 구마사키 수리성명학에 대한 옹호적 입장의 알림에 주안점을 두었다고 사료한다.

20 경학(經學)은 유교에서 사서오경을 연구하는 학문을 말한다.

21 송진희·최정준, 「구마사키 수리성명학에 대한 비판적 고찰-채침 81수와 비교하여」, 『동양문화연구』 31, 2019, 193쪽.

22 김만태, 앞의 책, 2016, 62쪽.

구분	1	2	3	4	5	6	7	8	9
3	守	振	從	晉	豫	虛	除	危	勝
4	信	祈	交	公	升	昧	弱	堅	囚
5	直	常	育	益	中	損	疾	革	任
6	蒙	柔	壯	章	伏	用	競	報	固
7	閑	易	興	盈	過	郤	分	止	移
8	須	親	欣	錫	疑	龠	訟	戎	隨
9	厲	華	舒	靡	寡	遠	收	結	終

채침의 81수는 형식과 명칭이 주역의 괘사 방식을 따르고 있어 길흉의 판단은 학자의 전문성을 요구한다. 81수에는 각각 상(象), 사(辭), 효(爻)가 있고, 數의 효는 원(元), 대(大), 길(吉), 구(咎), 상(祥), 인(吝), 평(平), 회(悔), 재(災), 휴(休), 흉(凶) 등 점술 언어, 즉 효사(爻辭)로 나타낸다. 1×1=1인 原이 가장 경사로움을 암시하고 9×9=81인 終이 가장 흉함을 암시한다.

송진희·최정준(2019)은 재야 실학자 이원구(李元龜, 1758-1828)의 천경구변도(天經九變圖)를 참조하여 '구마사키'의 81수와 채침의 81수 간 길흉을 비교한 결과, 81수리 중 27수리의 길흉이 상반됨을 논하였다.[23]

그러나 '구마사키'의 81수에 대해 부정적인 평가에 대해 살피면, 비판의 강도는 가히 추상과 같다. 비판의 원조가 되는 선행연구는 김만태(2014)의 「창씨개명 시기에 전파된 일본 성명학의 연구」이다. 이후 이 글의 주요 내용은 다수의 논문[24]과 성명 관련 기고자들에게 인용되었다.

일본 81수리 성명학을 비판하는 관점의 요지는 다음과 같다.

① '구마사키'의 81영동 수(격)은 '채침'의 '81수'와는 별개이다. '구마사키'는 수리 성명학의 교본인 『성명의 신비』에서도 채침을 언급하지 않았다.

---

23 송진희·최정준, 앞의 글, 204-205쪽.

24 (문정혜, 「성명학의 원리에 관한 연구」, 원광대학교 동양학 대학원, 석사학위논문, 2018), (권익기, 「한국 성명학의 작명관련 비판적 연구」, 동방문화대학원대학교 박사학위논문, 2018) 등을 예시할 수 있다.

② 김만태(2014)는 "일본 전국 시대의 소위 '쇼군'들의 성패가 81수의 길흉과 관계가 있다."[25]고 보았다.

7년간의 임진왜란·정유재란의 원흉, 풍신수길(豐臣 秀吉, 도요토미 히데요시)은 왜(倭)의 입장에서 볼 때 영웅이고 병사(病死) 직전까지 부귀공명을 누린 자이다. 한자 획수는 18, 6, 7, 6이다. 합하면 18+6, 6+7, 7+6, 18+6+7+6의 수리 24, 13, 13, 37은 모두 81수리상 길수이다.[26]

그러나 '성명이 운명에 영향을 미치는 변인 중 하나'일지라도 단순히 이름 한자 획수의 합산 결과는 성명의 개운 목적 관점에서 유용성이 없다.

③ 해방 전 창씨개명 시기와 해방 이후에 구마사키의 81수 작명법을 배운 재야 작명가의 상업행위가 일본식 수리 성명학을 확산시켰고 세월이 흘러 위상이 공고해진 것이다.[27]

④ '구마사키'가 생각하는 81수 각각의 길흉의 구체적 논거가 없거나 불충분하다. 예를 들면 "12획은 박약 불우의 뜻"[28]인데 왜 그러한지에 대한 논거가 미비하다.

⑤ 여성 비하의 사상이 내재되어 있다. 김만태(2014)는 "81영동(靈動) 수가 달과 여성을 상징하는 음(陰)은 흉한 것으로, 태양과 남성을 상징하는 양(陽)은 길한 것으로 임의로 만들어낸 것이기에 근원이 없다."[29]라 하였다. 이 부분을 부연 설명하면 다음과 같다. 통상, 남자·홀수를 양, 여자·짝수를 음으로 보는데 81수리 중 짝수 수리 40개에서 길한 것은 10개뿐이다. 홀수의 수리 41개 중 26개가 길한 것과는 확률적으로 편차가 크다. 따라서 음양 관계에 따라 여성을 남성보다 흉수가 많은 존대로 보는 관점을 내재하고 있다는 비판이 가

---

25 김만태, 『한국 성명학 신해』, 좋은땅, 2016, 62쪽.

26 김만태(2016)는 선행논저에서 풍신수길에 대하여 "일본 역사상 웅대한 제국주의를 실현한 영웅으로 칭송된다. (…) 성명 획수 한자에서 모두 길격을 취하였다."라 하였다. 김만태, 위의 책, 66-67쪽. 註) 天(18+6), 人(6+7), 地(7+6), 外(18+6), 總(18+6+7+6)의 5격의 수리는 81 수에서 모두 길격이 된다.

27 《매일신보》구마사키 성명학 광고 사진은 김만태, 「창씨개명 시기에 전파된 일본 성명학의 영향」, 『동아시아문화연구』 제57집, 한양대학교 동아시아문화연구소, 2014, 144-148쪽에서 인용하였다.

28 송진희, 위의 글, 198쪽.

29 김만태, 「창씨개명 시기에 전파된 일본 성명학의 영향」, 『동아시아문화연구』 제57집, 한양대학교 동아시아문화연구소, 2014, 144-148쪽.

능하다.

〈그림 10〉《매일신보》구마사키 성명학 광고(좌: 1940.2.23일, 우: 1940.5.19일)

(2) 일본식 81수리 성명학의 과제

위에서 논한 내용을 바탕으로 수리 성명학의 문제와 과제는 다음과 같이 논한다.

첫째, 이 세상의 모든 사람에게 똑같이 길하거나 흉한 획수 합이 존재한다는 주장은 설득력이 없다. 이 부분에 대한 보완적이고 학술적인 연구 보완이 필요하다.

둘째, '구마사키'와 그의 일가는 수리 성명학 81수의 길흉 근거를 절대 불가침의 신고(神誥, 신이 알려준 진리)로써 '계시비록(啓示祕錄, 계시받은 비밀스러운 기록)'이라 하여 공개하지 않고 있다.[30] 그래서인지 81격 지지자들에게는 수리별 길흉 논거에 대한 자료가 없다. 수리 성명학 옹호자들은 구마사키 일가가 비장하고 있다는 81수 길흉에 대한 근거를 찾고 연구하여 학자와 대중에게 고하면서 학술성을 제시할 과제가 있다.

셋째, 송나라 '채침'의 81수는 성명에 응용할 수 있는 성질의 것이 아니므로 더 이상 81격 일본식 수리 성명학과 연관 짓지 말아야 한다.

넷째, 작명 책 저자들은 81격 중 흉수(凶數)에 대한 엄혹한 해설을 최대한 완곡하게 수정할 필요가 있다. 현장의 작명가들도 내담자 한자 성명의 획수에 의한 원·형·이·정의 4격 중

---

30   송진희·최정준, 위의 글, 193쪽.

에서 흉수가 있다는 이유에만 근거하여 무조건 나쁜 이름이라고 단정하여 말하면 안 된다. 진정으로 중요한 것은 성명이 가진 오행의 기운(Energy)이다. 사주는 오행으로 구성되니 사주 보완도 획수가 아닌 오행이 주(主)가 되는 것임을 언제나 상기해야 한다.

다섯째, 통상적으로 길수(吉數)로 인식하는 21획, 23획, 29획, 33획, 39획 등은 81격 수리들 중에서 부귀공명의 정도가 대체로 크다고 해석한다. 그러나 이 획수들을 여자가 성명에 쓰면 '기(氣)가 세져서 이혼 수가 있다'는 등의 부정적인 언사를 하고 불량한 이름이라고 말하여 내담자에게 심려를 끼치면 절대 안 된다. 이런 주장은 '남존여비'가 아닌 '남녀 등권(等權)'인 현대에서 여자에 대한 전 근대적인 비하(卑下)의 관점을 담은 것이다. 여자도 차별받지 않고 능력으로 입신양명(立身揚名)할 수 있는 현대의 시류에 부합되지 못하며 무엇보다 현재로서는 학술적 근거가 없는 속설이다. 결국, 논거가 불분명한 이론으로서 작명 현장 일부의 부당한 상행위로 악용되고 이로 말미암아 명리·성명학의 명예를 훼손시킬 수 있음을 유념해야 한다.

여섯째, 성명에 대한 역사성의 요소를 지닌 항렬 문화에 어긋난다. 예를 들면 남평(南平) 文(4획)씨 32세의 항렬자는 식(심을 식, 12획), 34세의 항렬자는 周(두루 주, 8획), 36세의 항렬자는 洙(물가 수, 10획) 37세 항렬자는 東(동녘 동, 8획) 등이다. 성씨 문의 4획과 이들 항렬자의 획수를 더하면 모두 흉수로서 엄혹한 해설을 듣게 된다. 함평(咸平) 李(7획)씨 문중에서 29세의 한자는 載(실을 재, 13획)이다. 성씨 한자의 李는 7획이니 두 수를 합하면 20이고 81격 수리에서 매우 흉한 수리가 된다.

이처럼 항렬자와 성씨 한자의 획수 합이 81격 수리에서 흉수가 되는 경우는 차고도 넘친다. 항렬자 재정 시 81격 수리에 대한 인식이 있었다면, 자손과 문중의 번영 및 표식을 위해 제정한 항렬자에 흉수를 지정하는 문중은 없었을 것이다. 그러므로 일본식 81격 수리는 한국 성명문화의 정통성과 관련이 없다. 81격 수리 성명학 신봉자들도 이 점을 고민하고 일본 성명학의 타당성에 대한 합리적 논증을 제시해야만 한다.

3) 수리(삼원) 오행 성명학

일제강점기인 1930년대, 일본의 성명학 시조로 공인받는 '구마사키 겐오'의 수리성명학이 일제의 창씨개명 정책에 편승하여 국내에 유입되었는데 획수를 중시하므로 '수리 성명학'이라고 한다.

원래 일본식 수리 성명학은 이름의 한자 획수를 산술하여 이름의 격(格)을 정한 후 81영동 수(靈動數)에 담긴 길흉을 판단하는 성명학이다. 구마사키는 성명 한자의 정자(正字) 획수를 기반으로 성명의 획수를 산정한 후 그 성명에 연계된 1-81수에 의해 사람의 운명이 좌우된다고 보면서 천(天)·인(人)·지(地)·외(外)·총(總)의 5가지의 격(格)으로 나누어 운명을 판단하는 오격부상법(五格剖象法)을 창안하였다.[31]

우리나라에서는 한자 기준, 4자(字) 성명인 일본과는 달리 3자 성명을 주로 사용하므로 5격을 쓸 수 없다. 따라서 81영동 수는 그대로 적용하면서 우리의 현실에 맞게 원(原)·형(亨)·이(利)·정(貞)이라는 4격(格) 수리를 쓰고 있다. 한자 성명을 성, 이름 첫 자, 이름 둘째 자로 나누고 이름 첫 자와 둘째 자의 획수를 합한 것이 원격, 성과 이름 첫 자의 획수를 더한 것이 형격, 성과 이름 둘째 자의 획수를 더한 것이 형격, 성명 3자의 획수를 모두 더한 것이 정격이 되며 4격이 모두 길(吉)한 획수의 조합을 좋게 본다. 일본식 81수리 성명학은 81격의 길흉을 중시할 뿐 오행을 정하지는 않는다.

그러나 수리[삼원] 오행은 여기에서 더 나아가 4격으로 오행들을 도출하고 오행들이 상생인지 상극인지를 살펴 성명의 길흉을 판단한다. 수리(삼원) 오행의 한자 오행의 도출 방식은 4격의 획수 오행을 이·형·원 순서로 배열한다. 예를 들어 김동남(金東南)의 한자 획수는 8, 8, 9획이니 이격은 17획이고 일의 자리가 7이니 金, 형격은 16획이고 일의 자리가 6이니 土, 원격은 17획이고 일의 자리가 7이니 金이 된다. 이렇게 도출된 오행들을 이·형·원 순서로 배열하면 金土金이 되는 것이다.

그러나 논자는 수리(삼원) 오행법은 학문적 타당성이 없다고 판단하는데 그 이유는 다음

---

31 김만태, 앞의 책, 2016, 60쪽.

과 같다.

첫째, 앞서 언급했다시피 우리나라에서 일본 수리성명학이 유입된 1930년대 이전에 획수로 한자 오행을 도출하여 이름 짓기에 활용했다는 문헌이나 자료가 없다는 점이다.

둘째, 木 3·8, 火 2·7, 水 1·6, 金 4·9, 土 5·0이 명리학을 위시한 동양 역학의 數 오행에 대한 주된 인식체계이다. 그럼에도 불구하고 오행의 오수(五數)에 대해 논거가 부족한 木 1·2, 火 3·4, 土 5·6, 金 7·8, 水 9·0의 획수 오행법을 사용하는 점이다.

셋째, 한자 획수 조합과 성명 한자의 한자 오행은 관련이 없다. 한자 획수와 한자 음양, 한자 획수와 한자 오행은 상호 무관함을 앞서 논하였다.

설사 획수 오행법대로 水가 9·0이라 할지라도 두 한자의 획수 합 결과 9·19·29나 10·20·30인 성명에서 水 오행이 발현된다는 것은 어불성설이다. 한자 획수 조합과 한자 오행은 관련이 없다. 예를 들어 어떤 여자의 이름이 '정임(晶林)'이라 하자. 晶(밝을 정)은 日(날 일, 丙火)이 3개 모여 이루어진 火 기운이 왕성한 12획수 한자이다. 林(수풀 림)은 木이 두 개 모인 모습으로 甲木의 군집을 나타내니 木이 왕성한 8획수 한자이다. 이때, 획수 간 숫자 합이 '12+8=20'이라 해서 火·木이 왕성한 '정임(晶林)'을 水 오행으로 치환한다는 발상은 비논리적, 비학술적일 수밖에 없다.

셋째, 이웃하는 한자의 자원오행이 상극(相剋)일 때 서로 배척하는 한자의 획수가 원만히 합해질 수가 있는지 의문이다. 예를 들어 김진목(金鎭木)의 획수는 8, 18, 4이며 한자 자원(字源)의 오행은 '金金木'이다. 여기서 18+4, 8+4 형식의 합이 '金剋木'의 현상과 반하므로 현실성이 있는지 의문이다. 왜냐하면 금목상쟁(金木相爭)은 강한 오행 상극(相剋)인데, 대결하는 두 오행이 상호를 파극(破剋)하고 있음을 고려하지 않고 획수를 합산한다는 것은 생조(生助)하면 기운이 합되고 상극(相剋)하면 기운이 분산된다는 오행 생극(生剋)의 원리를 무시하는 것일 수도 있기 때문이다.

넷째, 이미 획수로서 '원·형·이·정'이라는 4격 수리와 그에 따른 길흉을 적용하고 있을 텐데, 또다시 4격 수리를 이용해서 한자 오행을 도출하는 것은 4격 수리의 이중(二重) 적용 논란이 불가피하다.

이상에서 제시한 논거를 바탕으로 4격 수리에 기초한 수리(삼원) 오행법은 대중이 성명학에 원하는 기층 요구에 부응하기 어려우며 학문적 논거와 타당성이 미미하다고 판단된다.

3. 작명 앱의 성명 이론

1) 작명 앱의 이름 도출

최근 정보화 시대의 사회상을 반영하여 작명 관련 앱(APP)이 활성화 차원을 넘어 우후죽순처럼 나타나고 있다. 작명 앱에 대하여 두 가지 차원에서 부정적인 견해를 피력하겠다.

첫째, 아무리 인터넷이나 인공지능의 시대가 도래했다 해도 인간만이 할 수 있는 고유의 영역은 지켜져야 한다. 과연 작명 앱(APP)의 시스템에 의해 518,400가지 사주, 여기에 남녀 차를 반영하여 2배수 하면 1,036,800가지 사주에 있어서 8간지의 오행별 개수나 십성 개수들의 분포를 파악하는 1차적인 차원을 넘어 합·충·형의 이론을 적용하고 일간의 왕쇠, 조후 충족 여부, 상극하는 오행들 간 통관(通關) 유무, 사주의 병약 유무 등을 바탕으로 용신과 격국을 찾아내는 과정을 프로그램화한다는 것은 매우 난해하므로 오류가 속출할 수밖에 없다.

둘째, 프로그램 제작자나 앱 운영자의 정체를 알 수 없도록 익명으로 운영되니 앱에서 시행되는 사주 분석이나 작명의 학술성을 전혀 기대할 수가 없다. 특히 운영자들의 소양이나 경륜을 알 수 없으니 앱의 정확성을 신뢰하기 어렵다. 더욱이 만물의 영장인 사람의 이름을 기술적 프로그램이 토출(吐出)한다는 것은 바람직한 발상은 아니다.

필자가 파악한 작명 관련 앱(APP)의 실태는 다음과 같다.

① 사주 분석에서 오행의 개수를 세는 방식이 주가 된다. 그래서 정 오행상으로 0개, 즉 무존재하거나 개수가 적은 오행을 작명에 적용한다. 따라서 명리학에 대한 전문성이 결여

될 수밖에 없다.

② 한글 부분에서 '소리오행'이나 '음령오행'의 명칭을 사용하면서 초성만 사용한다. 구체적으로 木: ㄱ ㅋ, 火: ㄴㄷㅌㄹ, 土: ㅇㅎ, 金: ㅅㅈㅊ, 水: ㅁ ㅂ ㅍ이다. 한글 순음(입술소리)·후음(목구멍소리)을 중국어 운서류 방식에 따라 土: ㅇㅎ, 水: ㅁㅂ을 사용하므로 국어학계와 성명학계에서 원류로 보는 세종『훈민정음해례』의 오행 배속과 상이하다. 더욱이 음운학적으로 접촉이 없는 초성 간 상생, 상극을 따지는데 이는 국어학의 원리를 완전히 벗어난다.

예) '김아윤'을 'ㄱ ㅇ ㅇ'만 배열하고, '木土土'로 오행을 쓴 다음 木, 土가 상극이니 이름이 나쁘다는 결과를 도출한다. 김윤아, 김아영, 김영우, 김은영 등 초성이 ㄱ ㅇ ㅇ인 이름의 결과는 모두 같다. 이런 원리로 보면, '김혜수'와 '강호순', '김영삼'과 '김일성'의 한글 이름의 해석은 완벽히 같으면서 동시에 흉하다.

더 큰 문제는 아래 〈표〉들의 초성 배열을 통해 이름의 길흉을 보는데, 사주 용신이나 중성, 종성은 무시되고 상생 배열은 무조건 좋다는 결과가 나온다. 예를 들면 사주에서 火가 용신인 여자 이름에는 자음상 'ㄴㄷㅌㄹ'이 유리하겠지만, '서민지'라고 이름 짓고 'ㅅㅁㅈ'이 '金水金'으로서 金, 水 상생이니 무조건 길하다는 논리를 프로그램화한 경우가 많다.

〈표 55〉 작명 앱이 길하다고 보는 초성 오행법

성(姓)의 초성오행	오행배열
木	木木水, 木木火, 木水木, 木水水, 木火木, 木火火, 木火土, 木水金, 木木木
火	火木木, 火水水, 火木火, 火火木, 火火土, 火土金, 火土火, 火土土
土	土金金, 土金土, 土金水, 土火木, 土火火, 土火土, 土土金, 土土火
金	金金水, 金水金, 金金土, 金水木, 金水水, 金土金, 金土火, 金土土
水	水金金, 水金水, 水金土, 水木木, 水木水, 水木火, 水水金, 水水木

③ '모음의 음양'으로써 이름의 길흉을 따지는데 음, 양이 섞이지 않고 '양양양', '음음음'이면 흉한 이름이라고 한다. 예를 들어 '강아람'의 모음이 'ㅏ ㅏ ㅏ'이니 '양, 양, 양'이므로 흉하다고 한다. 또한, 중성인 'ㅣ'모음의 오행을 '음'이라고 왜곡하기도 한다. 하지만 '모음

음양'은 성명 발음의 편리성에 다소 영향이 있겠으나 이름의 길흉과 상관성이 없다. 모음 음양이 섞이면 발음이 다소 쉬울 수 있으나 반드시 그런 것도 아니다. 위에서 예시한 '강아람'의 발음이 어렵다고 하는 이는 드물 것이다.

굳이 '모음 음양'을 본다면 사주가 양이 강하면 음 모음 위주, 양이 강하면 양 모음 위주로 쓴다는 논리를 펴면 무난할 수도 있다. 그러나 사실상 이런 부분까지 반영하면 작명이 불가한 경우가 많다. 예를 들어, 모음 'ㅑ'는 陽이고 金인데, 사주에서 양금이 필요하다 할지라도 'ㅑ'가 들어가는 이름을 쉽게 지을 수는 없는 것이다.

〈표 56〉 작명 앱이 흉하다고 보는 초성 오행법

성(姓)의 초성오행	오행배열
木	木土水, 木金火, 木木土, 木土土, 木金金, 木木金, 木土木, 木金木, 木土火, 木火水, 木金水, 木水火, 木火金, 木土金, 木金土, 木水土
火	火金木, 火木土, 火火金, 火金金, 火火水, 火火木, 火金火, 火火火, 火火火, 火金土, 火土金, 火火木, 火木土, 火土水, 火金水, 火木水, 火木金
土	土水火, 土木金, 土土水, 土水水, 土木木, 土土木, 土水土, 土木土, 土土土, 土水金, 土金火, 土木火, 土火金, 土金木, 土水木, 土木水, 土火水
金	金木土, 金火水, 金金木, 金木木, 金火火, 金金火, 金木水, 金火金, 金金金, 金木水, 金水土, 金火土, 金土水, 金水火, 金木火, 金火木, 金土木
水	水火金, 水土木, 水水火, 水火火, 水土土, 水木土, 水火水, 水土水, 水水水, 水火木, 水木金, 水土金, 水金木, 水木土, 水火土, 水土火, 水金火

④ 한자 획수가 홀, 짝이 섞여야 음양이 섞여 좋다고 한다. 앞서 논했다시피 한자 획수의 홀, 짝과 한자 음양은 관계가 없다. 한자는 본의(本義)의 본질로 음양을 살펴야 한다.

⑤ 한자의 획수 오행을 적용하는 앱들도 있다. 획수 오행은 학술 근거가 전무하다. 예를 들어 3, 4를 획수 오행 火로 보면서 3획, 13획, 4획, 14획 등의 한자들이 모두 오행이 火라는 논리를 사용하는데 어불성설이다. 예를 들면, 木(나무 목)이 4획이고 水(물 수)가 4획이니까 木(나무 목), 水(물 수) 모두 오행이 火라는 것은 말이 되지 않으며 湖(호수 호)가 원획상 13획이니 오행이 火라는 논리는 학술성이 없다.

⑤ 81수리 4격인 '원·형·이·정' 중 하나라도 나쁘면 이름을 흉하게 해석한다. 그러나 사

주와 상관없이 모든 사람에게 4격 수리 길흉을 똑같이 적용하는 것이 타당한지에 대한 학술적 검토는 없으며, 왜 획수 간 합의 결과치로써 몇 획이 좋고 몇 획이 나쁜지에 대한 논거도 없다. 사실상 81수리의 길흉의 근거는 일본 '구마사키 겐오'의 일가가 '하늘의 계시를 받았다는 비책'을 공개하기 전에는 알 수가 없는 것이다.

⑥ 수리 오행법, 일명 삼원 오행법을 한자 오행법으로 적용하는데, 앞서 논했다시피 수리 오행법의 학술적 근거는 없다. 81수리 4격인 '원·형·이·정'에서 '이, 형, 원' 순서로 획수 합의 '일의 자리 수'를 찾아 획수 오행법으로 오행을 정하여 배열하고 오행 상생이 되면 길하고 오행 상극이 있으면 흉하다고 한다. 또한, 81수리 4격으로 이름의 길흉을 말하면서 그것에 바탕하여 다시 수리 오행법을 쓰니 동일 이론을 이중 적용하고 있는 것이다.

⑦ '불용문자'를 말하며 그런 한자의 이름은 무조건 흉하다고 한다. 그러나 앞서 논하였다시피 학술성이 없는 개념이다. 예를 들면 불용문자로 柱(기둥 주)를 지정하고 있고 이 한자를 이름에 쓰면 만인이 모두 흉하다는 말이나 학술적 논거가 없다. 불용문자론은 사라져야 한다.

⑧ 측자파자(測字破字)론을 쓰기도 한다. 한자가 상하, 좌우로 해체하거나 분리 가능하다면 그런 한자를 인명에 쓰면 흉하다는 논리이다.

그러나 한자를 육서법으로 살피면, 형성문자와 회의문자가 95% 이상이고 이들이 '측자파자'에 해당하므로 절대적 다수의 한자를 이름에 안 쓴다는 것은 설득력이 없다. 용신 성명학적 관점에서는 한자는 자원오행과 사주 용신의 상관성이 중요한 것이다.

아기 탄생이나 사주가 선(先)이면 작명은 후(後)인 것이 이치에 맞다. 그러나 사주 결정 이전에, 자판기식 프로그램의 공식에 의해 토출될 이름이 정해져 있다는 것은 자연, 인륜, 합리성 등의 이치에도 어긋난다. 작명 앱은 명리 성명학을 비학술적인 속설로 고사시키고 있다고 봐도 과언이 아니다.

그러므로 익명의 작명 앱 운영자에게는 학문에 미치는 악영향에 대한 신중한 성찰이 요망된다. 또한, 성명에 대해 기층 욕구(다양한 기대)를 갖는 대중(大衆) 역시 명리·성명학에 의한 올바른 작명이 작명 앱의 방식으로는 불가능하다는 인식을 정립하고 성명학의 이론 관련, '학설'과 '속설'을 분간하는 안목이 절실하다고 할 수 있다.

2) 작명 앱의 예시와 비판

아래의 그림은 시중 작명 앱에 이름을 넣어 보고 토출되는 결과를 찍은 사진이다. 아래 그림을 분석해 보면 작명 앱의 실상을 알 수 있다.

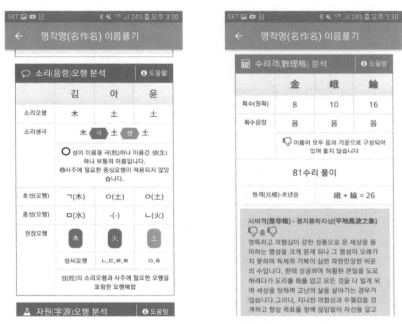

〈그림 11〉 작명 앱에서 토출된 이름 감명 결과

이 그림에서 파악되는 작명 앱 이론의 문제점을 지적하면 다음과 같다.

(1) 성명의 한글 부분 '김아윤'에 대해 초성 'ㄱ, ㅇ, ㅇ'만 보고 있다. 그렇다면 '김아윤'의 초성 배열과 비교할 때, '김은영' 등 'ㄱ, ㅇ, ㅇ' 꼴의 모든 이름의 해석이 같은 문제가 있다.

(2) 성명학계와 국어학계에서는 한글 자음오행에서 세종 『훈민정음해례』 제자해의 해석에 따라 후음 'ㅇ, ㅎ'을 水로 보고 있으나 작명 앱에서는 土로 보고 있다.

(3) 『훈민정음해례』는 한글의 초성, 종성, 중성을 天·地·人 삼재(三才) 사상에 입각하여 제

자(制字)하였음을 밝히고 있으나 人에 해당하는 모음오행에 대한 인식이 없다.

⑷ 종성 오행을 표기하고는 있으나 실제적 활용이 없다. 그리고 성명학계와 국어학계에서는 한글 자음오행에서 세종 『훈민정음해례』 제자해의 논지에 따라 순음 'ㅁ'을 土로 보고 있으나 작명 앱에서는 水라 하고 있다.

⑸ 국어학의 음운론에 입각하여 볼 때 초성 간에는 음운 현상이 발생하기 어렵듯이 초성 오행 간 상생, 상극은 없다. 그럼에도 불구하고 초성 ㄱ(木) ㅇ(土)만 배열하고 '木土 상극'이 되어 이름이 나쁘다고 말한다. 그러나 ㅇ은 水가 맞으며, 성명 한글 자의 초성 배열에 의한 생극현상은 없다.

⑹ 우측 그림에서 한자 획수가 8, 10, 16획이다. 모두 짝수 획이라는 이유로 한자 음양을 '음, 음, 음'이라고 말하며 나쁜 이름이라고 하고 있다. 그러나 한자 음양은 '홀수는 양, 짝수는 음'이라는 동양철학의 준칙과 무관하다. 다시 말하지만, 홀수가 양일지라도 홀수 획의 한자가 무조건 양이 되는 것은 아니고 짝수가 음이라지만 짝수 획의 한자가 무조건 음인 것은 아니다. 성급한 일반화나 확대 적용의 오류이다.

예를 들어 어떤 사람이 사주의 나, 즉 일간이 甲이면 평생 양일간이다. 이것은 나(일간)의 본질이다. 따라서 획수 음양에 따라 일간이 1살이면 양, 2살이면 음, 3살이면 양, 4살이면 음이 될 수는 없는 것이다. 누군가 이런 논리를 편다면 명리학계는 동의할 수 없다. 마찬가지로 '홀수 획의 한자가 무조건 양, 짝수 획의 한자가 무조건 음'이라고 한다면 한자, 중문학계에서 동의할 수 없는 것이 상식이다. 그러기에 필자는 '한자 획수의 음양 이론'은 사라져야 할 속설로 간주한다.

또한, 음양이 섞인 것이 좋고 '음, 음, 음'이나 '양, 양, 양'이 불리하다는 이론도 수용하기 어렵다. 어떤 사람의 사주 간지가 음양이 크게 일방으로 편중되어 있어서 양이 강하다면 '음, 음, 음'도 좋을 수 있고 음이 강하다면 '양, 양, 양'도 좋을 수 있다는 사실을 숙고해 보아야 한다.

⑺ 위의 〈그림 11〉에서 예시한 이름 앞 자의 한자가 10획이고 끝 자의 한자가 16획이다. '10+16=26'이 큰 화를 부르는 나쁜 이름으로 설명하고 있다. '성명 한자 원획 합이 26이

면 무조건 흉하다'는 것은 일본 수리성명학 창시자 '구마사키 겐오'의 말이다. 앞서 언급했지만 '구마사키 겐오' 일가는 성명 한자 획수 합 81가지가 각각 길흉이 존재하는 이유나 원리를 '하늘이 내린 비책'이라는 이유로 제시하지 않고 있다. 이 비책의 내용을 밝힐 수 없다면 81수리 길흉의 학문적 근거는 없는 것이다. 그러므로 81수리의 길흉은 의미가 없다. '하늘이 내린 비책'이 있다는 말이 허구일 가능성도 배제할 수 없다. 또한 일본 전국시대 쇼군들의 이름과 그들 인생의 성패 결과로 81수리 길흉을 정했음을 제기한 명리·성명학자 김만태의 논문[32]에 대한 학술적 반론이 나오기 어렵다. 따라서 성명 한자의 획수 덧셈인 81수리격만으로 성명 품질을 단정적으로 평가하는 행태는 바람직하지 못하다.

부연하자면, 획수가 아닌 '오행'이 사주용신과 부합하는 성명이 이상적이다. 물론 본명인에게 좋은 오행인 용희신을 정확히 도출하고 학설에 입각한 이름 짓기가 이루어져야 하기에 명리·성명학자에 대한 전문가나 연구자적 학식과 식견에 대한 요구가 증대되고 있는 것이다.

(8) 일반적으로 작명 앱은 성명 획수의 4가지 덧셈 조합 중 이(성씨+끝 자 획수 합), 형(성씨+이름 첫 자 획수 합), 원(이름 두 자 획수 합)의 일의 자리 수를 바탕으로 1, 2는 木 3, 4는 火 5, 6은 土 7, 8은 金 9, 0은 水를 배정하는 수리(삼원)오행법을 중시해서 쓴다. 앞서 논하였지만 수리(삼원)오행법은 학술적 논거가 없다.

---

32 김만태, 「창씨개명 시기에 전파된 일본 성명학의 영향」, 『동아시아문화연구』 57, 한양대학교 동아시아문화연구소, 2014.

X

성명 일반론

1. 성명학 고유의 정체성

'인간은 사회적 동물'이라는 말은 인간이 독립된 장소에 고립되어 혼자 힘으로 세상을 살아간다면 나약한 존재일 뿐이며 혈연, 지연, 학연, 직업, 신분, 취미 등에 맞게 집단을 형성하고 그 속에서 교류하고 문화를 형성하며 권리와 의무를 이행하고 의식주를 해결할 수 있는 사회의 일원으로 살아가는 존재임을 말한다.

인간은 사회성의 필수 요건으로 언어문화를 가지며 '우리'라고 느끼는 공동체, 즉 사회의 일원으로 살아간다. 인간 사회 속의 '나'는 태어난 즉시 이름을 갖게 되는 것이 보편적인 현상이다.

우리나라 개별 문중은 항렬자를 통해 태생적인 가문의 표식과 후손의 번영을 기원한다. 이름에 본명인에 대해 갖는 '기원의 마음'을 담을 수도 있다. 작명자는 주로 부모, 집안 어르신이나 이분들에게 신망 있는 지인이지만 때로는 본인, 정신적 스승, 종교인, 동료, 지인, 성명학자 등이 될 수도 있고 사회가 분화되고 다양해짐에 따라 일인다칭(一人多稱)의 현상에 의해 일생 다양한 이름이나 호칭으로 불리게 된다.

따라서 최근 한국의 이름과 관련하여 이름의 역사, 본명 외로 짓는 인명의 종류, 한국인이 갖는 이름에 대한 보편적 의식, 이름 관련 문화 등에 관한 질적, 양적 연구가 이루어지고 있음은 당연하고 자연스러운 현상이다.

한국인 성명 관련 주제에 대해 연구 가능한 주요한 학문 분야는 명리학에 의거한 성명학과 비명리학 분야에서 한국인의 이름의 역사, 형태, 작명 문화의 경향(Trend) 분석 등의 주제로 시행되는 사회언어학의 이름 연구로 양분된다. 따라서 명리·성명학적 관점에서는 성명 연구가 음양오행론과 명리학에 기초한 작명 관련 연구에 해당 되는지 여부가 중요하다.

앞서 언급했듯이 성명이나 이름 연구가 음양오행론과 명리학에 기초한 작명 관련 논문이면 명리·성명학의 범주이고 그렇지 않다면 사회언어학적 연구라고 할 수 있다. 그러므로 어떤 연구자의 논문 제목에 비록 '성명' 관련 어휘가 포함되더라도 내용상 음양오행론과 명리학에 기초한 작명이나 그 효용성을 주제로 쓰인 글이 아니라면 사회언어학적 논문이며 그런 논문의 저자에게는 명리·성명학자의 정체성이 없을 수 있다.

예를 들어 어떤 연구자가 쓴 글이 한국인들이 역사 이래로 사용한 인명, 호칭의 종류에 대해서만 고찰하였더라도 결론적으로 음양오행론과 명리학에 기초한 작명 이론과의 융합적 연구 성과가 없다면 사회언어학적 성명 연구에 그치게 된다.

사회언어학 연구를 위주로 논하고 인용하면서 일본식 수리 성명학의 병폐 문제 정도만을 첨언하고 성명학 논문이 되기를 원하는 일부 연구자들의 경향은 학문의 정체성 문제를 야기할 수 있으므로 명리·성명학과 사회언어학의 경계를 명확히 할 필요가 있다.[1]

우리나라의 성명문화에 대한 과거나 현재를 고찰한 논문일지라도 음양오행론·명리학에 기초하는 정체성과 작명 관련 심층 연구를 담아내지 못하면 결코 성명학 논문이라고 말할 수 없다.[2] 그러므로 본서는 '명리학에 의거한 성명학'이 유일한 '성명학(Naming Science)'이라는 관점에 기초하였음을 밝히며 여기에 해당하지 않는 성명 주제의 연구는 사회언어학의 범주에 속한다고 본다.

---

1 필자는 등재 학술지의 학술이사로서, 논문을 제출한 명리·성명학 전공자의 투고 논문을 다년간 심사하였다. 그 가운데, 비명리학계의 성명 관련 선행연구와 동일한 내용의 글 속에 81수리 등에 관한 내용을 일부 첨부하면서 '성명학자가 성명학을 대안·애정 없이 비판하는 모습'을 우려했던 경험이 다수 있다. 명리·성명학 전공자의 성명학 논문이라면 음양오행론, 명리학을 위시로 동양철학에 기초하고 질적, 양적 연구에 충실하면서 성명이론에 대한 연구자 고유의 연구성과가 있는 것이 바람직하다.

2 예를 들어 국어국문학 학위논문인 "송하순, 「성씨별 항렬자 연구」, 공주대학교 대학원 석사학위논문, 2007"은 한국인 성명에 관한 연구지만, 명리학에 근거한 작명이론을 심층적으로 고찰하거나 제시하지 않았고 논문의 흐름상 그럴 필요도 없는 글이기에 명리·성명학자가 숙독하고 참고하면 유용하겠으나 그 자체로는 명리·성명학 논문이 아니며 연구자 역시 명리·성명학 논문으로 오인됨에 동의하지 않을 것이다.

그러나 명리·성명학자는 비명리학계의 한국인 성명 관련한 문화적, 사회적 선행연구에만 몰입할 필요는 없지만, 교양 지식의 확충과 성명학의 방향성 참조 등의 목적을 위해 숙독할 필요가 있고 명리 성명학의 작명 관련 연구에서 사회언어학적 성명 연구를 인용할 수는 있다.[3] 그리고 학제간 융합적 연구로 승화되어 종국에는 명리학에 기초한 작명 관련 연구라는 정체성을 가진 글로 귀결되어야 한다.

본서는 명리학에 기초한 용신 성명학의 체계를 구축함이 목적이다. 따라서 한국인 이름의 고유한 특징, 한국인 이름의 역사, 한국인 이름 연구사, 한국인 이름의 변천, 한국인의 이름 관련 의식과 가치관, 한국인 이름과 대중문화의 관계성 등을 논한 사회언어학적 연구는 교양 지식 함양을 위한 숙독을 권유하며 본서는 지면 한계상 일부만 논하였다.[4]

한편 '한국인 이름 관련 연구'들 중 일부는 명리·성명학에 대한 부정적인 견해를 밝히기도 한다.[5] 예시하자면, 최유승(2021)은 선행논문에서 조선 왕실의 작명에 대해 고찰하였는데 이 글 말미, 마지막 단락에서 이하와 같이 말하고 있다.[6]

조선 왕실 작명에서는 현대 성명학에서 중시하는 오행, 사주, 획수 등을 전혀 고려하지 않았다. 현종, 효종, 숙종의 이름이 왕실 작명의 전통으로 오인되기도 하

---

3 사주 명조를 예시하며 논하는 명리·성명학의 실제적 논문을 K.C.I(한국연구재단) 등재 학술지에 게재하는 일은 쉽지 않았다. 이유는 명리·성명학 전공 심사자의 부재, 학술지의 고유한 정체성과 불일치하는 부분, 명리·성명학에 대한 편견 등의 원인에 의해 거절당하기 일쑤이기 때문이다. 결국, 논문 게재를 위해서는 명리·성명학 전공자라는 정체성을 최대한 드러내지 않아야 했고 비명리학계의 동양철학 논문과 맥락이 같은 글을 써야만 했다. 그러나 최근에는 인문사회학의 학제간 융합 연구를 지향하는 학술지와 일부 대학의 동양학 관련 연구소에서 발간하는 학술지가 있어서 명리·성명학 고유의 정체성을 가진 실제적 논문을 등재 학술지에 게재하는 여건이 개선되는 추세다. 명리·성명학 연구자는 자신감을 갖고 연구에 매진할 필요가 있다.

4 이와 관련, 국어국문학자 강희숙·양영학·박동근(2016)의 『한국인 이름의 사회언어학』(출판사명: 역락)을 추천한다. 한국인 성명 주제로 역사, 변천과정, 이름 관련 의식 등에 대해 사회 언어학적으로 연구된 학술서이다. 명리·성명학 연구자도 숙독하면 유용할 것이다.

5 위에서 추천한 강희숙·양영학·박동근(2016)의 선행 논저 역시 현재, 신생아 작명·개명 문화를 주도하고 있는 명리·성명학에 의한 작명의 추세를 논하지 않는다. 그 이유 중 하나는 1990년대 초에 태어난 고등학생을 대상으로 표본집단을 수집한 양적 연구이므로 명리·성명학에 의한 신생아 작명이 대중화되어 있는 21C의 시류를 반영하지 못하였기 때문이다.

6 학술 논문의 맨 마지막 단락에서는 연구자가 논문의 연구 의의, 시사점, 한계점, 후속 연구의 방향 등에 대해서 논하고 마치는 것이 일반적이다.

였으나 오래지 않아 우연으로 밝혀졌다. 따라서 현대 작명과 조선 왕실의 작명 사이에는 공통점을 찾아보기 어렵다.[7]

　이 말을 소개하였으니 부득불 반론을 제시할 수밖에 없겠다. 조선 과거제도에 중인(中人)을 선발하는 취재(取才)시험으로 음양과(陰陽科)가 있었는데 이는 천문, 지리, 명 과학 등에 밝은 사람을 선발하는 시험이다. 음양과에서 선발된 자는 관상감(觀象監)[8]에 소속되었다. 시험과목에 '원천강(袁天綱)',[9] '서자평(徐子平)'이 포함되는데 '원천강'은 고법 명리, '서자평'은 신법 명리에 해당한다. 과거제를 통해 '역학 관련 실무'가 왕실과 조정에 있어서 인사·행사·정책수립 등에서 필요한 학문이지만 조선(朝鮮)은 국시에 따라 성리학 이외의 학술은 우대하지는 않는다는 인식을 유추할 수 있다.[10]

　필자는 이에 대해, 성리학은 정명론(定名論)에 입각하였고 조선 왕실 및 양반 계층은 위정척사(衛正斥邪, 성리학 이외의 여타 학문은 이단으로 봄) 사상을 가졌으니 명리학에 대해서는 배타적 성향이 주류였음을 부인하기 어렵다. 이에 반해 현대의 명리·성명학은 운명 개척의 일환으로써 이해되고 대중의 기층(基層) 요구에 부응하는 학문임을 말할 수 있다.

　왕실은 왕자의 본명을 피휘(避諱, 역대 제왕의 이름이나 상용(常用)한자를 기피), 자의(字義),[11]

7　최유승, 「조선왕실의 작명 연구」, 『東方漢文學』 86, 2021, 37쪽.

8　천문(天文)·지리(地理)·역수(曆數)·점산(占算)·측후(測候)·각루(刻漏) 등을 담당한 관서이다.

9　"1430년(세종 12) 명과학의 취재(取才)과목으로 규정되고, 1466년(세조 12) 『경국대전』 「예전」에서 명과학의 과거(科擧)과목으로 규정되어 조선 말까지 약 480년에 이르는 기간 동안 명과학 전공자들의 주요 본업서(本業書)이자 명과학의 필수 시험과목으로 활용되었다.(…) 원천강에 함축된 명리 인식과 특징은 크게 5가지로 정리할 수 있는데 ① 납음오행(納音五行) 활용, ② 연월일시태(年月日時胎) 오주(五柱)체계, ③ 오행(五行)의 왕상사수휴(旺相死囚休) 중시와 12운성(運星) 활용, ④ 음양순행(陰陽順行)·동생동사(同生同死)·수토동궁(水土同宮) 관점, ⑤ 각종 신살(神殺, 12신살(神殺)·귀인(貴人)·녹신(祿神)·관살(關殺)·공망(空亡) 중시 등이다. 납음오행과 태원(胎元), 각종 다양한 귀길신(貴吉 神)과 흉관살(凶關殺)을 지명(知命)에 중요하게 활용하는 고법(古法)명리의 전형적인 특징을 갖고 있다." 김만태, 「조선조 음양과(陰陽科) 명과학(命課學)의 필수과목 원천강(袁天綱) 연구」, 『東洋學』 0(77), 267쪽.

10　앞서 설명했다시피 성리학 역시 학문의 원류를 향해 거슬러 올라가면 결국 음양오행론에서 시작한 학문이다. 그러나 조선 유학자의 성리학은 특별하다는 자부심이 강했고 여타 학문에 대한 멸시, 천대로 현시되었음은 주지의 사실이다.

11　조선(朝鮮)의 鮮은 '고울 선'의 의미이다. 그러나 이 글자는 '생선 선'으로 더 많이 쓰인다. 이를 통해 왕실 작명은 일자다의(一子多義)인 한자의 특징에도 불구하고 자의(字意) 부분은 호감이 가는 뜻만 추구하여 작명하였음을 알 수 있다.

X. 성명 일반론　　525

자형(字形), 자음(字音) 등을 복합적으로 살펴 작명하고 음양오행론을 공식적으로 활용하지는 않고 자전적 의미를 중심으로 외자 위주의 작명을 하였다. 그러나 왕이 되지 못한 왕자의 후손들인 방계는 결국 이자(二字) 이름을 사용하였다.

필자는 앞에서 세종의 사남(四男)인 임영대군파의 방계는 오행상생의 항렬자로 작명하였음을 이미 예시하였다. 추가로 더 예시하면, 세종의 모친인 원경왕후(元敬王后)는 유학자인 여흥 부원군 민제(閔霽)의 딸이다. 부원군 앞에 '여흥'이 붙은 것은 민제(閔霽)가 여흥민씨(驪興閔氏)이기 때문인데 여흥민씨의 대동 항렬자도 오행 상생법을 주로 따르고 있다.[12]

오행상생의 항렬 원칙을 따르는 문중들이 대다수이며 항렬자 지정 시 중시한 한자의 '부수'나 '성분 자'[13]의 오행 판별법이 현대 성명학에서 중시하는 '자원오행'과 일치한다.

또한, 조선 왕실에서 왕자 작명 시, 사주를 고려하지 않았더라도 현대 성명학의 의의는 결코 훼손되지 않는다. 학문도 음양오행의 원리가 적용되는 만물처럼 생성(木), 발달(火), 안정(土), 결실에 이어지는 쇠퇴(金), 소멸 후 재탄생 준비(水)의 과정을 겪을 수 있다. 조선의 사상, 문화, 제도를 지배했던 성리학이 실용주의를 배척하고 명분과 파당의 실리만 추구한 결과, 망국·일제 식민지·분단 등 민족사 시련의 한 원인을 제공하고 현대에 이르러 옛 영화를 회복할 수 없게 된 것도 이와 같은 원리이다.

현대의 성명학은 해방 이후, 명리학의 개운론에 기초하고 대중의 기층 요구에 대응하면서 개개인의 운명 개척과 자아실현을 위해 성장, 번영하는 火 단계의 학문으로써 명리학의 토대 위에서 학술적 체계를 공고하게 구축해 나가면 된다.

---

12 泳(1세, 水)-植(2세, 木)-丙(3세, 火)-基(4세, 土)-庚(5세, 金)-泓(6세, 홍)(⋯). 註) 1세에 圭, 培 6세 때 在를 병용하였는데 土오행 한자이다.

13 비록 한자 본래의 부수는 아니나 성분이 되는 부수 한자에서 항렬자를 취하는 경우가 간혹 있다. 예를 들어 聲(소리 성)은 본래 부수가 耳이나 土(흙 토)가 한자에 내재하고, 土(흙 토)의 오행이 土이니 土오행을 쓰는 대(代)의 항렬자로 쓰는 경우를 말한다.

2. 개명 효과

1) 개명 효과에 대한 질적 논의[14]

용신 성명학에 의한 개명 효과에 대해 질적 연구에 입각하여 심신의 개선 및 치유 효과를 논한다. 본서에서는 『적천수천미』「질병」에 나오는 "오행이 중화(中和)되면 일생 재앙이 없다."[15]라는 말을 앞서 인용하고 해설하였다.

여기서 중화(中和)는 사주 8간지 중 나의 분신에 해당하는 일간(日干) 입장에서의 중화를 말한다. 예를 들어 억부용신법에 해당하는 어떤 사주에서 일간의 세력이 중화에 못 미쳐 신약하다고 하자. 그래도 비겁은 형편이 무난한데 인성(印星)이 약하고, 일간 반대편 세력 중 식상, 관성은 세력이 있는데 재성이 정 오행으로 존재하지 않는다 하자. 이런 경우에 신약한 일간에게는 세력을 보완할 인성과 사주에 없는 재성 중 무엇이 더 긴요할지를 말한다면 사주를 경영하는 일간에게는 당연히 인성(印星)이 우선이다. 신약한 일간을 상생하여 일간 세력의 중화를 이루게 해주는 인성이 용신이다.

만물이 동결된 추운 겨울에 태어나고 온난한 기운이 미력한 사주의 경우 일간의 세력이 극심하게 쇠약하지 않은 한, 火·木이 조후용신이 된다. 일간 입장에서, 일간이 존재하는 사주 환경이 조후, 즉 온도·습도의 중화가 실현되어야 사주와 운을 경영하기 쉬운 환경이 되기 때문이다.

서로 상극하는 두 오행의 세력이 팽팽하게 맞설 때, 두 오행을 화해시킬 통관 용신 오행이 필요한 이유도 일간 입장에서 사주의 안정을 원하기 때문이며, 용신을 상극하는 기신을 공격하여 용신을 편하게 하는 병약 용신도 결국 일간에게 필요한 오행이다.

그러므로 자신 사주의 용신을 알고 용신오행의 에너지를 보완할 방안을 궁구하고 성명과 물상(物像, 자연, 환경)의 오행을 통해 용신을 보완하는 노력을 기울이는 것도 운명 개척

---

14 "(1) 개명 효과에 대한 질적 논의"는 필자가 저술한 열린사이버대학교 통합치유학과의 전공과목 『오행 심신치유』 교재, 제11장의 내용을 부분 인용하고 보안하여 작성하였다.

15 任鐵樵 增註, 袁樹珊 撰集, 『滴天隨闡微』〈疾病〉, "五行和者, 一世無災."

의 일환이 된다.

개인이 본인 사주의 특성, 용신, 대운 흐름 등을 알고 살면서 사주의 장점은 살리고 부족한 점은 보완하는 삶을 사는 것과 그렇지 않은 것의 차이는 클 수 있다. 예를 들어 정재(正財)가 기신(忌神, 용신과 상극되는 오행)이 되는 남자가 정재의 운을 만날 때, 정재가 의미하는 재물과 여자에 대한 욕구나 스트레스가 커지고 이 문제와 관련하여 불리한 기회, 계기가 잘 발생하게 된다. 이 남자가 자신의 사주와 운을 알고 정재가 상징하는 저축성 재물을 잘 지키고 배우자와의 화목을 통해 가정을 수호하고자 노력하는 것과 투기·돈거래를 모험적으로 하거나 외간 여성을 연인으로 삼는 행동을 했을 때와 비교한다면 이 사람의 선택과 판단에 따라 삶의 성패가 갈리게 될 가능성이 크다.

따라서 용신 성명학의 견지에서 인생, 용신, 성명 등의 연관성을 다음과 같이 설명하고 강조할 수 있다.

① 본명인(本命人)은 자신의 용희신 오행을 알고 용희신을 보완할 다수의 수단을 찾고 활용할 필요성이 있다.

② 용신의 의미와 자신의 용신을 알고 용신의 에너지가 강한 이름을 쓰는 것은 운명 개척의 일환이다. 그렇게 하면, 긍정적 인생관, 성공에 대한 의지, 희망, 성실하게 노력하는 태도가 함양되고 건강과 성취에 대한 가능성이 제고된다. 용신이 강한 성명이 사주 오복을 강화한다는 믿음으로 긍정적 사고, 심신 건강에 대한 의지, 삶의 발달에 대한 의욕 등을 가질 수 있다.

③ 현재 이름이 명리·성명학적으로 불량할 때, '용신 성명학'이 가장 전문적이고 학술적인 성명학이라는 믿음을 갖고 용신 에너지가 강한 이름으로 개명하고 긍정적인 신념에 의한 철학과 삶의 자세를 건실하게 유지하며 성실하게 미래를 준비할 때, 오복(五福)의 달성, 번영, 심신의 안정, 행복을 향유한다는 것은 명리학 용신론의 개운 원리에 부합한다.[16]

또한, 용신 성명학으로 영어명, 예명, 호(號) 등을 용신 에너지가 강하게 작명하여 삶에

---

16 앞 장의 각주에서 고전적 의미의 오복을 설명하였다. 현대적 의미의 오복은 건강 장수, 재복, 행복한 가정, 사회적 지위, 명예(원하는 직업에서의 자아실현 포함), 편안한 말년(좋은 자식 포함) 등이 적절하다.

활용할 수 있다. 『훈민정음해례』 제자해에서 말한 "사람의 음성에 오행이 있다."라는 원리에 근거하여 부를 때의 음성에 담긴 오행 에너지가 사주 오행의 용희신에 대부분 일치하는 영어명, 예명, 호(號)를 찾아 선정하면 된다.[17]

첫째, 국제화 시대의 조류에 맞추어 영어명을 예명으로 사용한다면, 영어 이름 작명법은 아래 예시를 통해 원리를 이해하면 용희신에 맞는 영어명을 찾아 사용할 수 있다.[18]

① 金, 土가 용희신인 여자의 영어명으로 JASMIN(재스민)을 예시할 수 있다. 재: 金 60, 木 20, 土 20. 스: 金 60, 土 40. 민: 土 70, 火 30이니 종합하면 金 120, 土 150, 木 20, 火 30이다. 전체 300의 수량 중 金, 土의 비중이 250/300으로 대부분을 차지하니 金, 土의 에너지가 강한 영어 이름이 된다.

② 金, 水가 용희신인 남자의 영어명으로 JOSHUA(조슈아)를 예시할 수 있다. 조: 金 60, 水 40. 슈: 金 60, 水 40. 아: 水 60, 木 40이니 종합하면 金 120, 水 140, 木 40으로서 金, 水의 비중이 260/300으로서 金, 水의 에너지가 강한 영어 이름이 된다.

둘째, 인생의 다양한 상황 논리상 본명을 사용하기 어려운 환경에 있을 때 고상한 예명을 쓰면 본명인의 이미지와 자존감의 향상에 도움이 될 것이다. 예명을 부를 때 나오는 음성에 담긴 오행 에너지가 『훈민정음해례』의 모음, 자음오행 기준으로 사주 용희신에 대부분 부합하는 이름을 찾아 선정하면 된다. 작명법은 아래의 예시를 통해 원리를 이해하고 적용하면 된다.

| 예 1 | 木, 水가 용희신인 여자의 예명으로 '가온'을 예시할 수 있다. 가: 목 100. 온: 水 70, 火 30이니 종합하면 木, 水가 170/200으로서 木, 水의 에너지가 강한 예명이 된다.

| 예 2 | 木, 水가 용희신인 남자의 예명으로 '강유'를 예시할 수 있다. 강: 木 70, 水 30. 유: 水 100이니 木, 水가 200/200으로서 완전히 木, 水 용희신에 의한 예명이 된다.

---

17 용희신의 모음, 자음이 100%를 차지하는 이름은 사실상 찾기 어려울 수도 있다.

18 영어명들은 포털사이트에서도 검색할 수 있다. 검색되는 영어명들 중, 『훈민정음해례』의 모·자음오행 기준, 용희신의 자
    모음이 대부분을 차지하는 것들을 찾고 취향대로 사용하면 된다.

2) 개명의 심리적 효과에 대한 양적 연구[19]

"매력적인 이름을 가진 학생들이 그렇지 않은 학생보다 성공 기대감이 높으며 내적 갈등이 적다."[20]라는 것은 상식적으로 수긍이 가는 말이면서 동시에 학술적으로는 Garwod, S. G.(1980)가 이름의 심리적 효과에 대해 양적으로 고찰한 선행연구의 결론이다.

국내 연구에서 개명의 심리적 효과에 대하여 양적 연구로 결론을 도출한 선행연구는 신상춘(2014)[21]의 논문이 대표적이다. 이 글은 개명자 225명 대상으로 설문을 시행한 자료를 바탕으로 양적 연구를 시행하여 결론을 도출한 논문이다. 이 논문의 요지를 일부 요약하면 다음과 같다.

① 개명자의 경우 자존감이 개명 전보다 후에 유의하게 높아진 것으로 파악되었다.[22]

② 개명자의 경우 스트레스가 개명 전보다 후에 낮아진 것으로 조사되었다.[23]

③ 개명 사유가 이름 불만족인 사람의 41.8%가 이름 만족감이 증대하였다. 개명 사유가 사업 실패인 사람의 44.6%가 사업 만족감이 증대되고 자신감이 회복되었다. 개명 사유가 기타 사유인 사람의 75.0%가 심신이 건강해졌다고 답하였다.[24]

④ 성공, 실패의 문제에 대한 스트레스가 큰 사람이 개명을 통한 개운 추구심이 강하다.[25]

⑤ 자의에 의한 개명자가 타의(권유)에 의해 개명한 사람보다 개명 전에 이름 스트레스가

---

19 "(2) 개명의 심리적 효과에 대한 양적 연구"는 (신상춘, 「개명 전후 이름이 자존감과 스트레스에 미치는 영향 및 SSC58-개명상담 모델 연구」, 동방문화대학원대학교 박사학위논문, 2014)의 요지를 일부 인용하였다.

20 Garwod, S. G.(1980), 「Beauty is oniy deep」, 『Jdunal Applied Social Psycology』 10, 431-435.

21 신상춘, 「개명 전후 이름이 자존감과 스트레스에 미치는 영향 및 SSC58-개명상담 모델 연구」, 동방문화대학원대학교 박사학위논문, 2014.

22 신상춘, 위의 글, 37쪽.

23 신상춘, 위의 글, 41쪽.

24 신상춘(2014), 위의 글, 97쪽.

25 신상춘(2014), 위의 글, 102쪽.

높았고 자존감은 낮았으며 어의 분별척도는 낮았다.[26] 어의 분별척도가 낮으면 알아 듣기 어려운 이름이 되어 본인의 자존감과 불러주는 사람의 호감도에 대한 부(-)의 효과가 나타난다.

이상의 논의를 바탕으로 개명인 자신은 이름에 의한 스트레스는 감소하고 자존감은 높아지며 개명자 이름에 대한 타인의 어의 분별이 용이하여 호감도는 긍정적으로 상향함을 알 수 있다.

이름을 제2의 얼굴로 인식하는 현상이 보편화하였고 얼굴에서 예쁘지 않은 부분을 성형하듯이 본명인이 자신에게 스트레스를 주는 이름을 개명하는 것 역시 성명문화의 주요 현상으로 자리 잡았다.

개명 동기를 보면, '좋은 이름을 갖고 싶어서'가 가장 많았고 다음으로 '이름이 나쁘다는 말을 들어서', '운명을 바꾸고 싶어서', '성공하고 싶어서', '행복하고 싶어서', '예쁜 이름을 갖고 싶어서', '하는 일이 안 풀려서' 등이 주가 되는 사유로 조사되었다.[27]

주요 개명 동기를 살펴보면 개명자는 행복추구권, 운명 개척에 대한 소망, 자존감 향상을 통한 인격권의 고양(高揚) 등을 중시하는 성명 관점이 있음을 알 수 있다.

부르기 쉽고 고상하여 자존감과 품격을 고양하고, 용신의 오행으로 사주 일간(日干)의 안정을 이끌어 삶의 발달, 본명인의 행복, 자아실현에 이바지할 수 있는 이름이 가장 이상적이다. 명리·성명학자는 이 분야의 학문을 선도하고 대중에 기여한다는 사명감으로 학술적 연구에 정진하여야 할 것이다.

---

26 신상춘, 위의 글, 123쪽.

27 신상춘, 위의 글, 124쪽.

XI

결론(結論)

1. 연구 요약

현재 한국사회의 성명에 대한 사회적 선호 성향은 고상하여 자신감을 주면서도 출세·부귀·행복·건강 등 다복함에 대한 믿음이 있는 성명을 원하는 기층성(基層性)이 크다. 치열한 생존 경쟁에 노출된 현대인은 운명을 더 좋게 할 수 있는 방법의 일환으로서 자신이나 신생아가 다복하고 고상한 이름을 갖기를 원하므로 성명학에 의거하여 작명·개명하는 현상이 일반화되었다.

필자는 성명학에 의한 이름을 지으려는 사람들이 원하는 '다복한 이름'에 대한 기층적 요구에 대해 성명학이 학술적으로 대응함에 있어서 가장 적합한 명리학적인 개념이 바로 용신(用神)이라고 보았다. 그러므로 용신을 이용한 성명학은 명리학의 용신론에 근간을 두고 사주 용신을 도출하고 한글 오행과 한자 자원오행(字源五行)을 활용하여 이름에 용신이 강하게 하는 성명학이므로 용신 성명학의 학술적 체계가 확립되면 가장 학문적이고 전문적인 성명학이 된다고 보았다.

논자는 용신 성명학이 확립되기 위해서는 무엇보다도 성명학적 용신론을 공고히 함이 최우선적인 선결 과제라고 보았다. 따라서 논자는 본 논문에서 성명학적 용신론 체계를 확립하고자 인문·사회과학의 다양한 분야의 현상이나 현황을 설명하기 위한 방법론인 계량화(計量化, quantification) 기법을 도입하여 사주 명조를 수량화하고 사주 분석에 활용하였다.

팔자는 성명학적 용신론 체계를 사주 명조의 수치화를 통해 세우는 연구의 제1 단계로서 제II장 1절에서는 사주 오행을 계량화하여 인·적성에 적용함을 연구하고 더하여 사주 오행과 건강의 상관성도 고찰하는 연구를 시행하였다. 음양의 특성, 오행별 특징, 일간의 성향 등을 주요 명리 고전의 내용에 현대적 시각으로 접근하여 사주 간지별 오행의 역량을 간지 위치에 따라 수치화하고 일간의 역량이 20, 나머지 7간지의 역량의 합계가 100이 되게 설정하였다.

이어서 오행들의 수량으로써 각각의 오행을 무·쇠·안정·왕·극왕으로 분류하였는데 한 사람의 사주 명조에서는 각 오행별 수량의 무·쇠·왕·극왕의 특징과 일간의 성향이 융합되어 사람의 인성에 작용하며, 적성은 왕·극왕의 오행 위주로 잠재·발현됨을 고찰하였다. 또한, 계량화된 각 오행별 역량에 따라 사람의 건강에 영향을 미치는 7가지 범례에 대해 사주 명조를 예시하여 논하였다.

성명학적 용신론 체계를 사주 명조의 수량화를 통해 세우는 연구의 제2 단계로서 제II장 2절에서는 사주 명조 분석의 핵심이 되는 간지별 십성의 역량(力量)에 대한 수량화와 그에 따른 적용법을 연구하였다.

먼저 십성의 분류 기준과 특징을 주요 명리 고전을 인용하여 현대적 관점으로 해설하였고 선행논문에서 오행의 역량을 간지 위치에 따라 수량화한 방식을 십성에도 동일하게 적용하여 비겁, 식상, 재성, 관성, 인성(印星)을 무·쇠·안정·왕·극왕으로 분류하였다. 또한, 십성은 고유의 오행을 가짐에 주목하여 십성과 오행의 성향을 60 대 40의 비율로 융합하여 인·적성을 분석하는 방식을 제안하였다.

사주에서 인성(人性)은 각 십성별 수량의 무·쇠·왕·극왕의 특징, 오행별 수량의 무·쇠·왕·극왕의 특징, 일간의 성향 등이 융합되어 발현됨에 비해 적성은 왕·극왕한 십성과 그 십성이 갖는 오행의 성향만이 융합됨을 고찰하였는데 십성과 오행의 융합 결과는 서양의 심리 적성이론인 'HOLLAND 이론'과도 연관성이 있음을 살폈다. 또한, 계량화된 각 십성별 역량에 따라 십성이 의미하는 육친과 사회적 요소에 미치는 영향에 대한 7가지 유형을 사주 명조를 예시하여 논하였다.

제II장 3절에서는 사주 용신의 도출에 큰 변수가 되는 합충 이론을 논하였다. 먼저 천간

합충의 연구 결과는 다음과 같다.

첫째, 합은 소유욕·애정·친근감·화합이고 충은 불화·변동·혼란·사고를 의미한다. 둘째, '일 대 다수의 합'인 분합·쟁합은 합화(合和)가 어렵다. 셋째, 합하려는 간(干)들의 거리가 먼 '요합'은 합화가 어렵다. 넷째, 하나의 간(干)에 합, 충이 동시에 발생하면 합과 충은 해소될 수 있으나 합충 심리는 유지된다. 다섯째, 지지의 록·왕에 통근하는 천간은 합에 응하지 않으나 록·왕에 형충이 강하면 예외이다. 여섯째, 천간에 분합·쟁합이 있더라도 합의 결과 오행이 '종격 사주'의 주된 오행과 일치하면 합화한다. 천간의 합화가 성립하면 심리·용신 도출·성명학적 작명·육친관계 등의 변화가 발생할 수 있다.

다음으로 지지 합충에 의한 합력 차를 연구하였는데 연구 결과는 다음과 같다.

첫째, 지지 간 거리가 먼 요합(遙合), '일 대 다'의 쟁합, 한 지지에 합충이 중첩되는 합은 합화가 어렵다. 둘째, 지지합의 결과 오행이 천간에 위치하면 합력이 강해진다. 셋째, 왕지가 월지이고 합의 세 지지가 이웃하는 삼합(三合)·방합(方合)은 다른 합·형·충의 방해에도 분산되지 않는다. 넷째, 왕지가 월지이고 합의 세 지지가 인접한 삼합·방합이 있는 지지에 2자 삼합, 육합(六合), 2자 방합이 더 있고 합의 결과 오행이 일치하면 종격(從格)이 성립할 수 있다. 이상을 토대로 지지 합력 차를 4단계로 분류하고 '완전한 합화'와 '대부분 합화'의 경우는 일간(日干) 강약과 용신 변화가 가능함을 논하였다.

제III장에서는 사주 명조의 수량화를 통한 내격 사주의 성명학적 용신법에 대한 연구를 시행하여 용신 성명학의 선결 과제인 내격 사주의 성명학적 용신법의 체계를 세웠다.

1절에서는 억부, 조후, 통관, 병약법 순서로서 내격 사주의 용신론, 2절에서는 격국용신론을 개괄하였다. 3절에서는 수량화에 의한 내격 사주의 성명학적 용신을 고찰하였다. 사주의 청탁(淸濁) 분석법을 제시한 후, 청한 사주가 이로움을 밝혔고, 사주 정기신(精氣神)론을 통해 정·기·신 3자가 발달하고 조화로운 사주를 높이 평가하였다.

이어서 사주 명조의 간지별 역량을 수량화하였다. 일간 역량 20으로 설정하고 일간에 미치는 역량을 연간 5, 연지 9, 월간 10, 월지 30, 일지 21, 시간 10, 시지 15로써 수량화하고 일간, 비겁, 인성의 역량 합이 45 이하면 신약, 46-60은 중화 신약, 61-75는 중화 신강,

76 이상은 신강 사주로 분류하였다.

억부용신법을 따르는 사주가 신약하면 주로 비겁이나 인성에서 용신을 도출하고 신강하면 사주 상황에 따라 식상, 재성, 관성 중에서 용신을 도출함을 논하였다. 그리고 중화에 접근하는 중화신약, 중화신강 사주는 용신법을 폭넓게 적용하여 억부용신, 격국용신 중에서 성명의 한글 오행과 한자의 자원오행 부문에서 용희신의 상생이 잘 이루어지는 용신법을 택하여 작명하도록 제안하였다.

내격의 사주에서는 강약을 불문하고 사주가 한습하거나 난조할 때는 조후용신법을 적용하고 만일 억부용신과 조후용신이 일치하지 않을 때는 조후용신을 우선적으로 적용함이 타당하다 보았다. 그러나 동절기·하절기에 난 사주라도 조후가 충분히 충족되고 있을 때는 다시 억부용신을 적용하도록 하고 이런 경우에 조후 충족 요건을 명시하였다. 또한, 사주에서 두 개의 오행 수량이 왕(旺)하고 상호 대결하는 형국이면 두 오행을 소통·화해시키는 오행을 통관용신(通關用神)으로써 강조하였다.

이어서 제Ⅲ장 4절에서는 내격 사주와 대비가 되며 계량화로는 설명이 어려운 특수한 용신법인 순응법, 즉 종격 사주에 대하여 고찰하였다. 사주 가운데 종격이거나 종격과 유사한 내격의 명조는 적지 않으므로 종격의 판별 기준을 정립하여 이러한 현대인에 대해 명리·성명학적으로 올바른 판별과 적용이 이루어질 수 있게 하고자 하였다.

명리 고전의 종격 이론과 종격의 성립에 큰 영향을 미치는 합충(合沖)이론을 살펴보았고, 특히 지지에서 삼합, 방합 등의 합에 의해 단일 오행의 기운이 강하고 천간합이 동조하면 합이 방해받지 않고 종격이 성립함을 고찰하였다. 종격이 형성됨에 있어 여기에 반하는 천간 오행이 있을지라도 지지의 강력한 동일 오행의 합국에 매몰되거나 지지의 형충에 의해 흔들리는 지장간에 근거하지 못하게 되어 종격이 성립되는 원리 등을 포함하여 종격의 8가지 판별 기준을 세운 후, 종격 사주를 현대적으로 적용할 때 유의점을 고찰하였다.

종격 사주의 성명학적 작명은 용희신 오행의 상생 원칙에 근거하여 이루어져야 하고 특히 종격 사주에서 사주에 없는 무존재(無存在) 오행은 사주 구성에 따라 용신을 상극(相剋)할 가능성이 있으므로 유의해야 하니 종격 사주의 이름 짓기는 한글 오행은 용신의 에너지가 다수가 되게 하고, 한자 자원오행(字源五行)에서 용희신의 상생 배열 원칙을 적용해야 함을 강조하였다.

제Ⅲ장 5절에서는 용신의 개운·심신 치유·직업 등에 대한 활용법을 폭넓게 논하였다.

다음으로 필자는 제Ⅳ, Ⅴ장에서 용신을 성명학의 한글 부문에서 적용하는 '용신에 의한 한글 모·자음오행 성명학'에 대해서 논하였다.

먼저 제Ⅳ장에서는 한글 순음(脣音)·후음(喉音)의 오행 배속에 대한 성명학적 고찰을 1절에서 시행하고 2절에서는 한글 오행의 실제를 궁구하였으며 3절에서는 한글 오행 적용의 난제에 대해 해결적 관점에서 고찰하였다. 1절의 요지는 현행 성명학에서 한글 순음·후음의 오행 배속에 대한 혼선이 극명하고 이를 극복하는 것이 학문 발전의 최대 현안이다. 부연하면 한국인의 성명 3자에서 한글 부분에 초성과 종성에서 ㅁ·ㅂ·ㅍ·ㅇ·ㅎ이 하나라도 들어가지 않는 이름은 사실상 드물기 때문이며 이 부분에 대한 오행 배속의 결과에 따라 이름 짓기 결과나 평가가 달라지는 문제가 있고 이 문제를 학술적으로 해결하지 못하면 성명학의 발전을 기대할 수가 없기 때문이다.

집현전 학자로서 훈민정음의 창제에 참여한 신숙주가 저술에 참여한 『동국정운』과 직접 저술한 『홍무정운역훈』의 순음과 후음의 오행 배속이 『훈민정음해례』와 다르다는 것은 우리말 음운과 중국 한자 음운의 오행 배속을 각각 달리 보았고 이러한 인식체계는 최세진을 거쳐 신경준으로 이어진 것이라 보았다.

이에 따라 필자는 우리말이 중국의 음운과 다르므로 우리 문자를 갖자는 자주정신으로 창제된 것이 훈민정음이고 중국 한자의 음운체계를 이해하자는 것이 『동국정운』, 『홍무정운역훈』, 『사성통해』, 『훈민정음운해』류(類)의 운서이며 『훈민정음운해』의 궁극적 저술 목표는 중국의 한자 음운체계와 소통하기 위한 '한자음운도(漢字音韻圖)'에 있었다는 점을 직시하였다.

따라서 음운(音韻)이 시대·환경에 따라 변하는 성향을 감안하면서 순한글과 한자의 발음 차이가 없는 현대의 음운적 특징으로 판단할 때, 현대 국어에서는 『훈민정음해례』의 오행 배속이 합당하므로 한글 오행의 주류(主流)가 되어야 한다는 결론을 이끌었다.

V장의 1·2 절에서는 『훈민정음해례』의 자·모음의 오행에 대해 논하였으며 3절에서는 '한글 발음오행의 불용론(不用論)'을 주장한 선행논문을 반박하면서 한글 오행의 성명학적 주요 난제에 대한 학술적인 해결 방안을 모색하였다.

첫째, 한글의 순음·후음의 오행 배속의 난제는 『훈민정음해례』의 오행 배속으로 표준화해 나가는 것이 학술적으로 타당함을 강조하였다.

둘째, 국어 음운법칙의 문제로 인한 발음오행의 혼선 문제는 자형오행(字形五行)의 개념을 도입하여 한글 오행을 자형(字形) 부분과 소리 부분으로 이원화(二元化)하고 자형오행과 발음오행이 다른 작명을 지양하도록 계몽해 나갈 것을 제안하였으며 발음오행의 변성 전후를 반영하여 평균값으로 오행 성을 파악하는 김만태의 최근 선행연구를 타당하게 보았다.

셋째, 초성 오행만을 위주로 하고 중성과 종성을 배제하고 있는 현행의 일반적 작명방식을 비판하였으며 이에 대해 해결적으로 고찰한 선행연구들을 소개하였다. 『훈민정음해례』의 오행배속법을 기준으로 성명 글자마다 초성, 중성, 종성을 30:40:30의 비율로 오행을 적용하고 오행 점수를 합산하여 용희신이 강하게 하는 한글 오행 성명학을 보급해 나가는 것이 필요하다고 보았다.

넷째, 'ㅇ' 음가의 오행 문제는 훈민정음의 제자해에서 규정한 대로 오음(五音) 중 우음(羽音)으로서 水 오행의 발음이 되는 것은 기정사실이니 『훈민정음해례』의 오행 배속에 따라 水로 배속하여야 함을 논하였다.

다섯째, 초성 간 상극이 되는 이자(二字) 성씨의 문제는 초성 오행의 상생상극으로만 이름 짓는 방식을 위의 셋째에서 제안한 방식으로 전환할 것을 강조하였다.

여섯째, 한글 오행과 자의(字意)에서 느껴지는 오행과의 혼선 문제는 한글 오행을 적용하는 근간(根幹), 즉 소리가 갖는 에너지에 오행이 있고 그 오행이 사람에게 유익해야 한다는 원칙을 중시하였다. 자의 오행에 대한 학술적 개념 정립이 막연하고 오행을 의미하는 단어의 제한성 등의 문제로 한글 성명에서 사실상 실효성이 없는 자의보다는 『훈민정음해례』의 한글 오행을 발음과 자형에서 적용함이 한글 성명학의 이치에 부합함을 논하였다.

일곱째, 『훈민정음해례』의 오행 배정을 성명에 적용하는 것에 대한 타당성 문제는 훈민정음은 동양학의 '삼재론', '역학사상', 『절운지장도』를 위시한 중국 음운학' 등의 융합연구에 의한 업적이며 한글 오행에 의한 성명론도 '명리·역학'과 '국어학'의 융합연구에 의한 성명학 이론으로서 인문사회과학이 학제간 융합연구에 의해 발전해 나가는 조류에 부합하는 것으로 보았다. 따라서 『훈민정음해례』의 오행 배정을 성명에 적용하는 것은 성명학의 확장 가능한 학문 영역과 범주 안의 일이며 보편타당하다는 결론을 내렸다.

여덟째, 모음오행의 음양은 발음의 편의성 부분에만 관련 있을 뿐, 길흉의 문제는 아니며 아홉째, 훈민정음 오행의 명칭은 '소리오행', '음령오행'은 부적절하고 '한글 오행', '한글 자모음오행', '한글 모자음오행' 등이 적절함을 논하였다. 열째, 한자 필획의 '홀짝' 여부에 의해 음양을 배정하는 오류를 한글에까지 확장하는 것은 큰 오류로서 학술적 근거가 없고 한자 모음오행의 음양은 『훈민정음해례』의 방식대로 사용해야 하며 자음오행의 음양은 자질문자에 해당하는 한글의 특성상 가획이 된 ㅊ·ㅋ·ㅌ·ㅍ·ㅎ 등 자음이 양(陽)이 됨을 강조하였다.

4절에서는 용신을 반영하는 한글 오행법을 고찰하였다. 용신과 초성·중성·종성 오행을 모두 반영하는 미래지향적인 성명학에 대해 고찰하였는데 김만태의 주장을 채택하여 한글 오행은 『훈민정음해례』의 모자음오행 배속을 따르고 초성·중성·종성의 비율을 3:4:3으로 배정하면서 여기에 사주 용신을 적용하였다. 결론적으로 성명의 한글 부분에서는 『훈민정음해례』의 모·자음오행 중 용신 오행이 강한 이름이 성명학적 목적을 달성할 수 있는 좋은 이름으로 보았다. 이어서 성명에 잘 쓰이는 주요 한글 자(字)들의 모·자음오행을 수량화하였다.

제 Ⅵ 장에서는 용신에 의한 한글 오행 성명학에 대해 심층적으로 고찰하였다. 1절에서는 초성 오행의 생극을 위주로 이름의 길흉을 판단하고 작명하는 방식은 학술적 근거가 없으므로 소멸되어야 함을 주장하였다. 따라서 2, 3절에서는 본명인의 사주 용희신과 『훈민정음해례』 제자해의 한글 자음, 모음오행을 융합하여 한글 작명에 활용하는 방법을 논하였다. 특히 성명의 한글 부분에 용희신의 자·모음의 비중이 클수록 이상적인 이름으로 보았다. 4절에서는 사주 용신법을 유형별로 세분하여 각각의 유형에 따라 사주를 예시하고 용신과 한글 모·자음오행에 의한 한글 부분 작명법을 실례적으로 논하였다. 이어서 용신에 의한 한글 모·자음오행 성명학의 철학적 기반을 말하였는데 그 핵심은 중화, 정신기, 삼재 사상 등이다.

제VII 장에서는 용신에 의한 한자 자원오행 성명학을 심층 연구하였다. 1절에서는 이름 한자의 일반적 이론과 우리나라 인명 한자의 전개 양상을 논하고 작명 현장에서 사용하는 한자 획수 음양법이 가진 오류를 지적하고 한자의 음양은 획수가 아닌 본질에 의해 지정되어야 함을 논하였다. 이어서 한자의 획수로 오행을 도출하는 획수오행법·수리(삼원)오행법의 비학술성을 지적하고 비판하였다. 특히 한자 수리(삼원)오행법은 일본식 수리성명학의 영향을 받은 오행법으로서 학술적 근거가 미비하다.

2절에서는 한자 자원오행 기본적 이론에 대해 고찰하였다. 한자 자원오행의 기초이론을 논하고 한자 자원오행의 역사성을 살펴보았으며 본명인의 사주의 용희신을 보완하여 자아실현과 개운을 추구하는 용신 성명학의 특성을 볼 때, 한자에 내포된 자원오행이 한자의 다용하는 훈(訓)보다 훨씬 더 의미가 크다는 방향으로 성명 한자의 인식 전환이 필요함을 강조하였다.

3절에서는 자원오행학을 심층 고찰하였는데 필자는 특히, 작명 현장에서 현행하는 한자 자원오행의 오류 문제를 깊이 인식하였다. 한자의 자원오행 배속의 오류가 확산된 원인은 자원오행의 배속 원칙이 수립되지 못했던 것이 주된 원인이라고 판단하여 부수 오행 성의 강약, 부수 훈의 재질 등을 위주로 자원오행 배속의 12원칙을 세웠다. 이 원칙을 토대로 한자 부수들의 자원오행을 각각의 오행별로 오행 성 강, 오행 성 중, 오행 성 약, 오행 성 무의미, 오행 성 불명 등으로 구분하였다. 오행 성이 모호한 부수를 갖는 한자는 성명학적 유용성이 없음을 논하였다.

4절에서는 한자 성명의 필수적 요소이면서도 작명 시 배제되고 있는 성씨 한자들의 자원오행을 검토하여 오류를 수정하고 100대 성씨 한자들의 자원오행을 각각의 오행별로 오행 성 강, 오행 성 중, 오행 성 약, 오행 성 무의미나 불명 등으로 분류하였다.

5절에서는 인명 한자 214 부수의 자원(字源)을 살피고 한자·중문학과 명리학을 위시한 동양철학의 융합연구를 통해 성명학적 관점에서의 부수 오행을 배속하되 오행 성 강약을 반영하였다. 특히 오랜 세월 부수의 오행이 잘못 배속되어 쓰이는 것들을 학술적으로 시정 보완한 연구 성과를 강조할 수 있다.

6절에서는 현행하는 자원오행 성명학의 문제점을 비판적으로 검토하였다. 잘못 배속된 한자 자원오행을 무비판적으로 사용하는 시류, 성명의 한자를 선정할 때 성씨 한자의 자원 오행을 무시하는 시류, 자원오행의 상생과 상극을 부정하는 시류, 사주의 용신을 도출하지 않고 무존재 오행으로 작명하는 시류, 불용문자론·측자파자론을 근거 없이 주장하고 사용하는 시류 등을 비판하고 개선의 방향을 제시하였다.

7절에서는 용신에 의한 자원오행 성명학을 제시하여 사주의 용희신, 성씨 한자의 자원 오행, 자원오행의 오행성의 강약을 모두 활용하는 성명학의 체계를 세웠다. 성씨 한자의 자원오행성이 분명하고 용희신과 상극되지 않으면 성과 이름 한자들을 용신오행성이 강 하면서 상생되게 하고, 무의미하거나 용희신과 상극이면 이름 한자들만 용신오행성이 강 하면서 상생되게 하는 한자 선정법을 정립하였다. 또한, 자원오행성이 모호한 한자들은 성 명학적 목적을 달성하기 어려우므로 이름 짓기에서 배제할 것을 주장하였다. 이어서 용신, 성씨 한자의 자원오행, 자원오행의 오행성 강약을 모두 병용하는 자원오행 배열법을 도표 화하였다.

8절에서는 용신 성명학 한자 부분의 십성, 명의(名義), 호(號)에 대해 고찰하였다. 한자 자 원오행의 음양과 오행을 본명인의 사주 일간을 기준으로 천간과 연계하고, 일간 기준 십성 을 배정하여 용희신, 기구신으로서 갖는 십성과 행운(行運) 의미를 한자 작명에 반영하도록 하였다. 오행 성이 분명하되 음양이 모호한 부수들에 대해서는 십성을 10가지가 아닌 5가 지, 즉 비겁, 식상, 재성, 관성, 인성 등 포괄적 십성으로 사용하도록 정리하였다.

또한, 옥편이나 포털사이트에 나오는 한자의 뜻을 합쳐 말을 만드는 단순한 명의 해석을 지양하고, 한자 자원오행이 본명인의 사주 일간 대비하여 갖는 십성 의미를 60%, 한자의 본의(本義, 근본적인 의미)를 40% 반영한 한자 명의 해석법을 제시하였다.

이어서 3자·2자 성명문화에 의해 용신 성명학적으로 보완 가능한 용희신 오행 수에 대한 제한성의 문제가 엄연하다고 판단하여 보완 가능한 성명 오행의 수적 제한성을 극복하고자 고유한 성명문화의 정서와 부합되는 '호(號) 문화'를 용신 성명학적으로 연구하였다. 전통적인 작호 유형을 살핀 후, 호에 용신을 적용하는 성명학적 작호 유형을 '소복(所福)'이라고 명명하였다. 이어서 용신 성명학적인 작호법을 논하고 용신 성명학의 호 문화로의 확장을 모색하였다.

9절에서는 대법원 인명용 한자 중 사실상 인명에 쓰지 않는 한자가 다수임을 감안하여 '인명 다용 한자'를 엄선하여 한자의 본의와 오행 강약을 해설하였다. 한자 이름의 명의는 '자전 뜻 합쳐 말하기'가 아니고 자원오행의 본명인 사주에 대한 명리학적 의미와 한자 본의(本義)를 조합하여 설명할 때, 성명학적 한자 명의 해설의 체계가 확립되고 성명학의 학술성이 성명학의 학술성이 강화된다는 논지의 연구를 시행하였다.

제Ⅷ장은 성명학적 용신론, 용신에 의한 한글 모·자음오행 성명학, 용신에 의한 한자 자원오행 성명학을 망라하여 용신 성명학에 의한 작명법을 논하였다. 용신 성명학에 의한 작명을 5단계로 제시한 후, 일간의 강약, 조후, 통관, 종격 등 사주 유형에 따라 세분하고 실례적으로 작명 과정을 예시하였다. 이어서 용신 성명학의 과제를 논하였는데 무엇보다 용신을 정확하게 도출할 수 있도록 지속적이고 심층적인 학문적 연구와 실제적 임상 경험이 용신 성명학자에게 긴요함을 강조하였다.

제Ⅸ장은 작명 현장에서 현행하는 성명이론에 대한 비판과 대안 고찰을 시행하였다.

소리를 중시하는 (파동)성격성명학은 한글의 자모음에 한자 획수음양법을 적용하고 있지만 한자의 획수와 음양이 무관하다는 근본적 문제를 간과하고 성명 한글 자에 대해 학술성이 없는 한자 획수 오행을 확장적으로 적용하는 학술적 오류, 한글 순음·후음에 대하여 운서류의 발음오행을 적용하는 오류를 시정해야 하는 과제 등을 학술성 보완의 대안으로써 지적하였다.

역상성명학은 효를 뽑는 방법 대신, 한자 획수를 사용하여 주역의 궤를 만드는데, 성명학보다는 점술학에 가까운 문제를 제기하였다.

81격 수리성명학은 일본 수리성명학의 창시자 '구마사키 겐오'가 말한 81격 길흉의 근거, 즉 '하늘이 계시한 비책'이 무엇인지를 찾고 학술적인 타당성을 검토해야 하는 과제를 안고 있음을 지적하였다. 이런 문제를 해결하지 않은 상태에서 단지 성명 획수 조합에서 흉수가 있다는 이유만으로 내담자에게 엄혹한 말을 하거나 개명을 권유하는 문제에 대해 주의하고 신중해야 함을 논하였다.

작명 앱은 철학관 운영자가 익명으로 운영하는 것으로서 한글 부분에서는 초성만 배열하고 길흉을 따지는 문제, 사주 용신을 프로그램이 정확하게 도출하기 어려운 문제, 사주에서 무존재한 오행에 대해 용신 여부를 살피지 않고 우선시하는 문제, 획수음양법, 수리오행법, 81격 수리 등에서 비학술적 요소가 많고 다양한 점, 불용문자론을 사용하여 이름의 가치를 감하는 문제 등을 갖고 있다. 또한, 존엄한 존재인 사람의 이름을 '프로그램이 토출하는 대로 준다'는 윤리적 문제 또한 가지고 있으므로 운영자, 이용자 모두의 각성이 요망됨을 말하였다.

제Ⅹ 장에서는 성명학의 정체성과 개명 효과에 대해 고찰하였다. 국문학을 중심으로 성명의 기원, 역사, 종류 및 작명의 경향 등을 사회적 관점에서 관찰하는 사회언어학과 명리학에 기초한 성명학의 차별되는 점을 적시하였다. 그리고 사회언어학 연구와 명리학에 기초한 성명학의 학제간 융합연구도 명리 성명학의 범주에 포함되지만 사회언어학 연구만을 답습한 글은 명리 성명학의 범주 밖에 있다는 필자의 관점을 개진하고 이 부분에 대한 학계의 중론이 필요함을 논하였다.

다음으로 명리학의 용신 성명학에 의거한 개명이 개명자에게 주는 긍정적인 효과를 질적 연구의 관점에서 논하면서 용신의 물상을 삶의 질 향상과 개운에 활용할 수 있음을 논하였다. 이어서 개명인들을 대상으로 한 설문 자료를 분석한 양적인 논문의 연구 결과를 인용하여 개명이 개명인의 삶에서 희망과 긍정을 주는 심리에 정(+)의 효과가 있음을 설명하였다.

2. 성명학의 과제

필자는 본 논문을 통해 용신 성명학의 학술적 체계를 구축하고 명리학에서 차지하는 용신론의 비중만큼이나 성명학에서도 용신 성명학 위상을 강화하고자 최선을 다하였다. 필자는 특히 한국연구재단(K.C.I) 등재·등재 후보 학술지, 일반학술지, 박사학위논문 등 Ⅰ장 2절에서 말한 선행 학술논문을 게재하여 '명리학의 용신에 의한 성명학'을 연구한 본서의 학술적 기반을 공고히 하였다.

필자는 본서의 완성에 이르기까지 여러 가지 난관이 있었다. 가장 큰 어려움은 학술성이 인정되는 한국연구재단(K.C.I) 등재·등재 후보 학술지의 선행논문과 박사학위논문에서 용신 성명학에 대한 선행연구가 희소하다는 점이었다.

성명학 주제의 학위논문들은 비학위자, 비전공자들이 쓴 시중 작명 책을 종합하거나 편집한 수준을 상회하지 못하는 경우가 다수 있었다. 시중의 작명 관련 책의 내용을 검증 없이 수용하다 보니 '논문을 위한 논문'이 되고 학위논문이 오히려 비학위자·비전공자가 쓴 시중 책의 학술성이 결여한 내용을 필사(筆寫)함으로써 '학계에서 현장으로' 가야 하는 이론의 전파 방향이 역전(逆轉)된 현상도 있다.

한 사람이 쓴 책의 오류는 다른 책으로 여과 없이 전달되는 시류도 지속되고 있다. 예를 들어 1985년에 한 재야성명학자가 쓴 『오행한자전』이라는 책에서 부수인 口(입 구)의 자원오행을 水로 배속한 오류를 범한 지 약 40년이 지났지만, 아직도 시중의 모든 작명 서적은 口가 부수인 모든 한자의 자원오행을 水로 배속하고 있으며 口(입 구)의 자원오행으로 水가 왜 타당한지에 대한 학술적인 검증에 나선 이는 없었다.

이런 풍토에서는 성명학의 학술화(學術化)는 요원하며 성명학의 미래가 담보될 수 없다고 판단하였으므로 필자는 나름의 사명감을 가지고 연구에 임하였다.

필자는 학술적 논문에 게재되지 못한 성명이론은 가설일 뿐이며 학문이 아니라는 인식이 제고되어 학술적으로 검증된 성명학 이론에 의한 이름 짓기가 대중화되고 작명에 대한 공인 자격증제도가 확립될 때, 성명학의 미래가 밝다고 사료한다.

필자는 본서의 연구로써 학술적으로 체계화된 '명리학의 용신에 의한 성명학', 즉 '용신 성명학'에 의해서 대중의 성명에 대한 기층(基層) 욕구를 충족시킬 수 있게 하고 성명학이 실사구시의 실용학문으로서 개인의 자아실현과 사회발전에 기여할 수 있게 되기를 희망한다.

이제 본서를 마무리 짓는 필자는 명리학의 용신론에 기반하는 용신 성명학이 가장 전문적이고 학술적인 성명학이며 미래 성명학의 주류가 되어야 한다고 결론적으로 강조한다.

현재의 명리·성명학은 인문사회학의 범주 내에서 학술적 체계를 구축해 가는 과정에 있었으나 본서로 인해 '명리·용신 성명학'의 학술적 체계를 확립하였다고 학계의 선배 연구자와 제현에게 머리 숙여 고하면서, 동시에 본서의 한계점을 스스로 밝히고 학술 발전의 지침으로 삼고자 한다.

첫째, II장의 계량화 기법을 도입한 사주 오행과 십성의 수량화 연구에서 오행 문제에 의한 건강과 십성에 의한 육친·사회적 요소의 문제가 언제 발생하는가에 대한 논의를 담아내지 못하였다. 이 부분은 성명학 본연의 분야는 아니고 명리학적 연구 부분에 해당하지만 앞으로 대운(大運)과 세운(歲運)이 사주 명조에 미치는 영향에 대한 후속 연구를 시행하여 보완하고자 한다.

둘째, 사주 오행과 십성 그리고 내격 사주의 성명학적 용신에 대한 연구에 있어 인문사회학의 '계량화' 기법을 도입하여 '사주 간지의 수량화'를 시행하였는데, 필자는 이 방법이 절대적인 결과성을 구현하는 것은 아니라고 전제하였다. 특히 본 논문의 성명학적 용신 도출을 위한 수량화 연구는 518,400가지의 사주 중 특수하거나 독특한 구성을 가진 사주가 있고 본명인의 성별, 간지 간 합, 형, 충, 형, 일부 신살, 조후, 통관 등 다양한 이론이 변수가 되는 점을 감안하면 보편적인 타당성을 완전히 확보했다고 볼 수 없다.

그러나 성명학을 위한 용신론으로서, 일간강약의 기준을 제시하고 중화에 근접한 사주에 대해 격국용신을 병행할 것을 제안하였으며, 조후의 충족되는 요건을 명시함에 따라 내격 사주에서 성명학적 용신 도출의 오류가 생길 소지를 최소화했다는 점을 연구 성과로서 강조할 수 있다. 앞으로 필자는 용신론에 대하여 내격과 종격 모든 부문에서 '실사구시(實事求是)를 추구하는 연구'를 지속하고자 한다.

셋째, 본서에서는 성명학적 용신 도출에 치우쳐 사주 간지의 생극 관계를 정밀하게 수량화하지는 못하였다. 주위의 오행에게 생조를 받는 간지 오행과 상극을 당하는 간지 오행은 역량의 차이가 있기 마련이다. 이러한 부분까지 정밀하게 수량화하는 부분에 대한 추가 연구가 명리학의 발전을 위해 필요하다고 생각되므로 후속 연구를 통해 보완하고자 한다.

넷째, 본서에서는 합충(合沖) 이론에 의한 용신 변화를 담아내고자 하였으나 자족(自足)하지 않고 연구와 관찰을 계속하고자 한다. Ⅱ장 3절에서는 천간합, 삼합, 방합, 육합 등이 방해 요소 없이 완벽하여 오행의 변성(變性)이 생기면 사주의 강약과 조후가 변하고 용신도 달라질 수 있음을 논하였다. '합충 이론과 사주 용신의 변화'에 대한 연구를 시행하여 합화(合和)나 형충이 본명인의 사주에 미치는 영향에 따라 용신도출, 인성변화, 작명법 등에 영향을 줄 수 있는 변인을 고찰하여 선행 박사학위논문의 한계를 보완하고자 노력하였다.

다섯째, 본서에서는 한자 214개 부수 전체의 자원과 오행 성의 강약을 모두 분석하였다. 다만 부수 오행 성의 강약 부분에서 미비점이 있다면 학계 연구자들의 중지를 모아 수정 보완하는 노력을 지속하고자 한다.

여섯째, 필자는 한자학자·중문학자가 아니기에 한자 부수의 자원과 인명 상용한자의 본의를 중시하여 한자 자원오행과 그 강약을 판정하는 부분과 한자 이름의 명의를 파악하는 부분에서 한자학·중문학의 선행 논저를 2차적 자료로 인용하면서 학제간 융합연구를 시행하였다. 추후 한자 어원의 원조 격인 갑골문에 대한 명리 성명학 관점의 연구를 지속적으로 시행하여 자원과 본의에 대한 성명학적 이론 토대를 더욱 공고히 하고자 한다.

이러한 사항들이 본서의 장점이면서 동시에 한계가 되는 부분이라고 사료하며 지속적인 후속 연구를 통해 명리·성명학의 발전에 이바지할 것을 다짐한다.

참고문헌

1. 고문헌

『窮通寶鑑』, 『論語』, 『大學』, 『道德經』, 『東國李相國集』, 『保閒齋集』, 『三國史記』, 『史記』, 『小篆』, 『禮記』, 『切韻指掌圖』, 『朝鮮王朝實錄』, 『淮南子』, 『訓民正音解例』, 『訓民正音韻解』, 『訓蒙字會』

2. 단행본

국내문헌

강신항, 『훈민정음 창제와 연구사』, 경진, 2010.

강옥미, 『한국어음운론』, 태학사, 2021.

구중회, 『한국명리학의 역사적 연구』, 국학자료원, 2016.

김기승, 『자원오행성명학』, 다산글방, 2015.

김만태, 『한국 사주명리 연구』, 민속원, 2011.

김만태, 『한국 성명학신해』, 좋은땅, 2016.

김만태, 『증보 명리학강론』, 동방문화대학원대학교, 2017.

김슬옹, 『세종대왕과 훈민정음학』, 지식산업사, 2010.

김승동, 『易思想辭典』, 부산대학교출판부, 2006.

김인선, 『자연과 치유』, 계명대학교출판부, 2015.

금하연·오채금, 『허신 설문해자』, 자유문고, 2016.

노영준, 『역학사전』, 자연출판사, 2017.

박영창·김도희, 『사주학강의』, 삼하출판사, 2007.

박재완, 『명리요강』, 역문관, 1985.

박재완, 『명리사전 하』, 역문관, 2012.

배윤덕, 『우리말 운서의 연구』, 성신여자대학교출판부, 2005.

뱃맨겔리지 원저, 이성미 역, 『물 치료의 핵심이다』, 물병자리, 2004.

서영근, 『說文解字 部首字形考察』, 한국학술정보, 2009.

신동원·김남일·여인석, 『한 권으로 읽는 동의보감』, 도서출판 들녘, 1999.

신상춘·김인자, 『인명용 한자 8142자』, 장서원, 2015.

신용호·강헌규, 『선현들의 자와 호』, 전통문화연구회, 1997.

안창규·안현의, 『홀랜드 직업선택이론』, 한국가이던스, 2004.

유덕선, 『훈몽자회』, 홍문관, 2012.

유승국, 『한국의 유교』, 세종대왕기념사업회, 1980.

이강로, 『사성통해의 음운학적 연구』, 박이정, 2004.

이광신, 『우리나라 민법상의 성씨제도 연구』, 법문사, 1973.

이성구, 『훈민정음연구』, 동문사, 1985.

이수원 외, 『심리학: 인간의 이해』, 정민사, 2002.

이영환, 『종격 탐구』, 여래, 2008.

이재승, 『오행심신치유』, 한국열린사이버대학교, 2023.

이정호, 『훈민정음의 구조원리: 그 역학적 연구』, 아세아문화사, 1975.

이충구, 『한자 부수해설』, 전통문화연구회, 2015.

장봉혁, 『학역종술』, 학고당, 1999.

정진엽 역해, 『완역 연해자평 上』, 이헌, 2021.

정진엽 역해, 『완역 연해자평 下』, 이헌, 2021.

진태하, 『상용한자 자원풀이』, 명문당, 2016.

최현배, 『고친한글갈』, 정음문화사, 1982.

하영삼, 『한자 어원사전』, 도서출판3, 2014.

하영삼, 『어원으로 읽는 214 부수 한자』, 도서출판3, 2016.

하영삼, 『연상한자』, 도서출판3, 2019.

한동석, 『우주 변화의 원리』, 대원출판, 2013.

한정주, 『호, 조선 선비의 자존심』, 다산북스, 2015.

허웅, 『한글과 민족문화』, 세종대왕기념사업회, 1999.

외국문헌

萬民英, 『三命通會』, 臺北: 武陵出版有限公司, 1996.

徐樂吾 註, 『窮通寶鑑』, 臺北: 武陵出版有限公司, 1996.

徐樂吾,『滴天髓補註』, 臺北: 瑞成書局, 1979.

徐升 編著,『淵海字評評註』, 臺北: 武陵出版有限公司, 1996.

蕭吉 撰, 嚴經 審訂,『五行大義』, 臺北: 武陵出版有限公司, 2003.

沈孝瞻 著, 徐樂吾 評註,『子平眞詮評註』, 臺北: 武陵出版有限公司, 1999.

沈孝瞻 著, 徐樂吾評註,『子平真詮評註』, 臺北: 武陵出版有限公司, 1999.

劉佰溫 原著, 任鐵樵 增註, 袁樹珊 撰集,『滴天隨闡微』, 臺北: 武陵出版有限 公司, 1997.

劉國忠,『唐宋時期命理文獻初探』, 哈尔滨: 黑龍江人民出版社, 2009.

李虛中 原著,『李虛中命書』, 文淵閣 四庫全書 電子版, 香港: 迪志文化出版有限公司, 1999.

張南,『標準命理正宗』, 臺北: 武陵出版有限公司, 2001.

張新智,「子平學之理論研究」, 臺北: 國立政治大學 中國文學研究所 博士論文, 2002.

陳素庵 著, 韋千里 選集,『精選命理約言』, 香港: 上海印書館, 1987.

陳素庵 著, 韋千里 選集,『命理約言』, 香港: 上海印書館, 1987.

許愼 撰, 段玉裁 注,『說文解字注』, 上海: 上海古籍出版社, 1988.

3. 논문

학술논문

강명자,「오링테스트를 통한 사상체질감별 및 원혈진단과 치료법에 대한 고찰」,『대한침구의학회지』 11(1), 대한침구의학회, 1994.

고은경·박영호·장석윤·박민용,「디지털 O-Ring Test를 이용한 약력과 의식의 상관관계 연구」,『한국정신 과학회 학술대회논문집』 9(2), 한국정신과학회, 1999.

김만태,「현대사회의 이름짓기 방법과 특성에 대한 고찰-기복신앙적 관점을 중심으로」,『종교연구』 65, 한국종교학회, 2011.

김만태,「훈민정음의 제자원리와 역학사상-음양오행론과 삼재론을 중심으로」,『철학사상』 45, 서울대학 교 철학사상연구소, 2012.

김만태,「사주와 운명론, 그리고 과학의 관계」,『원불교사상과 종교문화』 55(3), 원광대학교 원불교사상연 구원, 2013.

김만태,「창씨개명 시기에 전파된 일본 성명학의 영향」,『동아시아문화연구』 57, 한양대학교 동아시아문 화연구소, 2014.

김만태,「현대 한국사회의 이름짓기 요건에 관한 고찰-발음오행성명학을 중심으로」,『한국민속학』 62, 한국민속학회, 2015.

김만태, 「모자음오행(母子音五行)의 성명학적 연구」, 『동방문화와 사상』 6, 동방문화대학원대학교 동양학연구소, 2019.

김만태, 「『황제내경』과 『동의보감』 정기신론의 명리학적 적용고찰」, 『한국학』 43(2), 한국학중앙연구원, 2020.

김만태, 「『훈민정음해례(訓民正音解例)』에 의거한 모자음오행 성명학의 실증사례 분석」, 『민족사상』, 14(3), 2020.

김성일, 「약력검사법(오링테스트)의 통계학적 분석연구」, 『한국정신과학학회지』 1(1), 한국정신과학학회, 1997.

김성일, 「오링테스트와 운동역학의 상관성에 대한 조명」, 『신과학연구』 1, 한국정신과학학회, 1998.

김태희, 「한국사회의 예언문화로서 타로 4원소의 '바람[風]'과 명리학 오행의 '목(木)'의 비교」, 『인문사회 21』 9(1), 아시아문화학술원, 2018.

박진수, 「오링테스트의 허(虛)와 실(實)」, 『한국정신과학학회 학술대회논문집』 8, 한국정신과학학회, 1998.

심경호, 「이름과 호의 한자문화」, 『언어연구』 46(3), 한국어문학교육연구회, 2018.

신상춘·조성제, 「개명의 동기와 개명 후 자기지각척도에 관한 연구」, 『한국산학기술학회 논문지』 14(9), 한국산학기술학회, 2013.

신순옥, 김을호, 「Holland 진로유형과 사주유형과의 비교연구」, 『과학명리』 2017(1), 한국작명가협회 오행스쿨, 2017.

안종희, 『종합성명학』, 글로벌사이버대학교, 2018.

유현열·이찬규, 「한국 한자음과 중국 한자음의 대응에 관한 연구」, 『어문연구』 36(3), 어문연구학회, 2008.

이남호·김만태, 「MBTI와 사주명리의 연관성 고찰-외향성과 내향성을 중심으로」, 『인문사회 21』 9(3), 아시아문화학술원, 2018.

이병욱, 「작명과 개명에 대한 분석적 소고」, 『정신분석』 27, 한국정신분석학회, 2016.

이재승·김만태, 「작명·개명의 사회적 현상에 따른 성명학의 용신 적용에 대한 고찰」, 『인문사회 21』 8(4), 아시아문화학술원, 2017a.

이재승·김만태, 「한국 사회 성명문화의 전개 양상에 따른 한자오행법 고찰」, 『인문사회 21』 8(6), 아시아문화학술원, 2017b.

이재승·김만태, 「문화적 활용 요소로써 오링 테스트와 명리·성명학의 상관성 고찰」, 『인문사회 21』 9(1), 아시아문화학술원, 2018a.

이재승, 「현대사회의 종격사주에 대한 고찰」, 『인문사회 21』 9(2), 아시아문화학술원, 2018b.

이재승·김만태, 「한국 성씨한자의 자원오행에 대한 고찰」, 『문화와 융합』 40(3), 한국문화융합학회, 2018c.

이재승·김만태, 「한글 순음·후음의 오행배속에 대한 성명학적 고찰」, 『한국융합인문학』 6(3), 한국융합인문학회, 2018d.

이재승·김만태, 「사주오행의 계량화와 적용에 대한 고찰」, 『문화와 융합』 40(8), 한국문화융합학회, 2018e.

이재승, 「성명학에서 한글 오행의 적용의 난제(難題)에 대한 해결적 고찰」, 『인문사회 21』 10(1), 아시아문화학술원, 2019a.

이재승·김만태, 「사주십성의 계량화와 활용에 대한 고찰」, 『문화와 융합』 41(1), 한국문화융합학회, 2019b.

이재승, 「사주 명조의 계량화와 성명학적 용신법 고찰-내격사주를 중심으로」, 『동방문화와 사상』 6, 동방문화대학원대학교 동양학연구소, 2019c.

이재승, 「한국의 호(號)문화에 대한 용신(用神)성명학적 고찰」, 『인문사회 21』 10(2), 아시아문화학술원, 2019d.

이재승, 「현대 성명학에서 한자선정법의 난제에 대한 해결적 고찰」, 『인문사회 21』 11(4), 2020a.

이재승(2020b), 「용신성명학의 한자부분에서 십성의 적용에 대한 고찰」, 원광대학교 원불교사상연구원, 85, 2020b.

이재승, 「명리학 천간합충(天干合沖)이론의 활용에 대한 고찰: 심리·용신·성명을 중심으로」, 『인문사회 21』 12(3), 2021a.

이재승, 「명리학에서 합충(合沖)에 의한 지지(地支)의 합력(合力) 차 연구」, 『인문사회 21』 12(6), 2021b.

이재승, 「음양오행론(陰陽五行論)에 의한 현대인의 심신치유」, 『인문사회콘텐츠학회지』, 인문사회콘텐츠학회, 1(1), 2023.

이재승, 「인명 한자 214 부수의 자원(字源)에 의한 성명학적 오행 배속」, 『인문사회과학연구』, 국제인문사회학회, 6(5), 2024a.

이재승, 「작명현장의 주요 성명이론(성명이론)에 대한 비판과 대안에 대한 고찰」, 『인문사회과학연구』, 6(6), 2024b.

전재호, 「한자 훈의 변천과 어휘론적 위상」, 『어문논총』 22(1), 1988.

정원조, 「사상체질감별에 있어 한약을 이용한 오링테스트 결과보고」, 『대한한의학회지』 14(2), 대한한의학회, 1993.

조길수·김동옥·김지영·허지혜, 「디지털 오링테스트에 의한 양말 소재의 약력측정」, 『한국정신과학회 학회지』 5(1), 한국정신과학회, 2001.

최계연·김정혜·조자영·조길수, 「디지털 오링테스트를 통한 의복색 적합성 평가」, 『한국정신과학회 학회지』 6(1), 한국정신과학회, 2001.

최유승, 「조선왕실의 작명 연구」, 『東方漢文學』 86, 2021.

학위논문

강성인, 「『淮南子』의 음양오행학설과 사주명리의 연관성 연구」, 동방문화대학원대학교 박사학위논문, 2017.

구현서, 「『훈민정음』과 작명기법의 발음오행 연구」, 대구한의대학교 대학원 석사학위논문, 2017.

권익기, 「한국 성명학의 작명관련 비판적 연구」, 동방문화대학원대학교 박사학위논문, 2018.

김동완, 「四柱(性格)姓名學에 나타난 性格類型과 進路適性과의 相關關係 硏究」, 동국대학교 교육대학원 석사학위논문.

김봉만, 「『黃帝內經』 五運六氣論과 命理學의 연관성 연구」, 동방문화대학원대학교 박사학위논문, 2019.

김석란, 「사주와 MBTI 성격이론과의 상관관계연구」, 국제문화대학원대학교 석사학위논문, 2006.

김영재, 「한국성명학의 배경과 구성이론에 대한 비판적 고찰」, 국제뇌교육대학원대학교 박사학위논문, 2021.

김은미, 「추사 김정희의 號에 대한 연구」, 원광대학교 대학원 석사학위논문, 1998.

김준호, 「日干 중심의 用神과 『子平眞詮』의 格局用神에 관한 연구」, 대구한의대학교 대학원, 박사학위논문, 2018.

박상원, 「한국인 이름의 권력·세대·운명에 관한 연구」, 성균관대학교 일반대학원 박사학위논문, 2020.

박숙희, 「사주 용신과 삶의 질의 관계에 관한 연구」, 동의대학교 대학원 박사학위논문, 2015.

박재범, 「명리학의 적천수, 자평진전, 궁통보감 용신론 비교 연구」, 대구한의대학교 대학원 박사학위논문, 2015.

송하순, 「성씨별 항렬자 연구」, 공주대학교 대학원 석사학위논문, 2007.

신상춘, 「개명전후 이름이 자존감과 스트레스에 미치는 영향 및 SSC58-개명상담 모델 연구」, 동방문화대학원대학교 박사학위논문, 2014.

신우용, 「핀치게이지와 단미 한약재를 이용한 사상체질진단에 관한 연구」, 세명대학교 대학원 석사학위논문, 2006.

유경진, 「명리학 용신 도출의 방법론에 관한 연구」, 동방문화대학원대학교, 박사학위논문, 2009.

이달현, 「사주명리학의 변격사주와 용신의 적용에 관한 연구」, 대구한의대학교 대학원, 박사학위논문, 2015.

이재승, 「명리학의 용신(用神)에 의한 성명학연구」, 동방문화대학원대학교 박사학위 논문, 2019f.

이제형, 「오링 테스트를 통한 사상체질 감별법에 관한 연구」, 경기대학교 대체의학대학원 석사학위논문,

2010.

이종훈, 「훈민정음 한글발음의 성명학 적용 문제점 고찰 및 대안제시에 관한 연구」, 국제뇌교육종합대학
　　원대학교 박사학위논문, 2018.

註) 명리학, 성명학 분야의 학위논문은 가급적 박사학위논문을 위주로 수록하였습니다.

4. 인터넷 사이트

http://www.scourt.go.kr/portal/justicesta/justicestaListActidn.work?gubun=10

https://ko.wikipedia.org/wiki

https://hyudong.com/board/e3

http://100.daum.net/encyclopedia/view

http://kosis.kr/index/index.do

https://terms.naver.com/entry.naver?docId=5674835&cid=62841&categoryId=62841)

註) 인터넷 사이트 주소는 운영자의 사정에 따라 삭제될 수 있습니다.

명리·용신 성명학 원론
命 理　用 神　姓 名 學　原 論

초판인쇄　2025년 3월 10일
초판발행　2025년 3월 10일

지은이　태연(態婑) 이재승
펴낸이　채종준
펴낸곳　한국학술정보(주)
주　　소　경기도 파주시 회동길 230(문발동)
전　　화　031-908-3181(대표)
팩　　스　031-908-3189
투고문의　ksibook1@kstudy.com
등　　록　제일산-115호(2000. 6. 19)

ISBN　979-11-7318-269-3　93150